Geistiges Eigentum und Wettbewerbsrecht

herausgegeben von

Peter Heermann, Diethelm Klippel †,
Ansgar Ohly und Olaf Sosnitza

179

Alice Struve-Urbanczyk

Die kollektive Wahrnehmung von Musikrechten (1903–1938)

Der Handel mit Musikrechten
von der Schaffung unternehmerischer Strukturen
bis zum staatlich kontrollierten Monopol

Mohr Siebeck

Alice Struve-Urbanczyk, geboren 1985; Studium der Rechtswissenschaften in Bonn, Caen und Frankfurt am Main; 2019 Promotion; Referendariat im OLG Bezirk Frankfurt am Main; Wissenschaftliche Mitarbeiterin am Lehrstuhl für Neuere und Neueste Rechtsgeschichte, Zivilrecht und Gewerblichen Rechtsschutz der Universität Frankfurt am Main; Richterin am Landgericht Darmstadt; seit 2020 Richterin am Verwaltungsgericht Oldenburg.
orcid.org/0000-0002-4508-7758

D30

Zu diesem Band wird online Zusatzmaterial zur Verfügung gestellt. Dieses kann unter https://doi.org/10.1628/978-3-16-159572-1-Zusatz abgerufen werden.

ISBN 978-3-16-159572-1 / eISBN 978-3-16-159573-8
DOI 10.1628/978-3-16-159573-8

ISSN 1860-7306 / eISSN 2569-3956 (Geistiges Eigentum und Wettbewerbsrecht)

Die Deutsche Nationalbibliothek verzeichnet diese Publikation in der Deutschen Nationalbibliographie; detaillierte bibliographische Daten sind über *http://dnb.dnb.de* abrufbar.

© 2022 Mohr Siebeck Tübingen. www.mohrsiebeck.com

Das Werk einschließlich aller seiner Teile ist urheberrechtlich geschützt. Jede Verwertung außerhalb der engen Grenzen des Urheberrechtsgesetzes ist ohne Zustimmung des Verlags unzulässig und strafbar. Das gilt insbesondere für die Verbreitung, Vervielfältigung, Übersetzung und die Einspeicherung und Verarbeitung in elektronischen Systemen.

Das Buch wurde von Gulde Druck in Tübingen auf alterungsbeständiges Werkdruckpapier gedruckt und dort gebunden.

Printed in Germany.

Vorwort

Die vorliegende Dissertation wurde im Sommersemester 2019 vom Fachbereich Rechtswissenschaften der Goethe-Universität Frankfurt am Main als Dissertation angenommen. Sie entstand während meiner Zeit als Stipendiatin des Förderungsfonds Wissenschaft der VG Wort und als wissenschaftliche Mitarbeiterin am Lehrstuhl für Neuere und Neueste Rechtsgeschichte, Zivilrecht und Gewerblichen Rechtsschutz von Herrn Prof. Dr. Louis Pahlow. Die Arbeit befindet sich im Wesentlichen auf dem Stand von April 2021.

Mein tief empfundener Dank gilt in erster Linie meinem Doktorvater, Herrn Prof. Dr. Louis Pahlow, der meine Idee für diese Arbeit stets bestärkt und unterstützt hat, mir alle denkbaren Freiheiten bei der Anfertigung gegeben und mich bei der Bewerbung für das Promotionsstipendium des Förderungsfonds Wissenschaft der VG Wort unterstützt hat. Besonders dankbar bin ich für die inhaltlichen und methodischen Impulse, die ich durch gemeinsame Gespräche, aber auch am lehrstuhleigenen Doktorandenseminar und am Seminar des Instituts für Rechtsgeschichte der Goethe-Universität Frankfurt am Main erhalten habe. An dieser Stelle möchte ich mich auch beim gesamten Lehrstuhl- und Institutsteam für die kollegiale Zusammenarbeit und stete Unterstützung bedanken. Durch die interdisziplinäre Ausrichtung des Instituts für Rechtsgeschichte habe ich insbesondere bei der Vor- und Nachbereitung meiner Archivaufenthalte, aber auch bei inhaltlichen und methodischen Fragen zu meiner Arbeit stets Unterstützung erfahren.

Ebenso möchte ich mich bei Herrn Prof. Dr. Albrecht Cordes für die rasche Erstellung des Zweitgutachtens und die vielen wertvollen Gedankenanstöße bedanken. Herrn Prof. Dr. Alexander Peukert möchte ich für die angenehme Leitung der Prüfungskommission und die Unterstützung meiner Bewerbung für mein Promotionsstipendium danken. Zudem danke ich den Herausgebern Herrn Prof. Dr. Peter Heermann, LL.M., Herrn Prof. Dr. Diethelm Klippel, Herrn Prof. Dr. Ansgar Ohly, LL.M. und Herrn Prof. Dr. Olaf Sosnitza für die Aufnahme der Arbeit in diese Schriftenreihe.

Danken möchte ich auch den Mitarbeiter*innen des Bundesarchivs, des Sächsischen Staatsarchivs Leipzig, des Landesarchives Berlin, des Stadtarchives Wiesbaden, des Hessischen Staatsarchivs Darmstadt, der Abteilung Musik, Theater, Film der Universitätsbibliothek Johann Christian Senckenberg Frankfurt am Main und dem Hindemith-Institut in Frankfurt am Main, die mir mit vielen wertvollen Hinweisen die Recherche für meine Arbeit erleichtern konnten. Ein besonderer Dank gilt auch dem Robert Lienau Musikverlag in Erzhausen, der mir Zugang zu seinem Depositum gewährte, wodurch wesentliche Erkenntnisgewinne zum Verlagswesen zu Beginn des 20. Jahrhunderts möglich wurden.

Ein besonderer Dank gilt auch dem Förderungsfonds Wissenschaft der VG Wort, der meine Arbeit nicht nur durch das Promotionsstipendium gefördert hat, sondern sie auch mit dem Heinrich Hubmann Preis 2021 auszeichnete. Es macht mich besonders stolz, dass die Jury mit meiner Arbeit das erste Mal eine urheberrechtshistorische Arbeit geehrt hat. Für diese besondere Ehre bedanke ich mich sehr herzlich.

Einige wesentliche Quellen habe ich im Rahmen meiner Arbeit in einem Anlagenband wiedergegeben. Gemeinsam mit dem Mohr Siebeck Verlag habe ich mich dafür entschieden den Anlagenband als Zusatzmaterial online bereit zu stellen. Meines Erachtens erleichtert der Online-Zugang die Nutzung der von mir zu Grunde gelegten Quellen für die Forschung und bildet damit die Grundlage zur Behandlung weiterer urheberrechtlicher und wirtschaftshistorischer Fragestellungen. Soweit eine der von mir zu Grunde gelegten Quellen im Anlagenband auftaucht, findet sich in den Fußnoten ein Verweis auf die jeweilige Nummer der Quelle im Anlagenband. Zudem befindet sich hinter dem Inhaltsverzeichnis der Dissertation eine Aufstellung der im Anlagenband aufgeführten Quellen sowie die Internetadresse, worunter der Anlagenband zu finden ist.

Zuletzt möchte ich mich bei meiner Familie bedanken. Meinen Eltern möchte ich dafür danken, dass sie mich auf jede erdenkliche Art und Weise gefördert haben. Meine Kinder und mein Mann Christian waren mir durch ihre Unterstützung stets ein wichtiger Rückhalt. Sie haben bis zum Ende an die Fertigstellung der Arbeit geglaubt und mich ermutigt, die Arbeit neben meiner Tätigkeit als Richterin zu Ende zu stellen. Ich möchte ihnen von ganzem Herzen dafür danken, sie mich in dieser Zeit stets liebevoll umsorgt und mir den nötigen Freiraum zur Erstellung der Arbeit gegeben habt.

Bersenbrück, im Dezember 2021

Inhaltsverzeichnis

Vorwort	V
Quellenverzeichnis	XVII
Abkürzungsverzeichnis	XIX
Einleitung	1
I. Problemaufriss und Lösungsansatz	1
II. Forschungsstand	5
III. Gang der Untersuchung	7
Erster Teil: Individuelle und kollektive Wahrnehmung	9
Kapitel 1: Der Weg zu einer kollektiven Rechtewahrnehmung im Bereich des musikalischen Aufführungsrechts	11
I. Der Schutz und die Ausgestaltung des musikalischen Aufführungsrechts	12
1. Das musikalische Aufführungsrecht	13
2. Die Übertragung des Aufführungsrechts	15
3. Die Rechtsfolgen bei Verletzungen des Aufführungsrechts	18
II. Die Verwertung musikalischer Werke einzelner Komponisten	19
1. Die individuelle Wahrnehmung durch den Urheber oder dessen Erben	19
a) Die Erteilung einzelner Aufführungsgenehmigungen	20
b) Die Übertragung des gesamten Aufführungsrechts an einem Werk	22
c) Die Rechtsverfolgung bei Verletzung des Aufführungsrechts	25
2. Die individuelle Wahrnehmung durch Verlage	26
a) Die Erteilung von Aufführungsgenehmigungen durch Verlage	26
b) Die Verfolgung von Verletzungen des Aufführungsrechts durch Verlage	29

3.	Die individuelle Wahrnehmung durch Vermittler und Agenten	30
4.	Zwischenergebnis zur individuellen Wahrnehmung des Aufführungsrechts	31

III. Die kollektive Wahrnehmung des musikalischen Aufführungsrechts 32
1. Die Anfänge der kollektiven Wahrnehmung im Bereich des musikalischen Aufführungsrechts 33
2. Die kollektive Wahrnehmung durch Verwertungsgesellschaften 35
   a) Organisation und Tätigkeitsbereiche der GDT 35
   b) Die Ausgestaltung der kollektiven Rechtewahrnehmung 39
3. Die kollektive Wahrnehmung durch Verlage 43
4. Zwischenergebnis zur kollektiven Wahrnehmung des Aufführungsrechts 46

IV. Die kollektive Rechtewahrnehmung im historischen Kontext 47

V. Zusammenfassung 51

Kapitel 2: Die Wahrnehmung der mechanisch-musikalischen Vervielfältigungsrechte 55

I. Die Entstehung mechanisch-musikalischer Vervielfältigungsrechte und ihr rechtlicher Schutz 56
1. Die technische Entwicklung mechanisch-musikalischer Vervielfältigungen 57
2. Die Schaffung gesetzlicher Rahmenbedingungen zum Schutz vor mechanisch-musikalischen Vervielfältigungen 57
3. Der urheberrechtliche Schutz mechanisch-musikalischer Vervielfältigungen 61

II. Die individuelle Wahrnehmung des mechanisch-musikalischen Vervielfältigungsrechts 62
1. Die individuelle Wahrnehmung durch Komponisten und Verlage 63
2. Die individuelle Wahrnehmung der Bearbeitungsrechte von ausübenden Künstlern und Produzenten mechanisch-musikalischer Vervielfältigungen 67

III. Die kollektive Wahrnehmung des mechanisch-musikalischen Vervielfältigungsrechts 71
1. Die kollektive Wahrnehmung der mechanischen-musikalischen Vervielfältigungsrechte der Urheber 71
   a) Die Gründungsphase der Ammre 72
   b) Art und Umfang der Betätigung der Ammre 74

	c) Gründe für die Durchsetzung einer kollektiven Wahrnehmung	78
2.	Die kollektive Wahrnehmung der Bearbeitungsrechte von ausübenden Künstlern und Produzenten	79
IV.	Zusammenfassung	82

Zweiter Teil: Die kollektive Rechtewahrnehmung durch miteinander konkurrierende Verwertungsunternehmen 85

Kapitel 3: Der Aufbau von Marktmacht durch die GDT und seine Durchbrechung 87

I.	*Der Aufbau von Organisationen für die kollektive Rechtewahrnehmung*	88
1.	Die Organisationsstrukturen einer kollektiven Rechtewahrnehmung und ihre organisatorische Klassifikation	89
	a) Die Organisationsstruktur der GDT	89
	b) Die Organisationsstruktur der AKM	94
	c) Der Aufbau einer kollektiven Rechtewahrnehmung durch Verlage	95
2.	Der Durchsetzung von Marktmacht bei der kollektiven Wahrnehmung durch die GDT	96
	a) Das Verhältnis zwischen GDT und AKM bis 1907	96
	b) Das Verhältnis zwischen GDT und der kollektiven Wahrnehmung durch Musikverlage	99
3.	Zwischenergebnis: Die GDT als marktbeherrschendes Unternehmen	101
II.	*Die Gründung weiterer Organisationen für eine kollektive Wahrnehmung des musikalischen Aufführungsrechts im Deutschen Reich*	102
1.	Die Tätigkeitsbereiche der AKM	103
2.	Die Tätigkeitsbereiche der „alten Gema"	105
	a) Die Organisationsstruktur der „alten Gema"	105
	b) Ausdehnung der Konkurrenz auf die Rechteinhaber	107
	c) Ausdehnung der Konkurrenz auf die Veranstalter	108
III.	*Instrumente zur Durchbrechung der Marktmacht der GDT bei der kollektiven Wahrnehmung des musikalischen Aufführungsrechts*	109
1.	Die Inanspruchnahme staatlicher Unterstützung zur Durchbrechung der Marktmacht der GDT	110
	a) Ersuchen des Beistands des Gesetzgebers	110
	b) Die Rolle der Rechtsprechung	112

	aa) Verfahren zu Beginn der Aufnahme der Tätigkeit der GDT	113
	bb) Rechtsstreitigkeiten zwischen der GDT und der AKM	113
	cc) Die Entscheidung des Reichsgerichts vom 18.9.1915	115
2.	Privatrechtliche Maßnahmen zur Durchbrechung der Marktmacht der GDT	119
	a) Rückgriff auf Instrumentarien des Gesellschaftsrechts	119
	b) Vertragsrechtliche Instrumentarien	122
	c) Ausbau der Marktmacht durch marktübergreifende Zusammenarbeit	123
3.	Zwischenergebnis zur Durchbrechung der Marktmacht der GDT	124

IV. Zusammenfassung 126

Kapitel 4: Die kollektive Wahrnehmung der mechanisch-musikalischen Vervielfältigungsrechte durch konkurrierende Unternehmen 129

I. Tätigkeitsmuster und Organisationsstrukturen von Ammre und der „mechanischen Abteilung" der GDT 130
1. Tätigkeitsmuster 130
2. Die Organisationsstrukturen der konkurrierenden Unternehmen 132

II. Die Auswirkungen der Wahrnehmung des mechanisch-musikalischen Vervielfältigungsrechts durch konkurrierende Unternehmen 134
1. Die Rechtsstellung der Bezugsberechtigten 135
   a) Der Umfang der vertraglichen Bindung der Bezugsberechtigten 136
   b) Die Beteiligung der Bezugsberechtigten an den Verwertungsunternehmen 139
   c) Die Beendigung der Berechtigungsverträge mit den Verwertungsunternehmen 141
   d) Zusammenfassung 142
2. Das Verhältnis zu den Herstellern mechanisch-musikalischer Vervielfältigungen 143
3. Zwischenergebnis zu den Auswirkungen der Konkurrenz zwischen den Verwertungsunternehmen 146

III. Zusammenfassung 147

Kapitel 5: Die kollektive Wahrnehmung des musikalischen
Aufführungsrechts durch konkurrierende
Verwertungsunternehmen nach 1915 149

I. *Die Auswirkungen der Konkurrenz auf die Rechteinhaber* 150
1. Art und Umfang der vertraglichen Bindung 151
2. Mitbestimmungsrechte der Bezugsberechtigten 153
3. Umfang der Gegenleistung 155
4. Beendigung der Vertragsverhältnisse 156
5. Zwischenergebnis zu den Auswirkungen der Konkurrenz auf
   die Rechteinhaber 158

II. *Die Auswirkung der Konkurrenz auf Veranstalter und
    ihre Verbände* 159
1. Die Folgen der Konkurrenz für die einzelnen Veranstalter 159
2. Die Wirkungen der Konkurrenz auf Nutzerverbände 162

III. *Verwertungsgesellschaften als konkurrierende Marktakteure* 164
1. Die Inanspruchnahme staatlicher Unterstützung zur Stärkung
   der Marktmacht 164
   a) Die Inanspruchnahme staatlichen Beistands durch die GDT 165
   b) Die gerichtliche Durchsetzung ihrer Marktposition durch
      die Gema 167
   c) Fazit zu Art und Umfang der staatlichen Unterstützung
      der Verwertungsunternehmen 169
2. Unternehmerische Strategien mit Hilfe des Vertragsrechts 170
   a) Die Zusammenarbeit von AKM und „alter Gema"
      im Musikschutzverband 171
   b) Die Gründung des Vereins zur Verwertung musikalischer
      Aufführungsrechte (VEVA) 174
   c) Der Aufbau des Schätzungssystems durch die Gema 176
   d) Maßnahmen der GDT zur Bindung und Werbung
      von Bezugsberechtigten 177
   e) Die Zusammenarbeit von GDT und Reichskartell
      der Musikverbraucher 179
      aa) Rechte und Pflichten aus
          dem Meistbegünstigungsvertrag 180
      bb) Die Wirkung des Meistbegünstigungsvertrags 182
      cc) Zwischenergebnis zu den Auswirkungen der
          Zusammenarbeit von GDT und Reichskartell 184
   f) Neue Ziele: Von der Fusion zum Monopol 185
   g) Zwischenergebnis zu den unternehmerischen Strategien zum
      Ausbau der Marktmacht der
      einzelnen Verwertungsunternehmen 189

IV. Zusammenfassung	190

Dritter Teil: Der Weg zur Vereinigung der konkurrierenden Verwertungsunternehmen ... 193

Kapitel 6: Die Vereinigung der Verwertungsunternehmen für das musikalische Aufführungsrecht im Musikschutzverband ... 195

I.	*Die Kooperationsvereinbarung zwischen GDT, „alter Gema" und AKM*	196
1.	Leitungsorgane	197
	a) Die Innenverhältnisse im Musikschutzverband	198
	b) Das Verhältnis des Musikschutzverbands zu den Musikkonsumenten	199
2.	Vertragliche Pflichten der Kooperationsvereinbarung	201
3.	Auswertung der Kooperationsvereinbarung für die einzelnen Marktakteure	203
II.	*Erklärungsansätze für die Vereinigung der konkurrierenden Verwertungsunternehmen*	204
1.	Rechtliche Einordnung der Kooperationsvereinbarung vom 22.7.1930	205
2.	Der Einfluss des Kartellwesens auf den Musikschutzverband	207
3.	Gründe für die Aufnahme der GDT in den Musikschutzverband	209
III.	*Die Auswirkungen der Zusammenarbeit auf die Rechteinhaber*	211
1.	Abwerbungsverbote und deren Sanktionierung	212
2.	Die Verwirklichung der Vorgaben aus der Kooperationsvereinbarung	213
3.	Reaktionen der Rechteinhaber auf die Zusammenarbeit	218
4.	Zwischenergebnis der Auswirkungen der Zusammenarbeit auf die Rechteinhaber	221
IV.	*Die Auswirkungen der Zusammenarbeit auf die Veranstalter*	222
1.	Die Auswirkungen der Zusammenarbeit auf Mitglieder des Reichskartells der Musikverbraucher	222
2.	Die Auswirkungen der Zusammenarbeit auf einzelne Veranstalter	225
3.	Die Auswirkungen der Zusammenarbeit auf sonstige Nutzerorganisationen	228
4.	Zwischenergebnis der Auswirkungen des Zusammenschlusses auf die Veranstalter	229

V. Zusammenfassung 230

Kapitel 7: Die Gründung der Stagma als einheitliches Verwertungsunternehmen für das musikalische Aufführungsrecht im Deutschen Reich 233

I. Die Gleichschaltung der Verwertungsunternehmen 234
II. Die Normierung des Rechts der Verwertungsunternehmen 236
1. Einführung einer Genehmigungspflicht für die gewerbliche Wahrnehmung des Aufführungsrechts 236
2. Ausdehnung der Kontrollbefugnisse auf Polizeibehörden 239
3. Die Bildung eines Schiedsgerichts für Streitigkeiten zwischen Verwertern und Veranstaltern 241
4. Ermächtigung zum Erlass von Durchführungsverordnungen ... 243
5. Zwischenergebnis: Die Folgen der Normierung des Rechts der Verwertungsunternehmen 244

III. Die Umsetzung der gesetzlichen Vorgaben durch die Verwertungsunternehmen 246
1. Die organisatorische Ausgestaltung und die Tätigkeitsbereiche der Stagma 246
2. Art und Umfang der mitgliedschaftlichen Rechte und Pflichten in der Stagma 249

IV. Auswirkungen der gesetzlichen Neugestaltung auf die Rechteinhaber und Musikveranstalter 251
1. Die Neugestaltung der Rechtsverhältnisse zwischen Stagma und Rechteinhabern 251
2. Die Neugestaltung der Rechtsverhältnisse zwischen Stagma und Veranstaltern 255
   a) Die Folgen der Neugestaltung des Verwertungsrechts für das Reichskartell der Musikverbraucher 255
   b) Die Folgen der Neugestaltung des Verwertungsrechts für sonstige Veranstalter 258

V. Das Gesetz über die Vermittlung von Aufführungsrechten als Bestandteil nationalsozialistischer Wirtschaftspolitik 262
1. Art und Umfang nationalsozialistischer Wirtschaftspolitik 263
2. Die Betrachtung des Gesetzes über die Vermittlung von Aufführungsrechten 265

VI. Zusammenfassung 269

Kapitel 8: Die Wahrnehmung des mechanisch-musikalischen Vervielfältigungsrechts am Ende der Weimarer Republik und zur Zeit des Nationalsozialismus 273

I. *Die Abgrenzung der Betätigungsfelder im Bereich des Aufführungs- und des mechanisch-musikalischen Vervielfältigungsrechts* 274
1. Das Aufkommen des Rundfunks 275
2. Das Aufkommen des Tonfilms 276

II. *Das Verhältnis von Ammre und „mechanischer Abteilung" der GDT* 280
1. Das Fortbestehen der Konkurrenz zwischen Ammre und „mechanischer Abteilung" 281
2. Erste Annäherungen zwischen „mechanischer Abteilung" der GDT und Ammre 284
3. Auswertung des Verhältnisses zwischen Ammre und „mechanischer Abteilung" der GDT 285

III. *Die Folgen der Machtübernahme durch die Nationalsozialisten auf die Wahrnehmung des mechanisch-musikalischen Vervielfältigungsrechts* 286
1. Der Fortbestand der Verwertungsunternehmen im Bereich des mechanisch-musikalischen Vervielfältigungsrechts 287
   a) Der Fortbestand der „mechanischen Abteilung" der GDT ... 287
   b) Art und Ausmaß der Fortführung der Ammre 288
2. Die Rechtsbeziehungen zwischen der Ammre und ihren Bezugsberechtigten 290
3. Die Rechtsbeziehungen zwischen der Ammre und den Herstellern 294
4. Auswertung der Folgen der Machtübernahme der Nationalsozialisten auf die Wahrnehmung der mechanisch-musikalischen Vervielfältigungsrechte 297

IV. *Die Aufnahme der Ammre in die Stagma* 299

V. *Zusammenfassung* 299

Gesamtzusammenfassung 303

Literaturverzeichnis 311
   Literatur und gedruckte Quellen bis 1945 311
   Literatur nach 1946 315

Register 321

Quellenverzeichnis

Einige wesentliche Quellen meiner Arbeit werden in einem Anlagenband wiedergegeben, der unter https://doi.org/10.1628/978-3-16-159572-1-Zusatz zu finden ist. Die im folgenden Verzeichnis aufgelisteten Quellen finden sich in diesem online verfügbaren Anlagenband.

Anlage 1, 2:	Vertragsbeispiele Verlag und Komponist	3
Anlage 3:	Satzung der Genossenschaft Deutscher Tonsetzer vom 14.1.1903	5
Anlage 4:	Grundordnung der Anstalt für musikalisches Aufführungsrecht vom 14.1.1903	12
Anlage 5:	Muster eines Berechtigungsvertrags der Genossenschaft Deutscher Tonsetzer	22
Anlage 6:	Muster eines Pauschalvertrags der Genossenschaft Deutscher Tonsetzer	25
Anlage 7:	Vertragsbeispiel Komponist und Verlag	27
Anlage 8:	Vertragsbeispiel Komponist und Produzent mechanischer Reproduktionen	29
Anlage 9:	Gesellschaftsvertrag der Ammre vom 4.11.1909	31
Anlage 10:	Muster einer Vollmacht der Ammre	34
Anlage 11:	Muster eines Berechtigungsvertrags der Société générale et internationale de l'édition phonographique et cinématographique	35
Anlage 12:	Muster der Grundordnung der Anstalt für mechanische Rechte	38
Anlage 13:	Vollmacht und Beitrittserklärung zur AKM	41
Anlage 14:	Statut der „alten Gema" vom 16.12.1915	42
Anlage 15:	Vertragsmuster zwischen Veranstalter und Musikschutzverband	51
Anlage 16:	Vollmachterteilung Gema	53
Anlage 17:	Rahmenvertrag zwischen Musikschutzverband und Bund der Saal- und Konzertlokalinhaber aus Juni 1929	54
Anlage 18:	Meistbegünstigungsvertrag zwischen Reichskartell der Musikveranstalter und Genossenschaft Deutscher Tonsetzer vom 16.3.1929	56
Anlage 19:	Vertrag zwischen AKM und „alter Gema" zur Zusammenarbeit im Musikschutzverband vom 7.4.1926	60
Anlage 20:	Entwurf der Satzung des VEVA vom 10.6.1928	65
Anlage 21:	Vertrag zwischen Genossenschaft Deutscher Tonsetzer, „alter Gema" und AKM zur gemeinsamen Zusammenarbeit im Musikschutzverband vom 22.7.1930	67
Anlage 22:	Vertrag zwischen Reichskartell der Musikveranstalter und Musikschutzverband vom 7.8.1930	70
Anlage 23:	Satzung der Stagma	73
Anlage 24:	Muster eines Berechtigungsvertrags der Stagma	80
Anlage 25:	Vertrag zwischen Reichskartell der Musikveranstalter und Stagma vom 20.12.1933	83
Anlage 26:	Vertragsmuster zwischen Stagma und Veranstalter vom 28.1.1938	88

Abkürzungsverzeichnis

Abs.	Absatz
AFMA	Anstalt für musikalisches Aufführungsrecht
AKM	Gesellschaft der Autoren, Komponisten und Musikverleger (österreichische Verwertungsgesellschaft)
Ammre	Anstalt für mechanisch-musikalische Rechte
AMRE	Abteilung für mechanische Urheberrechte (Zweig der Stagma)
AmtsBl.	Amtsblatt
AMZ	Allgemeine Musikzeitung
Anm.	Anmerkung
Aufl.	Auflage
Bd.	Band
BGB	Bürgerliches Gesetzbuch
BGBl.	Bundesgesetzblatt
BGH	Bundesgerichtshof
BIEM	Bureau International de l'Edition Musico-Mécanique (Internationaler Bund zur Verwertung mechanischer Rechte)
Bl.	Blatt
BÜ	Berner Übereinkunft
bzw.	beziehungsweise
C3S	Cultural Commons Collecting Society
ca.	Circa
DMM	Das mechanische Musikinstrument
DNVP	Deutschnationale Volkspartei
ebd.	ebenda
EDIFO	Société Générale Internationale de l'Edition Phonographique et Cinématographique (französische Verwertungsgesellschaft für mechanisch-musikalische Rechte)
EU	Europäische Union
f.	folgend
ff.	fortfolgend
Fn.	Fußnote
GDT	Genossenschaft Deutscher Tonsetzer
Gema	Genossenschaft zur Verwertung musikalischer Aufführungsrechte (sog. „alte Gema")
GEMA	Gesellschaft für musikalische Aufführungs- und mechanische Vervielfältigungsrechte
GenG	Gesetz betreffend die Erwerbs- und Wirthschaftsgenossenschaften
GmbH	Gesellschaft mit beschränkter Haftung
GmbHG	Gesetz betreffend die Gesellschaften mit beschränkter Haftung
GN	Gema-Nachrichten
GO AFMA	Grundordnung der AFMA

GO GDT	Geschäftsordnung der GDT
GO mA	Grundordnung der „mechanischen Abteilung" der GDT
GRUR	Zeitschrift für gewerblichen Rechtsschutz und Urheberrechte
HGB	Handelsgesetzbuch
Hrsg.	Herausgeber
Hs.	Halbsatz
IBA	Internationaler Bund der Autorengesellschaften zur Verwertung der mechanischen Rechte
I.d.K.	Interessengemeinschaft deutscher Komponisten
k.A.	keine Angabe
Kap.	Kapitel
KartVO	Verordnung gegen den Mißbrauch wirtschaftlicher Machtstellungen
LUG	Gesetz betreffend das Urheberrecht an Werken der Literatur und Tonkunst
mA	„mechanische Abteilung" der GDT
MuW	Markenschutz und Wettbewerb
N.N.	Nomen Nescio (Name unbekannt)
Nr.	Nummer
NS	Nationalsozialismus
NSDAP	Nationalsozialistische Deutsche Arbeiterpartei
PatG	Patentgesetz
RG	Reichsgericht
RGBl.	Reichsgesetzblatt
RGSt	Entscheidungen des Reichsgerichts in Strafsachen
RGZ	Entscheidungen des Reichsgerichts in Zivilsachen
RM	Reichsmark
Rn.	Randnummer
Rs.	Rückseite
S.	Satz, Seite
SACEM	Société des Auteurs, Compositeurs et Éditeurs des Musique (französische Verwertungsgesellschaft für Aufführungsrechte)
Sp.	Spalte
Stagma	Staatlich genehmigte und kontrollierte Gesellschaft zur Verwertung musikalischer Aufführungsrechte
u.a.	und andere
UFA	Universum-Film Aktiengesellschaft
UFITA	Zeitschrift Archiv für Urheber- und Medienrecht
UrhG	Urheberrechtsgesetz
usw.	und so weiter
Verantwort.	Verantwortlicher
Verf.	Verfasserin
VerlG	Gesetz über das Verlagsrecht
VEVA	Verein zur Verwertung musikalischer Aufführungsrechte
VGG	Verwertungsgesellschaftengesetz
Vol.	Volume
Vorbem.	Vorbemerkung
VORWG	Verordnung über das Reichswirtschaftsgericht
WahrnG	Gesetz über die Wahrnehmung von Urheberrechten und verwandten Schutzrechten

Einleitung

I. Problemaufriss und Lösungsansatz

Anders als bei den übrigen Rechten des geistigen Eigentums können die Rechte von Urhebern nach § 2 des Verwertungsgesellschaftengesetzes (VGG) von Verwertungsgesellschaften wahrgenommen werden.[1] Die Rechtewahrnehmung kann prinzipiell individuell oder kollektiv erfolgen, soweit das materielle Recht die kollektive Rechtewahrnehmung nicht ausdrücklich vorsieht, wie beispielsweise in §§ 20b Abs. 1 S. 1, 45a Abs. 2 S. 2 und 52b S. 4 Urheberrechtsgesetz (UrhG).[2] Den Verwertungsgesellschaften in Deutschland kommt für einen Großteil der unterschiedlichen Wahrnehmungsbereiche eine monopolartige Stellung zu. Lediglich im Bereich der Filmverwertung existieren mehrere Verwertungsgesellschaften, die nebeneinander tätig sind.[3] Auch die GEMA (Gesellschaft für musikalische Aufführungs- und mechanische Vervielfältigungsrechte) besitzt de facto ein Monopol für die musikalische Rechteverwertung.[4] Bis heute herrscht in der Literatur die Auffassung vor, dass eine kollektive Rechtewahrnehmung zu den geradezu zwingenden Besonderheiten im Urheberrecht gehöre, da es dem Urheber aufgrund des Umfangs und der Vielfalt der unterschiedlichen Verwertungsarten faktisch unmöglich sei, seine Rechte selbstständig und effektiv durchzusetzen.[5] Zum Teil wird sogar die Auffassung vertreten, dass für bestimmte Wahr-

---

[1] Verwertungsgesellschaftengesetz vom 24.5.2016, zitiert nach: BGBl. I 2016, S. 1190.

[2] Gesetz über Urheberrecht und verwandte Schutzrechte vom 9.9.1965, zitiert nach: BGBl. I 1965, S. 1273.

[3] *Wünschmann*, Die kollektive Verwertung von Urheber- und Leistungsschutzrechten nach europäischem Wettbewerbsrecht, 2000, S. 23; *Nordemann*, in: Beier (Hrsg.), Gewerblicher Rechtsschutz und Urheberrecht in Deutschland: Festschrift zum hundertjährigen Bestehen der Deutschen Vereinigung für gewerblichen Rechtsschutz und Urheberrecht und ihrer Zeitschrift, 1991, S. 1197 (1200).

[4] *Nocker/Riemer*, in: Heker/Riesenhuber (Hrsg.), Recht und Praxis der GEMA: Handbuch und Kommentar, ³2018, S. 53 (59).

[5] *Freudenberg*, in: Ahlberg/Götting (Hrsg.), Urheberrecht, ⁴2017, § 4 WahrnG, Rn. 4; *Becker*, in: Kreile/Becker/Riesenhuber (Hrsg.), Recht und Praxis der GEMA: Handbuch und Kommentar, ²2008, S. 33 (33); so auch in der Folgeauflage: *Heker/Riesenhuber,* in: Heker/Riesenhuber (Hrsg.), Recht und Praxis der GEMA: Handbuch und Kommentar, ³2018, S. 1 (1); *Mestmäcker*, Sind urheberrechtliche Verwertungsgesellschaften Kartelle?, 1960, S. 32 f.

nehmungsbereiche eine individuelle Rechtewahrnehmung ausgeschlossen sei.[6] Dies gilt auch für die von der GEMA wahrgenommenen Aufführungs- und mechanisch-musikalischen Vervielfältigungsrechte.

Mit einer zunehmenden Verbreitung urheberrechtlicher Werke durch ihre Digitalisierung in Form von Streamingdiensten, Online-Plattformen zum Download und weiteren Angeboten zur Wiedergabe unter Nutzung von Online-Anwendungen werden Alternativkonzepte für die Verwertung von Urheberechten diskutiert. Beispielsweise kommt *Nadine Fischer* in ihrer Dissertation zu Lizenzierungsstrukturen bei einer grenzüberschreitenden Online-Verwertung von Musikwerken zu dem Ergebnis, dass „bei der Lizenzierung von Online-Rechten an Musik nicht am traditionellen System der kollektiven Rechtewahrnehmung festgehalten werden kann".[7] Aus einer wettbewerbsrechtlichen Perspektive ist auch *Christoph Wünschmann* der Auffassung, dass eine individuelle Rechtevergabe, sei es durch den einzelnen Urheber oder durch Werkvermittler, weiter ermöglicht werden müsse.[8] In diesem Sinne wurde bereits im September 2013 die Initiative C3S (Cultural Commons Collecting Society) ins Leben gerufen, die eine Alternative zur GEMA bilden möchte.[9] Ziel der C3S ist die Individualisierung der Rechtewahrnehmung und damit die Durchbrechung des faktischen Monopols der GEMA. Dadurch soll eine stärkere Autonomisierung der Urheber erreicht werden.[10] Bei der C3S handelt es sich um eine europäische Genossenschaft, die einen vorwiegend am Online-Segment orientierten Markt öffnen möchte.[11] Es handelt sich um eine eigenständige juristische Person, die im steuerlichen Sinne nicht gemeinnützig ist.[12]

Die wirtschaftliche Monopolstellung der Verwertungsgesellschaften wird zunehmend auch auf legislativer Ebene in Frage gestellt. Auf europäischer Ebene wird eine Liberalisierung des Marktes für kollektive Rechtewahrnehmung angestrebt. So besagt Art. 5 Abs. 2 der Richtlinie 2014/26/EU über die kollektive Verwertung von Urheber- und verwandten Schutzrechten, dass

---

[6] *Mestmäcker*, Sind urheberrechtliche Verwertungsgesellschaften Kartelle?, 1960, S. 33; *Mestmäcker*, in: Leßmann (Hrsg.), Festschrift für Rudolf Lukes zum 65. Geburtstag, 1989, S. 445 (448).

[7] *Fischer*, Lizenzierungsstrukturen bei der nationalen und multiterritorialen Online-Verwertung von Musikwerken, 2011, S. 557.

[8] *Wünschmann*, Die kollektive Verwertung von Urheber- und Leistungsschutzrechten nach europäischem Wettbewerbsrecht, 2000, S. 94.

[9] Zu Entstehung und Inhalten der C3S: https://www.c3s.cc/ueber-c3s/hintergrund/ (Stand: 2.4.2021).

[10] Zur Motivation der C3S: https://www.c3s.cc/warum-wir-eine-gema-alternative-brauchen/ (Stand: 2.4.2021).

[11] Zum Konzept: https://www.c3s.cc/ueber-c3s/konzept/ (Stand: 2.4.2021).

[12] Unter Rubrik Finanzierung/OMC e.V. der Homepage der C3S zu finden: https://www.c3s.cc/ueber-c3s/finanzierung/ (Stand: 2.4.2021).

I. Problemaufriss und Lösungsansatz

Rechteinhaber eine Organisation nach Wahl mit der kollektiven Rechtewahrnehmung beauftragen können.[13] Mittlerweile fand die Richtlinie mit Erlass des VGG vom 24.5.2016 Eingang in die deutsche Gesetzgebung. Das VGG löste das seit dem 9.9.1965 geltende Gesetz über die Wahrnehmung von Urheberrechten und verwandten Schutzrechten (WahrnG)[14] ab und führte zu einer deutlichen Erweiterung der rechtlichen Rahmenbedingungen für das Recht der Verwertungsgesellschaften. In § 2 VGG werden Verwertungsgesellschaften als Organisationen, die gesetzlich oder auf Grundlage einer vertraglichen Vereinbarung berechtigt sind und deren ausschließlicher Zweck es ist für Rechnung mehrerer Rechtsinhaber Urheberrechte oder verwandte Schutzrechte zu deren kollektiven Nutzen wahrzunehmen, definiert. Dabei muss die Organisation entweder von ihren Mitgliedern gehalten oder beherrscht werden oder nicht auf Gewinnerzielung ausgerichtet sein.

Diese Entwicklungen werfen grundlegende Fragen nach der Funktion von Verwertungsgesellschaften und deren Organisation in modernen Kulturgesellschaften auf. Verwertungsgesellschaften werden oftmals als sogenannte „Unternehmen sui generis" bezeichnet. Darunter werden private Unternehmen gefasst, die Aufgaben übernehmen, die zur Durchsetzung des Urheberrechts unentbehrlich sind und als Träger einer „staatsentlastenden Tätigkeit" eine besondere Rolle im Wirtschaftsleben einnehmen.[15] Die Besonderheit liege darin, so eine verbreitete Ansicht, dass Verwertungsgesellschaften zwar als marktbezogene Unternehmen auftreten, aber nicht auf die Erzielung von Eigengewinn ausgerichtet seien.[16]

Der Weg zu einer kollektiven, sogar monopolisierenden Rechtewahrnehmung durch Unternehmen, die ohne eigene Gewinnerzielungsabsicht handeln, ist allerdings nicht selbstverständlich, sondern das Ergebnis einer jahrhundertewährenden Entwicklung. Auch der internationale Vergleich zeigt eine Vielfalt unterschiedlicher Wahrnehmungsmodelle, wobei die jeweils gebildeten Verwertungsgesellschaften keine einheitliche Organisationsstruktur aufweisen und sich in Fragen der Rechtsform, der Rechnungslegungsprinzipien und der Aufsicht deutlich unterscheiden.[17] Verwertungsgesellschaften

---

[13] Richtlinie 2014/26/EU vom 26.2.2014, in: AmtsBl. EU vom 20.3.2014, L 84/72.

[14] BGBl. I 1965, S. 1294.

[15] *Heker/Riesenhuber,* in: Heker/Riesenhuber (Hrsg.), Recht und Praxis der GEMA: Handbuch und Kommentar, ³2018, S. 1 (1); so auch: *Lerche,* in: Kreile/Becker/Riesenhuber (Hrsg.), Recht und Praxis der GEMA: Handbuch und Kommentar, ²2008, S. 25.

[16] Mit weiteren Nachweisen: *Heinemann,* Die Verteilungspraxis der Verwertungsgesellschaften, S. 30 f.

[17] Beispielsweise erfolgt die Verwertung der Musikrechte in den USA durch miteinander konkurrierende Verwertungsgesellschaften, hierzu: *Goldmann,* Die kollektive Wahrnehmung musikalischer Rechte in den USA und Deutschland, 2001, S. 397. Auch auf europäischer Ebene hat die Harmonisierung des Rechts der Verwertungsgesellschaften gezeigt, dass kein einheitliches Bild der Verwertungsgesellschaft als Organisation bestand. Viel-

als „Unternehmen" sind von einer Vielzahl unterschiedlicher Faktoren geprägt, die abhängig von der jeweiligen Gesetzeslage und den hinter den Gesellschaften stehenden Akteuren sind. Unter diesem Gesichtspunkt bietet die rechtshistorische Aufarbeitung der Gründung der ersten Organisationen zur kollektiven Rechtewahrnehmung und deren weitere Entwicklung wesentliche Anhaltspunkte für die Frage nach der Funktion und der Funktionsweise der Verwertungsgesellschaften in Deutschland. Es wird sich zeigen, dass Verwertungsgesellschaften unter Konkurrenzbedingungen erheblichen Marktdynamiken unterliegen konnten, die ihre Unternehmenseigenschaft als durchaus plausibel erscheinen lassen, deren funktionale Klassifizierung als sogenannte „Unternehmen sui generis" erst im Laufe des 20. Jahrhunderts angenommen haben.

In der Entwicklungsgeschichte des Urheberrechts waren seit seiner Vereinheitlichung im Jahr 1870 unterschiedliche Formen der Rechtewahrnehmung möglich und zulässig. Dabei verlief der Weg von der individuellen zu einer kollektiven, von einer konkurrierenden zu einer zum großen Teil monopolisierten Rechteverwertung. Bezogen auf die aktuellen Debatten um Umfang und Ausgestaltung einer Rechteverwertung durch Verwertungsgesellschaften kann eine rechtshistorische Untersuchung der konkurrierenden Verwertungsregime bzw. der Prozess ihrer Monopolisierung grundlegende Erkenntnisse für die Verwertung urheberrechtlicher Befugnisse liefern und Aufschluss über die Frage geben, welche Gründe zur Monopolbildung im Bereich der kollektiven Rechtewahrnehmung führten. Ein besonderes Augenmerk wird dabei auf die Frage gelegt, ob und inwieweit die neu entstandenen Organisationen zur Rechteverwertung als gewinnorientiert handelnde Unternehmen anzusehen waren.[18]

Der Untersuchungsgegenstand beschränkt sich auf musikalische Aufführungs- und Vervielfältigungsrechte. Der Untersuchungszeitraum setzt 1903 mit der Gründung der Genossenschaft Deutscher Tonsetzer (GDT) als erster Organisation zur kollektiven Wahrnehmung musikalischer Aufführungsrechte an und betrachtet die kontinuierliche Ausdehnung des kollektiven Wahrnehmungsmodells bis zur Aufnahme der Anstalt für mechanisch-musikalische Rechte (Ammre) 1938 in die staatlich genehmigte und kontrollierte Gesellschaft zur Verwertung musikalischer Aufführungsrechte (Stagma).[19] Die Stagma bildete die Rechtsvorgängerin der heutigen GEMA

---

mehr wurden signifikante Unterschiede bei Rechtsform, Rechnungslegungsprinzipien und Fragen der Aufsicht deutlich, mit weiteren Nachweisen: *Heinemann*, Die Verteilungspraxis der Verwertungsgesellschaften, 2017, S. 30 f.

[18] Zur Verwendung des „Unternehmensbegriffs" in der handelsrechtlichen Literatur in der Weimarer Republik, siehe: *Pahlow*, in: Löhnig/Preisner (Hrsg.), Weimarer Zivilrechtswissenschaft, 2014, S. 87 (89 ff.).

[19] *Riesenhuber/Rosenkranz,* UFITA 2005, S. 467 (470 ff.).

und war seit 1938 allein für die Verwertung des Aufführungsrechts und des mechanisch-musikalischen Vervielfältigungsrechts zuständig.[20]

Die historische Analyse ermöglicht Aufschluss zu der Frage nach den Motiven für die Etablierung kollektiver Wahrnehmungsformen im Bereich der Musikrechte. Gleichzeitig werden die Gründe für die Entstehung konkurrierender Verwertungsgesellschaften und die dahinterstehenden Zielsetzungen untersucht. Dabei stehen die Fragen nach den unternehmerischen Zielen der Gesellschaften und deren Auswirkungen für Musiknutzer und Rechteinhaber im Vordergrund. Schließlich ermöglicht der gewählte Untersuchungszeitraum auch die Ausarbeitung der Gründe für die Bildung einer zentralen Stelle für die kollektive Wahrnehmung der Musikrechte. Unter Berücksichtigung der soeben in Wirtschaft und Gesetzgebung dargestellten Tendenzen zur Liberalisierung des Marktes für die kollektive Rechtewahrnehmung handelt es sich um historisches Erfahrungswissen, dass unterschiedliche Verwertungsformen beleuchtet und dabei Aufschluss über die damit einhergehenden Problemstellungen und Lösungsansätze liefern kann.

II. Forschungsstand

Eine rechtshistorische Analyse des Verhältnisses von konkurrierenden und monopolartigen Wahrnehmungsmodellen ist in der Forschung bislang kaum oder gar nicht erfolgt. Die historische Entwicklung der Verwertungsgesellschaften im vorliegenden Untersuchungszeitraum wird in den gängigen Kommentaren zum VGG, bzw. zum WahrnG nur oberflächlich und zum Teil ungenau herausgearbeitet.[21] So formuliert Gernot Schulze, dass „vor dem Zweiten Weltkrieg Verwertungsgesellschaften als staatlich autorisierte Monopole tätig waren",[22] was schon im Hinblick auf die Zeit vor 1933 nicht zutrifft. Darüber hinaus stehen bislang überblicksartige Abhandlungen über Bestand und Geschichte der musikalischen Verwertungsgesellschaften im Vordergrund, ohne aber detaillierte Aussagen über deren Verwertungsregime einschließlich ihrer internen Organisationsstruktur zu treffen.[23]

Lediglich Maria Manuela Schmidt behandelte in ihrer Dissertation von 2005 die Entwicklung der Tantiemenbewegung in Deutschland und die Er-

---

[20] Urteil des BGH vom 30.11.1954, in: GRUR 1955, S. 351.
[21] *Gerlach*, in: Wandtke/Bullinger/Block (Hrsg.), Praxiskommentar zum Urheberrecht, ⁴2014, Vorbem. vor §§ 1 ff. WahrnG, Rn. 2 f.; Freudenberg, in: Ahlberg/Götting (Hrsg.), Urheberrecht, ⁴2017, § 1 WahrnG, Rn. 6; *Schulze,* in: *Dreier/Schulze*, Urheberrechtsgesetz, ⁶2018, Vorbem. VGG, Rn. 2.
[22] *Schulze*, in: *Dreier/Schulze*, Urheberrechtsgesetz, ⁶2018, Vorbem. VGG, Rn. 4.
[23] *Schulze*, Geschätzte und geschützte Noten, 1995; *Dümling*, Musik hat ihren Wert, 2003.

richtung der ersten deutschen Verwertungsgesellschaft auch aus einer verbandsinternen Perspektive. Der Schwerpunkt der Arbeit liegt aber in der Darstellung der ersten Gründungsversuche einer Verwertungsgesellschaft und deren Scheitern, sowie den Gründen für den Erfolg der GDT, die bis heute als erste deutsche Verwertungsgesellschaft gilt.[24] Ihre Untersuchung befasst sich nur am Rande mit den oben ausgearbeiteten Fragen. Darüber hinaus wird die weitere Entwicklung der GDT bzw. der Verwertungsgesellschaften generell für die Zeit nach 1903 nicht bzw. nur ausblickhaft dargestellt. Die Arbeit vermag daher keine Aussagen über das Verhältnis zwischen kollektiver und individueller Rechtewahrnehmung bzw. über das Verhältnis konkurrierender Verwertungsgesellschaften zueinander zu treffen.

Aus einer historischen Perspektive beleuchtet Monika Dommann die Konflikte, die mit dem technischen Fortschritt in Form der Entstehung von Apparaten zur Vervielfältigung und Wiedergabe urheberrechtlicher Werke einhergingen. Hierbei befasst sie sich auch mit der Rolle der von ihr so genannten „Verwertergesellschaften" und beleuchtet dabei auch den Zusammenhang zwischen neu aufkommenden Speichermedien („Stimmenspeicher") wie der Schallplatte und der damit in Zusammenhang stehenden Entstehung von Gesellschaften zur Verwertung der monetären Erträge aus diesen technischen Innovationen.[25] Bei der Betrachtung der sogenannten „Verwertergesellschaften" durch Dommann handelt es sich lediglich um einen Aspekt einer umfangreichen Arbeit zu der Frage, wie sich technische Fortschritte auf die Urheberrechte auswirken und ob und inwieweit das Aufkommen des Internets einen Bruch im Vergleich zu bisherigen technischen Entwicklungen darstellte. Hierbei setzt sie sich jedoch nicht mit der Entstehung von Konkurrenz und dem Prozess der Monopolisierung einer einzelnen Gesellschaft auseinander, was den Gegenstand dieser Arbeit bildet und von der Bearbeitung von Dommann nicht erfasst worden ist.

Der Aufsatz von Karl Riesenhuber und Frank Rosenkranz zur Bewährung der konkurrierenden Ausgestaltung der Rechtewahrnehmung im Zeitraum 1903 bis 1933 erfolgt schließlich ohne Berücksichtigung der wesentlichen Unterschiede zwischen den konkurrierenden Verwertungsgesellschaften im Zweiten Deutschen Kaiserreich und der Weimarer Republik, der Prozess der Monopolisierung während des Dritten Reichs bleibt ohnehin unberücksichtigt. Darüber hinaus stützt sich der Aufsatz allein auf gedruckte Quellen und berücksichtigt aus diesem Grund nur teilweise das Innenrecht der konkurrierenden Gesellschaften, sowie die Vertragsverhältnisse zwischen Urhebern und Gesellschaften, bzw. Musiknutzern und Gesellschaften.[26]

---

[24] *Schmidt*, Die Anfänge der musikalischen Tantiemenbewegung in Deutschland, 2005, S. 675 f.
[25] *Dommann*, Autoren und Apparate, 2014, S. 107.
[26] *Riesenhuber/Rosenkranz,* UFITA 2005, S. 467 ff.

III. Gang der Untersuchung

Um konkurrierende Verwertungsregime auf ihre Ursachen und Wirkungen zu untersuchen, müssen die unterschiedlichen Ebenen der meist privatautonom organisierten Selbstregulierungsregime in den Gesellschaften selbst in den Blick genommen werden. Neben dem Rückgriff auf gedruckte Quellen, wie zum Beispiel der Gesetzgebungsgeschichte, veröffentlichter Jahresberichte, rechtswissenschaftlicher Literatur und Rechtsprechung waren auch ungedruckte Quellen in den Archiven einzubeziehen, was bislang für den genannten Untersuchungszeitraum kaum erfolgt ist. Grundlage der Untersuchung bildeten dabei Aktenbestände staatlicher Institutionen, wie dem Reichsjustizministerium und dem Reichsministerium für Volksaufklärung und Propaganda, aber auch Verlagsarchive und Nachlässe.

Ein erster Fragenkreis behandelt das Verhältnis von individueller zu kollektiver Wahrnehmung, der sich mit der Thematik auseinandersetzt, ob und inwieweit neben der kollektiven Wahrnehmung des musikalischen Aufführungsrechts und des mechanisch-musikalischen Vervielfältigungsrechts noch individuelle Wahrnehmungsformen Bestand haben und genutzt werden konnten. Das *erste* und *zweite Kapitel* dieser Arbeit begutachten Art und Umfang eines Nebeneinanders von kollektiver und individueller Wahrnehmung im Bereich der Musikrechte, sowie die Gründe für die kontinuierliche Verdrängung der individuellen Wahrnehmung.

Auf einer zweiten Ebene wird die Ausgestaltung der kollektiven Rechtewahrnehmung in den Blick genommen. Dabei steht die Frage im Vordergrund, unter welchen Voraussetzungen Konkurrenz im Rahmen einer kollektiven Rechtewahrnehmung von Musikrechten entstehen und worauf sich der Wettbewerb der am Handel mit Musikrechten beteiligten Akteure beziehen konnte. Ferner wird an dieser Stelle die Frage behandelt, ob und inwieweit die miteinander konkurrierenden Gesellschaften unternehmerische Zielsetzungen verfolgten und damit unter Berücksichtigung der damaligen Rechts- und Wirtschaftslage als Unternehmen im klassischen Sinne aufzufassen waren. Das *dritte Kapitel* dieser Arbeit befasst sich hierzu mit Organisation und Struktur der GDT als erster Verwertungsgesellschaft für das musikalische Aufführungsrecht, die durch die Verdrängung der individuellen Wahrnehmung und anderer Anbieter kollektiver Wahrnehmungsformen ein Monopol für den Handel mit musikalischen Aufführungsrechten im Deutschen Reich erlangte. Mit Gründung der Genossenschaft zur Verwertung musikalischer Aufführungsrechte (im Folgenden: Gema) 1915 entstand eine weitere deutsche Verwertungsgesellschaft, die neben der GDT tätig wurde. Es stellt sich die Frage, wie sich die Konkurrenz bei der Wahrnehmung von Musikrechten auswirkte, worauf sich der Wettbewerb zwischen den Unternehmen bezog und wie die Gema das Monopol der GDT durchbrechen konnte. Art und Umfang der Konkurrenz unterschiedlicher Verwertungsgesellschaften zur Wahrnehmung des mechanisch-musikalischen Vervielfältigungsrechts bildet den Gegenstand des *vierten Kapitels*. Die mit der „alten Gema" herausgebildete Konkurrenz und ihre Auswirkungen auf Rechteinhaber und Veranstalter bilden den Gegenstand des *fünften Kapitels*. Ein besonderes Augenmerk liegt dabei auf der Frage, welche Maßnahmen die konkurrierenden Verwertungsgesellschaften ergriffen, um ihren Einfluss gegenüber den anderen Marktmitbewerbern auszubauen und ob und inwieweit sie dabei als Unternehmen mit eigenen Gewinnerzielungsabsichten handelten.

Schließlich befasst sich ein dritter Fragenkreis mit der Begründung monopolistischer Strukturen bei der kollektiven Wahrnehmung der Musikrechte zu Beginn der 1930er Jahre und während des Nationalsozialismus. Dabei geht es zentral um die Frage, wann und aus welchen Gründen der Vereinigungsprozess zwischen den konkurrierenden Verwertungsgesellschaften begründet wurde. Das *sechste Kapitel* beleuchtet die Endphase der Weimarer Republik und das Aufkommen von ersten Tendenzen zur Zusammenführung der unterschiedlichen Marktakteure. Im *siebten* und *achten Kapitel* werden sodann der Einfluss der Machtübernahme durch die Nationalsozialisten auf die kollektive Wahrnehmung der Musikrechte und die Gründe für die endgültige Beendigung der Konkurrenz zwischen den im Deutschen Reich zwischen 1903 und 1938 tätigen Verwertungsgesellschaften dargestellt.

Erster Teil

Individuelle und kollektive Wahrnehmung

Der erste Teil dieser Arbeit behandelt die Frage nach Art und Umfang einer Wahrnehmung neu geschaffener Musikrechte. Während die Werkschaffenden bis zum Beginn des 20. Jahrhunderts ihre Einkünfte vornehmlich aus der Veräußerung der Noten ihrer Werke generierten, eröffnete die Einführung des vorbehaltlos gewährleisteten Aufführungsrechtes im Jahr 1901 und die Schaffung des mechanisch-musikalischen Vervielfältigungsrechts im Jahr 1910 neue Möglichkeiten musikalische Werke zu Gunsten ihrer Urheber zu verwerten. Hierbei stellt sich zunächst die Frage, wie die Urheber die neu entstandenen Rechte nutzten. Es wird untersucht, welche Möglichkeiten sich den einzelnen Urhebern zur Verwertung ihrer Rechte boten. Darauf aufbauend befasst sich dieser Teil mit der Frage, ob und inwieweit es den einzelnen Werkschaffenden möglich war die neu begründeten Rechte selbst zu verwerten und welche Rolle Verlagen und Vermittlern dabei zukam. Ein besonderes Augenmerk wird dabei auf die Etablierung kollektiver Wahrnehmungsformen geworfen. Welche Gründe begünstigten die Bildung solcher Wahrnehmungskollektive und wie kam es dazu, dass individuelle Wahrnehmungsformen in Bezug auf die neu geschaffenen musikalischen Rechte weitgehend zurückgedrängt werden konnten. Die Untersuchungsgrundlage des ersten Kapitels bildet das 1901 eingeführte, vorbehaltlos gewährleistete musikalische Aufführungsrecht. Das zweite Kapitel untersucht, ob und inwieweit unterschiedliche Wahrnehmungsformen auch bei der Verwertung des mechanisch-musikalischen Vervielfältigungsrechts auftraten.

Kapitel 1

Der Weg zu einer kollektiven Rechtewahrnehmung im Bereich des musikalischen Aufführungsrechts

Eine unbeschränkte Einräumung des musikalischen Aufführungsrechts erfolgte erstmals durch das Gesetz betreffend das Urheberrecht an Werken der Literatur und Tonkunst (LUG)[1] zum 1.1.1902. Die Verantwortung für die Verwertung des Aufführungsrechts lag zunächst bei den Werkschaffenden. 1903 kam es zur Gründung der GDT, die als Verwertungsgesellschaft eine kollektive Verwertung musikalischer Aufführungsrechte offerierte.[2] Die Zeitspanne zwischen Begründung des Aufführungsrechts und Gründung der GDT bot durchaus Raum zur Nutzung eines alternativen Wahrnehmungskonzepts. Insofern bildet die Frage, ob und inwiefern neben dem kollektiven Wahrnehmungsmodell eine individuelle Wahrnehmung durch die Urheber erfolgte, einen zentralen Punkt dieses Kapitels. Im Anschluss daran werden die Ursachen für die Manifestierung eines kollektiven Wahrnehmungssystems im Bereich des musikalischen Aufführungsrechts durch Verwertungsgesellschaften ausgearbeitet.

Der erste Teil beleuchtet zunächst die rechtlichen Rahmenbedingungen für die Verwertung und den Schutz des musikalischen Aufführungsrechts (I.) und bildet den Ausgangspunkt für die weitere Bearbeitung. Ein zweiter Teil widmet sich dem Umfang und der Art der Rechteeinräumung bei individuellen Wahrnehmungsmodellen, wobei eine Differenzierung in unterschiedliche Wahrnehmungsbereiche erfolgt (II.). Unter Einbeziehung ungedruckter Quellen aus Komponistennachlässen und Verlagsarchiven wird untersucht, ob und inwiefern es den Rechteinhabern möglich war eine eigenständige individuelle Wahrnehmung des neu begründeten Rechts zu gewährleisten. Der dritte Teil behandelt die Entwicklung eines kollektiven Wahrnehmungsmodells und setzt sich mit Gründen für die Durchsetzung desselben gegenüber der individuellen Wahrnehmungsform auseinander (III.). In einem vierten Teil werden politische, wirtschaftliche und rechtliche Zusammenhänge als weitere Erklärungsansätze für die Etablierung der kollektiven und das Scheitern der individuellen Wahrnehmungsform betrachtet (IV.). Abschlie-

---

[1] RGBl. 1901, S. 227 ff.
[2] Zum Begriff der Verwertungsgesellschaft und zur Gründung der GDT, siehe: *Schmidt*, Die Anfänge der musikalischen Tantiemenbewegung in Deutschland, 2005, S. 674 ff.

ßend werden die Auswirkungen der Bildung kollektiver Wahrnehmungsformen auf die individuelle Wahrnehmungspraxis zusammengetragen (V.).

I. Der Schutz und die Ausgestaltung des musikalischen Aufführungsrechts

Ein einheitlicher Schutz musikalischer Werke im Deutschen Reich wurde durch das Urheberrechtsgesetz von 1870 (UrhG 1870) gewährleistet.[3] Unter den Voraussetzungen der §§ 45 ff. UrhG 1870 wurden die Schutzvorschriften des UrhG 1870 auch bei Vervielfältigungen musikalischer Kompositionen angewandt. Darüber hinaus eröffneten §§ 50 ff. UrhG 1870 einen Schutz für dramatische, musikalische und musikalisch-dramatische Aufführungen. Das UrhG 1870 wurde bereits wenige Jahre nach seiner Verabschiedung durch die zunehmende Industrialisierung und Internationalisierung als veraltet kritisiert.[4] Die Berner Übereinkunft (BÜ) vom 9.9.1886[5] führte zu einer Manifestierung eines höheren Schutzniveaus als es das UrhG 1870 vorsah, was eine Anpassung erforderlich machte. Daneben führte auch die ab ca. 1880 einsetzende Verbreitung mechanischer Musikinstrumente zur Forderung nach der Ausweitung des bestehenden urheberrechtlichen Schutzes.[6] Das Reichsjustizamt versuchte diese Kritikpunkte durch eine Reform einzelner Vorschriften des UrhG 1870 zu korrigieren, entschied sich 1893 jedoch zur vollständigen Erarbeitung eines neuen Urheberrechtsgesetzes. Aufgrund der Berücksichtigung der Ergebnisse der Revisionskonferenz der BÜ im Jahre 1896 erteilte der Kaiser erst 1897 die Genehmigung zur Erstellung eines Entwurfs eines neuen Urheberrechtsgesetzes.[7] Der Entwurf konnte nach Zustimmung des Bundesrats am 8.12.1900 dem Reichstag vorgelegt und am 2.5.1901 verabschiedet werden.[8] Dieser Abschnitt geht der Entwicklung des musikalischen Aufführungsrechts, sowie die Möglichkeiten seiner Übertragung und seines Schutzes unter dem LUG nach.

---

[3] BGBl. des Norddeutschen Bundes 1870, S. 339 ff.

[4] Zur Problematik der Anwendung des UrhG 1870 auf die „mechanische Musik", siehe: *Apel*, Der ausübende Musiker im Recht Deutschlands und der USA, 2011, S. 70.

[5] Übereinkunft, betreffend die Bildung eines internationalen Verbandes zum Schutze von Werken der Literatur und Kunst, in: RGBl. 1887, S. 493 ff.

[6] Hierzu ausführlich: *Bandilla*, Urheberrecht im Kaiserreich, 2005, S. 31 ff.

[7] *Bandilla*, Urheberrecht im Kaiserreich, 2005, S 165 f.

[8] *Bandilla*, Urheberrecht im Kaiserreich, 2005, S. 137 f.

I. Der Schutz und die Ausgestaltung des musikalischen Aufführungsrechts 13

1. Das musikalische Aufführungsrecht

§ 11 Abs. 2 LUG räumte Urhebern von Bühnenwerken oder Werken der Tonkunst neben den Rechten der Vervielfältigung und Verbreitung ein ausschließliches Recht zur öffentlichen Aufführung ein. Dieses erfasste ganz oder teilweise sinnlich wahrnehmbare Darstellungen ihrer Werke für einen unbestimmten Personenkreis.[9] Im Hinblick auf die Darbietungen von Werken der Tonkunst handelte es sich dabei meist um eine akustische Wiedergabe der Werke durch die menschliche Stimme oder Musikinstrumente. Insofern waren klassische Konzerte, aber auch das Vorspielen eines Liedes in einem Café vom Begriff der öffentlichen Aufführung erfasst.[10] Der Aufführungsschutz bezog dabei nicht allein auf die persönliche Darbietung und die Auswahl der Werke, sondern auch auf diejenigen, die die Aufführungen bestimmt und angeordnet haben.[11] Hierunter fielen beispielsweise auch Kur- und Badedirektoren sowie Gastwirte.

Dieser umfangreiche Aufführungsschutz kam den Urhebern erst mit Erlass des LUG zu Teil. Die vorangegangene Regelung des § 50 Abs. 2 S. 2 UrhG 1870 machte bei musikalischen Werken, die durch Druck bereits veröffentlicht waren, das Bestehen des Aufführungsrechts von einem Vorbehalt abhängig. § 50 Abs. 2 S. 2 UrhG 1870 hielt fest, dass musikalische Werke, welche durch Druck veröffentlicht worden sind ohne Genehmigung des Urhebers öffentlich aufgeführt werden können, falls nicht der Urheber auf dem Titelblatt oder an der Spitze des Werkes sich das Recht der öffentlichen Aufführung vorbehalten hat. Lediglich musikalisch-dramatische Werke waren nach § 50 Abs. 2 S. 1 UrhG 1870 vollumfassend geschützt. In Abgrenzung zu musikalischen Werken erfassten dramatisch-musikalische Werke Darstellungen, bei denen Text und Dichtung zu einem einheitlichen Ganzen verschmolzen und das Zusammenspiel den Wesenskern der Aufführung ausmachte.[12] Den geringeren Schutzumfang von musikalischen Werken begründete der Gesetzgeber 1870 unter anderem mit der „Sitte des musikalischen Verkehrs" und dem Interesse der Komponisten an der Verbreitung ihrer Werke.[13] Insbesondere unbekannte Komponisten sollten durch die mögliche Auslassung des Vorbehalts in die Lage versetzt werden eine kostenfreie Auf-

---

[9] *Müller*, Das deutsche Urheber- und Verlagsrecht, 1901, § 11 LUG, S. 49.
[10] *Marwitz/Möhring*, Das Urheberrecht an Werken der Literatur und Tonkunst in Deutschland, 1929, § 11 LUG, S. 124 f.
[11] Urteil des RG vom 8.5.1908, in: RGSt 41, S. 287 (289); so auch: Urteil des RG vom 9.12.1911, in: RGZ 78, S. 84 (87).
[12] *Reiners*, Das Bühnenwerk und sein urheberrechtlicher Schutz, 1927, S. 19; ähnlich: *Schmidt*, Die Anfänge der musikalischen Tantiemenbewegung in Deutschland, 2005, S, 60.
[13] Entwurf eines Gesetzes betreffend das Urheberrecht an Schriftwerken u.a., in: Aktenstücke des Reichstags des Norddeutschen Bundes, 1870, Nr. 7, S. 131 (140).

führung anzubieten, um dadurch zu einer Bekanntheit zu gelangen, die die Nachfrage nach ihren Werken erhöhen sollte.[14] Demgegenüber wurde im Hinblick auf den höheren Schutzumfang musikalisch-dramatischer Werke auf deren Mitteilungswirkung verwiesen. Dazu hieß es, dass „wer die eine Form der Mittheilung seines Werkes will, verzichtet damit noch nicht auf den Gebrauch der anderen."[15] Zudem stand der Urheber bei musikalisch-dramatischen Werken nur einer kleinen Anzahl möglicher Vertragspartner gegenüber, was eigene Verhandlungen zwischen Komponisten und Veranstaltern vereinfachte.[16] In der praktischen Umsetzung des Schutzes musikalischer Werke brachten die Musikverlage, die mit dem Druck der Noten beauftragt worden waren, den Vorbehalt nur an wenigen Werken an.[17] Dadurch drohte das in § 50 Abs. 1 UrhG 1870 gewährleistete Aufführungsrecht an musikalischen Werken weitgehend leer zu laufen, da ein fehlender Vorbehalt nach § 50 Abs. 2 S. 2 UrhG 1870 zur Genehmigungsfreiheit für Aufführungen entsprechender Werke führte. Erst mit Erlass des LUG 1901 erhielten auch musikalische Werke einen vollumfänglichen Schutz. Der Gesetzgeber verzichtete dabei auf die Unterscheidung zwischen musikalischen und musikalisch-dramatischen Werken und fasste beide unter dem Oberbegriff der „Werke der Tonkunst" zusammen. Dies ging auch auf die Initiative des Vereins deutscher Musikalienhändler zurück, in dem Musikalienhändler und -verleger organisiert waren. Sie setzten sich für die Aufhebung des Aufführungsvorbehalts bei musikalischen Werken ein, um so den Urhebern die Sorge zu nehmen, dass ihre Werke durch Anbringung des Vorbehalts nicht aufgeführt würden.[18] Die Differenzierung zwischen musikalischen und musikalisch-dramatischen Werken blieb hinsichtlich der Übergangsregelung in § 61 Abs. 1 LUG weiterhin relevant. § 61 Abs. 1 S. 2 LUG bestimmte, dass vorbehaltsfreie Werke, die vor Erlass des LUG geschaffen wurden, ohne Einwilligung des Urhebers aufgeführt werden konnten. Die Urheber konn-

---

[14] Kommissionsbericht über den Gesetz-Entwurf betreffend das Urheberrecht an Schriftwerken u.a., in: Aktenstücke des Reichstags des Norddeutschen Bundes, 1870, Nr. 137, S. 536 (545); so auch: *Schuster*, GRUR 1901, S. 14 (17), der darlegt, dass einige Komponisten sogar Veranstalter musikalischer Aufführungen für die Wiedergabe ihrer Werke bezahlten.

[15] Entwurf eines Gesetzes betreffend das Urheberrecht an Schriftwerken u.a., in: Aktenstücke des Reichstags des Norddeutschen Bundes, 1870, Nr. 7, S. 131 (139).

[16] *d'Albert*, Die Verwertung des musikalischen Aufführungsrechts in Deutschland, 1907, S. 22; *Schmidt*, Die Anfänge der musikalischen Tantiemenbewegung in Deutschland, 2005, S. 462.

[17] *d'Albert* geht davon aus, dass zwischen 1870 und 1900 lediglich 1000 Werke von 70.000 bis 80.000 veröffentlichten Originalwerken mit einem Vorbehalt versehen waren, in: *d'Albert*, Die Verwertung des musikalischen Aufführungsrechts in Deutschland, 1907, S. 67.

[18] *Bandilla*, Urheberrecht im Kaiserreich, 2005, S. 64.

ten aber nach § 61 Abs. 1 S. 1 LUG einen entsprechenden Vorbehalt nachträglich am Werk anbringen, was zum Aufleben des Aufführungsschutzes führte.

2. Die Übertragung des Aufführungsrechts

Neben dem Aufführungsrecht räumte das LUG dem Urheber musikalischer Werke weitere Möglichkeiten der Verwertung ein. § 11 Abs. 1 LUG enthielt die ausschließliche Befugnis zur Vervielfältigung und Verbreitung, die sich nach § 12 Abs. 1 LUG ebenfalls auf Bearbeitungen des Werkes erstreckte. Um einen wirtschaftlichen Nutzen aus ihrem kreativen Schaffen ziehen zu können, räumte § 8 Abs. 3 LUG den Urhebern die Möglichkeit ein, ihr Urheberrecht beschränkt oder unbeschränkt auf Dritte zu übertragen. Ob das gesamte Urheberrecht oder nur die Ausführung des Urheberrechts übertragen wurde, war in der Literatur stark umstritten.[19] In der praktischen Ausgestaltung der Übertragung des musikalischen Aufführungsrechtes kam diesem Meinungsstreit jedoch nur wenig Bedeutung zu. Im Wege der Vertragsautonomie bildeten sich unterschiedliche Vertragstypen heraus, die auf die Bedürfnisse von Nutzern und Urhebern zugeschnitten waren. Im Hinblick auf die Übertragung des Aufführungsrechts nach § 11 Abs. 2 LUG wurde zwischen der Aufführungsgenehmigung, dem Aufführungsübertragungsvertrag und dem Aufführungsagenturvertrag unterschieden.[20] In der Regel erfolgte eine Übertragung von Aufführungsrechten in Deutschland in Form der Einräumung eines Lizenzrechts, das den Veranstaltern musikalischer Aufführungen kein ausschließliches Nutzungsrecht einräumte, sondern nach *Josef Kohler* nur das „Recht der Aufführung".[21] Die Rechteinhaber vergaben

---

[19] Siehe: *Allfeld*, Das Urheberrecht an Werken der Literatur und Tonkunst, ²1928, § 8 LUG, S. 102; *Marwitz/Möhring*, Das Urheberrecht an Werken der Literatur und Tonkunst in Deutschland, 1929, § 8 LUG, S. 72; *de Boor*, Urheberrecht und Verlagsrecht, 1917, S. 218; *Opet*, Deutsches Theaterrecht, 1897, S. 316 ff. Auch „über die konkrete dogmatische Konstruktion [einer Übertragung des Aufführungsrechts; Anmerkung der Verfasserin] gingen die Meinungen auseinander", so: *Pahlow*, Lizenz und Lizenzvertrag im Recht des Geistigen Eigentums, 2006, S. 99.

[20] *Bock*, Das Aufführungsrecht an dramatischen und musikalischen Werken, 1906, S. 52 ff.; *Riezler*, Deutsches Urheber- und Erfinderrecht, 1909, S. 383–392. Diese Unterscheidung findet sich nicht bei allen Autoren wieder. *Wilhelm Borchard* behandelt lediglich den Übertragungsvertrag und den Aufführungsagenturvertrag, siehe: *Borchard*, Das Aufführungsrecht an dramatischen und musikalischen Werken, 1917, S. 37 f. Um einen möglichst umfassenden Blick auf die Übertragung des Aufführungsrechts zu erhalten, werden vorliegend alle drei in der damaligen Literatur bekannten Vertragsmodelle thematisiert.

[21] *Kohler*, Urheberrecht an Schriftwerken und Verlagsrecht, 1907, S. 282; *Allfeld*, Das Urheberrecht an Werken der Literatur und Tonkunst, ²1928, § 8 LUG, S. 116; *Bock*, Das Aufführungsrecht an dramatischen und musikalischen Werken, 1906, S. 60; *Linke*, Der

Aufführungsgenehmigungen an individuellen Werken für einzelne oder mehrere Aufführungen. Die konkrete Ausgestaltung der Aufführungsgenehmigung oblag, aufgrund der durch die Privatautonomie gewährten Vertragsfreiheit, dem Urheber oder in sonstiger Weise Berechtigten. Pauschale Musterformulare einer Aufführungsgenehmigung, die sich im Markt durchgesetzt haben, lassen sich nicht nachweisen. Diskutiert wurden vielmehr Einzelfragen der Auslegung bzw. der Zulässigkeit vertraglicher Regelungen, wie die Frage nach dem Umfang der Rechteeinräumung bei Besitz mehrerer Aufführungslokalitäten oder dem Zeitpunkt der Durchführung einer Veranstaltung.[22]

Beim Aufführungsübertragungsvertrag übertrug der Urheber sein Aufführungsrecht an einem oder mehreren Werken in der Regel als Ganzes an einen Vermittler. Im Gegenzug erhielt er ein einmaliges Honorar oder wurde an den Erträgen der Aufführungen beteiligt.[23] Das Reichsgericht wandte das Gesetz über das Verlagsrecht (VerlG)[24] auf Verträge über die ausschließliche Übertragung des Rechts der öffentlichen Aufführung mit Verweis auf den durch *Josef Kohler* als „Aufführungsverlag" benannten Vertragstypus entsprechend an.[25] Nach der Legaldefinition in § 8 VerlG wurden dem Verleger die ausschließlichen Rechte zur Vervielfältigung und Verbreitung eingeräumt. Hierdurch erhielt er ähnlich umfassende Rechte wie der Urheber, dessen Rechte wiederum eingeschränkt wurden. Unter anderem sah § 2 Abs. 1 VerlG vor, dass der Verfasser sich während der Dauer des Vertragsverhältnisses jeder Vervielfältigung und Verbreitung enthalten sollte. Dies würde in analoger Anwendung ebenso für die Übertragung des Rechts der öffentlichen Aufführung des Werkes gelten.[26] Lediglich bei einer Übertragung des Aufführungsrechts durch den Verleger/Vermittler an einen Dritten musste in entsprechender Anwendung des § 28 Abs. 1 VerlG die Zustimmung des Urhebers eingeholt werden. Die Übertragung des Aufführungsrechts auf einen Verleger war insbesondere vor der Urheberrechtsreform von 1901 eine gängige Form zur Vermittlung von Genehmigungen für öffentliche Aufführungen, wobei der Verlag mit der Beauftragung zum Notendruck das Auf-

---

Aufführungsagenturvertrag, 1913, S. 20; *Riezler*, Deutsches Urheber- und Erfinderrecht, 1909, S. 384.

[22] *Bock*, Das Aufführungsrecht an dramatischen und musikalischen Werken, 1906, S. 62 ff., S. 67 f.

[23] *Bock*, Das Aufführungsrecht an dramatischen und musikalischen Werken, 1906, S. 53 f.

[24] RGBl. 1901, S. 217 ff.

[25] Urteil des RG vom 14.2.1912, in: RGZ 78, S. 298 (300); *Kohler*, Urheberrecht an Schriftwerken und Verlagsrecht, 1907, S. 283; *Riezler*, Deutsches Urheber- und Erfinderrecht, 1909, S. 383.

[26] *Riezler*, Deutsches Urheber- und Erfinderrecht, 1909, S. 383; *Rinecker*, Das ausschließliche Aufführungsrecht des Urhebers eines Werkes der Tonkunst, 1912, S. 31.

führungsrecht erwarb.²⁷ Die Gleichbehandlung des Aufführungsübertragungsvertrages mit dem Verlagsvertrag führte zu vielen Einschränkungen auf Seiten der Rechteinhaber, die ihr ausschließliches Recht dem Vermittler einräumten und insoweit ihre Verfügungsbefugnis hinsichtlich des Aufführungsrechts verloren. Hierdurch erhielten die Vermittler umfassende Verfügungs- und Veräußerungsrechte, so dass sie ohne Rücksicht auf die Belange der Berechtigten die Aufführungsrechte verwerten konnten.

Eine weitere Möglichkeit der Verwertung des Aufführungsrechts bestand im Abschluss eines Aufführungsagenturvertrages. Der Agent erhielt dabei das ausschließliche Recht Aufführungsverträge über einzelne oder mehrere Werke im eigenen Namen auf Rechnung des Urhebers abzuschließen. Hierfür erhielt er wiederum eine Provision.²⁸ Das Reichsgericht kategorisierte diesen Vertragstyp als Kommissionsvertrag bzw. ordnete diese Tätigkeit als Kommissionsverlag ein.²⁹ Diese Einordnung war nicht unumstritten. *Gustav Bock* lehnte die Anwendbarkeit des Kommissionsverlags mit der Begründung ab, dass der immaterielle Charakter des Vertriebes von Lizenzen den Rückgriff auf den Kommissionsverlag hindere. Der Kommissionsverlag zeichne sich insbesondere durch den Vertrieb von Waren und nicht durch die Vermittlung von Lizenzen aus. *Bock* sprach sich insofern für eine Anwendung der Regelungen zur entgeltlichen Geschäftsbesorgung mit dienstvertraglichem Charakter aus.³⁰ In Abgrenzung zum Aufführungsübertragungsvertrag, der rechtlich wie der Verlagsvertrag behandelt wurde, räumte der Kommissionsverlag den Urhebern ein höheres Maß an Mitbestimmungsrechten ein. Das Wesen des Kommissionsverlags zeichnete sich dadurch aus, dass Gewinn und Verlust eines Geschäfts beim Verfasser verblieben, während der Verleger eine Vergütung für seine Tätigkeit erhielt. Auf den Kommissionsverlag wurden die Regelungen §§ 383 bis 406 Handelsgesetzbuch (HGB)³¹ angewandt. So sah § 384 Abs. 1 HGB ein Weisungsrecht des Kommittenten gegenüber dem Kommissionär bei der Geschäftsführung vor. Wenn den Weisungen nicht Folge geleistet wurde, erhielt der Kommittent einen Schadensersatzanspruch gegen den Kommissionär aus § 385 Abs. 1 HGB. Darüber

---

²⁷ *Melichar*, UFITA 117 (1991), S. 5 (10); Musterverlagsschein bei: *Schmidt*, Die Anfänge der musikalischen Tantiemenbewegung in Deutschland, 2005, S. 70 f.

²⁸ *d'Albert*, Die Verwertung des musikalischen Aufführungsrechts in Deutschland, 1907, S. 23; *Allfeld*, Das Urheberrecht an Werken der Literatur und Tonkunst, ²1928, § 8 LUG, S. 115; *Bock*, Das Aufführungsrecht an dramatischen und musikalischen Werken, 1906, S. 54.

²⁹ Urteil des RG vom 14.2.1912, in: RGZ 78, S. 298 (300).

³⁰ *Bock*, Das Aufführungsrecht an dramatischen und musikalischen Werken, 1906, S. 57; so auch: *Riezler*, Deutsches Urheber- und Erfinderrecht, 1909, S. 393, der den Aufführungsagenturvertrag ebenso als Geschäftsbesorgungsvertrag nach § 675 BGB einordnete.

³¹ RGBl. 1897, S. 219 ff.

hinaus musste der Kommissionär nach § 384 Abs. 2 HGB Rechenschaft über seine Geschäfte gegenüber dem Kommittenten abgeben. Im Rahmen eines Kommissionsvertrages erhielt der Kommittent die gesamten Vorteile aus den geschäftlichen Vereinbarungen des Kommissionärs, worunter auch Vereinbarungen fielen, die zu vorteilhafteren Bedingungen geschlossen wurden, als der Kommittent sie gesetzt hatte, § 387 Abs. 1 HGB. Durch die Beibehaltung der Verfügungs- und Veräußerungsbefugnis über das Aufführungsrecht und den Rückgriff auf die handelsrechtlichen Bestimmungen zum Kommissionsgeschäft vermochte der Aufführungsagenturvertrag den Urhebern ein höheres Maß an Flexibilität zur individuellen Ausgestaltung und Kontrolle der Verträge über ihr musikalisches Aufführungsrecht zu sichern als der Aufführungsübertragungsvertrag.

3. Die Rechtsfolgen bei Verletzungen des Aufführungsrechts

Die Rechtsfolgen bei einer Verletzung des Aufführungsrechts waren in §§ 36 ff. LUG geregelt. § 37 LUG räumte den Urhebern und sonstigen Berechtigten einen Schadensersatzanspruch für den Fall der vorsätzlichen oder fahrlässigen Verletzung des Aufführungsrechts ein. Daneben bestand nach §§ 38 Abs. 1 Nr. 2, 45 LUG ein Straftatbestand für die vorsätzliche Verletzung des Aufführungsrechts. Dieser wurde nur auf Antrag des Berechtigten verfolgt. Nach § 40 Abs. 1 LUG konnte das Gericht im Rahmen eines Strafverfahrens neben der Strafe eine zusätzliche Buße verhängen, die an den Berechtigten ausgezahlt werden konnte. Entsprechend § 40 Abs. 2 LUG schloss die erkannte Buße die Geltendmachung eines weiteren Schadensersatzanspruchs nicht aus. Eine strafrechtliche Verfolgung wegen rechtswidriger öffentlicher Aufführung konnte sich gegen Theater- und Konzertunternehmer sowie die daran Mitwirkenden wie zum Beispiel Orchestermitglieder richten.[32] Darüber hinaus wurden auch diejenigen in Anspruch genommen, die bei der Auswahl der zu spielenden Stücke mitwirkten, aber an der Umsetzung des Spiels nicht beteiligt waren wie zum Beispiel Gastwirte.[33] Damit war die Anzahl von möglichen Anspruchsgegnern sehr hoch. Die Ausweitung des Aufführungsrechts erweiterte also auch den Kreis der Anspruchsgegner auf ein Vielfaches, da nicht mehr nur die Veranstalter von Aufführungen dramatisch-musikalischer Werke, sondern jeder Veranstalter öffentlicher musikalischer Aufführungen in Anspruch genommen werden konnten. Dies eröffnete den Rechteinhabern die Möglichkeit ihr musikalisches Aufführungs-

---

[32] *Voigtländer*, Die Gesetze betreffend das Urheberrecht und das Verlagsrecht an Werken der Litteratur und der Tonkunst vom 19. Juni 1901, 1901, § 38 LUG, S. 138.

[33] *Marwitz/Möhring*, Das Urheberrecht an Werken der Literatur und Tonkunst in Deutschland, 1929, § 37 LUG, S. 266.

recht gegen widerrechtliche Aufführungen, im Zweifel durch Erhebung von Klage oder Strafanzeige, durchzusetzen.

II. Die Verwertung musikalischer Werke einzelner Komponisten

Aufgrund der durch den Erlass des LUG geschaffenen Rahmenbedingungen erhielten die Urheber und ihre Erben mehrere Ansprüche der Verwertung ihrer Aufführungsrechte. Auf der einen Seite konnten sie ihre Werke dadurch verwerten, dass sie Aufführungsgenehmigungen erteilten, erteilen ließen oder das gesamte Aufführungsrecht einem Dritten gegen ein Honorar übertrugen.[34] Auf der anderen Seite standen den Rechteinhabern Ersatzansprüche bei der Verletzung ihrer Aufführungsrechte zu.[35] Der Begriff der Rechtewahrnehmung erfasst sowohl den Handel mit Musikrechten als auch die strafbewährte Durchsetzung derselben bei Urheberrechtsverstößen. Gegenstand der Wahrnehmung bildeten musikalische Werke einzelner oder mehrerer Komponisten, die entweder durch die Urheber und ihre Erben, durch Verlage oder Aufführungsagenten verwertet wurden. Dieser Teil setzt sich mit der individuellen Wahrnehmung der den einzelnen Komponisten zustehenden Aufführungsrechte auseinander. Die individuelle, das heißt personengebundene Verwertung der musikalischen Aufführungsrechte zeigt, dass nach Inkrafttreten des vorbehaltlosen Aufführungsschutzes für musikalische Werke eine an die Person des Komponisten gebundene Verwertung der Aufführungsrechte möglich war. Der erste Abschnitt betrachtet Art und Umfang der Wahrnehmungstätigkeit der Urheber und ihrer Erben. In einem zweiten Abschnitt wird dargelegt, ob und inwieweit die Verlage die ihnen übertragenen Aufführungsrechte mittels individueller Wahrnehmung verwerteten. Gleiches folgt in einem dritten Abschnitt für Agenten und Vermittler. Die Ergebnisse werden in einem vierten Abschnitt zusammengetragen.

1. Die individuelle Wahrnehmung durch den Urheber oder dessen Erben

Der Komponist war als Urheber des musikalischen Aufführungsrechts befugt darüber zu verfügen. Daneben konnten seine Erben nach §§ 8 Abs. 1, 29 LUG für 30 Jahre nach dem Tod des Urhebers seine Rechte wahrnehmen. Die Wahrnehmung umfasste die Erteilung einzelner Aufführungsgenehmigungen, die Übertragung des gesamten Aufführungsrechts an einem Werk und die Verfolgung von Verletzungen des Aufführungsrechts. Diese drei Be-

---

[34] Siehe: Kap. 1 I 2.
[35] Siehe: Kap. 1 I 3.

reiche der Wahrnehmung werden im Folgenden einzeln dargestellt, um daraus Rückschlüsse auf die Möglichkeit einer eigenständigen individuellen Wahrnehmung durch den Urheber und seinen Rechtsnachfolger zu ziehen.

a) Die Erteilung einzelner Aufführungsgenehmigungen

Den Komponisten stand aufgrund von § 8 Abs. 3 LUG die Möglichkeit zu, Dritten Aufführungsgenehmigungen für einzelne Darbietungen ihrer Werke einzuräumen. Insbesondere bedeutende Komponisten, die bereits ein gewisses Ansehen bei den Zuhörern besaßen, konnten ihre Aufführungsrechte eigenständig verwerten und dadurch auch finanzielle Gewinne erzielen.[36] Unbekanntere Komponisten hingegen bezahlten die Veranstalter für die Aufnahme der Werke in deren Repertoire, um deren Aufführung in der Öffentlichkeit zu fördern.[37] So erhielt auch der Kapellmeister des Cäcilien-Vereins Wiesbaden, *Gustav Friedrich Kogel*, Briefe unterschiedlicher Komponisten, die ihn um ein Vorspielen und eine anschließende Aufführung ihrer Werke durch den Verein baten.[38] Ob und inwieweit die Komponisten dem Verein und dem Kapellmeister hierfür ein Entgelt zahlten, geht aus den zugrundeliegenden Quellen nicht hervor.

Auch einzelne Veranstalter traten direkt an Komponisten oder Verleger heran, um Aufführungsgenehmigungen unmittelbar und gegebenenfalls unter Umgehung anderer Vermittler zu erwerben. In einer gemeinsam abgegebenen Erklärung einer Vielzahl unterschiedlicher Veranstalter betonten sie, dass sie das Aufführungsrecht nicht kollektiv von der GDT erwerben, sondern wie bisher die Aufführungsgenehmigung vom Tonsetzer selbst, oder seinem Verleger, erlangen wollten.[39] Aus einem Schreiben des Komponisten

---

[36] *Altmann*, Die Musik 3.2 (1903/04), S. 338 (344).

[37] *Altmann*, Die Musik 3.2 (1903/04), S. 338 (344); *Bock*, Das Aufführungsrecht an dramatischen und musikalischen Werken, 1906, S. 72 f.; *Schuster*, GRUR 1901, S. 14 (17).

[38] Bitte von *Willem de Boor* an *Kogel* sein „Lied vom Werden und Vergehen" vorspielen und zur Aufführung zu bringen, siehe: Universitätsbibliothek Johann Christian Senckenberg Frankfurt am Main, Abteilung Musik, Theater, Film, Nachlass Gustav Friedrich Kogel, Briefe von Willem de Boor an Gustav Friedrich Kogel, Brief vom 28.5.1905; Schreiben von *Hermann Zilcher* an *Kogel* mit dem Angebot sein abendfüllendes Chorwerk „Reinhart" bei *Kogel* vorführen zu dürfen, siehe: Universitätsbibliothek Johann Christian Senckenberg Frankfurt am Main, Abteilung Musik, Theater, Film, Nachlass Gustav Friedrich Kogel, Briefe von Hermann Zilcher an Gustav Friedrich Kogel, Brief vom 9.4.1907.

[39] Schreiben der Gewandhaus-Direktion an die GDT vom 26.2.1904, der die Erklärung der Veranstalter als Anhang beiliegt. Diese ist unter anderem vom Comité der Königlichen Orchester-Witwen-Kasse in Berlin, der General-Direktion der Königlich Sächsischen musikalischen Kapelle und der Hoftheater in Dresden und der musikalischen Akademie in München unterzeichnet, siehe: Stadtarchiv Wiesbaden, WI/2, Nr. 1638, Bl. 49/50; Vergleiche ferner Darstellung in: *Schumann*, Zur Geschichte des deutschen Musikalienhandels, 1929, S. 41.

Camillo Moreno an den Musikdirektor des Kurhauses Wiesbaden geht hervor, dass die Kurverwaltung Wiesbaden Interesse an einer direkten Zusammenarbeit mit dem Komponisten hatte. In seiner Postkarte führte *Moreno* aus, dass sein Walzer „El Matador", sowie seine gesamten im Handel veröffentlichten Werke prinzipiell tantiemefrei seien.[40] Die Antwort verdeutlicht das Anliegen des Musikdirektors eine Aufführungsgenehmigung des Werkes „El Matador" unmittelbar vom Komponisten zu erwerben.[41]

Art und Ausmaß der Erteilung individueller Aufführungsgenehmigungen durch Komponisten oder ihre Erben sind schwer zu bestimmen. In einem Großteil der Fälle lassen sich keine Hinweise auf vertragliche Regelungen oder anderweitige Vereinbarungen feststellen. Dies mag insbesondere daran liegen, dass ein Großteil der Werke tantiemefrei zur Verfügung stand. Werke, die vor der Reform des Urheberrechts durch das LUG geschaffen wurden und nicht mit einem entsprechenden Aufführungsvorbehalt versehen waren, galten nach § 61 Abs. 1 S. 2 LUG weiterhin als tantiemefrei. Darin kann auch ein Grund für den nur zögerlichen Anstieg einer eigenständigen individuellen Rechtewahrnehmung durch die Komponisten oder ihre Erben gesehen werden. Zudem beauftragten die Komponisten und ihre Rechtsnachfolger in vielen Fällen Agenten und Verlage mit der Erteilung von Aufführungslizenzen für einzelne Werke, was den Umfang einer eigenständigen Wahrnehmungstätigkeit weiter schmälerte.[42] Die Erteilung von Aufführungsgenehmigungen durch Komponisten und ihre Erben war nach Erlass des LUG auf wenige Fälle beschränkt, so dass unklar bleibt, inwiefern sie das vorbehaltlos gewährleistete Aufführungsrecht tatsächlich zu nutzen wussten.

Trotz der geringen Zahl an Komponisten, die eigenständig Lizenzen für die Aufführungen ihrer Werke vergaben, verdeutlicht die vorliegende Korrespondenz zwischen Komponist und Veranstalter, dass eine individuelle Erteilung von Aufführungsgenehmigungen erfolgte und auch erfolgen konnte. Aufgrund der Übergangsvorschriften im LUG kam es zu einer Beschränkung des Aufführungsschutzes und einem damit einhergehenden teilweisen Leerlaufen des musikalischen Aufführungsrechts. Daneben nutzten die Urheber oftmals die Hilfe von „Vermittlern", was die Zahl der eigenständigen Erteilung von Aufführungsgenehmigungen zusätzlich verringerte. Soweit Komponisten selbstständig Lizenzen für die Aufführungen ihrer Werke erteilten, waren sie oftmals nicht in der Lage, den Veranstaltern als Vertrags-

---

[40] Postkarte von Camillo Moreno an Musikdirektor Kurhaus Wiesbaden vom 31.1.1904, in: Stadtarchiv Wiesbaden, WI/2, Nr. 1638, Bl. 70/71.

[41] Nach Auskunft des Stadtarchivs Wiesbaden sind für den fraglichen Zeitraum keine Kopierbücher oder Zweitausfertigungen mehr vorhanden, so dass lediglich die Antwortschreiben ausgewertet werden konnten.

[42] *d'Albert*, Die Verwertung des musikalischen Aufführungsrechts in Deutschland, 1907, S. 23.

partner auf Augenhöhe zu begegnen, da sie auf die Aufführungen ihrer Werke angewiesen waren und in der Folge die Bedingungen der Veranstalter akzeptierten mussten. Eine individuelle Wahrnehmung des musikalischen Aufführungsrechts mittels der Erteilung einzelner Aufführungsgenehmigungen durch die Urheber und ihre Erben war somit möglich, in der praktischen Umsetzung jedoch auf Einzelfälle beschränkt.

b) Die Übertragung des gesamten Aufführungsrechts an einem Werk

Eine weitere Wahrnehmungsform bestand in der Übertragung des gesamten Aufführungsrechts an einem Werk auf einen Dritten, der das Werk verwertete.[43] Üblicherweise übernahmen Musikverlage, denen hierzu die gesamten Verwertungsrechte übertragen wurden, die Wahrnehmung. Die Musikverlage erwarben ursprünglich die Rechte an der Vervielfältigung und Verbreitung gedruckter Notenausgaben.[44] Eine Aufführung musikalischer Werke durch Dritte konnte in der Regel nur erfolgen, wenn die Aufführenden das Notenmaterial besaßen, das sie wiederum von den Verlagen und Musikhandlungen erwarben. Die bestehenden Geschäftsbeziehungen der Verlage vereinfachten die Veräußerung von Aufführungslizenzen im Vergleich zu den einzelnen Urhebern.[45] Insofern übertrugen die Komponisten und ihre Erben oftmals das gesamte Urheberrecht an den Verleger, um dadurch regelmäßige Aufführungen ihrer Werke zu gewährleisten. Hierzu schlossen sie Aufführungsübertragungsverträge über einzelne oder mehrere Werke. Einige Verlage erstellten ihre eigenen Vertragsmuster, die sie zur Übertragung des Aufführungsrechts nutzten, wohingegen andere Verlage Muster nutzten, die von Zusammenschlüssen der deutschen Musikalienhändler und -verleger publiziert wurden. Die Vertragsmuster lassen sich in zwei Kategorien einteilen. In einer Form wurde das Aufführungsrecht dem Verlag übertragen, in der anderen Form verblieb es beim Komponisten. Im Folgenden werden diese beiden Ausgestaltungen unter Heranziehung entsprechender Fallbeispiele dargestellt.

Die Übertragung des Aufführungsrechts an den Verlag erfolgte auch nach Erlass des LUG gemeinsam mit der Beauftragung zum Notendruck. In einem Vertragsmuster des *Vereins der Deutschen Musikalienhändler* in Leipzig heißt es dazu:

---

[43] Zum Aufführungsübertragungsvertrag, siehe: Kap. 1 I 2.
[44] *Baierle*, Der Musikverlag, 2009, S. 43.
[45] *Jäger*, in: Jäger (Hrsg.), Geschichte des deutschen Buchhandels im 19. und 20. Jahrhundert: Das Kaiserreich 1871–1918 (Teil 2), 2003, S. 16; *Osterrieth*, Der sozial-wirtschaftliche Gedanke in der Kunst, 1913, S. 66.

„Hierdurch übertrage ich der Firma [...] und deren Rechtsnachfolger das unbeschränkte und übertragbare Urheberrecht an meinem Werke [...] mit der Befugnis der ausschließlichen Vervielfältigung und gewerbsmäßigen Verbreitung für alle Zeiten [...]. Das Aufführungsrecht ist in dem abgetretenen Urheberrecht inbegriffen."[46]

Auch in einem Vertragsmuster des Schlesingerschen Buch- und Musikverlags wurde das unbeschränkte Urheberrecht am Werk übertragen, wobei das „Aufführungsrecht an diesem Werke [...] in dem abgetretenen Urheberrecht inbegriffen" ist.[47] Durch die vollständige Übertragung seiner Rechte an den Verlag gab der Komponist entsprechend § 2 Abs. 1 VerlG seine Verfügungsbefugnis über das Werk ab und verlor damit die Befugnis weitere Aufführungsgenehmigungen an Dritte zu erteilen bzw. das Werk selbst aufzuführen, solange er keine Erlaubnis des Verlegers hierfür erhielt.[48] Im Gegenzug erhielt er eine einmalige Entschädigung in Form eines Honorars oder einen prozentualen Anteil an den Erträgen des Aufführungsrechts.[49] Daneben enthielten die Vertragsmuster Regelungen, wonach „die Zeit der Herausgabe, die Festsetzung und spätere Veränderung des Verkaufspreises" dem Verlag oblag und der Komponist Melodien, die erkennbar aus dem Werk stammten, einer neuen Arbeit nicht zu Grunde legen durfte.[50]

Daneben besaßen die Verlage auch Vertragsmuster, die die Einräumung des Aufführungsrechts an die GDT vorsahen. Das Formular des Schlesingerschen Buch- und Musikverlags enthielt eine alternative Formulierung für den Fall, dass das Aufführungsrecht bereits an die GDT übertragen wurde und daher nicht mehr vom Verlag wahrgenommen werden konnte. Als Arbeitsanweisung enthielt der Vertrag die Aufforderung einen der beiden Sätze durchzustreichen, um so zu bestimmen, wer Inhaber des Aufführungsrechts

---

[46] Vertrag zwischen Karl Gasser und Firma J. Rieter-Biedermann vom 16.10.1908 unter Nutzung eines Musters des Vereins Deutscher Musikalienhändler zu Leipzig, wobei der Teil über das Aufführungsrecht in diesem Vertrage individuell abgeändert wurde, so dass das Aufführungsrecht nicht inbegriffen war, siehe: Sächsisches Staatsarchiv, Staatsarchiv Leipzig, 21109 VEB Edition Peters, Musikverlag Leipzig, Nr. 3363 (ohne Paginierung); Anlage 1.

[47] Vertrag zwischen Maurice Aronson und der Schlesingerschen Buch- und Musikhandlung vom 23.12.1909, in: Depositum des Robert Lienau Verlages, Ordner RL, Autorenverträge A–F; Anlage 2.

[48] *Rinecker*, Das ausschließliche Aufführungsrecht des Urhebers eines Werkes der Tonkunst, 1912, S. 31.; ebd., S. 31.

[49] *Rinecker*, Das ausschließliche Aufführungsrecht des Urhebers eines Werkes der Tonkunst, 1912, S. 31.

[50] Vertrag zwischen Th. Brenisch und Firma J. Rieter-Biedermann vom 6.6.1910, in: Sächsisches Staatsarchiv, Staatsarchiv Leipzig, 21109 VEB Edition Peters, Musikverlag Leipzig, Nr. 3363 (ohne Paginierung); Ähnlich auch: Vertrag zwischen Franz von Blon und der Firma Otto Wernthal vom 5.2.1912, in: Depositum des Robert Lienau Verlages, Ordner RL, Autorenverträge A–F.

war.[51] Auch bei der Nutzung der Vertragsmuster des *Vereins der Deutschen Musikalienhändler* wurde das Aufführungsrecht nicht zwingend übertragen. So nutzte die Firma *J. Rieter-Biedermann* ebenfalls Vertragsformulare, die eine Formulierung enthielten, wonach das „Recht der öffentlichen musikalischen Aufführung [...] der Anstalt für musikalische Aufführungsrechte in Berlin zu[stand]."[52] Die Aufnahme alternativer Vertragsklauseln zur Übertragung des Aufführungsrechts verdeutlicht die Anerkennung der Forderungen und Wünsche der Urheber durch die Verlage. Ein Grund dafür lag in der Abhängigkeit der Musikverlage von den Komponisten, insbesondere wenn sie über einen entsprechenden Bekanntheitsgrad verfügten. Die Zusammenarbeit bildete dann eine wesentliche Existenzgrundlage. Die Berücksichtigung der Wünsche und Bedingungen der berühmten und damit nachgefragten Komponisten diente der Aufrechterhaltung einer lukrativen Geschäftsbeziehung. Dieser Umstand spiegelt sich auch in der Beteiligung der Verlage an der Gründung der GDT wider, bei deren Ausgestaltung die Gründer versuchten die unterschiedlichen Interessen von Urhebern und Verwertern angemessen zu berücksichtigten.[53] Gleichzeitig verdeutlicht die Aufnahme von Vertragsklauseln zur Übertragung des Aufführungsrechts das steigende Interesse der Verlage am Erwerb der gesamten Urheberrechte. Erst dadurch konnten die Verlage selbst über das „Ob und Wie" der Wahrnehmung entscheiden, während die Urheber auf ein einmaliges Honorar beschränkt blieben.[54]

Aufführungsübertragungsverträge über einzelne Werke wurden größtenteils zwischen Komponisten bzw. ihren Erben und den Musikverlagen abgeschlossen. Bei jedem neuen Werk mussten die Urheber selbst bestimmen, ob das gesamte Aufführungsrecht übertragen oder einzelne Aufführungsgenehmigungen erteilt werden sollten. Durch eine Übertragung des Aufführungs-

---

[51] Hierin heißt es: „Das Aufführungsrecht an diesem Werke habe ich der Genossenschaft Deutscher Tonsetzer in Berlin übertragen", siehe: Vertrag zwischen Maurice Aronson und der Schlesingerschen Buch- und Musikhandlung vom 23.12.1909, in: Depositum des Robert Lienau Verlages, Ordner RL, Autorenverträge A–F; Anlage 2.

[52] Vertrag zwischen Mendelssohn und Firma J. Rieter-Biedermann vom 10.9.1912 unter Nutzung eines Musters des Vereins Deutscher Musikalienhändler zu Leipzig, in: Sächsisches Staatsarchiv, Staatsarchiv Leipzig, 21109 VEB Edition Peters, Musikverlag Leipzig, Nr. 3364 (ohne Paginierung).

[53] Zu den an der Gründung der GDT beteiligten Kreisen, siehe: *Pfeiffer*, Vom Notendrucker zum Rechtemakler, 2011, S. 25; *Schmidt*, Die Anfänge der musikalischen Tantiemenbewegung in Deutschland, 2005, S. 345 ff.

[54] Vergleiche die Übertragungsverträge, die allesamt entsprechende Honorarklauseln enthalten. Bsp.: Vertrag zwischen Karl Gasser und Firma J. Rieter-Biedermann vom 16.10.1908, ebenso: Vertrag C.F. Peters Verlag mit Eduard Grieg vom 14.3.1909, in: Sächsisches Staatsarchiv, Staatsarchiv Leipzig, 21109 VEB Edition Peters, Musikverlag Leipzig, Nr. 3363 (ohne Paginierung).

rechts an einen Verlag erlangten die Komponisten bereits vor der Veröffentlichung des Werkes durch den Druck der Noten eine Vergütung. Das Honorar unterlag der Vertragsfreiheit und wurde in der Regel als Gesamthonorar ausgewiesen. Insofern kann keine Aussage dazu getroffen werden, ob und inwieweit die Verlage einen Aufschlag bei der Übertragung des Aufführungsrechts gewährten.[55]

c) Die Rechtsverfolgung bei Verletzung des Aufführungsrechts

Einen weiteren Aspekt der Rechtewahrnehmung stellte die Verfolgung von Rechtsverletzungen dar. Als bekanntestes Beispiel einer individuellen Verfolgung einer Verletzung des Aufführungsrechts dient oftmals der Fall des französischen Komponisten *Ernest Bourget*. Sie führte zur Gründung der französischen Verwertungsgesellschaft „Société des Auteurs, Compositeurs et Éditeurs de Musique" (SACEM). *Ernest Bourget* hörte in einem Café eine ungenehmigte Aufführung eines seiner Werke und weigerte sich daraufhin seine Rechnung zu bezahlen bis der Gastwirt die Aufführungsgebühr entrichten würde. *Bourget* klagte und erhielt den geforderten Schadensersatzanspruch.[56] Eine effektive Durchsetzung des Aufführungsrechts durch einzelne Komponisten konnte, wie das Beispiel *Bourget* verdeutlicht, immer nur an einzelnen Aufführungsorten gewährleistet werden. Als einzelner Komponist vermochte sich *Bourget* noch einen Überblick über Konzerte in und um Paris zu machen. Inwiefern unberechtigte Aufführungen seiner Werke in anderen französischen Städten stattfanden, konnte er ohne die Mithilfe anderer Personen oder Organisationen kaum kontrollieren. Die vielfältigen Möglichkeiten zur Veranstaltung musikalischer Aufführungen konnten die Verfolgung von Verletzungen nur im Einzelfall gewährleisten. Eine individuelle Rechtsdurchsetzung durch den Komponisten war also eher zufällig und blieb daher die Ausnahme.

---

[55] Der Komponist *Ernst Baeker* erhielt ein einmalig festgesetztes Honorar von 100 Mark für vier Klavierstücke, siehe: Vertrag zwischen Ernst Baeker und der Schlesingerschen Buch- und Musikhandlung vom 28.7.1905, in: Depositum des Robert Lienau Verlages, Ordner RL, Autorenverträge A–F; *Engelbert Humperdinck* erhielt für seine Komposition „Christkindleins Wiegenlied" ein Honorar von 500 Mark, wobei das Aufführungsrecht der GDT vorbehalten war, siehe: Vertrag zwischen Humperdinck und dem Verlag W. Vobach & Co. vom Dezember 1906, in: Universitätsbibliothek Johann Christian Senckenberg Frankfurt am Main, Abteilung Musik, Theater, Film, Nachlass Engelbert Humperdinck, A I c 8, Nr. 2308, Bl. 3328.

[56] *Piaskowski*, in: Gervais (Hrsg.), Collective Management of Copyright and related rights, 2010, S. 171; *Schmidt*, Die Anfänge der musikalischen Tantiemenbewegung in Deutschland, 2005, S. 83.

2. Die individuelle Wahrnehmung durch Verlage

Neben der individuellen Rechtewahrnehmung durch Urheber und ihre Erben betätigten sich auch Musikverlage an einer Verwertung der sich aus dem vorbehaltlosen Aufführungsrecht ergebenen Rechte. Zu Beginn des 20. Jahrhunderts waren Verlage für den Großteil der Vervielfältigungen und Verbreitungen musikalischer Werke verantwortlich. Aufgrund der zunehmenden technologischen Entwicklungen zur Vervielfältigung und Wiedergabe musikalischer Werke weitete sich ihr Tätigkeitsfeld zunehmend auf die Verwertung von Aufführungs- und Sende- rechten aus.[57] Diese Expansion spiegelte sich auch in der wachsenden Zahl an Musikverlagen wider, die seit Beginn des 20. Jahrhunderts kontinuierlich anstieg. Während 1870 noch 87 Verlage vorwiegend im musikalischen Bereich tätig waren, existierten im Jahre 1910 bereits 516 Musikverlage.[58] Im Unterschied zu Komponisten und ihren Erben besaßen Verlage vereinfachte Möglichkeiten die Wahrnehmung des Aufführungsrechts zu gewährleisten. Zum einen hatten sie ein hohes Maß an geschäftlicher Erfahrung, die den Komponisten fehlte.[59] Zum anderen betrieben viele Musikverlage auch Musikalienhandlungen und widmeten sich der Organisation von öffentlichen Konzerten, wodurch sie in engem Kontakt mit den Konzertveranstaltern standen.[60] Dieser enge Kontakt zwischen Verlagen und Veranstaltern vermochte auch die Erteilung von Aufführungsgenehmigungen und die Verfolgung von Rechtsverletzungen zu erleichtern, deren Art und Umfang im Folgenden unter Berücksichtigung der Frage nach der Möglichkeit einer individuellen Rechtewahrnehmung dargestellt wird.

a) Die Erteilung von Aufführungsgenehmigungen durch Verlage

Aufführungsgenehmigungen wurden zunächst vor allem für musikalisch-dramatische Werke erteilt. Bereits vor Inkrafttreten des LUG sah § 50 Abs. 2 S. 1 UrhG 1870 den vorbehaltlosen Schutz von Aufführungen musikalisch-dramatischer Werke vor. Daher wandten sich Veranstalter oftmals an den Urheber oder Vermittler, um Aufführungsgenehmigungen einzelner Werke zu erhalten.[61] Verlage nutzten die Aufführungsverträge über musikalisch-

---

[57] *Pfeiffer*, Vom Notendrucker zum Rechtemakler, 2011, S. 29.

[58] *Bandilla*, Urheberrecht im Kaiserreich, 2005, S. 33; *Jäger*, in: Jäger (Hrsg.), Geschichte des deutschen Buchhandels im 19. und 20. Jahrhundert: Das Kaiserreich 1871–1918 (Teil 2), 2003, S. 10.

[59] So zumindest: *d'Albert*, Die Verwertung des musikalischen Aufführungsrechts in Deutschland, 1907, S. 23.

[60] *Jäger*, in: Jäger (Hrsg.), Geschichte des deutschen Buchhandels im 19. und 20. Jahrhundert: Das Kaiserreich 1871–1918 (Teil 2), 2003, S. 16.

[61] Da der Urheber bei dramatisch-musikalischen Werken oftmals nur einer kleinen

dramatische Werke dazu die Veranstalter vollumfänglich vertraglich zu verpflichten. Zum einen verlangten sie ein Aufführungshonorar, das direkt an den Verlag zu zahlen war. Zum anderen verpflichtete sich der Veranstalter das notwendige Notenmaterial vom Verlag anzumieten.[62] Hierin zeigt sich die enge Bindung zwischen verlegerischer Tätigkeit und der unternehmerischen Wahrnehmung des Aufführungsrechts. Ein Vertragsschluss über den Erwerb oder die Vermietung von Notenmaterial bot dem Verlag eine geeignete Plattform zum Abschluss von Aufführungsverträgen mit Veranstaltern. Insofern konnte eine individuelle Wahrnehmung durch Erteilung von Aufführungs-

---

Anzahl von Unternehmen gegenüberstand, vereinfachte dies die Verwertung dieses Aufführungsrechts, siehe: *d'Albert*, Die Verwertung des musikalischen Aufführungsrechts in Deutschland, 1907, S. 22.

[62] Beispielhaft dafür kann der Vertrag zwischen der Firma Otto Wernthal und der Direktion des Stadttheaters zu Halle a/S vom14.4.1913 über das Aufführungsrecht an dem Tonwerk „Durchlaucht in Rosen" von Franz von Blon angeführt werden. In § 3 dieses Vertrages heißt es:

„Die *Direktion* hat für das ihr überlassene Aufführungsrecht folgende Zahlungen zu leisten:

a) für jede Aufführung eine feste Abgabe von — Mk.

b) für jede Aufführung ausser der Uraufführung eine Tantième von 6% der *vollen* Bruttoeinnahmen (einschliesslich aller unter irgend einem Namen: Abonnementsquote, Vorverkaufsgebühr, Billetsteuer etc., erhobenen Eintrittsgelder) mindestens jedoch Mk. — für jede Vorstellung.

Die *Direktion* garantiert der Firma *Otto Wernthal* eine Gesamtsumme der vorstehenden Abgaben von mindestens — Mk. für die Aufführungen in der Zeit vom — ten — 190– bis -ten — 190–, so dass sie verpflichtet ist, falls nach Ablauf der vorerwähnten Periode die Abgaben die Garantiesumme nicht erreicht haben, den Fehlbetrag unaufgefordert an die Firma *Otto Wernthal* nachzuzahlen. Auf die vorstehend erwähnte Garantiesumme sind heute — Mk. angezahlt." Weiter heißt es in § 6 dieses Vertrages:

„Zwecks Ermöglichung der Aufführung vermietet ferner hierdurch die Firma *Otto Wernthal* der *Direktion* das Material zu dem im § 1 bezeichneten Tonwerk bestehend aus: 1 Partitur, kompl. Orchesterstimmen mit extra 3 Violine I, 2 Violine II, 1 Viola, 1 Cello, 1 Bass, 16 Männerchorstimmen, 16 Frauenchorstimmen, 1 vollständigen Solostimmen, 2 Klavierauszügen, 7 Textbüchern.

Die *Direktion* ist nicht befugt, das von der Firma *Otto Wernthal* gemietete und erhaltene Material zu anderen Zwecken zu benutzen, als zu den Aufführungen, zu welchen sie durch diesen Vertrag das Recht erworben hat. Insbesondere darf die *Direktion* weder das ganze Material, noch einzelne Teile desselben weder verkaufen noch verleihen, weder abschreiben noch auf irgend eine sonstige Art vervielfältigen lassen, auch darf es unter keinem irgendwie lautenden Titel an Dritte vergeben, sondern muss nach Ablauf des Aufführungsrechtes unverzüglich an die Firma *Otto Wernthal* in Berlin zurückgeliefert werden.

Der Mietpreis für das Material beträgt — Mk. und ist an die Firma *Otto Wernthal* sofort bei Abschluss des Vertrages bar zu bezahlen." Vertrag zwischen der Firma Otto Wernthal und der Direktion des Stadttheaters zu Halle a/S vom14.4.1913 über das Aufführungsrecht an dem Tonwerk „Durchlaucht in Rosen" von Franz von Blon, in: Depositum des Robert Lienau Verlages, Ordner RL, Autorenverträge A–F.

genehmigungen für musikalisch-dramatische Werke durch die Verlage gewährleistet werden.

Eine Übertragung dieses Wahrnehmungskonzepts erfolgte in ähnlicher Weise bei musikalischen Werken. So verlangten einige Verlage von den Veranstaltern Einzelgebühren für die Aufführung ihrer neu erworbenen Werke.[63] Andere Verlage führten keine gesonderte Verwertung durch, sondern gaben ihre Werke frei und finanzierten den Mehraufwand durch höhere Preise für das Notenmaterial.[64] Diese Vorgehensweise entsprach in Teilen auch dem Willen der Komponisten, die sich mit dem Verzicht auf die Aufführungsgebühren eine häufigere Darbietung ihrer Werke bei öffentlichen Konzerten versprachen.[65] Die individuelle Wahrnehmung mittels Erteilung von Aufführungsgenehmigungen fand auch bei den Nutzerverbänden Anklang. Der Vorstand des „Allgemeinen Deutschen Bäderverbandes" trug in einem Anschreiben an den damaligen Reichskanzler aus dem Jahre 1907 den Vorschlag vor, dass die Aufführungsgebühren in den Preis der Noten einbezogen werden soll, bzw., dass die Aufführungsgebühr des jeweiligen Stückes auf den Noten angegeben wird, um dadurch Transparenz beim Erwerb einer Aufführungsgenehmigung zu erlangen.[66] Auch der „Bund der Saal- und Konzertlokal-Inhaber Deutschlands" konstatierte in einem Schreiben an den Reichstag aus dem Jahre 1909, dass eine individuelle Wahrnehmung durch einen Preisaufschlag beim Ankauf der Noten erfolgen könnte. Unter Zugrundelegung eines geringen Aufschlages wurde darin eine Berechnung aufgestellt, nach der die populären Komponisten durch einen Aufschlag ein höheres Einkommen erzielen würden, als sie es durch die Verwertung seitens der GDT erhielten.[67] Unklar bleibt, inwiefern die Grundlagen dieser Berechnungen korrekt dargestellt wurden. In einer Broschüre des Deutschen Gastwirtsverbandes aus dem Jahre 1911 heißt es zu den Einnahmen des in dem Brief benannten Komponisten *Böhme*, dass in dem entsprechenden Schreiben ein viel zu niedrigerer Betrag für die Auszahlung der GDT angeführt worden war.[68] Unabhängig von der Frage nach dem für die Komponisten vorteil-

---

[63] Genossenschaft Deutscher Tonsetzer, Die Anstalt für musikalisches Aufführungsrecht. Zur Aufklärung und Abwehr, 1904, S. 39.

[64] Genossenschaft Deutscher Tonsetzer, Die Anstalt für musikalisches Aufführungsrecht. Zur Aufklärung und Abwehr, 1904, S. 36; *Dünnebeil*, Musikalienhandel in Krieg und Frieden, 1952, S. 6; so auch: Schreiben von Louis Oertel an Bade-Direktion Wiesbaden, Datum unbekannt aber nach Gründung der GDT, da direkter Bezug zur GDT, in: Stadtarchiv Wiesbaden, WI/2, Nr. 1638, Bl. 157.

[65] *Altmann*, Die Musik 3.2 (1903/04), S. 338 (344).

[66] Brief des Vorstands des Allgemeinen Deutschen Bäderverbandes an den Reichskanzler von Bülow vom 7.12.1907, in: Bundesarchiv, R3001/6357, Bl. 3 (5).

[67] Brief des Bundes der Saal und Konzertlokal-Inhaber Deutschlands an den Reichstag des Deutschen Reiches vom 14.10.1909, in: Bundesarchiv, R3001/6358, Bl. 157 (157a).

[68] Broschüre des Deutschen Gastwirt-Verbandes e.V. vom 1.10.1911 mit dem Titel „Die

hafteren Abrechnungssystem verdeutlichen die Vorschläge der Nutzerverbände, dass der Aufführungsschutz von musikalischen Werken, ebenso wie der Aufführungsschutz musikalisch-dramatischer Werke auch nach Gründung der GDT individuell erfolgen konnte.

b) Die Verfolgung von Verletzungen des Aufführungsrechts durch Verlage

Während die Erteilung von Aufführungsgenehmigungen durch Erhebung einer gesonderten Gebühr beim Verleih oder Verkauf von Notenmaterial noch möglich und ausführbar für den einzelnen Verlag erschien, fällt dies bei Verfolgungen von Verletzungen des Aufführungsrechts schwerer. Dies lag zum einen daran, dass die Organisation von Konzerten sich auf das gesamte Gebiet des Deutschen Reichs erstreckte, was eine effektive Kontrolle aller Aufführungen durch einen einzelnen Verlag faktisch erschwerte. Dem allein tätigen Verleger fehlten zumeist die personellen Mittel eine umfassende Kontrolle zu gewährleisten. Zum anderen boten einige Verlage ihre Werke tantiemefrei an und unterbanden damit eine finanzielle Ausnutzung des musikalischen Aufführungsrechts für die Komponisten. In diesen Fällen war eine Kontrolle wirtschaftlich nicht erforderlich, da die Erteilung einer Aufführungslizenz ohnehin unabhängig von einer Gegenleistung war.

Im Hinblick auf die Ausgestaltung einer effektiven Rechtsdurchsetzung durch die einzelnen Verlage ist zu berücksichtigen, dass die Verlage gemeinsam mit den Musikalienhändlern im Verein deutscher Musikalienhändler organisiert waren und die Aufhebung des Vorbehaltserfordernisses für musikalische Aufführungen aus § 50 Abs. 2 S. 2 UrhG 1870 forderten.[69] Zur Umsetzung dieser Forderung benötigten sie ein Konzept für einen effektiven Kontrollmechanismus vor widerrechtlichen Aufführungen. Aufgrund ihrer engen geschäftlichen Kontakte zu den Veranstaltern waren sie bei der Ausarbeitung eines Konzepts zur Rechtsdurchsetzung gegenüber den einzelnen Komponisten im Vorteil. So wirkte der Verlag Breitkopf und Härtel an der Erstellung von Heften zum Konzertprogramm-Austausch mit, wobei sämtliche Programme von Konzertvereinigungen und Gesangsvereinen zusammengefasst und anderen Veranstaltern zur Verfügung gestellt wurden.[70] Dadurch erhielten sie einen Überblick über musikalische Veranstaltungen im gesamten Reichsgebiet, der auch als Grundlage einer Kontrolle für andere Rechteinhaber dienen konnte. Darüber hinaus verfügten sie durch die Durchsetzung ihrer Rechte gegen widerrechtliche Nachdrucke bereits über

---

Tonsetzerangelegenheit", S. 14 (eigene Paginierung), in: Universitätsbibliothek Johann Christian Senckenberg Frankfurt am Main, Abteilung Musik, Theater, Film, Nachlass Engelbert Humperdinck, N.

[69] *Bandilla*, Urheberrecht im Kaiserreich, 2005, S. 64.
[70] *Hase*, Breitkopf und Härtel, 2. Band, ⁴1919, S. 671.

ein effektives System zur Verfolgung von Urheberrechtsverletzungen. Hierbei griffen sie auf eine gemeinschaftliche Wahrnehmungspraxis zurück. Bereits 1829 schlossen sich mehrere Musikalienhändler und -verleger zum „Verein der Deutschen Musikalienhändler" zusammen, um den Nachdruck ihrer Werke gemeinsam zu verhindern.[71] *Dommann* bezeichnet die Zusammenschlüsse von Autoren, Komponisten und Verlegern zur Durchsetzung ihrer autorrechtlichen Forderungen durch Klagen gegen Veranstalter und Lobbying vor nationalen Parlamenten als „*Verwertergesellschaften.*"[72] Unter dieser Prämisse war bereits der „Verein der Deutscher Musikalienhändler" als „*Verwertergesellschaft*" anzusehen. Zwar vermittelte der „Verein der Deutscher Musikalienhändler" keine Lizenzen für die Vervielfältigung bzw. Aufführung musikalischer Werke, er ermöglichte jedoch eine effektive Durchsetzung der den einzelnen im „Verein deutscher Musikalienhändler" verbundenen Verlage zustehenden Rechte. Gleichzeitig ermöglichte die Vereinigung der Verlage im „Verein der Deutschen Musikalienhändler" eine Interessenvertretung der Musikverlage vor den nationalen Parlamenten. So setzte sich der „Verein der Deutschen Musikalienhändler" für die Reformierung des UrhG 1870 ein und versuchte die Interessen von Musikalienhandel und Verlagen gegenüber dem Gesetzgeber durchzusetzen.[73] Auch andere Verlage schlossen sich zur gemeinschaftlichen Durchsetzung ihrer Rechte zusammen. Der Rechtsanwalt *Mittelstaedt* wurde 1905 von einer Leipziger Verlegergruppe mit der Einziehung ihrer Aufführungsgebühren beauftragt.[74] Die Verfolgung von Verletzungen des Aufführungsrechts mittels eines gemeinschaftlichen Tätigwerdens mehrerer Verlage war damit möglich und praktikabel.

3. Die individuelle Wahrnehmung durch Vermittler und Agenten

Als weitere Möglichkeit zur Verwertung ihrer Aufführungsrechte konnten die Komponisten anderweitige Vermittler mit der Wahrnehmung ihrer Rechte beauftragen. Diese Vermittler wurden unter den Begriff „Aufführungsagenten" gefasst.[75] Den Aufführungsagenten kamen unterschiedliche Aufgaben zu. Einerseits gewährleisteten sie eine individuelle Verwertung der Werke durch Erteilung von Aufführungsgenehmigungen, andererseits präsentierten sie unbekannte Komponisten in der Öffentlichkeit und verhalfen

---

[71] *Schumann*, Zur Geschichte des deutschen Musikalienhandels, 1929, S. 15 ff.; *Jäger*, in: Jäger (Hrsg.), Geschichte des deutschen Buchhandels im 19. und 20. Jahrhundert: Das Kaiserreich 1871–1918 (Teil 2), 2003, S. 7.

[72] *Dommann*, Autoren und Apparate, 2014, S. 107.

[73] *Bandilla*, Urheberrecht im Kaiserreich, 2005, S. 64.

[74] Geschäftsbericht der GDT über 2. Geschäftsjahr vom 27.3.1906, S. 16, in: Bundesarchiv, R3001/6356, Bl. 64.

[75] *Linke*, Der Aufführungsagenturvertrag, 1913, S. 1.

ihnen zu Bekanntheit.[76] Agenten oder Impresarios standen als Zwischenhändler in Verhandlungen mit Konzertveranstaltern und wirkten an der Gestaltung und Organisation der Auftritte mit.[77] Ihre Wahrnehmungstätigkeit umfasste die Berechtigung im eigenen Namen Aufführungsgenehmigungen zu erteilen und entsprechende Verträge abzuschließen. Darüber hinaus waren sie befugt Zahlungen und Honorare einzuziehen, unbefugte Aufführungen zu verhindern, bzw. straf- und zivilrechtlich zu verfolgen.[78] Die Befugnis der Agenten umfasste damit auch rechtsverfolgende Komponenten, was als Indiz für die Möglichkeit einer vollumfänglichen individuellen Wahrnehmungspraxis gewertet werden kann.

Die Agenten vermarkteten mittels individueller Absprache einzelne Werke unter Berücksichtigung von Nachfrage und Beliebtheit. Durch den starken Einfluss der Verlage kam einer Rechtewahrnehmung durch Aufführungsagenten eine untergeordnete Rolle zu.[79] Zudem konnten einzelne Agenten nur schwerlich eine vollumfängliche Kontrolle sämtlicher im Reichsgebiet und darüberhinausgehender Veranstaltungen gewährleisten, weswegen eine effektive Rechtsdurchsetzung durch Agenten von vornherein beschränkt war.

4. Zwischenergebnis zur individuellen Wahrnehmung des Aufführungsrechts

Die Begründung des vorbehaltlosen Aufführungsrechts im LUG erweiterte die Ansprüche der Komponisten. Zum einen stand ihnen im Rahmen der Verwertung die Veräußerung einzelner Aufführungslizenzen oder des gesamten Aufführungsrechts zu. Zum anderen konnten sie mittels der Verfolgung von Verletzungen des Aufführungsrechts Ersatzansprüche geltend machen. Eine individuelle Wahrnehmung des Aufführungsrechts war vornehmlich beim Handel mit Aufführungsrechten möglich. Das Aufführungsrecht bildete ein handelsfähiges Gut, dass Urheber, Verlage und Aufführungsagenten individuell vertreiben konnten. Aufgrund der Nachfrage der Veranstalter öffentlicher Aufführungen entstand damit ein Markt für den Handel mit

---

[76] *Linke*, Der Aufführungsagenturvertrag, 1913, S. 2.

[77] Ein Großteil der Agenten arbeitete im Bereich der Vermittlung von ausübenden Künstlern und stellte denselben das für ihren Auftritt erforderliche Equipment (Bsp.: passendes Instrument) zur Verfügung, siehe: *Osterrieth*, Der sozial-wirtschaftliche Gedanke in der Kunst, 1913, S. 40.

[78] § 3 Muster eines Aufführungsagenturvertrages, zitiert nach: *Bock*, Das Aufführungsrecht an dramatischen und musikalischen Werken, 1906, S. 55.

[79] Der Großteil der Komponisten beauftragte den Verlag mit der Freigabe von Aufführungen, so dass die Aufführungsvermittlung durch Agenten nur eine untergeordnete Rolle besaß, siehe: *Osterrieth*, Der sozial-wirtschaftliche Gedanke in der Kunst, 1913, S. 59, 66.

Aufführungslizenzen. Die Vermarktung musikalischer Werke einzelner Komponisten, die den Gegenstand der individuellen Rechtewahrnehmung bildete, blieb auch nach Erlass des LUG möglich und wurde von den unterschiedlichen Wahrnehmungsberechtigten in unterschiedlichem Umfang auch praktiziert.

Eine Gewährleistung der Verfolgung von Verletzungen des Aufführungsrechts in Form der individuellen Wahrnehmung war insbesondere für Urheber und Aufführungsagenten nicht möglich. Eine Rechtsdurchsetzung für den Fall widerrechtlicher Aufführungen konnte nur in Einzelfällen, aber nicht flächendeckend im gesamten Deutschen Reich gewährleistet werden. Ähnliches galt auch für die Rechtsdurchsetzung durch einzelne Musikverlage. Zwar besaßen die Musikverlage durch ihre geschäftlichen Beziehungen zu den Musiknutzern zum Teil einen umfangreicheren Überblick über die aufgeführten Werke. Nichtsdestoweniger konnte die Rechtsdurchsetzung durch die Verlage, so wie sie es auch bei der Verfolgung widerrechtlicher Nachdrucke handhabten, nur gemeinschaftlich unter Nutzung ihrer Informationsvorteile erfolgen. Auch der einzelne Verlag konnte damit keine vollumfassende individuelle Wahrnehmung des musikalischen Aufführungsrechts gewährleisten.

III. Die kollektive Wahrnehmung des musikalischen Aufführungsrechts

In Abgrenzung zur individuellen Wahrnehmung, die eine Verwertung der Aufführungsrechte einzelner Werke erfasste, etablierte sich daneben ein System der gemeinschaftlichen Wahrnehmung von Aufführungsrechten. Diese erfolgte durch eine Summierung der Aufführungsrechte verschiedener Komponisten, die in Form eines Rechtebündels angeboten wurden. Im Folgenden wird diese Art der gemeinschaftlichen Wahrnehmung unter den Begriff der „kollektiven Wahrnehmung" gefasst. Die Etablierung des Kollektivismus zur Interessenwahrung bei Komponisten und Verlegern geht mit der Gründung von Verwertungsgesellschaften oder auch *„Verwertergesellschaften"* einher.[80] Die Bestimmung von Art und Umfang ihrer Tätigkeit muss unter Berücksichtigung der historischen Entwicklung einer kollektiven Wahrnehmung des musikalischen Aufführungsrechts betrachtet werden. Das Selbstverständnis der GDT als erster deutscher „Verwertungsgesellschaft" beruht auf den vorangegangenen Versuchen und Erfahrungen mit der Manifestierung dieses Systems. Insofern wird in einem ersten Teil die Entstehungsgeschichte der kollektiven Wahrnehmung dargelegt. Im Anschluss erfolgt in

---

[80] *Dommann*, Autoren und Apparate, 2014, S. 107 f.

einem zweiten Teil die Darlegung von Ausgestaltung und Arbeitsweise der GDT, die das Ergebnis der vorangegangenen Entwicklungsversuche bildete. Es wird zu zeigen sein, dass die kollektive Rechtewahrnehmung der GDT zu einer Zurückdrängung der individuellen Rechtewahrnehmung führte. In einem dritten Teil wird die Nutzung eines kollektiven Wahrnehmungssystems durch andere Personen oder Institutionen in Abgrenzung zum System der GDT dargelegt. Schließlich werden in einem vierten Teil die Ausführungen unter den Fragen nach der Möglichkeit eines Nebeneinanders individueller und kollektiver Wahrnehmungsformen, sowie den Gründen für die Durchsetzung des kollektiven Wahrnehmungssystems im Bereich des musikalischen Aufführungsrechts zusammengefasst.

1. Die Anfänge der kollektiven Wahrnehmung im Bereich des musikalischen Aufführungsrechts

1851 wurde mit der SACEM in Frankreich eine Verwertungsgesellschaft zur kollektiven Wahrnehmung von Aufführungsrechten gegründet. Ihre Aufgabenwahrnehmung erstreckte sich auf die Erteilung von Aufführungsgenehmigungen an Konzertveranstalter und die Einforderung und Verteilung von Aufführungsgebühren.[81] Der Tätigkeitsbereich dieser ersten Wahrnehmungsorganisation war umfassend: Zum einen wurde sie vertraglich zur Vermittlung von Aufführungsgenehmigungen berechtigt, zum anderen auch zur Rechtsverfolgung und Durchsetzung dieser Rechte verpflichtet.

Im Deutschen Reich wurde 1898 mit Gründung der „Leipziger Anstalt" der Versuch unternommen eine Verwertungsgesellschaft zu bilden. Deren Gründung sollte eine Ausdehnung der SACEM auf deutschem Gebiet verhindern.[82] Diese Verwertungsorganisation machte es sich zur Aufgabe „das Urheberrecht an der öffentlichen Aufführung musikalischer Werke derart zu schützen, daß das Recht des einzelnen Urhebers und seines Verlegers gewahrt werde".[83] Hierzu wurden Pfleger beschäftigt, die unter anderem dafür sorgten, dass Aufführungsgebühren gezahlt und rechtmäßig erworbenes Notenmaterial bei den Aufführungen genutzt wurde.[84] Dazu sprachen sie bei den

---

[81] Zur Entstehung und Entwicklung der SACEM, siehe: *Lemoine*, La Société des auteurs, compositeurs et éditeurs de musique (SACEM) 1850–1950, 1950; *Dommann*, Autoren und Apparate, 2014, S. 109.

[82] *Schmidt*, Die Anfänge der musikalischen Tantiemenbewegung in Deutschland, 2005, S. 101 ff.

[83] Nr. 5 Satzung der Anstalt für musikalisches Aufführungsrecht der Leipziger Anstalt vom 10.5.1898, zitiert nach: *Schmidt*, Die Anfänge der musikalischen Tantiemenbewegung in Deutschland, 2005, S. 741.

[84] Nr. 9 Hebeordnung für öffentliche Aufführungen musikalischer Werke der Leipziger Anstalt, sowie II. der Gestaltung der Pflegerschaften des Vereins der deutschen Musika-

Veranstaltern vor und verlangten eine Gebühr für die Aufführung musikalischer Werke. Weigerten sich die Veranstalter diese Gebühr zu entrichten, so konnten ihnen die Pfleger die Einleitung eines Rechtsstreits androhen.[85] Damit war auch der Tätigkeitsbereich der Leipziger Anstalt in Anlehnung an die SACEM sehr weitreichend ausgestaltet. Die Rechtewahrnehmung bezog sich sowohl auf die Erteilung von Aufführungsgenehmigungen als auch die Rechtedurchsetzung.

Auch der Gesetzgeber erkannte den Nutzen der Kollektivierung zur effektiven Wahrnehmung des durch das LUG neu eingeführten Aufführungsrechts für musikalische Werke. In der Gesetzesbegründung war die Errichtung von Einrichtungen zur Gewährleistung des Schutzes der musikalischen Aufführungsrechte vorgesehen. Diese sollten es den Veranstaltern ermöglichen gegen eine Gebühr das Recht zu erwerben alle Werke, die von der Anstalt verwaltet wurden, öffentlich aufzuführen.[86] Der Wortlaut der Gesetzesbegründung nahm lediglich die Vermittlung von Aufführungsgenehmigungen in den Tätigkeitsbereich der neu zu gründenden Verwertungsgesellschaften auf. Die Gründung einer Organisation zur Verfolgung von Verletzungen des Aufführungsrechts war in der Gesetzesbegründung nicht vorgesehen.

Während die früheren Versuche zur Errichtung einer Verwertungsgesellschaft von einem umfassenden Verständnis des Wahrnehmungsbegriffs ausgingen, beschränkte sich der Gesetzgeber zunächst auf die Schaffung einer Zentralstelle zur Vermittlung von Aufführungsgenehmigungen und ließ insoweit Raum für eine individuelle Rechteverfolgung. Das Selbstverständnis der Verwertungsgesellschaften beruhte zweckmäßigerweise auf einem möglichst umfassenden Wahrnehmungskonzept. Demgegenüber nahm der Gesetzgeber lediglich den Gedanken des Erwerbs der Summe unterschiedlicher Aufführungsrechte „aus einer Hand" auf und versuchte dadurch die Einrichtung von Verwertungsgesellschaften im Deutschen Reich zu etablieren. Die Gewährleistung dieser Möglichkeit konnte jedoch neben anderen Formen der Wahrnehmung stehen, so dass aus legislativen Gründen kein zwingendes Erfordernis für die kollektive Durchsetzung des musikalischen Aufführungsrechts bestand.

---

lienhändler zu Leipzig vom 8.10.1898, zitiert nach: *Schmidt*, Die Anfänge der musikalischen Tantiemenbewegung in Deutschland, 2005, S. 750.

[85] V Nr. 3, 4 Geschäftsordnung der Pfleger des Vereins der deutschen Musikalienhändler für die Anstalt für musikalisches Aufführungsrecht, zitiert nach: *Schmidt*, Die Anfänge der musikalischen Tantiemenbewegung in Deutschland, 2005, S. 756.

[86] Entwurf eines Gesetzes betreffend das Urheberrecht an Werken der Literatur und Tonkunst, in: Stenographische Berichte über die Verhandlungen des Reichstags, 10. Legislaturperiode, II. Session 1900/02, Erster Anlagenband, Nr. 97, S. 386 (397).

2. Die kollektive Wahrnehmung durch Verwertungsgesellschaften

Mit der GDT konnte sich zum ersten Mal eine Verwertungsgesellschaft im Deutschen Reich erfolgreich etablieren.[87] Ausgehend von den Konzeptionen der französischen SACEM und der „Leipziger Anstalt" ist im Folgenden zu bestimmen, welche Tätigkeitsbereiche, Organisationsform und Vorgehensweisen der GDT zur Manifestierung ihrer Stellung führten. Der Einblick in ihr Selbstverständnis ermöglicht Rückschlüsse auf die Fragen, ob und inwiefern ein System der individuellen Rechtewahrnehmung neben der GDT Bestand haben konnte bzw., wie sich das kollektive Wahrnehmungssystem gegen das individuelle Wahrnehmungsmodell durchsetzen konnte.

a) Organisation und Tätigkeitsbereiche der GDT

Bei der GDT handelte es sich um einen rechtsfähigen Verein kraft staatlicher Verleihung.[88] Nach § 3 Nr. 2 der Satzung der GDT hatte sie Anstalten zur Verwertung musikalischer Aufführungs- und Verlagsrechte zu gründen.[89] Zur Wahrnehmung der musikalischen Aufführungsrechte wurde die nicht rechtsfähige Anstalt für musikalisches Aufführungsrecht (AFMA) gegründet, die den wirtschaftlichen Geschäftsbetrieb für die GDT übernahm.[90] Nach § 6 Abs. 1 ihrer Satzung konnten lediglich Tonsetzer Mitglied bei der GDT werden. Eine Partizipation an der Tätigkeit der AFMA erfolgte dagegen unabhängig davon und konnte entsprechend §§ 30, 31 Grundordnung der AFMA (GO AFMA)[91] von Tonsetzern, ihren Erben, Inhabern nachgelassener Tonwerke, Musikverlegern und Textdichtern erreicht werden, die hierzu Berechtigungsverträge mit der GDT abschlossen.[92]

Die institutionelle Trennung von GDT und AFMA wirkte sich auch auf den Umfang ihrer Tätigkeit aus. Die GDT als Dachorganisation ihrer Verwertungseinrichtungen bezweckte neben der Verwertung der musikalischen Aufführungsrechte entsprechend § 3 Nr. 1, 3 ihrer Satzung die Wahrung und Förderung der Standes- und Berufsinteressen ihrer Mitglieder, sowie die Un-

---

[87] *Schmidt*, Die Anfänge der musikalischen Tantiemenbewegung in Deutschland, 2005, S. 675.

[88] *Schmidt*, Die Anfänge der musikalischen Tantiemenbewegung in Deutschland, 2005, S. 448.

[89] Satzung der GDT vom 14.1.1903, zitiert nach: *Schmidt*, Die Anfänge der musikalischen Tantiemenbewegung in Deutschland, 2005, S. 777. Anlage 3.

[90] *Schmidt*, Die Anfänge der musikalischen Tantiemenbewegung in Deutschland, 2005, S. 459.

[91] Grundordnung der AFMA vom 14.1.1903, zitiert nach: *Schmidt*, Die Anfänge der musikalischen Tantiemenbewegung in Deutschland, 2005, S. 789. Anlage 4.

[92] Muster eines Berechtigungsvertrages der GDT/AFMA, zitiert nach: *Schmidt*, Die Anfänge der musikalischen Tantiemenbewegung in Deutschland, 2005, S. 800. Anlage 5.

terstützung bedürftiger Mitglieder und ihrer Hinterbliebenen. Hieran zeigt sich eine Divergenz zwischen der übergeordneten GDT und der untergeordneten AFMA. Während die als rechtsfähiger Verein organisierte GDT Ziele der sozialen Absicherung und der Wahrung der Berufsinteressen förderte, handelte es sich bei der AFMA um das wirtschaftlich handelnde Organ, dem die Verwertung von Aufführungsrechten übertragen worden war. Eine Mitgliedschaft in der GDT ging entsprechend §§ 4, 5 der Geschäftsordnung der GDT (GO GDT)[93] damit einher, dass den Mitgliedern Rechtsbeistand in Fragen des Urheber- und Verlagsrechts geleistet werden konnte, der den Bezugsberechtigten der AFMA nicht gewährt wurde. Auch von der sozialen Absicherung profitierten nur die Mitglieder der GDT. Komponisten, die einen Berechtigungsvertrag mit ihr geschlossen haben, wurden keine sozialen Leistungen gewährt. So besagte § 37 Nr. 4 GO AFMA, dass die Bezugsberechtigten einen Teil ihrer Anteile an die Unterstützungskasse der GDT abzugeben haben. Genaue Bestimmungen, wer darauf zugreifen konnte, bestanden zunächst nicht.[94] Erst mit Beschluss vom 31.3.1911 wurde eine Pensionskasse für ordentliche Mitglieder eröffnet. Die Hauptversammlung der GDT erteilte ab 1911 Alterspensionen in Höhe von 1000 Mark an ihre ältesten ordentlichen Mitglieder.[95] Daneben wurden insbesondere während des Ersten Weltkrieges sonstige Unterstützungen und Darlehen an nicht näher bezeichnete Mitglieder ausgezahlt, um die durch den Krieg hervorgerufene Not zu lindern.[96] Die Erfassung dieser sozialen Funktionen erweiterte den Tätigkeitsumfang der GDT, so dass nicht nur die tatsächliche wirtschaftliche Verwertung des neu geschaffenen musikalischen Aufführungsrechts erfasst war, sondern auch soziale Leistungen an die Mitglieder erbracht wurden. Das konnten Anbieter eines individuellen Wahrnehmungsmodells nicht leisten. Deren einzige Gegenleistung lag in der Auszahlung einer Gage. Eine Vorsorge für Alter oder Krankheitsfall mussten die Komponisten selbst treffen. Dabei konnten sie teilweise auf Fürsorgeeinrichtungen wie die 1874 gegründete „Deutsche Pensionskasse für Musiker" zurückgreifen, die eine Altersversorgungs- und Unterstützungskasse für Zivilmusiker bildete und gegen Zahlung eines Monatsbetrages im Krankheitsfalle oder mit Erreichen des 60. Lebensjahres eine Rente an ihre Mitglieder auszahlte.[97]

---

[93] Geschäftsordnung der GDT vom 14.1.1903, zitiert nach: *Schmidt*, Die Anfänge der musikalischen Tantiemenbewegung in Deutschland, 2005, S. 785.
[94] *Schmidt*, Die Anfänge der musikalischen Tantiemenbewegung in Deutschland, 2005, S. 655.
[95] *N.N.*, AMZ 39 (1912), S. 418.
[96] Geschäftsbericht der GDT über 15. Geschäftsjahr vom 22.3.1918, S. 9, in: Bundesarchiv, R3001/6360, Bl. 125.
[97] *Eckhardt*, Zivil- und Militärmusik im Wilhelminischen Reich, 1978, S. 38.

Somit war es die Hauptaufgabe der AFMA die kollektive Wahrnehmung des Aufführungsrechtes zu organisieren. Nach § 2 GO AFMA bezweckte sie die Verwertung des musikalischen Aufführungsrechts, die Verfolgung unberechtigter Aufführungen und die Vermittlung der vorgeschriebenen Aufführungsgenehmigungen an Veranstalter. In Abgrenzung zu der Leipziger Anstalt, die auch den rechtmäßigen Notenerwerb kontrollierte, beschränkte die AFMA ihre Aufgaben entsprechend §§ 25 Abs. 2, 28 GO AFMA nur auf die Verwertung und den Schutz der Aufführungsrechte, wobei musikalisch-dramatische Aufführungen prinzipiell aus ihrem Tätigkeitsbereich ausgeschlossen wurden. Zum Zwecke der Verwertung des Aufführungsrechts durften die Bezugsberechtigten „in keiner Weise durch selbstständige Erteilung von Aufführungsgenehmigungen, Einziehung oder Erlassung von Aufführungsgebühren oder Rechtsverfolgung von Aufführungen der Anstalt vorgreifen."[98]

Hierin zeigt sich der Anspruch der GDT/AFMA für deren Vertragspartner eine exklusive Instanz zur Wahrnehmung ihrer musikalischen Aufführungsrechte zu werden und eine dauerhaft mögliche individuelle Wahrnehmung durch Komponisten, Verlage und Agenten zu verdrängen. Als neu gegründete Verwertungsgesellschaft beschränkte sich die GDT/AFMA daher ganz auf die Verwertung der Rechte ihrer Mitglieder. Eine Vermittlung einzelner Engagements für die jeweiligen Werkschaffenden, so wie sie durch Verlage oder Agenten in Erfüllung ihrer anderweitigen Aufgaben erbracht werden konnte, stand nicht im Vordergrund. Der Komponist *Hans Sommer*, selbst Mitglied der GDT, konstatierte im Jahr 1913, dass eine von der GDT „ausgehende Vermittlung für Konzert- und Bühnenaufführungen" nicht zu verwirklichen sein werde und den Komponisten lediglich Rat und Hilfe bei ihren Vermittlungsversuchen angeboten werden könne.[99] Demgegenüber standen Verlage und Agenten im unmittelbaren Kontakt mit Veranstaltern und nahmen als eine Art „Zwischenhändler" eine Beratungsfunktion für beide Seiten ein, die gerade auch die Vermittlung von Aufführungen erfassen konnte.[100] Die Einschaltung von „Zwischenhändlern" wurde zu Beginn des 20. Jahrhunderts in der Kunst nicht unkritisch gesehen. Der Rechtsanwalt *Armin Osterrieth* kritisierte daran, dass Dritte zwischen den Veranstaltern und Kunstproduzenten stehen und eine Vorentscheidung über förderungs-fähige und nicht förderungsfähige Kunst vornehmen würden.[101] Die Be-

---

[98] *d'Albert*, Die Verwertung des musikalischen Aufführungsrechts in Deutschland, 1907, S. 93.
[99] Antrag von Hans Sommer für die nächste Hauptversammlung der GDT zur Einstellung eines weiteren Beamten zur Beratung der Mitglieder vom 10.8.1913, in: Universitätsbibliothek Johann Christian Senckenberg Frankfurt am Main, Abteilung Musik, Theater, Film, Nachlass Engelbert Humperdinck, N.
[100] Zu den Aufgaben von Verlagen und Aufführungsagenten, siehe: Kap. 1 II 2, 3.
[101] *Osterrieth*, Der sozial-wirtschaftliche Gedanke in der Kunst, 1913, S. 21.

schränkung der GDT/AFMA auf die bloße Erteilung von Aufführungsgenehmigungen und eine Rechtsverfolgung vernachlässigte den Aspekt der Förderung unbekannter Komponisten durch die Verbreitung ihrer Werke, obwohl die Wahrung und Förderung der Standes- und Berufsinteressen der Mitglieder nach § 3 Nr. 1 der Satzung der GDT vom 14.1.1903 Vereinszweck war. Der mit Gründung der GDT einhergehende soziale Gedanke, wonach die erfolgreichen die unbekannten Komponisten unterstützen und fördern könnten,[102] lief damit mit Ausnahme der 1911 eröffneten Pensionskasse weitgehend leer.

Im Ergebnis verdeutlichen Organisation und Tätigkeit der GDT/AFMA, dass die neu geschaffene Verwertungsgesellschaft hinsichtlich der individuellen Betreuung der Komponisten keine vergleichbare Leistung im Vergleich zu Verlagen und Agenten erbringen konnte. Diese standen im steten Kontakt mit Veranstaltern musikalischer Aufführungen und konnten durch ihre Position als „Zwischenhändler" eine vermittelnde Stellung einnehmen. Durch die Vereinigung von sozialen und wirtschaftlichen Aufgaben bildete die kollektive Rechtewahrnehmung der GDT/AFMA eine alternative Möglichkeit zur Verwertung des musikalischen Aufführungsrechts, die ihre Arbeit ohne gefestigte Beziehungen zu den Veranstaltern verrichten musste. Die verbundene Wahrnehmung mittels der Erteilung von Aufführungsgenehmigungen, der Verfolgung von Verstößen gegen das Aufführungsrecht durch die AFMA und der sozialen Komponenten durch die GDT bot insoweit ein umfassendes Gegenstück zur individuellen Rechtewahrnehmung. Dies allein führte noch nicht zur Unmöglichkeit eines Nebeneinanders von individueller und kollektiver Wahrnehmung. Beide Systeme dienten unterschiedlichen Interessen, wodurch gerade in der Anfangszeit der GDT ein Nebeneinander individueller und kollektiver Rechtewahrnehmung eher begünstigt wurde. Die individuelle Wahrnehmung durch Verlage oder Agenten ermöglichte insbesondere unbekannten Komponisten neben der Verwaltung ihrer Aufführungsrechte eine Vermittlung für Aufführungen ihrer Werke zu erhalten. Dadurch, dass das einzelne Werk Vertragsgegenstand wurde, konnten für jedes Werk individuelle Vereinbarungen geschlossen werden, die abhängig von Erfolg oder Misserfolg des Komponisten angepasst werden konnten. Demgegenüber gewährleistete die kollektive Wahrnehmung durch die GDT/AFMA eine effektive Rechtsdurchsetzung. Die zentrale Rechteverwaltung ermöglichte den Aufbau eines Netzes von Kontrolleuren, die im gesamten Reich widerrechtliche Aufführungen verfolgen konnten. Der flächendeckende Aufbau der Verwertungsgesellschaft vermochte damit eine administrativ effiziente Rechteverwaltung sicherzustellen.[103]

---

[102] *Altmann,* Die Musik 3.2 (1903/04), S. 338 (344).
[103] Zur staatsähnlichen und bürokratischen Organisation der GDT, siehe: *Dommann,* Autoren und Apparate, 2014, S. 111 f.

b) Die Ausgestaltung der kollektiven Rechtewahrnehmung

Neben der Ausgestaltung des Tätigkeitsbereichs der GDT, die soziale und wirtschaftliche Elemente miteinander verknüpfte, bestand ein weiteres Abgrenzungsmerkmal zwischen der von der GDT etablierten kollektiven Rechtewahrnehmung und der individuellen Wahrnehmung in Art und Umfang von Erwerb und Veräußerung von Aufführungsrechten. § 2 des Berechtigungsvertrags der GDT/AFMA verlangte von den Bezugsberechtigten die vollumfängliche Einräumung jeglicher Aufführungsrechte. Hiervon waren nach § 40 Nr. 1 GO AFMA auch die während der Vertragsdauer entstehenden anderen Rechte umfasst. Damit war die Einräumung des Aufführungsrechts nicht mehr nur an das einzelne Musikstück, sondern an das Gesamtwerk des Komponisten gebunden. Nach § 40 Nr. 3 GO AFMA musste er sich jeder weiteren Verfügung über seine Aufführungsrechte enthalten. Ein Vertragsschluss mit der GDT/AFMA führte damit zur völligen Aufgabe der Verfügungsgewalt über die Aufführungsrechte. § 9 Abs. 1 Berechtigungsvertrag sah eine Vertragslaufzeit von fünf Jahren vor, die bei nicht erfolgter Kündigung automatisch um fünf weitere Jahre verlängert wurde. Im Falle der Kündigung verblieben die bis zum Ende der Vertragslaufzeit bereits übertragenen Rechte nach § 9 Abs. 2 bei der GDT.

Als Gegenleistung wurde den Bezugsberechtigten die Teilhabe am Verteilungsverfahren nach §§ 35, 37 GO AFMA eingeräumt. Dadurch konnten die Berechtigten nach Abzug der Verwaltungskosten und einem Beitrag an die Unterstützungskasse an der Verteilung der Erträge der Anstalt partizipieren.[104] Der individuelle Anteil wurde nach § 37 Nr. 3 GO AFMA abhängig von den angemeldeten Aufführungen der jeweiligen Werke berechnet. Damit nutzte die GDT ein erfolgsabhängiges Modell zur Entlohnung ihrer Berechtigten. Im ersten Geschäftsjahr konnte ein Nettobetrag von 23.851,31 Mark verteilt werden.[105] Die Tonsetzer konnten jährlich ihren individualisierten Anteil an den Aufführungsgebühren erhalten (§ 37 Nr. 4 GO AFMA). Im ersten Geschäftsjahr betrug der festgesetzte Anteil 5 Pfennig.[106] In den weiteren Geschäftsjahren sank der Wert eines Anteils stetig. So betrug er im vierten Geschäftsjahr nur noch 0,25 Pfennig.[107] Gleichzeitig stieg die Zahl der Anteile. Betrug die Gesamtzahl im ersten Geschäftsjahr noch 489.080, waren es im vierten Geschäftsjahr bereits 3.016.812.[108] Erst im sechsten Geschäfts-

---
[104] Zur Ausgestaltung des Verteilungsverfahrens, siehe: *Schmidt*, Die Anfänge der musikalischen Tantiemenbewegung in Deutschland, 2005, S. 473 f.
[105] Geschäftsbericht der GDT über 1. Geschäftsjahr vom 26.3.1905, S. 9, in: Bundesarchiv, R3001/6356, Bl. 25.
[106] Geschäftsbericht der GDT über 1. Geschäftsjahr vom 26.3.1905, S. 9, in: Bundesarchiv, R3001/6356, Bl. 25.
[107] Geschäftsbericht der GDT über 4. Geschäftsjahr vom 25.3.1908, S. 6, in: Bundesarchiv, R3001/6357, Bl. 17.
[108] Geschäftsbericht der GDT über 6. Geschäftsjahr vom 17.3.1910, S. 6, in: Bundesarchiv, R3001/6359, Bl. 78a.

jahr 1909 kam es mit einer Anhebung auf 0,4 Pfennig pro Anteil wieder zu einer leichten Steigerung.[109] Im darauffolgenden Geschäftsjahr besaß ein einzelner Anteil sogar einen Wert von 0,7 Pfennig. Die Summe der Anteile war bis dahin auf 28.762.848 gestiegen.[110] Ein bedeutender Komponist wie *Engelbert Humperdinck* hielt zu diesem Zeitpunkt 102.090 Anteile und erlangte damit für das Jahr 1910 einen Betrag von 922 Mark und 97 Pfennig.[111] Damit erhielt er aus den Einnahmen der Verwertung seiner musikalischen Aufführungsrechte ein Einkommen, das knapp von dem durchschnittlichen Jahresverdienst von Arbeitnehmern in Industrie, Handel und Verkehr im Jahr 1910, das bei 979 Mark lag, abwich.[112] Hinzu kamen Einnahmen aus der Verlegung seiner Werke und aus einer Betätigung als werkschaffender Musiker.[113]

Die kontinuierliche Auszahlung von Tantiemen durch die GDT vermochte auf den ersten Blick eine höhere finanzielle Absicherung zu gewähren, als die einmaligen Zahlungen von Honoraren durch Verlage oder Veranstalter. Demgegenüber führte die mit einem Berechtigungsvertrag einhergehende Beschränkung der Verfügungsgewalt über das musikalische Gesamtwerk der Komponisten zur Beschneidung jeglicher vertraglichen Autonomie. Komponisten, deren Popularität im Laufe ihrer Partizipation an der GDT/AFMA stieg, wurde die Möglichkeiten genommen das Aufführungsrecht an einzelnen, neu komponierten Werken eigenständig zu verwerten. Ein individuelles Aushandeln eigener Aufführungstarife wurde unmöglich. Damit waren sie im Hinblick auf die Verwertung des Aufführungsrechts auf das Verteilungsverfahren der GDT beschränkt und konnten keine anderweitigen finanziellen Sicherheiten durch eine individuelle Wahrnehmung erlangen. Die langen Kündigungsfristen und der damit einhergehende Verlust bereits

---

[109] Geschäftsbericht der GDT über 4. Geschäftsjahr vom 25.3.1908, S. 6, in: Bundesarchiv, R3001/6357, Bl. 17.

[110] Geschäftsbericht der GDT über 7. Geschäftsjahr vom 21.3.1911, S. 7, in: Universitätsbibliothek Johann Christian Senckenberg Frankfurt am Main, Abteilung Musik, Theater, Film, Nachlass Engelbert Humperdinck, N.

[111] Kontoübersicht der GDT/AFMA für Engelbert Humperdinck für das Geschäftsjahr 1910 vom 7.4.1911, in: Universitätsbibliothek Johann Christian Senckenberg Frankfurt am Main, Abteilung Musik, Theater, Film, Nachlass Engelbert Humperdinck, N.

[112] Übersicht zum durchschnittlichen Jahresverdienst von Arbeitnehmern in Industrie, Handel und Verkehr, in: *Hohorst/Kocka/Ritter*, Sozialgeschichtliches Arbeitsbuch II, ²1978, S. 107.

[113] Beispielsweise beauftragte die Frankfurter Musikwerke-Fabrik J.D. Philipps & Söhne *Humperdinck* im August 1911 gegen ein einmaliges Entgelt von 2000 Mark zehn Werke seines Repertoires an einem Flügel einzuspielen, die danach in beliebiger Zahl auf Notenrollen vervielfältigt werden konnten, siehe: Vertrag zwischen der Frankfurter Musikwerke-Fabrik J.D. Philipps & Söhne und Humperdinck vom August 1911, in: Universitätsbibliothek Johann Christian Senckenberg Frankfurt am Main, Abteilung Musik, Theater, Film, Nachlass Engelbert Humperdinck, A I c 4, Bl. 242.

übertragener Aufführungsrechte erschwerten die Beendigung eines Vertrages mit der GDT und die Rückkehr zu einer individuellen Wahrnehmung. Damit führte die pauschalierte Übertragungspraxis der GDT zu einer Stärkung der kollektiven Wahrnehmung im Bereich des musikalischen Aufführungsrechts.

Auch im Bereich der Erteilung von Aufführungsgenehmigungen an Veranstalter musikalischer Aufführungen verfestigte sich ein pauschaliertes Wahrnehmungssystem. Nach § 48 Abs. 1 GO AFMA wurden die Gebühren entweder für einzelne Aufführungen oder in Form einer Pauschgebühr für die jeweils individuell vereinbarte Vertragsdauer mit einer Genehmigung zur Nutzung aller Werke der GDT erhoben. In der Praxis schloss die GDT ausschließlich Pauschalverträge mit den Berechtigten ab. Einzelgenehmigungen waren nur für Organisatoren nichtständiger Veranstaltungen vorgesehen.[114]

Die Pauschale gewährte den Veranstaltern das Recht jegliche Werke, die von der GDT verwaltet wurden, aufzuführen. Die Vertragsmuster zum Abschluss eines Pauschalvertrags sahen nach § 1 Abs. 2 üblicherweise eine bestimmte Laufzeit und die Beschränkung auf eine Höchstzahl von Aufführungen vor.[115] Damit war der Erwerb sämtlicher musikalischer Aufführungsrechte der jeweiligen Komponisten aber noch nicht gesichert. Da die GDT kein Werkverzeichnis herausgab, wussten die Veranstalter nicht welche Rechte sie durch den Abschluss eines Pauschalvertrags tatsächlich erhielten.[116] Gegen Kritiker dieser Intransparenzen wandte die GDT ein, dass ihr stetes Wachstum der Erstellung eines Werkverzeichnisses entgegenstehe.[117] Das Nebeneinander von kollektiver und individueller Wahrnehmung führte zu Rechtsunsicherheiten bei den Veranstaltern. Da die Veranstalter im Zweifel nicht eindeutig feststellen konnten, ob ein Rechteinhaber seine Werke individuell oder kollektiv verwaltete, besaß die GDT den Veranstaltern gegenüber eine starke Verhandlungsposition. Mit der steten Zunahme der Zahl der Bezugsberechtigten konnte sie die Veranstalter im Hinblick darauf, dass Verletzungen des Aufführungsrechts drohten, wenn kein Pauschalvertrag abgeschlossen wurde, zum Vertragsschluss bewegen. Während die Anzahl der Bezugsberechtigten im ersten Geschäftsjahr bei 213 lag, erreichte sie im vierten Geschäftsjahr bereits die Zahl von 362.[118] Unabhängig von der feh-

---

[114] Genossenschaft Deutscher Tonsetzer, Die Anstalt für musikalisches Aufführungsrecht. Zur Aufklärung und Abwehr, 1904, S. 21, 27.

[115] Muster eines Pauschalvertrages der GDT, zitiert nach: *Schmidt*, Die Anfänge der musikalischen Tantiemenbewegung in Deutschland, 2005, S. 803. Anlage 6.

[116] Genossenschaft Deutscher Tonsetzer, Die Anstalt für musikalisches Aufführungsrecht. Zur Aufklärung und Abwehr, 1904, S. 16 f.

[117] Genossenschaft Deutscher Tonsetzer, Die Anstalt für musikalisches Aufführungsrecht. Zur Aufklärung und Abwehr, 1904, S. 19.

[118] Geschäftsbericht der GDT über 1. Geschäftsjahr vom 26.3.1905, S. 5, in: Bundesarchiv, R3001/6356, Bl. 25; Geschäftsbericht der GDT über 4. Geschäftsjahr vom 25.3.1908, S. 4, in: Bundesarchiv, R3001/6357, Bl. 17.

lenden Transparenz führte diese Steigerung zu einer kontinuierlichen Erweiterung des Repertoires an musikalischen Aufführungsrechten. Die den Konzertveranstaltern zur Verfügung stehenden Ausgestaltungsmöglichkeiten ihrer Programme erweiterten sich dadurch kontinuierlich. Sie waren nicht mehr auf den Erwerb anderweitiger Aufführungsrechte und das Aushandeln unterschiedlicher Nutzungsbedingungen angewiesen. Darüber hinaus versuchte die GDT zu verhindern, dass die Rechteinhaber ihre Werke im Rahmen einer individuellen Wahrnehmungsform effektiver verwerten konnten. Im Rahmen eines Rahmenvertrags mit den Bühnenleitern des „Deutschen Bühnenvereins" sollten Bühnen, die den Urhebern für den Abschluss eines Aufführungsvertrags vorteilhaftere Konditionen als in dem Vertrag mit der GDT vorgesehen, zugestanden, zur Rechenschaft gezogen werden.[119] Dies bildete einen weiteren Grund für einen Rückgang bei der individuellen Rechtewahrnehmung.

Einen weiteren Aspekt, den sich die GDT bei der Einräumung von Aufführungslizenzen zunutze machen konnte, bestand in der Einbeziehung der Verfolgung von Rechtsverstößen. Die GDT beschäftigte dazu eigens ausgebildete Außendienstmitarbeiter. Diese waren berechtigt Einzelgebühren einzuziehen, für die pünktliche Ablieferung von Programmen zu sorgen, unberechtigte Aufführungen an die Zentrale zu melden und Pauschalverträge abzuschließen. Dafür erhielten sie „kein festes Gehalt, sondern Provisionen aus dem Inkasso sowie aus den von ihnen angebahnten Pauschalverträgen."[120] Damit bestand eine enge Verbindung zwischen beiden Wahrnehmungsbereichen. Die Verfolgung eines Rechtsverstoßes konnte unter der Prämisse des Abschlusses eines Pauschalvertrags eingestellt werden. Der Erhalt von Provisionen bot den Außendienstmitarbeitern den entsprechenden Anreiz zur umfassenden Verpflichtung der Veranstalter, aber auch zur Kontrolle von Aufführungen bzw. der Verfolgung von Rechtsverstößen, aus denen sich jeweils lukrative Provisionen ergeben konnten. Dadurch konnte der Einfluss der kollektiven Rechtewahrnehmung durch die GDT weiter gesteigert und individuelle Wahrnehmungsformen entsprechend eingeschränkt werden.

Damit bot das von der GDT etablierte Wahrnehmungssystem nicht nur gegenüber den Komponisten, sondern auch gegenüber den Veranstaltern als Musikkonsumenten wirtschaftliche Vorteile, die zur Durchsetzung der kollektiven und einer Zurückdrängung der individuellen Wahrnehmung führ-

---

[119] Aufführungsvertragsregeln für die Aufführungsverträge mit den Bühnenleitern des Deutschen Bühnenvereins und für die Aufführungsverträge von Mitgliedern des Verbandes deutscher Bühnenschriftsteller, der Genossenschaft deutscher Tonsetzer und der Union dramatischer Autoren und Komponisten in Wien vom 8.2.1910, in: Universitätsbibliothek Johann Christian Senckenberg Frankfurt am Main, Abteilung Musik, Theater, Film, Nachlass Engelbert Humperdinck, N.

[120] *Dümling*, Musik hat ihren Wert, 2003, S. 73.

ten. Die Übertragung sämtlicher Aufführungsrechte an die GDT durch die Bezugsberechtigten veranlasste die Veranstalter zum Abschluss von Pauschalverträgen und dem damit einhergehenden Erwerb des gesamten Repertoires der GDT. Die Verfolgung von Rechtsverstößen verstärkte diesen Effekt, da dadurch weitere Veranstalter zum Abschluss eines Pauschalvertrags bewegt wurden, um einer drohenden Zivilklage bzw. einem Strafprozess zu entgehen. Die Funktion als Einziehungsorgan für Aufführungsgebühren gab der GDT ein administratives Gesicht, was durch die Orientierung ihrer Verwaltung an der Bürokratie des Staates verstärkt wurde.[121] Auch dies vermochte ihren Einfluss auf Komponisten und Veranstalter zu stärken. Durch die Steigerung der Anzahl von Pauschalverträgen mit Konzertveranstaltern nahm das Erfordernis zum Erwerb von Aufführungsgenehmigungen einzelner Werke ab. Dies erschwerte es den Komponisten, die keinen Berechtigungsvertrag mit der GDT/AFMA abgeschlossen hatten, eine individuelle Wahrnehmung ihrer Aufführungsrechte durch bestimmte Verlage erfolgreich zu realisieren. Um die Aufführung ihrer Werke weiterhin zu gewährleisten, sahen sie sich ebenfalls veranlasst, der GDT ihre Rechte einzuräumen. Das pauschalierte Vorgehen der GDT bewirkte damit einen Domino-Effekt, der dazu führte, dass Veranstalter und Rechteinhaber Verträge schlossen, die keinen Raum mehr für eine individuelle Rechtewahrnehmung boten.

3. Die kollektive Wahrnehmung durch Verlage

Nach Gründung der GDT begannen auch die Verlage das System einer kollektiven Rechtewahrnehmung zu nutzen. Einerseits schlossen sie Berechtigungsverträge mit der GDT/AFMA ab, um so von ihrer Tätigkeit zu profitieren. Andererseits versuchten sie aber auch ein eigenes System einer kollektiven Rechtewahrnehmung zu etablieren.

Durch den Abschluss eines Berechtigungsvertrags mit der GDT/AFMA übertrugen die Verlage die ihnen von den Komponisten übertragenen Aufführungsrechte an die GDT, die diese Werke in ihr Aufführungsrepertoire aufnahm. Entsprechend §§ 37, 31 Nr. 3 GO AFMA konnten Verlage am Verteilungsverfahren teilhaben und Anteile an den Einnahmen der GDT erhalten. Zum Schutz der Komponisten erhielten die Verlage einen geringeren Anteil an den Aufführungsgebühren. Dabei blieb unberücksichtigt, wer die Übertragung an die GDT tatsächlich vorgenommen hat. Von jedem übertragenen Werk wurden nach § 37 Nr. 2 GO AFMA drei Viertel zu Gunsten der Komponisten und lediglich ein Viertel zu Gunsten der Verlage berechnet. Die Rechte der Verlage waren auch in anderer Weise eingeschränkt. Unter anderem sah § 36 Abs. 1 GO AFMA vor, dass Komponisten Aufführungs-

---

[121] *Dommann*, Autoren und Apparate, 2014, S. 111.

rechte, die sie vor Eröffnung der Anstalt einem Verlag übertragen hatten, bei der GDT/AFMA anmelden und durch dieselbe wahrnehmen lassen konnten, solange der Verlag nicht selbst Bezugsberechtigter der GDT/AFMA war. Dies galt nach Abs. 2 insbesondere auch für Werke, die nicht mit dem nach § 50 Abs. 2 UrhG 1870 erforderlichen Vorbehalt versehen waren. Die GDT versuchte dadurch die Zahl der nach § 61 Abs. 1 S. 2 LUG tantiemefreien Werke zu verringern. Durch die Erstreckung ihres Wirkungskreises auf vorbehaltsfreie Werke konnte die GDT ihren Einfluss weiter ausdehnen und damit die individuelle Wahrnehmung einschränken. Neben der Teilhabe am Verteilungsverfahren konnten mit der GDT zusammenarbeitende Verlage auch in anderer Weise von ihrer Wahrnehmungstätigkeit profitieren. Im Bereich der Erteilung von Aufführungsgenehmigungen kam es zu Kooperationen zwischen Verlagen und Verwertungsgesellschaft. Unter anderem bat der C.F. Peters Verlag die GDT darum „ob Sie in Ihren Kontrakten mit den Konzertinstituten und sonstigen Aufführenden besonders nochmals betonen, dass Aufführungen nur nach vollständigem gekauften Material zulässig sind".[122] Darüber hinaus riet die GDT ihren Mitgliedern in der ersten Ausgabe ihrer „Vertraulichen Mitteilungen"

„geschäftliche Verbindungen mit solchen Verlegern von vornherein abzulehnen, die unserer Anstalt entweder feindselig oder teilnahmslos gegenüberstehen. Eine Liste derjenigen Verleger, die unserer Anstalt beitreten, werden wir unseren Mitgliedern fortlaufend zugehen lassen".[123]

Der Abschluss eines Berechtigungsvertrags sollte den Verlagen eine privilegierte Stellung in der GDT einräumen und damit das Erfordernis für eine eigenständige Wahrnehmungstätigkeit durch die Verleger eindämmen. In Verbindung mit der rechtsverfolgenden Tätigkeit der GDT und dem dafür bestehenden Netz an Außendienstmitarbeitern konnten Verlage, die die Wahrnehmung des Aufführungsrechts der GDT überließen, den Aufwand der Rechteverwertung minimieren, was wiederum individuelle Wahrnehmungsformen des musikalischen Aufführungsrechts schwächte.

Andere Verlage versuchten ihr Geschäftsfeld zu erweitern, indem auch sie sich im neu entstandenen Markt mit dem Handel von gebündelten Aufführungslizenzen betätigten. So bot der Verleger *Louis Oertel* ihm übertragene Aufführungsrechte Veranstaltern musikalischer Aufführungen gebührenfrei

---

[122] Brief von C.F. Peters an die Genossenschaft Deutscher Tonsetzer zw. Dez. 1903 und Juli 1905 mit der Bitte die Konzertinstitute auf das Erfordernis des ordnungsgemäßen Notenerwerbs aufmerksam zu machen, in: Sächsisches Staatsarchiv, Staatsarchiv Leipzig, 21070 C.F. Peters, Leipzig, Nr. 5161, Bl. 464.

[123] Vertrauliche Mitteilungen ausschließlich für die Mitglieder der Genossenschaft Deutscher Tonsetzer, Nr. 1 (Januar 1903), S. 2, in: Universitätsbibliothek Johann Christian Senckenberg Frankfurt am Main, Abteilung Musik, Theater, Film, Nachlass Engelbert Humperdinck, N.

III. Die kollektive Wahrnehmung des musikalischen Aufführungsrechts 45

an. Dabei warb er damit, dass er und die mit ihm verbundenen Verlage Veranstaltern musikalischer Aufführungen genügend Material zur Verfügung stellen könnten, um sämtliche geplanten Konzertprogramme ohne Rückgriff auf das von der GDT verwaltete Repertoire realisieren zu können.[124] Das gebührenfreie Angebot beschränkte die Wahrnehmung auf die Erteilung von Aufführungsgenehmigungen und ließ die Verfolgung von Aufführungsrechtsverstößen entfallen. Die einzige Gemeinsamkeit mit dem kollektiven Wahrnehmungsmodell der GDT bestand in der Ausarbeitung eines pauschalierten Angebots für Veranstalter, die die Aufführungsrechte „aus einer Hand" erwerben wollten. Da den einzelnen Verlagen für die Wahrnehmung lediglich ihr Bestand an Aufführungsrechten zustand, vermochten sie kein vergleichbar umfangreiches Repertoire anzubieten wie die GDT.[125] Zur Bildung einer Alternative zur GDT mussten mehrere Verlage ihre Aufführungsrechte zusammenlegen und ein gemeinsames Vorgehen erarbeiten. Die eigenständige Betätigung der Verlage in Form der kollektiven Wahrnehmung des Aufführungsrechts offenbart eine gewisse Nachfrage nach einem pauschalierten Rechteerwerb. Insbesondere Nutzer, die bislang von der Aufführungsfreiheit der Stücke profitieren konnten, mussten nunmehr Aufführungsgenehmigungen erwerben. Für Inhaber zum Beispiel von Gastwirtschaften, Cafés, sowie Kur- und Badeplätzen, die ebenfalls in den Schutzbereich des Gesetzes fielen, mochte sich ein kollektiver Rechteerwerb dabei besonders eignen.[126] Im Hinblick auf die Verfolgung von Urheberrechtsverletzungen hat sich bereits vor Einführung des Aufführungsschutzes musikalischer Werke ein kollektives Wahrnehmungsmodell etabliert. So diente die Gründung des „Vereins deutscher Musikalienhändler" im Jahre 1829 zur gemeinsamen Verfolgung von Verstößen gegen den unberechtigten Nachdruck musikalischer Noten.[127] Auch nach Gründung der GDT schlossen sich Verlage zur gemeinsamen Verfolgung von Verletzungen der ihnen zustehenden Aufführungsrechte zusammen.[128] Mithin zeigt sich, dass im Bereich der Rechtsverfolgung bereits vor Gründung der GDT ein kollektives Wahrnehmungsmodell existierte. Damit bestand nur bei der Erteilung von Aufführ-

---

[124] Schreiben von Louis Oertel an Bade-Direktion Wiesbaden, Datum unbekannt, in: Stadtarchiv Wiesbaden, WI/2, Nr. 1638, Bl. 157, Schreiben von Louis Oertel an Bade-Direktion Wiesbaden, Datum unbekannt.
[125] In Einzelfällen ließen sich auch Verlage die gesamten und künftig entstehenden Aufführungsrechte an musikalischen Werken einräumen, siehe: Vertrag zwischen der Firma Otto Wernthal und Franz von Blon vom 16.5.1902, wobei sich Franz von Blon auf die Übertragung sämtlicher Aufführungsrechte für 10 Jahre verpflichten sollte, in: Depositum des Robert Lienau Verlages, Ordner RL, Autorenverträge A–F.
[126] Zum Veranstalterbegriff, siehe: Kap. 1 I 1.
[127] Siehe: Kap. 1 II 2b.
[128] Geschäftsbericht der GDT über 2. Geschäftsjahr vom 27.3.1906, S. 16, in: Bundesarchiv, R3001/6356, Bl. 64.

rungslizenzen eine neuartige Konkurrenz zwischen individueller und kollektiver Wahrnehmung.

Auch im Verhältnis zu den Rechteinhabern griffen die Verlage durchaus auf das von der GDT etablierte Modell der Nutzung umfangreicher Übertragungsregelungen zurück, wodurch sie ihr Repertoire wesentlich erweitern konnten. Beispielsweise überließ der Komponist *Paul Hindemith* gegen eine feste monatliche Vergütung und ein zusätzliches Honorar für veröffentlichte Werke dem Schott Verlag die Rechte an seinen gesamten Werken.[129] Die Verlage schufen durch die Rechtebündelung eine umfassende Bindung der Urheber, die mit der Arbeitsweise der GDT zur Bindung seiner Bezugsberechtigten vergleichbar war.

Im Ergebnis bildete der Rückgriff der Verlage auf ein kollektives Wahrnehmungsmodell zur Verwertung des musikalischen Aufführungsrechts den Versuch entweder selbst an den Erfolgen des Geschäftsmodells der GDT zu partizipieren oder den wachsenden Einfluss der GDT zu unterbinden. Die Verhaltensweise der Verlage kann damit auch als Reaktion auf das Erscheinen und die Tätigkeit der GDT gewertet werden und verdeutlicht damit den Konflikt zwischen der von Seiten der Tonsetzer initiierten GDT und den Musikverlagen, die weiterhin ein Interesse an einer möglichst vollumfänglichen Verwertung ihnen übertragener Rechte an musikalischen Werken besaßen.

4. Zwischenergebnis zur kollektiven Wahrnehmung des Aufführungsrechts

Die Einräumung des vorbehaltlosen Aufführungsrechts im LUG führte nach 1901 zur Bildung eines Marktes mit dem Handel musikalischer Aufführungsrechte. Ein Erwerb von Lizenzen für die Aufführung musikalischer Werke war im Rahmen einer individuellen Wahrnehmung möglich.[130] Die Nachfrage der Veranstalter nach musikalischen Aufführungsrechten konnte aber in vielen Fällen nicht allein durch den Erwerb individuell ausgehandelter Aufführungslizenzen an einzelnen Werken gestillt werden. Gleichzeitig war eine effektive Verfolgung von Verletzungen des Aufführungsrechts im Rahmen einer individuellen Wahrnehmung kaum möglich. Aus diesem Grund bildeten sich Ende des 19. Jahrhunderts sogenannte „Verwertungsgesellschaften". Urheber und Verlage schufen eine effiziente Unternehmensform, um die ihnen zustehenden Aufführungsrechte gemeinschaftlich zu verwerten. Die Nachfrage nach einem Rechteerwerb „aus einer Hand" konnte so be-

---

[129] Vertrag zwischen Paul Hindemith und dem Schott-Verlag vom 21.12.1922, aufbewahrt in: Hindemith Institut Frankfurt.

[130] Siehe: Kap. 1 II 4.

friedigt und dabei gleichzeitig eine effektive Rechtedurchsetzung gewährleistet werden.

Die zur kollektiven Wahrnehmung gegründeten Organisationen konnten die Anbieter individueller Wahrnehmungsformen schrittweise vom Markt des Handels mit Aufführungsrechten verdrängen. Dies lag vornehmlich an der Art und am Ausmaß ihrer Tätigkeitsgebiete und der Vorgehensweise bei der Ausgestaltung der kollektiven Wahrnehmung begründet. Mittels der Verbindung von sozialen und wirtschaftlichen Aspekten bot die GDT ein umfassenderes Gegenstück zur individuellen Rechtewahrnehmung und konnte durch die Nutzung eines bürokratisch, effizienten, flächendeckenden Systems nicht nur ein umfassendes Repertoire aufbauen, sondern auch für eine effektive Rechtsdurchsetzung zeugen. Durch eine umfangreiche vertragliche Verpflichtung ihrer Bezugsberechtigten konnte die GDT in kurzer Zeit ein recht umfangreiches Repertoire ausbauen und dadurch die Nachfrage der Veranstalter nach Aufführungslizenzen ausreichend befriedigen. Urheber und Verlage, die das von der GDT aufgebaute Kontrollsystem zur Verletzung ihrer Aufführungsrechte nutzen wollten, waren gezwungen ihre gesamten Aufführungsrechte der GDT einzuräumen. Hinsichtlich der Rechtedurchsetzung besaß die GDT ein Monopol, das sie zur Verdrängung individueller Wahrnehmungsformen ausnutzte. Auch die Veranstalter wurden durch den Abschluss von Pauschalverträgen umfassend an die GDT gebunden, was einen Rückgriff auf individuelle Wahrnehmungsformen entbehrlich machte. Das pauschalierte Vorgehen der GDT bewirkte damit einen Domino-Effekt, der dazu führte, dass Veranstalter und Rechteinhaber Verträge schlossen, die keinen Raum mehr für eine individuelle Rechtewahrnehmung boten. Die noch unabhängigen Musikverlage versuchten zwar durch den Ausbau einer eigenen kollektiven Wahrnehmung des Aufführungsrechts oder durch den Abschluss eines Berechtigungsvertrags mit der GDT vom vorbehaltlos gewährleisteten Aufführungsrecht zu profitieren, was den Erfolg der GDT jedoch kaum verhindern konnte.

IV. Die kollektive Rechtewahrnehmung im historischen Kontext

Die Durchsetzung des kollektiven Wahrnehmungsmodells der GDT mittels Nutzung pauschalierter Verträge ist auch vor dem Hintergrund des historischen Kontexts zu erklären. Das aufkommende 20. Jahrhundert ging mit Kartellierungstendenzen im Deutschen Reich einher.[131] Während zu Beginn

---

[131] Zur Zunahme der Kartelle zwischen 1895 und 1914, siehe: *Pohl*, in: Coing/Wilhelm (Hrsg.), Wissenschaft und Kodifikation des Privatrechts im 19. Jahrhundert, 1979, S. 206 (215 f.); *Wischermann/Nieberding*, Die institutionelle Revolution, 2004, S. 272.

des 19. Jahrhunderts das Marktordnungsprinzip der Gewerbefreiheit von den Gerichten zumeist keinen Einschränkungen unterworfen wurde,[132] setzte Ende des 19. Jahrhunderts ein Rechtsprechungswandel ein, der Zusammenschlüsse von Unternehmen zu Kartellen dem Anwendungsbereich der Gewerbeordnung entzog.[133] Deutschland wurde zum „klassischen Land der Kartelle".[134] Die Bildung von Kartellen, Syndikaten und Trusts führte in vielen Fällen dazu, dass die wirtschaftlich schwächere Partei den vorgesetzten Vertrag ohne die Aufnahme eigener Bestimmungen akzeptieren musste.[135] Zu einer ähnlichen Situation führten die Pauschal- und Berechtigungsverträge der GDT, die dem Vertragspartner kaum eigenen Spielraum zur Mitwirkung an der vertraglichen Ausgestaltung ließen. Ihr kollektives Wahrnehmungsmodell führte insbesondere in Nutzerkreisen, die in vielen Fällen nur eine Genehmigung für die Aufführung einzelner Werke erwerben wollten, zu Kritik und dem Ruf nach einer Kontrollinstanz für die neu geschaffene GDT.[136] Wesentliche Einwände lagen in der Weigerung zur Erteilung von Einzelgenehmigungen, der ungleichen Höhe der zu zahlenden Pauschalbeträge, sowie der fehlenden Transparenz bei Offenlegung des Umfangs der von der GDT erworbenen Rechte sowie den Methoden ihrer Vermittlungs- und Verwertungstätigkeit.[137] Die durch den pauschalen Erwerb der Aufführungs-

---

[132] Verweise zu entsprechenden Entscheidungen des Reichsoberhandelsgerichts, siehe: *Grossfeld*, in: Coing/Wilhelm (Hrsg.), Wissenschaft und Kodifikation des Privatrechts im 19. Jahrhundert, 1979, S. 255 (256).

[133] Urteil des RG vom 25.6.1890, in: RGZ 28, S. 238 (244 f.); Urteil des RG vom 4.2.1897, in: RGZ 38, S. 155 (157 f.); Siehe auch: *Grossfeld*, in: Coing/Wilhelm (Hrsg.), Wissenschaft und Kodifikation des Privatrechts im 19. Jahrhundert, 1979, S. 255 (257 f.); *Pohl*, in: Coing/Wilhelm (Hrsg.), Wissenschaft und Kodifikation des Privatrechts im 19. Jahrhundert, 1979, S. 206 (215).

[134] *Böhm,* Jahrbuch für die Ordnung 1948, S. 197 (212); *Murach-Brand*, Antitrust auf deutsch, 2003, S. 23.

[135] Hierzu ausführlich: *Kaiser*, Zum Verhältnis von Vertragsfreiheit und Gesellschaftsordnung während des 19. Jahrhunderts insbesondere in den Auseinandersetzungen über den Arbeitsvertrag, 1972, S. 125 ff.; siehe auch: *Arnold*, Vertrag und Verteilung, 2014, S. 196; *Busche*, Privatautonomie und Kontrahierungszwang, 1999, S. 49.

[136] Beschwerdebrief des Vorstands des Allgemeinen Deutschen Bäderverbandes an den Reichskanzler vom 7.12.1907, worin der Verband konstatiert, dass „fast durchweg Pauschgebühren" verlangt werden, in: Bundesarchiv, R3001/6357, Bl. 3 (4); Beschwerdebrief des Bundes der Saal- und Konzertlokalinhaber Deutschlands an den Hohen Reichstag vom 14.12.1909, worin die Pauschgebühr als ungerecht bezeichnet wird, da das Repertoire der GDT nur eine geringe Anzahl von Musikstücken einer leichteren Gattung beinhaltet, in: Bundesarchiv, R3001/6358, Bl. 157 (157a).

[137] Beschwerdebrief des Vorstands des Allgemeinen Deutschen Bäderverbandes an den Reichskanzler vom 7.12.1907, in: Bundesarchiv, R3001/6357, Bl. 3 (4); Schreiben der Gewandhaus-Direktion an die GDT vom 26.2.1904, in: Stadtarchiv Wiesbaden, WI/2, Nr. 1638, Bl. 49; Genossenschaft Deutscher Tonsetzer, Die Anstalt für musikalisches Aufführungsrecht. Zur Aufklärung und Abwehr, 1904, S. 16 f., 28 ff.

rechte geschaffene Vormachtstellung und die fehlende Transparenz führten u.a. dazu, dass das Reichs-Justizamt die Anregung erhielt, die Verhandlungen der Kartellenquete auf die kollektive Rechtewahrnehmung durch die GDT auszudehnen.[138] Bei der Kartellenquete, die im Jahre 1902 eingerichtet wurde, handelte es sich um den Versuch die Wirkungen der Kartellierung durch die Reichsregierung feststellen zu lassen. Hierzu wurden Befragungen der Beteiligten durchgeführt, Statistiken erstellt und Sachverständigengutachten über deren Wirkweise eingeholt.[139] Eine Berücksichtigung der GDT wurde mit der Begründung abgelehnt, dass es dabei „[n]icht [um] die Preisstellung für eine Ware, sondern die Erhebung einer Gebühr für öffentliche Aufführungen von Musikwerken"[140] gehe. Darüber hinaus bezwecke sie keine Beeinflussung des Wirtschaftslebens, sondern nur die Sicherung des neu geschaffenen Aufführungsrechts.[141]

Die Entscheidung gegen die Ausweitung der Kartellenquete auf die GDT beruhte demnach auf dem Gegenstand ihrer Wahrnehmungstätigkeit und nicht auf einer wie auch immer zu deutenden kartellähnlichen Vorgehensweise der GDT. Eine mögliche Differenzierung nach unterschiedlichen Wahrnehmungsbereichen wurde gar nicht erst in Erwägung gezogen. Dieses Vorgehen war auch gerichtlich anerkannt. So weigerte ein Tonsetzer sich, § 40 GO AFMA anzuerkennen, der die Übertragung sämtlicher Aufführungsrechte auf die GDT vorsah. Das Landgericht Berlin I verurteilte ihn durch Urteil vom 17.6.1904 zur Unterwerfung unter die in § 40 GO AFMA aufgestellten Verpflichtungen.[142] Dieses Urteil entsprach den Grundsätzen des Reichsgerichts, die einen Verstoß gegen die Wettbewerbsordnung lediglich vorsahen, „wenn sich im einzelnen Falle aus besonderen Umständen Bedenken ergeben, namentlich wenn es ersichtlich auf die Herbeiführung eines thatsächlichen Monopoles und die wucherische Ausbeutung der Konsumenten abgesehen ist".[143]

---

[138] Mitteilung des Staatssekretärs des Inneren an den Staatssekretär des Reichs-Justizamts vom 9.5.1906, in: Bundesarchiv, R3001/6356, Bl. 67.

[139] *Blaich*, Kartell- und Monopolpolitik im kaiserlichen Deutschland, 1973, S. 257; *Richter*, Die Wirkungsgeschichte des deutschen Kartellrechts vor 1914, 2007, S. 196. Nach *Richter* erfolgten die Untersuchungen der Kartellenquete zwischen 1902 und 1905. Eine offizielle Beendigung der Kartellenquete gab es nicht, vielmehr führte eine Überlastung dazu, dass sie ihre Tätigkeit allmählich einstellte.

[140] Mitteilung des Staatssekretärs des Inneren an den Staatssekretär des Reichs-Justizamts vom 9.5.1906, in: Bundesarchiv, R3001/6356, Bl. 67.

[141] Mitteilung des Staatssekretärs des Inneren an den Staatssekretär des Reichs-Justizamts vom 9.5.1906, in: Bundesarchiv, R3001/6356, Bl. 67.

[142] Urteil des LG Berlin I vom 17.6.1904, zitiert nach: Geschäftsbericht der GDT über 1. Geschäftsjahr vom 26.3.1905, S. 16 f., in: Bundesarchiv, R3001/6356, Bl. 25.

[143] Urteil des RG vom 4.2.1897, in: RGZ 38, S. 155 (158).

Die GDT konnte dadurch an den umfangreichen Berechtigungs- und Pauschalverträgen festhalten, so dass Veranstalter und Urheber ihre Vertragsbedingungen akzeptieren mussten. Damit stärkte auch die kartellfreundliche Tendenz zu Beginn des 20. Jahrhunderts die Durchsetzung der kollektiven Rechtewahrnehmung durch die GDT.

Ein weiterer Grund der Manifestierung der kollektiven Wahrnehmung lag in der Krisenfestigkeit derartiger Kooperationen. Der Erste Weltkrieg führte im Bereich des Musikalienhandels, ebenso wie in allen anderen Wirtschaftsbereichen, zu einer Verschlechterung der wirtschaftlichen Gesamtsituation. Allein die Tatsache, dass ein großer Teil des männlichen Personals zum Kriegsdienst eingezogen wurde, führte zu Problemen beim Absatz von Musikalien, sprich dem Handel und dem Verleih gedruckter Noten.[144] Auch die Zahl der öffentlichen Aufführungen sank, da viele Veranstaltungsorte zu Mannschaftsquartieren oder Lazaretten umfunktioniert wurden.[145] Diese Situation spiegelte sich insbesondere auch bei kleinen Verlagshäusern wider. Exemplarisch kann das Schicksal des Verlegers *Robert Reibenstein* angeführt werden. Durch seine Einziehung und Vermögensverluste, die er im Krieg erlitten hat, war es ihm nicht möglich das Überleben seines Verlags zu sichern.[146] Die Institutionalisierung der Rechtewahrnehmung ermöglichte damit nicht nur eine höhere Effektivität im Hinblick auf die Verfolgung von Verletzungen des Aufführungsrechts, sondern bot insbesondere kleinen Unternehmen eine Absicherung in Krisenzeiten. Das zeigt auch die Gründung der „alten Gema" als Konkurrentin der GDT im Bereich der kollektiven Wahrnehmung des musikalischen Aufführungsrechts 1915.[147] Die Krisenfestigkeit bzw. Versorgungssicherheit eines gemeinschaftlich Verwertungsmodells für das musikalische Aufführungsrecht führte damit ebenfalls zum Rückgang individuell ausgehandelter Verwertungsformen.

---

[144] *Dünnebeil*, Musikalienhandel in Krieg und Frieden, 1952, S. 19; *Widmaier*, Der deutsche Musikalienleihhandel, 1998, S. 209.

[145] *Dümling*, Musik hat ihren Wert, 2003, S. 108.

[146] Schreiben von Robert Reibenstein an Engelbert Humperdinck vom 10.6.1919 über die Auseinandersetzung seines Verlages und etwaige Abfindungen, in: Universitätsbibliothek Johann Christian Senckenberg Frankfurt am Main, Abteilung Musik, Theater, Film, Nachlass Engelbert Humperdinck, A I c 8, Nr. 1904, Bl. 2797; So auch: *Beer*, in: Fischer/Füssel (Hrsg.), Geschichte des deutschen Buchhandels im 19. und 20. Jahrhundert: Die Weimarer Republik 1918–1933. Teil 1, 2007, S. 509 (511).

[147] Hierzu ausführlich: Kap. 3. Zur Gründung, siehe auch: *Dümling*, Musik hat ihren Wert, 2003, S. 104. Ähnliches zeigte sich auch bei der österreichischen Verwertungsgesellschaft AKM, deren Einnahmerückgang durch den Krieg sich in engen Grenzen hielt, so: *Barnaš* Österreichische Autorenzeitung 1977 (1977), S. 6 (8).

V. Zusammenfassung

Bei einer Betrachtung der Wahrnehmungspraxis zur Verwertung des neu geschaffenen vorbehaltlosen musikalischen Aufführungsrechts lassen sich drei Wahrnehmungsmodelle im Untersuchungszeitraum (1903 bis 1938) feststellen, die nebeneinander bestanden. Erstens existierte die Möglichkeit einer individuellen Rechtewahrnehmung durch den Rechteinhaber oder einen beauftragten Vermittler, zweitens eine kollektive Wahrnehmung durch die GDT und drittens eine kollektive Wahrnehmung durch Verlage.

Zwischen individueller und kollektiver Wahrnehmung waren zwei Wahrnehmungsbereiche zu differenzieren: Diese umfassten auf der einen Seite die Erteilung von Aufführungsgenehmigungen und auf der anderen Seite die Verfolgung von Verletzungen des Aufführungsrechts. Das Aufführungsrecht war nach 1901 zum handelsfähigen Gut geworden, deren Vertrieb von unterschiedlichen Marktakteuren angestrebt wurde.

Eine individuelle Wahrnehmung des Aufführungsrechts konnte durch den Rechteinhaber in Person oder einen von ihm beauftragten Vermittler erfolgen. Gegenstand der Rechtewahrnehmung war ein einzelnes Werk, das einem Dritten nach individuell festgelegten Bedingungen übertragen werden konnte. Eine individuelle Wahrnehmung war lediglich durch die Erteilung von Aufführungsgenehmigungen möglich. Eine effektive Rechtsverfolgung setzte das Bestehen eines Netzes mehrerer Kontrolleure voraus, die durch Besuche der Veranstaltungen den ordnungsgemäßen Erwerb von Aufführungsgenehmigungen überprüfen konnten. Da weder der einzelne Komponist noch der Verlag oder Vermittler über ein derartiges Netzwerk verfügte, war ein Rückgriff auf ein kollektives Wahrnehmungsmodell erforderlich. Demgegenüber konnten Aufführungsgenehmigungen durch den Komponisten selbst, einen Musikverlag oder anderweitige Vermittler erteilt werden. Die fehlenden geschäftlichen Kenntnisse und das wirtschaftliche Ungleichgewicht zu den Veranstaltern führten bei einer individuellen Wahrnehmung durch die Komponisten in vielen Fällen zu nachteiligen Verhandlungspositionen. Verlage oder sonstige Vermittler konnten dieses Ungleichgewicht in Teilen ausgleichen. Damit bestand die Möglichkeit, dass Rechteinhaber, Verlage und Vermittler Stellen zum Erwerb von Aufführungsgenehmigungen bildeten.

Alternativ zum Erwerb individueller Aufführungslizenzen bildete sich 1903 mit der GDT eine Organisation, die sich explizit der kollektiven Wahrnehmung des musikalischen Aufführungsrechts widmete. In Abgrenzung zur individuellen Wahrnehmung vereinigte dieses Modell die Wahrnehmungsbereiche der Erteilung von Aufführungsgenehmigungen und der Rechtsverfolgung. Darüber hinaus wurde zur Rechteverwertung auf ein System pauschalisierter Verträge zurückgegriffen. Dazu wurden möglichst alle bestehenden und künftigen Aufführungsrechte eines Komponisten erworben, die die

GDT den Veranstaltern allein in Form eines Pauschalvertrags veräußerte. Die Leistungsspektren der Wahrnehmung durch die GDT und der individuellen Wahrnehmung differierten voneinander. Letztere ermöglichte eine stärkere Berücksichtigung einzelner Werke und eine damit einhergehende interessengerechtere Ausgestaltung der Verträge über die Erteilung von Aufführungsgenehmigungen oder die Übertragung von Aufführungsrechten, wohingegen die kollektive Wahrnehmung durch die GDT ein höheres Maß an sozialer Absicherung für die Komponisten und den Rechteerwerb „aus einer Hand" für die Veranstalter bot. Damit bedienten individuelle und kollektive Rechtewahrnehmung unterschiedliche Interessenlagen, weswegen ein Nebeneinander im Hinblick auf die Erteilung von Aufführungsrechten bestehen konnte.

Bei der kollektiven Rechtewahrnehmung durch Verlage kam es zu einer Verbindung von Elementen der individuellen und kollektiven Wahrnehmung. Die Verlage verfügten über ein Repertoire musikalischer Aufführungsrechte, die sie individuell von den Komponisten erworben hatten, um sie im Anschluss in Form einer Pauschale an die Veranstalter zu veräußern. Dies stellte den Versuch der Verleger dar den zunehmenden Einfluss der GDT zu mindern und ein eigenes kollektives Wahrnehmungsmodell zu etablieren. Die individuelle Rechtewahrnehmung sollte nicht ersetzt, sondern durch ein zusätzliches Produkt im Leistungsspektrum der Verlage ergänzt werden.

Demnach war nach Gründung der GDT im Jahr 1903 ein Nebeneinander von individueller und kollektiver Wahrnehmung im Hinblick auf die Erteilung von Aufführungsgenehmigungen an Veranstalter musikalischer Konzerte möglich. Insofern ist die These, dass eine individuelle Rechtewahrnehmung im Bereich des musikalischen Aufführungsrechts faktisch unmöglich ist, unter historischen Gesichtspunkten nur für den Fall der Rechtsverfolgung zu bejahen. In der Folge stellte sich die Frage aus welchen Gründen das kollektive Wahrnehmungsmodell der GDT die individuelle Wahrnehmung im Bereich des musikalischen Aufführungsrechts verdrängen konnte. Die Durchsetzung kann zum einen mit der Vorgehensweise der GDT bei der Ausgestaltung der kollektiven Rechtewahrnehmung und zum anderen mit historischen Gesichtspunkten begründet werden.

Das Wahrnehmungsmodell der GDT beruhte auf der überwiegenden Nutzung von Verträgen, die eine pauschale Übertragung sämtlicher Aufführungsrechte, bzw. den pauschalen Erwerb des Repertoires der GDT vorsahen. Die Nutzung dieses pauschalierten Systems minderte die Nachfrage nach Aufführungsgenehmigungen einzelner Werke. Der Wunsch der Veranstalter einzelne Genehmigungen zu erwerben, wurde durch die Tatsache unterlaufen, dass die Aufführungsrechte einer gewissen Zahl populärer Werke der GDT zustanden, die sich weigerte Einzelgenehmigungen zu erteilen. Insofern waren die Veranstalter zum Abschluss eines Pauschalvertrages gezwungen. Zudem führte die Verbindung der beiden Wahrnehmungsbereiche dazu, dass Veranstalter widerrechtlicher musikalischer Aufführungen Pauschalverträge mit Außendienstmitarbeitern der GDT abschlossen, um eine zivil- oder strafrechtliche Verfolgung zu vermeiden. Mit der steigenden Anzahl an abgeschlossenen Pauschalverträgen sank zunehmend die Nachfrage nach der Erteilung individueller Aufführungsgenehmigungen. Darüber hinaus waren die Urheber und Verlage, die die Rechtsdurchsetzung seitens der GDT in Anspruch nehmen wollten, gezwungen ihre Aufführungsrechte vollumfänglich der GDT einzuräumen und sich selbst weiterer Verfügungen über die Aufführungsrechte zu erhalten. Urheber, Verlage und sonstige Berechtigte (Erben, Vermittler) verloren so die Möglichkeit die ihnen zustehenden Aufführungsrechte individuell wahrzunehmen.

Diese Kollektivverwertung zog weitgehende Pauschalierungen nach sich, die die Marktmacht der GDT zu Beginn des 20. Jahrhunderts weiter verfestigten. Politik, Gesetzgebung und Rechtsprechung des Deutschen Reiches unterwarfen Vereinigungen bzw. Verbände mit besonderer Marktmacht keinen rechtlichen Beschränkungen und begünstigten damit weitreichende Rechteübertragungen. Insofern konnte die GDT ihre sehr weitreichende Wahrnehmungspraxis ohne Befürchtung vor Restriktionen seitens des Gesetzgebers oder der Rechtsprechung verfestigen und eine Organisation bilden, die den Großteil der musikalischen Aufführungsrechte verwaltete. Hinzu kam, dass durch die wirtschaftlichen Folgen des Ersten Weltkriegs viele Anbieter eines individuellen Wahrnehmungssystems ihre Tätigkeit nur schwer fortsetzen konnten. Die Institutionalisierung in der Form einer Verwertungsgesellschaft vermochte Abhilfe zu schaffen, da das bereits existierende Repertoires lediglich verwaltet und durch das System der Pauschalverträge keine individuellen Verhandlungen geführt werden mussten. Dies führte zur Stärkung der kollektiven Wahrnehmung, die trotz wirtschaftlicher Krisen eine kontinuierliche Verwertung des musikalischen Aufführungsrechts gewährleisten konnte.

Kapitel 2

Die Wahrnehmung der mechanisch-musikalischen Vervielfältigungsrechte

Das vorangegangene Kapitel behandelte den Begriff der Rechtewahrnehmung, der auf der einen Seite den Handel mit musikalischen Aufführungsrechten und auf der anderen Seite deren Durchsetzung erfasste. Die Wahrnehmung erfolgte dabei sowohl individuell, das heißt unter Rückgriff auf einzelne, bestimmbare Werke eines Komponisten, als auch kollektiv, unter Heranziehung von pauschalierten Vertragsformen für Erwerb und Veräußerung von Aufführungsrechten in Form von Rechtebündeln. Demgegenüber unterlag das in § 11 Abs. 1 LUG normierte Vervielfältigungsrecht, das bei musikalischen Werken durch Notendruck erfolgte, einer individuellen Wahrnehmung mittels des Abschlusses von Verträgen über einzelne Werke.[1]

Die Weiterentwicklung der technischen Möglichkeiten zur automatischen Wiedergabe musikalischer Werke mittels mechanischer Instrumente, der Speicherung und erneuten Wiedergabe von musikalischen Aufführungen begründete neue Nutzungsformen, die das LUG 1901 noch nicht berücksichtigte. Das „Gesetz zur Ausführung der revidierten Berner Übereinkunft zum Schutze von Werken der Literatur und Kunst vom 13. November 1908" vom 22.5.1910 (LUG 1910) erweiterte den musikalischen Urheberrechtsschutz um diese mechanisch-musikalischen Vervielfältigungsrechte.[2] Die Begründung dieser neuen Nutzungsform bietet Anlass zu einer Untersuchung über Art und Umsetzung der Wahrnehmung dieser Vervielfältigungsrechte in Abgrenzung zum musikalischen Aufführungsrecht. Dabei steht die Frage im Vordergrund, ob und inwieweit eine kollektive Wahrnehmungsform auch für die Verwertung der mechanisch-musikalischen Vervielfältigungsrechte herangezogen und in welchem Umfang individuelle Wahrnehmungsformen verfolgt wurden. Sodann wird wie auch im ersten Kapitel untersucht, ob und inwieweit es zu einer Verdrängung der individuellen Wahrnehmung kam.

Der Ausgangspunkt zur Ausarbeitung dieser Fragenkreise liegt zunächst in der Bestimmung möglicher Wahrnehmungsformen. Hierzu werden in einem ersten Teil die technischen und rechtlichen Entwicklungen der mechanisch-musikalischen Vervielfältigung herausgearbeitet (I.). Daran anschlie-

---

[1] Siehe: Kap. 1 II 2.
[2] RGBl. 1910, S. 793 ff.

ßend wird der Umfang des Rückgriffs auf individuelle Wahrnehmungsformen für die neu geschaffenen Rechte betrachtet (II.), um in einem dritten Teil den Aufbau von kollektiven Wahrnehmungsformen zu behandeln (III.). Ein besonderes Augenmerk liegt dabei auf den Unterschieden gegenüber der Wahrnehmung des musikalischen Aufführungsrechts. Diese Abgrenzung dient der Bestimmung, ob und inwiefern kollektive Wahrnehmungsformen auch in anderen Bereichen der musikalischen Rechte praktiziert wurden und welche Gründe für eine Abkehr von der individuellen Wahrnehmung bestanden. Art und Umfang kollektiver Wahrnehmungsformen bei der Verwertung der neu begründeten mechanisch-musikalischen Vervielfältigungsrechte werden abschließend in einem vierten Teil zusammengefasst (IV.).

I. Die Entstehung mechanisch-musikalischer Vervielfältigungsrechte und ihr rechtlicher Schutz

Mit der Weiterentwicklung mechanisch-musikalischer Instrumente und neuer Formen der Vervielfältigungstechniken erweiterten sich die Nutzungsmöglichkeiten für musikalische Werke. Neben der traditionellen Aufführung durch Gesang oder Musikinstrumente existierten nunmehr Geräte, die musikalische Werke auch mechanisch wiedergeben konnten. Die Kompositionen waren damit nicht mehr nur Konzertbesuchern vorbehalten, sondern konnten einem größeren Publikumskreis zugänglich gemacht werden. Die Ausweitung des Zugangs zu musikalischen Werken geht mit Fragen zur tatsächlichen Nutzung dieser neuen Wiedergabemöglichkeiten und der Vereinbarkeit mit den urheberrechtlichen Schutzvorschriften einher. In einem ersten Abschnitt wird anhand der Darstellung der technischen Entwicklung der Nutzungsumfang der Vervielfältigungen bestimmt. Daran anknüpfend wird zweitens analysiert, welche technischen Neuerungen als Eingriff in den Schutzbereich des Urheberrechts gewertet und wie sie rechtlich behandelt wurden. In einem dritten Abschnitt wird dann erörtert, ob und inwiefern der Herstellung mechanisch-musikalischer Vervielfältigungen ein eigener urheberrechtlicher Schutz zu Teil wurde. Zur Bestimmung des urheberrechtlichen Schutzumfangs werden die durch Rechtsprechung und Gesetzgebung herausgearbeiteten Prinzipien herangezogen.

1. Die technische Entwicklung mechanisch-musikalischer Vervielfältigungen

Aus technischer und musikwissenschaftlicher Sicht wird heute zwischen mechanischen Musikinstrumenten und sonstigen mechanischen Verfahren zur Anfertigung von Vervielfältigungen musikalischer Werke differenziert.[3] Der Begriff der mechanischen Musikinstrumente erfasst Musikinstrumente, bei denen „in einem Steuerteil die Tonfolge von einem Toninformationsträger abgelesen und zur Tonauslösung an einem Schallquellenteil (eigentliches Musikinstrument) mit einer festen Tonskala bzw. ansteuerbaren festen Frequenzen abgegeben wird."[4]

Klassische Beispiele für mechanische Musikinstrumente sind Drehorgeln, Pianolas und Spieluhren.[5]

Davon sind sogenannte „Stimmenspeicher" abzugrenzen. Diese konnten Laute speichern und zu einer späteren Zeit wiedergeben.[6] Diese Wiedergabegeräte wurden Ende des 19. Jahrhunderts entwickelt. 1877 stellte *Thomas Alva Edison* in den USA den von ihm erfundenen Phonographen vor. 1887 entwickelte *Emil Berliner* in Deutschland das Grammophon.[7] Das wesentliche Abgrenzungsmerkmal gegenüber den mechanischen Vervielfältigungsmöglichkeiten lag in der Art der Wiedergabe: Die mechanischen Musikinstrumente konnten mittels der Einfügung entsprechender Walzen, Stifte oder ähnlichen Gegenständen das komponierte Musikstück selbst darbieten. Phonographen und Grammophone hingegen zeichneten durch ihre Aufnahmefunktion musikalische Aufführungen des Werks durch einzelne Musiker oder Orchester auf und spielten sie in der dargebotenen Weise erneut ab.

2. Die Schaffung gesetzlicher Rahmenbedingungen zum Schutz vor mechanisch-musikalischen Vervielfältigungen

Eine Reaktion der Gesetzgebung auf diese technischen Umwälzungen entwickelte sich nur schrittweise: Das UrhG 1870 wies in §§ 45, 1 UrhG 1870 das ausschließliche Recht über musikalische Kompositionen deren Urhebern zu,

---

[3] *Jüttemann*, Mechanische Musikinstrumente, ³2019, S. 22.

[4] *Jüttemann/Hocker,* Das mechanische Musikinstrument (DMM) 1985, S. 44; *Jüttemann*, Mechanische Musikinstrumente, ³2019, S. 21.

[5] Eine ausführliche Darlegung jeglicher Formen von mechanischen Musikinstrumenten und ihrer Herkunft findet sich bei: *Jüttemann*, Mechanische Musikinstrumente, ³2019.

[6] Der Begriff „Stimmenspeicher" wird von der Historikerin *Dommann* zur Beschreibung dieses Effekts verwandt, siehe: *Dommann*, Autoren und Apparate, 2014, S. 66 ff.

[7] *Burow*, in: Schanze (Hrsg.), Handbuch der Mediengeschichte, 2001, S. 347 (359); *Jaspersen*, in: Faulstich (Hrsg.), Grundwissen Medien, ⁵2004, S. 385 (386).

die damit vor dem Nachdruck ihrer Noten geschützt wurden. Das Reichsgericht hatte sich in mehreren Entscheidungen mit der Frage auseinander zu setzen, ob und inwiefern die Produktion von Toninformationsträgern zur mechanischen Wiedergabe einen verbotenen Nachdruck von Noten nach §§ 45, 4 UrhG 1870 darstellte.[8] In einer ersten Entscheidung aus dem Jahr 1888 beriet das Reichsgericht darüber, ob die Anfertigung von durchlochten Tafeln zur Wiedergabe auf einem Herophon als Nachdruck nach § 4 UrhG 1870 anzusehen sei. Es gelangte zu der Entscheidung, dass der Begriff des „Nachdrucks" nicht an das Erfordernis des Vorliegens eines Druckerzeugnisses gebunden sein sollte, weswegen auch in der Anfertigung von Toninformationsträgern zur Wiedergabe auf mechanischen Musikinstrumenten eine Verletzung des § 4 UrhG 1870 anzunehmen war.[9] Eine Einschränkung diesbezüglich ergebe sich aus Ziffer 3 der Berner Übereinkunft vom 9.9.1886, der die Fabrikation und den Verkauf von Instrumenten, die der mechanischen Wiedergabe von Musikstücken dienten, nicht unter den Tatbestand des Nachdrucks fasste. Ziffer 3 BÜ beruhte auf dem Interesse der Schweizer Spieluhren- und Spieldosenindustrie an der genehmigungsfreien Nutzung musikalischer Werke. In Anbetracht dessen nahm das Reichsgericht Apparate, bei denen die Toninformationsträger nicht ausgetauscht werden konnten, aus dem Anwendungsbereich des § 4 UrhG 1870 aus.[10] Damit differenzierte es zwischen verschiedenen Formen mechanischer Musikinstrumente, um unter Berücksichtigung von Ziffer 3 BÜ zumindest einen teilweisen Schutz der Komponisten zu gewährleisten.

Der Erlass des LUG im Jahr 1901 schränkte den Schutz der Urheber vor mechanischen Vervielfältigungen ihrer musikalischen Werke ein. Nach § 22 S. 1 LUG war die Vervielfältigung bereits erschienener Werke der Tonkunst auf Scheiben, Platten, Walzen, Bändern und ähnlichen Bestandteilen von Instrumenten, die zur mechanischen Wiedergabe der Werke dienten, zulässig. Die Ausklammerung mechanisch-musikalischer Vervielfältigungen aus dem LUG diente dem Schutz der Produzenten mechanischer Musik vor einer Inanspruchnahme durch die Urheber.[11] Der Reichstag begründete die Lockerung des Schutzes damit, dass das „Spiel der mechanischen Musikinstrumente [...] immer nur ein nothdürftiger Ersatz für wirkliche Musik bleiben" werde. Daher dürfe den „deutschen Komponisten und Verlegern [...]

---

[8] Urteil des RG vom 19.12.1888, in: RGZ 22, S. 174; Urteil des RG vom 31.1.1891, in: RGZ 27, S. 60; Urteil des RG vom 24.2.1899, in: RGSt. 32, S. 41.

[9] Urteil des RG vom 19.12.1888, in: RGZ 22, S. 174 (177).

[10] Urteil des RG vom 19.12.1888, in: RGZ 22, S. 174 (181 ff.); Bestätigend: Urteil des RG vom 31.1.1891, in: RGZ 27, S. 60 (69); Urteil des RG vom 24.2.1899, in: RGSt 32, S. 41 (43/44).

[11] Zum Schutz der Hersteller nationaler Anbieter mechanischer Musikinstrumente, siehe: *Dommann*, Autoren und Apparate, 2014, S. 71 ff.

hier zu Gunsten der vaterländischen Industrie ein Entgegenkommen zugemuthet werden".[12] § 22 S. 2 LUG nahm Instrumente, durch die das Werk hinsichtlich der Stärke und Dauer des Tones und des Zeitmaßes nach Art eines persönlichen Vortrags wiedergegeben werden konnte, aus dem Anwendungsbereich der Genehmigungsfreiheit des § 22 S. 1 LUG aus. Diese Regelung war auch unter der Bezeichnung „Pianola-Paragraph" bekannt.[13] Die deutsche Industrie sollte im Konkurrenzkampf gegen die ausländischen Hersteller mechanischer Musikinstrumente geschützt werden. Dabei wandten sich die deutschen Industriellen vornehmlich gegen die in den USA hergestellten Pianolas.[14] Diese Einflussnahme fand ihren Ausdruck in § 22 S. 2 LUG. Vordergründig wurde für die Unterscheidung zwischen S. 1 und 2 auf die Vervollkommnung der Instrumente abgestellt. Insbesondere „den kleinen, sogenannten ‚tastenartigen Instrumenten' (Aristons, Symphonions) solle die Vergünstigung zu teil werden".[15] Demgegenüber sollten mechanische Instrumente, deren Spiel sehr nahe an die Qualität des tatsächlichen Spiels eines Musikers herankommt, nicht von der Schutzfreiheit des § 22 S. 1 LUG profitieren.[16]

Phonograph und Grammophon als „Stimmenspeicher" kam eine besondere Rolle zu, da sie eine exakte Wiedergabe der Töne ermöglichten. Der Gesetzgeber hatte sich 1901 gegen die Ausweitung des urheberrechtlichen Schutzes auf Grammophone und Phonographen entschieden.[17] Trotz zahlreicher Gegenstimmen aus der rechtswissenschaftlichen Literatur, die § 22 S. 2 LUG für anwendbar hielten[18], entschied sich auch das Reichsgericht gegen die Anwendbarkeit des § 22 S. 2 LUG. Dies wurde damit begründet,

---

[12] Entwurf eines Gesetzes betreffend das Urheberrecht an Werken der Literatur und Tonkunst, in: Stenographische Berichte über die Verhandlungen des Reichstags, 10. Legislaturperiode, II. Session 1900/02, Erster Anlagenband, Nr. 97, S. 386 (401).

[13] *Müller*, Das deutsche Urheber- und Verlagsrecht, 1901, § 22 LUG, S. 87; *Meinhardt*, GRUR 1910, S. 305.

[14] Urteil des RG vom 5.5.1909, in: RGZ 71, S. 127 (128); Hierzu ausführlich: *Dommann*, Autoren und Apparate, 2014, S. 71 ff.

[15] *Müller*, Das deutsche Urheber- und Verlagsrecht, 1901, § 22 LUG, S. 89.

[16] *Müller*, Das deutsche Urheber- und Verlagsrecht, 1901, § 22 LUG, S. 90.

[17] So Staatssekretär des Reichs-Justizamts *Dr. Nieberding* bei der Fortsetzung der zweiten Beratung des Entwurfs eines Gesetzes, betreffend das Urheberrecht an Werken der Literatur und der Tonkunst am 18.4.1901, in: Stenographische Berichte über die Verhandlungen des Reichstags, 10. Legislaturperiode, II. Session 1900/02, Dritter Band, S. 2173 (2202).

[18] *Kohler*, Urheberrecht an Schriftwerken und Verlagsrecht, 1907, S. 207; *Strecker*, Die urheberrechtliche Stellung der mechanischen Musikinstrumente und Phonographen, 1906, S. 53; *Osterrieth*, in: Studien zur Förderung des gewerblichen Rechtsschutzes: Josef Kohler als Festgabe zum 60. Geburtstag, 1909, S. 405 (409).

dass beim Grammophon „jede Möglichkeit, das Tonwerk zu nuancieren", fehle.[19]

Die Einführung des § 22 LUG führte damit zu einer Schlechterstellung der Urheber im Hinblick auf den Schutz vor mechanisch-musikalischen Vervielfältigungen, da sowohl die Anfertigung von Toninformationsträgern zur Wiedergabe auf einem Großteil von mechanischen Musikinstrumenten als auch auf Phonographen und Grammophonen ohne Einverständnis des Urhebers zulässig wurde. Der fehlende Schutz hatte mit der zunehmenden Etablierung von Phonographen und Grammophonen im Musikleben des Deutschen Reiches einen erheblichen Anteil von Nachahmungen zur Folge. Schallplatten und Walzen wurden durch Dritte kopiert, was auch die Walzen- und Plattenhersteller veranlasste die Ausweitung des gesetzlichen Schutzes für ihre Ausfertigungen zu fordern.[20] Das Interesse der Produzenten mechanischer Vervielfältigungen an einer möglichst umfassenden freien Nutzung musikalischer Werke wurde durch ihr eigenes Verlangen an der Begründung eines stärkeren Schutzes ihrer Leistungen gesenkt. Urheber und Hersteller der Originalaufnahmen waren nunmehr in ihrem Wunsch nach der Stärkung der immateriellen Schutzrechte vereint, was eine Ausweitung des urheberrechtlichen Schutzes auf die mechanisch-musikalische Vervielfältigung förderte.

Mit dem „Gesetz zur Ausführung der revidierten Berner Übereinkunft zum Schutze von Werken der Literatur und Kunst vom 13. November 1908" vom 22.5.1910 erfolgte die gewünschte Reform des LUG. § 22 LUG wurde dahingehend geändert, dass jegliche mechanisch-musikalische Vervielfältigung von der Erlaubnis des Urhebers abhängig gemacht wurde. Die Befugnis zur Verwertung dieses Rechts wurde durch die Einführung einer Vorschrift zur Zwangslizenzierung in § 22 LUG 1910 eingeschränkt.[21] Unter den Voraussetzungen der einmaligen Gestattung der Vervielfältigung zur mechanischen Wiedergabe durch den Urheber und des Erscheinens des Werks konnte jeder Dritte einen Anspruch auf Erteilung einer Vervielfältigungserlaubnis geltend machen. Die Einführung der Zwangslizenz beruhte auf dem Willen des Gesetzgebers die Monopolbildung im Bereich der mechanisch-musikalischen Vervielfältigung zu verhindern und dadurch eine Schädigung von den Interessen der Allgemeinheit abzuwenden.[22] Mit der Erteilung einer freiwil-

---

[19] Urteil des RG vom 5.5.1909, in: RGZ 71, S. 127 (130).

[20] *Dommann*, Autoren und Apparate, 2014, S. 75 ff.

[21] Eine ähnliche Regelung zur Zwangslizenz wurde in das UrhG 1965 übernommen und bestand bis 2003 in § 61 UrhG 1965 fort.

[22] Entwurf eines Gesetzes zur Ausführung der revidierten Berner Übereinkunft zum Schutze von Werken der Literatur und Kunst vom 13.11.1908, in: Stenographische Berichte über die Verhandlungen des Reichstags, 12. Legislaturperiode, II. Session 1911, Band 275, Anlagen zu den stenographischen Berichten, S. 1785 (1789).

ligen oder erzwungenen Genehmigung zur mechanisch-musikalischen Vervielfältigung des Werks ging nach § 22a LUG 1910 auch die Befugnis der Nutzung der Reproduktion für öffentliche Aufführungen einher.

Damit erweiterten sich die Verwertungsmöglichkeiten der Urheber mit der Novellierung des LUG 1910 um die Wahrnehmung des Rechts zur mechanisch-musikalischen Vervielfältigung. Ein vergleichbarer Rechtsschutz kam ihnen bereits unter Geltung des UrhG 1870 zugute, da das Reichsgericht die mechanisch-musikalische Vervielfältigung als Nachdruck des Werks auffasste. Im Gegensatz zur Rechtslage unter Geltung des UrhG 1870 wurden den Rechteinhabern durch die Einführung einer Zwangslizenz und die Freigabe öffentlicher Aufführungen wiederum Restriktionen hinsichtlich des Schutzes ihrer Werke auferlegt.

3. Der urheberrechtliche Schutz mechanisch-musikalischer Vervielfältigungen

Neben den Urhebern setzten sich aufgrund von zunehmenden Nachbildungen von Walzen und Schallplatten auch die Hersteller für eine Ausweitung des urheberrechtlichen Schutzes ein.[23] Das Ziel ihres Engagements bestand darin das Aufzeichnungsverfahren als urheberrechtlichen Vorgang zu schützen.[24]

Mit der Novellierung des LUG 1910 weitete sich der urheberrechtliche Schutz nach § 2 Abs. 2 S. 1, 2 LUG 1910 auf die Übertragungstätigkeit aus, soweit sie durch einen persönlichen Vortrag oder als künstlerische Leistung anzusehen war. § 2 Abs. 2 S. 1, 3 Hs. 1 LUG 1910 räumte den Vortragenden einen urheberrechtlichen Schutz als Bearbeiter des Werkes ein. In der Begründung des Entwurfs hieß es dazu, dass der urheberrechtliche Schutz „nicht den Hersteller der den Vortrag fixierenden Vorrichtung, sondern den Vortragenden" zustehe.[25] Ein gesonderter Herstellerschutz war in Fällen der Nutzung von Wiedergabegeräten, wie dem Grammophon, nicht vorgesehen. Durch die aus technischer Sicht immer weitergehenden Möglichkeiten exakte Wiedergaben musikalischer Werke zu erstellen, erlangten die sogenannten

---

[23] Siehe: Kap. 2 I 2.

[24] Entwurf eines Gesetzes zur Ausführung der revidierten Berner Übereinkunft zum Schutze von Werken der Literatur und Kunst vom 13.11.1908, in: Stenographische Berichte über die Verhandlungen des Reichstags, 12. Legislaturperiode, II. Session 1911, Band 275, Anlagen zu den stenographischen Berichten, S. 1785 (1793); Weiterhin: *Dommann*, Autoren und Apparate, 2014, S. 82 ff.

[25] Entwurf eines Gesetzes zur Ausführung der revidierten Berner Übereinkunft zum Schutze von Werken der Literatur und Kunst vom 13.11.1908, in: Stenographische Berichte über die Verhandlungen des Reichstags, 12. Legislaturperiode, II. Session 1911, Band 275, Anlagen zu den stenographischen Berichten, S. 1785 (1793).

„ausübenden Musiker" urheberrechtlichen Schutz. Damit erlangten nicht mehr nur die Komponisten eines Werkes musikalischen Schutz, sondern auch diejenigen Musiker, die deren Werke aufführten und interpretierten bzw. deren Interpretation zur Wiedergabe über Phonograph oder Grammophon festgehalten wurde.[26] *Apel* erkannte hierin „die erstmalige Anerkennung von Rechten des ausübenden Künstlers".[27] Daneben räumte § 2 Abs. 2 S. 2, 3 Hs. 2 LUG 1910 denjenigen, die das Werk durch Lochen, Stanzen, Anordnen von Stiften und ähnlichen Tätigkeiten auf andere Medien übertrugen, soweit es sich dabei um eine künstlerische Leistung handelte, einen urheberrechtlichen Schutz als Bearbeiter des Werks ein. Unter welchen Voraussetzungen dieser an sich technische Vorgang als „künstlerische Leistung" anzusehen war, war insbesondere bei Erlass des Gesetzes mehr als fraglich.[28]

In vielen Fällen wirkten ausübende Musiker und Hersteller gemeinsam an der Fertigung mechanisch-musikalischer Vervielfältigungen mit, weswegen sie nach § 6 LUG als Miturheber angesehen wurden.[29] Die Wahrnehmung des mechanisch-musikalischen Vervielfältigungsrechts beschränkte sich damit nicht mehr nur auf die Betrachtung des Verhältnisses einzelner Komponisten oder Verleger zu Veranstaltern musikalischer Aufführungen. Die Entwicklung führte zu einem Zusammenspiel mit weiteren Berechtigten, deren jeweilige Rechte im Rahmen der Verwertung der Urheberrechte berücksichtigt werden mussten. Insofern ist im Folgenden zu bestimmen, wie die einzelnen Schutzrechtssubjekte das neu geschaffene mechanisch-musikalische Vervielfältigungsrecht wahrnahmen und welche Unterschiede zu der Wahrnehmung des musikalischen Aufführungsrechts bestanden.

II. Die individuelle Wahrnehmung des mechanisch-musikalischen Vervielfältigungsrechts

Die Novellierung des LUG 1910 führte also zu einer Ausdehnung des urheberrechtlichen Schutzbereichs, der sich auf eine Neubegründung des Werkschutzes vor mechanisch-musikalischen Vervielfältigungen und auf die Erweiterung des Kreises der Berechtigten erstreckte. Profiteure der Reform waren die Produzenten mechanisch-musikalischer Vervielfältigungen, die sowohl aus der Ausdehnung des urheberrechtlichen Schutzes als Bearbeitung,

---

[26] *Allfeld*, Das Urheberrecht an Werken der Literatur und Tonkunst, ²1928, § 1 LUG, S. 59 f.

[27] *Apel*, Der ausübende Musiker im Recht Deutschlands und der USA, 2011, S. 70.

[28] *Mittelstaedt,* MuW 9 (1910), S. 361 (363); *Eckert,* Zeitschrift für Rechtspflege in Bayern 6 (1910), S. 305 (306 f.).

[29] *Marwitz/Möhring*, Das Urheberrecht an Werken der Literatur und Tonkunst in Deutschland, 1929, § 2 LUG, S. 47.

als auch aus der Zwangslizenzierung in §§ 22 ff. LUG 1910, wirtschaftliche Vorteile ziehen konnten. Dieser Abschnitt behandelt Art und Umfang einer individuellen Wahrnehmung des mechanisch-musikalischen Vervielfältigungsrechts und den damit verbundenen Bearbeitungsrechten. Dazu wird in einem ersten Schritt zunächst die Wahrnehmung im Bereich des Schutzes musikalischer Werke durch Komponisten und Verlage betrachtet. In einem zweiten Schritt werden sodann Art und Umfang einer individuellen Wahrnehmung der Bearbeitungsrechte von Herstellern mechanischer Musikinstrumente und ausübender Künstler dargelegt. Die Ausarbeitung behandelt damit die Fragenkreise nach den Möglichkeiten der Verwertung eines neu geschaffenen Schutzrechts mittels individueller Wahrnehmung und die Feststellung, ob und inwieweit dies einen Rückgriff auf kollektive Wahrnehmungsformen entbehrlich machen konnte.

1. Die individuelle Wahrnehmung durch Komponisten und Verlage

Im Hinblick auf die individuelle Wahrnehmung des mechanisch-musikalischen Vervielfältigungsrechts durch Komponisten und Verlage ist wie im ersten Kapitel zwischen der Erteilung von Genehmigungen für die Anfertigung von mechanisch-musikalischen Reproduktionen und der Verfolgung von Urheberrechtsverletzungen zu differenzieren. Da ein entsprechender Schutz bereits unter Geltung des UrhG 1870 von der Rechtsprechung entwickelt wurde, wird die Wahrnehmung unter den dortigen Bedingungen auch im Folgenden berücksichtigt. Anschließend erfolgt eine Betrachtung der Wahrnehmung unter Geltung der Neuregelung im LUG 1910.

Unter Geltung des UrhG 1870 und der reichsgerichtlichen Rechtsprechung wurde das mechanisch-musikalische Vervielfältigungsrecht durch Komponisten und Verleger individuell wahrgenommen. Insbesondere im Hinblick auf die Durchsetzung der Urheberrechte an einzelnen Werken lässt sich ein Engagement einzelner Komponisten zur Anerkennung ihrer Rechtspositionen feststellen. Besonders der Komponist *Ludolf Waldmann* sticht durch seine Initiative bei der Einleitung gerichtlicher Verfahren gegen die Produzenten mechanisch-musikalischer Vervielfältigungen hervor, die er im Rahmen einer eigenen Publikation dargestellt hat.[30]

Eines der ersten Verfahren, das Gegenstand einer Berichterstattung wurde, betraf ein Strafverfahren vor dem Landgericht Leipzig gegen den technischen Direktor der „Fabrik Leipziger Musikwerke vorm. Paul Ehrlich & Co. zu Gohlis" *Friedrich Ernst Paul Ehrlich* und deren kaufmännischen Direktor *Friedr. Max Dude*, das 1885 von *Waldmann* wegen der Verletzung

---

[30] Vergleiche: *Waldmann*, Ludolf Waldmann's gewonnene Prozesse gegen die Fabrikanten der „mechanischen Musik-Instrumente", 1889.

seines Urheberrechts an dem Walzer „So wie du?" angeregt wurde. Die Angeklagten veranlassten die Produktion von Notenscheiben des Werks zur Wiedergabe auf einem „Ariston". Das Landgericht hatte zu prüfen, inwiefern hierin ein strafrechtlich relevantes Verhalten nach §§ 4, 18, 45, 46 UrhG 1870 zu sehen war. Es gelangte zu dem Ergebnis, dass in der Anfertigung von Notenscheiben zur Wiedergabe auf einem „Ariston" eine Verletzung des Nachdruckverbots liege. Wie auch das Reichsgericht in seiner Entscheidung von 1888 lehnte es die Argumentation ab, wonach der Nachdruck an das Vorliegen eines Druckerzeugnisses gebunden sei.[31] Nichtsdestoweniger sprach es die Angeklagten mangels Vorliegens der subjektiven Tatbestandsvoraussetzungen von der Verwirklichung des Straftatbestands frei.[32] In einem zivilrechtlichen Verfahren vor dem Landgericht Leipzig scheiterte *Waldmann* hingegen mit seiner Klage, die sich auf die Zulässigkeit von Vervielfältigungen seiner Werke zur Wiedergabe auf einem „Symphonion" bezog.[33] In vielen Fällen verfolgten die Komponisten Verletzungen, der ihnen zustehenden mechanisch-musikalischen Vervielfältigungsrechte, bis zur letzten Instanz am Reichsgericht. In einem Verfahren aus dem Jahr 1891 ging *Waldmann* zivilrechtlich gegen die Anfertigung von Walzen zur Wiedergabe auf einem „Clariophon" vor. Das Reichsgericht entschied zu seinen Gunsten und nahm eine widerrechtliche Vervielfältigung an.[34] In einem weiteren zivilrechtlichen Verfahren aus dem Jahr 1895 vermochte ein Komponist seine Rechte ebenfalls gegen die Hersteller von Notenscheiben für ein „Ariston" durchzusetzen.[35] Auch Verlage verfolgten Verletzungen der ihnen übertragenen Urheberrechte gegen die Hersteller mechanisch-musikalischer Reproduktionen. In einem Strafprozess aus dem Jahr 1899 konnte ein Verleger seine Rechte als Nebenkläger gegen den Produzenten eines „Polyphons" erfolgreich einfordern.[36]

Die soeben dargelegten Fallbeispiele belegen, dass eine individuelle Wahrnehmung des mechanisch-musikalischen Vervielfältigungsrechts in Form der Rechtedurchsetzung unter Geltung des UrhG 1870 möglich und existent war. Die gerichtliche Geltendmachung führte zu einer schrittweisen Anerkennung eines Schutzes musikalischer Werke vor mechanisch-musikalischen Vervielfältigungen, so dass den Rechteinhabern auch der Weg zur Erteilung individueller Vervielfältigungsgenehmigungen eröffnet werden konnte.[37]

---

[31] Siehe: Kap. 2 I 2.
[32] Bericht über das Urteil des LG Leipzig, in: Zeitschrift für Instrumentenbau 1885, 6. Jg., S. 47.
[33] Urteil des LG Leipzig vom 31.12.1891, in: Sächs. Archiv für bürgerl. Recht u. Prozeß 1892, Bd. 2, S. 32.
[34] Urteil des RG vom 31.1.1891, in: RGZ 27, S. 60.
[35] Urteil des RG vom 8.6.1895, in: RGZ 35, S. 63.
[36] Urteil des RG vom 24.2.1899, in: RGSt. 32, S. 41.
[37] Ein Schritt in Richtung Anerkennung der Urheberrechte der Komponisten kann in

Dieser unter Geltung des UrhG 1870 existierende Schutz hat mit Erlass des LUG starke Einschränkungen erfahren und zu einem Rückgang der Konflikte um mechanisch-musikalische Vervielfältigungen geführt. Erst mit der Novellierung des LUG 1910 lebte der urheberrechtliche Schutz wieder auf und ermöglichte die Verwertung der mechanisch-musikalischen Rechte. Aufgrund der Einführung einer Zwangslizenz in § 22 LUG 1910 war der Schutzumfang nicht im gleichen Maße gewährleistet, wie unter dem UrhG 1870.[38] § 22 LUG 1910 verpflichtete die Urheber zur vertraglichen Erteilung einer Lizenz an Hersteller mechanisch-musikalischer Vervielfältigungen für den Fall, dass einem einzelnen Produzenten eine Genehmigung zur Anfertigung einer Reproduktion bereits erteilt worden war. Die Regelung erschwerte den Abschluss von Exklusivverträgen und schränkte die Möglichkeiten zum Aushandeln individueller Vertragsbedingungen ein. Dies begründete eine Verletzung des Rechtsgrundsatzes der Vertragsfreiheit, wobei sich insbesondere Einschränkungen in der Abschlussfreiheit und der freien Wahl des Vertragspartners zeigten. In Abgrenzung zur Zwangslizenz nach § 11 Patentgesetz 1911 (PatG 1911), die das Patent unter den dort genannten Voraussetzungen dem Anspruchsteller ohne Einflussnahme durch den Patentinhaber zusprach, erhielten die Rechteinhaber bei § 22 LUG 1910 weitreichendere Mitbestimmungsrechte.[39] So galt § 22 LUG 1910 nur für diejenigen Fälle, in denen bereits eine Genehmigung zur Fertigung einer mechanischen Vervielfältigung erteilt worden und das Werk bereits erschienen ist. Die Höhe der Vergütung des Urhebers konnte frei vereinbart werden.[40] Weiterhin entstand kein Anspruch auf Einräumung einer Zwangslizenz, wenn der Urheber sein Werk selbst mechanisch reproduzierte.[41] Damit stand die Einführung der Zwangslizenz einer individuellen Wahrnehmung des mechanisch-musikalischen Vervielfältigungsrechts per se nicht entgegen, da sie zumindest in Teilen die Vereinbarung individueller Bedingungen für Art und Umfang der Erteilung einer Lizenz ermöglichte.

---

der regelmäßigen Berichterstattung in der Zeitschrift für Instrumentenbau über gerichtliche Verfahren wegen der Verletzung von Urheberrechten gesehen werden, u.a.: Zeitschrift für Instrumentenbau 1885, 6. Jg., S. 47 ff.; Zeitschrift für Instrumentenbau 1889, 10. Jg., S. 72; Zeitschrift für Instrumentenbau 1892, 12. Jg., S. 309 ff.

[38] Zur Erstreckung des urheberrechtlichen Schutzes auf mechanisch-musikalische Vervielfältigungen, siehe: Kap. 2 I 2.

[39] Zur Zwangslizenz im Patentrecht: *Bußmann*, Die patentrechtliche Zwangslizenz, 1975; *Struck*, Der patentrechtliche Ausführungs- und Lizenzzwang in der Rechtsprechung des Reichsgerichts, 2014.

[40] *Allfeld*, Das Urheberrecht an Werken der Literatur und Tonkunst, ²1928, § 22 LUG, S. 247.

[41] Ebermayer, in: Stenglein/Ebermayer (Hrsg.), M. Stengleins Kommentar zu den strafrechtlichen Nebengesetzen des Deutschen Reiches, ⁵1928, § 22 LUG, S. 97.

Die Nutzung individueller Wahrnehmungsformen durch Verlage und Komponisten wird anhand einer Betrachtung der Vertragsbeziehungen zu den Herstellern mechanisch-musikalischer Vervielfältigungen deutlich. Produzenten mechanischer Musikinstrumente und Wiedergabegeräte brachten Lizenzmarken auf ihren Schallplatten und Walzen an, um den Erwerb des Vervielfältigungsrechts am jeweiligen Werk zu kennzeichnen.[42] Bereits zu Beginn des Jahres 1910 hatte sich die Deutsche Grammophon AG zum Ankleben von Lizenzmarken zu Gunsten der Textdichter auf ihren Schallplatten entschieden. Entsprechende Marken erhielt sie von den Verlagen, denen die Rechte am jeweiligen Werk zustanden.[43] Die mechanisch-musikalischen Vervielfältigungsrechte standen größtenteils den Verlagen zu, die sie im Rahmen des Abschlusses von Verlagsverträgen erwarben.[44] Daher waren es auch vornehmlich die Verlage, die ihre Rechte gegenüber den Herstellern geltend machten. Zur Kennzeichnung der Rechte an den jeweiligen Werken griffen sie auf Lizenzmarken zurück, die auf den Vervielfältigungen angebracht wurden.[45] Hierzu schlossen die Verlage mit den Herstellern Verträge über die Lieferung der Lizenzmarken ab, die sie selbst anfertigten und den Herstellern übergaben.[46] Das Ankleben der Lizenzmarken ist mit der Veräußerung von Notendrucken vergleichbar, die aufgrund ihrer Körperlichkeit ein handelsfähiges Gut darstellten.[47] Dies ermöglichte die genaue Bestimmung der An-

---

[42] *N.N.*, Phonographische Zeitschrift 11 (1910), S. 458. Nach *Gauß* mussten die Tonträgerproduzenten eine Lizenz von 10 Pfennig pro Tonträger an die Komponisten zahlen: *Gauß*, Nadel, Rille, Trichter, 2009, S. 114.

[43] *N.N.*, Phonographische Zeitschrift 10 (1909), S. 1254.

[44] Vertrag zwischen Th. Brenisch und J. Rieter-Biedermann vom 6.6.1910, in: Sächsisches Staatsarchiv, Staatsarchiv Leipzig, 21109 VEB Edition Peters, Musikverlag Leipzig, Nr. 3363 (ohne Paginierung); Vertrag zwischen August Brunetti und der Schlesingerschen Buch- und Musikhandlung vom 24.10.1925, in: Depositum des Robert Lienau Verlages, Ordner RL, Autorenverträge A–F; Anlage 7.

[45] Beispiele hierzu lassen sich der Notenrollensammlung des Deutschen Museums entnehmen, so u.a. bei „Ein Walzertraum" von *Oscar Straus* mit Stanzdatum nach 1908, welches eine Marke des Verlegers *Ludwig Dolbinger* enthält, siehe: Notenrollen für selbstspielende Musikinstrumente im Deutschen Museum. Katalog. Bearbeitet von *Silke Berdux* und *Rebecca Wolf*, http://digital.deutsches-museum.de/projekte/notenrollen/detail/19 80-470T50/ (Stand: 2.4.2021). Auch bei „Die wilde Jagd" von *Ludwig Ferdinand von Bayern* mit Stanzdatum nach 1908, das eine Marke des Verlegers *Jos. Seiling* enthält, siehe: Notenrollen für selbstspielende Musikinstrumente im Deutschen Museum. Katalog. Bearbeitet von *Silke Berdux* und *Rebecca Wolf*, http://digital.deutsches-museum.de/projekte/notenrollen/detail/20856/ (Stand: 2.4.2021).

[46] So gestaltete sich das Vertragsverhältnis zwischen dem C.F. Peters Verlag und der Choralion Co., siehe: Brief aus dem Kopierbuch von C.F. Peters an die Ammre vom 19.10.1911 über noch bestehende Vertragsverhältnisse, in: Sächsisches Staatsarchiv, Staatsarchiv Leipzig, 21070 C.F. Peters, Leipzig, Nr. 5167, Bl. 884.

[47] *Freiesleben* spricht sich gegen die Ziehung einer Parallele von Verlagsvertrag und

zahl der Veräußerungen einzelner Werke. Im Rahmen der Erteilung von Vervielfältigungsgenehmigungen war die individuelle Rechtewahrnehmung damit möglich und existent.

Die Rechtedurchsetzung erfolgte ebenfalls in Form der individuellen Wahrnehmung. Im Gegensatz zum unkörperlichen Aufführungsrecht erforderte die mechanische Vervielfältigung die Anfertigung eines körperlichen Gegenstands. Dies erleichterte Aufdeckung und Verfolgung von Verletzungen des Urheberrechts. Ebenso verdeutlicht die unter Geltung des UrhG 1870 erfolgte Rechtedurchsetzung, dass ein individuelles Vorgehen möglich war. Der Zusammenhang zwischen dem neuen mechanisch-musikalischen Vervielfältigungsrechts und dem Recht gegen den widerrechtlichen Nachdruck versetzte die Rechteinhaber in die Lage eine individuelle Wahrnehmungsform auch in diesem Bereich zu verfolgen.

2. Die individuelle Wahrnehmung der Bearbeitungsrechte von ausübenden Künstlern und Produzenten mechanisch-musikalischer Vervielfältigungen

Durch die Novellierung des LUG 1910 erlangten Produzenten mechanischer Musikinstrumente und ausübende Künstler eigene Rechte, die sie wirtschaftlich verwerten konnten. § 2 Abs. 2 S. 1, S. 3 Hs. 1 LUG 1910 beinhaltete den Schutz des Vortrags ausübender Künstler. Die Einführung dieses Bearbeitungsrechts diente primär dem Schutz der Hersteller mechanisch-musikalischer Vervielfältigungen. In der Begründung zum Entwurf des Gesetzes hieß es, dass das Recht als solches zwar den Vortragenden schütze, der aber „in der Praxis sein Recht regelmäßig dem industriellen Unternehmen übertragen wird".[48] Mit der Übertragung des Rechts des Vortragenden auf die Produzenten erlangten sie die Möglichkeit, Nachahmungen der von ihnen hergestellten Aufnahmen für Wiedergabegeräte zu untersagen. Damit konnten sich sowohl ausübende Künstler als auch Hersteller von musikalischen Auf-

---

Vertrag über die mechanische Benutzung des Werks aus. Er begründet dies mit der Zwangslizenz, die der Gesetzgeber in § 22 LUG 1910 geschaffen hat, siehe: *Freiesleben,* Recht und Tonkunst, 1914, S. 136. Vorliegend wird lediglich auf die generelle Vergleichbarkeit der Vertragsgegenstände abgestellt. Dies geschieht unter Rückgriff auf die Kategorisierungen *Elsters* und *Hoffmanns,* die die urheberrechtlichen Befugnisse in verschiedene Gruppen einteilen, wobei die körperliche Wiedergabe in Form jeglicher Vervielfältigungen stets eine eigene Untergruppe bildete, siehe: *Elster,* UFITA 1932 (1932), S. 105 (110); *Hoffmann,* GRUR 1932, S. 561 (563).

[48] Entwurf eines Gesetzes zur Ausführung der revidierten Berner Übereinkunft zum Schutze von Werken der Literatur und Kunst vom 13.11.1908, in: Stenographische Berichte über die Verhandlungen des Reichstags, 12. Legislaturperiode, II. Session 1911, Band 275, Anlagen zu den stenographischen Berichten, S. 1785 (1793).

nahmen auf das Bearbeitungsrecht berufen. Im Regelfall übertrugen die ausübenden Künstler ihre Urheberrechte auf den Tonträgerhersteller.[49] Die Übertragung ihrer Rechte an der Darbietung erfasste sowohl die Anfertigung weiterer Reproduktionen der Aufnahmen als auch die gerichtliche Verfolgung von Nachahmungen und war auf eine bestimmte Anzahl von Werken aus ihrem Repertoire beschränkt.[50]

Im Gegenzug erhielten die Künstler ein Honorar und in Teilen auch eine Beteiligung an den Gewinnen aus den vertriebenen Platten.[51] Bereits vor Novellierung des LUG 1910 konkurrierten Tonträgerproduzenten um die Verpflichtung ausübender Künstler für ihre Aufnahmen. Diese konnten Exklusivverträge mit Produzenten abschließen.[52] Auch wenn vor 1910 noch kein eigenes Urheberrecht der ausübenden Künstler existierte, konnten sie ihre Darbietungen mittels des Abschlusses von Verträgen mit Produzenten mechanischer oder elektrischer Musikwerke bereits individuell wahrnehmen.

Neben dem ausübenden Musiker konnten auch die Produzenten mechanisch-musikalischer Vervielfältigungen Bearbeitungsrechte verwerten. Bereits vor Novellierung des LUG 1910 sahen sie sich mit Nachahmungen ihrer Aufnahmen konfrontiert.[53] 1910 erwirkte die Deutsche Grammophon A.G. ein Urteil gegen Meissner, der Kopien der Wiedergaben erstellt hat. Das Reichsgericht stützte seine Entscheidung zur Untersagung der Anfertigung von Kopien auf das Vorliegen eines Sittenverstoßes nach § 826 des Bürgerlichen Gesetzbuchs[54] (BGB).[55] Die Novellierung des LUG 1910 und das Urteil des Reichsgerichts stärkten die Rechte der Produzenten. Sie konnten unabhängig vom Zeitpunkt der Anfertigung der Nachahmung dagegen vorgehen, solange sie das Recht des Vortragenden an seiner Interpretation erworben hatten. Aufgrund der Nähe zum Vervielfältigungsrecht an gedruckten Werken war eine individuelle Wahrnehmung des mechanisch-musikalischen Vervielfältigungsrechts an den von den ausübenden Künstlern übertragenen Bearbeitungsrechten möglich.[56]

---

[49] *Apel*, Der ausübende Musiker im Recht Deutschlands und der USA, 2011, S. 99; Zum Umfang des Bearbeitungsrechts ausübender Künstler: ebd., S. 83 ff.

[50] §§ 3, 4 eines Vertrages zwischen Engelbert Humperdinck und der Frankfurter Musikwerke-Fabrik J.D. Philipps & Söhne über die Aufnahme von 10 Musikvorträgen von Humperdinck vom August 1911, in: Universitätsbibliothek Johann Christian Senckenberg Frankfurt am Main, Abteilung Musik, Theater, Film, Nachlass Engelbert Humperdinck, A I c 4, Anlage zu Nr. 184, Bl. 242; Anlage 8.

[51] Urteil des RG vom 7.4.1910, in: GRUR 1910, S. 264.

[52] *Gauß*, Nadel, Rille, Trichter, 2009, S. 107.

[53] Mit weiteren Nachweisen: *Dommann*, Autoren und Apparate, 2014, S. 75 ff.

[54] RGBl. 1896, S. 195 ff.

[55] Urteil des RG vom 7.4.1910, in: GRUR 1910, S. 264; Bericht hierüber, in: Phonographische Zeitschrift 1910, 11 (1910), S. 408.

[56] Zur Nähe von Vervielfältigungsrecht und mechanischem Urheberrecht, siehe: Kap. 2 II 1.

Nach § 2 Abs. 2 S. 2, S. 3 Hs. 2 LUG 1910 stand den Herstellern mechanischer Musikinstrumente auch ein eigenes Bearbeitungsrecht zu. Dieses Recht bezog sich wortlautgemäß nur auf Musikinstrumente, die die musikalischen Werke mittels der Einfügung von Notenrollen oder ähnlichen Utensilien selbstspielend wiedergeben konnten. Die Reichweite dieses Bearbeitungsrechts war nach der Intention des Gesetzgebers auf „Vorrichtungen zur mechanischen Wiedergabe ohne die Vermittelung eines individuellen Vortrags" beschränkt.[57] Die Aufzeichnungen für Grammophon und Phonograph, die abhängig von dem persönlichen Vortrag eines Künstlers waren, waren damit nicht vom Schutzbereich erfasst.[58] Die Nutzung der mechanischen Musikinstrumente stagnierte kurz nach Begründung ihres Schutzes im Jahr 1910. Mit Etablierung von Grammophon und Phonograph war die Nachfrage bereits vor Beginn des Ersten Weltkriegs wieder gesunken,[59] so dass die Anwendung des Bearbeitungsrechts auf wenige Fälle beschränkt blieb. Dies lässt sich auch den gängigen Kommentierungen zum LUG 1910 entnehmen. *Allfeld* ging lediglich auf die Bestimmung des Begriffs der „künstlerischen Leistung" ein und verwies auf die Gesetzesbegründung.[60] Auch *Marwitz/Möhring* stellten unter Rückgriff auf die Gesetzesbegründung lediglich den Schutzbereich der Norm dar und machen keinerlei Ausführungen zu bestehenden rechtlichen Konflikten oder der Etablierung des Bearbeitungsrechts in der praktischen Anwendung.[61] Auch der bestehende patent-

---

[57] Entwurf eines Gesetzes zur Ausführung der revidierten Berner Übereinkunft zum Schutze von Werken der Literatur und Kunst vom 13.11.1908, in: Stenographische Berichte über die Verhandlungen des Reichstags, 12. Legislaturperiode, II. Session 1911, Band 275, Anlagen zu den stenographischen Berichten, S. 1785 (1793).

[58] Ohne eine entsprechende Differenzierung vorzunehmen, nahm *Goldbaum* auch Grammophon und Phonograph in den Schutzbereich von § 2 Abs. 2 S. 2 LUG auf, siehe: *Goldbaum*, Urheberrecht und Urhebervertragsrecht, ²1927, § 2 LUG, S. 51 f.; *Marwitz/ Möhring* beschränkten den Schutzbereich in Rahmen einer beispielhaften Aufzählung auf mechanische Musikinstrumente, siehe: *Marwitz/Möhring*, Das Urheberrecht an Werken der Literatur und Tonkunst in Deutschland, 1929, § 2 LUG, S. 46 f.; Gegen die Ausweitung des Schutzes auf die Hersteller von Schallplatten auch: Urteil des RG vom 14.11.1936, in: RGZ 153, S. 1 (7 f.).

[59] *Ballstaedt/Widmaier*, Salonmusik, 1989, S. 116; *Elste* bestimmte das Jahr 1920 als Höhepunkt der Pianola-Industrie, die danach von der Schallplatte verdrängt wurde, siehe: *Elste*, Kultur und Technik 2005, S. 22 (24). Die Ammre führt in einer Informationsbroschüre aus dem Jahr 1912 auf, dass 75 % ihrer Einnahmen von Vervielfältigungen für Phonographen und nur 15 % von einwirkungsfähigen mechanischen Musikinstrumenten stammten, siehe: „Die Anstalt für mechanisch-musikalische Rechte und die Genossenschaft Deutscher Tonsetzer. Ein Wort zur Aufklärung!" Informationsbroschüre der Ammre aus 1912, S. 17, in: Bundesarchiv, R3001/6360, Bl. 5b.

[60] *Allfeld*, Das Urheberrecht an Werken der Literatur und Tonkunst, ²1928, § 2 LUG, S. 72 f.

[61] *Marwitz/Möhring*, Das Urheberrecht an Werken der Literatur und Tonkunst in Deutschland, 1929, § 2 LUG, S. 46 f.

rechtliche Schutz der Instrumente und ihrer sonstigen Bestandteile schmälerte das Erfordernis für einen Rückgriff auf urheberrechtliche Schutznormen. So betrug die Zahl der angemeldeten Patente im Bereich der mechanisch-musikalischen Instrumente in der Zeit zwischen 1900 und 1914 im Schnitt etwa 40 Patente pro Jahr. Ein Höhepunkt war 1908 mit 66 Patenten erreicht.[62] Auch die Zeitschrift für Instrumentenbau, die sich auch mit der Entwicklung der mechanischen Musikinstrumente befasste, enthielt in jeder ihrer Ausgaben Patent-Nachrichten, die die im Reichs-Anzeiger bekannt gemachten Patentanmeldungen und -erteilungen wiedergaben.[63] Aufgrund des patentrechtlichen Schutzes war der Rückgriff auf das urheberrechtliche Bearbeitungsrecht, das wegen des Erfordernisses der „künstlerischen Leistung" nicht im gleichen Maße zu erlangen war wie der patentrechtliche Schutz, kaum erforderlich. Die urheberrechtlichen Vermerke auf Notenrollen entsprechender Musikinstrumente enthielten lediglich Angaben über die Einholung der Genehmigung der Urheber und Verlage.[64] Die Verwertung des Bearbeitungsrechts nach §2 Abs. 2 S. 2, S. 3 Hs. 2 LUG 1910 war damit auf wenige Einzelfälle begrenzt, so dass auch kein Raum für die Etablierung eines kollektiven Wahrnehmungsmodells existierte.

Die mechanisch-musikalischen Vervielfältigungsrechte standen aufgrund der Körperlichkeit der Reproduktionen dem Recht gegen den Nachdruck von Noten näher als dem musikalischen Aufführungsrecht. Demgemäß war eine individuelle Wahrnehmung, die sich auf die Verwertung des Rechts an bestimmbaren Werken bezog, möglich und existent. Dies gilt sowohl für das Urheberrecht der Komponisten an ihren musikalischen Werken als auch für die in §2 Abs. 2 LUG neu geschaffenen Bearbeitungsrechte von ausübenden Künstlern und Herstellern. Die Etablierung eines kollektiven Wahrnehmungsmodells war zur Verwertung der neubegründeten mechanisch-musikalischen Vervielfältigungsrechte nicht erforderlich.

---

[62] *Hocker,* Das mechanische Musikinstrument (DMM) 1980, S. 27 (30 f.).

[63] Exemplarisch: Patent-Nachrichten, Zeitschrift für Instrumentenbau 1908, 29. Jg., S. 19 ff.; Patent-Nachrichten, Zeitschrift für Instrumentenbau 1908, 29. Jg., S. 61 ff; Patent-Nachrichten, Zeitschrift für Instrumentenbau 1908, 29. Jg., S. 93.

[64] Beispiele aus der Notenrollensammlung des Deutschen Museums, u.a.: „Ein Walzertraum" von *Oscar Straus* mit Stanzdatum nach 1908, welches eine Marke des Verlegers *Ludwig Dolbinger* enthält, siehe: Notenrollen für selbstspielende Musikinstrumente im Deutschen Museum. Katalog. Bearbeitet von *Silke Berdux* und *Rebecca Wolf*, http://digital.deutsches-museum.de/projekte/notenrollen/detail/1980-470T50/ (Stand: 2.4.2021); So auch „Die wilde Jagd" von *Ludwig Ferdinand von Bayern* mit Stanzdatum nach 1908, das eine Marke des Verlegers *Jos. Seiling* enthält, siehe: ebd., http://digital.deutsches-museum.de/projekte/notenrollen/detail/20856/ (Stand: 2.4.2021).

III. Die kollektive Wahrnehmung des mechanisch-musikalischen Vervielfältigungsrechts

Das neu geschaffene mechanisch-musikalische Vervielfältigungsrecht konnte mit Hilfe der Nutzung individueller Wahrnehmung verwertet werden. Trotz dieser Möglichkeit kam es am 4.11.1909 zur Gründung der Anstalt für mechanisch-musikalische Rechte (Ammre), die eine kollektive Wahrnehmung dieser Rechte bezweckte.[65] Dieser Teil setzt sich mit den Fragen auseinander, ob und inwieweit eine kollektive Wahrnehmungsform zur Verwertung des mechanischen Urheberrechts herangezogen werden konnte. In Anlehnung an die Verwertung des Aufführungsrechts wird sodann an die Fragen angeknüpft, ob es durch die Nutzung der kollektiven zu einer Verdrängung der individuellen Wahrnehmungsform kam und welche Gründe hierfür bestanden. Ein erster Abschnitt betrachtet die durch Erlass des LUG 1910 neu begründeten Rechte der Urheber, wobei Art und Umfang des Rückgriffs auf die kollektive Wahrnehmung bestimmt werden. Der zweite Abschnitt geht auf die Bearbeitungsrechte von ausübenden Künstlern und Produzenten mechanisch-musikalischer Vervielfältigungen ein und stellt Art und Umfang der kollektiven Rechtewahrnehmung in diesem Bereich dar. Schließlich werden die Ergebnisse in einem dritten Abschnitt unter Berücksichtigung der Fragen nach Art und Umfang der kollektiven Wahrnehmung mechanisch-musikalischer Vervielfältigungsrechte zusammengetragen.

1. Die kollektive Wahrnehmung der mechanischen-musikalischen Vervielfältigungsrechte der Urheber

Noch vor Erlass der gesetzlichen Neuregelungen zum Schutz der Urheber vor mechanisch-musikalischen Vervielfältigungen ihrer Werke, entstand mit der Ammre eine Organisation, die die kollektive Wahrnehmung der mechanischen Urheberrechte anstrebte. Dieser Abschnitt setzt sich mit der Frage auseinander, welche Unterschiede und Gemeinsamkeiten zwischen individueller und kollektiver Wahrnehmung zur Verwertung der mechanischen Rechte bestanden. Dazu werden in einem ersten Unterabschnitt die Beweggründe und Motive zur Gründung der Ammre betrachtet. Im Anschluss behandelt ein zweiter Unterabschnitt Art und Umfang ihrer Wahrnehmungstätigkeit. Ein abschließender dritter Unterabschnitt setzt sich schließlich mit den Gründen für eine Durchsetzung der kollektiven vor der individuellen Wahrnehmungsform im Bereich des mechanisch-musikalischen Vervielfältigungsrechts auseinander.

---

[65] *Dümling*, Musik hat ihren Wert, 2003, S. 98.

a) Die Gründungsphase der Ammre

Bereits vor Novellierung des LUG 1910 existierten Tendenzen zur Schaffung einer kollektiven Wahrnehmungsform zur Verwertung mechanisch-musikalischer Rechte. Am 23.1.1907 trafen sich Vertreter von Komponisten und Verlagen und vereinbarten die Bildung einer Zentralstelle zur Verwertung der Urheberrechte gegenüber mechanischen Musikinstrumenten, die der GDT angegliedert sein sollte. Die Verhandlungen scheiterten jedoch daran, dass Verlage und Komponisten sich nicht über einen Teilungsmodus und die Höhe der prozentualen Gebühr für die Hersteller mechanisch-musikalischer Vervielfältigungen einigen konnten.[66]

Mit Abschluss der revidierten Berner Übereinkunft vom 13.11.1908 und der damit einhergehenden Ausweitung des urheberrechtlichen Schutzes auf mechanisch-musikalische Vervielfältigungen begann ein erneuter Anlauf zur Etablierung eines kollektiven Wahrnehmungsmodells. In seiner Denkschrift aus dem Jahr 1909 schilderte der Musikverleger *Ludwig Volkmann* unterschiedliche Interessen, die bei der Wahrnehmung Berücksichtigung finden mussten und kam zu dem Ergebnis, dass ein Ausgleich zwischen Komponisten, Verlagen und Fabrikanten nur unter Rückgriff auf die großen Gesamtvertretungen zu erreichen sei.[67] Als große Vorteile der Kollektivierung führte er die Zeit- und Kostenersparnis einer gemeinschaftlichen Rechtewahrnehmung, die weiträumige Bindung einer großen Zahl von Fabrikanten durch finanzielle Vergünstigungen und die Durchsetzung einer Gleichberechtigung der Verlage im Hinblick auf Verwaltung und Gebührenanteil der eingebrachten Rechte an.[68] Zur Ermöglichung einer umfassenden Verwertung der Rechte an den musikalischen Werken legte *Volkmann* Wert auf einen äußeren Anschluss an die GDT.[69] Die Forderung nach der Gleichberechtigung der Verlage verdeutlicht die bestehenden Konflikte zwischen der GDT und den Musikverlegern. § 6 der Satzung der GDT versagte den Verlegern die Mitgliedschaft in der Verwertungsgesellschaft. Sie konnten lediglich einen Berechtigungsvertrag mit der GDT abschließen und dadurch an der Verteilung der Tantiemen partizipieren. Weitergehende Mitbestimmungsrechte standen ihnen nicht zu.[70] Die Mitwirkung an der Gründung einer Zentralstelle für mechanische Urheberrechte bot den Verlagen die Möglichkeit, stärker an der

---

[66] *Volkmann*, Zur Neugestaltung des Urheberschutzes gegenüber mechanischen Musikinstrumenten, 1909, S. 14 f.

[67] *Volkmann*, Zur Neugestaltung des Urheberschutzes gegenüber mechanischen Musikinstrumenten, 1909, S. 12 ff.

[68] *Volkmann*, Zur Neugestaltung des Urheberschutzes gegenüber mechanischen Musikinstrumenten, 1909, S. 15

[69] *Volkmann*, Zur Neugestaltung des Urheberschutzes gegenüber mechanischen Musikinstrumenten, 1909, S. 16.

[70] Siehe: Kap. 1 III 2a.

Tätigkeit der GDT zu partizipieren und damit weitreichenderen Einfluss im Netzwerk der Komponisten zu erlangen.

Die von *Volkmann* erhoffte Kooperation mit der GDT zur Gründung einer neuen Wahrnehmungsanstalt kam nicht zu Stande. Nach Aussage, der an der Verwertung des mechanisch-musikalischen Vervielfältigungsrechts arbeitenden Verlage weigerte, sich die GDT, die Verleger stärker an ihren Einnahmen zu beteiligen und ihnen eine Mitarbeit in der Verwaltung einzuräumen.[71] In der Konsequenz entschlossen sich die Verlage zur Bildung eines eigenen Unternehmens zur kollektiven Wahrnehmung ihrer mechanisch-musikalischen Rechte. Die französische „Société Générale Internationale de l'Edition Phonographique et Cinématographique" (EDIFO) und der Verein der Deutschen Musikalienhändler gründeten am 4.11.1909 gemeinsam die Ammre.[72] Deren Konstituierung begründeten sie mit der unsicheren rechtlichen Situation im Jahr 1909 und der Notwendigkeit der Gewährleistung eines Schutzes der Interessen von Urhebern und Verlagen gegenüber den Herstellern.[73] In Anbetracht dessen, dass sich die revidierte Berner Übereinkunft 1909 noch in einer Phase der Umsetzung in nationales Recht befand, erschien die Gründung der Ammre als geeignetes Mittel, um den Gesetzgebungsvorgang zu beeinflussen. Die Ammre verfolgte damit, wie die GDT, unternehmerische und berufsständische Interessen.

Die wesentliche Intention der Verlage zur Gründung der Ammre bestand in der scheinbar höheren Effektivität der kollektiven Wahrnehmung. Im Gegensatz zur individuellen Wahrnehmung ermöglichte sie eine Minimierung von Zeit und Kosten. Darüber hinaus erhofften sich die Verlage durch die Bündelung ihrer mechanischen Rechte ähnliche Erfolge wie die GDT im Bereich des musikalischen Aufführungsrechts zu erzielen. Mit der Ammre schufen sie einen Gegenpol zur GDT als bislang einzigem Verwertungsunternehmen im Deutschen Reich; Die Ammre sollte den Markt mit dem Handel von Lizenzen für mechanisch-musikalische Vervielfältigungen dominieren und individuelle Wahrnehmungsformen verdrängen.[74]

Im Ergebnis führte der Ausbau der kollektiven Rechtewahrnehmung durch die Ammre zu einem Rückgang der Nutzung individueller Wahrneh-

---

[71] „Die Anstalt für mechanisch-musikalische Rechte und die Genossenschaft Deutscher Tonsetzer. Ein Wort zur Aufklärung!" Informationsbroschüre der Ammre aus dem Jahr 1912, S. 10, in: Bundesarchiv, R3001/6360, Bl. 5b.

[72] Gesellschaftsvertrag der Ammre vom 4.11.1909, in: Landesarchiv Berlin, A Rep. 342-02, Nr. 56318, Teil I, Bl. 4; Anlage 9.

[73] Notizen über die Anstalt für mechanisch-musikalische Rechte abgekürzt „Ammre" G.m.b.H. mit dem Stand vom 1. Halbjahr 1919, S.1, in: Landesarchiv Berlin, A Rep. 342-02, Nr. 56318, Teil I, Bl. 126.

[74] Zur Verdrängung individueller Wahrnehmungsformen durch die GDT, siehe: Kap. 1 III.

mungsformen. Die Rechteinhaber, die sich an der Ammre beteiligten, bezweckten eine gemeinschaftliche Verwertung ihrer mechanisch-musikalischen Rechte. Eine individuelle Wahrnehmung ihrer Rechte war somit nicht mehr notwendig. Darüber hinaus regte der Gesetzgeber im Rahmen der Umsetzung der revidierten Berner Übereinkunft in nationales Recht durch die Novelle 1910 im Interesse der Beteiligten an,

„ähnlich wie es für die Verwertung des durch das Gesetz vom 19. Juni 1901 erweiterten ausschließlichen Rechtes der öffentlichen Aufführung von Werken der Tonkunst geschehen ist, Einrichtungen zu schaffen, die für die Teilnehmer den Abschluß einer jedesmaligen Vereinbarung mit dem einzelnen Urheber entbehrlich"

machten.[75] Die Verwertung des mechanisch-musikalischen Vervielfältigungsrechts mittels einer kollektiven Wahrnehmungsform war damit auch vom Gesetzgeber intendiert, was den Ausbau ihrer Marktmacht gegenüber der individuellen Wahrnehmung ebenfalls begünstigte.

b) Art und Umfang der Betätigung der Ammre

Die individuelle Wahrnehmung des mechanisch-musikalischen Vervielfältigungsrechts erfasste die vertragliche Einräumung von Lizenzen für die Fertigung von Reproduktionen, als auch die Rechtedurchsetzung in Form der Verfolgung urheberrechtlicher Verstöße. Auch die Ammre bot den Rechteinhabern ein vergleichbares Leistungsspektrum an. Nach § 2 ihres Gesellschaftsvertrags bestand ihre Tätigkeit in der

„Verwertung von Urheberrechten gegenüber mechanischen Musikinstrumenten aller Art, insbesondere der phonographischen (Sprechapparate, Phonographen, Grammophone, Zonophone etcetera) und kinematographischen Urheberrechten, sowie [der] Controle der Licenzverpflichtungen".[76]

Die Tätigkeit beschränkte sich dabei auf „die Verwertung von Urheberrechten gegenüber den Fabrikanten".[77] Durch § 2 des Ergänzungsvertrages vom 10.5.1910 erweiterte die Ammre ihren Aufgabenbereich um „die Verwertung von sonstigen Urheberrechten aller Art und in jeder Hinsicht".[78] Dies führte

---

[75] Entwurf eines Gesetzes zur Ausführung der revidierten Berner Übereinkunft zum Schutze von Werken der Literatur und Kunst vom 13.11.1908, in: Stenographische Berichte über die Verhandlungen des Reichstags, 12. Legislaturperiode, II. Session 1911, Band 275, Anlagen zu den stenographischen Berichten, S. 1785 (1790).

[76] Gesellschaftsvertrag der Ammre vom 4.11.1909, in: Landesarchiv Berlin, A Rep. 342-02, Nr. 56318, Teil I, Bl. 4.

[77] Notizen über die Anstalt für mechanisch-musikalische Rechte abgekürzt „Ammre" G.m.b.H. mit dem Stand vom 1. Halbjahr 1919, S. 2, in: Landesarchiv Berlin, A Rep. 342-02, Nr. 56318, Teil I, Bl. 126.

[78] Notizen über die Anstalt für mechanisch-musikalische Rechte abgekürzt „Ammre" G.m.b.H. mit dem Stand vom 1. Halbjahr 1919, S. 2f., in: Landesarchiv Berlin, A Rep. 342-02, Nr. 56318, Teil I, Bl. 126.

III. Kollektive Wahrnehmung des mechanisch-musikalischen Vervielfältigungsrechts 75

unter anderem dazu, dass der Umfang der Rechtewahrnehmung seit 1913 auf die Vertretung von Schriftstellern gegenüber Lichtspielbühnen ausgedehnt wurde.[79] Damit wandelte sich der Umfang der Rechtewahrnehmung durch die Ammre. Während es zu Beginn der Aufnahme ihrer Tätigkeit nur um die Wahrnehmung der Rechte an musikalischen Kompositionen ging, versuchte sie bereits kurz nach ihrer Gründung ihr Aufgabenspektrum auf weitere Werkarten auszudehnen. Im Vergleich zur individuellen Wahrnehmung, die sich stets auf ein einzelnes Werk bezog, bestand der Unternehmensgegenstand der Ammre im Vertrieb eines möglichst umfangreichen Repertoires an musikalischen Werken. Die Aufnahme von Schriftstellern verdeutlicht, dass die Ammre ein kontinuierliches Wachstum anstrebte. Im Gegensatz zur GDT, die sich zunächst auf die Vertretung der Interessen der Tonsetzer spezialisierte, vertrat die Ammre nicht nur die Belange einer einzelnen Berufsgruppe. Mit der Bündelung der Rechte an Werken unterschiedlicher Art versuchte sie den Umfang ihrer Tätigkeit auszudehnen und dadurch höhere Einnahmen zu generieren. Das mechanisch-musikalische Recht bildete damit ein handelsfähiges Gut, das an die Hersteller mechanisch-musikalischer Vervielfältigungen wie beispielsweise Schallplattenproduzenten veräußert wurde.

Die Ausgestaltung des Handels mit Vervielfältigungslizenzen durch die Ammre wies zunächst einige Parallelen zur individuellen Wahrnehmung auf. Beim Erwerb von Rechten an individuell bestimmbaren Werken erhielten die Hersteller Genehmigungen für die Anfertigung einer bestimmten Zahl von Vervielfältigungen. Ähnlich wie die Notendrucker ließen sie einzelne Werke zur Wiedergabe auf mechanischen Geräten vervielfältigen. Oftmals arbeiteten sie dabei mit dem Musikhandel zusammen und erstellten abhängig von der Nachfrage Aufnahmen für bestimmte Geräte.[80] Die Ammre setzte zum Vertrieb der ihnen übertragenen Rechte zunächst ebenfalls auf eine individuelle Wahrnehmung. Die Hersteller konnten Lizenzen für bestimmte Werke bestellen und erhielten in der Folge Lizenzmarken mit Angaben über den jeweiligen Bezugsberechtigten, die sie auf den Aufnahmen anbringen konnten. Erst im Oktober 1910 beschloss die Ammre die Nutzung namenloser Marken, die für sämtliche Werke, die sich in ihrer Verwaltung befanden, verwandt werden konnten und auf den Werken angebracht werden konnten.[81] Hierfür erwarben die Produzenten eine gewisse Anzahl von Lizenz-

---

[79] *Voigtländer/Fuchs*, Die Gesetze betreffend das Urheberrecht und das Verlagsrecht an Werken der Literatur und der Tonkunst vom 19. Juni 1901 mit der Novelle vom 22. Mai 1910, ²1914, §22 LUG, S. 146.

[80] „Die Anstalt für mechanisch-musikalische Rechte und die Genossenschaft Deutscher Tonsetzer. Ein Wort zur Aufklärung!" Informationsbroschüre der Ammre aus dem Jahr 1912, S. 17, in: Bundesarchiv, R3001/6360, Bl. 5b.

[81] Notizen über die Anstalt für mechanisch-musikalische Rechte abgekürzt „Ammre"

marken einer bestimmten Preiskategorie, die sie auf den Platten der Bezugsberechtigten der Ammre anbringen mussten. Am Ende jeden Monats mussten sie der Ammre eine Abrechnung über die Anzahl der verkauften Werke zukommen lassen, wobei Werktitel und Name des Komponisten zu konkretisieren waren.[82] Die Ammre begründete die Umstellung mit Gründen der Praktikabilität. In vielen Fällen könne keine eindeutige Zuordnung zu einem Rechteinhaber erfolgen. Für den Fall, dass ein Komponist und ein Textdichter ein Werk gemeinsam geschaffen hätten, wären für beide Lizenzmarken anzubringen gewesen. Darüber hinaus wolle die Ammre den Produzenten nicht zumuten für jede Platte die richtige Marke heraussuchen.[83] Mit dieser „Vereinfachung" des Lizenzmarkenvertriebs wechselte die Ammre von einem individuellen zu einem kollektiven Wahrnehmungskonzept und ermöglichte den Herstellern den Erwerb einer Vielzahl von Vervielfältigungsgenehmigungen aus einer Hand. Durch das Nebeneinander von individueller und kollektiver Rechtewahrnehmung, sowie der Gemeinfreiheit bestimmter Werke, war es dennoch erforderlich die Kataloge zu Rate zu ziehen, um daraus zu ersehen, welche Lizenzmarke wo anzubringen war.[84] Sowohl die Anbieter individueller Wahrnehmungsformen als auch die Ammre verwandten Lizenzmarken, um eine Zuordnung der Rechte zu bestimmten Personen oder Organisationen zu gewährleisten. Dabei handelte es sich entweder um Marken der Rechteinhaber[85] oder um die Marken der Ammre, die mit der Aufschrift „Lizenz gültig für Deutschland. Ammre GmbH Berlin" versehen waren.[86] Der wesentliche Unterschied zwischen individueller und kollektiver Wahrnehmung bestand mit Blick auf die Rechtsbeziehungen zu den Herstellern in

---

G.m.b.H. mit dem Stand vom 1. Halbjahr 1919, S. 7f., in: Landesarchiv Berlin, A Rep. 342-02, Nr. 56318, Teil I, Bl. 126.

[82] Notizen über die Anstalt für mechanisch-musikalische Rechte abgekürzt „Ammre" G.m.b.H. mit dem Stand vom 1. Halbjahr 1919, S. 8, in: Landesarchiv Berlin, A Rep. 342-02, Nr. 56318, Teil I, Bl. 126.

[83] Notizen über die Anstalt für mechanisch-musikalische Rechte abgekürzt „Ammre" G.m.b.H. mit dem Stand vom 1. Halbjahr 1919, S. 7, in: Landesarchiv Berlin, A Rep. 342-02, Nr. 56318, Teil I, Bl. 126.

[84] Leserbrief eines Sprechmaschinenhändlers, der berichtet, dass sich die von den Schallplattenfabrikanten angeklebten Lizenzmarken lösen, weshalb er unter Rückgriff auf die Kataloge prüfen muss, welches Werk von der Ammre verwertet wird. Etwa 90 von 100 Platten enthielten Lizenzmarken. Siehe: *N.N.*, Phonographische Zeitschrift 14 (1913), S. 119.

[85] Zur individuellen Wahrnehmung, siehe: Kap. 2 II 1.

[86] Beispiel für Lizenzmarken der Ammre: „Der Lenz, Op. 19, Nr. 5" von *Eugen Hildach* mit Stanzdatum nach 1910, worauf eine blaue Lizenzmarke der Ammre angebracht ist. Notenrollen für selbstspielende Musikinstrumente im Deutschen Museum. Katalog. Bearbeitet von *Silke Berdux* und *Rebecca Wolf*, http://digital.deutsches-museum.de/projekte/notenrollen/detail/1986-525T11/ (Stand: 2.4.2021).

der Etablierung eines Systems namenloser Marken, das einen Erwerb mechanisch-musikalische Vervielfältigungsrechte aus einer Hand ermöglichte.
Die Ammre betätigte sich auch an der Rechtedurchsetzung. Hierzu sah sie die Bücher der Produzenten auf Übereinstimmung von Bestand der Marken und tatsächlich verkauften Vervielfältigungen durch. Darüber hinaus nahm sie auch Kontrollen im Einzelhandel vor. Dabei überprüfte sie, ob die Vervielfältigungen der Werke ihrer Mitglieder mit den erforderlichen Marken versehen waren.[87] Mit Hilfe dieser Stichproben konnten Verletzungen des Vervielfältigungsrechts erkannt und verfolgt werden. Im Gegensatz zur Rechtsdurchsetzung im Bereich des Aufführungsrechts war der Aufbau eines umfassenden Kontrollmechanismus nicht erforderlich. Stichprobenartige Überprüfungen konnten auch von den einzelnen Rechteinhabern geleistet werden. Insofern unterschied sich das Konzept der Ammre zur Rechtsdurchsetzung nicht wesentlich von demjenigen im Rahmen einer individuellen Wahrnehmung.

Wesentliche Unterschiede zur individuellen Rechtewahrnehmung bestanden allerdings im Hinblick auf die Rechtsbeziehungen zu den Bezugsberechtigten. Prinzipiell erteilten Urheber der Ammre eine Vollmacht zur Ausnutzung ihrer phonographischen und kinematographischen Rechte.[88] Die Vollmacht bezog sich auf Rechte, die in der Vergangenheit entstanden sind oder in der Zukunft entstehen würden, und berechtigte die Ammre zur gerichtlichen und außergerichtlichen Geltendmachung jeglicher Ansprüche. Alternativ hierzu bestand die Möglichkeit der EDIFO, als Gesellschafterin der Ammre, die mechanisch-musikalischen Vervielfältigungsrechte zu übertragen und dadurch von der Rechtewahrnehmung durch die Ammre zu profitieren. §§ 1 und 3 des Mustervertrags sahen eine vollumfängliche Übertragung sämtlicher bestehender und künftiger Rechte bezüglich „der Wiedergabe auf Phonographen, Grammophonen und ähnlichen jetzt bekannten oder noch zu erfindenden mechanischen Musikinstrumenten in allen Ländern und Staaten" vor.[89] Bei der EDIFO handelte es sich um die französische Verwertungsgesellschaft für mechanisch-musikalische Rechte, die 1907 gegründet worden war.[90] In Abgrenzung zur individuellen Rechtewahrneh-

---

[87] Notizen über die Anstalt für mechanisch-musikalische Rechte abgekürzt „Ammre" G.m.b.H. mit dem Stand vom 1. Halbjahr 1919, S. 8 f., in: Landesarchiv Berlin, A Rep. 342-02, Nr. 56318, Teil I, Bl. 126.

[88] Muster einer Vollmachterteilung an die Ammre, zitiert nach: *Wilm*, Wie können bei der Ausdehnung des Urheberrechts auf mechanische Musikinstrumente die Interessen der Urheber und der Industrie gewahrt werden?, ca. 1910 (k.A.), S. 35. Anlage 10.

[89] Vertragsmuster der „Société générale de l'Edition phonographique et cinématographique" mit Komponisten, zitiert nach: *Wilm*, Wie können bei der Ausdehnung des Urheberrechts auf mechanische Musikinstrumente die Interessen der Urheber und der Industrie gewahrt werden?, ca. 1910 (k.A.), S. 40 ff. Anlage 11.

[90] *Bérard*, in: de Monzie/Febvre/Abraham (Hrsg.), Encyclopédie française – Tome XVII: Arts et littératures dans la société contemporaine II, 1936, Bd. 17, S. 17·80 – 4.

mung überließen die Urheber den Verwertern ihr gesamtes Repertoire und verhinderten damit eine individuelle Verwertung ihrer Werke.

Der kollektiven Wahrnehmung des neu geschaffenen mechanisch-musikalischen Vervielfältigungsrechts kam auch die in § 22 LUG 1910 normierte Zwangslizenz zugute. Urheber mussten jeglichen Produzenten mechanischer Instrumente, auch für den Fall der Wiedergabe auf minderwertigen Spielgeräten, eine Lizenz erteilen.[91] Durch die Zwangslizenzierung stand der Urheber einer Vielzahl von Herstellern gegenüber, die allesamt einen Anspruch auf die Erteilung einer Genehmigung zur mechanischen Vervielfältigung hatten. Gleichzeitig sank das Interesse der Hersteller am Erwerb einer Erstveröffentlichung des Werks, zumal die Konkurrenz das Werk aufgrund der Zwangslizenzierung ebenfalls vervielfältigen durfte.[92] Dies führte zu einem Rückgang exklusiver Vereinbarungen zwischen Urheber und Hersteller, so dass der Handel mit entsprechenden Lizenzen wirtschaftlich weniger einträglich wurde. Die kollektive Rechtewahrnehmung bot hierfür eine effiziente Lösung. Durch die gemeinschaftliche Wahrnehmung konnte eine einheitliche Lizenzregelung etabliert werden, wobei die Ammre „in der Regel eine Lizenzgebühr von 5 – 10% des Verkaufspreises" erhob.[93] Die Bestimmung einheitlicher Abrechnungstarife und die damit einhergehende Vermeidung des Wettbewerbs unter den Herstellern mechanischer Vervielfältigungen verstärkte die Tendenz zur Kollektivierung bei Urhebern und Verlagen. Damit gelang es der Ammre ihr kollektives Wahrnehmungsmodell zu etablieren.

c) Gründe für die Durchsetzung einer kollektiven Wahrnehmung

Für die Etablierung einer kollektiven Wahrnehmung zur Verwertung des mechanisch-musikalischen Vervielfältigungsrechts bestanden unterschiedliche Gründe. Ein Grund für das schnelle Anwachsen der Marktmacht der Ammre lag in ihrer personellen Aufstellung. Dadurch, dass ein Großteil der deutschen Musikverleger an der Gründung der Ammre beteiligt war, besaß sie bereits bei Aufnahme ihrer Tätigkeit ein umfangreiches Repertoire, so dass viele Hersteller zur Fertigung der mechanischen Vervielfältigungen auf den Werkbestand der Ammre zurückgreifen mussten. Darüber hinaus griff die Ammre zur Verpflichtung von Urhebern und Nutzern auf pauschalierte

---

[91] *Fiesenig*, Urheberrecht und mechanische Musikinstrumente, 1916, S. 46.

[92] „Die Anstalt für mechanisch-musikalische Rechte und die Genossenschaft Deutscher Tonsetzer. Ein Wort zur Aufklärung!" Informationsbroschüre der Ammre aus dem Jahr 1912, S. 16, in: Bundesarchiv, R3001/6360, Bl. 5b.

[93] *Fiesenig*, Urheberrecht und mechanische Musikinstrumente, 1916, S. 52; *Voigtländer/ Fuchs*, Die Gesetze betreffend das Urheberrecht und das Verlagsrecht an Werken der Literatur und der Tonkunst vom 19. Juni 1901 mit der Novelle vom 22. Mai 1910, ²1914, § 22 LUG, S. 144.

Verträge zurück, die bereits der GDT zum Ausbau ihrer Marktmacht gegenüber den Anbietern individueller Wahrnehmungsformen verhalfen. Die Erteilung umfassender Vollmachten von Seiten der Urheber förderte den Ausbau des Repertoires der Ammre, was wiederum die Hersteller veranlasste Vervielfältigungsgenehmigungen zu erwerben. Die Veräußerung der Lizenzen erfolgte mittels namenloser Marken, die pauschal für die Nutzung des gesamten Repertoires der Ammre veräußert wurden, so dass die Hersteller die Vervielfältigungsrechte „aus einer Hand" erlangen konnten.

Ein weiterer Grund für den stetigen Ausbau der Marktmacht der Ammre liegt auch in der Neugestaltung des LUG 1910 begründet. Neben der Gesetzesbegründung, die eine Verwertung mittels kollektiver Rechtewahrnehmung nahelegte, förderte insbesondere die Einführung der Zwangslizenz in § 22 LUG 1910 die gemeinschaftliche Rechtewahrnehmung durch die Ammre. Die Zwangslizenz verringerte die Nachfrage nach exklusiven Vereinbarungen zwischen Urhebern und Herstellern und ebnete damit den Weg zum Ausbau des kollektiven Wahrnehmungsmodells und der Marktmacht der Ammre als zunächst einzigem Anbieter im Deutschen Reich.

2. Die kollektive Wahrnehmung der Bearbeitungsrechte von ausübenden Künstlern und Produzenten

Die neu entstandenen Bearbeitungsrechte von ausübenden Künstlern und Produzenten mechanisch-musikalischer Vervielfältigungen unterlagen in erster Linie einer individuellen Rechtewahrnehmung. Die eigenen Rechte der Produzenten nach § 2 Abs. 2 S. 2, 3, Hs. 2 LUG 1910 waren aufgrund der geringen Nachfrage und dem bestehenden Patentschutz kaum Gegenstand einer Verwertung.[94] Dementsprechend erschien ein Rückgriff auf kollektive Wahrnehmungsformen wirtschaftlich kaum vorteilhaft.

Dem Bearbeitungsrecht der ausübenden Künstler kam aufgrund der steten Zunahme von musikalischen Aufzeichnungen auf Schallplatten eine weitreichendere Relevanz zu. Vor der Novellierung des LUG 1910 besaßen die ausübenden Künstler keinen urheberrechtlichen Schutz. Eine Entlohnung der ausübenden Musiker erfolgte entweder auf der Ebene von Werkverträgen oder aufgrund von Anstellungsverhältnissen.[95] Bereits 1872 wurde der „Allgemeine Deutsche Musiker-Verband" in Berlin gegründet, in dem sich der deutsche Musikerstand organisierte. Seine Zwecksetzung bestand unter anderem im Streben nach „festen Gagen und Tarifsätze[n] für Musikgeschäfte".[96] Der Verband stellte allgemeine Richtlinien auf, die den Mitglie-

---

[94] Zum Umfang der individuellen Wahrnehmung dieser Rechte, siehe: Kap. 2 II 2.
[95] Zum Rechtsschutz der ausübenden Musiker, siehe: Kap. 2 I 3, II 2.
[96] Handbuch wirtschaftlicher Verbände und Vereine des Deutschen Reiches, sowie d. Industrie- u. Handels-, Gewerbe-, Handwerks u. Landwirtschaftskammern u. sonstiger wirtschaftl. Interessenvertretungen u. Zweckorganisationen, ³1928, S. 935.

dern einen gewissen Mindeststandard sichern sollten. Beispielsweise verpflichtete § 11b der Statuten seine Mitglieder „kein Engagement unter den normierten Gagen anzunehmen".[97] Nach § 3b bezogen sich die festen Gagen und Tarifsätze auf Einzelleistungen der Künstler. Durch die Schaffung eigener urheberrechtlicher Ansprüche der ausübenden Musiker wurde ein starker Eingriff in die Tarifabmachungen des Verbands befürchtet. Die Juristen *Walther Plugge* und *Georg Roeber* kritisierten dabei, dass es an der schöpferischen Tätigkeit fehle und eine ausreichende Abgeltung der Ansprüche der ausübenden Künstler bereits durch die „arbeitsrechtliche Regelung" getroffen worden sei.[98] Ein Streben des Verbands nach einer Bündelung der neu geschaffenen Bearbeitungsrechte und einer gemeinschaftlichen Wahrnehmung auf verbandsmäßiger Ebene war nicht zu erkennen, so dass die ausübenden Musiker zunächst auf eine individuelle Wahrnehmung ihrer Bearbeitungsrechte angewiesen waren.

Tendenzen zur kollektiven Wahrnehmung der Rechte der Bearbeiter finden sich hingegen bei den bestehenden Verwertungsunternehmen. Die Ammre fasste jegliche Formen von Urheberrechten unter ihren Unternehmensgegenstand, so dass prinzipiell auch das Recht der ausübenden Künstler erfasst sein konnte.[99] Die von der GDT im Jahre 1912 zur kollektiven Wahrnehmung der mechanisch-musikalischen Rechte geschaffene „mechanische Abteilung"[100] sah in § 4 Nr. 6 des Entwurfs ihrer Grundordnung (Go mA) auch die Berücksichtigung von sonstigen Inhabern mechanischer Rechte vor.[101] So verringerten sich nach § 5 Nr. 1 GO mA die Anteile der Tonsetzer an den eingenommen Gebühren um ein Viertel zugunsten der Bearbeiter, solange die Bearbeitung eine künstlerische Neuschöpfung darstellte. Auch die 1915 zur Verwertung der musikalischen Aufführungsrechte gegründete Gema nahm viele Bearbeiter auf, wobei sich der Großteil der Bearbeiter als Tonsetzer führen ließ.[102] Die Veräußerung der Rechte an den Bearbeitungen

---

[97] Allgemeiner Deutscher Musikerverband, Statut des Allgemeinen Deutschen Musikerverbandes gemäß den Beschlüssen der 5. Delegierten-Versammlung am 22. August 1876 in Hannover, 1876, S. 2.

[98] *Plugge/Roeber*, Das musikalische Tantiemerecht in Deutschland, 1930, S. 23, Fn. 2. *Plugge* stand als Geschäftsführer des 1928 gegründeten Reichskartells der Musikverbraucher den Musiknutzern sehr nahe, was im Rahmen der Ausführungen zu berücksichtigen ist.

[99] Notizen über die Anstalt für mechanisch-musikalische Rechte abgekürzt „Ammre" G.m.b.H. mit dem Stand vom 1. Halbjahr 1919, S. 2 f., in: Landesarchiv Berlin, A Rep. 342–02, Nr. 56318, Teil I, Bl. 126.

[100] Liquidations-Bericht GDT vom 15.4.1936, S. 27, in: Landesarchiv Berlin, A Rep. 030–04, Nr. 3128 (ohne Paginierung).

[101] Entwurf einer Grundordnung für die von der GDT eingerichtete Anstalt für mechanische Rechte vom September 1929, in: Der schaffende Musiker 1929, Nr. 14, S. 20. Inhaltsgleich mit: *Schulze*, Geschätzte und geschützte Noten, 1995, S. 94. Anlage 12.

[102] *Plugge/Roeber*, Das musikalische Tantiemerecht in Deutschland, 1930, S. 31.

bildete damit einen kleinen Zweig der Tätigkeit der bestehenden Marktakteure. Die erste Verwertungsgesellschaft, die sich allein um die Interessen der ausübenden Künstler bemühte, bildete sich erst 1959 mit der „Gesellschaft zur Verwertung von Leistungsschutzrechten".[103]

Eine kollektive Wahrnehmung im Bereich des mechanisch-musikalischen Vervielfältigungsrechts wurde nach Erlass des LUG 1910 stetig ausgebaut. Im Wesentlichen waren es die Rechte der Urheber, die durch die sogenannten Verwertungsgesellschaften kollektiv wahrgenommen wurden. Die neu geschaffenen Bearbeitungsrechte für Hersteller mechanisch-musikalischer Vervielfältigungen und ausübende Musiker unterlagen größtenteils weiterhin einer individuellen Wahrnehmung.

Ein wesentliches Abgrenzungsmerkmal des kollektiven Systems von der individuellen Wahrnehmung lag in der Nutzung pauschalierter Verträge durch die Ammre. So forderte sie die Übertragung oder Bevollmächtigung mit der Wahrnehmung sämtlicher Rechte ihrer Bezugsberechtigten. Die Veräußerung der Vervielfältigungsrechte durch die Ammre an die Hersteller erfolgte zunächst werkbezogen. Im Oktober 1910 stellte die Ammre auf ein pauschaliertes System um. Dies äußerte sich darin, dass die Hersteller namenlose Lizenzmarken erwarben, die auf jeder Vervielfältigung angebracht werden mussten. Eine kollektive Rechtewahrnehmung war damit nicht nur im Bereich der Aufführungsrechte, sondern auch bei körperlichen Vervielfältigungen musikalischer Werke möglich.

Die Gründung einer eigenen Verwertungsgesellschaft hatte vordergründig das Ziel eine kosteneffektivere und zeitsparende Verwertung des neu geschaffenen Rechts zu ermöglichen. Zu einer Verdrängung der Anbieter individueller Wahrnehmungsformen kam es insbesondere dadurch, dass die Ammre vornehmlich aus Verlagen bestand, die einen umfangreicheren Werkbestand in die Gesellschaft einbringen konnten als einzelne Urheber. Da die Verlage die Ammre exklusiv mit der Wahrnehmung ihrer Rechte beauftragten, blieb wenig Raum für die Nutzung individueller Wahrnehmungsformen. Darüber hinaus beschränkte die Zwangslizenz die vertraglichen Gestaltungsmöglichkeiten der Rechteinhaber, was eine kollektive Rechtewahrnehmung ebenfalls förderte.

---

[103] *Apel*, Der ausübende Musiker im Recht Deutschlands und der USA, 2011, S. 99.

IV. Zusammenfassung

Die Novellierung des LUG 1910 normierte den Schutz des Urhebers vor mechanisch-musikalischen Vervielfältigungen seiner Werke. Daneben weitete es die Rechte der Bearbeiter in § 2 Abs. 2 LUG 1910 aus, so dass nunmehr auch Vortragende und Produzenten mechanisch-musikalischer Instrumente in den Schutzbereich des LUG 1910 fielen. Im Rahmen dieses Kapitels stand die Untersuchung im Vordergrund, in welcher Art und Weise die neu geschaffenen Rechte wahrgenommen wurden und inwieweit ein Nebeneinander zwischen individueller und kollektiver Wahrnehmung bestand.

Die neu geschaffenen Urheber- und Bearbeitungsrechte konnten individuell wahrgenommen werden. Musikalische Werke unterlagen bereits unter Geltung des UrhG 1870 einem Schutz vor mechanisch-musikalischen Vervielfältigungen, der in individualisierter Form gewährleistet wurde. Auch unter Geltung des LUG 1910 griffen die Rechteinhaber zunächst auf eine individuelle Wahrnehmung der neu geschaffenen Rechte zurück, die sich sowohl auf das Recht der Komponisten als auch auf die Rechte der Bearbeiter erstreckte. Mechanisch-musikalische Vervielfältigungen als körperliche Gegenstände standen dem Recht gegen Nachdruck näher als dem Aufführungsrecht, das die unkörperliche Wiedergabe musikalischer Werke sicherte. Insofern war eine individuelle Wahrnehmung der neu geschaffenen Rechte möglich und praktikabel. Urheber und Verlage konnten exklusive Lizenzen zur Herstellung der mechanischen Reproduktionen abhängig von der Nachfrage des Publikums veräußern. Auch die Verfolgung von Rechtsverletzungen war aufgrund der Körperlichkeit der Vervielfältigung im Gegensatz zur Rechtedurchsetzung im Bereich des musikalischen Aufführungsrechts für die einzelnen Berechtigten praktikabel.

Die Einführung einer kollektiven Rechtewahrnehmung zum Schutze urheberrechtlicher Werke vor mechanisch-musikalischen Vervielfältigungen beruhte auf der Initiative der Musikverleger, die mit der Ammre eine Organisation zur Wahrnehmung dieser Rechte gründeten. Die Ammre versuchte eine möglichst vollumfängliche Verwertung jeglicher mechanischer Urheberrechte zu erzielen. Der hohe Anteil an Musikverlagen, die sich in der Ammre vereinigten, beschränkte die Wahrnehmung auf die Rechte an Kompositionen, die den Verlagen zustanden. Die neu geschaffenen Bearbeitungsrechte wurden daher größtenteils individuell wahrgenommen.

Aufgrund des zunehmenden Einflusses der Ammre bei der Wahrnehmung der mechanisch-musikalischen Vervielfältigungsrechte kam es zu einer zunehmenden Verdrängung der individuellen Wahrnehmung. Die Bündelung der Urheberrechte und der Rückgriff auf pauschalierte Verträge sollten eine kosteneffektive und zeitsparende Art der Wahrnehmung gewährleisten. Gleichzeitig führte die Nutzung dieser vertraglichen Instrumentarien zu einem Rückgang individueller Vereinbarungen über die Fertigung von Reproduktionen. Die Einräumung weitreichender Vertretungsvollmachten und der Abschluss pauschaler Vervielfältigungsgenehmigungen führten zu einer zunehmenden Stagnation der Nachfrage nach individuellen Vereinbarungen zwischen Rechteinhaber und Produzenten. Die Bildung eines Verwertungsunternehmens, in dem ein Großteil der deutschen Musikverleger zusammengeschlossen war, schuf ein umfangreiches Repertoire, das zur Verdrängung der Marktakteure führte, die ihre Werke bislang individuell anboten. Verstärkt wurde diese Tendenz durch die Intention des Gesetzgebers, der mit § 22 LUG 1910 eine Zwangslizenz schuf, die sämtlichen Herstellern die Möglichkeit zum Erwerb einer Genehmigung einräumte und damit den Abschluss exklusiver Vereinbarungen zwischen Rechteinhaber und Hersteller erschwerte. Das Nebeneinander von individueller und kollektiver Wahrnehmung wurde damit kontinuierlich aufgelöst.

Zweiter Teil

Die kollektive Rechtewahrnehmung durch miteinander konkurrierende Verwertungsunternehmen

Für das musikalische Aufführungsrecht als auch für das mechanisch-musikalische Aufführungsrecht konnten sich unterschiedliche Marktakteure etablieren, die konkurrierend zueinander auf einem Markt mit dem Handel von Musikrechten tätig waren. Der zweite Teil der Arbeit behandelt die Fragen, wie sich die Konkurrenz auf den Handel mit Musikrechten auf die Rechteinhaber und die Musiknutzer auswirkte und welche Maßnahmen die einzelnen Marktakteure ergriffen, um ihre Marktmacht zu festigen und auszubauen. Im dritten Kapitel wird die Entwicklung des Marktes der kollektiven Wahrnehmung des Aufführungsrechts in seiner Anfangszeit bis zum Jahr 1915 betrachtet, die von der Marktherrschaft der GDT bei der Verwertung der Aufführungsrechte geprägt war. Das vierte Kapitel beleuchtet die entsprechenden Entwicklungen bei der Wahrnehmung des mechanisch-musikalischen Vervielfältigungsrechts. Im fünften Kapitel steht das Nebeneinander unterschiedlicher Marktakteure zur Verwertung des musikalischen Aufführungsrechts zwischen 1915 und 1930 im Vordergrund, das im Wesentlichen durch die Konkurrenz der Unternehmen zueinander geprägt war.

Kapitel 3

Der Aufbau von Marktmacht durch die GDT und seine Durchbrechung

Nachdem sich im Bereich des musikalischen Aufführungsrechts die kollektive Wahrnehmungsform etablieren konnte, bildete sich ein Nebeneinander dreier Anbieter, die Aufführungsrechte in Form von Rechtebündeln vertrieben. Die erste Organisation, die eine kollektive Rechtewahrnehmung im Deutschen Reich verfolgte, war die österreichische Gesellschaft der Autoren, Komponisten und Musikverleger (AKM), die 1897 gegründet wurde.[1] Als erste deutsche Organisation zur Wahrnehmung des Aufführungsrechts entstand die GDT. Daneben versuchten auch Musikverlage den Veranstaltern eine Pauschale für die Nutzung ihrer musikalischen Werke anzubieten.[2] Damit herrschte mit der Einführung des musikalischen Aufführungsrechts zunächst eine Pluralität an Anbietern, die die Veräußerung von Aufführungslizenzen mittels der Nutzung eines kollektiven Wahrnehmungsmodells betrieben.

Dieses Kapitel setzt sich mit der Rolle der Konkurrenz bei der kollektiven Wahrnehmung des Aufführungsrechts auseinander. Es betrachtet die wirtschaftliche Bedeutung in Wettbewerb stehender Organisationen für Rechteinhaber und Veranstalter, und befasst sich zudem mit dem Einfluss, den sie bei der Etablierung des musikalischen Aufführungsrechts ausüben konnten. Darüber hinaus stellt das Kapitel die Entfaltung eines Marktes für die kollektive Wahrnehmung musikalischer Aufführungsrechte dar.

Ein erster Teil setzt sich mit der Entstehung eines Marktes für den Handel mit Pauschalen zur Nutzung des gesamten Repertoires von musikalischen Aufführungsrechten der einzelnen Anbieter auseinander (I.). Der Schwerpunkt liegt in der Frage, ob und inwieweit Konkurrenz zwischen den unterschiedlichen Anbietern herrschte und wie sich das Verhältnis zwischen den einzelnen Marktakteuren fortentwickelte. Hierzu erfolgt zunächst eine funktionale Betrachtung der einzelnen Marktakteure, die sich auch mit ihren jeweiligen Organisationsstrukturen auseinandersetzt. Daran anschließend werden die Instrumentarien dargelegt, die die einzelnen Anbieter nutzten, um

---
[1] *Schmidt*, Die Anfänge der musikalischen Tantiemenbewegung in Deutschland, 2005, S. 431.
[2] Siehe: Kap. 1 III 3.

ihre Marktmacht im Verhältnis zu den anderen Marktteilnehmern auszubauen. Nachdem sich AKM und GDT zum 1.1.1907 auf eine Zusammenarbeit geeinigt haben, befasst sich der zweite Teil mit der erneuten Begründung von Organisationen für die kollektive Verwertung musikalischer Aufführungsrechte (II.).[3] Dabei steht die Frage im Vordergrund, ob und inwieweit diese Organisationen in Konkurrenz zur GDT standen. Anhand einer Darstellung der Tätigkeitsfelder der Mitbewerber wird bestimmt, ob sie ein Gegenmodell oder eine Ergänzung zur Wahrnehmungstätigkeit der GDT bildeten. Die Vorstellung der neuen Marktteilnehmer dient als Ausgangspunkt für den dritten Teil, der sich mit Instrumenten zur Durchbrechung der Marktmacht einer marktbeherrschenden Organisation bei der kollektiven Wahrnehmung des musikalischen Aufführungsrechts beschäftigt (III.). Schließlich fasst ein vierter Teil die unterschiedlichen Entwicklungsstufen des Marktes für die kollektive Wahrnehmung musikalischer Aufführungsrechte zusammen (IV.). Ein besonderes Augenmerk liegt dabei auf den Strategien, die die einzelnen Marktakteure nutzten, um ihre Marktmacht auszubauen und den Einfluss der anderen Marktteilnehmer zu schwächen.

I. Der Aufbau von Organisationen für die kollektive Rechtewahrnehmung

Die Einführung des musikalischen Aufführungsrechts führte zu einer Gleichsetzung unterschiedlich einflussreicher Komponisten bei der Verwertung ihrer Werke. Während unter Geltung des UrhG 1870 nur besonders bekannte Komponisten die Aufführungsrechte an ihren Werken ausnutzen konnten, stand dieses Recht unter dem LUG faktisch jedem Urheber von Musikstücken zu.[4] Das wirtschaftliche Bedürfnis der Musikveranstalter nach einer Bündelung von Aufführungsrechten förderte die Bildung von Organisationen für die kollektive Verwertung von Aufführungsrechten, die heute als Verwertungsgesellschaften bezeichnet werden. Dieser Teil befasst sich in einem ersten Abschnitt mit den unterschiedlichen Organisationen für die Wahrnehmung des musikalischen Aufführungsrechts im Deutschen Reich und ihrer funktionellen Einordnung. Im Mittelpunkt steht dabei die Frage, welche Organisationsformen, die sich etablierenden Akteure umsetzten und wie ihre Betätigung organisationsrechtlich einzuordnen war. Ein zweiter Abschnitt behandelt die Frage, ob und inwieweit die einzelnen Anbieter ihre

---

[3] *Krones*, in: AKM/Verantwort. für Inhalt: Manfred Brunner (Hrsg.), 100 Jahre AKM Autoren Komponisten Musikverleger: 1897 1997 von der AKM, 1997, S. 20.

[4] Zu dem Verhältnis von kollektiver und individueller Rechtewahrnehmung, siehe: Kap. 1.

Marktmacht ausbauen und den Einfluss der anderen Marktteilnehmer dadurch schwächen konnten. In einem dritten Abschnitt wird abschließend ein Fazit zu Aufbau und Aufrechterhaltung der Marktmacht der Organisationen für die Verwertung des musikalischen Aufführungsrechts im Deutschen Reich gezogen. Dies dient als Erklärungsansatz für die Frage, ob und inwieweit Konkurrenz zwischen den einzelnen Anbietern kollektiver Verwertungsformen für musikalische Aufführungsrechte bestand und welche Maßnahmen die einzelnen Marktteilnehmer ergriffen, um ihren Einfluss gegenüber Rechteinhabern und Veranstaltern zu stärken.

1. Die Organisationsstrukturen einer kollektiven Rechtewahrnehmung und ihre organisatorische Klassifikation

Die Einführung des musikalischen Aufführungsrechts im Deutschen Reich ließ ein Nebeneinander unterschiedlicher Wahrnehmungsformen und Organisationen für die Verwertung des neu geschaffenen Rechts entstehen. Vor allem aus Gründen einer effektiven Rechtsdurchsetzung konnte sich das kollektive Wahrnehmungsmodell im Deutschen Rech etablieren.[5] Die 1903 gegründete GDT, die 1897 in Österreich gegründete AKM und einige Verlage traten als Marktteilnehmer für den Erwerb von Rechtebündeln musikalischer Aufführungsrechte in Erscheinung. Dieser Abschnitt setzt sich mit der Frage auseinander, welche Organisationsformen die drei genannten Marktakteure nutzten, um eine effektive Verwertung der Aufführungsrechte zu gewährleisten.

a) Die Organisationsstruktur der GDT

Als erste deutsche Vereinigung zur gemeinschaftlichen Verwertung des musikalischen Aufführungsrechts bildet sich 1903 die GDT. Die GDT verfolgte nach ihrer Satzung unterschiedliche Zielsetzungen. Auf der einen Seite diente sie der Wahrung der Standes- und der Berufsinteressen der Komponisten, auf der anderen Seite betätigte sie sich an der Verwaltung musikalischer Rechte, wozu nach §3 Nr. 2 ihrer Satzung Anstalten zur Verwertung des musikalischen Aufführungsrechts und von Verlagsrechten gegründet werden konnten. Zur Wahrnehmung des musikalischen Aufführungsrechts gründete sie die AFMA, die den Bereich der kommerziellen Verwertung der Rechte wie ein wirtschaftlicher Geschäftsbetrieb übernahm.[6]

Die Gründung von Organisationen zur gemeinschaftlichen Interessendurchsetzung war ein typischer Bestandteil des wirtschaftlichen und politischen Lebens vor 1914. Die Bildung von Berufsvertretungen und -organisa-

---

[5] Siehe: Kap. 1 V.
[6] Zu Organisation und Tätigkeitsbereichen der GDT, siehe: Kap. 1 III 2a.

tionen, wodurch Wirtschaftsgruppen mit der Politik kommunizieren konnten, kann hier als Beispiel dienen.[7] Auch im Verhältnis zwischen Arbeitnehmern und Arbeitgebern versuchten die Arbeitnehmer mit Hilfe des Kollektivismus ihre Position gegenüber den Arbeitgebern zu stärken.[8] Auch in der Gründung der GDT ist die Zielsetzung, eine Organisation zur Durchsetzung der eigenen Interessen aufzubauen, zu erkennen. Nach §6 ihrer Satzung konnten lediglich Tonsetzer Mitglied werden. Eine Mitgliedschaft von anderen Inhabern musikalischer Rechte, wie den Verlagen, war in der Satzung nicht vorgesehen.[9] Damit bildete die GDT eine Vereinigung, die ausschließlich der Wahrung der Interessen der Komponisten diente. Eine Betätigung der GDT auf politischer Ebene zeigte sich an ihrer späteren Mitwirkung im vorläufigen Reichswirtschaftsrat, in dem sie beratend im Unterausschuss zur Förderung der geistigen Arbeit mitwirkte.[10]

Neben ihrer Funktion als Interessenvertretung der Komponisten war die GDT durch die Tätigkeit der ihr untergliederten AFMA auch wirtschaftlich tätig. Die AFMA nutzte die Aufführungsrechte, die der GDT mittels der Berechtigungsverträge übertragen wurden wie ein handelsfähiges Wirtschaftsgut, um dadurch Umsätze zu generieren. Durch diese Tätigkeit kann sie als Unternehmen im wirtschaftshistorischen Sinne bezeichnet werden. Das Unternehmen wird dabei als zielgerichtetes System, das den Unternehmern strategische Optionen offenlässt, die sie nutzen oder verspielen können, dargestellt.[11] *Plumpe* konkretisiert, dass es für unternehmenshistorische Zwecke sinnvoll erscheint „Unternehmen als Organisationen zu begreifen, in denen Güter und Dienstleistungen für einen anonymen Markt im Rahmen einer spezifischen, utilitaristischen Form sozialer Arbeitsteilung produziert werden".[12] Damit sind Unternehmen „gleichermaßen ökonomisch-funktionale und soziale Organisationen".[13] Diese Kategorisierung findet sich gerade auch bei der GDT und der ihr unterstehenden AFMA. Der Handel mit Genehmigungen für die Aufführung musikalischer Werke versetzte die GDT

---

[7] *Schmoeckel/Maetschke*, Rechtsgeschichte der Wirtschaft, ²2016, S. 495 ff.; Bereits zu Beginn des 19. Jahrhunderts begann sich ein System von Interessen- und Berufsverbänden auszubilden, die ihre Anliegen gegenüber der Gesetzgebung und Verwaltung durchzusetzen versuchten, siehe: *Nipperdey*, Deutsche Geschichte 1866–1918, 1993, S. 576.

[8] *Schmoeckel/Maetschke*, Rechtsgeschichte der Wirtschaft, ²2016, S. 395 ff.

[9] Siehe: Kap. 1 III 2a.

[10] Darstellung der Aufgaben des Unterausschusses des vorläufigen Reichswirtschaftsrats zur Förderung der geistigen Arbeit im Zeitraum 1920/21, in: Bundesarchiv, R401/475, Bl. 85.

[11] *Pierenkemper*, Unternehmensgeschichte, 2000, S. 18.

[12] *Plumpe*, in: Ambrosius/Petzina/Plumpe (Hrsg.), Moderne Wirtschaftsgeschichte: Eine Einführung für Historiker und Ökonomen, ²2006, S. 61 (61).

[13] *Plumpe*, in: Ambrosius/Petzina/Plumpe (Hrsg.), Moderne Wirtschaftsgeschichte: Eine Einführung für Historiker und Ökonomen, ²2006, S. 61 (61).

I. Der Aufbau von Organisationen für die kollektive Rechtewahrnehmung

in die Lage strategische Entscheidungen zur Generierung ihrer Einnahmen zu treffen. Beispielsweise verweigerte sie einer Vielzahl von Veranstaltern den Erwerb von Aufführungslizenzen für einzelne Veranstaltungen und überzeugte sie einen kostspieligeren Pauschalvertrag über eine gewisse Vertragsdauer abzuschließen.[14] Hierin zeigt sich die ökonomisch-funktionale Funktion der GDT als Unternehmen für den Handel mit musikalischen Aufführungsrechten. Gleichzeitig ermöglicht die Bündelung der Aufführungsrechte unterschiedlicher Rechteinhaber und die damit einhergehende Einsparung vor allem personeller Ressourcen zur Durchsetzung der Rechte ein Element der sogenannten „sozialen Arbeitsteilung".

Die GDT passte als „Unternehmen" vor allem in die verbandsrechtliche Landschaft nach 1918. Der Begriff des „Unternehmens" wurde von der Rechtsprechung bis 1918 noch uneinheitlich verwendet.[15] Mit der Zunahme organisierter Strukturen und Vereinigungen zum gemeinschaftlichen wirtschaftlichen Handeln kam dem Begriff des „Unternehmens" auch in den Handels- und Wirtschaftsrechtswissenschaften nach 1918 zunehmende Bedeutung zu. Dieser Ausdruck diente als Oberbegriff für neue „Beteiligungsformen staatlicher oder kommunaler Akteure" und wurde „dazu benutzt, die Diskrepanz zwischen dem weitgehend eingeschränkten individualistischen Charakter des HGB und den modernen wirtschaftlichen und sozialen Erscheinungen in Einklang zu bringen".[16] Das Unternehmen wurde damit zu einer unpersönlichen, entindividualisierten Wirtschaftseinheit, deren sich allgemeine, wirtschaftliche oder staatliche Interessengruppen zur Verfolgung ihrer gewinnorientierten Ziele bedienen konnten.[17] Die GDT als Interessenvertretung der Komponisten schuf mit der AFMA eine Einrichtung zur Durchsetzung des Aufführungsrechts. Mit dem Aufbau von Kontrollinstanzen gewährleistete sie eine effektive Verfolgung von Verletzungen des neu begründeten Rechts, wozu der Einsatz von Kapitalvermögen und Arbeits-

---

[14] Siehe: Kap. 1 III 2b.

[15] *Pahlow*, in: Löhnig/Preisner (Hrsg.), Weimarer Zivilrechtswissenschaft, 2014, S. 87 (88); Zur Verwendung des „Unternehmensbegriffs" in der handelsrechtlichen Literatur in der Weimarer Republik, siehe: ebd., S. 89 ff.

[16] *Pahlow*, in: Löhnig/Preisner (Hrsg.), Weimarer Zivilrechtswissenschaft, 2014, S. 87 (106).

[17] *Pahlow*, in: Löhnig/Preisner (Hrsg.), Weimarer Zivilrechtswissenschaft, 2014, S. 87 (101); Auch *Strauch* wies für das Ende des 19. Jahrhunderts auf die wachsende Entpersönlichung hin, die ihren Ausdruck in der zunehmenden Vermehrung juristischer Personen und der damit einhergehenden Etablierung von Unternehmen fand, siehe: *Strauch*, in: Scherner/Willoweit (Hrsg.), Vom Gewerbe zum Unternehmen: Studien zum Recht der gewerblichen Wirtschaft im 18. und 19. Jahrhundert, 1982, S. 208 (250); Zur Auseinandersetzung mit den verschiedenen Unternehmensbegriffen und dem Rückgriff auf die funktionellen Auswirkungen zur Begriffsbestimmung, siehe: *Gierke*, Zeitschrift für das gesamte Handelsrecht und Konkursrecht 111 (1948), S. 1 (6).

kraft erforderlich war.[18] Durch die Bündelung der Aufführungsrechte unterschiedlicher Komponisten erlangte sie ein umfangreiches Repertoire an musikalischen Werken, das es ihr ermöglichte, Pauschalen für dessen Nutzung zu veräußern und damit die Einnahmen der Anstalt zu generieren.

Unter Rückgriff auf den rechtshistorischen Unternehmensbegriff stellt sich die Frage, inwieweit die Betätigung der GDT/AFMA als gewinnorientiert bezeichnet werden kann. Die Juristen *Adalbert Düringer* und *Max Hachenburg* gingen in ihrem Kommentar zum Handelsgesetzbuch (HGB) vom Vorliegen eines gewinnorientierten Unternehmens aus, „wenn die Tendenz auf Erzielung regelmäßiger Ueberschüsse, die nicht bloß zur Bildung von Reservefonds verwendet werden sollen, vorhanden ist, mag auch der Zweck der Anstalten ein gemeinnütziger sein".[19]

Die Frage, wem die Gewinne aus der Betätigung des Unternehmens zukamen, war dabei unerheblich für das Vorliegen einer Gewinnerzielungsabsicht.[20] Ihre Einnahmen bezogen GDT/AFMA nach § 20 ihrer Geschäftsordnung aus den erhobenen Aufführungsgebühren, sowie aus Vertragsgebühren, verfallenen Anteilen, der Beibehaltung der Anteile nicht bezugsberechtigter Tonsetzer und Verleger, Vertragsstrafen und sonstigen Einnahmen.[21] Die GDT/AFMA erzielte bereits in ihrem ersten Geschäftsjahr Einnahmen in Höhe von 65.143,90 Mark. Hiervon behielt sie 31.259,11 Mark als Verwaltungskosten ein.[22] Im zweiten Geschäftsjahr konnte sie ihre Einnahmen bereits auf 85.572,79 Mark steigern. Die Verwaltungskosten stiegen dabei nur leicht auf 34.539,93 Mark an.[23] Die Betätigung der GDT/AFMA als Anbieter von Aufführungsrechtslizenzen war damit in besonderem Maße auf die Erzielung von Überschüssen aus ihrer Tätigkeit gerichtet, die nach Abzug der hierfür entstandenen Gebühren an die Bezugsberechtigten weitergeleitet wurden.[24] Die Bezugsberechtigten zahlten im Gegenzug eine einmalige Ver-

---

[18] Nach § 18 Grundordnung AFMA gewährte die GDT der AFMA ein Darlehen über das erforderliche Gründungskapital, das mit den Einnahmen aus der Rechtewahrnehmung zu tilgen war. Grundordnung der AFMA vom 14.1.1903, zitiert nach: *Schmidt*, Die Anfänge der musikalischen Tantiemenbewegung in Deutschland, 2005, S. 789.

[19] *Düringer/Hachenburg*, Das Handelsgesetzbuch vom 10. Mai 1897 auf der Grundlage des Bürgerlichen Gesetzbuchs, ²1908, § 1 HGB, Rn. 4.

[20] *Makower*, Handelsgesetzbuch mit Kommentar, ¹³1906, § 1 HGB, Rn. 1; So auch: *Neufeld/Schwarz*, Handelsgesetzbuch ohne Seerecht, 1931, § 1 HGB, Rn. 7.

[21] Geschäftsordnung der GDT vom 14.1.1903, zitiert nach: *Schmidt*, Die Anfänge der musikalischen Tantiemenbewegung in Deutschland, 2005, S. 785.

[22] Geschäftsbericht der GDT über 1. Geschäftsjahr vom 26.3.1905, S. 8, in: Bundesarchiv, R3001/6356, Bl. 25.

[23] Geschäftsbericht der GDT über 2. Geschäftsjahr vom 27.3.1906, S. 10, in: Bundesarchiv, R3001/6356, Bl. 64.

[24] Die Rechteinhaber besaßen ein Interesse ihr Einkommen aus der Verwertung ihrer Aufführungsrechte zu maximieren und beauftragten aus diesem Grund die Verwertungs-

tragsgebühr von 20 Mark um an der Betätigung der GDT zu partizipieren.²⁵ Damit kann die Arbeit der GDT/AFMA auch unter Rückgriff auf die zeitgenössische Literatur als unternehmerische Tätigkeit angesehen werden. Aufgrund der engen Verbindung zwischen AFMA und GDT kam der GDT in der Folge nicht nur die Rolle einer Interessenvertretung für Komponisten zu. Die neu gegründete Verwertungsgesellschaft stellte ebenfalls ein Unternehmen dar, das die Rechte seiner Mitglieder in umfassender Weise wirtschaftlich ausnutzte.

Mit der Bildung der GDT erhielten die Komponisten eine eigene Organisation zur Vertretung ihrer Interessen gegenüber Politik und Wirtschaft und konnten an der Ausweitung ihrer Rechte mitwirken.²⁶ Die gleichzeitige Gründung eines Unternehmens zur Verwertung des musikalischen Aufführungsrechts ermöglichte ihnen dessen Durchsetzung. Neben der individuellen Verwertung ihrer Aufführungsrechte oder ihrer Einräumung an Musik-

---

gesellschaft. Unklar bleibt, ob und inwieweit die GDT ihre Einnahmen ohne die Abschöpfung eigener Vorteile an ihre Bezugsberechtigten weiterleitete. Unter der Annahme der wirtschaftlichen Theorie des „Prinzipal-Agenten-Ansatzes" bildeten die Verwertungsgesellschaften den Agenten, der für die Urheber als Prinzipal tätig wurde. Die Interessen von Prinzipal und Agent fallen unter Rückgriff auf diese Theorie oft auseinander, da der Agent Informationsvorteile besitzt, die er zu Lasten des Prinzipals ausnutzt, indem Vorteile aus der Betätigung gezogen werden, die dem Willen des Prinzipals nach Einkommensmaximierung zu wider laufen. Ob und inwieweit die GDT ihre Stellung als Verwerter derart ausnutze, lässt sich nicht allein anhand der Angaben in den Geschäftsberichten und aus den Verträgen auswerten. Dies betrifft allerdings die Frage nach Art und Umfang der Gewinnerteilung und ist für das Vorliegen einer Gewinnerzielungsabsicht des Unternehmens als solches nicht relevant. Zum Rückgriff auf den „Prinzipal-Agenten-Ansatz" bei Verwertungsgesellschaften, siehe: *Bing*, Die Verwertung von Urheberrechten, 2002, S. 205 ff.

²⁵ § 32 der Geschäftsordnung der GDT vom 14.1.1903 lautet:
„Die Berechtigten haben beim Abschluss des Berechtigungsvertrages eine Vertragsgebühr von zwanzig Mark zu entrichten. Die Mitglieder der Genossenschaft Deutscher Tonsetzer sind von der Zahlung der Gebühr befreit".

²⁶ Die Einführung des vorbehaltlosen musikalischen Aufführungsrechts ging nach *Bandilla* auf die Initiative des Vereins der deutschen Musikalienhändler zurück und konnte damit durch die Interessenvertretung der Musikalienhändler und -verleger manifestiert werden, siehe: *Bandilla*, Urheberrecht im Kaiserreich, 2005, S. 64; Nach *Schmidt* war die Einführung des vorbehaltlosen musikalischen Aufführungsrechts eine wesentliche Forderung der Genossenschaft Deutscher Komponisten (GDK), die mit Erlass des LUG verwirklicht werden konnte, siehe: *Schmidt*, Die Anfänge der musikalischen Tantiemenbewegung in Deutschland, 2005, S. 423. Mit der 1898 gegründeten GDK bestand bereits vor Gründung der GDT eine Organisation, die die Vertretung der Interessen der Komponisten verfolgte. Die Mitglieder der GDK und der GDT waren personenidentisch, weswegen von einem Übergang der GDK in die GDT auszugehen ist. Zum Verhältnis der beiden Organisation, siehe: ebd., S. 448.

verlage entstand damit ein dritter Weg zur Generierung von Einnahmen aus ihrer künstlerischen Tätigkeit.[27]

b) Die Organisationsstruktur der AKM

Neben der GDT trat auch die österreichische AKM als Organisation zur Wahrnehmung des musikalischen Aufführungsrechts im Deutschen Reich auf. Die Ausrichtung der AKM umfasste unterschiedliche Zwecke. Nach § 7 Nr. 1a und b ihrer Statuten bestand der Gegenstand des Unternehmens im Schutz und in der Förderung von Autoren, Komponisten und Musikverlegern, die nach § 7 Nr. 1c insbesondere in der Verwertung der übertragenen Rechte lag.[28] Die AKM bezeichnete sich dabei selbst als Unternehmen, das der Verwertung der Urheberrechte diene und damit ebenso wie die GDT wirtschaftlich tätig wurde. Ihr Aufgabenspektrum umfasste die pauschalierte

---

[27] Zu den anderen Wegen, siehe: Kap. 1 II.
[28] § 7 der Statuten der Gesellschaft der Autoren, Komponisten und Musikverleger (AKM) in der Fassung vom 3.2.1933 lautet:
„Zweck und Gegenstand der Gesellschaft sind:
1.a) Der Schutz der Autoren, Komponisten und Musikverleger sowie deren Rechtsnachfolger wider alle Eingriffe in die Urheberrechte der Gesellschaftsmitglieder;
  b) die Förderung der wirtschaftlichen und künstlerischen Interessen der Mitglieder;
  c) insbesondere die Verwertung der der Gesellschaft von den Mitgliedern und Tantièmenbezugsberechtigten gemäß § 30 übertragenen Rechte mittels gemeinschaftlichen Geschäftsbetriebes. Zur Erreichung dieses Genossenschaftszweckes ist die Genossenschaft berechtigt, im eigenen Namen den Veranstaltern musikalischer Aufführungen auf Grund der Bestimmungen des jeweils geltenden Urheberrechtsgesetzes, sowie der diesbezüglichen Übereinkommen mit anderen Staaten (Staatsverträge), Aufführungsgenehmigungen zu erteilen, oder zu verweigern, mit ihnen Einzel- oder Pauschalverträge nach den jeweiligen Tarifen und Richtlinien der Gesellschaft abzuschließen, Verstöße gegen das Aufführungsrecht zu verfolgen, kurz alles zu tun, was zur Wahrung der Rechte der Aufführungsberechtigten erforderlich ist;
  d) die Geltendmachung und Einhebung der für Aufführungen geschützter Werke zu entrichtenden Aufführungshonorare;
  e) die Überwachung der zur Wahrnehmung der mechanisch-musikalischen Rechte der Mitglieder geschaffenen Einrichtungen.
 2. Verwendung eines Teiles der eingehenden Honorarbeträge zugunsten:
  a) des Gesellschaftsreservefonds;
  b) der Pensions- und Unterstützungsfonds, sowie des Pensions-Hilfsfonds.
 3. Die Förderung und Vertretung der Berufsinteressen der Mitglieder in Fragen von allgemeiner, also nicht bloß persönlicher Bedeutung, sowie die Einleitung und Durchführung wirtschaftlicher Schutzmaßnahmen zur Abwehr und Bekämpfung jeder wie immer gearteten Beeinträchtigung oder Schädigung der künstlerischen, wirtschaftlichen und Standesinteressen der Gesellschaft und deren Mitglieder."
zitiert nach: Statuten der Gesellschaft der Autoren, Komponisten und Musikverleger (AKM) in der Fassung vom 3.2.1933, in: Bundesarchiv, R55/1152, Bl. 17.

Erteilung von Aufführungsgenehmigungen und die Befugnis zur Verfolgung von Verletzungen des Aufführungsrechts, so dass vertragliche und rechtsdurchsetzende Komponenten von ihrer Betätigung erfasst waren.[29] Gleichzeitig diente die AKM nach § 7 Nr. 3 ihrer Statuten der „Förderung und Vertretung der Berufsinteressen der Mitglieder" und betrachtete sich damit als Interessenvertretung, der in ihr organisierten Berufsgruppen. Die AKM besaß so wie auch die GDT einen Pensionsfond, der Mitgliedern mit Erreichen des 60. Lebensjahrs einen Anspruch auf Auszahlung einer Pension gab.[30] In Abgrenzung zur GDT war die AKM genossenschaftlich ausgestaltet. Statt einer Übertragung der Rechte ihrer Bezugsberechtigten zu fordern, bevollmächtigten die Urheber und Verlage die AKM mit der Wahrnehmung ihrer Rechte.[31] Nichtsdestoweniger nutzte die AKM einen ähnlichen organisatorischen Aufbau wie die GDT. Es handelte sich um ein privatwirtschaftlich tätiges Unternehmen, das auf die Erzielung von Gewinnen ausgerichtet war und gleichzeitig als Interessenvertretung, für die in ihr vereinigten Berufsgruppen diente.

c) Der Aufbau einer kollektiven Rechtewahrnehmung durch Verlage

Als Reaktion auf die ersten Erfolge der GDT versuchten auch einzelne Verlage die ihnen übertragenen Aufführungsrechte zur Generierung weiterer Einnahmen zu bündeln, indem sie gemeinsam mit anderen Verlagen den Veranstaltern musikalischer Aufführungen ein gemeinschaftliches Repertoire anboten.[32] In Abgrenzung zu GDT und AKM war diese Tätigkeit rein wirtschaftlich ausgestaltet. Mit dem „Verein der Deutschen Musikalienhändler" existierte bereits seit 1829 eine Interessenvereinigung, die die beruflichen Interessen der Musikalienhändler und -verleger verwaltete.[33] Nach außen traten die Verleger weiterhin selbst in Erscheinung, warben allerdings damit, dass die Veranstalter auch anderweitige Aufführungsrechte bei ihnen erwerben konnten.[34] Ob und inwieweit die Zusammenarbeit auf bilateralen Ab-

---

[29] Weitergeleitetes Schreiben der AKM an den Kapellmeister Lüstner vom 28.5.1903, in: Stadtarchiv Wiesbaden, WI/2, Nr. 1638, Bl. 2.
[30] *Barnaš* Österreichische Autorenzeitung 1977 (1977), S. 6 (8).
[31] Vollmachterteilung und Beitrittserklärung von *Johann Strauß* vom 9.1.1898, zitiert nach: *Krones*, in: AKM/Verantwort. für Inhalt: Manfred Brunner (Hrsg.), 100 Jahre AKM Autoren Komponisten Musikverleger: 1897 1997 von der AKM, 1997, S. 17; Anlage 13.
[32] Hierzu ausführlich, siehe: Kap. 1 III 3.
[33] *Schumann*, Zur Geschichte des deutschen Musikalienhandels, 1929, S. 15 f.
[34] Der Musikverleger Louis Oertel erläuterte in einem Schreiben an die Bade-Direktion Wiesbaden zwar die Zusammenarbeit, trat im Außenverhältnis jedoch unter seinem eigenen Namen auf, siehe: Schreiben von Louis Oertel an Bade-Direktion Wiesbaden, Datum unbekannt, in: Stadtarchiv Wiesbaden, WI/2, Nr. 1638, Bl. 157. Der Großteil der Verlage räumte die Aufführungsrechte mit dem Ankauf des Notenmaterials ein, so zum

kommen zwischen einzelnen Verlagen oder auf einem gemeinschaftlichen Übereinkommen mehrerer Verlage beruhte, kann dem vorliegenden Quellenmaterial nicht entnommen werden. Eine mit Außenrechtswirkung agierende Organisation, die eine gemeinschaftliche Verwertung der Aufführungsrechte anstrebte, wurde zu diesem Zweck allerdings nicht gegründet.

Die Zusammenarbeit der Verlage zur Bildung eines gemeinsamen Repertoires hatte keine Folgen für die Urheber. Diesen stand weiterhin die Möglichkeit einer eigenen Rechteverwertung oder der Abtretung ihrer Rechte auf den Verlag oder eines der Verwertungsunternehmen zu. Demgegenüber erweiterte sich das Angebot für die Veranstalter. Sie konnten neben dem Erwerb einer individuellen Lizenz eine Aufführungsgenehmigung für das gesamte Repertoire der GDT, der AKM oder der Verlage erwerben.

2. Der Durchsetzung von Marktmacht bei der kollektiven Wahrnehmung durch die GDT

Der Handel mit musikalischen Aufführungsrechten bildete einen eigenen Markt, der in zunehmenden Maße von Anbietern kollektiver Wahrnehmungsformen dominiert wurde, die entweder speziell zu diesem Zweck gegründet worden waren oder die ihren Tätigkeitsumfang auf diesen Bereich ausdehnten. Dieser Abschnitt befasst sich mit den Fragen, ob und inwieweit Konkurrenz zwischen den Marktteilnehmern bestand und welche Strategien die einzelnen Unternehmen nutzten, um ihre Marktmacht möglichst weitgehend auszubauen. Ausgehend von der GDT/AFMA wird dargelegt, wie sich das Verhältnis zwischen den einzelnen Marktakteuren entwickelte.

a) Das Verhältnis zwischen GDT und AKM bis 1907

Mit Beschluss vom 13.11.1902 entschloss sich die österreichische AKM zur Ausdehnung ihrer Tätigkeit auf das Deutsche Reich. Die AKM hatte ähnlich wie die GDT den Geschäftszweck, die Rechte deutschsprachiger Komponisten zu verwalten und Genehmigungen für die Aufführung musikalischer Werke an Veranstalter zu vertreiben.[35] Die AKM gründete ihre Betätigung im Deutschen Reich auf das Übereinkommen zwischen dem Deutschen Reich und Österreich-Ungarn betreffend den Schutz der Urheberrechte an Werken der Literatur, Kunst und Photographie vom 30.12.1899. Darin erkannten die Vertragsstaaten den gegenseitigen Schutz ihrer urheberrechtlichen Werke an.[36] Hinsichtlich der Einbeziehung musikalischer Werke sah Art. 7 Abs. 4

Beispiel die Verlage Breitkopf & Härtel und Ernst Eulenburg, siehe: *N.N.*, AMZ 30 (1903), S. 759.

[35] Weitergeleitetes Schreiben der AKM an den Kapellmeister Lüstner vom 28.5.1903, in: Stadtarchiv Wiesbaden, WI/2, Nr. 1638, Bl. 2.

[36] Art. 1 des Übereinkommens betreffend den Schutz der Urheberrechte an Werken der

des Übereinkommens vor, dass Werke, die vor Beginn der Wirksamkeit des gegenwärtigen Übereinkommens rechtmäßig zur Aufführung gebracht wurden, weiterhin frei aufgeführt werden könnten. Die Möglichkeiten für die Verwertung der Aufführungsrechte waren daher für die AKM begrenzt. Nichtsdestoweniger schloss sie 1903 bereits Jahresverträge mit verschiedenen deutschen Veranstaltern über die pauschale Nutzung ihres Repertoires ab.[37] Die Ausdehnung ihrer Dienste auf das Deutsche Reich beruhte in erster Linie auf dem Fehlen entsprechender Marktakteure in Deutschland.[38] Mit der Ausweitung des Schutzumfangs musikalischer Aufführungen und der damit einhergehenden Zunahme schutzfähiger Werke im Deutschen Reich wollte die AKM zudem die Rechte ihrer Mitglieder, trotz der Einschränkungen von Art. 7 Abs. 4 des deutsch-österreichischen Übereinkommens, gewahrt wissen.

Die 1903 im Deutschen Reich gegründete GDT stellt sich aus dieser Perspektive auch als konkurrierendes Gegenmodell zur AKM dar. Aufgrund des unterschiedlichen nationalen Wirkungskreises der beiden Verwertungsunternehmen bestand eine Konkurrenz zwischen AKM und GDT vornehmlich im Hinblick auf die vertragliche Verpflichtung der Veranstalter musikalischer Aufführungen. Dies zeigt sich an folgenden Gesichtspunkten: Nach § 6 ihrer Satzung konnten prinzipiell nur deutsche Komponisten Mitglieder der GDT werden. Die GDT verfolgte in erster Linie die Interessen, der in ihr organisierten deutschen Komponisten und war damit auf nationale Belange beschränkt. Einen Vertrag über die Einräumung einer Bezugsberechtigung konnten nach §§ 31, 33 der Grundordnung der AFMA auch ausländische Rechteinhaber abschließen. Allerdings behielt die GDT/AFMA sich in § 33 Abs. 1 vor, dass

„ausländische Berechtigte, die einem Lande angehören, in dem eine Gesellschaft für die Verwertung musikalischer Aufführungsrechte besteht, [...] die Tätigkeit der Anstalt nur nach Massgabe der mit der betreffenden ausländischen Gesellschaft getroffenen Abmachungen in Anspruch nehmen"

konnten. Solange noch keine Abmachungen mit den betreffenden ausländischen Anstalten bestanden, war die Aufnahme nach § 33 Abs. 2 dem Ermessen des Vorstands überlassen. Die GDT zielte vornehmlich auf den Ausbau

---

Literatur, Kunst und Photographie zwischen dem Deutschen Reiche und Österreich-Ungarn, RGBl. 1901, S. 131 ff.

[37] Vertrag zwischen der AKM und der Städtischen Kurverwaltung in Wiesbaden vom Juni 1903 (Berichtigt. Im Vertrag steht Juni 1904, da das Fälligkeitsdatum jedoch 1. Juni 1903 lautet, ist von einem Datierungsfehler auszugehen), in: Stadtarchiv Wiesbaden, WI/2, Nr. 1638, Bl. 62. Siehe auch: *N.N.*, AMZ 30 (1903), S. 332.

[38] *Krones*, in: AKM/Verantwort. für Inhalt: Manfred Brunner (Hrsg.), 100 Jahre AKM Autoren Komponisten Musikverleger: 1897[–]1997 von der AKM, 1997, S. 19; *Schmidt*, Die Anfänge der musikalischen Tantiemenbewegung in Deutschland, 2005, S. 431.

eines nationalen Repertoires ab und sah sich gerade nicht veranlasst österreich-ungarische oder andere ausländische Komponisten als Bezugsberechtigte zu gewinnen. Ziel der GDT war es den Veranstaltern musikalischer Aufführungen ein möglichst umfassendes Werkrepertoire zu bieten. Dies sollte unter Berücksichtigung von § 33 Abs. 1 GO AFMA im Hinblick auf die Rechte ausländischer Komponisten durch eine Zusammenarbeit mit den ausländischen Gesellschaften erfolgen. Der Abschluss derartiger Abmachungen erscheint insbesondere unter wirtschaftlichen Gesichtspunkten zweckmäßig und versetzte die GDT in die Lage, ohne die Nutzung eigener Kapazitäten von dem bereits bestehenden Werkbestand ausländischer Gesellschaften zu profitieren und auf diese Weise den Veranstaltern musikalischer Aufführungen einen umfassenden Werkbestand anbieten zu können. Unter Berücksichtigung dieser Gesichtspunkte und zur Verwirklichung einer effektiven Rechtsdurchsetzung entschieden sich AKM und GDT frühzeitig für eine Kooperation. In der außerordentlichen Generalversammlung der AKM vom 28.11.1903 wurde eine Zusammenarbeit mit der GDT zum 1.12.1903 beschlossen. Die Kooperation zwischen den Unternehmen scheiterte zum 31.1.1904 jedoch daran, dass die deutschen Verleger die GDT nicht unterstützten und versuchten alternative Konzepte zur Verwertung der Aufführungsrechte zu etablieren. Der Konflikt zwischen den deutschen Verlagen und der GDT führte dazu, dass „sich etliche Mitglieder [der AKM] nicht von der deutschen Gesellschaft vertreten lassen [wollten], ‚da eine große Gruppe deutscher Verleger den Markt mit tantièmenfreier Musik überschwemmte".[39] Ein Grund hierfür mag auch in der organisatorischen Ausgestaltung der beiden Verwertungsunternehmen gelegen haben. Während die GDT sich als Komponistenvereinigung betrachtete, vertrat die AKM eher die Anliegen der Musikverlage. Der Konflikt zwischen GDT und Verlagen wirkte sich damit auch auf das Verhältnis zur AKM aus.

Erst zum 1.1.1907 konnte eine erneute Zusammenarbeit begründet werden. AKM, GDT und die französische SACEM einigten sich auf einen Gegenseitigkeitsvertrag, der den Unternehmen nicht nur das Repertoire der anderen erschloss, sondern auch die ausschließliche Vertretungsbefugnis für ihre jeweiligen nationalen Märkte einräumte.[40] Der Abschluss des Gegenseitigkeitsvertrags führte dazu, dass das Repertoire der GDT/AFMA in kurzer Zeit um eine beträchtliche Anzahl von Werken stieg. Die vormalige Konkurrenz um die vertragliche Verpflichtung der Musiknutzer durch eine Betätigung der AKM entfiel auf diese Weise. Es kam zu einer grenzüberschreitenden Verflechtung der einzelnen Marktakteure, die dazu führte, dass die

---

[39] *Krones*, in: AKM/Verantwort. für Inhalt: Manfred Brunner (Hrsg.), 100 Jahre AKM Autoren Komponisten Musikverleger: 1897[–]1997 von der AKM, 1997, S. 20.

[40] *Krones*, in: AKM/Verantwort. für Inhalt: Manfred Brunner (Hrsg.), 100 Jahre AKM Autoren Komponisten Musikverleger: 1897[–]1997 von der AKM, 1997, S. 20.

GDT die einzige, erste speziell zur Verwertung des musikalischen Aufführungsrechts geschaffene Organisation im Deutschen Reich wurde.

b) Das Verhältnis zwischen GDT und der kollektiven Wahrnehmung durch Musikverlage

Neben den speziell zur Verwertung des Aufführungsrechts gegründeten Unternehmen versuchten auch die Musikverlage unter Rückgriff auf ein kollektives Wahrnehmungsmodell an deren Ausnutzung zu partizipieren. Mit Hilfe eines losen Zusammenschlusses bestimmter Verlegergruppen versuchten einzelne Verlage den Musiknutzern ein umfangreiches Repertoire an Werken anzubieten.[41] Dies gestaltete sich so, dass einzelne Verleger den Veranstaltern die Vermittlung von Aufführungsrechtsgenehmigungen ihres Werkbestandes anboten und darauf verwiesen, dass sie ebenfalls Aufführungsrechte anderer Verlage vermitteln können. Ähnlich wie die GDT/AFMA versuchten die einzelnen Musikverleger den Musikveranstaltern ein möglichst breites Repertoire an musikalischen Werken anzubieten. Rein rechtlich gesehen handelte es sich dabei um eine Verbindung in Form einer Innengesellschaft bürgerlichen Rechts. Zwar trat nach außen lediglich ein einzelner Verlag in Erscheinung, der jedoch aufgrund multilateraler Vereinbarung mit anderen Verlagen zur Vermittlung eines umfangreichen Werkrepertoires an die Veranstalter berechtigt war. Die Berechtigung zum Handel mit Aufführungsrechten leitete ein Großteil der Verleger aus den abgeschlossenen Verlagsverträgen mit den Komponisten ab. Die Verlage sahen das Aufführungsrecht als Bestandteil des Rechts am Werk, so dass mit dem rechtmäßigen Erwerb der Noten auch die Genehmigung zur Aufführung verbunden wurde.[42] Die Konkurrenz zwischen Verlagen und GDT beschränkte sich vornehmlich auf bestehende, individuell ausgehandelte Vertragsregime. Entsprechend blieb der Vertrieb gedruckter Noten die schwerpunktmäßige Tätigkeit der Verlage. Besondere Strukturen zur Kontrolle und Durchsetzung der Aufführungsrechte wurden nicht geschaffen. Die von den Verlagen gewährleistete Kontrolle des Aufführungsrechts beschränkte sich vielmehr auf die Prüfung des rechtmäßigen Erwerbs des Notenmaterials.[43]

Die strukturellen Unterschiede in der Art der Verwertung des musikalischen Aufführungsrechts wirkten sich insbesondere auf das Verhältnis zu den Veranstaltern musikalischer Aufführungen aus. Die GDT besaß den Anspruch ein möglichst umfassendes Repertoire an musikalischen Werken aufzubauen und damit einen Rechteerwerb aus einer Hand zu ermöglichen. Zu

---
[41] Schreiben von Louis Oertel an Bade-Direktion Wiesbaden, Datum unbekannt, in: Stadtarchiv Wiesbaden, WI/2, Nr. 1638, Bl. 157.
[42] *N.N.*, AMZ 30 (1903), S. 759.
[43] Hierzu, siehe: Kap. 1 III 3.

diesem Zweck versuchte sie auch Musikverlage zum Abschluss von Berechtigungsverträgen zu veranlassen und an die GDT zu binden.[44] Die Berechtigungsverträge sahen eine umfassende vertragliche Bindung der Rechteinhaber vor, was der GDT einen umfangreichen Bestand an musikalischen Werken sichern sollte. Gleichzeitig räumte sie den Veranstaltern lediglich die Möglichkeit des Abschlusses von Pauschalverträgen über ihr gesamtes Repertoire ein, den sie über einen bestimmten Zeitraum abschließen mussten.[45] Mit Hilfe dieser weitreichenden Vertragsbestimmungen versuchte die GDT einerseits zu verhindern, dass die anderen Marktteilnehmer ihr Repertoire erweitern und damit ein konkurrenzfähiges Angebot aufbauen konnten. Andererseits sollte der Rückgriff auf die Nutzung von Pauschalverträgen zur Veräußerung von Aufführungsrechtslizenzen verhindern, dass die Veranstalter Verträge mit anderen Marktteilnehmern abschlossen. Auch der Ausbau eines Systems von Kontrolleuren zur reichsweiten Überprüfung des rechtmäßigen Erwerbs musikalischer Aufführungsrechte begünstigte die vertragliche Verpflichtung weiterer Veranstalter.[46] Die einzelnen Verlage betrieben die Verwertung des Aufführungsrechts nur als Nebenzweig zu ihrer Haupttätigkeit und besaßen keine mit der GDT vergleichbare Organisationsstruktur der kollektiven Wahrnehmung. Vor allem das Fehlen einer vergleichbaren Struktur zur Gewährleistung der Durchsetzung des Aufführungsrechts stärkte die Position der GDT. Allein ihre Größe und Organisationsstruktur im Markt ermöglichte eine effektive Wahrnehmung, die der einzelne Verlag im gleichen Umfang nicht bieten konnte.

Der Einfluss der GDT bei der Verwertung des musikalischen Aufführungsrechts konnte zudem dadurch ausgebaut werden, dass sie den Anschein hoheitlichen Handelns erweckte. Der Gesetzgeber selbst propagierte in der Begründung zu § 11 Abs. 2 LUG die Bildung einer Anstalt, die mittels der Einziehung von Abgaben für musikalische Aufführungen die Verwertung des vorbehaltlosen Aufführungsrechts gewährleisten sollte.[47] Im Rahmen der Ausgestaltung ihrer geschäftlichen Tätigkeit griff die GDT bewusst auf hoheitliche Semantiken zurück, die den Eindruck staatlicher Legitimität erwecken sollten. So wurden die von ihr beschäftigten Kontrolleure als „Beamte" bezeichnet,[48] die Veranstalter als „Gebührenpflichtige" adressiert.[49] Bereits

---

[44] Siehe: Kap. 1 III 3.
[45] Zur Ausgestaltung der Pauschalverträge, siehe: Kap. 1 III 2b.
[46] Zum Aufbau des Inkassos durch die GDT/AFMA, siehe: Kap. 1 III 2b.
[47] Entwurf eines Gesetzes betreffend das Urheberrecht an Werken der Literatur und Tonkunst, in: Stenographische Berichte über die Verhandlungen des Reichstags, 10. Legislaturperiode, II. Session 1900/02, Erster Anlagenband, Nr. 97, S. 386 (397).
[48] *Dommann*, Autoren und Apparate, 2014, S. 111.
[49] Muster eines Pauschalvertrages der GDT, zitiert nach: *Schmidt*, Die Anfänge der musikalischen Tantiemenbewegung in Deutschland, 2005, S. 803.

Ende des 19. Jahrhunderts galten Gebühren als Entgelte von öffentlichen Anstalten oder Einrichtungen, was den Anschein einer öffentlichen Zahlungspflicht erwecken konnte.[50] Die Bestellung von Beamten und die Einziehung von Gebühren suggerierten daher einen scheinbar hoheitlichen Charakter und erweckten den Eindruck, dass die GDT die einzige hoheitlich beauftragte Stelle zur Wahrnehmung des musikalischen Aufführungsrechts verkörperte. Auch dies schmälerte die Bedeutung privater Initiativen konkurrierender Verlage.

Weitere Aspekte, die der GDT zum Ausbau ihrer Marktmacht verhalfen, waren die Erweiterung ihres Repertoires um ausländische Werke, die Etablierung umfassender Organisationsstrukturen und die damit einhergehender Stabilität und Krisenfestigkeit des reichsweit agierenden Unternehmens gegenüber der Betätigung einzelner Verleger.[51] Auch die gerichtliche Bestätigung ihrer weitreichenden Übertragungsklauseln konnte ihre Marktposition als Verwertungsunternehmen im Deutschen Reich festigen und konkurrierende Initiativen verdrängen.[52] Das kontinuierliche Wachstum der GDT verhinderte faktisch neue Versuche der Verlage eine eigene kollektive Wahrnehmungsstruktur aufzubauen.

3. Zwischenergebnis: Die GDT als marktbeherrschendes Unternehmen

Der Markt für musikalische Aufführungsrechte mittels kollektiver Wahrnehmung war zunächst von einer Konkurrenz zwischen AKM, GDT und einzelnen Verlagsgruppen um die vertragliche Verpflichtung der Veranstalter geprägt. Nachdem die AKM die ihr zustehenden Aufführungsrechte auch im Deutschen Reich kollektiv wahrnahm, bildeten sich mit der GDT und den Vereinigungen einzelner Verlage weitere Marktakteure, die die Rechtsdurchsetzung im eigenen Namen oder im Namen ihrer Mitglieder gewerbsmäßig betrieben. Im Wesentlichen lassen sich zwei Arten von Unternehmen für die Verwertung der Aufführungsrechte unterscheiden. Auf der einen Seite standen die Verlage, die in der Verwertung des Aufführungsrechts eine neue Einnahmequelle erblickten, die zusätzlich zu ihrem Kerngeschäft, das im Druck und der Veräußerung der Noten lag, verfolgt werden sollte. Auf der anderen Seite selbstständige Unternehmensformen, die speziell für die Verwertung der musikalischen Aufführungsrechte und zur Interessenvertretung der darin zusammengeschlossenen Berufsgruppen gegründet wurden. Diese Organisationen können einerseits als Berufsvereinigungen beschrieben werden. An-

---

[50] *Stolleis*, in: Cordes/Lück/Werkmüller (Hrsg.), Handwörterbuch zur deutschen Rechtsgeschichte, ²2012, Sp. 1972.
[51] Siehe hierzu: Kap. 1 IV.
[52] Urteil des LG Berlin I vom 17.6.1904, zitiert nach: Geschäftsbericht der GDT über 1. Geschäftsjahr vom 26.3.1905, S. 16 f., in: Bundesarchiv, R3001/6356, Bl. 25.

dererseits handelten und organisierten sie sich wie effiziente Unternehmen, die mit Hilfe der Veräußerung von Aufführungsrechten ihre Einnahmen generierten und geschickt ihre Marktposition ausbauten.

Den Verwertungsunternehmen gelang es durch den Abschluss umfangreicher Übertragungs- und Verpflichtungsverträge und dem Ausbau eines Netzwerks von Kontrolleuren die einzelnen Verlage vom Markt für musikalische Aufführungsrechte zu verdrängen. Während die Verlage in Form kooperativen Vorgehens Angebote für den Erwerb von Rechtebündeln erstellten, waren die Verwertungsunternehmen bestrebt einen Rechteerwerb aus einer Hand zu ermöglichen. Hierzu versuchten sie die Rechteinhaber möglichst lang und vollumfassend an sich zu binden und dadurch ihr Repertoire zu erweitern. Aufgrund ihrer reichsweiten Betätigung konnten sie eine hohe Zahl von Veranstaltern zum Abschluss von Pauschalverträgen bewegen. Die stetige Ausweitung ihres Bestands an musikalischen Werken und die langfristige Bindung der Veranstalter führte in der Folge zu einem Rückgang alternativer Wahrnehmungskonzepte der Musikverlage. Der Ausbau ihres Repertoires um ausländische Werke und die Legitimität kraft hoheitlich erscheinender Strukturen verdrängte die Verlage letztlich vom Markt für musikalische Aufführungsrechte.

Die Konkurrenz zwischen der GDT und der AKM um die vertragliche Verpflichtung der Veranstalter im Deutschen Reich konnte bereits 1907 beigelegt werden. Im Rahmen eines Vertrags einigten sich die beiden Verwertungsunternehmen auf eine zukünftige Zusammenarbeit, die sie zur Wahrnehmung der Aufführungsrechte in ihren jeweiligen Gründungsstaaten berechtigte. Mit dieser Kooperation wurde die GDT zum marktbeherrschenden Unternehmen für den Vertrieb musikalischer Aufführungsrechte im Deutschen Reich, das de facto Monopolcharakter erlangte.

II. Die Gründung weiterer Organisationen für eine kollektive Wahrnehmung des musikalischen Aufführungsrechts im Deutschen Reich

Seit 1907 hatte die GDT eine Vorrangstellung für den Erwerb musikalischer Aufführungsrechte im Deutschen Reich. Allerdings kündigte die AKM bereits 1911 das Abkommen mit der GDT, um zum 1.1.1912 selbstständig als Verwalter im Deutschen Reich tätig zu werden.[53] Zudem bildete sich 1915 mit der Genossenschaft zur Verwertung musikalischer Aufführungsrechte (kurz:

---

[53] *Krones*, in: AKM/Verantwort. für Inhalt: Manfred Brunner (Hrsg.), 100 Jahre AKM Autoren Komponisten Musikverleger: 1897[–]1997 von der AKM, 1997, S. 21. Siehe auch: *N.N.*, Phonographische Zeitschrift 13 (1912), S. 439.

Gema) eine zweite deutsche Verwertungsgesellschaft.[54] Dieser Abschnitt befasst sich mit der Frage, wie AKM und Gema in Konkurrenz zur GDT traten. Die ursprüngliche Konkurrenz zwischen AKM und GDT nach 1903 bezog sich vornehmlich auf die Veräußerung von Aufführungslizenzen.[55] Aufgrund der Tatsache, dass die einzelnen Gesellschaften die Urheberrechte unterschiedlicher Werkschaffender verwalteten, ergibt sich hieran anknüpfend die Frage, ob und inwieweit die Konkurrenz mit der Beendigung der Zusammenarbeit zwischen GDT und AKM und der Schaffung der „alten Gema" wiederauflebte. Anhand einer Betrachtung der Tätigkeitsbereiche der Gesellschaften wird untersucht, welche Leistungen, die die jeweiligen Marktakteure erbrachten, austauschbar waren und wie das Aufführungsrecht hierin einbezogen wurde. Der erste Teil dieses Abschnitts setzt sich mit den Tätigkeitsbereichen der erneut im Deutschen Reich tätigen AKM auseinander und befasst sich mit den Fragen, ob und inwieweit die AKM als konkurrierendes Unternehmen zur GDT anzusehen war. Der zweite Teil grenzt die Tätigkeitsbereiche von „alter Gema" und GDT unter Zugrundelegung dieser Fragestellung voneinander ab. Im Rahmen der Ausarbeitung beider Abschnitte wird zwischen den Rechtsbeziehungen der Verwerter zu den Rechteinhabern und den Veranstaltern differenziert. Die Konkurrenz zwischen der GDT und den Mitbewerbern konnte sich einerseits auf die Verpflichtung von Veranstaltern öffentlicher Aufführungen, andererseits auf eine möglichst umfassende Verpflichtung von Rechteinhabern beziehen.

1. Die Tätigkeitsbereiche der AKM

AKM und GDT waren sich in ihrer Unternehmenskonzeption durchaus ähnlich. Beide Organisationen verwerteten die ihnen zustehenden Aufführungsrechte zur Gewinnerzielung für ihre Bezugsberechtigten und bildeten gleichzeitig eine Interessenvertretung für die darin organisierten Mitglieder.[56] Nach Auflösung des Gegenseitigkeitsvertrags mit der GDT beschloss die AKM aufgrund bestehender Konflikte mit der GDT wieder im Deutschen Reich tätig zu werden. Die Bestrebungen der AKM bezogen sich in erster Linie auf den Vertrieb von Aufführungsgenehmigungen. Hierzu versuchte sie eigene Verträge mit Vereinigungen bestimmter Veranstalter, wie dem Bund der Saal- und Konzertlokalinhaber Deutschlands, abzuschließen. Die Nutzerorganisationen konnten den Konflikt zwischen AKM und GDT dazu nutzen günstige Verträge für ihre Mitglieder abzuschließen. So hieß es in einem Pressebericht der AMZ, dass zwischen AKM und dem Bund der Saal-

---

[54] *Dümling*, Musik hat ihren Wert, 2003, S. 104.
[55] Siehe: Kap. 3 I 2a.
[56] Siehe: Kap. 3 I 1b.

und Konzertlokalinhaber Deutschlands eine Vereinbarung bestand, wonach nicht die Saalbesitzer, sondern lediglich die Kapellmeister die Aufführungsgebühren zu tragen hatten.[57] Im Mai 1912 konnte die AKM bereits 500 Verträge mit einem Gesamtwert von annähernd 60.000 Mark nachweisen.[58] Wie bereits zu Beginn des 20. Jahrhunderts konkurrierten AKM und GDT damit weiterhin um die Musikveranstalter.

Demgegenüber erstreckte sich die Konkurrenz zwischen den Verwertungsunternehmen nicht auf die vertragliche Verpflichtung der Rechteinhaber. Die nationale Zuordnung der Gesellschaften führte dazu, dass die GDT vornehmlich Werke deutscher und die AKM hauptsächlich Werke österreichischer Komponisten wahrnahm.[59] Konzertveranstalter, die sowohl österreichische als auch deutsche Komponisten aufführen wollten, waren nach 1912 darauf angewiesen mit beiden Unternehmen Übereinkommen zu treffen. Eine exemplarische Betrachtung einzelner Konzertinstitute, die Werke zeitgenössischer Komponisten aufführten, macht den Schwerpunkt auf Werke deutscher Komponisten deutlich. Zwischen 1908 und 1923 wurden im städtischen Musikverein zu Düsseldorf mit Ausnahme von *Gustav Mahler* vornehmlich Werke deutscher Komponisten aufgeführt.[60] Auch bei den Kammerkonzerten des „Vereins der Musikfreunde Lübeck" zwischen 1905 und 1911 unter dem Dirigenten *Hermann Abendroth* waren es hauptsächlich deutsche Komponisten, deren Werke gespielt wurden.[61] Ein ähnliches Bild ergibt sich bei den Kammerkonzerten für den Zeitraum 1911 bis 1915 unter dem Dirigenten *Wilhelm Furtwängler*, wobei mit Werken von *Hugo Wolf*, *Siegmund von Hausegger* und *Gustav Mahler* auch Werke österreichischer Komponisten aufgeführt wurden.[62] Die Nachfrage nach Werken österreichischer Komponisten war zwar existent, vermochte aber keinen signifikanten Rückgang von Aufführungen der Werke deutscher Komponisten zu begründen. Dies spiegelt sich an den Einnahmen der GDT wider. Im Geschäfts-

---

[57] *N.N.*, AMZ 38 (1911), S. 71; *Dümling*, Musik hat ihren Wert, 2003, S. 92.

[58] *N.N.*, Phonographische Zeitschrift 13 (1912), S. 439.

[59] § 6 Abs. 1 Satzung GDT gewährte grundsätzlich deutschen Reichsangehörigen eine Mitgliedschaft in der GDT; Schreiben der AKM an die P.T. Konzertveranstalter vom 4.1.1912, worin die AKM den P.T. Konzertveranstaltern die österreichische Musik anbietet, in: Stadtarchiv Wiesbaden, WI/2, Nr. 1638, Bl. 170.

[60] Eine entsprechende Übersicht zu den Aufführungen zeitgenössischer Komponisten findet sich bei: *Weber*, Der Städtische Musikverein zu Düsseldorf und die Düsseldorfer Oper in der Zeit von 1890 bis 1923, 1990, S. 60f.

[61] Eine chronologisch geordnete Übersicht der in den Kammerkonzerten der Stadt Lübeck aufgeführten Werke samt Komponisten findet sich bei: *Matthias*, in: Edler, Arnfried/Schwab, Heinrich W. (Hrsg.), Studien zur Musikgeschichte der Hansestadt Lübeck, 1989, S. 177 (214f.).

[62] *Matthias*, in: Edler, Arnfried/Schwab, Heinrich W. (Hrsg.), Studien zur Musikgeschichte der Hansestadt Lübeck, 1989, S. 177 (215f.).

jahr 1912 nahm die GDT insgesamt 510.175,46 Mark ein.[63] Im Folgejahr konnte sie ihre Einnahmen sogar trotz der Auflösung des Vertrags mit der AKM auf 610.728,56 Mark steigern.[64] Als Inhaberin eines Großteils der Aufführungsrechte deutscher Komponisten besaß die GDT damit weitgehend ein Alleinstellungsmerkmal für die Erteilung entsprechender Lizenzen. Damit führte die Wiederaufnahme der Betätigung der AKM im Deutschen Reich zu keiner wesentlichen Durchbrechung der Marktmacht der GDT.

2. Die Tätigkeitsbereiche der „alten Gema"

Neben GDT und AKM bildete sich mit der „alten Gema" ein weiterer Marktakteur zur kollektiven Wahrnehmung des musikalischen Aufführungsrechts im Deutschen Reich. Die Gema wurde am 16.12.1915 in der Rechtsform der Genossenschaft gegründet.[65] Anhand einer Betrachtung der Tätigkeitsbereiche der „alten Gema" wird im Folgenden untersucht, ob und inwieweit sie eine Konkurrenzorganisation zur GDT bilden konnte. Hierzu legt ein erster Unterabschnitt zunächst die Organisationsstruktur der „alten Gema" dar. Die Darstellung gibt Aufschluss darüber, ob und inwieweit die Gema organisationsrechtlich mit den bisher im Deutschen Reich tätigen Unternehmen vergleichbar war, bzw. inwieweit sie sich von den bestehenden Marktakteuren abgrenzte. Ein zweiter Unterabschnitt befasst sich mit den Fragen, ob und inwieweit die GDT und die Gema um die Verpflichtung der Rechteinhaber konkurrierten. Schließlich wird in einem dritten Unterabschnitt untersucht, ob und inwieweit sich die Konkurrenz auch auf die vertragliche Verpflichtung der Veranstalter erstreckte.

a) Die Organisationsstruktur der „alten Gema"

Nach § 2 Abs. 1 des Statuts der „alten Gema" lag der Gegenstand des Unternehmens in der „Verwertung der der Genossenschaft von den Mitgliedern übertragenen Aufführungsrechte und der Textrechte".[66] Abs. 2 konkretisierte, dass die Genossenschaft berechtigt war „den Veranstaltern musikalischer Aufführungen Aufführungsgenehmigung zu erteilen, mit ihnen Ver-

---

[63] Geschäftsbericht der GDT über 9. Geschäftsjahr vom 26.3.1913, S. 6, in: Universitätsbibliothek Johann Christian Senckenberg Frankfurt am Main, Abteilung Musik, Theater, Film, Nachlass Engelbert Humperdinck, N.
[64] Geschäftsbericht der GDT über 10. Geschäftsjahr vom 27.3.1914, S. 6, in: Universitätsbibliothek Johann Christian Senckenberg Frankfurt am Main, Abteilung Musik, Theater, Film, Nachlass Engelbert Humperdinck, N.
[65] Statut der Gema vom 16.12.1915, zitiert nach: *Schulze*, Geschätzte und geschützte Noten, 1995, S. 140; Anlage 14.
[66] Statuten der „alten Gema" in der Fassung vom 16.12.1915, zitiert nach: *Schulze*, Geschätzte und geschützte Noten, 1995, S. 140.

träge abzuschließen, Verstösse gegen das Aufführungsrecht zu verfolgen, kurz alles zu tun, was zur Wahrung der Rechte der Aufführungsberechtigten erforderlich" war. Art und Umfang der Betätigung waren damit mit der AFMA der GDT vergleichbar. Im Gegensatz zur GDT enthielt das Statut der „alten Gema" keinerlei Bestimmungen, wonach mit der Schaffung der Genossenschaft eine Interessenvertretung, für die in ihr organisierten Rechteinhaber gebildet werden sollte. Die in der „alten Gema" verbundenen Verlage besaßen mit dem Verein deutscher Musikalienhändler bereits seit 1829 einen eigenen Interessenverband.[67] 1927 regte die Gema die Gründung des Bundes deutscher Komponisten als Interessenvereinigung der in ihr organisierten Komponisten an, der im selben Jahr als Verein gegründet wurde.[68]

Die Gema bezeichnete sich in ihrem Statut selbst als Unternehmen, das der Verwertung der musikalischen Aufführungsrechte diente. Dies wird auch an der Wahl ihrer Rechtsform deutlich. Die Gema war als Genossenschaft im Sinne des Gesetzes betreffend die Erwerbs- und Wirthschaftsgenossenschaften (GenG) gegründet worden.[69] „Die G. [Genossenschaft, Anm. der Verf.] verfolgt wirtschaftliche Zwecke durch wirtschaftliche Mittel".[70] Die Gema bezog ihre Betriebsmittel nach § 6 ihres Statuts aus den Einzahlungen auf die Geschäftsanteile, den eingehenden Aufführungsgebühren und sonstigen Einnahmen. Wie bei der GDT/AFMA bestand die wirtschaftliche Zielsetzung der „alten Gema" in der Erzielung von Gewinnen aus der Veräußerung der ihnen zur Verwertung übertragenen Aufführungsrechte an die Veranstalter. Darüber hinaus räumte sie in § 14 Abs. 2 ihrer Statuten dem Aufsichtsrat das Recht ein dem geschäftsführenden Vorstand eine feste Vergütung zukommen zu lassen. Sie bildete damit wie die der GDT unterstehende AFMA ein Unternehmen.[71] Ein wesentlicher Unterschied zu den anderen Verwertungsorganisationen bestand in der Beschränkung auf diese wirtschaftliche Zielsetzung. Die Gema betätigte sich ohne soziale Zielsetzungen bzw. die Absicht als Interessenvertretung ihrer Bezugsberechtigten zu fungieren als rein wirtschaftlich handelndes Unternehmen.[72]

---

[67] Siehe: Kap. 1 II 2b.
[68] Bericht über die Gründung des Bundes deutscher Komponisten mit Einladung zum Vorstellungskonzert des Bundes am 30.11.1927, in: GN 1927, Nr. 7, S. 6.
[69] RGBl. 1889, S. 55 ff.
[70] *Crüger/Crecelius*, Das Reichsgesetz, betreffend die Erwerbs- und Wirtschaftsgenossenschaften, [10]1926, § 1 GenG, Rn. 9.
[71] Zur Gewinnerzielungsabsicht der GDT, siehe: Kap. 3 I 1a.
[72] Der Musikverleger C.F. Peters forderte statt der Unterstützung der „alten Gema" eine weitergehende Unterstützung des Vereins der deutschen Musikalienhändler als Interessenvereinigung der Verlage, siehe: Brief aus dem Kopierbuch von C.F. Peters an die Gema vom 2.5.1917, in: Sächsisches Staatsarchiv, Staatsarchiv Leipzig, 21070 C.F. Peters, Leipzig, Nr. 5161, Nr. 5055, Bl. 775 (778).

b) Ausdehnung der Konkurrenz auf die Rechteinhaber

Als deutsches Verwertungsunternehmen war die Gema wie auch die GDT hauptsächlich auf nationaler Ebene tätig und partizipierte vornehmlich an der Verwertung der Werke deutscher Komponisten. Ein wesentlicher Unterschied zwischen GDT und „alter Gema" bestand allerdings in der Gattung der von ihnen verwalteten Werke. § 37 Nr. 1 GO AFMA sah vor, dass für jedes bei der GDT/AFMA angemeldete Werk ein Einschätzungswert festgesetzt wurde, dessen Höhe abhängig von der Gattung der Werke, ihrer Zeitdauer und Besetzungsschwierigkeiten war.[73] Dabei bevorzugte die GDT Werke der ernsten Musik bzw. der Chormusik.[74] Bereits zu Beginn des 20. Jahrhunderts wurde zwischen ernster Musik und Unterhaltungsmusik differenziert. Während der ernsten Musik ein gewisser künstlerischer Faktor zugesprochen wurde, diente die leichte Musik vornehmlich Unterhaltungszwecken.[75] Die Gema verwaltete im Gegensatz zur GDT vorwiegend das Repertoire der Verlage und der Komponisten von Unterhaltungsmusik.[76] Die Spezialisierung auf dieses Genre ging auch aus einer Zusammenarbeit mit der Ammre einher, die im Wesentlichen ebenfalls Werke der Unterhaltungsmusik verwaltete. Dies lag darin begründet, dass die Wiedergabemöglichkeiten der mechanischen Musikinstrumente bzw. der damaligen Speichermedien in vielen Fällen für die ernste Musik eine deutlich schlechtere Qualität als die eine reale Aufführung des musikalischen Werks besaßen. Neue Wiedergabeformen wie die Schallplatte wurden daher insbesondere für das Abspielen von Unterhaltungsmusik und nicht für Darbietungen ernster Musik genutzt.[77] Durch den Abschluss von Garantie-Verträgen mit der Ammre sicherte sich die Gema die musikalischen Aufführungsrechte der wichtigsten Komponisten im Bereich der Unterhaltungsmusik.[78]

Die Spezialisierung der Verwertungsunternehmen auf unterschiedliche Musikgenres ließ die Konkurrenz der Unternehmen um die Verpflichtung der Rechteinhaber aber nicht entfallen. Beide Unternehmen versuchten eine möglichst vollumfassende Verpflichtung von Rechteinhabern der unterschiedlichen Werkgattungen zu erreichen. Die GO AFMA sah lediglich eine

---

[73] Geschäftsbericht der GDT über 1. Geschäftsjahr vom 26.3.1905, S. 7, in: Bundesarchiv, R3001/6356, Bl. 25.

[74] *Barnaš* Österreichische Autorenzeitung 1977 (1977), S. 6 (7).

[75] *d'Albert*, Die Verwertung des musikalischen Aufführungsrechts in Deutschland, 1907, S. 63 f. Zum Unterschied zwischen ernster und Unterhaltungsmusik, siehe auch: *Pluggel/Roeber*, Das musikalische Tantiemerecht in Deutschland, 1930, S. 33.

[76] *Dümling*, Musik hat ihren Wert, 2003, S. 104.

[77] *Wandler*, Elektronische Klangerzeugung und Musikreproduktion, 2005, S. 81.

[78] Denkschrift über die Aufnahme eines Bank-Darlehens von 150.000 Mark für die Gema vom 9.12.1916, S. VI, in: Sächsisches Staatsarchiv, Staatsarchiv Leipzig, 21070 C.F. Peters, Leipzig, Nr. 4975 (ohne Paginierung).

Privilegierung der ernsten Musik vor, die der Verwertung von Werken aus dem Bereich der Unterhaltungsmusik nicht entgegenstand. Als einziges deutsches Unternehmen für die Verwertung musikalischer Aufführungsrechte vor Gründung der „alten Gema" verwaltete die GDT ursprünglich auch den Verlagen und Komponisten von Unterhaltungsmusik zustehenden Rechte. Mit Gründung der „alten Gema" im Jahr 1915 verlor sie aber einen Großteil ihrer Mitglieder, die im Bereich der leichten Musik tätig waren, an die neu gegründete Konkurrenz.[79] Darin ist keine freiwillige Einschränkung ihres Tätigkeitsbereichs zu erblicken. Vielmehr führte das Auftreten eines weiteren Marktakteurs dazu, dass der ursprüngliche Umfang ihres Repertoires beinahe schlagartig geschmälert wurde. Selbst die Gema beschränkte sich in ihren Statuten nicht auf die Wahrnehmung der Aufführungsrechte von Werken der Unterhaltungsmusik. Vielmehr bezweckte auch sie auf lange Sicht auch die Komponisten der ernsten Musik als Mitglieder gewinnen zu können.[80]

c) Ausdehnung der Konkurrenz auf die Veranstalter

Die wesentliche Einnahmequelle der Verwertungsunternehmen bestand in den eingezogenen Aufführungsgebühren. Mit dem Aufkommen der „alten Gema" als weiterem Marktakteur erhielten die Veranstalter die Wahl Lizenzen für die pauschale Wiedergabe der jeweiligen Repertoires bei einem oder auch allen Unternehmen zu erwerben. Das Aufkommen eines weiteren Marktakteurs verringerte den Werkbestand der anderen Marktteilnehmer, so dass die jeweiligen Verwertungsunternehmen den Veranstaltern ein geringeres Spektrum an Werken bieten konnten.[81] Einige Veranstalter waren in der Folge gezwungen Pauschalverträge mit der GDT und der „alten Gema" abzuschließen, was im Ergebnis mit höheren Kosten verbunden war.[82] Gleichzeitig bemühte sich die GDT bereits frühzeitig einen Wettstreit mit der AKM und der „alten Gema" um die vertragliche Verpflichtung der Veranstalter zu vermeiden, indem sie Pauschalverträge über möglichst lange Zeiträume abschloss.[83] Alle Marktakteure waren auf die Einnahmen aus der Veräußerung

---

[79] *Rauh,* Signale für die musikalische Welt 74 (1916), S. 288.

[80] Zu der Zielsetzung die Komponisten der ernsten Musik verpflichten zu können, siehe: Brief aus dem Kopierbuch von C.F. Peters an die Gema vom 2.5.1917, in: Sächsisches Staatsarchiv, Staatsarchiv Leipzig, 21070 C.F. Peters, Leipzig, Nr. 5055, Bl. 775.

[81] *Rauh,* Signale für die musikalische Welt 74 (1916), S. 288.

[82] *Dümling* beschreibt in seiner Darstellung der Geschichte der Verwertungsgesellschaften den Fall der Generalverwaltung des Preußischen Staatstheaters, das Mitte der 1920er Jahre gezwungen war Verträge mit der GDT und der „alten Gema" abzuschließen, siehe: *Dümling,* Musik hat ihren Wert, 2003, S. 164. Ähnliches galt auch für das Dresdner Orchester, siehe: Geschäftsbericht des Vorstandes der „alten Gema" für das Geschäftsjahr 1930/31, in: GN 1931, Nr. 45, S. 10.

[83] Zusatzvereinbarung zwischen der GDT und der Kurdirektion Wiesbaden über die

der Aufführungsrechte angewiesen und versuchten insofern unabhängig voneinander die Veranstalter zum Abschluss umfangreicher Pauschalverträge zu verpflichten. Die Gema als neuer Mitbewerber versuchte durch den kontinuierlichen Ausbau ihres Repertoires, das letztlich den Wert des Verwertungsunternehmens ausmachte, den Veranstaltern eine umfassende Auswahl an Werken anzubieten und die Zahl der Verträge mit den Veranstaltern musikalischer Aufführungen zu steigern. Die Konkurrenz zur GDT erstreckte sich damit auch auf die vertragliche Verpflichtung der Veranstalter.

III. Instrumente zur Durchbrechung der Marktmacht der GDT bei der kollektiven Wahrnehmung des musikalischen Aufführungsrechts

Mit ihrer Kooperation mit der AKM 1907 konnte sich die GDT als marktbeherrschendes Unternehmen etablieren und eine monopolähnliche Stellung für den Handel mit Aufführungsrechten aufbauen.[84] Mit der stetigen Ausweitung ihres Repertoires und der internationalen Zusammenarbeit mit der AKM und der französischen SACEM entwickelte sich die GDT zum vorrangigen Anbieter von Aufführungsrechten für Konzertveranstalter. Gleichzeitig bildete sie auch die Organisation im Deutschen Reich, der die Rechteinhaber ihre Aufführungsrechte vollständig zur Verwertung übertragen konnten. Mit der Beendigung der Zusammenarbeit von AKM und GDT und der Gründung der „alten Gema" lebte der Wettbewerb, der bis 1907 zwischen AKM, einzelnen Verlagen und der GDT bestanden hatte, wieder auf.[85] Hieran zeigt sich, dass der Handel mit Aufführungsrechten in Form einer kollektiven Wahrnehmung ohne gesetzliche Flankierung per se kein natürliches Monopol bilden musste. Das Übereinkommen von GDT und AKM begründete 1907 lediglich eine überragende Stellung in den jeweiligen nationalen Märkten. Mit Auflösung der Übereinkunft verlor die GDT ihre monopolähnliche Stellung.

Dieser Teil setzt sich mit den Instrumentarien auseinander, die die Konkurrenten der GDT nutzten, um deren bestehende Marktmacht zu durchbrechen und selbst aktiv am Handel mit Aufführungsrechten zu partizipieren. Hierzu wird in einem ersten Abschnitt die Inanspruchnahme staatli-

---

Verlängerung des Pauschalvertrags bis zum 31.12.1922 vom 30.12.1911, in: Stadtarchiv Wiesbaden, WI/2, Nr. 1638, Bl. 167.

[84] Diese Stellung bezeichnet *Puttmann* als „Diktatur über das ganze musikalische Deutschland", siehe: *Puttmann,* Neue Zeitschrift für Musik 82 (1915), S. 329 (332).

[85] Zur Frage, ob und inwieweit die erneute Betätigung von AKM und die Gründung der „alten Gema" zur Konkurrenz zwischen den Unternehmen führte, siehe: Kap. 3 II.

cher/hoheitlicher Unterstützung als Möglichkeit zur Marktöffnung dargestellt. Ein zweiter Abschnitt betrachtet den Rückgriff auf privatrechtliche Instrumentarien und ihre Zweckmäßigkeit zur Schwächung der Marktmacht. Schließlich werden in einem dritten Abschnitt die beiden Wege mit Blick auf ihre Eignung zur Durchbrechung der Marktmacht der GDT dargestellt.

1. Die Inanspruchnahme staatlicher Unterstützung zur Durchbrechung der Marktmacht der GDT

Monopole können aufgrund ihrer Alleinstellung in einem Marktsegment die Bedingungen für den Erwerb ihrer Waren und Rechte nach Belieben vorgeben. Aus diesem Grund sind sogenannte natürliche Monopole oftmals Gegenstand staatlicher Regulierung und Überwachung.[86] Dieser Abschnitt setzt sich mit der Frage auseinander, ob und inwieweit ein hoheitliches Eingreifen auch das Monopol der GDT beendete, bzw., ob und inwieweit die potentiellen Konkurrenten der GDT staatliche Unterstützung zur Durchbrechung der Marktmacht der GDT nutzten. Hierbei wird insbesondere geprüft, inwieweit dies zu Restriktionen in der Art und Weise der Betätigung der GDT führte. Adressaten dieser Instrumentalisierung können sowohl der Gesetzgeber als auch die Rechtsprechung sein. Die Effektivität und Zweckmäßigkeit der Inanspruchnahme staatlicher Hilfe gegen die Marktbeherrschung durch die GDT wird in einem ersten Unterabschnitt unter Bezugnahme auf eine Instrumentalisierung des Gesetzgebers beleuchtet. In einem zweiten Unterabschnitt werden exemplarisch gerichtliche Entscheidungen und Verfahren dargestellt, die sich gegen die weitreichenden Vertragsregelungen der GDT/AFMA wandten und damit die Rolle der Rechtsprechung bei der Durchbrechung der Marktmacht der GDT betrachten.

a) Ersuchen des Beistands des Gesetzgebers

Einer der wesentlichen Kritikpunkte an der Betätigung der GDT lag in der fehlenden Transparenz bei der Bestimmung der Preise für den Erwerb von Aufführungslizenzen. Aus diesem Grund forderten die Gegner der GDT mittels Anfragen an den Reichstag und die Reichsregierung ein Tätigwerden der Legislative.[87] Die Forderungen beruhten auf den Initiativen von Zusam-

---

[86] *Frantzke*, Grundlagen der Volkswirtschaftslehre, ²2010, S. 220 ff.
[87] Bericht über eine Beschwerde des Vereins deutscher Musikalienhändler vom 9.11.1906 an die Königlich Sächsische Gesandtschaft mit der Aufforderung die Kartellenquete auf die GDT auszudehnen, in: Bundesarchiv, R 3001/6356, Bl. 67; Beschwerdebrief des Vorstands des Allgemeinen Deutschen Bäderverbandes an den Reichskanzler vom 7.12.1907, in: Bundesarchiv, R3001/6357, Bl. 3 (4); Beschwerdebrief des Bundes der Saal-

III. Instrumente zur Durchbrechung der Marktmacht der GDT

menschlüssen individueller Nutzerverbände, die ihre Anliegen gemeinschaftlich durchsetzen wollten. Zur Beurteilung der Zweckmäßigkeit der Anfragen sind zunächst die Motive des Gesetzgebers für die Gewährleistung des vorbehaltlosen Aufführungsrechts zu betrachten. Die Begründung zum Entwurf des LUG 1901 lässt dabei auch Rückschlüsse auf die Art seiner Verwertung zu. Darin heißt es:

> „Als geeigneter Weg für eine befriedigende Gestaltung der Verhältnisse auf dem Boden des neuen Rechtes kommt sowohl nach der Meinung der Komponisten als auch nach der der Verleger und nach dem Vorbilde der in anderen großen Ländern getroffenen Einrichtungen vornehmlich die Begründung einer Anstalt in Frage, deren Satzungen es gestatten, die Werke derjenigen Komponisten, die ihr als Mitglieder beigetreten sind, ohne Weiteres aufzuführen, sofern die Aufführenden eine kleine Abgabe von der Einnahme aus der Aufführung oder auch vor der Aufführung eine entsprechende Vergütung an die Kasse der Anstalt entrichten".[88]

Die Gesetzesbegründung schlug für die Ausgestaltung der kollektiven Rechtewahrnehmung die Begründung einer „Anstalt" vor. Nach Erlass des BGB war die Bildung einer privatrechtlichen Anstalt nicht mehr möglich, so dass die Nutzung dieser Bezeichnung einen öffentlich-rechtlichen Charakter suggerierte.[89] Der Begriff der Anstalt tauchte in den Gesetzestexten zumeist im Zusammenhang mit der Verfolgung öffentlicher Aufgaben auf. So beinhaltete § 89 BGB Regelungen zu öffentlichen Anstalten und § 4 des Kommunalabgabengesetzes vom 14.7.1893 Anstalten, die im öffentlichen Interesse unterhalten wurden.[90] Im Rechtslexikon von *Paul Posener* aus dem Jahr 1909 wurde der Begriff der Anstalt als „soziale Organisation der mannigfaltigsten Art" definiert. Der Rückgriff auf soziale Anliegen implizierte ebenfalls ein öffentliches Interesse, das durch die Anstalt gewährt werden sollte.[91] Im Zuge der Reform des deutschen Urheberrechts setzten sich die vereinigten Bundesregierungen für die Einführung einer neuen Organisationsform zur Wahrnehmung des vorbehaltlosen Aufführungsrechts ein. Den zukünftigen Gründern dieser Anstalt sollte ihr Aufbau erleichtert werden.[92]

Die GDT griff den vom Gesetzgeber suggerierten öffentlich-rechtlichen Charakter der Tätigkeit bei der Ausgestaltung ihrer Kontrolltätigkeit auf

---

und Konzertlokalinhaber Deutschlands an den Hohen Reichstag vom 14.12.1909, in: Bundesarchiv, R3001/6358, Bl. 157 (157a).

[88] Stenographische Berichte über die Verhandlungen des Reichstags in der 10. Legislaturperiode, II. Session 1900/1902, Erster Anlagenband, Nr. 97, S. 391 (397).

[89] *Schmidt*, Die Anfänge der musikalischen Tantiemenbewegung in Deutschland, 2005, S. 624.

[90] Gesetzsammlung für die Königlichen Preußischen Staaten 1893, S. 152 ff.

[91] *Ratzlaff*, in: Posener (Hrsg.), Rechtslexikon: Handwörterbuch der Rechts- und Staatswissenschaften, 1909, S. 878 f.

[92] *Schmidt*, Die Anfänge der musikalischen Tantiemenbewegung in Deutschland, 2005, S. 407.

und versuchte den Eindruck einer staatlichen Stelle zur Einziehung der Aufführungsgebühren zu erwecken.[93] Die Tatsache, dass die Gesetzesbegründung die Bildung einer Organisation zur Gewährleistung der Wahrnehmung vorsah, verdeutlicht, dass der Gesetzgeber die Verwertung des Aufführungsrechts zunächst nicht als Markt, in dem Konkurrenz entstehen sollte, betrachtete. Die Versuche der Nutzerverbände, die Legislative zum Erlass regulierender Maßnahmen zu bewegen, scheiterten. So wird in einer internen Stellungnahme der Reichsregierung zur Ausdehnung der Kartellenquote auf die GDT ein Eingreifen abgelehnt. Dies wird damit begründet, dass nicht „die Preisstellung für eine Ware, sondern die Erhebung einer Gebühr für öffentliche Aufführungen von Musikwerken" in Frage stehe.[94] Die Tatsache, dass die neu begründete „Anstalt" intransparent arbeitete, wurde dabei in Kauf genommen. Die Untätigkeit des Gesetzgebers im Hinblick auf kartellrechtliche Maßnahmen bildete zu Zeiten des Zweiten Deutschen Kaiserreichs keinen Ausnahmefall.[95] Insofern ist es nicht verwunderlich, dass keine regulierenden Maßnahmen zur Schmälerung der Marktmacht der GDT ergriffen wurden.

b) Die Rolle der Rechtsprechung

Eine weitere Möglichkeit die bestehende Marktmacht der GDT zu durchbrechen, bestand darin die von Seiten der GDT zum Aufbau ihrer Marktmacht ergriffenen Mittel durch die Rechtsprechung überprüfen zu lassen. Es stellt sich die Frage, ob und inwieweit das Ersuchen der staatlichen Gerichte die Monopolstellung der GDT durchbrechen konnte. Ein erster Unterabschnitt behandelt dazu Verfahren, die zu Beginn der Aufnahme ihrer Tätigkeit gegen die GDT geführt wurden. Der zweite Unterabschnitt setzt sich mit der Frage auseinander, inwieweit die erneute Betätigung der AKM im Deutschen Reich ab dem Jahr 1912 auf die gerichtlichen Auseinandersetzungen zwischen GDT und AKM zurückzuführen sind. Schließlich betrachtet ein dritter Unterabschnitt die reichsgerichtliche Entscheidung vom 18.9.1915, die die Nichtigkeit der Berechtigungsverträge der GDT/AFMA feststellte.[96] Auch hierbei steht die Frage im Fokus, inwieweit dieses Urteil ursächlich für die Durchbrechung der Vorrangstellung der GDT bei der kollektiven Wahrnehmung des Aufführungsrechts war.

---

[93] Siehe: Kap. 3 I 2b.
[94] Interne Mitteilung des Staatssekretärs des Inneren an den Staatssekretär des Reichs-Justizamts vom 9.5.1906 auf eine Anfrage der Königlichen Sächsischen Gesandtschaft nach einer Beschwerde des Vereins deutscher Musikalienhändler, in: Bundesarchiv, R3001/6356, Bl. 67.
[95] Siehe: Kap. 1 IV.
[96] Urteil des RG vom 18.9.1915, in: RGZ 87, S. 215.

aa) Verfahren zu Beginn der Aufnahme der Tätigkeit der GDT

Die umfangreichen Vertragsklauseln, die die Übertragung sämtlicher Aufführungsrechte eines Mitglieds auf die GDT forderten, waren bereits kurz nach ihrer Gründung Gegenstand einer gerichtlichen Überprüfung. Der erste Geschäftsbericht der GDT enthält einen Bericht über ein Urteil des Landgerichts Berlin I gegen ein Mitglied, das sich weigerte, den Berechtigungsvertrag zu unterzeichnen und der GDT seine gesamten Aufführungsrechte zu übertragen. Das Landgericht verurteilte ihn am 17.6.1904 zur Unterwerfung unter die Bestimmungen des § 40 GO AFMA und zur Zahlung einer fiskalischen Strafe für den Fall einer Zuwiderhandlung.[97] Die Anerkennung der weitreichenden Übertragungsklauseln durch das LG Berlin I entsprach der kartellfreundlichen Rechtsprechung des Reichsgerichts.[98] Mit der Veröffentlichung von Teilen dieses Urteils in ihrem Geschäftsbericht versuchte die GDT ein gerichtliches Vorgehen weiterer Mitglieder gegen diese Vertragspraxis zu verhindern. In Einzelfällen erklärte sie sich auch bereit von dieser umfangreichen Übertragung der Aufführungsrechte abzusehen, wodurch weitere Rechtsstreitigkeiten verhindert werden konnten. So schloss sie mit dem Komponisten *Engelbert Humperdinck* eine Zusatzvereinbarung ab, wonach § 9 Abs. 2 des Berechtigungsvertrags, der eine Rückübertragung der Aufführungsrechte an den Bezugsberechtigten im Falle der Kündigung ausschloss, abbedungen wurde.[99] Ein gerichtliches Vorgehen in der Anfangsphase der GDT, in der mit der AKM und den Angeboten einzelner Verlage ohnehin Alternativen für den Erwerb und die Verwaltung von Aufführungsrechten bestanden, war hier damit nicht erforderlich.

bb) Rechtsstreitigkeiten zwischen der GDT und der AKM

Mit der Kündigung der AKM im Jahr 1912 verlor die GDT ihr tatsächliches Monopol als Verwertungsunternehmen zum Vertrieb von Aufführungslizenzen im Deutschen Reich. Die AKM versuchte die ihr zustehenden Rechte nunmehr selbsttätig im Deutschen Reich zu verwerten. Die GDT erschwerte

---

[97] Urteil des LG Berlin I vom 17.6.1904, zitiert nach: Geschäftsbericht der GDT über 1. Geschäftsjahr vom 26.3.1905, S. 16 f., in: Bundesarchiv, R3001/6356, Bl. 25.
[98] Zur kartellfreundlichen Rechtsprechung, siehe: Kap. 1 IV.
[99] Zusatzvereinbarung zu dem Berechtigungsvertrag zwischen der AFMA und Engelbert Humperdinck vom 12.9.1903. Der Verzicht auf die Rechteübertragung nach § 9 Abs. 2 Berechtigungsvertrag im Falle von *Humperdinck* mag auf der Tatsache beruhen, dass er als Mitglied des Gesamtvorstandes der GDT privilegiert wurde, in: Universitätsbibliothek Johann Christian Senckenberg Frankfurt am Main, Abteilung Musik, Theater, Film, Nachlass Engelbert Humperdinck, N. Zur personellen Besetzung des Vorstands der GDT, *Schmidt*, Die Anfänge der musikalischen Tantiemenbewegung in Deutschland, 2005, S. 440.

der AKM den Wiedereinstieg in den deutschen Markt, indem sie nach der Erklärung der Kündigung seitens der AKM Verträge über deren Repertoire abschloss, die über den Zeitpunkt des Ablaufs des Gegenseitigkeitsvertrags hinaus galten. Um den Veranstaltern im Deutschen Reich ein exklusives Repertoire bieten zu können, suchte die AKM den Schutz der Rechtsprechung und klagte auf Feststellung, dass die GDT nicht berechtigt sei Verträge über das Repertoire der AKM nach Beendigung des Vertragsverhältnisses zwischen den Gesellschaften abzuschließen. Der Rechtsstreit gelangte bis zur letzten Instanz am Reichsgericht, das die Klage mit Urteil vom 30.10.1912 mit der Begründung abwies, dass die Kündigung keine „erweiterte Wirkung haben sollte, in dem Sinne, daß vom Zeitpunkte ab, wo sie erklärt wurde, Verträge nur noch mit zeitlich beschränkter Wirksamkeit abgeschlossen werden durften". Hierfür ergaben sich aus den „Bestimmungen des Vertrages einzeln und auch im Zusammenhange" keine Anhaltspunkte.[100] Eine Durchbrechung der Marktmacht der GDT mit Hilfe der Rechtsprechung blieb in diesem Fall erfolglos und erschwerte es der AKM sich als konkurrierendes Verwertungsunternehmen im Deutschen Reich zu etablieren.

Auch nach Beendigung des Gegenseitigkeitsvertrags versuchte die GDT weiterhin über das Repertoire der AKM zu verfügen. Die Gegenseitigkeitsabkommen von GDT und AKM mit der französischen SACEM bestanden auch nach Auflösung der Zusammenarbeit der deutschen und der österreichischen Gesellschaft weiter fort. Die GDT ließ sie sich von der SACEM die Rechte am Werkbestand der AKM einräumen und berühmte sich dadurch weiterhin ein vollumfassendes Repertoire anbieten zu können.[101] Mit einer Unterlassungsklage gegen GDT und SACEM versuchte die AKM diese Vertragspraxis zu unterbinden. Der 23. Senat des Kammergerichts entschied am 29.6.1914 zu Gunsten der AKM, dass eine weitere Vermittlung von Aufführungsgenehmigungen für ihr Repertoire unzulässig sei.[102] Begründet wurde dies damit, dass das Vertragsverhältnis zwischen AKM und SACEM die französische Gesellschaft nicht zur Übertragung des Repertoires der AKM an eine ausländische Gesellschaft berechtigte.[103] Damit verhinderte das Kam-

---

[100] Urteil des RG vom 30.10.1912, zitiert nach: Geschäftsbericht der GDT über 9. Geschäftsjahr vom 26.3.1913, S. 11, in: Universitätsbibliothek Johann Christian Senckenberg Frankfurt am Main, Abteilung Musik, Theater, Film, Nachlass Engelbert Humperdinck, N.

[101] Urteil des Kammergerichts vom 29.6.1914, S. 18, in: Hessisches Staatsarchiv Darmstadt, O24 89/4.

[102] Urteil des Kammergerichts vom 29.6.1914, S. 2, in: Hessisches Staatsarchiv Darmstadt, O24 89/4; Siehe auch: Mitteilung der AKM über das Urteil des Kammergerichtes Berlin, in: Stadtarchiv Wiesbaden, WI/2, Nr. 1638, Bl. 210.

[103] Urteil des Kammergerichts vom 29.6.1914, S. 19, in: Hessisches Staatsarchiv Darmstadt, O24 89/4.

mergericht, dass die GDT ihre Marktmacht bei der Wahrnehmung des Aufführungsrechts im Deutschen Reich verfestigte, worin ein Schritt in Richtung zu mehr Wettbewerb im Markt für Aufführungslizenzen zu sehen ist. Zu diesem Zeitpunkt hatte die AKM bereits mehr als 500 Verträge mit Veranstaltern musikalischer Aufführungen abgeschlossen, so dass das Urteil des Kammergerichts nicht als ursächlich für die Durchbrechung des tatsächlichen Monopols der GDT für den Handel mit Aufführungslizenzen im Deutschen Reich anzusehen ist.[104] Vielmehr verhalf es der AKM die Marktmacht der GDT weiter einzudämmen.

cc) Die Entscheidung des Reichsgerichts vom 18.9.1915

Einen weitere Liberalisierung des Marktes für die kollektive Wahrnehmung des musikalischen Aufführungsrechts vermochte die Entscheidung des Reichsgerichts vom 18.9.1915 zu begründen.[105] Die GDT klagte darin gegen 51 Verleger und Komponisten, die 1913 ihren Rücktritt vom Berechtigungsvertrag erklärt hatten, es zu unterlassen über diejenigen Aufführungsrechte zu verfügen, die sie der GDT übertragen hatten. Das Reichsgericht wies die Klage ab und erklärte die weitreichenden Kündigungsbestimmungen des §9 Abs. 2 Berechtigungsvertrag GDT, die eine Rückübertragung an die Bezugsberechtigten im Falle der Kündigung ausschlossen, für nichtig. Das Reichsgericht sah den Berechtigungsvertrag als Vertrag sui generis mit gesellschaftsrechtlichem Charakter an und stützte die Nichtigkeit des Vertrags auf §723 Abs. 3 BGB. Der Ausschluss der Rückübertragung der Aufführungsrechte in §9 Abs. 2 Berechtigungsvertrag GDT würde dem Ausschluss der Kündigung nach §723 Abs. 3 BGB gleichstehen. Dies führte nach §139 BGB zur Gesamtnichtigkeit des Berechtigungsvertrags, da die Vertragsklausel als derart wesentlich anzusehen sei, dass der Vertrag ohne diese Regelung nicht abgeschlossen worden wäre.[106] Darüber hinaus betonte es in seiner Entscheidung den privatrechtlichen Charakter der GDT und stellte fest, dass „die Klägerin nicht in der Lage [sei, Anm. der Verf.], der Bildung von Konkurrenzanstalten, die gleiche oder ähnliche Zwecke verfolgen, aus rechtlichen Gründen entgegenzutreten".[107]

Das Urteil des Reichsgerichts erscheint im Rückblick einer eher kartellfreundlichen Rechtsprechung vor 1914 als überraschend.[108] Noch in einem Urteil aus dem Jahre 1911 entschied das Reichsgericht bei Annahme eines Verstoßes gegen §723 Abs. 3 BGB, dass allein die entsprechende Kündi-

---
[104] Siehe: Kap. 3 II 1.
[105] Urteil des RG vom 18.9.1915, in: RGZ 87, S. 215.
[106] Urteil des RG vom 18.9.1915, in: RGZ 87, S. 215 (220 f.).
[107] Urteil des RG vom 18.9.1915, in: RGZ 87, S. 215 (218).
[108] Zur kartellfreundlichen Rechtsprechung, siehe: Kap. 1 IV.

gungsklausel als nichtig anzusehen sei und der Vertrag im Übrigen fortbestehe.[109] Auch die Tatsache, dass das Urteil während des Ersten Weltkriegs erging, kann die Abkehr von der kartellfreundlichen Rechtsprechung nicht erklären. Gerade im Ersten Weltkrieg erlangte das Kartellwesen unter Berücksichtigung der Notwendigkeit kriegswirtschaftlicher Maßnahmen einen starken Auftrieb, der auch in anderen Bereichen die verbandsmäßige Zusammenarbeit stärkte.[110] So ermächtigte § 3 Abs. 1 des Ermächtigungsgesetzes vom 4.8.1914[111] den Bundesrat während der Zeit des Kriegs gesetzliche Maßnahmen zu treffen, die zur Abhilfe wirtschaftlicher Schäden notwendig erschienen. Dies stärkte eher die staatliche Einflussnahme auf Kartelle und Syndikate und förderte auch Neugründungen in anderen Wirtschaftsbereichen.[112]

In einem ersten Schritt ist zu bestimmen, inwieweit die GDT unter Rückgriff auf eine rechtshistorische Begriffsbestimmung als Kartell anzusehen war, wodurch sich die soeben dargestellten Maßnahmen auf den Bereich der Wahrnehmung des Aufführungsrechts erstreckten. In einer Stellungnahme des Reichs-Justizamts wurde die Kartellfähigkeit der GDT mit der Begründung abgelehnt, dass es gerade nicht um die Preisstellung von Waren, sondern um die Aufführung musikalischer Werke gehe.[113] Darin war aber eher eine formal-juristische Begründung zu sehen. Eine Differenzierung zwischen körperlichen und unkörperlichen Gegenständen war jedoch kein Ausschlusskriterium für die Annahme eines Kartells. Der Annahme eines Kartells stand eher die fehlende Unternehmereigenschaft der in ihr vertraglich organisierten Komponisten entgegen.[114] Nichtsdestoweniger bestand eine gewisse Nähe

---

[109] Das Urteil des Reichsgerichts befasste sich mit § 3 der Satzung eines nicht eingetragenen Vereins und der Wirksamkeit einer Kündigungsbestimmung, wonach die Wirksamkeit einer Kündigung davon abhängig gemacht wurde, dass sie mindestens durch drei Mitglieder zugleich erfolgte. In diesem Fall erachtete das Reichsgericht lediglich die konkrete Reglung für nichtig. Dies führte weder für den gesamten Vertrag noch für den übrigen Teil der Kündigungsbestimmungen zur Nichtigkeit. Siehe: Urteil des RG vom 1.4.1911, in: Leipziger Zeitschrift für Handels-, Konkurs- und Versicherungsrecht 1911, Sp. 455 f., Nr. 7.

[110] *Mayer*, Kartelle, Kartellorganisation und Kartellpolitik, 1959, S. 17 f.; *Kurzlechner*, Fusionen, Kartelle, Skandale, 2009, S. 36.

[111] Gesetz über die Ermächtigung des Bundesrats zu wirtschaftlichen Maßnahmen und über die Verlängerung der Fristen des Wechsel- und Scheckrechts im Falle kriegerischer Ereignisse, in: RGBl. 1914, S. 327 ff.

[112] *Schäfer*, in: Pohl (Hrsg.), Kartelle und Kartellgesetzgebung in Praxis und Rechtsprechung vom 19. Jahrhundert bis zur Gegenwart: Ein Nassauer Gespräch, 1985, S. 81 (91).

[113] Mitteilung des Staatssekretärs des Inneren an den Staatssekretär des Reichs-Justizamts vom 9.5.1906, in: Bundesarchiv, R3001/6356, Bl. 67.

[114] Das Kammergericht lehnte das Vorliegen unternehmerischer Ziele der Genossen der „alten Gema" mit der Begründung ab, dass sie als Inhaber von Urheberrechten keine

zwischen der GDT, die den Wettbewerb durch eine vollumfängliche Verpflichtung ihrer Bezugsberechtigten einschränken wollte, und der Organisationsstruktur von Kartellen, die „konkurrenzbeschränkende Maßnahmen" zur Verbesserung ihrer wirtschaftlichen Lage trafen.[115]

Eine Abkehr des Reichsgerichts von seiner bisherigen Rechtsprechung ließe sich mit der aufkommenden Kritik der Rechtswissenschaften an der Kartellierung begründen. Der Regierungsrat im Reichsschatzamt *Fritz Kestner* erblickte in seinem Werk „Der Organisationszwang" in der Ausschaltung der Konkurrenz bereits 1912 eine Gefährdung der Vertragsfreiheit.[116] Dieses Werk *Kestners* wurde nachträglich als Ausgangspunkt für die Abkehr von der Befürwortung der Kartelle durch die Rechtslehre aufgefasst.[117] Diese Tendenz spiegelt sich aber bei einer Betrachtung nachfolgender Urteile des Reichsgerichts nicht wider. Im April 1922 entschied das Reichsgericht, dass das Begehren die Preisregelung für bestimmte Arbeiten zu monopolisieren, noch keinen sittenwidrigen Verstoß darstelle.[118] In einer weiteren Entscheidung vom November 1923 betonte es, dass ein Missbrauch einer marktbeherrschenden Stellung nur vorliege, wenn ein bestimmtes Mittel, die wirtschaftliche Existenz des Gegners völlig oder nahezu untergrabe und es sich als Willkür oder „Gehässigkeit" darstelle.[119] Das Reichsgericht hielt Kartellierungen auch nach 1918 prinzipiell für zulässig und prüfte lediglich anhand des Einzelfalls, inwieweit in der jeweiligen Betätigung eines Unternehmens oder Kartells ein Verstoß gegen die guten Sitten zu sehen war.[120]

Die Nichtigerklärung der Berechtigungsverträge der GDT/AFMA durch das Reichsgericht beruhte somit nicht auf einem Wandel der Rechtsprechung. Ein weiterer Begründungsansatz für die Abkehr der reichsgerichtlichen Rechtsprechung mag in den Besonderheiten des Gebiets der kollektiven Wahrnehmung der Musikrechte begründet liegen. Bereits 1912 konkurrierten die 1909 gegründete Ammre und die von Seiten der GDT im Jahr 1912

---

unternehmerischen Zielsetzungen verfolgten, da die tatsächliche Verwertung durch die Gema und nicht durch ihre Genossen erfolge, siehe: Urteil des Kammergerichts vom 6.7.1929, in: Kartell-Rundschau 1930, S. 36.

[115] *Passow*, Kartelle, 1930, S. 39.

[116] *Kestner*, Der Organisationszwang, 1912, S. 294; *Grossfeld*, in: Coing/Wilhelm (Hrsg.), Wissenschaft und Kodifikation des Privatrechts im 19. Jahrhundert, 1979, S. 255 (293).

[117] *Wolfers*, Das Kartellproblem im Lichte der deutschen Kartellliteratur, 1931, S. 133; *Grossfeld*, in: Coing/Wilhelm (Hrsg.), Wissenschaft und Kodifikation des Privatrechts im 19. Jahrhundert, 1979, S. 255 (294); *Fezer*, in: Pohl (Hrsg.), Kartelle und Kartellgesetzgebung in Praxis und Rechtsprechung vom 19. Jahrhundert bis zur Gegenwart: Ein Nassauer Gespräch, 1985, S. 51 (64).

[118] Urteil des RG vom 24.4.1922, in: Kartell-Rundschau 1923, S. 28.

[119] Urteil des RG vom 6.11.1923, in: Kartell-Rundschau 1924, S. 168 (170).

[120] *Nörr*, Die Leiden des Privatrechts, 1994, S. 9.

geschaffene „mechanische Abteilung" im Hinblick auf die Verwertung des mechanisch-musikalischen Vervielfältigungsrechts um die vertragliche Verpflichtung von Rechteinhabern und Veranstaltern, was verdeutlicht, dass eine monopolistische Ausgestaltung kein zwingendes Erfordernis für die Ermöglichung der Rechtewahrnehmung darstellte.[121] Die Beibehaltung einer Regelung wie § 9 Abs. 2 Berechtigungsvertrag GDT, die der Aufrechterhaltung einer monopolistischen Marktstellung diente, hätte die bestehende Konkurrenz im vergleichbaren Marktsegment der Wahrnehmung des mechanisch-musikalischen Vervielfältigungsrechts gefährden können. Die Nutzung vergleichbarer Vertragsbestimmungen hätte auch in diesem Bereich zu einem Ausschluss von Kündigungsmöglichkeiten und der damit einhergehenden Verhinderung des Wettbewerbs zwischen den Verwertungsunternehmen führen können.[122] Damit kann das Urteil des Reichsgerichts vom 18.9.1915 eher als Anerkennung des Status quo gewertet werden. Eine andere Entscheidung wäre gegenläufig zur bestehenden Marktsituation im Bereich des mechanisch-musikalischen Vervielfältigungsrechts und so nicht möglich gewesen.

Zusammenfassend stellte das Urteil des Reichsgerichts einen wesentlichen Schritt in Richtung einer Liberalisierung des Marktes für Aufführungsrechte dar. Die Erklärung der Nichtigkeit der zugrundeliegenden Berechtigungsverträge gab bislang an die GDT gebundene Ressourcen frei und ermöglichte den Eintritt neuer Marktteilnehmer. Unter Berücksichtigung der kartellfreundlichen Rechtsprechung des Reichsgerichts erscheint das Urteil zwar überraschend. Da eine gegenläufige Entscheidung unter Berücksichtigung der Wahrnehmung des mechanisch-musikalischen Vervielfältigungsrechts aber kaum möglich gewesen wäre, bildet das Urteil eine Anerkennung des bestehenden Zustands der Wahrnehmung der Musikrechte in den 1910er Jahren.

---

[121] Zu Art und Umfang der Konkurrenz bei der kollektiven Wahrnehmung des mechanisch-musikalischen Vervielfältigungsrechts, siehe: Kap. 4.

[122] Die „mechanische Abteilung" der GDT besaß eine mit § 9 Abs. 2 Berechtigungsvertrag vergleichbare Regelung in ihren Verträgen, die sich aufgrund der Tatsache, dass die Ammre als erste Verwertungsgesellschaft im Bereich der kollektiven Wahrnehmung des mechanisch-musikalischen Vervielfältigungsrechts tätig war, noch nicht schädigend auf die Konkurrenz zwischen den Verwertungsgesellschaften auswirkte. Mit Urteil vom 11.2.1919 erklärte das Reichsgericht die Kündigungsbestimmungen der „mechanischen Abteilung" ebenfalls für nichtig, siehe: Urteil des RG vom 11.2.1919, in: Seufferts Archiv, 1920, Bd. 75, S. 275.

2. Privatrechtliche Maßnahmen zur Durchbrechung der Marktmacht der GDT

Die Durchbrechung des Monopols der GDT war nur zum Teil auf die Rechtsprechung zurückzuführen. Dieser Abschnitt befasst sich daher mit den privatrechtlichen Instrumentarien, die die neu aufkommenden Verwertungsunternehmen zur Festigung ihrer Stellung als konkurrierende Marktakteure nutzten. Dabei steht die Frage im Vordergrund, ob und inwieweit privatrechtliche Instrumentarien ein effektives und zweckmäßiges Konzept zur Durchbrechung der Marktmacht der GDT bildeten. Die Möglichkeiten, die das Privatrecht den Konkurrenten bot, waren vielfältig. Unter Heranziehung von Gründungsmaterialien und Verträgen zwischen den einzelnen Marktakteuren werden im Folgenden die Maßnahmen dargestellt, die wesentlich zum Ausbau der Marktmacht der konkurrierenden Unternehmen beigetragen haben. Ein erster Unterabschnitt behandelt gesellschaftsrechtliche Regelungen, deren sich die Konkurrenten der GDT zum Ausbau ihres Einflusses bedienten. In einem zweiten Unterabschnitt wird analysiert, ob und inwieweit die Nutzung vertragsrechtlicher Elemente zur Bindung von Rechteinhabern und Musiknutzern die Macht des marktbeherrschenden Unternehmens mindern konnte. Schließlich betrachtet ein dritter Unterabschnitt die Zweckmäßigkeit der Zusammenarbeit mit Unternehmen aus anderen Marktsegmenten zum Ausbau der Marktmacht der konkurrierenden Gesellschaften.

a) Rückgriff auf Instrumentarien des Gesellschaftsrechts

Sowohl AKM als auch die 1915 gegründete Gema, griffen zum Ausbau ihrer Marktmacht auf Instrumente des Gesellschaftsrechts zurück. Nach dem Scheitern der Unterlassungsklage der AKM gegen die GDT griff das österreichische Unternehmen auf gesellschaftsrechtliche Instrumentarien zurück, um die GDT an der weiteren Nutzung des Repertoires der AKM zu hindern.[123] So forderte die AKM ihre Mitglieder zum Austritt auf und wollte deren Rechte in einer gesondert zu gründenden Gesellschaft verwalten lassen, wodurch sie nicht mehr dem ursprünglichen Repertoire der AKM unterfielen und damit nicht mehr Gegenstand der Pauschalverträge der GDT sein konnten.[124] Dadurch sollte das Angebot der GDT auf ihren eigenen Bestand reduziert und das abweisende Urteil des Reichsgerichts umgangen werden. Die Gründung einer neuen Gesellschaft diente dem Zweck die AKM

---

[123] Zum Verfahren, siehe: Kap. 3 III 1b bb.

[124] Schreiben der AKM zur Tonsetzer-Frage vom Juli 1911, in: Universitätsbibliothek Johann Christian Senckenberg Frankfurt am Main, Abteilung Musik, Theater, Film, Nachlass Engelbert Humperdinck, N.

als eigenständiges Verwertungsunternehmen im Deutschen Reich zu etablieren.

Die nach der Entscheidung des Reichsgerichts vom 18.9.1915 gegründete Gema setzte zur Durchbrechung der Marktmacht der GDT auf gesellschaftsrechtliche Kooperation. Am 1.4.1916 schloss sie sich mit der AKM zum „Musikschutzverband" zusammen.[125] Die Zusammenarbeit bezog sich auf die Rechtsverhältnisse zu den Veranstaltern musikalischer Aufführungen. AKM und Gema blieben als eigenständige Unternehmen bestehen, die die Vertragsbeziehungen zu ihren Rechteinhabern und ihr Repertoire selbstständig verwalteten. Zur Zusammenarbeit von „alter Gema" und AKM hieß es, dass aufgrund

„dieses Vertrages [...] Aufführungsrechte nur vergeben werden durch den von den beiden vertragschliessenden Gesellschaften begründeten Verband zum Schutze musikalischer Aufführungsrechte für Deutschland und Pauschalverträge nur abgeschlossen werden für das gemeinsame Repertoire der beiden Gesellschaften".[126]

Veranstalter, die Teile des Repertoires der AKM oder der „alten Gema" aufführen wollten, konnten nunmehr nur noch mit dem Musikschutzverband kontrahieren und erlangten dadurch die Befugnis zur Nutzung des Werkbestands beider Gesellschaften.

Nach dem Selbstverständnis der „alten Gema" handelte es sich bei dem Verband um „keine eigene Gesellschaft".[127] Aus einer Anordnung des Reichskommissars für Preisüberwachung vom Februar 1932 geht allerdings hervor, dass der Musikschutzverband die Rechtsform eines eingetragenen Vereins angenommen hatte.[128] Mit dem gemeinsamen Abschluss von Verträgen über die Erteilung von Aufführungsgenehmigungen verfolgten AKM und Gema das Ziel ihr Angebot um das Repertoire der jeweils anderen Verwertungsgesellschaft zu erweitern und damit ihre Einnahmen aus der Rechteverwertung zu erhöhen. Der Musikschutzverband besaß eine eigene Geschäftsordnung und Direktoren.[129] Darüber hinaus unterhielt er einen eigenen Verwaltungsapparat mit einer eigenen Korrespondenz- und Rechtsabteilung, ferner beschäftigte er deutschlandweit Vertreter, die mit der Erfassung und Kontrolle der Veranstalter musikalischer Aufführungen beauftragt waren.[130] Da-

---

[125] *Schulze*, Geschätzte und geschützte Noten, 1995, S. 162.

[126] Denkschrift über die Aufnahme eines Bank-Darlehens von 150.000 Mark für die Gema vom 9.12.1916, S. I, in: Sächsisches Staatsarchiv, Staatsarchiv Leipzig, 21070 C.F. Peters, Leipzig, Nr. 4975 (ohne Paginierung).

[127] *N.N.*, GN 1927, Nr. 1, S. 1 (3).

[128] Entscheidung des Reichskommissars für Preisüberwachung vom 23.2.1932, zitiert nach: GN 1932, Nr. 47, S. 8.

[129] *N.N.*, GN 1927, Nr. 1, S. 1 (3).

[130] Anweisung an Vertreter des Musikschutzverbands von „Alter Gema" und AKM, S. 9, in: Bundesarchiv, R3001/6381, Bl. 48.

mit bildete der Musikschutzverband nicht nur einen Verein, sondern ist auch als wirtschaftlich handelndes Unternehmen zur Verwertung musikalischer Aufführungsrechte zu betrachten. Die Zielsetzung des Musikschutzverbands bestand im Abschluss von Pauschalverträgen zur Generierung möglichst hoher Einnahmen, die „alter Gema" und AKM als Unternehmensträger zukamen. AKM und Gema lagerten den Kern ihres Geschäftsmodells auf den Musikschutzverband aus, der durch die Zusammenlegung der Werkbestände beider Gesellschaften den Veranstaltern musikalischer Aufführungen ein umfangreicheres Repertoire bieten konnte. Darüber hinaus verdeutlicht der Aufbau einer eigenständigen Governance-Struktur die Beständigkeit dieses Unternehmenszusammenschlusses. Die Kooperation der beiden Unternehmen war auf die Vermehrung ihrer Gewinne und die Schmälerung des Einflusses der GDT gerichtet. Vor diesem Hintergrund kann auch der Musikschutzverband als eigenständiges Unternehmen angesehen werden.[131]

Mit der Gründung des Musikschutzverbands erfolgte eine Trennung der ursprünglich von den Verwertungsunternehmen übernommenen Aufgaben. AKM und Gema verwalteten nur noch die Vertragsverhältnisse zu ihren Bezugsberechtigten. Unter Berücksichtigung dieser Tatsache stellt sich die Frage, inwieweit „alter Gema" und AKM als solches noch Unternehmensqualität zukam, da die Generierung der Einnahmen auf den Musikschutzverband ausgelagert war. Trotz der Gründung des Musikschutzverbands waren die beiden Organisationen aber noch Inhaber der maßgeblichen wertbildenden Ressourcen, nämlich der ihnen zur Verwertung übertragenen Aufführungsrechte. Ohne die vertragliche Verpflichtung der Bezugsberechtigten und die Verwaltung der ihnen zustehenden Rechte wäre eine Gewinnerzielung nicht möglich gewesen. Aus diesem Grund bezog sich die Konkurrenz zur GDT gerade auch auf die vertragliche Verpflichtung der Rechteinhaber.[132] Als gewinnorientierte Zielsetzung ist in diesem Fall die möglichst umfassende Erlangung von Aufführungsrechten zu betrachten. Damit fungierten Gema und AKM trotz der Auslagerung ihrer Vertriebstätigkeit durchaus als eigenständige Unternehmen.

Die Gründung eines gemeinschaftlichen Unternehmens von AKM und „alter Gema" zur gemeinschaftlichen Veräußerung und Einziehung der Aufführungsgebühren bildete einen der wesentlichen Faktoren, um die Marktmacht der GDT zu durchbrechen. Das Angebot eines gemeinschaftlichen Repertoires versetzte die Konkurrenten der GDT in die Lage, den Veranstaltern ein umfangreicheres Angebot für den Erwerb von Aufführungslizenzen zu zunächst geringen Aufführungsgebühren als die GDT bieten zu können. So veranschlagte der Musikschutzverband für den Abschluss eines Pau-

---

[131] Zum Unternehmensbegriff, siehe: Kap. 3 I 1a.
[132] Siehe: Kap. 3 II 2b.

schalvertrags mit der Kurverwaltung Wiesbaden eine Pauschalgebühr von jährlich 750 Mark.[133] Damit lag die vom Musikschutzverband erhobene Pauschalgebühr deutlich unter derjenigen der GDT für den Abschluss des Pauschalvertrags mit der Kurverwaltung Wiesbaden, die im ersten Vertragsjahr bei 3000 Mark lag.[134] Mithilfe der kontinuierlichen Erweiterung des Repertoires und dem kostengünstigeren Angebot konnte die Marktmacht der GDT kontinuierlich verringert werden.

b) Vertragsrechtliche Instrumentarien

Ein weiteres Mittel, das den Einfluss der Konkurrenten bei der Wahrnehmung des musikalischen Aufführungsrechts steigern und die Marktmacht der GDT schwächen konnte, war die Nutzung abweichender vertraglicher Gestaltungsmöglichkeiten im Hinblick auf die Rechtsbeziehungen zu den Rechteinhabern. Auf diese Weise konnten sich die konkurrierenden Unternehmen vom Monopolisten abgrenzen und Mitglieder und Bezugsberechtigte der GDT zu einem Wechsel in ihre Gesellschaft veranlassen. Während die GDT vornehmlich Werke von Komponisten ernster Musik förderte, indem sie ihnen einen höheren Einschätzungswert zuteilte, trat die Gema dieser Privilegierung entgegen.[135] Im Gegensatz zur GDT sah § 34 der Statuten der „alten Gema" eine von der musikalischen Gattung unabhängige Gewinnverteilung zu unterschiedlichen Anteilen an Komponisten, Verlage, Bearbeiter und Textdichter vor. Die Gleichstellung der Bezugsberechtigten unterschiedlicher Werkgattungen verhalf der „alten Gema" insbesondere diejenigen zu einem Wechsel zu bewegen, die sich von der GDT benachteiligt fühlten. Dadurch konnte die Gema ihr Repertoire an musikalischen Werken erweitern und den Werkbestand der GDT schmälern. Die Gema baute ihre Marktmacht durch die Anwerbung weiterer Rechteinhaber auf diese Weise kontinuierlich aus und minderte so den Einfluss der GDT.

---

[133] Vertrag zwischen dem Musikschutzverband und der städtischen Kurverwaltung Wiesbaden vom 31.7.1916, in: Stadtarchiv Wiesbaden, WI/2, Nr. 1638, Bl. 205. Anlage 15.

[134] Die GDT verlangte gestaffelte Aufführungsgebühren von der Kurverwaltung Wiesbaden. Im ersten Vertragsjahr waren 3000 Mark, im zweiten 4000 Mark, im dritten 5000 Mark und in den folgenden Jahren jeweils 6000 Mark zu zahlen, siehe: Vertrag zwischen der GDT und der städtischen Kurverwaltung Wiesbaden vom 11.1.1918, der aufgrund der Vereinbarung vom 30.12.1911 bis zum 31.12.1922 fortgalt. Zur Verlängerungsvereinbarung, in: Stadtarchiv Wiesbaden, WI/2, Nr. 1638, Bl. 142; Zur Fortgeltung des Vertrags, siehe: Zusatz-Vereinbarung zwischen der GDT und der städtischen Kurverwaltung Wiesbaden vom 30.12.1911, in: Stadtarchiv Wiesbaden, WI/2, Nr. 1638, Bl. 167.

[135] Siehe: Kap. 3 II 2b.

c) Ausbau der Marktmacht durch marktübergreifende Zusammenarbeit

Neben ihrer Fusion mit der AKM im Musikschutzverband versuchte die Gema den Einfluss der GDT mit Hilfe der Unterstützung von Marktakteuren aus anderen Bereichen der Verwertung von Musikrechten zu schmälern. Hierzu arbeitete sie mit der Ammre zusammen, die bei der kollektiven Wahrnehmung der mechanisch-musikalischen Rechte mit der GDT und ihrer „mechanischen Abteilung" konkurrierte.[136] Die Ammre schloss mit der „alten Gema" Garantieverträge ab, die ihr die Rechte der wichtigsten Komponisten auf dem Gebiet der Unterhaltungsmusik sicherten. Darüber hinaus räumte sie der „alten Gema" ein Darlehen über die Gründungsspesen ein.[137] Durch die Erteilung eines Darlehens und den Abschluss der Garantie-Verträge vereinfachte die Ammre der „alten Gema" den Zugang zum Markt der kollektiven Wahrnehmung des Aufführungsrechts. Darin lag ein deutlicher Wettbewerbsvorteil: Die AKM entschied sich gerade aufgrund der Verbindung von „alter Gema" und Ammre zum Beitritt in den Musikschutzverband.[138] Die marktübergreifende Kooperation bildete damit einen wichtigen Faktor um die Vorherrschaft im Musikmarkt.

Die Übernahme einer Kreditierung durch die Ammre beruhte vornehmlich auf der weitgehenden Mitgliederidentität zwischen Ammre und „alter Gema". Die deutschen Mitglieder des ersten Aufsichtsrats der Ammre waren bis auf *Hans Simrock* und *Ludwig Strecker* auch Gründungsmitglieder der „alten Gema".[139] Beide Unternehmen gingen aus der Initiative der Musikverlage hervor, die mit der Ammre und der „alten Gema" nunmehr eigene Organisationen für die Verwertung der Musikrechte besaßen. Die Zusammenarbeit diente nicht nur der gemeinschaftlichen Verwertung der Musikrechte, sondern bildete auch einen Ausdruck der Verfolgung gemeinsamer Zielsetzungen. Die Nutzung einer korporativen Wahrnehmungsform zwang die einzelnen Verlage ihre individuellen Interessen hintanzustellen und die Belange der Verwertungsunternehmen gemeinschaftlich zu fördern. Dies geschah im Einzelfall durchaus entgegen den Interessen einzelner Verlage, die

---

[136] Zur Konkurrenz zwischen den Verwertungsgesellschaften im Bereich des mechanisch-musikalischen Vervielfältigungsrechts, siehe: Kap. 4.

[137] Denkschrift über die Aufnahme eines Bank-Darlehens von 150.000 Mark für die Gema vom 9.12.1916, S. VI, in: Sächsisches Staatsarchiv, Staatsarchiv Leipzig, 21070 C.F. Peters, Leipzig, Nr. 4975 (ohne Paginierung).

[138] Denkschrift über die Aufnahme eines Bank-Darlehens von 150.000 Mark für die Gema vom 9.12.1916, S. VI, in: Sächsisches Staatsarchiv, Staatsarchiv Leipzig, 21070 C.F. Peters, Leipzig, Nr. 4975 (ohne Paginierung).

[139] Die Mitglieder des ersten Aufsichtsrats der Ammre sind in ihrem Gesellschaftsvertrag aufgeführt, siehe: Landesarchiv Berlin, A Rep. 342–02, Nr. 56318, Teil I, Bl. 4; Eine Aufzählung der Gründungsmitglieder der „alten Gema" ist, abgedruckt bei: *Schulze*, Geschätzte und geschützte Noten, 1995, S. 148 f.

sich in den neu gegründeten Verwertungsunternehmen nicht in ausreichendem Maße vertreten sahen. So heißt es in einem Brief des Verlegers *C.F. Peters* vom 14.1.1916 an die Gema:

„Ich kann nicht sehen, dass von den Herren Kollegen, mit wenigen Ausnahmen, jemand gegen eigene Interessen für die Allgemeinheit eingetreten ist. Als es im Interesse der Herren zu liegen schien, traten sie der Rösch-Genossenschaft [= GDT, Anm. der Verf.] bei und zwangen mich quasi – obwohl ich für meine Firma absolut kein Heil darin sehen konnte – ein Gleiches zu tun; dann war es ihr Interesse, dem meinigen entgegen, die Ammre zu gründen, und nun bei der Gema zum dritten Male".[140]

Die Herausbildung korporativer Strukturen zur gemeinschaftlichen Rechtewahrnehmung band die Gründer der Unternehmen an eine gemeinsame Zielsetzung und ließ Einzelinteressen in den Hintergrund rücken. Dadurch konnte nicht nur im Bereich der Verwertung des Aufführungsrechts ein Gegengewicht zur GDT als Interessenvereinigung der Komponisten geschaffen werden. Darüber hinaus bildete die bestehende Konkurrenz zwischen Ammre und GDT im Bereich der Wahrnehmung des mechanisch-musikalischen Vervielfältigungsrechts einen weiteren Grund zur Übernahme des Patronats. Durch die Gründung der „alten Gema" konnten die Verlage ihren Einfluss auch bei der kollektiven Wahrnehmung des Aufführungsrechts ausbauen und die Marktmacht der GDT weiter verringern.

3. Zwischenergebnis zur Durchbrechung der Marktmacht der GDT

Das Aufkommen konkurrierender Verwertungsunternehmen und die damit einhergehende Durchbrechung des Monopols der GDT bei der kollektiven Wahrnehmung des musikalischen Aufführungsrechts beruhten sowohl auf der Nutzung privatrechtlicher Instrumentarien als auch auf staatlichen Institutionen.

Die ersten Versuche, die Marktmacht der GDT zu schmälern und die Nutzung intransparenter Bestimmungen zur Preisgestaltung zu verhindern, bestanden im Ersuchen des Beistands der Legislative. Allerdings förderte der Gesetzgeber bereits bei Einführung des vorbehaltlosen Aufführungsrechts die Gründung einer Verwertungsanstalt und betrachtete ihre Verwertung in der Folge nicht als Markt, auf dem Konkurrenz entstehen konnte. Aus diesem Grund bestand auch keine Veranlassung eines legislativen Eingreifens gegen die GDT.

Wettbewerbsvorteile im Klagewege zu erzwingen war nur zum Teil erfolgreich. Zur Verhinderung der Entstehung von Wettbewerb setzte die GDT auf

---

[140] Brief aus dem Kopierbuch von C.F. Peters an die Gema vom 14.1.1916 über dessen Beitritt zur „alten Gema", in: Sächsisches Staatsarchiv, Staatsarchiv Leipzig, 21070 C.F. Peters, Leipzig, Nr. 5053, Bl. 494 ff.

eine umfassende Bindung von Bezugsberechtigten und Veranstaltern. Entsprechend der kartellfreundlichen Rechtsprechung in der Kaiserzeit wurden die Bestimmungen für wirksam erachtet. Durch Abschluss eines Gegenseitigkeitsvertrags mit der AKM erlangte die GDT ein Monopol für die Verwertung des Aufführungsrechts im Deutschen Reich, das mit der Kündigung seitens der AKM zu Beginn des Jahres 1912 erschüttert wurde. Die AKM versuchte auf dem deutschen Markt wieder Fuß zu fassen, was die GDT verhindern wollte, indem sie sich weiterhin berühmte über das Repertoire der österreichischen Gesellschaft verfügen zu können. Eine Unterlassungsklage der AKM gegen die GDT hatte erst im Juni 1914 Erfolg. Zwischen 1912 und 1914 hatte die AKM durch die Einräumung günstiger Vertragsbedingungen bereits eine gewisse Zahl von Pauschalverträgen mit Veranstaltern abgeschlossen. Eine Durchbrechung der Vormachtstellung der GDT beim Handel mit Aufführungsrechten war also nicht allein auf die Rechtsprechung zurückzuführen.

Als Wendepunkt kann allerdings die Entscheidung des Reichsgerichts vom 18.9.1915 bewertet werden, die die Kündigungsbestimmungen der Berechtigungsverträge der GDT/AFMA für unwirksam erachtete und die Verträge aus diesem Grund für nichtig erklärte. Dies gab bislang an die GDT gebundene Ressourcen frei und ermöglichte den Aufstieg der „alten Gema" als Marktakteur. Zwar erscheint das Urteil des Reichsgerichts als überraschend. Da eine gegenläufige Entscheidung mit Blick auf den bestehenden Wettbewerb um die Wahrnehmung des mechanisch-musikalischen Vervielfältigungsrechts aber kaum möglich gewesen wäre, kann das Urteil als Anerkennung des Status quo betrachtet werden, der die Anbieterpluralität bei der kollektiven Rechtewahrnehmung letztlich festschrieb. Damit eröffnete das Urteil den Konkurrenten der GDT die Möglichkeit im Bereich des musikalischen Aufführungsrechts tätig zu werden. Eine tatsächliche Durchbrechung der Vormachtstellung der GDT konnte so aber noch nicht erreicht werden.

Der Aufstieg von AKM und „alter Gema" und die damit einhergehende Minderung des Einflusses der GDT konnten erst durch die Realisierung unternehmerischer Strategien durch die Nutzung privatrechtlicher Institutionen bewirkt werden. Mit dem Musikschutzverband gründeten AKM und Gema ein eigenes Inkassounternehmen, das die Rechtsbeziehungen zu den Veranstaltern verwaltete. Durch die Kooperation vermochten sie in einer relativ kurzen Zeit ein umfangreiches Repertoire aufzubauen, das konkurrenzfähig zum Werkbestand der GDT war. Darüber hinaus konnten sie durch die gemeinschaftliche Veräußerung der Aufführungsrechte Vertriebskosten und damit auch die Aufführungsgebühren für die Veranstalter senken. Weiterhin griff die Gema auf vertragsrechtliche Instrumentarien zurück, um die Marktmacht der GDT zu mindern. Während die GDT Komponisten aus dem Bereich der ernsten Musik bevorteilte, griff die Gema auf eine von der musikalischen Gattung unabhängige Gewinnverteilung zurück. Hierdurch sollten Bezugsberechtigte zum Wechsel des Verwertungsunternehmens bewegt werden. Schließlich bildete auch die marktübergreifende Zusammenarbeit von Unternehmen zur Verwertung der Musikrechte einen wesentlichen Faktor zur Durchbrechung des Monopols der GDT. Die Gema erhielt bei ihrer Gründung wesentliche Unterstützung von der Ammre als Verwertungsgesellschaft für mechanisch-musikalische Vervielfältigungsrechte. Mit dem Abschluss von Garantieverträgen und finanzieller Hilfe übernahm die Ammre eine Art von Patronat für die Gema und ermöglichte ihr damit den kontinuierlichen Ausbau ihrer Marktmacht.

IV. Zusammenfassung

Die Etablierung einer kollektiven Wahrnehmungsform für das musikalische Aufführungsrecht wurde wesentlich von der GDT geprägt. Daneben operierten die AKM und einzelne Musikverlage als Anbieter kollektiver Wahrnehmungsformen, so dass mit der Begründung des vorbehaltlosen Aufführungsrechts zunächst eine Pluralität von Marktakteuren bestand. AKM und GDT besaßen eine ähnliche Organisationsstruktur. Beide Gesellschaften bildeten nach ihren Satzungen/Statuten Interessenvertretungen für die in ihnen organisierten Berufsgruppen. Gleichzeitig betätigten sie sich als wirtschaftlich handelnde Unternehmen an der kommerziellen Verwertung des musikalischen Aufführungsrechts. Die Konkurrenz zwischen AKM und GDT bezog sich im Wesentlichen auf den Abschluss von Pauschalverträgen mit Veranstaltern musikalischer Aufführungen. Um die Kosten der Rechtsdurchsetzung an den jeweiligen Standorten zu schmälern, entschieden sich die Unternehmen 1907 dazu, die Konkurrenz durch einen Gegenseitigkeitsvertrag zu beenden. Durch diese Vertragsabrede erlangte die GDT ein Monopol für die Verwertung der Aufführungsrechte im Deutschen Reich. Dies widerlegt die These, dass es sich bei Verwertungsgesellschaften um natürliche Monopole handeln soll.

Neben der AKM versuchten einzelne Musikverlage mit der GDT zu konkurrieren. Auch hier bezog sich die Konkurrenz auf die Veräußerung der Aufführungsrechte an die Veranstalter. In der verlagsübergreifenden Bündelung ihrer Aufführungsrechte erblickten die Verlage einen neuen Vertriebsweg für ihre Produkte. Im Gegensatz zur GDT als deutschlandweit tätigem Unternehmen, das ein eigenes Kontrollsystem zur Gewährleistung des Aufführungsrechts schuf, beschränkte sich die Kooperation der Verlage auf die Bildung eines gemeinschaftlichen Repertoires, wobei die Rechte an den jeweiligen Werken weiter von den einzelnen Verlagen verwaltet wurden. Durch die umfassende Verpflichtung von Bezugsberechtigten und Veranstaltern, dem Ausbau eines umfassenden Kontrollmechanismus und ihrer nationalen

IV. Zusammenfassung

Ausrichtung konnte die GDT ihre Marktmacht im Verhältnis zu den einzelnen Verlagen weiter ausbauen. Darüber hinaus erweckte sie den Eindruck einer hoheitlich organisierten und staatlich legitimierten Organisation, was den Einfluss der einzelnen Verlage bei der Nutzung kollektiver Wahrnehmungsformen ebenfalls schwächte. Mit der Erweiterung ihres Werkbestands um das Repertoire der AKM konnte die GDT die Betätigung der einzelnen Verlage weiter einschränken, so dass sie in der Bedeutungslosigkeit versanken.

Fünf Jahre nach Einführung des vorbehaltlosen musikalischen Aufführungsrechts lag die kollektive Wahrnehmung im Deutschen Reich allein in der Hand der GDT. Der Ausbau der Marktmacht der GDT beschränkte die Erwerbsmöglichkeiten der Veranstalter musikalischer Aufführungen auf den Abschluss eines Pauschalvertrags mit der GDT oder den Rückgriff auf tantiemefreie Musik. Die Urheber waren von der Begründung des Monopols der GDT zunächst nur ansatzweise tangiert. Auf der einen Seite konnten sie die GDT mit der Verwertung des Aufführungsrechts betrauen, auf der anderen Seite konnten sie das Aufführungsrecht am jeweiligen Werk gegen ein einmaliges Honorar an einen Musikverlag übertragen.

Die Beendigung der Zusammenarbeit zwischen GDT und AKM im Jahr 1912 und die Wiederaufnahme der Betätigung der AKM im Deutschen Reich löste das durch die Vereinbarung geschaffene Monopol der GDT für die Verwertung des Aufführungsrechts im Deutschen Reich auf. Nichtsdestoweniger blieb die GDT aufgrund ihrer nationalen Präsenz das marktbeherrschende Unternehmen für die kollektive Wahrnehmung des Aufführungsrechts. Die Konkurrenz der AKM zur GDT beschränkte sich auf die vertragliche Bindung der Veranstalter. Als weiteres deutsches Unternehmen zur Verwertung des musikalischen Aufführungsrechts bildete sich 1915 die Gema. Im Gegensatz zur GDT handelte es sich dabei um ein rein wirtschaftlich tätig werdendes Unternehmen zur Rechteverwertung, das nicht zugleich als Interessenvertretung ihrer Gründungsmitglieder fungierte. Die Gema spezialisierte sich auf Werke der Unterhaltungsmusik. Trotz der unterschiedlichen Schwerpunktsetzung beider Unternehmen konkurrierten sie um die vertragliche Verpflichtung der Veranstalter und Bezugsberechtigten. Die Aufführungsrechte bildeten die wertbildenden Faktoren der Verwertungsunternehmen, was den Wettbewerb um das Recht als Ressource eröffnete. Der Ausbau des Werkbestands stellte insofern einen wesentlichen Bestandteil zur Generierung von Einnahmen dar.

AKM und Gema versuchten die Stellung der GDT als marktbeherrschendes Unternehmen für die Wahrnehmung der Aufführungsrechte im Deutschen Reich zu durchbrechen. Dies gelang vornehmlich durch die Nutzung privatrechtlicher Instrumentarien. Mittels der gemeinschaftlichen Gründung des Musikschutzverbands von „alter Gema" und AKM, der Bevorteilung bestimmter Bezugsberechtigter durch die Gema und der Unterstützung durch die Ammre konnte die Marktmacht der GDT gemindert werden. Die Inanspruchnahme des Beistands staatlicher Stellen war nur in Teilen erfolgreich. Der Gesetzgeber lehnte ein Eingreifen in Form einer weiteren staatlichen Regulierung ab. Die Rechtsprechung wandte sich in den Jahren 1914/1915 gegen die zum Teil sehr weitreichenden Vertragsbestimmungen der GDT/AFMA und setzte damit bislang an die GDT gebundene Ressourcen an Aufführungsrechten frei, was zur Entstehung der „alten Gema" führte. Die Entscheidung des Reichsgerichts lässt sich mit der Anbieterpluralität bei der kollektiven Wahrnehmung des mechanisch-musikalischen Vervielfältigungsrechts erklären. Eine Anerkennung der sehr umfangreichen Übertragungsklauseln der GDT im Bereich des Aufführungsrechts hätte sich auf den Bereich des Vervielfältigungsrechts auswirken und das Nebeneinander der konkurrierenden Marktakteure in diesem Segment der Musikrechte beenden können. Damit eröffnete das Ersuchen des Beistands der Rechtsprechung die Möglichkeit zur Bildung neuer Verwertungsunternehmen. Zur Minderung des Einflusses der GDT beim Handel mit Aufführungsrechten waren die konkurrierenden Marktakteure auf die Nutzung der soeben genannten privatrechtlichen Instrumentarien angewiesen.

Im Ergebnis zeigte sich in den ersten Jahren nach Begründung des vorbehaltlosen musikalischen Aufführungsrechts eine stete Zunahme der Verwertung mittels kollektiver Wahrnehmungsformen. Die GDT erlangte durch internationale Kooperation, umfangreiche vertragliche Bindung von Veranstaltern und Bezugsberechtigten und der Nutzung einer staatsnahen Außendarstellung bereits fünf Jahre nach Erlass des LUG eine Monopolstellung. Die Bevorzugung der Komponisten ernster Musik und die Nutzung intransparenter vertraglicher Bestimmungen regten jedoch zunehmend den Widerstand gegen das Monopol, so dass mit der AKM und der „alten Gema" erneut Konkurrenzunternehmen für die kollektive Wahrnehmung des musikalischen Aufführungsrechts im Deutschen Reich auftraten. Ihnen gelang es unter Nutzung privatrechtlicher Instrumentarien die Marktmacht der GDT zu durchbrechen.

Kapitel 4

Die kollektive Wahrnehmung der mechanisch-musikalischen Vervielfältigungsrechte durch konkurrierende Unternehmen

Im Bereich des musikalischen Aufführungsrechts kam es zu einer zunehmenden Etablierung der kollektiven Rechtewahrnehmung, wobei die GDT vor 1914 in diesem Markt zum beherrschenden Unternehmen aufstieg.[1] Auch das mechanisch-musikalische Vervielfältigungsrecht unterlag, wie gesehen, einer kollektiven Wahrnehmung, das die am 4.11.1909 gegründete Ammre mittels der Veräußerung von namenlosen Lizenzmarken im Deutschen Reich einführte und die Anbieter individualisierter Wahrnehmungsmodelle damit aus diesem Markt für Vervielfältigungsrechte zunehmend verdrängte.[2] Die GDT schuf 1912 mit der „mechanischen Abteilung" dann eine weitere, eigene Anstalt zur kollektiven Wahrnehmung des mechanisch-musikalischen Vervielfältigungsrechts.[3]

Dieses Kapitel geht der Frage nach, ob und inwieweit die Ammre und die „mechanische Abteilung" der GDT in Konkurrenz zueinanderstanden und welche Auswirkungen dies auf Rechteinhaber und Erwerber von Vervielfältigungsgenehmigungen hatte. Dabei wird danach gefragt, inwieweit ein Markt für den Handel mit nicht individualisierten Lizenzmarken zur mechanisch-musikalischen Vervielfältigung entstand und auf welche Bereiche sich eine potentielle Konkurrenz der Marktakteure erstreckte. Ein erster Teil

---

[1] Siehe: Kap. 3 I.
[2] Siehe: Kap. 2 III.
[3] Liquidations-Bericht GDT vom 15.4.1936, S. 27, in: Landesarchiv Berlin, A Rep. 030-04, Nr. 3128 (ohne Paginierung); Das genaue Gründungsdatum der „mechanischen Abteilung" konnte den untersuchten Quellen nicht entnommen werden. Mit Beschluss ihrer Hauptversammlung vom 31.3.1912 sollten die Mitglieder der GDT verpflichtet werden ihre mechanisch-musikalischen Rechte der „mechanischen Abteilung" zu übertragen, so dass die Gründung zu Beginn des Jahres 1912 erfolgt sein muss. In einem Rundschreiben der GDT vom 25.7.1912 behauptet sie bereits im Jahr 1911 mit der Verwertung der mechanischen Urheberrechte begonnen zu haben, siehe: „Die Anstalt für mechanisch-musikalische Rechte und die Genossenschaft Deutscher Tonsetzer. Ein Wort zur Aufklärung!" Informationsbroschüre der Ammre aus dem Jahr 1912, die den Abdruck eines Rundschreibens an die Mitglieder der GDT vom 25.7.1912 enthält, S. 2, in: Bundesarchiv, R3001/6360, Bl. 5b.

setzt sich mit den Tätigkeitsfeldern und Strukturen beider Organisationen auseinander und geht dabei auf die Frage ein, ob sie sich gegenseitig ergänzten oder in Konkurrenz zueinanderstanden (I.). Der zweite Teil untersucht, welche Auswirkungen diese Angebotsvielfalt auf Rechteinhaber und Hersteller mechanisch-musikalischer Vervielfältigungen hatte (II.). Schließlich bewertet der dritte Teil die Folgen des Nebeneinanders unterschiedlicher Verwertungsorganisationen auf die Gewährleistung einer effektiven Wahrnehmung der mechanisch-musikalischen Vervielfältigungsrechte (III.).

I. Tätigkeitsmuster und Organisationsstrukturen von Ammre und der „mechanischen Abteilung" der GDT

Bei der Wahrnehmung des musikalischen Aufführungsrechts erstreckte sich die Konkurrenz zwischen „alter Gema" und GDT sowohl auf die Veräußerung der Aufführungsrechte an die Veranstalter, als auch auf eine umfassende vertragliche Verpflichtung der Bezugsberechtigten Komponisten und Verlage.[4] Mittels einer Darstellung der Tätigkeitsfelder von Ammre und „mechanischer Abteilung" der GDT wird im Folgenden danach gefragt, wie sich die Konkurrenz auf die vertragliche Verpflichtung der Hersteller bezog, beziehungsweise inwieweit auch die Bindung von Urhebern, Verlegern und sonstigen Berechtigten vom Wettbewerb der Verwertungsunternehmen erfasst war. In einem zweiten Abschnitt werden sodann die Organisationsstrukturen von GDT und Ammre betrachtet, um daraus Rückschlüsse auf die Art und Weise der Verwertung durch die Unternehmen zu ziehen. Anhand der unterschiedlichen Strukturen soll herausgearbeitet werden, inwieweit sich die Verwertungsgesellschaften in der Form ihrer Wahrnehmung einander annäherten und vergleichbare Angebote bildeten, die wiederum die Konkurrenz um die vertragliche Verpflichtung von Musikproduzenten und Bezugsberechtigten begünstigte.

1. Tätigkeitsmuster

Die Ammre erstreckte ihre Tätigkeit sowohl auf die Vermittlung von Genehmigungen für mechanisch-musikalische Vervielfältigungen als auch auf die Verfolgung von Rechtsverletzungen.[5] Ganz ähnlich operierte auch die „mechanische Abteilung" der GDT: Nach § 1 Nr. 1 des Entwurfs der GO mA verfolgte sie den Zweck

---

[4] Siehe: Kap. 3 II 2.
[5] Zur Vorgehensweise der Ammre, siehe: Kap. 2 III 1b.

„die den Urhebern musikalischer und literarischer Werke gesetzlich zustehenden Rechte der Übertragung der Werke auf Vorrichtungen für Instrumente, die der mechanischen Wiedergabe für das Gehör dienen, gegenüber denjenigen, die sich mit der Vervielfältigung zum Zwecke der mechanischen Wiedergabe für das Gehör (§ 12, Abs. 2, Ziffer 5 LUG) befassen [...] für die Berechtigten wahrzunehmen und zu verwerten, und Verletzungen solcher Rechte zu verfolgen".

Nach Nr. 2 hatte sie „denjenigen, die sich mit der Vervielfältigung zum Zwecke der mechanischen Wiedergabe für das Gehör befassen, die hierzu gesetzlich erforderliche Genehmigung zu verschaffen".[6]

Damit erfasste die Tätigkeit der „mechanischen Abteilung" der GDT, wie auch die der Ammre, sowohl die Vermittlung von Genehmigungen zur Anfertigung mechanisch-musikalischer Vervielfältigungen als auch die Verfolgung von Verletzungen dieses Vervielfältigungsrechts.

Neben ihrer Betätigung als Unternehmen zur Verwertung der Musikrechte agierte die GDT auch hier wiederum als Standes- und Berufsorganisation der in ihr organisierten Komponisten und bot ihren Mitgliedern weitergehende soziale Leistungen an.[7] Die „mechanische Abteilung" bildete, wie auch die AFMA, ein wirtschaftlich handelndes Unternehmen, das der kollektiven Wahrnehmung des mechanisch-musikalischen Vervielfältigungsrechts diente. Dagegen verzichtete die Ammre auf die Verfolgung weitergehender Interessen. Nach § 2 ihres Gesellschaftsvertrags bezeichnete sie sich selbst als Unternehmen, das der Verwertung von Urheberrechten gegenüber der Vervielfältigung auf mechanischen Musikinstrumenten und der Kontrolle der entsprechenden Lizenzverpflichtungen diente.[8] Weitergehende Zielsetzungen im sozialen Bereich verfolgte sie nicht. Dies lag daran, dass die Gründung der Ammre auf eine Initiative der Verlage zurückging, die mit dem Verein deutscher Musikalienhändler bereits eine eigene Interessenvertretung besaßen.[9] Damit waren sowohl Ammre als auch die „mechanische Abteilung" der GDT Unternehmen, die der Verwertung des neu begründeten, mechanisch-musikalischen Vervielfältigungsrechts dienten und in dieser Funktion um die Verpflichtung von Rechteinhabern und Herstellern konkurrierten.

Diese Konkurrenz wurde nicht durch eine Spezialisierung auf unterschiedliche Musikrichtungen unterbunden. Die GDT bevorzugte die Verwertung von Werken der ernsten Musik sowie der Chormusik.[10] Dies äußerte

---

[6] Entwurf einer Grundordnung für die von der GDT eingerichtete oder einzurichtende Anstalt zur Verwertung musikalischer Urheberrechte, in: Der schaffende Musiker 1929, Nr. 14, S. 20. Inhaltsgleich mit: *Schulze*, Geschätzte und geschützte Noten, 1995, S. 94.
[7] Zur Organisationsstruktur der GDT, siehe: Kap. 3 I 1a.
[8] Gesellschaftsvertrag der Ammre vom 4.11.1909, in: Landesarchiv Berlin, A Rep. 342-02, Nr. 56318, Teil I, Bl. 4.
[9] Zur Gründung der Ammre, siehe: Kap. 2 III 1a.
[10] Siehe: Kap. 3 II 2b.

sich darin, dass sie hinsichtlich der Wahrnehmung des Aufführungsrechts in § 37 Nr. 1 GO AFMA festhielt, dass für jedes angemeldete Werk ein Einschätzungswert festgesetzt wurde, dessen Höhe abhängig von der Gattung der Werke, ihrer Zeitdauer und Besetzungsschwierigkeiten war.[11] Eine entsprechende Regelung war im Bereich der Wahrnehmung des mechanisch-musikalischen Vervielfältigungsrechts nicht vorgesehen. § 5 Nr. 1 GO mA sprach den Komponisten pauschal drei Viertel der Erträge der GDT ohne die vorhergehende Festsetzung eines Einschätzungswert zu. Die GDT bezweckte damit eine vollumfängliche Verpflichtung sämtlicher Mitglieder.[12] Die Ammre verwaltete vornehmlich Werke der Unterhaltungsmusik.[13] Als erstes Unternehmen im Bereich der Wahrnehmung der mechanisch-musikalischen Vervielfältigungsrechte versuchte sie zudem eine ganzheitliche Verwertung dieser Rechte zu gewährleisten. Ammre und GDT verfolgten beide die Absicht eine möglichst umfassende Bindung der Bezugsberechtigten ohne Spezialisierung auf ein bestimmtes Genre zu erreichen. Damit konkurrierten sie unabhängig von der Musikrichtung um die Erlangung mechanisch-musikalischer Rechte und deren Vertrieb an Musikproduzenten.

2. Die Organisationsstrukturen der konkurrierenden Unternehmen

Ein erstes Abgrenzungsmerkmal zur GDT schuf die Ammre mit der Wahl ihrer Rechtsform. Mit dem Entschluss zur Gründung einer Gesellschaft mit beschränkter Haftung (GmbH) wählte sie eine andere Organisationsform als die GDT, die nach § 1 ihrer Satzung als wirtschaftlicher Verein konstituiert war.[14] Nach § 13 Abs. 3 des Gesetzes betreffend die Gesellschaften mit beschränkter Haftung in der am 1.1.1900 gültigen Fassung (GmbHG)[15] galt die GmbH als Handelsgesellschaft. Diese erwies sich nach dem Unternehmensratgeber von *Erwin Goerke* als besonders geeignet für Unternehmungen, die für „eine begrenzte Zahl von Teilnehmern mit der Absicht langfristiger Beteiligung und beschränkter Verlustmöglichkeiten" konzipiert waren.[16] Auch

---

[11] Geschäftsbericht der GDT über 1. Geschäftsjahr vom 26.3.1905, S. 7, in: Bundesarchiv, R3001/6356, Bl. 25.
[12] „Die Anstalt für mechanisch-musikalische Rechte und die Genossenschaft Deutscher Tonsetzer. Ein Wort zur Aufklärung!" Informationsbroschüre der Ammre aus dem Jahr 1912, die den Abdruck eines Rundschreibens an die Mitglieder der GDT vom 25.7.1912 enthält, S. 2, in: Bundesarchiv, R3001/6360, Bl. 5b.
[13] Siehe: Kap. 3 II 2b.
[14] Gesellschaftsvertrag der Ammre vom 4.11.1909, in: Landesarchiv Berlin, A Rep. 342-02, Nr. 56318, Teil I, Bl. 4.
[15] RGBl. 1898, S. 846 ff.
[16] *Goerke*, Welche Unternehmensform verspricht den größten Geschäftserfolg?, 1925, S. 17.

Alberto Corradini gelangte in seiner Dissertation zu dem Ergebnis, dass die GmbH „eine Vereinigung von wenigen Personen ermöglichen [soll], welche durch gemeinsame Arbeitstätigkeit und gegenseitige Unterstützung das gemeinsame Ziel anstreben".[17] Demgegenüber diente der wirtschaftliche Verein nach § 22 BGB als Auffangrechtsform für Personenmehrheiten, die von den bestehenden handelsrechtlichen Gesellschaftsformen nicht erfasst wurden.[18]

Die Rechtsformwahl der GDT verdeutlicht deren besondere Organisationsstruktur, die wirtschaftliche und berufsständische Ziele miteinander verband, und daher nur schwer unter eine der tradierten Gesellschaftsformen des Handelsrechts gefasst werden konnte. Ein Rückgriff auf die Rechtsform der GmbH war aus der rückblickenden Perspektive von *Maria Manuela Schmidt* nicht geeignet, da eine mit dem Verein vergleichbare mitgliedschaftliche Ausgestaltung des Unternehmens damit nicht möglich gewesen wäre. Nach § 5 Abs. 1, Abs. 3 GmbHG hätten die Komponisten eine Stammeinlage erbringen müssen, die viele so nicht aufbringen konnten und wollten.[19] Zudem existierte die Befürchtung, dass die Gegner der GDT die Geschäftsanteile der ursprünglichen Gesellschafter aufkaufen könnten und damit deren Leitung übernehmen würden.[20] Diese Erwägungen verdeutlichen den Wunsch der GDT nach einer engen Bindung ihrer Mitglieder und dem damit einhergehenden Willen eine Interessenvertretung der Komponisten zu bilden, die nicht auf die Funktion der wirtschaftlichen Verwertung musikalischer Rechte beschränkt war.[21]

Demgegenüber war die GmbH auf eine begrenzte Anzahl von Teilnehmern zur Verwirklichung eines gemeinsamen Zwecks beschränkt. Die Ammre wählte damit eine Rechtsform, die es nur den Gesellschaftern ermöglichte, entsprechend den Regelungen des Gesellschaftsvertrags an der Ausgestaltung ihrer Tätigkeit zu partizipieren (§ 46 GmbHG). Den Bezugsberechtigten der Ammre kam im Blick auf die Leitung und Strukturierung des Unternehmens keinerlei Stimmgewicht zu. Ihre Teilhabe richtete sich allein nach den Verträgen, die sie individuell mit der Ammre abschlossen. Die Rechtsformwahl der GmbH verdeutlicht, dass sich die Ammre in erster Linie als wirtschaftliches Unternehmen mit dem Ziel einer kapitalistischen Ausnutzung der mechanisch-musikalischen Vervielfältigungsrechte betrachtete. Weitergehende Interessen der Gesellschafter oder Bezugsberechtigten wur-

---

[17] *Corradini*, Die wirtschaftliche und rechtliche Bedeutung der G.m.b.H., 1933, S. 18.
[18] *Schrader-Rottmers*, Der Begriff des wirtschaftlichen Vereins (§ 22 BGB), 1937, S. 32.
[19] *Schmidt*, Die Anfänge der musikalischen Tantiemenbewegung in Deutschland, 2005, S. 447; für die heutige Gema, siehe: *Menzel*, Die Aufsicht über die GEMA durch das deutsche Patentamt, 1986, S. 28.
[20] *d'Albert*, Die Verwertung des musikalischen Aufführungsrechts in Deutschland, 1907, S. 84.
[21] Siehe: Kap. 1 III 2a und Kap. 3 I 1a.

den nicht verfolgt. Die Organisationsform der GmbH ermöglichte eine Geschäftsleitung ohne Rücksicht auf widerstreitende oder soziale Interessen der Bezugsberechtigten und bildete damit wie die Gema ein rein wirtschaftliches Unternehmen.[22]

Die unterschiedlichen Organisationsregimes führten dazu, dass das von der GDT angebotene Leistungsspektrum durch die Aufnahme berufsständischer Funktionen breiter aufgestellt war als das der Ammre. Insofern unterschieden die Unternehmen sich wesentlich im Hinblick auf die Ausgestaltung der Rechtsverhältnisse zu ihren Bezugsberechtigten. Sowohl Ammre als auch GDT versuchten, die ihrer Verwaltung unterstehenden Vervielfältigungsrechte gewinnbringend an die Hersteller mechanischer Reproduktionen zu veräußern. Die Konkurrenz um die vertragliche Verpflichtung der Musikproduzenten wurde von der Wahl unterschiedlicher Rechtsformen nicht berührt. Da eine der wesentlichen Bedingungen für die Veräußerung von Lizenzen zur Fertigung der Vervielfältigungen die Inhaberschaft eines umfassenden Werkbestands voraussetzte, bildete die vertragliche Bindung der Bezugsberechtigten einen weiteren Aspekt der Konkurrenz der Gesellschaften zueinander. Die Wahl unterschiedlicher Rechtsformen und die damit einhergehende unterschiedlichen Angebote an die Bezugsberechtigten bildeten ein betriebswirtschaftliches Instrument, um die Inhaber der mechanischen Rechte als Bezugsberechtigte für das jeweilige Verwertungsunternehmen zu gewinnen. Insofern war bereits die Wahl der jeweiligen Rechtsform Ausdruck der Konkurrenz der Verwertungsunternehmen geschuldet.

II. Die Auswirkungen der Wahrnehmung des mechanisch-musikalischen Vervielfältigungsrechts durch konkurrierende Unternehmen

Die „mechanische Abteilung" der GDT und die Ammre standen nicht nur mit Urhebern und sonstigen Berechtigten, sondern auch mit den Herstellern mechanisch-musikalischer Vervielfältigungen in vertraglichen Beziehungen. Es stellt sich die Frage, welche Auswirkungen diese Konkurrenz zwischen den Verwertungsunternehmen auf deren Bezugsberechtigte und die jeweiligen Produzenten mechanischer Musik hatte. Dabei liegt ein besonderes Augenmerk auf der Frage, wie sich der Rückgriff auf unterschiedliche Rechtsformen auf Art und Umfang der Wahrnehmung des mechanisch-musikalischen Vervielfältigungsrechts auswirkte und inwieweit die Konkurrenz zwischen den Unternehmen reichte. Ein erster Abschnitt beschäftigt sich mit den vertraglichen Beziehungen der Verwertungsunternehmen zu den Bezugsbe-

---

[22] Siehe: Kap. 3 II 1a.

rechtigten. Anhand von Vertragstexten und entsprechend darauf bezugnehmender Entscheidungen der Gerichte werden die Instrumentarien herausgearbeitet, die die Marktakteure nutzten, um ihr Repertoire an mechanischen Rechten zu erweitern. Der zweite Abschnitt befasst sich mit der vertraglichen Bindung der Hersteller mechanisch-musikalischer Vervielfältigungen. Auch hier wird auf der Grundlage von Vertragstexten analysiert, ob und inwieweit Unterschiede in Art und Umfang der Veräußerung von Vervielfältigungsrechten zwischen den Unternehmen bestanden und welche Mittel Ammre und GDT nutzten, um die Musikproduzenten möglichst weitgehend zu verpflichten. Ein abschließender dritter Abschnitt fasst die Folgen der Begründung konkurrierender Unternehmen zur kollektiven Wahrnehmung des mechanisch-musikalischen Vervielfältigungsrechts auf Bezugsberechtigte und Musiknutzer unter Berücksichtigung ihrer Zielsetzungen und deren Verwirklichung zusammen.

1. Die Rechtsstellung der Bezugsberechtigten

Zur Generierung von Einnahmen bzw. der Erzielung von Gewinnen waren die Verwertungsunternehmen auf ein umfassendes Repertoire von Rechten an musikalischen Werken angewiesen. Mit der vertraglichen Verpflichtung einer möglichst hohen Zahl an Bezugsberechtigten und der damit einhergehenden Übertragung ihrer Vervielfältigungsrechte konnten die einzelnen Gesellschaften ihre Ressourcen an mechanischen Rechten ausbauen und den Produzenten mechanisch-musikalischer Vervielfältigungen ein umfangreiches Angebot an musikalischen Werken bieten. Dieser Abschnitt befasst sich mit den Strategien, die die Unternehmen nutzten, um Urheber und sonstige Bezugsberechtigte möglichst langanhaltend und vollumfassend zu verpflichten. Dabei wird auch gefragt, ob und inwieweit die Bildung konkurrierender Unternehmen bei der kollektiven Rechtewahrnehmung zu einer Ausweitung des Schutzes und der Ansprüche der Rechteinhaber führte. Unter Rückgriff auf unterschiedliche Bestandteile der Berechtigungsverträge zwischen Bezugsberechtigten und Verwertungsunternehmen werden Art und Ausmaß der Rechte und Pflichten der Vertragsparteien geschildert. Ein erster Unterabschnitt betrachtet den Umfang der vertraglichen Bindung der Bezugsberechtigten in den jeweiligen Unternehmen und zeigt auf, welche Möglichkeiten Ammre und „mechanische Abteilung" zur Erlangung der mechanischen Rechte nutzten. In einem zweiten Unterabschnitt werden Art und Umfang der Beteiligung der Bezugsberechtigten an den Unternehmen dargelegt. Hierbei wird ein besonderes Augenmerk auf die Gegenleistung und den Einfluss, den die Bezugsberechtigten in den Unternehmen ausüben konnten, gelegt. Ein dritter Unterabschnitt setzt sich sodann mit den Auflösungsmöglichkeiten der Vertragsverhältnisse auseinander. Der vierte Unterabschnitt fasst die Ausführungen unter Berücksichtigung der Fragen nach Schutzumfang, Einfluss und Beteiligung der Bezugsberechtigten in den konkurrierenden Unternehmen nochmals zusammen.

a) Der Umfang der vertraglichen Bindung der Bezugsberechtigten

Zum Ausbau ihres Werkbestands und der damit einhergehenden vertraglichen Bindung ihrer Bezugsberechtigten griff die Ammre auf zwei alternative Übertragungsformen zurück. Einerseits offerierte sie die Erteilung einer unwiderruflichen ausschließlichen Vollmacht zur Ausnutzung der phonographischen und kinematographischen Rechte. Andererseits bot sie die Möglichkeit zur Übertragung dieser Rechte auf das in Frankreich agierende Verwertungsunternehmen EDIFO an, das neben den deutschen Musikverlagen Mitgesellschafterin der Ammre war.[23] Bei der Erteilung einer Vollmacht blieben die Bezugsberechtigten Rechteinhaber und konnten auch weiter über ihre Rechte verfügen. Die Ammre trat dann nach §§ 164 ff. BGB lediglich als Vertreter auf, so dass die von ihr abgeschlossenen Verträge unmittelbar für und gegen ihre Bezugsberechtigten galten. Im Gegensatz dazu führte eine Rechteübertragung an die EDIFO ähnlich wie bei der GDT zu weitergehenden Rechten und Pflichten. Beispielsweise verpflichtete sich die EDIFO als alleinige Vertreterin des Komponisten die Leitung und Kosten aller Prozesse zur Wahrung der Vereinbarung gegen die Fabrikanten und Verkäufer zu führen.[24] Gleichzeitig erhielten die Komponisten bereits mit Vertragsschluss einen Vorschuss auf die ihnen zustehenden Einkünfte aus der Wiedergabe der Kompositionen auf mechanischen Musikinstrumenten.[25] Im Gegenzug waren die Bezugsberechtigten zeitlich umfassend an den Übertragungsvertrag gebunden, was sich darin zeigte, dass der Vertrag sich ohne Kündigung automatisch um weitere sechs Jahre verlängerte.[26]

So wie es der Berechtigungsvertrag der GDT/AFMA für das musikalische Aufführungsrecht vorsah, hielt die GDT auch bei den Inhabern der mechanisch-musikalischen Vervielfältigungsrechte an einer umfassenden Übertra-

---

[23] Siehe: Kap. 2 III 1b.

[24] § 8 Vertragsmuster der „Société générale de l'Edition phonographique et cinématographique" mit Komponisten, zitiert nach: *Wilm*, Wie können bei der Ausdehnung des Urheberrechts auf mechanische Musikinstrumente die Interessen der Urheber und der Industrie gewahrt werden?, ca. 1910 (k.A.), S. 40 (42).

[25] § 6 Vertragsmuster der „Société générale de l'Edition phonographique et cinématographique" mit Komponisten, zitiert nach: *Wilm*, Wie können bei der Ausdehnung des Urheberrechts auf mechanische Musikinstrumente die Interessen der Urheber und der Industrie gewahrt werden?, ca. 1910 (k.A.), S. 40 (42).

[26] § 9 Vertragsmuster der „Société générale de l'Edition phonographique et cinématographique" mit Komponisten, zitiert nach: *Wilm*, Wie können bei der Ausdehnung des Urheberrechts auf mechanische Musikinstrumente die Interessen der Urheber und der Industrie gewahrt werden?, ca. 1910 (k.A.), S. 40 (43).

gung der Rechte fest.²⁷ Ziel war es ein umfangreiches Repertoire an mechanischen Rechten zu erwerben und die Bezugsberechtigten möglichst langfristig und vollumfassend von weiteren privatautonomen Verfügungen auszuschließen. Die sogenannte Verpflichtungserklärung der „mechanischen Abteilung" sah vor, dass das „ausschließliche Recht der mechanischen Vervielfältigung" der GDT zu übertragen und „ohne Einverständnis mit der GDT in keiner Weise über ihre mechanischen Urheberrechte zu verfügen" sei.²⁸ Nach § 4 des Berechtigungsvertrags der „mechanischen Abteilung" (Berechtigungsvertrag mA) übertrug der Bezugsberechtigte „alle ihm zustehenden oder in Zukunft zufallenden mechanischen Urheberrechte" am jeweiligen Werk.²⁹ Darüber hinaus verpflichtete die GDT all ihre bisherigen Vereinsmitglieder zur Unterzeichnung von Verpflichtungsscheinen. Diese verpflichteten sie, die „erste Genehmigung zur Benutzung aller ihrer vorhandenen und künftigen Werke für mechanische Instrumente vorkommendenfalls nur durch Vermittlung der GDT zu erteilen".³⁰ Im Fall einer Weigerung wurde die Ernennung zum ordentlichen Mitglied und die Gewährung der Alterspension und sonstiger Zuwendungen ausgeschlossen.³¹ Die Beauftragung der „mechanischen Abteilung" mit der Verwaltung der mechanischen Rechte war damit wesentlich weitreichender als bei der Ammre. Insbesondere denjenigen Bezugsberechtigten, die Mitglied der GDT waren, wurden strenge Restriktionen auferlegt, die einen Wechsel zur konkurrierenden Ammre schwer möglich machten.

Obwohl die Ammre im Gegensatz zur GDT von einer Übertragung der mechanischen Rechte absah und lediglich aufgrund von Vollmachten tätig wurde, versuchte sie eine möglichst weitreichende Bindung ihrer Bezugsberechtigten zu erreichen. So erfolgte die Erteilung der Vollmachten unwiderruflich und bezog sich auf die gesamten phonographischen Rechte. Zur Be-

---

²⁷ Zum Umfang der vertraglichen Bindung im Bereich des Aufführungsrechts, siehe: Kap. 1 III 2b.
²⁸ „Die Anstalt für mechanisch-musikalische Rechte und die Genossenschaft Deutscher Tonsetzer. Ein Wort zur Aufklärung!" Informationsbroschüre der Ammre aus dem Jahr 1912, die den Abdruck eines Rundschreibens an die Mitglieder der GDT vom 25.7.1912 enthält, S. 3, in: Bundesarchiv, R3001/6360, Bl. 5b.
²⁹ Inhaltliche Wiedergabe des § 4 Berechtigungsvertrag mA, zitiert nach: Urteil des RG vom 11.2.1919, in: Seufferts Archiv, Bd. 75 (1920), S. 275.
³⁰ „Die Anstalt für mechanisch-musikalische Rechte und die Genossenschaft Deutscher Tonsetzer. Ein Wort zur Aufklärung!" Informationsbroschüre der Ammre aus dem Jahr 1912, die den Abdruck eines Rundschreibens an die Mitglieder der GDT vom 25.7.1912 enthält, S. 1 ff., in: Bundesarchiv, R3001/6360, Bl. 5b.
³¹ „Die Anstalt für mechanisch-musikalische Rechte und die Genossenschaft Deutscher Tonsetzer. Ein Wort zur Aufklärung!" Informationsbroschüre der Ammre aus dem Jahr 1912, die den Abdruck eines Rundschreibens an die Mitglieder der GDT vom 25.7.1912 enthält, S. 2 f., in: Bundesarchiv, R3001/6360, Bl. 5b.

auftragung der Ammre mittels der Erteilung einer Vollmacht an die Ammre waren vornehmlich Musikverlage berechtigt. So hieß es im bei *Wilm* abgedruckten Muster einer Vollmacht: „Hierdurch erteilen die unterzeichneten Firmen der Anstalt" Vollmacht.[32] Demgegenüber war die Übertragung der mechanischen Rechte an die EDIFO hauptsächlich auf Komponisten beschränkt.[33] Hierin zeigt sich eine frappierende Ähnlichkeit zum Konzept der GDT. Ebenso wie die GDT forderte die Ammre von den Komponisten die Übertragung ihrer mechanischen Rechte. Allein den Verlagen wurden mit der Erteilung von Vollmachten unwesentlich geringere Beschränkungen auferlegt. Sowohl Verlage als auch Komponisten wurden mit der Beauftragung der Ammre zur Wahrnehmung der mechanisch-musikalischen Rechte umfassend gebunden. Neben den bereits in der Vollmachtserteilung aufgenommenen Beschränkungen veranlasste die Ammre, als Reaktion auf die Betätigung der GDT im Bereich des mechanisch-musikalischen Vervielfältigungsrechts, die ihr zugehörigen Verlage Zusatzvereinbarungen abzuschließen. Die Verlage gaben gegenüber der Ammre strafbewährte Erklärungen ab, nach denen sie sich unwiderruflich verpflichteten nur Werke für ihren Verlag zu erwerben, bei denen der Komponist Mitglied der Ammre war oder dem Verlag die Rechte zur Verwertung einräumte oder auf eine Verwertung der mechanischen Rechte verzichtete.[34]

Im Ergebnis verdeutlichen die Bestimmungen das Bestreben der Marktakteure die Rechteinhaber möglichst vollumfassend an das eigene Verwertungsunternehmen zu binden und ein Abwandern an den Mitbewerber zu verhindern. Auf diese Weise versuchten sowohl GDT als auch Ammre ein möglichst umfangreiches Werkrepertoire und damit eine starke Marktposition zu erlangen.

---

[32] Muster einer Vollmachterteilung an die Ammre, zitiert nach: *Wilm*, Wie können bei der Ausdehnung des Urheberrechts auf mechanische Musikinstrumente die Interessen der Urheber und der Industrie gewahrt werden?, ca. 1910 (k.A.), S. 35.

[33] In der Präambel eines Vertragsmusters der EDIFO heißt es: „Zwischen dem Komponisten" und der EDIFO „ist mit dem heutigen Tage folgender Vertrag abgeschlossen worden", Vertragsmuster der „Société générale de l'Edition phonographique et cinématographique" mit Komponisten, zitiert nach: *Wilm*, Wie können bei der Ausdehnung des Urheberrechts auf mechanische Musikinstrumente die Interessen der Urheber und der Industrie gewahrt werden?, ca. 1910 (k.A.), S. 40.

[34] „Die Anstalt für mechanisch-musikalische Rechte und die Genossenschaft Deutscher Tonsetzer. Ein Wort zur Aufklärung!" Informationsbroschüre der Ammre aus dem Jahr 1912, S. 22 f., in: Bundesarchiv, R3001/6360, Bl. 5b.

b) Die Beteiligung der Bezugsberechtigten an den Verwertungsunternehmen

Der Abschluss eines Vertrags über die Wahrnehmung des mechanisch-musikalischen Vervielfältigungsrechts mit einem der beiden Marktakteure versetzte die Urheber, Verlage und sonstigen Berechtigten in die Lage die ihnen zustehenden Rechte effektiv durchzusetzen. Mit der Beauftragung konnten die Bezugsberechtigten an den Einnahmen der Verwertungsunternehmen partizipieren. Darüber hinaus unterhielten sowohl die Ammre als auch die „mechanische Abteilung" der GDT ein eigenes Agentennetz zur Gewährleistung effektiver Kontrollen der mechanisch-musikalischen Rechte.[35]

Die Beauftragung einer Verwertungsgesellschaft stand jeglichen Rechteinhabern offen. Die Ammre nahm jeden auf, der Rechte an Werken besaß, die mittels mechanischer Musikinstrumente oder auf kinematographischem Wege genutzt werden konnten.[36] Als Gegenleistung räumte sie ihren Bezugsberechtigten im Rahmen der Erteilung einer Vollmacht eine Beteiligung von 60 % der mit diesen Rechten eingenommenen Brutto-Einnahmen ein. Ähnliches galt bei einer Übertragung der Rechte an die EDIFO, wobei nach § 5e des Vertragsmusters 2/3 an den Komponisten gingen und der verbliebene Prozentsatz bei der EDIFO verblieb. Sowohl bei der Ammre als auch bei der EDIFO richtete sich die Gegenleistung nach den von den Gesellschaften veräußerten Lizenzmarken für die jeweils eingebrachten Werke. In Einzelfällen konnten anderweitige und ergänzende Vergütungsregelungen getroffen werden. Der C.F. Peters Verlag beispielsweise machte die Erteilung seiner Vollmacht von der Bedingung abhängig, dass für Rollen, die bestimmte Hersteller anfertigten, 1 Mark pro Rolle gezahlt werden sollte.[37] Auch die „mechanische Abteilung" der GDT nahm nach § 4 GO mA eine Vielzahl unterschiedlicher Bezugsberechtigter, wie Komponisten und Textdichter, aber auch literarische Urheber und ihre Erben auf. Ähnlich wie bei der Verwertung des Aufführungsrechts erhielten sie als Gegenleistung Anteile an den von der GDT eingezogenen Gebühren, die sich nach §§ 5 und 7 GO mA richteten. Danach erhielten die Komponisten im Regelfall drei und die Verleger ein Viertel der Einnahmen aus den erhobenen Lizenzgebühren, die nach

---

[35] Die Gewährleistung einer Kontrolle der Lizenzverpflichtungen findet sich in § 2 des Gesellschaftsvertrags der Ammre, siehe: Gesellschaftsvertrag der Ammre vom 4.11.1909, in: Landesarchiv Berlin, A Rep. 342-02, Nr. 56318, Teil I, Bl. 4. Auch § 10 GO mA manifestierte einen Anspruch auf Rechtsverfolgung für den Fall rechtswidriger Vervielfältigungen.

[36] Notizen über die Anstalt für mechanisch-musikalische Rechte abgekürzt „Ammre" G.m.b.H. mit dem Stand vom 1. Halbjahr 1919, in: Landesarchiv Berlin, A Rep. 342–02, Nr. 56318, Teil I, Bl. 126, S. 6.

[37] Vollmachterteilung durch den C.F. Peters Verlag an die Ammre vom 2.6.1911, in: Sächsisches Staatsarchiv, Staatsarchiv Leipzig, 21070 C.F. Peters, Leipzig, Nr. 5167, Bl. 327.

Abzug von Verwaltungskosten und Beiträgen für die Unterstützungskasse der GDT an die Bezugsberechtigten weitergeleitet wurden.[38] Für den Fall der Mitwirkung weiterer Berechtigter, wie beispielsweise Textdichter, reduzierten sich die Beträge.

Neben ihren Ansprüchen auf eine Gegenleistung erhielten die Bezugsberechtigten zum Teil Mitwirkungsrechte, die sie in unterschiedlichem Ausmaß zur Einflussnahme in den Verwertungsunternehmen berechtigten. In der Ammre kam lediglich den Gesellschaftern die Möglichkeit zu im Rahmen von Gesellschafterversammlungen an Beschlüssen zur Unternehmensführung mitzuwirken (§ 48 GmbHG). Den Gesellschaftern stand nach § 15 Abs. 1 GmbHG das Recht zur Abtretung ihrer Geschäftsanteile zu, was den Bezugsberechtigten prinzipiell die Möglichkeit zum Eintritt in die Gesellschaft eröffnete. Dieses Recht konnte nach § 15 Abs. 5 GmbHG im Gesellschaftsvertrag eingeschränkt werden. Eine entsprechende Beschränkung sah § 4 des Gesellschaftsvertrags vor, der eine Abtretung von Geschäftsanteilen nur mit Genehmigung des Aufsichtsrats zuließ. Die Bezugsberechtigten der „mechanischen Abteilung" übertrugen ihre Rechte nach § 4 GO mA auf die GDT, so dass eine Einflussnahme auf das Verwertungsunternehmen von einer Mitgliedschaft in der GDT abhängig war. Nach § 10 Nr. 1 Satzung der GDT erhielten allein ordentliche Mitglieder Sitz und Stimme in der Hauptversammlung und erlangten damit ähnliche Befugnisse wie die Gesellschafter einer GmbH. Nach § 9 Abs. 2 Satzung GDT waren ordentliche Mitglieder lediglich „die Gründer der Genossenschaft, sowie solche Mitglieder, welche der Genossenschaft mindestens fünf Jahre angehört haben und durch Beschluss der Hauptversammlung zu ordentlichen Mitgliedern ernannt worden sind."

Alle anderen Mitglieder waren außerordentliche Mitglieder, denen nach § 11 Satzung GDT das Recht auf Anwesenheit und Stimme in der Hauptverhandlung nicht zustand. Damit war die Teilhabe der Bezugsberechtigten an der Unternehmensführung sowohl bei der Ammre als auch bei der GDT auf Personengruppen beschränkt, die von der Gunst der bisherigen Mitglieder oder Gesellschafter abhängig waren. Den Bezugsberechtigten standen damit weder Informations- noch Mitbestimmungsrechte zu, so dass sie auf ihre Rolle als Nutznießer der Unternehmen beschränkt blieben.

---

[38] Zur Höhe der Verwaltungskosten heißt es im Geschäftsbericht der GDT über das Geschäftsjahr 1913, dass die Verwaltungskosten geringer seien als diejenigen für die Verwertung des Aufführungsrechts, siehe: Geschäftsbericht der GDT über 10. Geschäftsjahr vom 27.3.1914, S. 20, in: Universitätsbibliothek Johann Christian Senckenberg Frankfurt am Main, Abteilung Musik, Theater, Film, Nachlass Engelbert Humperdinck, N. Aus einem späteren Geschäftsbericht geht hervor, dass 10 % der von der „mechanischen Abteilung" eingenommenen Lizenzgebühren für Unkosten veranschlagt wurden und weitere 5 % für die Unterstützungskasse, siehe: Geschäftsbericht der GDT über 23. Geschäftsjahr vom Mai 1927, zitiert nach: Der schaffende Musiker 1927, Nr. 1, S. 15.

c) Die Beendigung der Berechtigungsverträge mit den Verwertungsunternehmen

Das Bestreben der Verwertungsunternehmen ihre Bezugsberechtigten umfassend zu binden, zeigte sich auch an den Bestimmungen zur Beendigung der Vertragsverhältnisse. Die Bevollmächtigung der Ammre mit der Wahrnehmung der mechanisch-musikalischen Rechte erfolgte unwiderruflich. § 168 S. 2 BGB ging vom Prinzip aus, dass die Vollmacht auch bei Fortbestehen des Rechtsverhältnisses widerruflich sein solle, sofern sich aus diesem nicht etwas anderes ergab. Eine Ausnahme wurde beispielsweise für Fälle angenommen, in denen der Bevollmächtigte maßgeblich am Erlös des Geschäfts beteiligt war.[39] Da die Ammre ihre Erträge unmittelbar aus der Verwertung der mechanisch-musikalischen Vervielfältigungsrechte bezog, konnte sie den Widerruf der Vollmacht ausschließen. Nach § 168 S. 1 BGB konnte die Betätigung der Ammre nur mit Auflösung des Grundverhältnisses beendet werden.

Noch weitreichender waren die Kündigungsbestimmungen im Falle einer Übertragung der mechanisch-musikalischen Rechte auf die EDIFO. Der Vertrag war zunächst auf sechs Jahre befristet und konnte erst nach Ablauf dieser Zeitspanne gekündigt werden. Für den Fall, dass der Rechteinhaber nicht fristgerecht kündigte, verlängerte sich der Vertrag um weitere sechs Jahre.[40] Die Bezugsberechtigten wurden mit Abschluss eines Vertrages dauerhaft verpflichtet und konnten bis zum Fristablauf keine weiteren Verfügungen über ihre mechanisch-musikalischen Vervielfältigungsrechte treffen. Die langfristige Bindung ihrer Bezugsberechtigten versetzte Ammre und EDIFO in die Lage einen Wechsel ihrer Nutznießer zur konkurrierenden GDT zu verhindern.

Auch die „mechanische Abteilung" der GDT setzte zur Bindung ihrer Bezugsberechtigten auf die Nutzung langer Kündigungsfristen, die in Art und Umfang den Bestimmungen der AFMA zur Beendigung der Vertragsverhältnisse mit den Aufführungsrechtsinhabern ähnelten.[41] § 12 setzte eine Vertragslaufzeit von fünf Jahren fest, die wie der Vertrag der EDIFO um diese Zeitspanne verlängert wurde, sofern der Bezugsberechtigte das Vertragsverhältnis nicht kündigte. Darüber hinaus sah § 12 S. 2 vor, dass durch die Kündigung „das Verhältnis der Beteiligten bezüglich der bereits übertragenen Rechte nicht berührt" wurde.[42] Damit konnte die GDT auch nach

---

[39] Urteil des RG vom 25.9.1926, in: JW 1927, S. 1139 (1140).

[40] § 9 des Vertragsmusters der „Société générale de l'Edition phonographique et cinématographique" mit Komponisten, zitiert nach: *Wilm*, Wie können bei der Ausdehnung des Urheberrechts auf mechanische Musikinstrumente die Interessen der Urheber und der Industrie gewahrt werden?, ca. 1910 (k.A.), S. 40 (43).

[41] Zum Umfang der vertraglichen Bindung bei der AFMA, siehe: Kap. 1 III 2b.

[42] Inhaltliche Wiedergabe des § 12 Berechtigungsvertrag mA, zitiert nach: Urteil des Reichsgerichts vom 11.2.1919, in: Seufferts Archiv, Bd. 75 (1920), S. 275.

Beendigung eines Berechtigungsvertrags über die ihr übertragenen Rechte verfügen und den Musikproduzenten ein Repertoire anbieten, dass unabhängig vom Ausscheiden einzelner Bezugsberechtigter war. Die weitreichende Übertragungsregelung stützte sie auf die Regelung zur Zwangslizenz in § 22 LUG 1910. Danach erlange der Dritte schon kraft Gesetzes ein dauerndes Vervielfältigungsrecht, das die GDT als solches lediglich vermittelte.[43] 1919 erklärte das Reichsgericht die weitreichende Übertragungsregelung des § 12 S. 2 Berechtigungsvertrag mA für nichtig und veranlasste die „mechanische Abteilung" zur Neugestaltung.[44] Im Ergebnis setzte die GDT bei der Wahrnehmung der mechanisch-musikalischen Vervielfältigungsrechte, ebenso wie beim Aufführungsrecht, auf weitreichende und langfristige Bindungen ihrer Bezugsberechtigten um einen Wechsel zur konkurrierenden Ammre zu verhindern.

d) Zusammenfassung

Mit Gründung der „mechanischen Abteilung" der GDT existierten zwei Unternehmen zur kollektiven Wahrnehmung des mechanisch-musikalischen Vervielfältigungsrechts im Deutschen Reich, die um eine umfassende vertragliche Verpflichtung von Urhebern, Verlagen und sonstigen Berechtigten konkurrierten. Die mechanischen Rechte bildeten die Basis für den Aufbau eines umfangreichen Repertoires, das sie an Hersteller entsprechender Reproduktionen veräußern konnten. Die Ermächtigung von Verwertungsgesellschaften zur kollektiven Wahrnehmung der Vervielfältigungsrechte gewährleistete einen umfangreichen Schutz vor Rechtsverletzungen und eine effektive Rechteverwertung, die die Bezugsberechtigten an den Einnahmen der Unternehmen beteiligte.

Die Konkurrenz zwischen Ammre und „mechanischer Abteilung" eröffnete den Rechteinhabern die Wahl die Wahrnehmung ihrer Rechte zwei oberflächlich sehr unterschiedlichen Organisationen zu übertragen. Auf der einen Seite stand die Ammre, die als Vertreterin ihrer Bezugsberechtigten auftrat und sich als GmbH auf die wirtschaftliche Ausnutzung der ihr übertragenen Rechte beschränkte. Auf der anderen Seite stand die „mechanische Abteilung" der GDT, die eine umfangreichere Übertragung der Rechte forderte und gleichzeitig weitergehende soziale Leistungen anbot, die sie jedoch allein den Mitgliedern der GDT gewährte. Die unterschiedliche Organisationsstruktur stärkte auf den ersten Blick die Wahlfreiheit der Rechteinhaber zwischen einer Organisation, deren Tätigkeit sich auf die reine Verwertung beschränkte und einer anderen, die weitergehende Zielsetzungen verfolgte. Eine

---

[43] Urteil des Reichsgerichts vom 11.2.1919, in: Seufferts Archiv, Bd. 75 (1920), S. 275 (276).

[44] Urteil des Reichsgerichts vom 11.2.1919, in: Seufferts Archiv, Bd. 75 (1920), S. 275.

tiefergehende Betrachtung der Vertragsverhältnisse zwischen Bezugsberechtigten und Verwertungsunternehmen verdeutlicht, dass die Wahlfreiheit bei Abschluss eines Berechtigungsvertrags stark limitiert wurde. Sowohl die „mechanische Abteilung" der GDT als auch die Ammre nutzten weitreichende Übertragungs- bzw. Vertretungsregelungen, die ihnen eine ausschließliche Verwertung der Rechte ermöglichten und die Bezugsberechtigten über Jahre vertraglich banden. Die Vertragsverhältnisse waren davon geprägt, dass dem Großteil der Bezugsberechtigten keine oder nur geringe Mitbestimmungsrechte im Unternehmen eingeräumt wurden. Die Erlangung weiterer Rechte war allein an die Gunst der Gründungsmitglieder gebunden.

Die Gründung der „mechanischen Abteilung" der GDT als konkurrierendes Unternehmen zur Ammre führte damit nur oberflächlich zu einer Ausweitung des Schutzes und der Ansprüche der Bezugsberechtigten. Mit Abschluss eines Vertrags unterwarfen sie sich den weitreichenden Vertragsbestimmungen der Unternehmen und konnten kaum Einfluss auf Art und Umfang der Wahrnehmung nehmen. Rechtsschutz konnten sie lediglich durch eine Anrufung der Gerichte mit der Frage der Vereinbarkeit einzelner Bestimmungen mit dem Vertragsrecht finden.[45] Die Konkurrenz führte zu einem Streben der Unternehmen nach einer möglichst umfangreichen Verpflichtung der Rechteinhaber bei einer Minimierung ihrer Möglichkeiten zur Einflussnahme. Dies erschwerte eine selbstbestimmte Verwertung ihrer Rechte und führte zu einer weitgehenden Schutzlosigkeit gegenüber den von den Unternehmen bestimmten Grundsätzen zur Verwertung und Wahrnehmung.

2. Das Verhältnis zu den Herstellern mechanisch-musikalischer Vervielfältigungen

Die Veräußerung der mechanischen Rechte an die Hersteller der Vervielfältigungen schuf die Grundlage zur Generierung der Einnahmen der Verwertungsunternehmen und bildete damit einen potentiellen Aspekt der Konkurrenz von Ammre und GDT. Dieser Abschnitt behandelt die Auswirkungen der Anbieterpluralität auf die Musikproduzenten. Ein besonderes Augenmerk wird dabei auf die Teilhabe der Hersteller an der vertraglichen Gestaltung und die Möglichkeiten der Gewährleistung eines Rechteerwerbs aus einer Hand gelegt. Im Folgenden werden Art und Umfang, sowie Gemeinsamkeiten und Unterschiede im Vertrieb von Vervielfältigungsrechten unter Berücksichtigung von Instrumentarien zum Ausbau der Marktmacht der Verwertungsunternehmen betrachtet.

---

[45] Eine Übersicht der allgemeinen vertragsrechtlichen Grenzen findet sich bei: *Riesenhuber/Rosenkranz,* UFITA 2005, S. 467 (478 ff.).

144 Kapitel 4: Die kollektive Wahrnehmung durch konkurrierende Unternehmen

Die Ammre ermöglichte den Herstellern zunächst den Erwerb individueller Genehmigungen für die Anfertigung mechanisch-musikalischer Vervielfältigungen. Kurz nach ihrer Gründung stellte sie jedoch auf die ausschließliche Nutzung einer kollektiven Wahrnehmungsform um. Dabei erwarben die Hersteller Lizenzmarken, die lediglich die Bezeichnung „Ammre" trugen und zur Kennzeichnung jeglicher Vervielfältigungen, die sich auf von der Ammre verwaltete Werke bezogen, dienten.[46] Die Lizenzmarken existierten in verschiedenen Preisstufen und wurden abhängig von der Höhe des Verkaufspreises auf den Vervielfältigungen angebracht.[47] Der Erwerb pauschalierter Marken versetzte die Hersteller in die Lage ohne vorhergehende Verhandlungen mit dem jeweiligen Bezugsberechtigten eine Genehmigung zur Anfertigung der Reproduktion zu erhalten. Die Möglichkeit dieses Rechteerwerbs aus einer Hand stellte insbesondere für Produzenten, die eine Vielzahl von Rechten benötigten, eine Vereinfachung im Hinblick auf die Identifikation der Rechteinhaber und eine Erleichterung hinsichtlich des Abschlusses und der Verwaltung der Verträge mit ihnen dar.[48] Besonders mit Blick auf die in § 22 LUG 1910 normierte Zwangslizenz propagierte auch der Gesetzgeber die Gründung von Einrichtungen, die eine einheitliche Gebühreneinziehung ermöglichen sollten.[49] Die Ammre versuchte bereits kurz nach ihrer Gründung die Funktion einer Zentralstelle für den Erwerb mechanischer Rechte zu übernehmen. Dadurch, dass der Großteil der deutschen Verlage die Ammre mit der Wahrnehmung der mechanischen Rechte betraute, verfügte sie über ein umfangreiches Repertoire, das einen Rechteerwerb aus einer Hand ermöglichen sollte.[50] Aufgrund des Nebeneinanders unterschiedlicher Anbieter mechanisch-musikalischer Vervielfältigungsrechte konnte die

---

[46] Siehe: Kap. 2 III 1b.

[47] Notizen über die Anstalt für mechanisch-musikalische Rechte abgekürzt „Ammre" G.m.b.H. mit dem Stand vom 1. Halbjahr 1919, S. 8, in: Landesarchiv Berlin, A Rep. 342-02, Nr. 56318, Teil I, Bl. 126; Zur Abhängigkeit der Lizenz vom tatsächlichen Kaufpreis, *Fiesenig*, Urheberrecht und mechanische Musikinstrumente, 1916, S. 52; *Voigtländer/Fuchs*, Die Gesetze betreffend das Urheberrecht und das Verlagsrecht an Werken der Literatur und der Tonkunst vom 19. Juni 1901 mit der Novelle vom 22. Mai 1910, ²1914, § 22 LUG, S. 144.

[48] *Bing*, Die Verwertung von Urheberrechten, 2002, S. 174.

[49] Stenographische Berichte über die Verhandlungen des Reichstags, 12. Legislaturperiode, II. Session 1911, Band 275, Anlagen zu den stenographischen Berichten, S. 1785 (1790); *Voigtländer/Fuchs*, Die Gesetze betreffend das Urheberrecht und das Verlagsrecht an Werken der Literatur und der Tonkunst vom 19. Juni 1901 mit der Novelle vom 22. Mai 1910, ²1914, § 22 LUG, S. 144.

[50] Brief aus dem Kopierbuch von C.F. Peters an die Genossenschaft Deutscher Tonsetzer vom 11.1.1911, worin ein Vertreter des C.F. Peters Verlag konstatiert, dass sie einer der letzten Verlage seien, die der Ammre noch nicht beigetreten sind, in: Sächsisches Staatsarchiv, Staatsarchiv Leipzig, 21070 C.F. Peters, Leipzig, Nr. 5166, Bl. 799.

II. Auswirkungen der Wahrnehmung durch konkurrierende Unternehmen 145

Ammre diese Ziele nur teilweise erreichen.[51] Die Produktion war vielfach von einer individualisierten Nachfrage des Einzelhandels abhängig,[52] so dass einer kollektiven Wahrnehmungsform nur eingeschränkt eine Erleichterung des Rechteerwerbs bedeutete.

Die GDT erkannte die Problemstellung, die vom pauschalen Angebot der Ammre ausging, und berücksichtigte dies bei der strategischen Erteilung von Vervielfältigungsgenehmigungen. So wandte sie in einem Rundschreiben an ihre Mitglieder ein, dass sie sich gegen „die Festsetzung der Gebühren für alle Werke nach einem festen Schema" ausspreche. Vielmehr sollte „die Gebühr nach den Umständen jedes Falles individuell" festgesetzt werden.[53] Ein Grund für das abweichende Vorgehen der GDT lag in der Konkurrenz zur Ammre begründet. Mit der Veräußerung individueller Lizenzen grenzte die GDT sich vom pauschalen Verwertungsmodell der Ammre ab. Bei der Verwertung des mechanisch-musikalischen Vervielfältigungsrechts kehrte sie damit bewusst von ihrer bisherigen Wahrnehmungspraxis ab. So war es die GDT, die bei der Verwertung des Aufführungsrechts primär den Abschluss von Pauschalverträgen vorsah und Verträge über die Verwertung einzelner Werke vermeiden wollte.[54] Ein weiterer Grund für die abweichende Ausgestaltung der Wahrnehmung des mechanisch-musikalischen Vervielfältigungsrechts lag in den unterschiedlichen Darbietungsformen der Rechte begründet. Während musikalische Aufführungen stetig wiederholt werden konnten, produzierten Hersteller mechanischer Vervielfältigungen zunächst eine gewisse Stückzahl. Für die Fertigung einer weiteren Auflage wäre die Einholung einer erneuten Lizenz möglich gewesen. Die individuelle Veräußerung von Lizenzen durch die GDT ermöglichte einen nachfragegetreuen Erwerb der Rechte und die Aushandlung individueller Bedingungen für die Erteilung der Genehmigung.

Dennoch hatte die Anbieterpluralität im Bereich der kollektiven Wahrnehmung des mechanisch-musikalischen Vervielfältigungsrechts im Ergebnis kaum Auswirkungen auf die Hersteller. Das Nebeneinander zwischen individueller Wahrnehmung und den beiden Verwertungsunternehmen führte dazu, dass die vom Gesetzgeber vorgesehene Einheitlichkeit der Gebühren-

---

[51] Zur Konkurrenz zwischen individueller und kollektiver Wahrnehmung des mechanisch-musikalischen Vervielfältigungsrechts, siehe: Kap. 2.
[52] „Die Anstalt für mechanisch-musikalische Rechte und die Genossenschaft Deutscher Tonsetzer. Ein Wort zur Aufklärung!" Informationsbroschüre der Ammre aus dem Jahr 1912, S. 17, in: Bundesarchiv, R3001/6360, Bl. 5b.
[53] „Die Anstalt für mechanisch-musikalische Rechte und die Genossenschaft Deutscher Tonsetzer. Ein Wort zur Aufklärung!" Informationsbroschüre der Ammre aus dem Jahr 1912, die den Abdruck eines Rundschreibens an die Mitglieder der GDT vom 25.7.1912 enthält, S. 2, in: Bundesarchiv, R3001/6360, Bl. 5b.
[54] Siehe: Kap. 1 III 2b.

einziehung nicht gewährleistet werden konnte. Vielmehr mussten die Hersteller eruieren, wer die Rechte am jeweiligen Werk besaß, dass sie für die Anfertigung der mechanisch-musikalischen Vervielfältigung benötigten. Zwar besaß die Ammre durch ihre Zusammenarbeit mit den Verlagen ein sehr umfangreiches Repertoire, durch die Abhängigkeit der Hersteller von der Nachfrage der Verkäufer konnte sie aber keine ausreichende Basis für einen tatsächlichen Rechteerwerb aus einer Hand bilden. Die Gründung der „mechanischen Abteilung" führte lediglich zum Rückgang der eigenständigen Wahrnehmung durch Urheber und sonstige Berechtigte und verlagerte die Verwertung ihrer mechanischen Rechte auf die GDT. Das Aufkommen konkurrierender Unternehmen bei der Wahrnehmung des mechanisch-musikalischen Vervielfältigungsrechts führte somit zu einer Verringerung möglicher Vertragspartner der Hersteller und erleichterte den Weg zu einer „Rechtewahrnehmung aus einer Hand". Gleichzeitig eröffnete das Nebeneinander von Ammre und „mechanischer Abteilung" den Herstellern nur bedingt die Möglichkeit die Bedingungen der Lizenzverträge mit den Unternehmen zu beeinflussen. Aufgrund der Abhängigkeit der Hersteller von der Nachfrage des Handels nach bestimmten Werken waren sie oftmals zum Vertragsschluss mit dem jeweils Berechtigten gezwungen.

3. Zwischenergebnis zu den Auswirkungen der Konkurrenz zwischen den Verwertungsunternehmen

Auf einen ersten Blick besaß die Konkurrenz zwischen Ammre und „mechanischer Abteilung" der GDT insbesondere im Hinblick auf die Beziehungen zu Urhebern und sonstigen Berechtigten sehr weitreichende Folgen. Auf der einen Seite agierte mit der Ammre ein rein kapitalistisch ausgerichtetes Unternehmen, dessen einzige Aufgabe in der Verwertung mechanisch-musikalischer Vervielfältigungsrechte bestand. Auf der anderen Seite stand die GDT, die neben der Verwertung musikalischer Rechte auch soziale Zwecke verfolgte. Insofern standen den Rechteinhabern neben einer individuellen Wahrnehmung ihrer Rechte zwei unterschiedliche Angebote zur Ausnutzung ihrer mechanischen Rechte zur Verfügung. Eine Auswertung von Vertragsmustern der beiden Unternehmen konnte allerdings aufzeigen, dass sich die Konkurrenz trotz der unterschiedlichen konzeptionellen Ausgestaltung nur im beschränkten Umfang zu Gunsten der Rechteinhaber auswirkte. Sowohl Ammre als auch „mechanische Abteilung" versuchten ihre Bezugsberechtigten möglichst umfassend vertraglich zu binden und so einen Wechsel zum konkurrierenden Marktakteur zu verhindern. Gleichzeitig erhielten sie nur in beschränktem Umfang Informations- und Mitbestimmungsmöglichkeiten in den Unternehmen und standen insofern den von den Leitungsgremien festgesetzten Grundsätzen nahezu schutzlos gegenüber. Die Konkurrenz der Verwertungsgesellschaften um die vertragliche Verpflichtung der Rechteinhaber zeichnete sich damit vornehmlich dadurch aus, dass die Marktakteure versuchten möglichst umfangreiche vertragliche Pflichten zu begründen, ohne ihren Bezugsberechtigten dabei Möglichkeiten zur Einflussnahme zu gewähren.

Die Verwertungsunternehmen generierten ihre Einnahmen durch die Erteilung von Vervielfältigungsgenehmigungen und die Einziehung von Gebühren für widerrechtliche Verletzungen des mechanisch-musikalischen Vervielfältigungsrechts seitens der Hersteller. Im Ergebnis hatte die Konkurrenz zwischen Ammre und GDT nur geringen Einfluss auf die Erwerber der Genehmigungen. Vielmehr führte die Bildung von Unternehmen zur Rechtewahrnehmung lediglich dazu, dass die Hersteller einer geringeren Anzahl von Vertragspartnern gegenüberstanden, was den Rechteerwerb vereinfachte. Während Lizenzen mechanisch-musikalischer Vervielfältigungen zuvor auch individuell erworben werden konnten, führte die zunehmende Kollektivierung der Rechte zu einem Rückgang der Anbieterpluralität. Da die Anfertigung der Reproduktionen von der Nachfrage des Publikums abhängig war, waren die Hersteller verpflichtet die verantwortliche Stelle für den Erwerb der Rechte des jeweiligen Werks zu bestimmen. Ein Rechteerwerb aus einer Hand war nicht möglich. Auch erweiterte die Konkurrenz zwischen den Unternehmen die vertraglichen Gestaltungsspielräume der Hersteller nicht. Der teilweise Rückgriff auf pauschale Abrechnungsmethoden und die Abhängigkeit von der Nachfrage zwangen sie dazu, die Verträge zu den Bedingungen der Verwertungsunternehmen abzuschließen.

III. Zusammenfassung

Die Ammre verdrängte individuelle Wahrnehmungsformen durch die jeweils Berechtigten und etablierte ein kollektives Wahrnehmungsmodell für die Durchsetzung des im LUG 1910 neu begründeten mechanisch-musikalischen Vervielfältigungsrechts. Mit der „mechanischen Abteilung" der GDT entstand 1912 ein Marktmitbewerber zur Ammre. Während sich die GDT bei der Wahrnehmung des musikalischen Aufführungsrechts auf Werke der ernsten Musik spezialisierte, war eine Differenzierung nach unterschiedlichen Werkgattungen bei der Wahrnehmung des mechanisch-musikalischen Vervielfältigungsrechts nicht ersichtlich. Vielmehr versuchten sowohl GDT als auch Ammre eine möglichst vollumfängliche Verpflichtung der Rechteinhaber zu erreichen und auf diese Weise ihr Repertoire und das Angebot an die Musikproduzenten zu erweitern.

Die Konkurrenz bezog sich vornehmlich auf die vertragliche Verpflichtung der Urheber und sonstigen Berechtigten. Die mechanischen Rechte bildeten die wesentliche Ressource für den Aufbau eines konkurrenzfähigen Angebots an die Musikproduzenten. Die Rechteinhaber konnten zwischen einer Wahrnehmung durch die kapitalistisch ausgerichtete Ammre und die scheinbar sozial ausgerichtete GDT wählen. Durch den Vertragsschluss mit einem der Unternehmen verpflichteten sie sich meist umfassend und für einen langen Zeitraum zur Übertragung ihrer Rechte. Gleichzeitig kamen ihnen in beiden Unternehmen nur geringe Informations- und Mitbestimmungsrechte zu. Die Wahrnehmung durch eines der Verwertungsunternehmen nahm einem Großteil der Bezugsberechtigten sämtliche Verfügungs- und Mitbestimmungsrechte über ihre mechanischen Urheberrechte. Die Hersteller mechanischer Reproduktionen waren im geringeren Maße von der Konkurrenz zwischen den Unternehmen betroffen. Aufgrund ihrer Abhängigkeit von der Nachfrage des Handels waren sie darauf angewiesen, die Rechte von den jeweiligen Verwertern zu erwerben. Diesbezüglich waren sie oftmals zur Annahme der Vertragsbestimmungen ihrer Vertragspartner gezwungen. Das Aufkommen konkurrierender Unternehmen reduzierte die Zahl möglicher Vertragspartner. Ein Rechteerwerb aus einer Hand konnte allerdings nicht gewährleistet werden.

Kapitel 5

Die kollektive Wahrnehmung des musikalischen Aufführungsrechts durch konkurrierende Verwertungsunternehmen nach 1915

Mit Gründung der „alten Gema" und der Betätigung der österreichischen AKM im Deutschen Reich im Jahr 1915 lag die Verwertung der musikalischen Aufführungsrechte nicht mehr allein in der Hand der GDT. Nachdem die GDT bereits mit der Ammre um die kollektive Wahrnehmung mechanisch-musikalischer Vervielfältigungsrechte konkurrierte, öffnete sich zunehmend auch der von der GDT beherrschte Markt mit dem Handel musikalischer Aufführungsrechte.[1] Dieses Kapitel setzt sich mit den Fragen auseinander, ob und inwieweit miteinander konkurrierende Verwertungsunternehmen im Bereich der Wahrnehmung musikalischer Aufführungsrechte nebeneinander bestehen konnten und auf welche Instrumentarien die einzelnen Marktakteure zurückgriffen um ihren Einfluss gegenüber Urhebern, sonstigen Berechtigten auf der einen Seite und Veranstaltern bzw. Musikkonsumenten auf der anderen Seite auszubauen. Darüber hinaus werden die Folgen der Konkurrenz auf Rechteinhaber und Veranstalter herausgearbeitet. Der erste Teil setzt zunächst bei den Auswirkungen der Konkurrenz auf die Rechteinhaber an (I.). Unter Rückgriff auf die Berechtigungsverträge zwischen Verwertungsunternehmen und Bezugsberechtigten werden Rechte und Pflichten der jeweiligen Vertragsparteien ausgearbeitet und voneinander abgegrenzt. In einem zweiten Teil werden dann die Folgen der Konkurrenz auf die Veranstalter musikalischer Aufführungen betrachtet (II.). Dabei wird zwischen den Folgen für die einzelnen Veranstalter und die in Interessenverbänden organisierten Veranstaltergruppen differenziert. Der dritte Teil setzt sich mit den rechtlichen Mitteln und Maßnahmen auseinander, die die einzelnen Verwertungsunternehmen zum Ausbau ihrer Marktmacht nutzten (III.). Mittels einer Auswertung von Kooperationsvereinbarungen und Konflikten zwischen den einzelnen Marktakteuren, Bezugsberechtigten und Veranstaltern soll bestimmt werden, ob und inwieweit eines der Unternehmen eine marktbeherrschende Stellung im Bereich der Vermittlung von musikalischen Aufführungsrechten erlangen, bzw. inwieweit mehrere Anbieter ne-

---

[1] Zu den Instrumenten zur Durchbrechung der Marktmacht der GDT, siehe: Kap. 3 III.

beneinander bestehen konnten. Schließlich werden in einem vierten Teil die Auswirkungen des Bestehens konkurrierender Verwertungsunternehmen für die Wahrnehmung des musikalischen Aufführungsrechts zusammengefasst und unter dem Aspekt des Fortbestehens eines Marktes mit mehreren Anbietern zum Handel mit Aufführungsrechten ausgewertet (IV.).

I. Die Auswirkungen der Konkurrenz auf die Rechteinhaber

Das Aufkommen der „alten Gema" als weiteres Verwertungsunternehmen versetzte Urheber und sonstige Berechtigte in die Lage, die Verwertung ihrer Rechte neben der GDT/AFMA einem weiteren Anbieter zur kollektiven Wahrnehmung zu übertragen. Während die GDT vor allem die Komponisten der Werke ernster Musik förderte, spezialisierte sich die Gema auf Kompositionen im Bereich der Unterhaltungsmusik. Die unterschiedliche Schwerpunktsetzung der Gesellschaften spiegelte sich insbesondere in ihren Grundsätzen zur Verteilung der Einnahmen wider. Nichtsdestoweniger versuchten sowohl GDT als auch Gema möglichst viele Rechteinhaber vertraglich zu binden, so dass die Spezialisierung auf unterschiedliche Musikgenres keineswegs das Konkurrenzverhältnis zwischen den Unternehmen beendete.[2] Dieser Teil setzt sich daran anknüpfend mit der Frage auseinander, wie sich der Wettbewerb der Unternehmen auf die Rechteinhaber auswirkte. Im Vergleich zur kollektiven Wahrnehmung des mechanisch-musikalischen Vervielfältigungsrechts wird gezeigt, dass die Verwertungsunternehmen im Bereich des Aufführungsrechts ihre Bezugsberechtigten ebenfalls umfassend vertraglich verpflichteten und nur geringe Informations- und Mitwirkungsmöglichkeiten einräumten.[3] Ein erster Abschnitt befasst sich hierzu mit Art und Umfang der vertraglichen Bindung der bezugsberechtigten Urheber und sonstigen Rechteinhaber in den Unternehmen. In einem zweiten Abschnitt werden die Mitbestimmungs- und Informationsrechte der Urheber und sonstigen Berechtigten bei den jeweiligen Marktakteuren beleuchtet. Ein dritter Abschnitt betrachtet den Umfang der Gegenleistung, den die Verwertungsunternehmen ihren Bezugsberechtigten zukommen ließen. Der vierte Abschnitt setzt sich schließlich mit den Möglichkeiten zur Beendigung der Vertragsverhältnisse auseinander. Die Ergebnisse werden in einem fünften Abschnitt unter besonderer Berücksichtigung der Folgen der Öffnung des Marktes mit dem Handel von Aufführungsrechten auf die Rechteinhaber zusammengefasst.

---

[2] Siehe: Kap. 3 II 2b.
[3] Zur Wahrnehmung des mechanisch-musikalischen Vervielfältigungsrechts, siehe: Kap. 4 II 1.

1. Art und Umfang der vertraglichen Bindung

Die Ausgestaltung der Vertragsverhältnisse zu den Bezugsberechtigten differierte zwischen den einzelnen Verwertungsgesellschaften, was insbesondere an den verschiedenen Rechtsformen beider Unternehmen lag. Gema und GDT verfolgten unterschiedliche Konzepte, die eine mehr oder weniger umfangreiche vertragliche Bindung der Bezugsberechtigten vorsahen. Die Gema forderte Urheber und Berechtigte zur Erteilung einer Vollmacht zur Wahrnehmung der Aufführungsrechte auf.[4] Die Bezugsberechtigten behielten insoweit ihre Verfügungsbefugnis über ihre Aufführungsrechte.

Wesentliche Unterschiede zur GDT, die als wirtschaftlicher Verein organisiert war, ergaben sich auch aus der genossenschaftlichen Rechtsform der „alten Gema". Für die Teilhabe am Verteilungsverfahren der „alten Gema" war neben der Erteilung einer Vollmacht eine Mitgliedschaft in der Genossenschaft Voraussetzung. § 34 der Statuten der „alten Gema" sah eine Verteilung des Reingewinns an die Genossen vor. Eine Beteiligung Dritter an den Erlösen des Reingewinns war in den Statuten nicht vorgesehen. Allerdings konnte die Geschäftstätigkeit nach § 2 Abs. 3 der Statuten auch auf dritte Personen ausgeweitet werden, so dass die Wahrnehmung nicht zwingend mit einer Mitgliedschaft in der Genossenschaft einhergehen musste. Damit hielt sich die Gema die Möglichkeit offen musikalische Aufführungsrechte auch unabhängig von einem Eintritt eines Urhebers oder in sonstiger Weise Berechtigten in die Genossenschaft zu erlangen. Die Aufnahme eines Urhebers als Genosse räumte dem einzelnen Berechtigten immer auch die genossenschaftsrechtlich vorgesehenen Mitbestimmungsrechte ein. Die Option die Geschäftstätigkeit auf Dritte auszuweiten, erlaubte es der „alten Gema" ihren Bestand an Aufführungsrechten zu erweitern, ohne den Rechteinhabern die genossenschaftsrechtlich vorgesehenen Mitwirkungsrechte einzuräumen. Mit der Gründung des Vereins zur Verwertung musikalischer Aufführungsrechte (VEVA) 1928 nutzte die Gema diese in § 2 Abs. 3 ihrer Statuten eingeräumte Möglichkeit.[5] Ob und inwieweit die Gema bereits vorher davon Gebrauch machte und individualvertragliche Vereinbarungen mit Berechtigten oder Dritten schloss, konnte dem zugrundeliegenden Quellenmaterial nicht entnommen werden.

Aufgrund des genossenschaftlichen Charakters der „alten Gema" beschränkten sich die vertraglichen Pflichten der Bezugsberechtigten nicht allein auf die Einräumung einer Vollmacht zur Wahrnehmung der Aufführungsrechte an die Gema. Das Wesen der Genossenschaft, die eine stärkere

---

[4] Erteilung einer Vollmacht durch den C.F. Peters Verlag an die Gema vom 26.3.1917, in: Sächsisches Staatsarchiv, Staatsarchiv Leipzig, 21070 C.F. Peters, Leipzig, Nr. 5055 (ohne Paginierung); Anlage 16.

[5] Mitteilungen des Vorstands der „alten Gema", in: GN 1928, Nr. 12, S. 1.

persönliche Komponente enthielt als eine Kapitalgesellschaft, konnte den Genossen neben ihrer Pflicht zur Kapitalbeteiligung auch weitergehende Leistungspflichten auferlegen.[6] § 1 GenG legte die „Förderung des Erwerbs oder der Wirtschaft ihrer Mitglieder" als Zweck einer Genossenschaft fest. Diese Bindung führte dazu, dass die Genossenschaft „ihr Geschäft grundsätzlich mit ihren Mitgliedern" betrieb.[7] Durch die Einbindung und die Vollmachten der Bezugsberechtigten vermochte die Gema sich umfangreiche Aufführungsrechte zu sichern und diese für die Dauer der Mitgliedschaft der Bezugsberechtigten umfassend zu verwerten. Daneben verpflichteten sich die Bezugsberechtigten nach § 7 der Statuten zur Zahlung eines Geschäftsanteils in Höhe von 20 Mark, der nach § 6a Statuten als Betriebsmittel für die Genossenschaft genutzt wurde.

Durch die Möglichkeit zur Ausweitung der Geschäftstätigkeit auf Dritte in § 2 Abs. 3 der Statuten war prinzipiell auch eine Übertragung der Verwaltung des Aufführungsrechts ohne Beitritt in die Genossenschaft möglich. Damit erhielten Urheber und sonstige Berechtigte zwei Möglichkeiten die Gema mit der Wahrnehmung ihrer Aufführungsrechte zu beauftragen.

Die GDT/AFMA hingegen forderte, wie sich auch aus dem Urteil des Reichsgerichts vom 18.9.1915 ergab, eine Übertragung bestehender und künftiger Aufführungsrechte von ihren Bezugsberechtigten.[8] Hierdurch verloren sie die vollständige Verfügungsbefugnis über ihre Werke und waren trotz konkurrierender Anbieter an die GDT gebunden. Da § 2 Abs. 1 des neuen Berechtigungsvertrages der GDT/AFMA auch die Übertragung zukünftiger Rechte vorsah, konnten die Bezugsberechtigten nur mittels individueller Verträge Rechte an einzelnen Werken aus dem Anwendungsbereich des Vertrags mit der GDT/AFMA ausnehmen. Durch dieses Konzept einer Universalabtretung sollten gerade eine Verwertung der Rechte durch andere Organisationen und damit Nachteile im Zuge der Konkurrenz verhindert werden.

Im Ergebnis versuchten sowohl GDT als auch Gema ihre Bezugsberechtigten möglichst umfassend vertraglich zu binden und auf diese Weise einen Wechsel zum konkurrierenden Marktakteur zu verhindern. Die GDT/AFMA erreichte dies durch eine exklusive Übertragung sämtlicher Rechte.

---

[6] *Parisius/Crüger*, Das Reichsgesetz, betreffend die Erwerbs- und Wirtschaftsgenossenschaften, [8]1915, § 6 GenG, Rn. 2.

[7] Beschluss des AG/LG Essen vom 23.5.1898, in: Jahrbuch für Entscheidungen des Kammergerichts 1899, S. 27 (30).

[8] Nicht datiertes Muster eines Berechtigungsvertrages der GDT/AFMA; aufgrund der Tatsache, dass in § 9 Abs. 2 dieses Berechtigungsvertrags die Aufführungsrechte nach Auflösung des Vertrags dem Rechteinhaber zufallen kann er auf einen Zeitraum nach 1915 datiert werden. Muster zitiert nach: *Schulze*, Geschätzte und geschützte Noten, 1995, S. 85 f.

Die Gema nutzte hingegen ihre genossenschaftliche Rechtsform, um aufgrund des „gemeinschaftlichen Geschäftsbetriebs" durch die Genossen Generalvollmachten zur Verwertung der Aufführungsrechte zu erhalten. Durch die Tatsache, dass die Rechtewahrnehmung in Einzelfällen auch ohne Mitgliedschaft in der „alten Gema" erfolgen konnte, führte die Konkurrenz dennoch dazu, dass die Urheber und sonstigen Berechtigten zwischen unterschiedlichen Anbietern wählen konnten und sich nicht den Vorgaben einer Gesellschaft unterwerfen mussten. Dies insbesondere nach dem Urteil des Reichsgerichts vom 18.9.1915, das die GDT zur Umgestaltung ihrer Verträge gezwungen hat.

2. Mitbestimmungsrechte der Bezugsberechtigten

Ein relevanter Aspekt für die Entscheidung der bezugsberechtigten Urheber, welches Verwertungsunternehmen sie mit der Wahrnehmung ihrer Rechte beauftragen sollten, bildeten die von „alter Gema" und GDT eingeräumten Informations- und Mitspracherechte. Die GDT war ein wirtschaftlicher Verein und als solcher prinzipiell mitgliedschaftlich organisiert. Die Mitwirkungsrechte richteten sich nach der Satzung, die lediglich ordentlichen Mitgliedern einen Sitz in der „Hauptversammlung" einräumte. Der Status einer ordentlichen Mitgliedschaft war abhängig von der Zustimmung der Gründungsmitglieder.[9] Mithin war es vom Einfluss der Gründungsmitglieder abhängig, wer als ordentliches Mitglied aufgenommen wurde und wem die mit der Aufnahme als ordentliches Mitglied gewährten Rechte zu Teil kamen. Der Abschluss eines Berechtigungsvertrages und einer außerordentlichen Mitgliedschaft war auch für andere Urheber und sonstige Rechteinhaber möglich, schloss selbige jedoch weitgehend von den wesentlichen Entscheidungen, die unternehmensstrategisch zu treffen waren, aus. Damit blieb die Einräumung wesentlicher Mitbestimmungsrechte auf die Gründungsmitglieder und die von den Gründungsmitgliedern ausgewählten Bezugsberechtigten beschränkt.

In der „alten Gema" erhielt nach § 25 Abs. 3 ihrer Statuten jeder Genosse eine Stimme in der sogenannten Generalversammlung unabhängig davon, ob er seinen Geschäftsanteil bereits geleistet hat oder nicht. Dies entsprach den gesetzlichen Vorgaben des § 43 Abs. 2, Abs. 4 GenG, wonach jeder Genosse eine Stimme in der Generalversammlung besaß, die nicht von Bevollmächtigten ausgeübt werden durfte. Diese gesetzliche Bestimmung war nicht abdingbar.[10] Allein durch die Nutzung der Rechtsform der Genossenschaft

---

[9] Siehe: Kap. 4 II 1b.
[10] *Parisius/Crüger*, Das Reichsgesetz, betreffend die Erwerbs- und Wirtschaftsgenossenschaften, ⁸1915, § 43 GenG, Rn. 24.

kamen den Bezugsberechtigten der „alten Gema" daher umfangreiche Mitbestimmungsrechte zu, die sich von der GDT deutlich unterschieden. Die Generealversammlung war nach § 26 der Statuten unter anderem für die Genehmigung der Jahresrechnung und der Verteilung des Gewinns, sowie bei Satzungsänderungen zuständig. Damit konnte jeder Genosse an zentralen Entscheidungen in der strategischen Unternehmensführung mitwirken. Erst 1928 entschied sich die Gema zu einer Abkehr von ihrer bisherigen Praxis neu eintretende Rechteinhaber unmittelbar als Genosse aufzunehmen. Aufgrund eines starken Anstiegs der Genossen entschied die Generalversammlung sich 1928 zur Gründung des VEVA, der wie die GDT als eingetragener Verein organisiert war. Von diesem Zeitpunkt an wurde die Aufnahme als Genosse von der Entscheidung des Vorstands abhängig gemacht.[11] Damit rückte die Gema auch im Hinblick auf die Ausgestaltung der Mitbestimmungsrechte ihrer Bezugsberechtigten an die von der GDT gelebte Unternehmenspraxis heran, wonach die wesentlichen Mitbestimmungsrechte einer bestimmten Gruppe von Mitgliedern eingeräumt wurden.

Nichtsdestoweniger offerierte die Gema durch ihre genossenschaftliche Organisationsform zwischen 1915 und 1928 im Hinblick auf die Mitwirkungsrechte ihrer Bezugsberechtigten ein Gegenmodell zur GDT, das ihnen vordergründig umfangreichere Informations- und Mitbestimmungsrechte einräumte. Jedoch lagen auch bei der „alten Gema" allein die genossenschaftsrechtlich vorgesehenen Mitbestimmungsrechte in der Hand der Genossen. Weitere unternehmerische Befugnisse wie die Aufstellung der Grundsätze „für die Bewertung der der Genossenschaft übertragenen Aufführungsrechte" übertrug die Gema ihren Leitungsgremien.[12] Die Wahl von Vorstand und Aufsichtsrat erfolgte nach §§ 11, 16 der Statuten nach einem „Kuriensystem", wonach die Vertreter unabhängig voneinander von den einzelnen Berufsgruppen bestimmt wurden. Hierin sahen *Plugge* und *Roeber* als Vertreter der Interessen der Veranstalter musikalischer Aufführungen eine Umgehung der Mehrheitsverhältnisse in der „alten Gema".[13] Diese Kritik bezog sich allein auf die Zahl der Genossen und berücksichtigte dabei nicht die Summe der von den einzelnen Bezugsberechtigten in die Gema eingebrachten Rechte. Die Schaffung eines „Kuriensystems" für die Wahl von Vorstand und Aufsichtsrat entsprach den Vorgaben der §§ 24 Abs. 2, 33 GenG, die auch eine andere Form der Bestellung als die Wahl durch die Generalversammlung

---

[11] Mitteilungen des Vorstands der „alten Gema", in: GN 1928, Nr. 12, S. 1 ff.

[12] § 21 Abs. 2 der Statuten der „alten Gema" räumte dieses Recht dem Aufsichtsrat ein, der nach § 16 Statuten aus Vertretern der unterschiedlichen, in der „alten Gema" vertretenen Berufsgruppen bestand.

[13] *Plugge/Roeber*, Das musikalische Tantiemerecht in Deutschland, 1930, S. 34 f. Zur beruflichen Stellung *Plugges*, siehe: Kap. 2 III 2. Dazu auch: *Pahlow,* Popular Entertainment Studies Vol. 6 (2015), S. 56 (61 f.).

ermöglichte. Die Schaffung des „Kuriensystems" war eine im rechtlichen Rahmen mögliche Abweichung von den gesellschaftsrechtlich bestehenden Vorgaben, deren Besonderheit in der Klassifizierung der Genossen in einzelne Berufsgruppen bestand. Die Mitbestimmungsrechte, die die Gema ihren Genossen einräumte, waren damit immer noch umfangreicher als diejenigen der GDT, die eine Beteiligung nur mit Einwilligung der Gründungsmitglieder vorsah.

Damit konnte die aufkommende Konkurrenz zwischen den Verwertungsgesellschaften bei der Wahrnehmung des musikalischen Aufführungsrechts die Informations- und Mitbestimmungsrechte der Bezugsberechtigten teilweise erweitern. Die Vertragspartner der GDT, denen eine Mitwirkung an der Hauptversammlung weitgehend verwehrt blieb, erhielten die Möglichkeit zur „alten Gema" zu wechseln und ihre Rechte als Genosse in Anspruch zu nehmen.

3. Umfang der Gegenleistung

Als Gegenleistung für die Verwertung ihrer Aufführungsrechte gewährten beide Verwertungsunternehmen den Bezugsberechtigten die Auszahlung gewisser Anteile an den eingezogenen Tantiemen. Die Höhe der tatsächlichen Zahlungen war von den Umsätzen der Unternehmen und den hiervon abgezogenen Kosten abhängig. Beispielhaft sollen hier die Jahre 1924 und 1925 im Vergleich herangezogen werden. Die GDT hatte 1924 Einnahmen in Höhe von 101.764,33 Mark, wovon sie 81.543,13 Mark zu unterschiedlichen Teilen an ihre Bezugsberechtigten verteilte. Im Folgejahr stiegen die Einnahmen auf 151.217,90 Mark, wovon 115.435,35 Mark an die Bezugsberechtigten ausgezahlt wurden.[14] Im Gegenzug nahm der von „alter Gema" und AKM gemeinsam geführte Musikschutzverband 1924 1.858.375,28 Mark ein, wovon 1.121.572,95 Mark nach Abzug ihrer Unkosten als Reingewinn bestehen blieb. Der „alten Gema" kamen hiervon 561.141,11 Mark zu, wovon sie nach Abzug ihrer Unkosten 483.528,13 Mark als Gewinn verbuchen konnte und eine Gewinnverteilung vornehmen konnte. 1925 stiegen die Einnahmen des Musikschutzverbands auf 2.603.872,03 Mark, wovon der „alten Gema" 907.676,75 Mark zukamen. Zur Gewinnverteilung kamen dabei 664.476,96 Mark.[15] Die Gema konnte auch durch ihre Zusammenarbeit mit der AKM erheblich höhere Gewinne als die GDT erzielen, wovon auch die Bezugsberechtigten im Rahmen der Gewinnverteilung profitieren konnten. Ob und

---

[14] Vergleichende Zusammenstellung der bisherigen Geschäftsergebnisse der AFMA, in: Der schaffende Musiker 1927, Nr. 1, S. 16.

[15] Gewinn- und Verlustrechnung des Musikschutzverbands und der „alten Gema", zitiert nach: GN 1927, Nr. 2, S. 2.

inweweit die einzelnen Urheber und sonstigen Berechtigten tatsächlich höhere Beiträge von der GDT oder der „alten Gema" erhielten, kann aufgrund der unterschiedlichen Verteilungskonzepte nur anhand von Einzelfällen dargelegt werden und bietet aufgrund dessen keinen ausreichenden Vergleichsmaßstab für die Frage, ob die Konkurrenz zwischen den Unternehmen zur Erhöhung der Auszahlungen an die Bezugsberechtigten führte.

4. Beendigung der Vertragsverhältnisse

Mit der Gründung der „alten Gema" als konkurrierenden Marktakteur zur GDT veränderten sich auch die Bestimmungen zur Beendigung der Vertragsverhältnisse zwischen Bezugsberechtigten und Verwertungsgesellschaften. Die ursprünglichen Berechtigungsverträge der GDT/AFMA galten über eine Zeitdauer von fünf Jahren und schlossen die Rückübertragung der zuvor übertragenen Aufführungsrechte aus. Das Urteil des Reichsgerichts vom 18.9.1915 statuierte die Unwirksamkeit des Ausschlusses der Rückübertragung, wodurch die Bezugsberechtigten bei einem Austritt ihre Aufführungsrechte zurückerlangten.[16] Das Verfahren vor dem Reichsgericht beruhte auf dem Rücktritt von 51 Verlegern und Komponisten von ihren Berechtigungsverträgen mit der GDT/AFMA. Dabei handelte es sich größtenteils um Verleger und Komponisten, die der Ammre angehörten, die zur Verwertung ihrer Aufführungsrechte die Gema gründeten.[17] Mit der Aufhebung der Kündigungsbestimmungen der GDT/AFMA wurde einer Vielzahl von Bezugsberechtigten ein Wechsel zur konkurrierenden „alten Gema" erleichtert. Die GDT versuchte weiterhin ihre Vertragspartner langfristig an sich zu binden. § 9 Abs. 1 ihres neuen Berechtigungsvertrags sah dazu eine Vertragsdauer von zehn Jahren vor, die sich bei nicht erfolgter Kündigung um weitere zehn Jahre verlängerte.[18] Die ursprünglichen Berechtigungsverträge, die die GDT vor der Entscheidung des Reichsgerichts vom 18.9.1915 schloss, besaßen demgegenüber lediglich eine Laufzeit von fünf Jahren, die sich bei nicht erfolgter Kündigung um weitere fünf Jahre verlängerte.[19]

Eine Beendigung des Vertragsverhältnisses mit der „alten Gema" war nach § 5 Nr. 1 ihrer Statuten durch Kündigung zum Schluss eines jeden Geschäftsjahres möglich. Die Gema war durch die Wahl ihrer Rechtsform an die

---

[16] Zum Verfahren vor dem Reichsgericht, siehe: Kap. 3 III 1b cc.

[17] *Bock,* GN 1930, Nr. 37, S. 4 (6).

[18] Nicht datiertes Muster eines Berechtigungsvertrages der GDT/AFMA. Aufgrund der Tatsache, dass in § 9 Abs. 2 dieses Berechtigungsvertrags die Aufführungsrechte nach Auflösung des Vertrags dem Rechteinhaber zufallen kann er auf einen Zeitraum nach 1915 datiert werden. Muster zitiert nach: *Schulze,* Geschätzte und geschützte Noten, 1995, S. 85 f.

[19] Hierzu: Kap. 1 III 2b.

I. Die Auswirkungen der Konkurrenz auf die Rechteinhaber

Bestimmungen des GenG gebunden. Nach § 65 Abs. 2 GenG entsprach die maximale Kündigungsfrist zwei Jahre, da das Recht des freien Austritts durch übermäßig lange Kündigungsfristen nicht beeinträchtigt werden sollte.[20] Dem entsprach die Gema mit der Regelung in § 5 Nr. 1 ihrer Statuten. Damit ermöglichte die Gema im Vergleich zur GDT eine vergleichsweise kurzfristige Beendigung des Vertragsverhältnisses, die dem jeweiligen Rechteinhaber vordergründig umfangreichere Dispositionen über ihre Aufführungsrechte einräumte. Dem stand jedoch die in § 5 der Statuten vorgesehene Regelung zur Abwicklung des Vertragsverhältnisses im Falle des Ausscheidens eines Mitgliedes aus der Genossenschaft entgegen, die über die in § 73 GenG enthaltene Regelung zur Abwicklung des Mitgliedschaftsverhältnisses im Falle der Kündigung hinausging. § 73 GenG sah nach der Beendigung des Vertragsverhältnisses mit einem ausscheidenden Mitglied eine Auseinandersetzung auf der Grundlage der Bilanz für das Jahr des Ausscheidens vor, die dem Mitglied einen Anspruch auf Auszahlung seines Geschäftsguthabens einräumte. Abweichend davon bestimmte § 5 der Statuten der „alten Gema", dass in

„jedem Fall des Ausscheidens eines Genossen [...] die Genossenschaft das Recht [hat] die von dem Ausscheidenden eingebrachten Aufführungsrechte noch zwei volle Jahre vom Tage des Ausscheidens ab zu den bisherigen Bedingungen zu verwalten. Der ausscheidende Genosse erhält die Gebühren nach § 34 auf diese Zeit weiter."

Diese Regelung galt entsprechend ihres Wortlautes für alle Formen des Ausscheidens, die in § 5 der Statuten enthalten waren. § 5 der Statuten sah eine Beendigung der Mitgliedschaft durch Kündigung, Ableben oder Ausschluss aus der Genossenschaft vor. Zwar befand sich die soeben zitierte Regelung systematisch in dem Teil der Bestimmung, die die Bedingungen des Ausschlusses aus der Genossenschaft regelt, was den Schluss zulässt, dass diese Regelung allein für den Fall des Ausschlusses aus der Genossenschaft gelten sollte. Dem steht aber der von Seiten der „alten Gema" gewählte Wortlaut entgegen, der sich gerade nicht darauf beschränkt „jeden Fall des Ausschlusses", sondern „jeden Fall des Ausscheidens" zu regeln, was für eine Anwendbarkeit dieser Bestimmung auch auf die Fälle von Ableben und Kündigung spricht.[21] Mit der Aufnahme dieser Regelung band die Gema ihre Mitglieder über den in § 65 Abs. 2 GenG vorgesehenen Zeitpunkt. Zwar ermöglichte sie es ihren Mitgliedern innerhalb eines Jahres durch Kündigung

---

[20] *Parisius/Crüger*, Das Reichsgesetz, betreffend die Erwerbs- und Wirtschaftsgenossenschaften, 8.1915, § 65 GenG, Rn. 4.

[21] Mangels hinreichender Quellenlage im Hinblick auf Beendigungen der Mitgliedschaft aus der „alten Gema" konnte die Beendigung des Vertragsverhältnisses allein anhand der Bestimmungen in den Statuten untersucht werden. Die tatsächlich gelebte Vertragspraxis kann hiervon insbesondere auch in Einzelfällen abweichen.

auszutreten und damit die Mitgliedschaft zu beenden. Nichtsdestoweniger erlangten die Rechteinhaber bei einer Beendigung der Mitgliedschaft die Dispositionsbefugnis über die der „alten Gema" eingeräumten Aufführungsrechte nicht zurück, sondern mussten eine fortgeführte Rechtewahrnehmung durch die Gema akzeptieren ohne dass ihnen die genossenschaftlichen Mitwirkungs- und Informationsrechte zustanden. Weitergehende Dispositionen über die Aufführungsrechte waren damit im Falle einer Beendigung des Vertragsverhältnisses erst nach Ablauf von zwei Jahren möglich.

Sowohl GDT als auch Gema versuchten die Rechteinhaber durch die von ihnen getroffenen Regelungen zur Beendigung der Vertragsverhältnisse möglichst umfassend zu binden. Im Falle des Abschlusses eines Berechtigungsvertrags mit der GDT erfolgte dies in offensichtlicher Art und Weise durch eine lange Vertragslaufzeit. Die Gema ermöglichte ihren Mitgliedern augenscheinlich eine im Verhältnis zur GDT recht kurzfristige Beendigung des Vertragsverhältnisses. Diese schränkte sie jedoch unmittelbar durch die von ihr getroffenen Regelungen zur Abwicklung des Vertragsverhältnisses ein.

5. Zwischenergebnis zu den Auswirkungen der Konkurrenz auf die Rechteinhaber

Während die Unternehmen zur Verwertung der mechanisch-musikalischen Rechte versuchten die Rechteinhaber umfassend zu binden und ihnen dabei nur geringe Mitbestimmungsrechte zukommen ließen, führte die Öffnung des Marktes für musikalische Aufführungsrechte ab 1912 zu einer Erweiterung der Rechte der Bezugsberechtigten.[22] GDT, Gema und AKM bevorzugten in erster Linie Werkschaffende unterschiedlicher Musikrichtungen. Diese Begünstigung fand unter anderem Ausdruck in der Verteilung der Anteile an den eingenommenen Tantiemen. Neben dem Aspekt der Zuteilung der Einnahmen der Verwertungsgesellschaften wirkte sich die Konkurrenz auf weitere Bereiche im Verhältnis zwischen Verwertungsunternehmen und Bezugsberechtigten aus. Bereits die Nutzung unterschiedlicher Rechtsformen eröffnete die Wahl zwischen verschiedenen Geschäftsmodellen, die mit wirtschaftlichen und sozialen Vorteilen für den einzelnen Rechteinhaber einhergingen. Damit konnten Rechteinhaber das Verwertungsunternehmen mit der Wahrnehmung beauftragen, deren Konzeption am ehesten mit ihren Interessen zu vereinbaren war. Gleichzeitig versuchten Gema und GDT ihre Bezugsberechtigten durch die konkrete Ausgestaltung der vertraglichen Bestimmungen für die Beendigung der Mitgliedschaft/Bezugsberechtigung möglichst langandauernd an sich zu binden. Die Konkurrenz unterschiedli-

---

[22] Zur Wahrnehmung des mechanisch-musikalischen Vervielfältigungsrechts, siehe: Kap. 4 II 1.

cher Anbieter einer kollektiven Wahrnehmung im Markt für musikalische Aufführungsrechte führte zu einer Erweiterung der Rechte der Bezugsberechtigten in den Verwertungsunternehmen, die jedoch versuchten die Rechteinhaber bei Abschluss eines Vertrages möglichst langfristig an sich zu binden und dadurch einen Wechsel zu einem Marktmitbewerber zu erschweren.

II. Die Auswirkung der Konkurrenz auf Veranstalter und ihre Verbände

Die Konkurrenz der Verwertungsunternehmen um die vertragliche Verpflichtung der Urheber und sonstigen Berechtigten folgte letztlich aus dem betriebswirtschaftlichen Zweck, den Veranstaltern musikalischer Aufführungen ein umfangreiches Angebot an musikalischen Werken bieten zu können. Das Bestehen konkurrierender Unternehmen und die Durchbrechung der Marktmacht eines dominierenden Marktakteurs war damit grundsätzlich geeignet, günstigere Konditionen für den Rechteerwerb zu begründen.[23] Daran anknüpfend setzt sich dieser Teil mit den Fragen auseinander, ob und inwieweit sich die Anbieterpluralität auch auf die vertragliche Verpflichtung der Veranstalter auswirkte. Dabei wird geprüft, ob und inwieweit die Durchbrechung der Marktmacht der GDT zur Festlegung günstigerer Konditionen für den Erwerb musikalischer Aufführungsrechte führte. In einem ersten Abschnitt werden unter Zugrundelegung von vertraglichen Vereinbarungen zwischen Verwertungsunternehmen und Veranstalter die Folgen für die einzelnen Veranstalter betrachtet. Der zweite Abschnitt führt sodann die Wirkungen auf die Interessenverbände der Musiknutzer und ihrer Mitglieder aus.

1. Die Folgen der Konkurrenz für die einzelnen Veranstalter

Die Spezialisierung von GDT, AKM und „alter Gema" auf bestimmte Musikrichtungen und die Tatsache, dass beide Gesellschaften ein unterschiedliches Repertoire an musikalischen Werken verwalteten, führte im Verhältnis zu den Musikkonsumenten dazu, dass beide Marktakteure Alleinstellungsmerkmale besaßen, die eine Konkurrenz um die vertraglichen Verpflichtung der Musiknutzer weitgehend einschränkte.[24] Die Veranstalter, die von der

---

[23] Dies entspricht einer These *Bings* zur aktuellen Ausgestaltung der Verwertung von Urheberrechten. Hierin behauptet sie, dass Lizenzen für ein „kleineres Repertoire" zu einem „attraktiveren" Preis angeboten werden könnten als eine Lizenz über „alle Arten musikalischer Werke", siehe: *Bing*, Die Verwertung von Urheberrechten, 2002, S. 270.

[24] Zu den Tätigkeitsbereichen, siehe: Kap. 3 II 2.

Nachfrage des Publikums nach bestimmten musikalischen Werken abhängig waren, waren darauf angewiesen, Verträge mit beiden Gesellschaften abzuschließen.[25] Dieser Umstand versetzte die Verwertungsunternehmen in die Lage, die Bedingungen für den Vertragsschluss weitgehend vorzugeben. Sowohl GDT als auch AKM und Gema verpflichteten die Veranstalter zum Erwerb einer Lizenz über ihr gesamtes Repertoire, die den Musiknutzern mittels Abschlusses eines Pauschalvertrags, der zur Wiedergabe der Werke über einen bestimmten Zeitraum berechtigte, eingeräumt wurde. Der Erwerb von Einzellizenzen für die Durchführung einzelner Veranstaltungen wurde von beiden Unternehmen dagegen abgelehnt.[26] Die Pauschalverträge der GDT sahen die Nutzung sämtlicher der Verwaltung der GDT und ihrer ausländischen Partnergesellschaften unterstehenden Werke in beliebiger Auswahl und Wiederholung für einen bestimmten Zeitraum vor, wobei die Zahl der Aufführungen auf eine Höchstzahl beschränkt werden konnte.[27] Die Veranstalter verpflichteten sich in § 3 des Vertrags im Gegenzug zur Zahlung einer Gebührenpauschale. Gleichzeitig verpflichtete die GDT die Veranstalter in § 4 zur Mitteilung der Programme, zur Benutzung rechtmäßigen Notenmaterials und Angemessenheit der Aufführung, sowie zur Einräumung von Plätzen für bevollmächtigte Vertreter der Anstalt. Im Falle der Nichtein-

---

[25] Als anschauliches Beispiel für die Abhängigkeit der Veranstalter von der Nachfrage des Publikums und dem damit einhergehenden Zwang mit beiden Verwertungsunternehmen Pauschalverträge abzuschließen kann auf die Ausführungen von *Dümling* verwiesen werden, der darin beschreibt wie die Generalverwaltung des Preußischen Staatstheaters gezwungen war, sowohl mit der GDT, als auch mit der „alten Gema" Verträge über die Aufführung musikalischer Werke zu schließen, siehe: *Dümling*, Musik hat ihren Wert, 2003, 164. Ähnliches galt
für das Dresdner Orchester, das ebenfalls Verträge mit der GDT und der „alten Gema" abschloss, siehe: Geschäftsbericht des Vorstandes der „alten Gema" für das Geschäftsjahr 1930/31, in: GN 1931, Nr. 45, S. 10.
[26] Zur Weigerung der GDT/AFMA Einzelverträge mit Veranstaltern abzuschließen, siehe: Kap. 1 III 2 b; auch die Gema stellte in ihrer Denkschrift zur Aufnahme eines Darlehens vom 9.12.1916 fest, dass Verträge mit Veranstaltern lediglich über das gesamte Repertoire des Musikschutzverbands abgeschlossen werden konnten, siehe: Denkschrift über die Aufnahme eines Bank-Darlehens von 150.000 Mark für die Gema vom 9.12.1916, S. VI, in: Sächsisches Staatsarchiv, Staatsarchiv Leipzig, 21070 C.F. Peters, Leipzig, Nr. 4975 (ohne Paginierung); Dies bestätigt sie in einem Schreiben an den Direktor des Gesangsvereins e.V. Flensburg vom 8.6.1916 mit der Aussage, dass Einzelgenehmigungen für Aufführungen nicht erteilt werden, siehe: Schreiben der „alten Gema" an Gesangsverein Flensburg vom 8.6.1915, S. 2, in: Sächsisches Staatsarchiv, Staatsarchiv Leipzig, 21070 C.F. Peters, Leipzig, Nr. 4975 (ohne Paginierung).
[27] § 1 eines Vertragsmusters der GDT, siehe: Vertrag zwischen der GDT und der Städtischen Kurverwaltung Wiesbaden vom 14.1.1908, der mit Vereinbarung vom 30.12.1911 bis zum 31.12.1922 verlängert wurde, in: Stadtarchiv Wiesbaden, WI/2, Nr. 1638, Bl. 142; Verlängerungsvereinbarung, in: Stadtarchiv Wiesbaden, WI/2, Nr. 1638, Bl. 167.

haltung dieser Pflichten drohten den Veranstaltern nach § 6 des Vertrags Vertragsstrafen oder sogar die Auflösung ihres Vertrags. In Einzelfällen sah die GDT allerdings von den sich aus den Bestimmungen ihrer Musterverträge ergebenen Verpflichtungen ab, was im Rahmen einer privatautonomen Gestaltung der jeweiligen Verträge mit den einzelnen Veranstaltern möglich war.[28]

Ein ähnliches Konzept für den Erwerb musikalischer Aufführungsrechte nutzten auch AKM und Gema, die den Veranstaltern gegenüber als Musikschutzverband auftraten.[29] Auch der Musikschutzverband beschränkte die Aufführung der von ihm verwalteten Werke in der Regel auf eine gewisse Anzahl von Veranstaltungen und eine vorher bestimmte Zeitdauer.[30] Als Gegenleistung zahlten die Veranstalter nach Nr. 2 des Vertrags eine Pauschgebühr. In Nr. 4 und 6 des Vertrags war zudem festgehalten, dass sie ihre Programme mitteilten und Plätze für Vertreter des Verbands bereitstellten. Die fehlende Mitteilung der Programme führte nach Nr. 4 zur Erhebung einer Vertragsstrafe. Alle anderen Verstöße berechtigten den Musikschutzverband nach Nr. 5 des Vertrags zur Entziehung der Aufführungsbewilligung. In Abgrenzung zu den Vertragsmustern der GDT wurden die Veranstalter allerdings nicht zur Nutzung rechtmäßigen Notenmaterials und zur Angemessenheit der Aufführung verpflichtet. Auch der Musikschutzverband sah in Einzelfällen von den Bestimmungen der Vertragsmuster ab und ersetzte die Vorgaben durch andere Regelungen.[31]

Die Vertragstexte von GDT und Musikschutzverband weisen im Hinblick auf die Rechte und Pflichten ihrer Vertragspartner daher gewisse Parallelen auf und verdeutlichen die zum Teil strengen Anforderungen an den Erwerb musikalischer Aufführungsrechte, was zunächst gegen günstige Auswirkungen von Konkurrenz in Bezug auf die Veranstalter spricht. Eine andere Wertung ergibt sich auch nicht aus der Tatsache, dass beide Gesellschaften in

---

[28] Der mit der Kurverwaltung Wiesbaden abgeschlossene Vertrag sah keine Beschränkung der Zahl an Aufführungen vor und sah auch von der Festsetzung einer Vertragsstrafe ab, siehe: Vertrag zwischen der GDT und der Städtischen Kurverwaltung Wiesbaden vom 14.1.1908, in: Stadtarchiv Wiesbaden, WI/2, Nr. 1638, Bl. 142 (Rs.).

[29] Zum Musikschutzverband, siehe: Kap. 3 III 1a.

[30] Nr. 1 eines Vertragsmusters des Musikschutzverbands, zitiert nach: Vertrag zwischen dem Musikschutzverband und der Städtischen Kurverwaltung Wiesbaden vom 31.7.1916, in: Stadtarchiv Wiesbaden, WI/2, Nr. 1638, Bl. 205.

[31] So sah der Vertrag der Kurverwaltung Wiesbaden mit dem Musikschutzverband von der Erhebung einer Vertragsstrafe für den Fall der fehlenden Mitteilung der Programme von der Erhebung einer Vertragsstrafe ab. Darüber hinaus war die Bereitstellung von Plätzen in den Veranstaltungen vom Entgegenkommen der Kurverwaltung abhängig gemacht worden, siehe: Vertrag zwischen dem Musikschutzverband und der Städtischen Kurverwaltung Wiesbaden vom 31.7.1916, in: Stadtarchiv Wiesbaden, WI/2, Nr. 1638, Bl. 205 (Rs.).

Einzelfällen von den Vorgaben ihrer Vertragsmuster absahen und bestimmten Veranstaltern Erleichterungen einräumten. Diese Praxis verfolgte die GDT bereits vor dem Aufkommen konkurrierender Unternehmen zur Verwertung der musikalischen Aufführungsrechte.

Wesentliche Unterschiede bestanden jedoch in der Höhe der geforderten Aufführungsgebühren. Der Musikschutzverband bot das ihm zur Verfügung stehende Repertoire, wie sich am Beispiel von Pauschalverträgen mit der Kurverwaltung Wiesbaden zeigt, zunächst zu einem deutlich günstigeren Preis als die GDT an und konnte dadurch seine Marktmacht kontinuierlich ausbauen und den Einfluss der GDT schmälern.[32] Im Ergebnis versuchten sowohl Musikschutzverband als auch GDT die einzelnen Veranstalter möglichst langfristig zu binden, um regelmäßige Einnahmen zu generieren. Aus diesem Grund glichen sich auch die in den zugrundeliegenden Verträgen enthaltenen Bestimmungen der beiden Unternehmen. Die Konkurrenz zeigte sich somit allein auf einer finanziellen Ebene. Insbesondere große Etablissements, die auf die Aufführung bestimmter musikalischer Werke angewiesen waren, mussten Verträge mit beiden Unternehmen abschließen. Damit wirkte sich die Konkurrenz von Musikschutzverband und GDT um die vertragliche Verpflichtung der einzelnen Veranstalter nur bedingt auf sie aus.

2. Die Wirkungen der Konkurrenz auf Nutzerverbände

Den Verwertungsgesellschaften standen als Vertragspartner nicht allein einzelne Veranstalter gegenüber. Viele Veranstalter waren zugleich Mitglieder besonderer Nutzerverbände, in denen sie ihre Interessen gemeinschaftlich verfolgten. 1892 schlossen sich zum Beispiel die Heil- und Kurbäder im Allgemeinen Deutschen Bäderverband zusammen.[33] Bereits 1873 erfolgte die Gründung des Deutschen Gastwirtsverbandes.[34] Die Verbände sprachen sich eingangs gegen die Begründung von Unternehmen zur kollektiven Wahrnehmung des Aufführungsrechts aus. So versuchten sie ihren Einfluss mittels Briefen an Reichsregierung und Reichstag geltend zu machen, in denen sie für die Beibehaltung individueller Wahrnehmungsformen zur Verwertung des neu geschaffenen Aufführungsrechts plädierten.[35] Auch der Plan zur Gründung eines konkurrierenden Verwertungsunternehmens zur GDT fand zunächst keine Unterstützung von den Nutzerverbänden, da mit der Bildung

---

[32] Vertrag zwischen dem Musikschutzverband und der städtischen Kurverwaltung Wiesbaden vom 31.7.1916, in: Stadtarchiv Wiesbaden, WI/2, Nr. 1638, Bl. 205. Siehe auch: Kap. 3 III 2a bb.
[33] *Berg*, Gesundheitstourismus und Wellnesstourismus, 2008, S. 108.
[34] Reichsamt des Inneren, Verzeichnis der im Deutschen Reiche bestehenden Vereine gewerblicher Unternehmer zur Wahrung ihrer wirtschaftl. Interessen, 1903, S. 573 f.
[35] Hierzu, siehe: Kap. 1 II 2a.

eines weiteren Verwertungsunternehmens die Gefahr verbunden wurde, dass die Veranstalter zukünftig mit allen existierenden Gesellschaften Verträge abschließen müssten, was die Kosten des Rechteerwerbs erhöhen und die Zuordnung einzelner Werke zu der jeweiligen Gesellschaft erschweren würde.[36]

Nichtsdestoweniger nutzten die Veranstalter ihre kollektive Stärke im Ergebnis dazu aus in Vertragsverhandlungen mit den jeweiligen Verwertungsunternehmen zu treten, um günstigere Konditionen für den Rechteerwerb zu vereinbaren. In besonderen Rahmenverträgen zwischen Verwertungsunternehmen und Nutzerverbänden einigte man sich auf die Festsetzung bestimmter Tarifsätze, die die Mitglieder der Organisationen gegenüber den einzelnen Veranstaltern bevorteilten. Beispielsweise sah § 2 des Vertrags zwischen dem Bund der Saal- und Konzertlokalinhaber Deutschlands und dem Musikschutzverband vom Juni 1929 einen Rabatt von 1/3 für Mitglieder des Bundes vor.[37] Außerdem waren die Verbandsmitglieder nach § 4 Abs. 2 dieses Vertrags bei einer „Unterbrechung der Musikaufführungen auf länger wie einen halben Monat" von der Tantiemezahlung befreit.

Im Gegenzug nutzten aber auch die Verwertungsunternehmen die Rahmenverträge dazu, um Verbandsmitgliedern einheitliche Vertragspflichten aufzuerlegen. So verloren Mitglieder des Bundes der Saal- und Konzertlokalinhaber nach § 5 des Vertrags ihren Rabattanspruch, wenn sie die Kontrollen des Musikschutzverbands nicht zuließen oder gerichtliche Verfahren provozierten. Die Vereinbarung von Rahmenbedingungen erleichterte den Verwertungsunternehmen zudem den Vertragsabschluss mit einzelnen Veranstaltern, da allein die individuellen Aufführungsbedingungen angepasst werden mussten und keine eigenständigen Vertragsverhandlungen mit den einzelnen Musiknutzern zu führen waren, da sie insoweit bereits auf die im Rahmenvertrag geschlossenen Vereinbarungen zurückgreifen konnten. Die Verhandlungen oblagen den Nutzerverbänden, die aufgrund ihrer Größe die Möglichkeit besaßen, die Bestände der Unternehmen auszuwerten und zu entscheiden, ob und inwieweit Verträge abgeschlossen werden mussten. Die Verwertungsunternehmen förderten diese Vorgehensweise, indem sie sich vertraglich verpflichteten Nichtmitgliedern keine oder nur geringe Rabatte auf die festgesetzten Tarifsätze zu gewähren.[38] Damit konnten die Nutzeror-

---

[36] Bericht vom 4.2.1915 über eine Versammlung der Vertreter der Gastwirteorganisation, siehe: *N.N.*, Neue Zeitschrift für Musik 82 (1915), S. 47.

[37] Vertrag zwischen Bund Saal- und Konzertlokalinhaber Deutschlands und Musikschutzverband vom Juni 1929, in: Bundesarchiv, R55/1152, Bl. 51; Anlage 17.

[38] § 9 Vertrag zwischen Bund Saal- und Konzertlokalinhaber Deutschlands und Musikschutzverband vom Juni 1929, in: Bundesarchiv, R55/1152, Bl. 51; siehe auch: § 3 Abs. 5 Meistbegünstigungsvertrag zwischen Reichskartell der Musikveranstalter und GDT vom 16.3.1929, zitiert nach: *Pluggel/Roeber*, Das musikalische Tantiemerecht in Deutschland, 1930, S. 153. Anlage 18.

ganisationen zwar die bestehende Konkurrenz zwischen den Verwertungsunternehmen zu ihren Gunsten ausnutzen, waren nach einer Entscheidung aber auch langfristig an die vereinbarten Konditionen gebunden.

III. Verwertungsgesellschaften als konkurrierende Marktakteure

Das Auftreten eines neuen Marktakteurs bei der kollektiven Wahrnehmung des musikalischen Aufführungsrechts führte dazu, dass die Verwertungsgesellschaften um die Verpflichtung von Bezugsberechtigten und Musiknutzern konkurrierten. Um Urhebern und Verlegern Anreize zum Beitritt in eine der Gesellschaften zu bieten und ihre Marktmacht gegenüber den Marktmitbewerbern auszubauen, mussten Gema, AKM und GDT Maßnahmen ergreifen, die ihre eigene Marktmacht steigern und die Bedeutung des konkurrierenden Unternehmens schwächen konnten. Im Bereich der Wahrnehmung des mechanisch-musikalischen Vervielfältigungsrechts versuchten die Verwertungsgesellschaften hierzu eine langandauernde und vollumfassende Bindung der Bezugsberechtigten zu erreichen und so einen Wechsel zwischen den Gesellschaften zu erschweren.[39] Dieser Teil befasst sich mit der Frage, welche Maßnahmen die konkurrierenden Marktakteure bei der Wahrnehmung des musikalischen Aufführungsrechts ergriffen, um ihre Marktstellung zu festigen und zu erweitern. Ein erster Abschnitt befasst sich hierzu mit der Frage, ob und inwieweit die Unternehmen staatliche Unterstützung zur Durchsetzung ihrer Interessen in Anspruch nahmen. Ein zweiter Abschnitt betrachtet den Wachstumsprozess des Marktes mit Aufführungsrechten und setzt sich dabei mit der Frage auseinander, welche weiteren rechtlichen Instrumentarien genutzt wurden, um die eigene Marktposition des Verwertungsunternehmens zu stärken. Der dritte Abschnitt setzt sich mit den tatsächlichen Verhältnissen der im Deutschen Reich agierenden Verwertungsunternehmen und der Frage nach den Gründen für die Entstehung einer beherrschenden Stellung eines einzelnen Marktteilnehmers auseinander.

1. Die Inanspruchnahme staatlicher Unterstützung zur Stärkung der Marktmacht

Einen zentralen Aspekt zur Durchbrechung der Marktmacht der GDT stellte das Urteil des Reichsgerichts vom 18.9.1915 zur Feststellung der Nichtigkeit der Berechtigungsverträge der GDT/AFMA dar.[40] Mit der Manifestation

---

[39] Siehe: Kap. 4 II 1.
[40] Siehe: Kap. 3 III 1b cc.

von AKM und „alter Gema" als konkurrierende Verwertungsunternehmen im Deutschen Reich ist danach zu fragen, ob und inwieweit die Unternehmen in der Endphase des Ersten Weltkrieges und nach dem Wechsel des politischen Regimes von einer konstitutionellen Monarchie zu einer parlamentarischen Demokratie auf die Hilfe staatlicher Stellen zur Stärkung ihrer Marktmacht zurückgreifen konnten. Ein erster Unterabschnitt betrachtet Art und Umfang der Unterstützung, die die GDT von staatlicher Seite beanspruchte. Der zweite Unterabschnitt betrachtet sodann das Ausmaß der Unterstützung, das der „alten Gema" von staatlicher Seite zu Teil kam. In einem dritten Unterabschnitt werden dann die Auswirkungen selbiger auf die Marktakteure zusammengefasst.

a) Die Inanspruchnahme staatlichen Beistands durch die GDT

Die Inanspruchnahme staatlicher Unterstützung von Seiten der GDT äußerte sich vornehmlich in einer Subventionierung durch das Reichsministerium des Innern, das der GDT Beihilfen bewilligte, die der Behebung der Notstände der deutschen Kunst dienten.[41] Die GDT begründete das Erfordernis nach staatlichen Mitteln mit den schwierigen wirtschaftlichen Verhältnissen für die Komponisten und dem „verflachenden Geschmack des grossen Publikums", das „minderwertige Schlagermusik den soliden Werken anerkannter Meister" vorzog.[42] Durch ihre Spezialisierung auf Werke von Komponisten ernster Musik verringerten sich die Tantiemen, die an die GDT zu zahlen waren. In „der Weimarer Republik [konnten] im Bereich der ‚ernsten' Musik nur wenige Komponisten Werke von bleibender Bedeutung schaffen".[43] Die neuen Medien Rundfunk und Film verhalfen der Unterhaltungsmusik zu einem flächendeckenden Erfolg, da damit breite Bevölkerungsschichten von der Unterhaltungsmusik erreicht werden konnten.[44] Mit der sinkenden Nachfrage nahm auch der Einfluss der GDT im Bereich der Wahrnehmung des Aufführungsrechts ab, was einen Grund für die Inanspruchnahme staatlicher Subventionen darstellte. Die Ausweitung von sozialstaat-

---

[41] Bewilligungsbescheid des Reichsministers des Inneren über eine Beihilfe in Höhe von 5000 Reichsmark an die GDT vom 20.5.1927, in: Bundesarchiv, R55/1149, Bl. 2; Bewilligungsbescheid des Reichsministers des Inneren über eine Beihilfe in Höhe von 4000 Reichsmark an die GDT vom 23.7.1928, in: Bundesarchiv, R55/1149, Bl. 35.

[42] Anfrage der GDT an den Reichsminister des Innern über die Gewährung weiterer Beihilfen vom 20.3.1928, in: Bundesarchiv, R55/1149, Bl. 32 und Rs.

[43] *Büttner*, in: Gebhardt (Hrsg.), Handbuch der deutschen Geschichte: Band 18, [10]2010, S. 538.

[44] *Büttner*, in: Gebhardt (Hrsg.), Handbuch der deutschen Geschichte: Band 18, [10]2010, S. 539.

lichen Leistungen und Befugnissen war eines der prägenden Elemente der Weimarer Republik,⁴⁵ die sich auch in der staatlichen Unterstützung von Kunst und Künstlern zeigte. Ein Aspekt dieser „Künstlerhilfspolitik" lag in der Förderung einzelner Organisationen, die als Mittler für die staatlichen Ambitionen fungieren sollten.⁴⁶ Vom Ausbau dieser staatlichen Förderung profitierte auch die GDT. Sie bezeichnete sich „als Berufsorganisation der deutschen Tonsetzer" deren Zweck allein in der Unterstützung ihrer Mitglieder bestand, wohingegen sie die anderen Verwertungsunternehmen als „kaufmännische Institute" bezeichnete.⁴⁷ Die Gewährung staatlicher Beihilfen bestärkte sie in dieser Einschätzung und schuf damit eine bewusste Abgrenzung zu der unternehmerischen Tätigkeit der „alten Gema", die sich im Gegensatz zur GDT auf die Verwertung der Aufführungsrechte beschränkte.⁴⁸ Damit förderte die staatliche Unterstützung nicht nur die finanziellen Interessen der GDT. Die Beihilfen bestärkten sie auch in ihrer Auffassung als hoheitlich anerkannte Stelle für die Einziehung von Aufführungsgebühren zu agieren.⁴⁹

Der Umfang der staatlichen Unterstützung, die der GDT zu Teil wurde, war im Verhältnis zu ihren Einnahmen und im Vergleich zu der Förderung, die andere Organisationen erlangten, gering. Im Jahr 1927 kam ihr eine staatliche Förderung von 5.000 RM zugute.⁵⁰ In den Folgejahren erhielt die GDT dann jährliche Zahlungen in Höhe von 4.000 RM, bzw. für das Jahr 1931 noch 3.000 RM.⁵¹ Die vom Reichsminister des Innern gewährten Mittel kamen nach Auskunft der GDT unmittelbar ihren Mitgliedern zugute. Dabei gingen sie nach der Notlage ihrer Mitglieder vor und unterstützen sie je nach

---

⁴⁵ *Wehler*, Deutsche Gesellschaftsgeschichte, 2003, S. 429.

⁴⁶ So *Kratz-Kessemeier* für die bildenden Künste, siehe: *Kratz-Kessemeier*, Kunst für die Republik, 2008, S. 483.

⁴⁷ Schreiben der GDT an das Reichsministerium des Innern vom 1.7.1927, in: Bundesarchiv, R55/1149, Bl. 3.

⁴⁸ Zur Organisationsstruktur von GDT und „alter Gema", siehe: Kap. 3 I 1a und II 2a.

⁴⁹ So konnte die GDT nach Aufnahme ihrer Tätigkeit ihre Marktmacht ausbauen, siehe: Kap. 3 I 2b.

⁵⁰ Der der Untersuchung zu Grunde gelegte Bestand des Bundesarchivs enthielt erstmals einen Bewilligungsbescheid für das Jahr 1927. Bewilligungsbescheid des Reichsministers des Inneren über eine Beihilfe in Höhe von 5000 Reichsmark an die GDT vom 20.5.1927, in: Bundesarchiv, R55/1149, Bl. 2.

⁵¹ Bewilligungsbescheid des Reichsministers des Inneren über eine Beihilfe in Höhe von 4000 Reichsmark an die GDT vom 23.7.1928, in: Bundesarchiv, R55/1149, Bl. 35; Übersicht des Reichsministers des Inneren über die Verwendung der Mittel zur Behebung der Notstände der deutschen Kunst des Rechnungsjahres 1929 vom 26.6.1929, in: Bundesarchiv, R55/1149, Bl. 93; Bewilligungsbescheid des Reichsministers des Inneren über eine Beihilfe in Höhe von 4000 Reichsmark an die GDT vom 23.10.1929, in: Bundesarchiv, R55/1149, Bl. 106; Bewilligungsbescheid des Reichsministers des Inneren über eine Beihilfe in Höhe von 3000 Reichsmark an die GDT vom 6.10.1930, in: Bundesarchiv, R55/1149, Bl. 131.

dem Grad ihrer Bedürftigkeit mit größeren oder kleineren Beträgen.[52] Anderen Organisationen wurden deutlich höhere Summen zugesprochen. So bewilligte der Reichsminister des Innern der deutschen Kunstgemeinschaft eine Förderung in Höhe von 50.000 RM und der Notgemeinschaft des deutschen Schrifttums eine Summe von 55.000 RM.[53] Auch im Verhältnis zu ihren eigenen Einnahmen war der Betrag, den die GDT aus staatlichen Mitteln erlangte, unwesentlich. So betrugen die Gesamteinnahmen für das Jahr 1926 im Bereich der Wahrnehmung des musikalischen Aufführungsrechts 289.904,90 RM, wovon die Kosten der Verwaltung bereits 54.442,62 RM ausmachten.[54] Die Zahlung von 5.000 RM im Jahr 1927 begründete damit keine wesentliche Umsatzsteigerung, die die GDT im Verhältnis zur „alten Gema" bevorteilte. Es handelte sich bei der Subvention um gerade einmal etwas über 2% im Vergleich zum erwirtschafteten Gewinn. Dies zeigte sich auch daran, dass die Einnahmen der „alten Gema" im Vergleichsjahr bei 1.350.709,40 RM und damit wesentlich höher als die Umsätze der GDT waren.[55] Der finanzielle Vorteil, der der GDT durch die staatliche Förderung zu Teil kam, vermochte ihre Marktposition damit in momentaner Hinsicht kaum zu stärken. In der Außenwirkung war das Signal, als soziale Einrichtung anerkannt zu werden, aber nicht zu unterschätzen.

b) Die gerichtliche Durchsetzung ihrer Marktposition durch die Gema

Im Gegensatz zur GDT musste die Gema ihre Marktmacht, ohne die Unterstützung des Gesetzgebers auszubauen.[56] Um ihren zunehmenden Einfluss beim Handel mit musikalischen Aufführungsrechten zu sichern, schreckte sie auch vor der Aufnahme gerichtlicher Verfahren nicht zurück. Unter anderem versuchte sie ein Ausscheiden ihrer Genossen im Klagewege zu verhindern.[57] Die ausscheidenden Genossen machten geltend, dass es sich bei der „alten

---

[52] Die GDT setzte den Reichsminister des Inneren regelmäßig davon in Kenntnis, welchen Mitgliedern eine Unterstützung zukam, siehe u.a.: Schreiben der GDT an den Reichsminister des Innern vom 25.8.1928 mit einer Übersicht der begünstigten Mitglieder, in: Bundesarchiv, R 55/1149, Bl. 67; Schreiben der GDT an den Reichsminister des Innern vom 24.4.1929 mit einer Übersicht der begünstigten Mitglieder, ebd., Bl. 79.

[53] Übersicht des Reichsministers des Inneren über die Verwendung der Mittel zur Behebung der Notstände der deutschen Kunst des Rechnungsjahres 1929 vom 26.6.1929, in: Bundesarchiv, R 55/1149, Bl. 93.

[54] Geschäftsbericht der GDT über das 23. Geschäftsjahr vom Mai 1927, in: Der schaffende Musiker 1927, Nr. 1, S. 9.

[55] Gewinn- und Verlustrechnung der „alten Gema" vom 30.9.1927, in: GN 1928, Nr. 9, S. 11.

[56] Gemeinsam mit der GDT setzte sie sich allein für Reformen des LUG, wie für die Streichung des §22a LUG 1910 ein. Zur gemeinsamen Eingabe an die Reichsregierung, siehe: GN 1928, Nr. 14, S. 7.

[57] Ein Bericht über den Rechtsstreit findet sich: GN 1929, Nr. 21, S. 2.

Gema" um ein Kartell handele, was ihnen ein außerordentliches Kündigungsrecht für die Beendigung ihrer Vertragsverhältnisse gewähren sollte. Das mit dem Verfahren betraute Kammergericht lehnte das Vorliegen der Voraussetzungen der am 2.11.1923 erlassenen Verordnung gegen den Mißbrauch wirtschaftlicher Machtstellungen (KartVO) ab.[58] Als Inhaber von Urheberrechten verfolgten die einzelnen Genossen keine unternehmerischen Ziele, so dass die Gema mangels des Vorliegens der Voraussetzung des „Zusammenschlusses von Unternehmern" nicht als Kartell im Sinne von § 1 KartVO angesehen wurde.[59]

Weiterhin setzte die Gema ihre Rechte gegenüber der GDT als konkurrierendem Marktteilnehmer im Zweifel auch gerichtlich durch. Nach einem Wechsel des Komponisten *Walter Kollo* und des Verlags N. Simrock Verlag GmbH zur GDT versuchte die Gema mittels Klage die Wirksamkeit des Übertritts ihrer Genossen zum konkurrierenden Marktakteur zu verhindern. Das Landgericht Berlin verurteilte die GDT in der Folge zur Unterlassung der Verfügung über die Rechte der ausgeschiedenen Genossen der „alten Gema" und zur Entrichtung von Schadensersatz, da es die Kündigungen für unwirksam erachtete.[60] Auch eine Kooperation von GDT und Reichskartell der Musikverbraucher weckte die Befürchtung der „alten Gema", dass es zu einem Rückgang der Zahl der Pauschalverträge mit Veranstaltern musikalischer Aufführungen und einem damit einhergehenden Verlust von Einnahmen kommen könnte. Eine Klage der „alten Gema" und AKM auf Feststellung der Nichtigkeit dieser Kooperationsvereinbarung wegen Verstoßes gegen die KartVO scheiterte allerdings. Auch hier sprach sich das Landgericht Berlin gegen das Vorliegen eines Kartellvertrags im Sinne von § 1 KartVO aus, da es an der unmittelbaren Bindungswirkung gegenüber den einzelnen Mitgliedern der Organisationen fehlte.[61]

Die Gema setzte ihre Rechte gerichtlich auch gegenüber den Nutzerverbänden durch. Nachdem die Zeitschrift „Das Organ der Variétéwelt" dazu aufforderte mit der „alten Gema" „keine Verträge abzuschließen und ihr die Gelder vorzuenthalten" verurteilte das Landgericht Berlin sie zur Unterlassung und Zahlung von Schadensersatz.[62] Auch in einem Verfahren gegen den Reichsverband Deutscher Lichtspieltheaterbesitzer, den internationalen Variété-Theater-Direktoren-Verband, den Verband der Kaffeehausbesitzer, die Spitzenorganisation der Deutschen Filmindustrie und den Rechtsanwalt

---

[58] RGBl. I 1923, S. 1067 ff.
[59] Urteil des Kammergerichts vom 6.7.1929, in: Kartell-Rundschau 1930, S. 36 (37).
[60] Urteil des Landgerichts Berlin I vom 15.2.1929, in: GN 1929, Nr. 21, S. 2.
[61] Urteil des Landgerichts Berlin I vom 5.7.1929, in: Bundesarchiv, R 3001/6363, Bl. 200 (209).
[62] Bericht über das Urteil des Landgerichts Berlin I vom 19.2.1929, in: GN 1929, Nr. 21, S. 6.

Walter Plugge erlangte die Gema Unterlassungs- und Schadensersatztitel wegen der Verteilung von Flugblättern, die die Genossen der „alten Gema" zur fristlosen Kündigung ihrer Mitgliedschaft aufforderten, durch die genannten Personen und Verbände. Das Landgericht Berlin sah hierin einen Verstoß gegen die guten Sitten nach § 826 BGB.[63]

Anders als die GDT setzte die Gema ihre Rechte konsequent im Klagewege durch. Das Ziel war ihre Marktposition gegenüber einem zunehmenden Einfluss der GDT zu schützen, was im Ergebnis auch gelang. Zu diesem Zeitpunkt besaß die Gema bereits eine marktbeherrschende Stellung für den Handel mit Aufführungsrechten aus dem Bereich der Unterhaltungsmusik.[64] Die Inanspruchnahme des Rechtsschutzes durch die Gerichte diente damit vornehmlich der Stabilisierung ihrer Marktposition und konnte sie vor marktbeeinflussenden Angriffen durch ihre Gegner und Konkurrenten bewahren.

c) Fazit zu Art und Umfang der staatlichen Unterstützung der Verwertungsunternehmen

Das Verhältnis der Verwertungsunternehmen gegenüber dem Staat der Weimarer Republik stellte sich unterschiedlich dar: Die GDT erhielt im Rahmen der Haushaltsposten staatliche Kunstförderung finanzielle Hilfen von der Reichsregierung. Mit ihrer Charakterisierung als „Kunstgemeinschaft" sah sich die GDT in ihrer Auffassung bestätigt, dass sie als Berufsorganisation der Komponisten eine staatliche Legitimation besaß. Die vom Gesetzgeber gezahlten Beiträge waren allerdings so gering, dass sie keine Auswirkungen auf die bestehenden Marktverhältnisse besaßen. Durch die zunehmende Verbreitung von Unterhaltungsmusik durch Rundfunk und Film in der Weimarer Republik konnte die Gema ihre Marktmacht im Verhältnis zur GDT zunehmend ausbauen. Ihre marktbeherrschende Position bei der Wahrnehmung der Aufführungsrechte im Bereich der „leichten Musik" verteidigte sie konsequent auch im Klagewege. In zahlreichen Verfahren gegen ihre Genossen, gegen Veranstalterverbände und die GDT als konkurrierendem Marktakteur versuchte sie nicht nur die Marktposition der GDT einzudämmen, sondern auch ihre eigene Marktstellung zu stabilisieren, was auch weitgehend gelang. Die 1923 erlassene KartVO stellte sich insoweit als wirkungslos heraus, so dass auch die Marktmacht der „alten Gema" durch die Versuche der Genossen ihre Mitgliedschaft aufgrund kartellrechtlicher Verstöße vorzeitig zu beenden nicht erfolgreich waren.[65] Die staatlichen Gerichte bewahr-

---

[63] Urteil des Landgerichts Berlin I vom 12.2.1929, in: GN 1929, Nr. 23, S. 1 (5).

[64] So: Urteil des Landgerichts Berlin I vom 8.9.1927, in: Juristische Wochenschrift 1928, S. 373 ff.

[65] Zur restriktiven Auslegung der KartVO, siehe: *Heinemann*, Immaterialgüterschutz in der Wettbewerbsordnung, 2002, S. 130. *Nörr*, Zwischen den Mühlsteinen, 1988, S. 62 ff.

ten die Gema damit auch vor marktbeschränkenden Angriffen ihrer Gegner und Konkurrenten.

2. Unternehmerische Strategien mit Hilfe des Vertragsrechts

Weitaus größere Bedeutung kam aber den Unternehmensstrategien zu, die vor allem durch das Vertragsrecht den Einfluss der Verwertungsunternehmen festigte und ausweitete. Mit der zunehmenden Popularität der Schlagermusik konnten Gema und AKM ihre Marktmacht im Verhältnis zur GDT deutlich ausbauen und erlangten im Bereich der Unterhaltungsmusik quasi eine Monopolstellung.[66] Gleichzeitig verwaltete die GDT einen Großteil der Werke ernster Musik und versuchte ihren Einfluss stetig zu steigern. Dieser Abschnitt setzt sich mit den Fragen auseinander, welche Maßnahmen die Gema zum Erhalt ihrer Marktmacht traf und welche Mittel, die GDT zum Ausbau ihres Einflusses nutzte. Ein erster Unterabschnitt setzt sich mit der Fortentwicklung des von AKM und „alter Gema" gegründeten Musikschutzverbands auseinander. Dabei ist zu zeigen, wie die Zusammenarbeit durch den Abschluss weiterer Kooperationsverträge ausgebaut wurde. In einem zweiten Unterabschnitt wird die Gründung des VEVA durch die Gema und seine Bedeutung für ihre Mitglieder dargelegt. Ein besonderes Augenmerk liegt dabei auf der Fragestellung, inwieweit die Gründung des VEVA die Marktmacht der „alten Gema" ausbauen konnte. Der dritte Unterabschnitt befasst sich mit dem Aufbau eines Schätzungssystems durch die Gema und deren Auswirkungen auf das Verhältnis zur GDT. In einem vierten Unterabschnitt werden sodann Maßnahmen untersucht, die die GDT ergriff, um ihre Bezugsberechtigte weiterhin zu binden und neue Mitglieder zu werben. Daran anschließend werden die Maßnahmen betrachtet, die die GDT nutzte, um die Vertragsverhältnisse zu den Musiknutzern auszubauen. Ein besonderes Augenmerk wird dabei auf ihre Zusammenarbeit mit dem Reichskartell der Musikverbraucher gelegt, die in einem fünften Unterabschnitt beleuchtet wird. In einem daran anknüpfenden sechsten Unterabschnitt werden die Reaktionen der „alten Gema" und des Musikschutzverbands auf das vermeintliche Erstarken der GDT durch die Zusammenarbeit mit dem Reichskartell der Musikverbraucher betrachtet. Der siebte Unterabschnitt wertet schließlich aus, ob und inwieweit der Ausbau des Handels mit Aufführungsrechten die jeweiligen Marktakteure begünstigte und welche Maßnahmen dieselben ergriffen, um ihre Marktmacht gegenüber den konkurrierenden Unternehmen zu steigern.

---

[66] *Pahlow,* Popular Entertainment Studies Vol. 6 (2015), S. 56 (65).

a) Die Zusammenarbeit von AKM und „alter Gema" im Musikschutzverband

Die Kooperation zwischen der AKM und der „alten Gema" im Musikschutzverband wurde durch den Vertrag vom 1.4.1916 begründet. Die darin normierten Rechte und Pflichten konstituierten ein Vertriebsunternehmen mit einer eigenen Governancestruktur. Der Vertrag legte die Leitungsorgane und deren Kompetenzen innerhalb des Musikschutzverbands fest. Das wirkte sich unmittelbar auf die einzelnen, bisher selbständigen Verwertungsunternehmen und ihre bisherige Geschäftstätigkeit aus.[67] Dieser Unterabschnitt betrachtet die Fortentwicklung des Musikschutzverbands nach seiner Gründungsphase. Unter Zugrundelegung von Verträgen über die Fortsetzung der Zusammenarbeit von AKM und „alter Gema" im Musikschutzverband aus den Jahren 1926 und 1928 wird die Bedeutung der Vertragspartner unter den Aspekten der Einflussnahme auf das Gemeinschaftsunternehmen, der Gewinnverteilung, den entstandenen Vertragspflichten, der Auswirkungen auf die Rechtsverhältnisse zu den Rechteinhabern und Anpassungen im Laufe der Vertragsdauer dargelegt. Hieraus sollen Rückschlüsse auf die Frage gezogen werden, ob und inwieweit die Zusammenarbeit durch den Abschluss weiterer Kooperationsverträge vertieft werden konnte.

Als eigenständiges Unternehmen beschäftigte der Musikschutzverband eine eigene Geschäftsstelle, der zwei Direktoren vorstanden. Die Direktoren wurden nach § 3 des Vertrags über die Aufrechterhaltung des Musikschutzverbandes vom 7.4.1926 von den beiden Verwertungsunternehmen bestimmt. Beiden Vertragsparteien kam dabei das Recht zu einen der Direktoren „in Vorschlag zu bringen".[68] Daneben behielten sich die Gema und die AKM Kontrollrechte über die Tätigkeit des Musikschutzverbands vor. § 4 Abs. 2 des Verlängerungsvertrags aus dem Jahr 1926 besagte, dass die von den Direktoren ausgehandelten Pauschalverträge beiden Gesellschaften zur Genehmigung vorgelegt werden mussten. Nach Abs. 1, S. 2 entschieden die Kontrahierenden auch über die Fortführung der Empfehlungsverträge mit den Konzertunternehmen und schränkten damit die Kompetenzen des Direktoriums des Musikschutzverbands ein. AKM und Gema standen sich damit hinsichtlich ihrer Möglichkeiten zur Einflussnahme auf die Leitung des Musikschutzverbands als gleichberechtigte Partner gegenüber.

Auch hinsichtlich der Verteilung der Gewinne des Musikschutzverbands vereinbarten die Verwertungsgesellschaften eine gleichmäßige Verteilung. Die Betätigung des Musikschutzverbands beschränkte sich nach § 1 des Ver-

---

[67] Zur Zusammenarbeit von AKM und „alter Gema" im Musikschutzverband, siehe: Kap. 3 III 2a bb.

[68] Vertrag zwischen der AKM und der „alten Gema" über die Fortführung des Musikschutzverbands 7.4.1926 (ein früher datierter Vertrag über die Zusammenarbeit von „alter Gema" und AKM konnte den zugrundeliegenden Beständen nicht entnommen werden), in: Bundesarchiv, R55/1152, Bl. 39. Anlage 19.

längerungsvertrags auf das Gebiet des Deutschen Reiches. Die Verwertung des musikalischen Aufführungsrechts und die Einziehung der daraus hervorgehenden Tantiemen in Österreich unterlag allein der AKM.

Als Einnahmen galten nach § 6 Abs. 1 des Verlängerungsvertrags die aus den abgeschlossenen Aufführungsverträgen eingezogenen Aufführungsgebühren, Zinsen und sonstige Einnahmen. Abs. 2 sah den Abzug der gemeinsamen Betriebskosten vor der Verteilung der Gewinne vor. Der verbliebende Reingewinn wurde abhängig von der Gattung der musikalischen Werke an die Vertragsparteien verteilt. Im Bereich der ernsten Musik erfolgte nach § 7 Abs. 3 des Verlängerungsvertrags eine programmmäßige Verteilung unter Rückgriff auf die eingegangenen Konzertprogramme. Die Verteilung des Gewinns im Bereich der Unterhaltungsmusik erfolgte nach § 7 Abs. 4 zu gleichen Teilen, so dass jedes Unternehmen 50 % der Verrechnungssumme erhielt. Auch im Bereich der Unterhaltungsmusik strebten die Vertragsparteien die Etablierung einer programmmäßigen Verteilung an, die nach § 7 Abs. 5 nach Ablauf von drei Jahren umgesetzt werden sollte.

Lediglich im Bereich der Aufführung von Werken im Radio, die 1926 als neues Betätigungsgebiet der Verwertungsgesellschaften in den Vertrag aufgenommen wurde, handelte die Gema einen für sie vorteilhafteren Verteilungsschlüssel von 7/12 aus, während die AKM lediglich 5/12 der zu verteilenden Summe zukam, § 7 Abs. 6. Die Regelung über die Verteilung der Beiträge des Rundfunks galt für zwei Jahre. Danach war eine Anpassung des Verteilungsschlüssels vorgesehen. Für den Fall, dass AKM und Gema sich nach Ablauf der zwei Jahre auf keinen gemeinsamen Verteilungsschlüssel einigen konnten, räumten sich die Vertragsparteien das Recht ein, gesonderte, vom Musikschutzverband unabhängige Verträge mit den Radiogesellschaften abschließen zu können.

Im Jahr 1924 führten die Verteilungsgrundsätze dazu, dass der „alten Gema" 561.572,95 Mark von den vom Musikschutzverband nach Abzug seiner Kosten zur Verwaltung gebrachten 1.121.572,95 Mark zukamen. Im Folgejahr erhielt sie 907.676,75 Mark vom Gewinn des Musikschutzverbands, der bei 1.656.282,16 Mark lag.[69] Unter Berücksichtigung der Tatsache, dass der AKM die alleinige Verwertung der Rechte der „alten Gema" in Österreich zustand, zeigte sich auch im Rahmen der Gewinnverteilung eine weitgehende Gleichberechtigung zwischen den Unternehmen.

Durch die Zusammenarbeit unterwarfen sich die Vertragsparteien gleichzeitig vertraglichen Pflichten. § 9 des Verlängerungsvertrags sah vor, dass die Vertragspartner keine weitergehenden Verfügungen über ihre Aufführungs-

---

[69] Gewinn- und Verlustrechnung des Musikschutzverbands und der „alten Gema", zitiert nach: GN 1927, Nr. 2, S. 2. In den Folgejahren veröffentlichte die Gema in den GN lediglich ihre eigene Gewinn- und Verlustrechnung, so dass keine Angaben über die Einnahmen des Musikschutzverbands getroffen werden können.

rechte im Vertragsgebiet trafen. In § 15 Abs. 1 verpflichtete sich die Gema der AKM ihre Aufführungsrechte für die Verwertung in Österreich und den Sukzessionsstaaten zu übertragen, so dass die AKM das Repertoire der „alten Gema" primär in ihrem Tätigkeitsbereich veräußern konnte. Weitergehende Pflichten betrafen die Einreichung von Vertretungsvollmachten der Unternehmen an die Geschäftsstelle des Musikschutzverbands für Vertragsabschlüsse und Prozesse, § 12 und den regelmäßigen Austausch der Mitgliederverzeichnisse, § 10. Eine Auflösung der Zusammenarbeit war durch Kündigung des Vertrags möglich. Beide Vertragspartner konnten nach § 13 Abs. 2 einjährig jeweils mit Wirksamkeit zum 30. September kündigen.

Obwohl sich die Zusammenarbeit der Unternehmen vorrangig auf die Rechtsverhältnisse zu den Veranstaltern bezog, wirkten sich die Bestimmungen des Verlängerungsvertrags von 1926 auch auf die Beziehungen zu den Bezugsberechtigten aus. So verbot § 10 die Aufnahme von Mitgliedern der einen in die jeweils andere Gesellschaft. Ob und inwieweit ein Übertritt nach einer Kündigung möglich blieb und inwieweit weitere Umgehungsmöglichkeiten bestanden, die einen Wechsel ermöglichten, kann den zugrundeliegenden Verträgen allerdings nicht entnommen werden. Die Regelung in § 10 des Verlängerungsvertrags lässt darauf schließen, dass sich die Zusammenarbeit der Unternehmen auch auf die Konkurrenz um die vertragliche Verpflichtung der Bezugsberechtigten erstreckte und sich höchstens noch im Hinblick auf die Vertragsschlüsse mit Neumitgliedern auswirkte. Weiterhin vereinbarten die Vertragsparteien in § 11 „ihre Mitglieder zu verpflichten, alle ihnen zustehende Aufführungsrechte (siehe § 1) ausschließlich in die Verwaltung ihrer Gesellschaft zu übertragen". Damit wirkte sich die Zusammenarbeit von AKM und „alter Gema", die sich zunächst vornehmlich auf die vertraglichen Beziehungen zu den Musiknutzern beschränkte, auch auf ihre Bezugsberechtigten aus.

Im Ergebnis standen sich Gema und AKM durch den Vertrag über die Aufrechterhaltung des Musikschutzverbandes aus dem Jahr 1926 weitgehend gleichberechtigt gegenüber. Die Zusammenarbeit führte zu einer Annäherung der Gesellschaften, was sich sowohl im Hinblick auf die Vertragsverhältnisse zu den Veranstaltern als auch zu den Bezugsberechtigten zeigte. Der Vertrag begründete ein friedliches Nebeneinander beider Marktakteure und verringerte die Möglichkeiten von Urhebern und sonstigen Berechtigten von einer zur anderen Gesellschaft zu wechseln. Dies war insofern relevant als auch deutsche Komponisten österreichische Verlage mit dem Verlag ihrer Werke beauftragten, denen sie abhängig von der konkreten vertraglichen Ausgestaltung auch die Wahrnehmung des Aufführungsrechts überlassen konnten.[70] Mit der Fortsetzung ihrer Zusammenarbeit im Musikschutzver-

---

[70] *Beer*, in: Fischer/Füssel (Hrsg.), Geschichte des deutschen Buchhandels im 19. und 20. Jahrhundert: Die Weimarer Republik 1918–1933. Teil 1, 2007, S. 518 f.

band konnten Gema und AKM den Veranstaltern ein umfangreiches Repertoire musikalischer Werke bieten. Die weitgehende Beilegung der Konkurrenz zwischen den Vertragsparteien stärkte die Zusammenarbeit und ermöglichte den Ausbau ihrer gemeinsamen Marktmacht beim Handel mit Aufführungsrechten „leichter Musik".

Daran änderte auch der Folgevertrag vom 24.2.1928 nichts.[71] In Abgrenzung zum Vertrag aus dem Jahr 1926 wurde die Verteilung der Tantiemen nach Werkarten und die gesonderte Abrechnung der Radioverträge aufgehoben. AKM und Gema einigten sich nach § 7 des Folgevertrags aus dem Jahr 1928 darauf, dass jeder die Hälfte des Überschusses erhält. Allerdings verpflichtete die AKM sich zu einer Rückvergütung von 12 % ihrer Anteile. Im Falle einer Überschreitung des Überschusses von 7 Millionen Mark verpflichtete sich die AKM zu einer noch höheren Rückvergütung. Auch § 9 Abs. 1 sah bei einer Verteilung des Kassensaldos des Verbands ein Quotenverhältnis von 44 % für die AKM und 56 % für die Gema vor. Im Gegenzug räumte die Gema der AKM weiterhin die Befugnis zur Wahrnehmung der Aufführungsrechte in Österreich und den Sukzessionsstaaten ein, § 16, wodurch die AKM weitere Einnahmen erlangte. Daneben wurden die Mitteilungspflichten des Verbands an die Vertragsparteien in § 12 erweitert und in § 14 wichtige Entscheidungen des Verbands von der Zustimmung oder Genehmigung der Vorstände beider Unternehmen abhängig gemacht. Der Folgevertrag aus dem Jahr 1928 erweiterte die Rechte der Vertragsparteien, worin sich eine Tendenz zur Beibehaltung der Selbstständigkeit von „alter Gema" und AKM zeigt. Die durch die Zusammenarbeit der Gesellschaften eingesparten personellen und finanziellen Ressourcen versetzten die beiden Marktakteure in die Lage ihre Marktmacht weiter auszubauen und die GDT stückweise vom Handel mit musikalischen Aufführungsrechten zu verdrängen.

b) Die Gründung des Vereins zur Verwertung musikalischer Aufführungsrechte (VEVA)

Die Gema eröffnete ihren Genossen umfangreichere Mitbestimmungsrechte als die als Verein ausgestaltete, konkurrierende GDT.[72] Aufgrund ihrer Spezialisierung auf Werke der Unterhaltungsmusik erfreute sie sich in den 1920er Jahren zunehmender Popularität und konnte insoweit ihre Marktmacht gegenüber der GDT weiter ausbauen.[73] Mit der stetigen Zunahme der Zahl ihrer Genossen sank der Einfluss der einzelnen, bereits in der „alten Gema"

---

[71] Vertrag zwischen der AKM und der „alten Gema" über die Fortführung des Musikschutzverbands vom 24.2.1928, in: Bundesarchiv, R55/1151, Bl. 121.
[72] Siehe: Kap. 5 I 2.
[73] Siehe: Kap. 5 III 1a.

organisierten Mitglieder, was eine Verschiebung der Einflussmöglichkeit der bisherigen Mitglieder zu fürchten ließ. Um dem entgegenzuwirken, gründete die Gema 1928 in Anlehnung an die organisatorische Ausgestaltung der GDT den VEVA. Sein Zweck bestand nach § 1 der Satzung des VEVA in der „Wahrung der Standes- und Berufsinteressen seiner Mitglieder, insbesondere Schutz ihrer musikalischen Aufführungsrechte gemäß § 4 dieser Satzung gegenüber dem Gesetzgeber, den Behörden und Privaten".[74] In § 1 S. 2 betonte sie, dass der Verein keinen wirtschaftlichen Geschäftsbetrieb besaß. Mit dem VEVA weitete die Gema ihre Befugnisse gegenüber neuen Mitgliedern aus und schränkte deren Möglichkeiten zur Einflussnahme ein.

Die Rechtewahrnehmung erfolgte nunmehr nicht mehr mittels Erteilung einer Vollmacht. § 4 Abs. 2 Satzung des VEVA sah vor, dass jedes Mitglied verpflichtet wurde seine musikalischen und textlichen Aufführungsrechte auf den Verein zu übertragen, der sie nach § 5 der „alten Gema" übertrug. Darüber hinaus verpflichteten sich die neuen Mitglieder nach § 8 der Satzung die übertragenen Rechte auch nach einer Kündigung für weitere zwei Jahre unter der Verwaltung der „alten Gema" zu belassen.

Auch die Mitbestimmungsrechte der Bezugsberechtigten wurden durch ihre Aufnahme als Vereinsmitglied im Vergleich zur Aufnahme als Genosse beschnitten. So sah § 9 Abs. 2 der Satzung vor, dass der Vorsitzende und der Schriftführer des VEVA durch den Vorstand der „alten Gema" bestimmt wurden.

Lediglich die Wahl des Schatzmeisters oblag der Mitgliederversammlung. Mit Gründung des VEVA versuchte die Gema neue Bezugsberechtigte langandauernd und möglichst vollumfassend an sich zu binden und ihnen so einen Wechsel zur konkurrierenden GDT zu erschweren. Die Tatsache, dass Neumitglieder nunmehr nicht mehr als Genosse in die Gema, sondern als Mitglied in einen der „alten Gema" angeschlossenen Verein aufgenommen wurden, führte zu einer Einschränkung der Mitbestimmungsrechte der Neumitglieder und minimierte ihren Einfluss. Hierdurch wurden die bisherigen Mitglieder in die Lage versetzt Entscheidungen ohne Berücksichtigung der Interessen neu aufgenommener Bezugsberechtigter auszugestalten. Dies galt nach § 6 der Satzung des VEVA insbesondere für Aufnahmegesuche als Genosse in die Gema über die der Vorstand des VEVA entschied und die ohne Mitteilung von Gründen abgelehnt werden konnten. Mit Gründung des VEVA näherte sich die Gema auf struktureller Ebene der GDT an. Die Verwaltung der Vertragsbeziehungen zu den Bezugsberechtigten im VEVA erschwerte einen Wechsel zwischen den Gesellschaften und vermochte die bestehende Marktmacht der „alten Gema" im Bereich der Unterhaltungsmusik zu festigen, ohne dabei große Zugeständnisse an neu aufgenommene Bezugsberechtigte machen zu müssen.

---

[74] Entwurf der Satzung des VEVA vom 10.6.1928, in: GN 1928, Nr. 12, S. 2. Anlage 20.

c) Der Aufbau des Schätzungssystems durch die Gema

Auch im Bereich der Verteilung der Aufführungsgebühren setzte die Gema zur Stabilisierung ihrer Marktmacht auf Reformen. Wie die GDT verteilte die Gema ihre Einnahmen ursprünglich nach dem in § 34 ihrer Statuten geregelten Programmsystem, das Komponisten, Textdichtern und Verlegern einen bestimmten Anteil an den für das aufgeführte Werk eingenommenen Tantiemen zuwies.[75] Dabei übermittelten die Veranstalter ihre Programme der „alten Gema", die anhand dessen die Verrechnung an ihre Bezugsberechtigten vornahm. Dieses System rief auf Seiten der Musikkonsumenten Kritik hervor, die sich gegen das stete Einsenden der Programme zur Wehr setzten.[76]

1927 rückte die Gema von diesem Verteilungsprinzip ab und schuf ein Schätzungssystem zur Verteilung ihrer Einnahmen. Das von der „alten Gema" in § 34 der Satzung neu eingeführte Schätzungssystem unterteilte ihre Genossen in unterschiedliche Gruppen.[77] Der den jeweiligen Bezugsberechtigten zukommende Anteil an den Einnahmen wurde von der Zugehörigkeit in einer von acht Gruppen abhängig gemacht. Die Gruppenzugehörigkeit bestimmte sich nach der Zahl der eingebrachten Werke und deren Aufführungswert. Nach § 34 Abs. 3 erfolgte die Schätzung durch eine Kommission, deren Mitglieder zur Hälfte von der Generalversammlung und zur anderen Hälfte von Vorstand und Aufsichtsrat der „alten Gema" gewählt wurden. Bei der Bewertung waren nach Abs. 2 der Produktionswert, die Prominenz und das Berufsalter der Genossen zu berücksichtigen. Die Einführung des Schätzungssystems hatte, wie die Gründung des VEVA, eine Verkürzung der Informationsrechte der einzelnen Bezugsberechtigten und insgesamt eine erhebliche Verringerung der Transparenz zu Folge. Die Intransparenz, der der Schätzung zugrundeliegenden Bestimmungen führte zu einem Ungleichgewicht bei der Verteilung der Einnahmen zwischen den einzelnen Bezugsberechtigten, was sich an der hohen Zahl von Beschwerden gegen die Entscheidungen der Schätzungskommission widerspiegelte.[78] Die Einführung des Schätzungssystems diente damit nicht allein der Vereinfachung der Vertragsverhältnisse mit den Veranstaltern. Die Intransparenz im Rahmen der Zuordnung von Aufführungswerten versetzte die Gema in die Lage populären Komponisten einen umfangreicheren Anteil an den Aufführungsgebühren zuzusprechen und damit einen Wechsel zur konkurrierenden GDT zu verhindern.[79] Mit der Einführung des Schätzungssystems und der Gründung

---

[75] Statuten der „alten Gema" in der Fassung vom 16.12.1915, in: *Schulze*, Geschätzte und geschützte Noten, 1995, S. 140.

[76] So zumindest im Nachwort zu den Vorschlägen der Programmkommission für die Gewinnverteilung der Gema dargestellt, in: GN 1927, Nr. 4, S. 4.

[77] § 34 der Statuten in der Fassung vom 26.1.1928, in: GN 1928, Nr. 9, S. 6.

[78] *Pahlow*, Popular Entertainment Studies Vol. 6 (2015), S. 56 (64).

[79] *Pahlow*, Popular Entertainment Studies Vol. 6 (2015), S. 56 (64).

des VEVA vollführte die Gema einen Wandel von der vormals genossenschaftlich und auf Gleichbehandlung ausgerichteten Gesellschaft zum marktbeherrschenden Unternehmen, dessen vornehmliche Zielsetzung in der Sicherung seiner Marktmacht bestand.

d) Maßnahmen der GDT zur Bindung und Werbung von Bezugsberechtigten

Die zunehmende Ausdehnung der Marktmacht der „alten Gema" versetzte auch die GDT unter Reform- und Anpassungsdruck. Sie erließ ebenfalls neue Maßnahmen zur Bindung alter und Anwerbung neuer Bezugsberechtigter. Hierbei setzte sie auf rechtliche und finanzielle Instrumente.

In einem ersten Schritt versuchte die GDT die Bezugsberechtigten, die nach der Entscheidung des Reichsgerichts vom 18.9.1915 nicht von ihren Berechtigungsverträgen zurückgetreten waren, vertraglich zu binden und weitere Kündigungen und Rücktritte zu verhindern. So erschien im Berliner Tageblatt ein Informationsartikel, der feststellte, dass sie weiterhin an ihre Verträge gebunden seien.[80] Die Verbreitung dieser Nachricht wurde von *Hermann Rauh*, einem Verleger und Vorstandsmitglied der „alten Gema",[81] der Leitung der GDT zugeschrieben, die zu verhindern suchte, dass weitere Bezugsberechtigte ihre Verträge auflösten.[82]

Neben dem Versuch die Berichterstattung zu ihren Gunsten zu beeinflussen, zeigte sich der Wille zur Bindung ihrer Bezugsberechtigten an der Beibehaltung umfangreicher Übertragungsklauseln in den neuen Berechtigungsverträgen. So sah § 9 Abs. 1 des neuen Berechtigungsvertrags eine Vertragsdauer von zehn Jahren und eine Übertragung sämtlicher Aufführungsrechte an die GDT in § 2 vor.[83] Gleichzeitig behielt sich die GDT die Möglichkeit vor die Verträge mit den Bezugsberechtigten innerhalb kürzester Zeit aufzulösen. § 10 des überarbeiteten Berechtigungsvertrags der GDT/AFMA räumte ihr für den Fall, dass die Voraussetzungen zur Berechtigung weggefallen waren oder der Bezugsberechtigte gegen wesentliche Vertragspflichten verstoßen hat, eine Kündigungsmöglichkeit mit halbjährlicher Frist ein. Auf diese Weise konnten Mitglieder ausgeschlossen werden, die sich den Beschlüssen des Vorstands nicht fügten.[84] Der neue Berechtigungsvertrag der GDT/AFMA setzte damit auf eine weitgehende vertragliche Bindung von Urhebern, Verlegern und sonstigen Berechtigten, die gleichzeitig kurzfristig

---

[80] *L.S.*, Berliner Tageblatt 44. Jahrgang (24.9.1915), 2. Beiblatt.
[81] Zur Position *Hermann Rauhs* in der „alten Gema", siehe: *Dümling*, Musik hat ihren Wert, 2003, S. 104.
[82] *Rauh*, Signale für die musikalische Welt 73 (1915), S. 511; so auch: Artikel in der Neuen Zeitschrift für Musik, siehe: *N.N.*, Neue Zeitschrift für Musik 82 (1915), S. 313.
[83] Siehe: Kap. 5 I 4.
[84] Zum Ausschluss *Eugen d'Alberts* aus der GDT, siehe: *N.N.*, Neue Zeitschrift für Musik 82 (1915), S. 302.

ausgeschlossen werden konnten. Den Gründern der GDT kamen damit weiterhin weitgehende Gestaltungsmöglichkeiten bei der Unternehmensführung zu, während die Bezugsberechtigten auf ihre Rolle als Nutznießer des Unternehmens beschränkt blieben.

Die Zunahme der Marktmacht der „alten Gema" verdeutlicht, dass die Ausdehnung der vertraglichen Bindung der Bezugsberechtigten bei einer Minimierung ihrer Informations- und Mitwirkungsrechte die Marktposition der GDT nicht stärkte. In einem zweiten Schritt setzte die GDT sodann auf eine Ausdehnung der Mitwirkungsrechte ihrer Bezugsberechtigten, die durch eine Anpassung ihrer Grundordnung das bestehende Ungleichgewicht zwischen Verlegern, Textdichtern und Komponisten aufheben sollte. Die alte Grundordnung der AFMA räumte den Verlegern in ihrer ursprünglichen Form kaum Mitbestimmungsrechte ein. Die Lenkung der AFMA oblag nach § 3 GO AFMA in der Fassung vom 14.1.1903 dem Vorstand der GDT, der nach § 16 und § 6 ihrer Satzung nur mit Tonsetzern besetzt werden konnte.[85]

Im Rahmen einer 1929 geplanten Neustrukturierung der GDT erhielten die Verleger und Textdichter jeweils eine Stimme in einem neu geschaffenen „kleinen Verwaltungsrat", der gemeinsam mit dem Direktor die der GDT unterstehenden Anstalten leitete.[86] Auch im „großen Verwaltungsrat", dem die Aufsicht des Direktoriums oblag, stellten Verleger und Textdichter mit insgesamt neun Plätzen die Hälfte der stimmberechtigten Mitglieder.[87]

Die Erweiterung der Rechte von Verlagen und Textdichtern verdeutlicht, dass die GDT vertragliche Anpassungen vornehmen musste, um auf dem Markt mit dem Handel von Aufführungsrechten bestehen zu können. Aufgrund der hohen Zahl von Verlagen, die die Gema mit der Wahrnehmung ihrer Aufführungsrechte betrauten, bildete die Ausdehnung ihrer Befugnisse seitens der GDT eine Maßnahme zur Anwerbung neuer Bezugsberechtigter. Dies war insbesondere im Hinblick auf die Tatsache notwendig, dass einzelne Verlage den unter Vertrag stehenden Komponisten rieten ihre Aufführungsrechte nicht der GDT zu überlassen, sondern die Wahrnehmung der „alten Gema" zu übertragen.[88] Die Gleichberechtigung von Textdichtern und Ver-

---

[85] Verweise zur Grundordnung und Satzung der AFMA in der Fassung vom 14.1.1903, siehe: Kap. 1 III 2a.

[86] Siehe: §§ 7, 10 des Entwurfs einer Grundordnung für die von der Genossenschaft Deutscher Tonsetzer satzungsgemäß eingerichteten oder einzurichtenden Anstalten zur Verwertung musikalischer Urheberrechte, in: Der schaffende Musiker 1929, Nr. 14, S. 4 (6).

[87] Siehe: §§ 16, 17 des Entwurfs einer Grundordnung für die von der Genossenschaft Deutscher Tonsetzer satzungsgemäß eingerichteten oder einzurichtenden Anstalten zur Verwertung musikalischer Urheberrechte, in: Der schaffende Musiker 1929, Nr. 14, S. 4 (8).

[88] Brief des Schott-Verlags an Paul Hindemith vom 1.7.1919, aufbewahrt in: Hindemith Institut Frankfurt.

lagen in der GDT diente damit der Aufrechterhaltung und Erweiterung des Repertoires der Gesellschaft und zeigte eine weitere Folge des wachsenden Konkurrenzdrucks gegenüber der AKM und der „alten Gema".

Schließlich griff die GDT zum Abwerben von Bezugsberechtigten auch auf finanzielle Anreize zurück. So erhielten Genossen der „alten Gema", die der GDT beitraten, Vorschüsse ausgezahlt. Das Bekanntwerden dieser Maßnahme führte 1929 zum Rücktritt des gesamten Vorstands der GDT.[89] Es verdeutlicht den zunehmenden Bedeutungsverlust der GDT als Verwertungsunternehmen zur Wahrnehmung musikalischer Aufführungsrechte. Seit der Entscheidung des Reichsgerichts vom 18.9.1915 kam es zu einem stetigen Verlust an Marktmacht der GDT, die ihre Marktanteile an die Gema verlor. Nachdem die Gema ihre Marktmacht festigen konnte und selbst Maßnahmen zur Sicherung ihrer marktbeherrschenden Stellung ergriff, war es nun die GDT, die neben der umfassenden vertraglichen Bindung ihrer bisherigen Mitglieder weitere Schritte ergreifen musste, um ihr Repertoire zu erweitern und damit konkurrenzfähig zu bleiben. Die Auszahlung von Wechselgeldern verdeutlicht ihre verzweifelte Situation.

e) Die Zusammenarbeit von GDT und Reichskartell der Musikverbraucher

Zur Steigerung ihrer Einnahmen entschied sich die GDT 1929 daher zu einer Zusammenarbeit mit dem Reichskartell der Musikverbraucher Deutschlands. Das Reichskartell wurde 1928 zur gemeinsamen Interessenvertretung der Musikveranstalter gegründet und vereinigte verschiedene Nutzerverbände wie den Reichsinteressenverband im Deutschen Gastgewerbe, den Bund der Saal- und Konzertlokalinhaber Deutschlands, sowie den Allgemeinen Deutschen Bäder-Verband.[90] Ihre Mitglieder griffen für die Ausgestaltung ihrer Veranstaltungen vornehmlich auf Unterhaltungsmusik zurück.[91]

Das Kalkül der GDT bestand darin, dass Nutzer, die vornehmlich auf das Repertoire der „alten Gema" zurückgriffen, nunmehr allein mit dem Repertoire der GDT auskommen sollten. Dieser Abschnitt setzt sich zunächst mit den Rechten und Pflichten auseinander, die sich aus der Vereinbarung von GDT und Reichskartell ergaben. Dabei steht die Frage im Vordergrund, welche Wirkung die Vereinbarung auf die Vertragsbeziehungen der GDT zu

---

[89] *Dümling*, Musik hat ihren Wert, 2003, S. 171.
[90] Schreiben des Reichskartells der Musikverbraucher an das Reichsjustizministerium bezüglich der Gründung des Reichskartells der Musikverbraucher Deutschlands vom 7.11.1928, in: Bundesarchiv, R 3001/6381, Bl. 18. Das Reichskartell der Musikverbraucher wird nicht durchgängig so bezeichnet, in anderen Quellen und Veröffentlichungen wird vom Reichskartell der Musikveranstalter gesprochen, so bei: *Plugge/Roeber*, Das musikalische Tantiemerecht in Deutschland, 1930, S. 49.
[91] *Dümling*, Musik hat ihren Wert, 2003, S. 168.

einzelnen Veranstaltern hatte. Ein zweiter Unterabschnitt befasst sich mit den konstitutionellen Wirkungen des Vertrags zwischen GDT und Reichskartell. Den Schwerpunkt bildet die Frage, wie die Zusammenarbeit des Nutzerverbandes und der Verwertungsgesellschaft rechtlich kategorisiert werden kann. Schließlich fasst ein dritter Unterabschnitt die Auswirkungen der Zusammenarbeit von GDT und Reichskartell auf den kommerziellen Handel mit musikalischen Aufführungsrechten zusammen.

aa) Rechte und Pflichten aus dem Meistbegünstigungsvertrag

Grundlage der Zusammenarbeit zwischen der GDT und dem Reichskartell bildete der am 16.3.1929 abgeschlossene „Meistbegünstigungsvertrag".[92] Die Zielsetzung des Vertrags bestand darin, einheitliche Regelungen für den Erwerb von Aufführungslizenzen für die Mitglieder des Reichskartells zu schaffen und die GDT als einzige Stelle zur Verwaltung der musikalischen Aufführungsrechte in Deutschland zu etablieren, was in § 2 Abs. 2 S. 1 des Meistbegünstigungsvertrags festgelegt war. Die GDT sicherte den Nutzern in § 2 Abs. 2 S. 2 zu, dass sie bei ihren Veranstaltungen ausschließlich mit dem Repertoire der GDT auskommen könnten. Bei Abschluss eines Pauschalvertrages wurde den Mitgliedern nach § 3 feste Tarifsätze zugesprochen. Musikveranstalter, die nicht im Reichskartell organisiert waren, mussten nach Abs. 4 einen Aufschlag von 100% bei Abschluss eines Pauschalvertrags zahlen, von dem im Falle des Beitritts in das Reichskartell abgesehen werden konnte. Im Gegenzug verpflichtete sich das Reichskartell in § 4 dahin auf seine Mitglieder einzuwirken, dass diese Tantiemeverträge mit der GDT abschließen würden. Darüber hinaus wies sie ihre Mitglieder in § 4 Abs. 2 bis 4 und § 5 dazu an, der GDT die für die Abrechnung erforderlichen Materialien lückenlos und fristgerecht zur Verfügung zu stellen. Mit Abschluss des Meistbegünstigungsvertrags erhoffte sich die GDT, die Kosten der Kontrolltätigkeit zu minimieren und Mitglieder des Reichskartells zum Abschluss eines Pauschalvertrags bewegen zu können. Die Zielsetzung des Vertrags bestand darin die GDT wieder zum alleinigen Verwertungsunternehmen zu erheben und die marktbeherrschende Stellung der „alten Gema" zu beenden.[93]

Walter Plugge und *Georg Roeber* schrieben in ihrer Darstellung „Das musikalische Tantiemerecht in Deutschland" aus dem Jahr 1930 dem Meistbegünstigungsvertrag eine tarifvertragsähnliche Wirkung zu. Dies begründeten sie damit, dass der Vertrag lediglich gegenüber dem Reichskartell unmittelbare Wirkung entfaltete. Die Einbeziehung der Regelungen in die Pauschal-

---

[92] Meistbegünstigungsvertrag zwischen GDT und Reichskartell der Musikveranstalter vom 16.3.1929, zitiert nach: *Pluggel/Roeber*, Das musikalische Tantiemerecht in Deutschland, 1930, S. 153.
[93] Siehe: Kap. 3 I 3.

III. Verwertungsgesellschaften als konkurrierende Marktakteure

verträge mit einzelnen Veranstaltern erfolgte auf individualvertraglicher Grundlage.[94] Einer rechtlichen Einordnung als „Tarifvertrag" steht aber die Tatsache entgegen, dass die Komponisten und die GDT im Verhältnis zu den Veranstaltern nicht als Arbeitnehmer auftraten.[95] Durch den Abschluss eines Pauschalvertrags mit der GDT erlangten ihre Vertragspartner lediglich eine zeitlich befristete Genehmigung die Werke aus dem Bestand der GDT aufzuführen.[96] Auch eine Einordnung als Arbeitsvertrag scheiterte an einer fehlenden Weisungsbefugnis der Veranstalter gegenüber der GDT oder den Komponisten. Darüber hinaus enthielt der Meistbegünstigungsvertrag neben der Festsetzung bestimmter Tarifsätze weitergehende Regelungen, die über die Bestandteile von Tarifverträgen hinausgingen.[97] Der Meistbegünstigungsvertrag bestand aus unterschiedlichen rechtlichen Elementen, von denen die Einräumung vergünstigter Konditionen für den Rechteerwerb lediglich einen Bestandteil bildete, dem eine tarifvertragsähnliche Wirkung zukam. Die Beschreibung als Tarifvertrag vermochte jedoch von kritischen Stimmen abzulenken.

Die Festsetzung vergünstigter Tarife für Mitglieder des Reichskartells diente der Steigerung der Zahl der von der GDT abgeschlossenen Pauschalverträge mit den einzelnen Veranstaltern. Die Einräumung fester Tarife für den Abschluss von Pauschalverträgen mit der GDT vergünstigte den Lizenzerwerb für die Mitglieder des Reichskartells. Durch die Verbände, die dem Reichskartell angeschlossen waren, konnten über 250.000 einzelne Musikverbraucher auf die vom Reichskartell mit der GDT im Meistbegünstigungsvertrag vereinbarten Tarife zurückgreifen.[98] Durch die Regelungen des §§ 4 und 5 Meistbegünstigungsvertrag waren die Veranstalter zudem angehalten der GDT die für die Abrechnung erforderlichen Materialien zur Verfügung zu stellen, wodurch ihre Kosten für die Rechtsdurchsetzung verringert und die Gewinne aus dem Handel mit dem Rechteerwerb gesteigert werden konnten.

---

[94] *Pluggel/Roeber*, Das musikalische Tantiemerecht in Deutschland, 1930, S. 116.
[95] *Pluggel/Roeber*, Das musikalische Tantiemerecht in Deutschland, 1930, S. 117.
[96] Umfang der Rechte der Veranstalter in § 1 des Vertragsmusters der GDT über einen Aufführungsrechtvertrag unter Einbeziehung des Meistbegünstigungsvertrags mit dem Reichskartell der Musikveranstalter, zitiert nach: *Pluggel/Roeber*, Das musikalische Tantiemerecht in Deutschland, 1930, S. 157 f.
[97] Nach § 6 Abs. 1 des Meistbegünstigungsvertrags errichteten GDT und Reichskartell einen Zentralausschuss zur Regelung des geschäftlichen Verkehrs zwischen Musikveranstaltern und Inhabern von Aufführungsrechten, was über die übliche Gestaltung von Tarifverträgen hinausging. Auch die Regelung in § 3 Abs. 4, wonach die GDT die Höhe der Tarifsätze für Nichtmitglieder des Reichskartells verbindlich festlegte, ging über den üblichen Anwendungsbereich des Tarifvertrags hinaus.
[98] Schreiben des Reichskartells der Musikverbraucher an das Reichsjustizministerium bezüglich der Gründung des Reichskartells der Musikverbraucher Deutschlands vom 7.11.1928, in: Bundesarchiv, R3001/6381, Bl. 18 (19).

bb) Die Wirkung des Meistbegünstigungsvertrags

Die Aufstellung fester Tarifsätze und Rahmenbedingungen für den Abschluss von Pauschalverträgen stellte nur einen Bestandteil des Vertrags zwischen Reichskartell und GDT dar. Daneben verabredeten die Vertragsparteien in § 6 Abs. 1 die Schaffung eines Zentralausschusses, der mit der Regelung des geschäftlichen Verkehrs zwischen den Rechteinhabern und den Veranstaltern betraut wurde. Unter anderem erhielt dieser Zentralausschuss die Befugnis die Rechnungslegung sowie Einblick in die Geschäftsbücher der einzelnen Veranstalter zu verlangen, soweit ein Aufführungsvertrag mit der GDT auf der Grundlage des Meistbegünstigungsvertrags abgeschlossen wurde.[99]

In § 6 Abs. 2 des Vertrags zwischen GDT und Reichskartell wurde zudem die Schaffung von Schiedsgerichten zur Schlichtung von Streitigkeiten über die Auslegung des Meistbegünstigungsvertrages oder Verträgen zwischen GDT und Veranstaltern, die unter Rückgriff auf den Meistbegünstigungsvertrag geschlossen worden waren, festgelegt. Die Einsetzung von Schiedsgerichten diente nach § 6 Abs. 3 und 4 des Vertrages einer schnellen Entscheidung über Fragen der Auslegung des Meistbegünstigungsvertrags und der aufgrund dessen abgeschlossenen Pauschalverträge mit den einzelnen Veranstaltern unter Ausschluss der ordentlichen Gerichte. Die Schiedsrichter wurden nach § 6 Abs. 5 im Grundsatz von beiden Parteien bestimmt. Für den Fall, dass die Einigung nicht zu Stande kam, oblag die Ernennung dem Reichswirtschaftsgericht. Nach § 1 der Verordnung über das Reichswirtschaftsgericht (VORWG) vom 21.5.1920 bildete das Reichswirtschaftsgericht ein „unabhängiges, nur dem Gesetz unterworfenes Sondergericht".[100] Wesentliches Abgrenzungsmerkmal zur ordentlichen Gerichtsbarkeit stellte die Tatsache dar, dass die Senate mit Berufsrichtern und sachkundigen Laienrichtern besetzt waren, die nach § 6 Abs. 1 VORWG aus Vorschlägen von Berufsorganisationen und Berufsvertretungen ausgewählt wurden.[101] Das Reichswirtschaftsgericht war hauptsächlich bei Fragen auf dem Gebiet des öffentlichen Rechts zuständig.[102] Nach § 1 der Prorogationsverordnung vom 18.2.1920 und § 3 VORWG konnte die Zuständigkeit allerdings auch durch Vereinbarung begründet werden.[103] Die Umgehung der ordentlichen Ge-

---

[99] § 3 Abs. 5 eines Vertragsmusters der GDT über einen Aufführungsrechtsvertrag unter Einbeziehung des Meistbegünstigungsvertrags mit dem Reichskartell der Musikveranstalter, zitiert nach: Pluggel/Roeber, Das musikalische Tantiemerecht in Deutschland, 1930, S. 157.

[100] RGBl. 1920, S. 1167 ff.

[101] Klinger, in: Külz/Naumann (Hrsg.), Staatsbürger und Staatsgewalt: Verwaltungsrecht und Verwaltungsgerichtsbarkeit in Geschichte und Gegenwart, 1963, S. 106 f.

[102] Klinger, in: Külz/Naumann (Hrsg.), Staatsbürger und Staatsgewalt: Verwaltungsrecht und Verwaltungsgerichtsbarkeit in Geschichte und Gegenwart, 1963, S. 111.

[103] Verordnung, betreffend die Begründung der Zuständigkeit des Reichswirtschaftsgerichts durch Vereinbarung vom 18.2.1920, in: RGBl 1920, S. 276 ff.

III. Verwertungsgesellschaften als konkurrierende Marktakteure

richtsbarkeit durch die Errichtung von Schiedsgerichten war ein typisches Merkmal im Konzern- und Kartellrecht der Weimarer Republik.[104] Die Aufnahme der Schiedsklausel in den Meistbegünstigungsvertrag stellt damit keine Ausnahmeregelung dar, sondern lag im kautelarjuristischen Trend.

Mit dem Zentralausschuss und dem Schiedsgericht schufen die Vertragsparteien zentrale Organe, die die Zielsetzung der Bildung einer zentralen Verwertungseinrichtung auf selbstregulatorischer Ebene stärken sollten. Damit besaß der Meistbegünstigungsvertrag zwischen GDT und Reichskartell neben dem tarifvertraglichen Element auch kartellähnlichen Charakter.[105]

GDT und Reichskartell verfolgten, wie in § 705 BGB vorgesehen, einen gemeinsamen Zweck, der in der Bildung einer einzigen Stelle zur Verwaltung der musikalischen Aufführungsrechte in Deutschland bestand. Zum Erreichen dieser Zielsetzung verpflichtete sich die GDT ihr Repertoire so zu gestalten, dass die Mitglieder des Reichskartells ihre Veranstaltungen ausschließlich mit dem Bestand der GDT ausrichten konnten, § 2 Abs. 2 S. 2 Meistbegünstigungsvertrag, was einen Vertragsschluss mit dem konkurrierenden Musikschutzverband ersetzen sollte. Mit der Bildung eines Zentralausschusses aus Mitgliedern beider Organisationen schufen sie ein gemeinsames Organ, das ihre Interessen nach außen vertreten konnte. Damit griff neben der „alten Gema" auch die GDT auf wettbewerbsbeschränkende Instrumente zurück, um sich gegen die konkurrierenden Marktakteure zu behaupten.

Der gemeinsame Zentralausschuss diente vornehmlich der Schwächung der konkurrierenden Unternehmen bei der Verwertung der musikalischen Aufführungsrechte. Dies wird anhand einer Betrachtung der Mitteilungsblätter der dem Reichskartell angeschlossenen Verbände deutlich. Der „Filmkurier", das offizielle Mitteilungsblatt des Reichsverbands deutscher Lichtspieltheaterbesitzer, empfahl seinen Mitgliedern am 20.3.1929 „mit dem Repertoire der GDT und den ‚freien' Musikstücken" auszukommen und damit bewusst auf die Nutzung des Repertoires des Musikschutzverbands zu verzichten.[106] Auch die „Deutschen Hotel-Nachrichten" vom 17.4.1929 rieten dazu, allein auf das Repertoire der GDT zurückzugreifen.[107] Im Gegensatz zum Musikschutzverband stellte die Zusammenarbeit von Reichskartell und GDT kein selbstständiges Unternehmen dar, da der Zentralausschuss mit

---

[104] *Nörr*, Zwischen den Mühlsteinen, 1988, S. 231.
[105] Zur Einordnung der Rechtsbeziehungen von „alter Gema" und AKM, siehe: Kap. 3 III 2a bb.
[106] Urteil des Landgerichts Berlin vom 5.7.1929, S. 11 f., in: Bundesarchiv, R3001/6363, Bl. 200.
[107] Urteil des Landgerichts Berlin vom 5.7.1929, S. 14, das Nachweise weiterer Verbandsnachrichten beinhaltet, die zu einer ausschließlichen Nutzung des Repertoires der GDT raten, in: Bundesarchiv, R3001/6363, Bl. 200.

dem Handel von Aufführungsrechten keine eigenen Umsätze generierte.[108] Dem steht auch nicht entgegen, dass die Gema den Meistbegünstigungsvertrag als Kartellvereinbarung im Sinne der KartVO einstufte.[109] Nach § 1 KartVO fielen Verträge und Beschlüsse unter den Kartellbegriff, die Verpflichtungen im Hinblick auf Handhabung von Erzeugung und Absatz, Geschäftsbedingungen oder Preisfestsetzung oder -forderung begründeten. Da die Einzelmitglieder des Reichskartells aber nicht an die Absprache gebunden waren und abweichende Vereinbarungen mit der GDT treffen, bzw. auch Verträge mit dem konkurrierenden Musikschutzverband abschließen konnten, blieb die für ein Kartell übliche Bindungswirkung eher gering.[110]

cc) Zwischenergebnis zu den Auswirkungen der Zusammenarbeit von GDT und Reichskartell

Im Ergebnis waren es vornehmlich die Instrumente des Vertragsrechts, die die GDT nutzte, um ihre Marktmacht beim Handel mit musikalischen Aufführungsrechten gegenüber der „alten Gema" zurückzugewinnen. Die Begründung der Zusammenarbeit mit dem Reichskartell der Musikverbraucher bot eine erfolgversprechende Möglichkeit zur vertraglichen Verpflichtung weiterer Veranstalter. Mit dem Aufbau eines „Zentralausschusses" sollte ein einziges Verwertungsunternehmen im Deutschen Reich etabliert werden, um den Einfluss der „alten Gema" bei der Wahrnehmung des musikalischen Aufführungsrechts zu schmälern. Eine direkte Verpflichtung einzelner Veranstalter war über den Gesellschaftsvertrag, der von den Parteien als Meistbegünstigungsvertrag bezeichnet wurde, allerdings nicht möglich. Mit Hilfe der Zusammenarbeit sollten aber auch die Kosten der Rechteverwaltung durch die GDT geschmälert werden. Dadurch wurde sie in die Lage versetzt den Mitgliedern des Reichskartells im Vergleich zu den Nichtmitgliedern kostengünstigere Tarife für den Abschluss eines Pauschalvertrags einzuräumen. Mit den Vergünstigungen versuchte die GDT die Zahl ihrer Pauschalverträge zu erhöhen. Darüber hinaus nutzten die dem Reichskartell angehörenden Verbände Werbemaßnahmen, um eine möglichst umfangreiche Zahl ihrer Mitglieder zur alleinigen Nutzung des Repertoires der GDT zu bewegen. Das Repertoire des Musikschutzverbands sollte auf diese Weise für Veranstalter überflüssig werden und zu einem Bedeutungsverlust des Musik-

---

[108] Zum Unternehmensbegriff, siehe: Kap. 3 I 1a.
[109] Die Gema und die AKM versuchten mittels einer Klage am LG Berlin I die Nichtigkeit des Meistbegünstigungsvertrags feststellen zu lassen, siehe: Urteil des Landgerichts Berlin vom 5.7.1929, in: Bundesarchiv, R3001/6363, Bl. 200.
[110] Das Landgericht Berlin lehnte die Annahme eines Kartells unter den Vorgaben der KartVO dementsprechend auch ab, siehe: Urteil des Landgerichts Berlin vom 5.7.1929, S. 19, in: Bundesarchiv, R3001/6363, Bl. 200.

schutzverbands beim Handel mit Aufführungslizenzen führen. Aufgrund des im Vergleich zum Musikschutzverband nur geringen Repertoires an Werken der Unterhaltungsmusik war es für die GDT allerdings schwierig ein konkurrenzfähiges Angebot zu demjenigen des Musikschutzverbands anzubieten.

f) Neue Ziele: Von der Fusion zum Monopol

Die Zusammenarbeit der GDT mit dem Reichskartell der Musikverbraucher im Jahr 1929 veranlasste AKM und Gema ihre Kooperationsvereinbarung zur Zusammenarbeit im Musikschutzverband zu erneuern.[111] Mit Vertrag vom 20.2.1929 entschlossen sich Gema und AKM zu einer Fusion.[112] Nr. I dieses Vertrags sah vor, dass die vertragsschließenden Gesellschaften sich mittels einer Satzungsangleichung im Laufe der Zeit zu einer einheitlichen Gesellschaft zusammenschließen sollten. Der Vertrag ging aber noch darüber hinaus: Langfristig strebten die Parteien eine Überwindung der bisherigen Konkurrenz durch Absprachen mit der GDT an. In Nr. I, S. 2 des Vertrags stellten die Vertragsparteien fest, dass der Entschluss zur Schaffung eines einzigen deutschen Verwertungsunternehmens eine Einigung mit der anderen Seite nicht ausschließen sollte. Als andere Seite kann hier die GDT als weiterhin konkurrierendes Verwertungsunternehmen zu AKM und „alter Gema" betrachtet werden. Gleichzeitig verpflichteten sich die Vertragspartner in Nr. II mit der GDT nur im gegenseitigen Einvernehmen zu verhandeln. Eine kollusive Zusammenarbeit einer der Parteien mit Konkurrenzunternehmen sollte mit Hilfe dieser Bestimmung verhindert werden. Die Regelung diente damit der Überwindung der verbliebenen Unterschiede zwischen den Gesellschaften und sollte den Rechteinhabern ihre Wahlmöglichkeit endgültig nehmen.

Im Folgenden werden die Gründe für diese Neuausrichtung des Musikschutzverbands betrachtet. Dabei wird einerseits auf die allgemeinen wirtschaftlichen Bedingungen zum Ende der 1920er Jahre und andererseits auf die Gründung des Reichskartells der Musikverbraucher und seine Zusammenarbeit mit der GDT eingegangen.

Die Wirtschaftslage im Deutschen Reich war bereits im Winter 1928/1929 von einem Abflauen der Konjunktur betroffen.[113] Eine Betrachtung wirtschaftlicher Indikatoren, wie das Bruttoinlandsprodukt und die Zahl der Arbeitslosen, zeigt bereits eine Verschlechterung der Wirtschaftsbedingun-

---

[111] Zur Zusammenarbeit der GDT mit dem Reichskartell der Musikverbraucher, siehe: Kap. 5 III 2e.
[112] Vertrag zwischen der AKM und der „alten Gema" über die Fortführung des Musikschutzverbands vom 12.2.1929, in: Bundesarchiv, R55/1151, Bl. 120.
[113] *Herbert*, Geschichte Deutschlands im 20. Jahrhundert, ²2017, S. 260 f.

gen zwischen den Jahren 1928 und 1929 auf.[114] Der damit einhergehende Rückgang der wirtschaftlichen Leistungskraft wirkte sich auch auf die Musikindustrie aus.[115] Der Entschluss von AKM und „alter Gema" zur Bildung einer einheitlichen Verwertungsgesellschaft im Deutschen Reich könnte damit als Folge der beginnenden wirtschaftlichen Stagnation und der darauffolgenden Weltwirtschaftskrise gesehen werden. Allerdings stellte sich das Abflauen der Konjunktur zwischen den Jahren 1928 und 1929 eher als gewöhnlicher konjunktureller Zyklus dar. Das Jahr 1928 wird rückblickend auch als das „wirtschaftlich günstigste Jahr der Weimarer Republik" betrachtet.[116] Erst der Beginn der Weltwirtschaftskrise Ende 1929 begründete eine tiefgreifende und nachhaltige Konjunkturschwäche, die einen dramatischen Einbruch der Wirtschaftsleistung zur Folge hatte.[117] Da der Zeitpunkt des Vertragsschlusses von AKM und „alter Gema" der Weltwirtschaftskrise vorgelagert war, kann der Entschluss zur Schaffung eines einheitlichen Verwertungsunternehmens nicht allein auf gesamtwirtschaftliche Ursachen zurückgeführt werden.

Die gesamtwirtschaftliche Entwicklung am Ende der 1920er Jahre kann das Umdenken im Musikschutzverband also nicht vollständig erklären. Konzentrationstendenzen lassen sich schließlich auch in konjunkturell guten Zeiten nachweisen.[118] Der entscheidende Grund für die Neuausrichtung von AKM und „alter Gema" lag vielmehr in den Rechtsverhältnissen zu den Musikverbrauchern begründet. Die Musiknutzer schlossen sich am 15.10.

---

[114] Eine tabellarische Darstellung wirtschaftlicher Indikatoren zwischen 1924 und 1929 findet sich mit den dazugehörigen Quellenverweisen bei: *Spoerer/Streb*, Neue deutsche Wirtschaftsgeschichte des 20. Jahrhunderts, 2013, S. 49. Als wirtschaftliche Indikatoren werden dort das Bruttoinlandsprodukt, die Arbeitslosenzahlen, die Bruttoinvestitionsquote und die Rentabilität aufgezeigt.

[115] *Siegel*, Lehrbuch für den deutschen Musikalienhandel, 1930, S. 8; *Beer*, in: Fischer/Füssel (Hrsg.), Geschichte des deutschen Buchhandels im 19. und 20. Jahrhundert: Die Weimarer Republik 1918–1933. Teil 1, 2007, S. 511.

[116] *Niemann*, Europäische Wirtschaftsgeschichte, 2009, S. 100; hierzu auch: *Spoerer/Streb*, Neue deutsche Wirtschaftsgeschichte des 20. Jahrhunderts, 2013, S. 49 f.

[117] Zu der konjunkturellen Entwicklung seit 1840 in Deutschland, siehe: *Pierenkemper*, Wirtschaftsgeschichte, ²2015, S. 177.

[118] Gerade in den sog. Goldenen Zwanziger Jahren, die vom Aufschwung der deutschen Wirtschaft geprägt waren, konnte eine Zunahme von Unternehmensfusionen und die Bildung von Kartellen beobachtet werden. Eine Übersicht über die geschätzte Zahl der Kartelle in Deutschland findet sich mit den entsprechenden Quellenverweisen bei: *König*, in: Arndt (Hrsg.), Die Konzentration in der Wirtschaft, 1960, S. 303 (304). Dabei wird deutlich, dass die Zahl der Kartelle im Jahr 1920 bei etwa 1000 gelegen hat und sich bis 1925 nach Angaben der Reichsregierung auf 2500 gesteigert hat und 1930 nochmal auf 3000 angestiegen ist. Einschlägige Beispiele zu Kartellen, die Mitte der 1920er entstanden sind, siehe: *Spoerer/Streb*, Neue deutsche Wirtschaftsgeschichte des 20. Jahrhunderts, 2013, S. 56 ff.

1928 im Reichskartell der Musikverbraucher zusammen und konnten den Verwertungsunternehmen als Kollektiv entgegentreten. Das Reichskartell wurde von den einzelnen Interessenverbänden der Musiknutzer gegründet und vereinigte damit mehr als 250.000 einzelne Musikverbraucher in einer Hand.[119] Eines der wesentlichen Ziele des Reichskartells bestand in der Schaffung einer einzigen zentralen Verteilstelle für musikalische Aufführungsrechte. In den Forderungen des Reichskartells hieß es:

„Schaffung einer einzigen zentralen Verwertungsstelle in Deutschland, die auf Grund von Gegenseitigkeitsverträgen mit ausländischen Verwertungsgesellschaften über das gesamte Musikweltrepertoire verfügt, so daß jeder Musikveranstalter Deutschlands durch Abschluß eines Gebührenvertrages mit dieser einen Stelle für sein Unternehmen die Berechtigung zum Spielen aller urheberrechtlich geschützten Musikstücke erwirbt".[120]

Des Weiteren forderte das Reichskartell die Aufstellung einheitlicher und verbindlicher Grundsätze und fester Tarife für die Gebührenzahlung, die Ablösung des Agentsystems zur Kontrolle musikalischer Veranstaltungen, eine für die Urheber vorteilhaftere Verteilung der Aufführungsgebühren und die Regelung aller Streitigkeiten durch Schiedsgerichte.[121]

Von hier aus gingen auch Impulse an die Rechteinhaber aus. Das Reichskartell wandte sich im Oktober 1928 an die Gema und die GDT und versuchte eine Zusammenarbeit zwischen den beiden Marktakteuren und die damit einhergehende Aufstellung eines einheitlichen Tarifs für sämtliche Musikverbraucher zu begründen.[122] Im Rahmen von ersten Verhandlungen mit dem Reichskartell der Musikverbraucher im Dezember 1928 und Januar 1929 konnte allerdings kein Konsens für ein gemeinschaftliches Konzept zur Wahrnehmung der musikalischen Aufführungsrechte gefunden werden. Einen wesentlichen Streitpunkt bildete dabei die Forderung des Reichskartells alle bestehenden gerichtlichen Prozesse gegen Musikveranstalter auszusetzen.[123] In der Folge unterstellte das Reichskartell der „alten Gema" „den Musikverbraucher ‚als ein Objekt einseitig zu diktierender Vertragsbildungen'" anzusehen.[124] Die Gema kritisierte das Vorhaben des Reichskartells der

---

[119] Schreiben des Reichskartells der Musikverbraucher an das Reichsjustizministerium bezüglich der Gründung des Reichskartells der Musikverbraucher Deutschlands vom 7.11.1928, in: Bundesarchiv, R3001/6381, Bl. 18f.

[120] Die wirtschaftlichen Grundforderungen des Reichskartells der Musikveranstalter, zitiert nach: *Plugge/Roeber*, Das musikalische Tantiemerecht in Deutschland, 1930, S. 95.

[121] Nr. 2 bis 6 der wirtschaftlichen Grundforderungen des Reichskartells der Musikveranstalter, zitiert nach: *Plugge/Roeber*, Das musikalische Tantiemerecht in Deutschland, 1930, S. 95.

[122] Urteil des Landgerichts Berlin vom 5.7.1929, S. 3, in: Bundesarchiv, R3001/6363, Bl. 200.

[123] *AKM/Gema*, GN 1929, Nr. 20, S. 4f.

[124] Schreiben der „alten Gema" über die Bildung des Reichskartells der Musikverbraucher vom 20.11.1928 mit dem Titel „Was will das Kartell der Musikverbraucher?", in: Bundesarchiv, R3001/6363, Bl. 153 (153, Rs.).

Musikverbraucher daraufhin als Versuch weitergehende Vergünstigungen zu erhalten. Sie betonte, dass der Musikschutzverband im Rahmen von Verträgen mit einer Vielzahl von Nutzerverbänden bereits einheitliche Konditionen für den Erwerb von Lizenzen zur Nutzung des gemeinschaftlichen Repertoires von AKM und „alter Gema" gewähre.[125] Nicht zuletzt die Zusammenarbeit des Reichskartells mit der GDT war dem Musikschutzverband ein Dorn im Auge.[126]

Die Entscheidung von „alter Gema" und AKM eine einheitliche Stelle für die Verwertung der musikalischen Aufführungsrechte im Deutschen Reich zu bilden, sollte daher den Plänen von GDT und Reichskartell zuvorkommen. Durch das Vorhaben des Reichskartells die Aufführungen ihrer Mitglieder zukünftig nur noch mit tantiemefreier Musik und dem Repertoire der GDT auszugestalten, sah die Gema ihre Vormachtstellung bedroht. Die Regelung in Nr. I, S. 2 des Kooperationsvertrags von AKM und „alter Gema" aus dem Jahr 1929, in der sich die Vertragspartner eine Einigung mit der GDT vorbehielten, kann als Reaktion auf die bevorstehende Zusammenarbeit von Reichskartell und GDT gewertet werden. Die Aufnahme dieser Bestimmung diente dazu direkte Einigungsversuche mit der GDT zu fördern.[127] Die Tatsache, dass die Gema im Bereich der Schlagermusik fast über das gesamte Weltrepertoire verfügte, während der GDT ihres Erachtens nur ein „wirtschaftlich ganz wesentlich weniger bedeutende[s] Repertoire" zukam, verdeutlicht, dass die Aufnahme der GDT unter der Anerkennung der Vormachtstellung der „alten Gema" erfolgen sollte.[128] Durch eine Fusionierung der konkurrierenden Marktteilnehmer zu einem einheitlichen Verwertungsunternehmen versuchte die Gema ihre Unternehmensstruktur vor den Forderungen des Reichskartells zu schützen und ein Gegengewicht zur Einflussnahme durch die Musiknutzer zu bilden. Eine Einigung mit der GDT kam allerdings nicht zu Stande, was AKM und Gema veranlasste ihre Vormachtstellung durch die Anrufung der Gerichte gegen den Zusammenschluss von Reichskartell und GDT zu sichern, was jedoch scheiterte.[129]

---

[125] Schreiben der „alten Gema" über die Bildung des Reichskartells der Musikverbraucher vom 20.11.1928 mit dem Titel „Was will das Kartell der Musikverbraucher?", in: Bundesarchiv, R3001/6363, Bl. 153 (153, Rs.).

[126] Zur Ausgestaltung der Zusammenarbeit zwischen GDT und Reichskartell der Musikverbraucher, siehe: Kap. 5 III 2e.

[127] Schreiben der „alten Gema" über die Bildung des Reichskartells der Musikverbraucher vom 20.11.1928 mit dem Titel „Was will das Kartell der Musikverbraucher?", in: Bundesarchiv, R3001/6363, Bl. 153 (154, Rs.).

[128] Schreiben der „alten Gema" über die Bildung des Reichskartells der Musikverbraucher vom 20.11.1928 mit dem Titel „Was will das Kartell der Musikverbraucher?", in: Bundesarchiv, R3001/6363, Bl. 153 (154).

[129] Siehe: Kap. 5 III 2e.

g) Zwischenergebnis zu den unternehmerischen Strategien zum Ausbau der Marktmacht der einzelnen Verwertungsunternehmen

Die Gema durchbrach 1915 die marktbeherrschende Stellung der GDT zur Verwertung des musikalischen Aufführungsrechts, indem sie nicht nur ihren Bezugsberechtigten umfangreichere Mitbestimmungsrechte einräumte und die Beendigung der Vertragsverhältnisse scheinbar erleichterte, sondern indem sie auch mit der AKM fusionierte und dadurch ihr Repertoire beim Handel mit Aufführungsrechten ausbauen konnte.[130] Aufgrund ihrer Spezialisierung auf die Unterhaltungsmusik konnte sie innerhalb kurzer Zeit selbst eine beachtliche Marktmacht aufbauen. Um diese Stellung wiederum gegen die Konkurrenz durch die GDT zu behaupten, setzte die Gema, so wie es die GDT vor 1915 tat, auf eine stärkere vertragliche Bindung ihrer Genossen, die einen kurzfristigen Wechsel zwischen den Gesellschaften verhindern sollte. Bereits 1926 vereinbarten Gema und AKM ein Aufnahmeverbot von Mitgliedern des jeweils anderen Unternehmens und schränkten die Wechselmöglichkeiten der Rechteinhaber dadurch ein. 1928 gründete die Gema den VEVA, der die Aufnahme neuer Bezugsberechtigter als Genossen erschwerte und damit die Mitbestimmungsrechte neu eingetretener Urheber und sonstiger Berechtigter begrenzte.

Weiterhin etablierte die Gema 1927 ein Schätzungssystem zur Verteilung ihrer Einnahmen, das den Anteil der einzelnen Genossen vom Vorhandensein sogenannter „Aufführungswerte" abhängig machte. Die Entscheidung über Art und Umfang der Aufführungswerte wurde einer Schätzungskommission überlassen, deren Entscheidungen für den Großteil der Bezugsberechtigten aber intransparent blieb. Mit dem zunehmenden Ausbau ihrer Marktmacht änderte die Gema ihr Unternehmenskonzept. Sie nutzte in Fragen der Partizipation und Bindung der Rechteinhaber ähnliche Instrumentarien, die bereits die GDT zur vertraglichen Verpflichtung ihrer Bezugsberechtigten nutzte. Statt auf Flexibilität und Mitbestimmung setzte die Gema nunmehr auf die Eingrenzung der Befugnisse der Rechteinhaber zur Wahrung ihres Einflusses bei der Wahrnehmung des musikalischen Aufführungsrechts.

Durch den Ausbau der Marktmacht der „alten Gema" wurde die GDT gezwungen Maßnahmen zu ergreifen, um einen Wechsel ihrer Bezugsberechtigten zum konkurrierenden Marktakteur zu verhindern und ihre Attraktivität zu steigern. Auf der einen Seite setzte die GDT weiterhin auf eine umfassende vertragliche Verpflichtung ihrer bisherigen Bezugsberechtigten. Die Berechtigungsverträge wurden weiterhin für einen Zeitraum von zehn Jahren abgeschlossen. Auf der anderen Seite kam es zu einer stärkeren Einbeziehung und Förderung von Verlagen als Bezugsberechtigte. Während den Verlegern nach Gründung der GDT kaum Mitbestimmungsrechte zustanden, kam es

---
[130] Siehe: Kap. 3 III 3.

1929 zu einer Neustrukturierung, die die Position der Verlage in der GDT stärkte. Darüber hinaus zahlte die GDT Vorschüsse an Genossen der „alten Gema", wenn sie sich für einen Wechsel entschieden. Gleichzeitig intensivierte die GDT die Zusammenarbeit mit den Musikveranstaltern.

Das Reichskartell der Musikverbraucher vereinigte eine Vielzahl von Nutzerorganisationen, die das Anliegen verfolgten, den Wettbewerb zwischen den Gesellschaften zu beenden und einen Rechteerwerb „aus einer Hand" ermöglichen sollte. Die GDT kooperierte mit dem Reichskartell um die Marktmacht der „alten Gema" zu durchbrechen und zukünftig die einzige Stelle für die Verwaltung von Aufführungsrechten zu bilden. Die Zusammenarbeit sollte die Kosten der Rechteverwaltung schmälern und den Mitgliedern des Reichskartells kostengünstigere Tarife für den Abschluss eines Pauschalvertrags einräumen. Im Gegenzug versuchten die Mitglieder des Reichskartells Veranstaltungen allein mit dem Repertoire der GDT und tantiemefreier Musik auszugestalten. Die Zusammenarbeit der GDT mit dem Reichskartell veranlasste auch Gema und AKM dazu, Pläne für die Gründung einer einheitlichen Verwertungsgesellschaft für das Deutsche Reich aufzustellen. Ihr primäres Ziel war es dabei den Einfluss des Reichskartells der Musikverbraucher zu minimieren und eine Zusammenführung der Urheber, Verlage und sonstiger Berechtigter unabhängig von den Forderungen der Musiknutzer zu begründen.

IV. Zusammenfassung

Mit Gründung der „alten Gema" existierten zwei deutsche Verwertungsgesellschaften für die Wahrnehmung musikalischer Aufführungsrechte. Die GDT spezialisierte sich auf Werke im Bereich der ernsten Musik, während die Gema hauptsächlich im Bereich der Unterhaltungsmusik tätig war. Die unterschiedliche Schwerpunktsetzung verhinderte nicht die Entstehung von Konkurrenz zwischen den Gesellschaften. In erster Linie bezog sie sich auf die Verpflichtung der Urheber und sonstiger Berechtigter, die ihnen die Aufführungsrechte an ihren Werken übertrugen oder eine Vollmacht für die Wahrnehmung einräumten. Dies diente dem Ausbau ihres jeweiligen Repertoires. Die hauptsächliche Einnahmequelle der Verwertungsgesellschaften bestand in der Veräußerung von Genehmigungen zur Aufführung musikalischer Werke. Der Aufbau eines umfangreichen Repertoires diente der Erstellung eines attraktiveren Angebots an die Veranstalter musikalischer Aufführungen und der damit einhergehenden Generierung höhere Einnahmen.

Die nach dem Urteil des Reichsgerichts vom 18.9.1915 neu begründete Konkurrenz zwischen den Verwertungsgesellschaften wirkte sich vornehmlich auf die Vertragsverhältnisse zu den Rechteinhabern aus. Ihnen wurde nunmehr die Wahl zwischen zwei Gesellschaften eingeräumt, denen sie die

Wahrnehmung ihrer Rechte anvertrauen konnten. Die Beauftragung der GDT war durch lange Vertragslaufzeiten und umfangreiche Übertragungen von Aufführungsrechten geprägt. Die Gema setzte hingegen auf ein vornehmlich liberaleres Modell, das eine Beibehaltung der Aufführungsrechte unter Erteilung einer Vollmacht zur Rechteverwertung, sowie kürzere Kündigungsfristen und weitergehende Mitwirkungsrechte vorsah. Aufgrund ihrer Spezialisierung auf die Unterhaltungsmusik und mit Hilfe der Nutzung liberalerer Vertragsbestimmungen wurde die Gema zum Marktführer für die Verwaltung musikalischer Aufführungsrechte.

Einen geringeren Einfluss hatte die Existenz konkurrierender Verwertungsgesellschaften auf einzelne Veranstalter. Aufgrund der Nachfrage des Publikums nach bestimmten Werken waren viele darauf angewiesen sowohl Berechtigungsverträge mit der GDT als auch mit der „alten Gema" abzuschließen. Unterschiede bestanden allerdings bei der Höhe der geforderten Aufführungsgebühren. Der Musikschutzverband von „alter Gema" und AKM offerierte zunächst preisgünstigere Konditionen als die GDT und konnte so die Zahl seiner Pauschalverträge mit den Veranstaltern erhöhen. Daneben schlossen die Verwertungsunternehmen Rahmenverträge mit verschiedenen Nutzerverbänden ab, die für ihre Mitglieder vorteilhaftere Konditionen aushandeln konnten. Die unterschiedlichen Interessenvertretungen der Veranstalter konnten aufgrund ihrer kollektiven Stärke die Bestände der Verwertungsgesellschaften einfacher auswerten und den Unternehmen dadurch als Verhandlungspartner auf Augenhöhe begegnen. Auf diese Weise konnten sie die Konkurrenz zwischen GDT und Musikschutzverband eher zu ihren Gunsten nutzen als einzelne Veranstalter.

Mit dem zunehmenden Einfluss der „alten Gema" bei der Verwertung der musikalischen Aufführungsrechte änderte sich der Umgang mit ihren Bezugsberechtigten. Während sie sich in der Gestaltung ihrer Organisationsstruktur zunächst bewusst von der GDT abgrenzte, näherte sie sich mit zunehmenden Bedeutungsgewinn der Arbeitsweise der GDT in deren Anfangszeit an. Zur Verteidigung ihrer Marktmacht beschnitt die Gema zunehmend die Rechte ihrer Genossen und der Mitglieder des VEVA, indem sie umfangreichere Übertragungsklauseln nutzte, um sich so ein möglichst breites Repertoire an musikalischen Rechten zu sichern. Die GDT wiederum versuchte durch die Inanspruchnahme von staatlicher Förderung und einer stärkeren Zusammenarbeit mit den Veranstaltern ihre eigene Marktmacht im Verhältnis zur „alten Gema" zu stärken. Dabei war es insbesondere der Abschluss des Meistbegünstigungsvertrags mit dem Reichskartell der Musikverbraucher, der ihren Einfluss wieder festigen konnte. Wesentliche Zielsetzung des Vertrags war die Gründung einer einheitlichen Stelle für die Verwaltung der Aufführungsrechte, die in der Hand der GDT liegen sollte. Der damit einhergehende Plan zur Auflösung des Musikschutzverbands veranlasste auch AKM und Gema die Gründung einer einheitlichen Verwertungsgesellschaft für das Deutsche Reich zu beschließen. Eine Vereinigung sollte nach den Zielsetzungen von AKM und „alter Gema" allerdings unabhängig von den Forderungen der Musiknutzer erfolgen.

Im Ergebnis führte die Konkurrenz zwischen den Verwertungsgesellschaften in einem ersten Schritt zur Erweiterung der Wahlmöglichkeiten der Rechteinhaber, die Organisationen mit unterschiedlichen Strukturen und Konzeptionen mit der Wahrnehmung ihrer Rechte betrauen konnten. Die Konkurrenz um die vertragliche Verpflichtung der Veranstalter bezog sich hauptsächlich auf die Nutzerverbände, die die Bedingungen des Rechteerwerbs zentral für ihre Mitglieder aushandelten. Aufgrund der zunehmenden Steigerung der Marktmacht der „alten Gema" entschied sie sich am Ende der 1920er Jahre zu einer Einschränkung der Mitbestimmungs- und Kündigungsrechte ihrer Bezugsberechtigten und nutzte damit ein Konzept, das dem der GDT in den 1910er Jahren stark ähnelte. Im zweiten Schritt führte die Konkurrenz zwischen den Verwertungsgesellschaften zu einer weitgehenden Gleichbehandlung der Bezugsberechtigten und eine damit einhergehende Einschränkung ihrer Rechte. Die GDT versuchte ihre Marktmacht nunmehr vornehmlich durch eine stärkere Zusammenarbeit mit den Musiknutzern zu steigern und nahm dafür auch Restriktionen im Hinblick auf die Höhe der Aufführungsgebühren in Kauf. Beide Verwertungsunternehmen strebten Ende der 1920er Jahre nach der Gründung einer einheitlichen Stelle für die Verwertung der musikalischen Aufführungsrechte. Einer Vereinigung der konkurrierenden Verwertungsunternehmen standen allerdings die unterschiedlichen Interessen der Unternehmen im Hinblick auf Art und Umfang der Rechtewahrnehmung entgegen.

Dritter Teil

Der Weg zur Vereinigung der konkurrierenden Verwertungsunternehmen

Der dritte Teil der Arbeit setzt sich mit dem Prozess der Vereinigung der konkurrierenden Marktakteure auseinander und beleuchtet die Gründe des finalen Zusammenschlusses. Dabei liegt ein besonderes Augenmerk auf der Frage nach den Auswirkungen des Zusammenschlusses auf Rechteinhaber und Werknutzer. Die Kapitel 6 und 7 befassen sich mit der Schaffung eines Monopols für die Wahrnehmung des musikalischen Aufführungsrechts. Die Kooperations- und Vereinigungsprozesse, die bereits zu Zeiten der Weimarer Republik begonnen haben, werden in Kapitel 6 dargestellt. Kapitel 7 beleuchtet die zunehmende Vereinheitlichung der Marktakteure nach der Machtübernahme durch die Nationalsozialisten und deren Einfluss auf die Wahrnehmung des musikalischen Aufführungsrechts nach 1933. In Kapitel 8 werden die parallelen Entwicklungen im Bereich des mechanisch-musikalischen Vervielfältigungsrechts zwischen dem Ende der Weimarer Republik und der Zeit des Nationalsozialismus untersucht.

Kapitel 6

Die Vereinigung der Verwertungsunternehmen für das musikalische Aufführungsrecht im Musikschutzverband

Die kollektive Wahrnehmung des musikalischen Aufführungsrechts im Deutschen Reich war seit 1912 von der Konkurrenz unterschiedlicher Verwertungsunternehmen geprägt. Die 1915 gegründete Gema und die österreichische AKM schlossen sich 1916 zum Musikschutzverband zusammen, um ihre Marktposition gegenüber der bis dahin marktbeherrschenden GDT auszubauen. Der Musikschutzverband bildete ein gemeinschaftlich geführtes Unternehmen beider Gesellschaften, das dem Abschluss und der Verwaltung der Vertragsverhältnisse zu den Musiknutzern diente.[1] Mit Vertrag vom 22.7.1930 schloss sich die GDT dem Musikschutzverband an und übertrug ihm die Verwaltung ihrer vertraglichen Beziehungen mit den Veranstaltern musikalischer Aufführungen.[2]

Dieses Kapitel behandelt die Auswirkungen und Gründe für die Aufnahme der GDT in den Musikschutzverband. Dabei stehen die Fragen im Vordergrund, ob der Musikschutzverband aus GDT, „alter Gema" und AKM lediglich eine gemeinschaftliche Inkassoorganisation der drei Unternehmen bildete, wodurch die Konkurrenz der Unternehmen um die Verpflichtung der Rechteinhaber bestehen blieb, oder ob die Aufnahme der GDT in den Musikschutzverband den Wettbewerb zwischen den Verwertungsunternehmen gänzlich beendete. Unter Rückgriff auf die Kooperationsvereinbarung vom 22.7.1930 und den hierzu ergangenen Zusatzvereinbarungen, sowie Verträgen mit Nutzern und Nutzerorganisationen werden in Folgenden die Wirkungen des Zusammenschlusses auf die einzelnen Marktakteure, die Rechteinhaber und Veranstalter betrachtet. Ein erster Teil setzt sich mit der am 22.7.1930 abgeschlossenen Kooperationsvereinbarung zwischen AKM, „alter Gema" und GDT auseinander (I.). Anhand einer Darstellung der sich aus dieser Vereinbarung ergebenen Rechte und Pflichten werden die verbliebenen autonomen Handlungsspielräume der Vertragsparteien bestimmt. Dies ermöglicht Rückschlüsse auf die Frage, ob und inwie-

---
[1] Siehe: Kap. 3 III 2a bb.
[2] Vertrag zwischen „alter Gema", AKM und GDT vom 22.7.1930, zitiert nach: *Schulze*, Geschätzte und geschützte Noten, 1995, S. 162. Anlage 21.

weit den einzelnen Unternehmen noch ein selbstbestimmtes Agieren bei der Wahrnehmung der ihnen übertragenen Aufführungsrechte möglich war. Ein zweiter Teil setzt sich mit der rechtlichen Einordnung der Zusammenarbeit und den wirtschaftlichen, bzw. wirtschaftshistorischen Ursachen für die Vereinigung der konkurrierenden Marktakteure auseinander (II.). Anschließend befasst sich der dritte Teil mit den Auswirkungen der Zusammenarbeit auf die Bezugsberechtigten der einzelnen Verwertungsgesellschaften (III.). Die Folgen für Urheber und sonstige Berechtigte werden unter Rückgriff auf die Regelungen aus der Kooperationsvereinbarung vom 22.7.1930 und deren vertraglicher Umsetzung unter Berücksichtigung der Fragen, ob und inwieweit die Aufnahme der GDT in den Musikschutzverband Einfluss auf die Rechtsbeziehungen zu den Bezugsberechtigten nahm, untersucht. In einem vierten Teil werden die Auswirkungen der Vereinigung für die Veranstalter musikalischer Aufführungen behandelt (IV.). Dabei wird zwischen den Folgen, für die im Reichskartell der Musikveranstalter vereinigten und sonstigen Veranstaltern und Veranstaltergruppen unterschieden. Anhand eines Rückgriffs auf die vertraglichen Vereinbarungen des Musikschutzverbands mit den jeweiligen Musiknutzern werden insbesondere die Aspekte der Ermöglichung des Rechteerwerbs aus einer Hand, die wirtschaftlichen Folgen für die jeweiligen Veranstalter und die Effektivität der Rechtsdurchsetzung durch den Musikschutzverband beleuchtet. Schließlich werden im fünften Teil Ausmaß und Gründe für die Zusammenarbeit der Unternehmen im Musikschutzverband final beurteilt, um Rückschlüsse auf die Fragen zu ermöglichen, ob und inwieweit der Beitritt der GDT in den Musikschutzverband die Konkurrenz zwischen den Verwertungsunternehmen beendete und damit zur Monopolisierung der Verwertung des Aufführungsrechts im Deutschen Reich führte (V.).

I. Die Kooperationsvereinbarung zwischen GDT, „alter Gema" und AKM

Sowohl AKM und Gema, als auch das Reichskartell der Musikverbraucher und die GDT versuchten zu Beginn des Jahres 1929 das jeweils konkurrierende Unternehmen vom Markt mit dem Handel musikalischer Aufführungsrechte zu verdrängen und damit die zentrale und einzige Verwertungsgesellschaft im Deutschen Reich zu bilden.[3] Die Verhandlungen über den Beitritt der GDT in den Musikschutzverband begannen nach einem Wechsel des Vorstands der GDT im November 1929 und mündeten in die am 22.7.1930 abgeschlossene Kooperationsvereinbarung.[4] Die Aufnahme der

---

[3] Siehe: Kap. 5 III 2e und f.

[4] Erste Verhandlungen führten die Aufführungsrechtsgesellschaften bereits im Februar

GDT in den Musikschutzverband konzentrierte die Unternehmen im Markt für musikalische Aufführungsrechte im Deutsche Reich auf einen Anbieter. Dieser Teil behandelt die Frage, nach Art und Umfang der Zusammenarbeit. Beschränkte sich die Aufnahme der GDT in den Musikschutzverband auf die Begründung einer gemeinschaftlichen Inkasso-Stelle oder erstreckte sich die Kooperation auch auf andere Aspekte der Wahrnehmung des Aufführungsrechts? Unter Rückgriff auf die Kooperationsvereinbarung und hierzu ergangener Nebenabreden werden das Machtgefüge zwischen den Vertragsparteien und mögliche Gründe für die Vereinigung im Musikschutzverband ausgearbeitet. Lag darin wirklich, wie später behauptet wird, die „Kapitulationsurkunde" der GDT?[5] Begründet wurde dies vornehmlich damit, dass Sitz und Name des Musikschutzverbands bestehen blieben und die AKM neben „alter Gema" und GDT eine gleichberechtigte Partnerschaft beibehielt.[6] Da die GDT als eigenständiges Unternehmen neben der „alten Gema" fortbestand, ergibt sich die Frage nach ihrem verbliebenen Einfluss bei der Wahrnehmung der musikalischen Aufführungsrechte im Deutschen Reich. Anhand einer Darlegung der Rechte und Pflichten aus dem Vertrag zwischen AKM, „alter Gema" und GDT in den ersten beiden Abschnitten dieses Teils werden die Organisations- und Leitungsstrukturen (Governance) zwischen den Unternehmen bestimmt. Dies dient als Ausgangspunkt für die Behandlung der Frage, ob und inwieweit der Beitritt der GDT in den Musikschutzverband den Beginn für die Schaffung eines Monopolunternehmens für die musikalischen Aufführungsrechte für das Deutsche Reich darstellte, bzw. inwieweit lediglich ein gemeinsames Inkasso begründet werden sollte. In einem dritten Abschnitt werden die Ergebnisse unter Bezugnahme auf die dargelegten Fragestellungen final zusammengefasst.

1. Leitungsorgane

Der Musikschutzverband, den Gema und AKM seit 1916 als gemeinsame Inkassostelle betrieben, bildete einen zentralen Ansprechpartner für den Erwerb musikalischer Aufführungsrechte in Deutschland.[7] Mit Aufnahme der

---

1929. Diese wurden jedoch wieder abgebrochen, wodurch der Wettbewerb zwischen den Unternehmen wieder aufkeimte. Der am 13.10.1929 eingesetzte neue Vorstand der GDT entschied sich jedoch dafür die Verhandlungen mit den konkurrierenden Unternehmen wiederaufzunehmen, siehe: Geschäftsbericht der GDT für das Jahr 1929 vom 9.2.1930, in: Der schaffende Musiker 1930, Nr. 17, S. 20 (21). Siehe auch: *Siegel*, Lehrbuch für den deutschen Musikalienhandel, 1930, S. 165; *Beer*, in: Fischer/Füssel (Hrsg.), Geschichte des deutschen Buchhandels im 19. und 20. Jahrhundert: Die Weimarer Republik 1918–1933. Teil 1, 2007, S. 509 (511).
[5] *Schulze*, Geschätzte und geschützte Noten, 1995, S. 162.
[6] *Dümling*, Musik hat ihren Wert, 2003, S. 173.
[7] Siehe: Kap. 3 III 2a bb, Kap. 5 III 2a.

GDT erlangte der Musikschutzverband gegenüber den Veranstaltern musikalischer Aufführungen ein Monopol für den Handel mit Aufführungsrechten in Deutschland. Dieser Abschnitt setzt sich mit Art und Umfang der Mitwirkungs- und Beteiligungsrechte der einzelnen Vertragspartner im Musikschutzverband auseinander. In einem ersten Unterabschnitt werden die Rechtsverhältnisse der einzelnen Vertragspartner zueinander und zum Musikschutzverband betrachtet. Der zweite Unterabschnitt befasst sich mit den Rechtsverhältnissen der Gesellschaft und ihrer Gesellschafter zu Dritten. Grundlage der Auswertung bieten die Kooperationsvereinbarung vom 22.7.1930, die hierzu ergangene Nebenabsprachen und die Geschäftsordnung des Musikschutzverbands in der Fassung vom 22.7.1930. Die praktische Umsetzung der darin enthaltenen Vorhaben entzieht sich allerdings mangels erschließbarer Quellen zu Gesellschafterversammlungen des Musikschutzverbands einer Beurteilung.

a) Die Innenverhältnisse im Musikschutzverband

Nach § 3 des Vertrags erfolgte die Leitung des Verbands aufgrund der gemeinsamen Beschlüsse und Direktiven der Vorstände der drei Gesellschaften, wobei jeder Gesellschaft eine Stimme zukam. Allein für Änderungen des Vertrags und der Satzung mussten einstimmige Entscheidungen getroffen werden.[8] Formal stand die GDT hinsichtlich der Unternehmensführung als gleichberechtigter Partner neben AKM und „alter Gema". Allerdings bleibt zu bedenken, dass AKM und Gema, die den Musikschutzverband in ihrer originären Form gegründet haben und das Unternehmen bereits seit über zehn Jahren zum Vertrieb von Aufführungsrechten gemeinschaftlich führten, stets eine Stimmenmehrheit besaßen. Ob und inwieweit AKM und Gema ihre Stimmenmehrheit gegen die GDT ausnutzten, muss mangels erschließbaren Materials über die Gesellschafterversammlungen des Musikschutzverbands offenbleiben.

Die finanzielle Partizipation an den Einnahmen des Musikschutzverbands deutet zunächst auf eine Schlechterstellung der GDT hin. Nach § 5 der Kooperationsvereinbarung vom 22.7.1930 erhielt die GDT mit nur 14 % einen relativ geringen Teil der Gesamteinnahmen. Die finanzielle Schlechterstellung der GDT beruhte auf der Tatsache, dass sie einen kleineren Werkbestand als die Gema verwaltete und insofern auch weniger Aufführungsge-

---

[8] § 3 des Vertrags besagte:
„Die Leitung des Verbandes erfolgt auf Grund der gemeinsamen Beschlüsse und Direktiven der Vorstände aller drei Gesellschaften, wobei jeder Gesellschaft je eine Stimme zufällt. Beschlüsse, die sich auf Aenderung des Vertrages oder der Geschäftsordnung beziehen, bedürfen der Einstimmigkeit."
zitiert nach: *Schulze*, Geschätzte und geschützte Noten, 1995, S. 162.

bühren einzog.⁹ Bei Vertragsschluss einigten sich die Parteien hinsichtlich der Verteilung der Erlöse darauf ihre Einnahmen aus den vergangenen zwei Jahren zu Grunde zu legen.¹⁰ In der Folge war die AKM am Musikschutzverband „intern mit einer Quote von 37,42 % beteiligt [...], was 22,75 % vom Brutto" entsprach.¹¹ Hieran zeigt sich, dass mit der Aufnahme der GDT in den Musikschutzverband auch die Beteiligungsquote der AKM im Verhältnis zu derjenigen der „alten Gema" sank.¹² Die geringe Beteiligung der GDT an den Einnahmen wurde durch eine ebenso hohe Übernahme der Ausgaben kompensiert. So sah § 5 eine Belastung der GDT mit 14 % der Kosten des Musikschutzverbands vor. Die finanziell schlechtere Situation der GDT beruhte zum einen auf ihrer Spezialisierung auf Werke der ernsten Musik, nach denen eine geringere Nachfrage bestand als nach Werken der Unterhaltungsmusik.¹³ Zum anderen durchlebte die GDT zum Zeitpunkt des Vertragsschlusses Schwierigkeiten bei der Geschäftsführung. So stellte die Hauptversammlung im Herbst 1929 Unregelmäßigkeiten fest, da Übertritte von der „alten Gema" zur GDT mit unzulässigen Vorschüssen finanziert worden seien.¹⁴ Die Teilhabe der GDT an den Einnahmen des Musikschutzverbands entsprach damit ihrer wirtschaftlichen Bedeutung bei der Verwertung der musikalischen Aufführungsrechte und spiegelte die schwierige wirtschaftliche Situation des Unternehmens zum Zeitpunkt des Vertragsschlusses wider.

b) Das Verhältnis des Musikschutzverbands zu den Musikkonsumenten

Wesentlicher Regelungsgegenstand der Kooperationsvereinbarung vom 22.7.1930 und der hierzu ergangenen Nebenabreden bildete die Frage der Vertretung des Musikschutzverbands nach außen. Die Vertretung erfolgte nach § 2 der Geschäftsordnung des Musikschutzverbands vom 22.7.1930 durch zwei Direktoren.¹⁵ Nach Nr. 1 der Geschäftsanweisung des Musik-

---

⁹ Urteil des Landgerichts Berlin vom 5.7.1929, S. 3, in: Bundesarchiv, R3001/6363, Bl. 200.
¹⁰ *N.N.*, GN 1930, Nr. 33, S. 2.
¹¹ Darstellung der Quotenverhältnisse im Musikschutzverband vor Gründung der Stagma, siehe: Bericht über das erste Geschäftsjahr der Stagma, in: Stagma-Nachrichten 1933, S. 67 (71).
¹² Zur finanziellen Beteiligung der AKM und „alten Gema" am Musikschutzverband, siehe: Kap. 5 III 2a.
¹³ Zur Nachfrage nach bestimmten Musikrichtungen, siehe: Kap. 5 III 1a.
¹⁴ *Dümling*, Musik hat ihren Wert, 2003, S. 171.
¹⁵ § 2 der Geschäftsordnung des Musikschutzverbands vom 22.7.1930 lautet:
„Die verantwortliche Leitung der Geschäfte obliegt den Direktoren, deren Kompetenzen in der Geschäftsanweisung im einzelnen festgelegt werden. Die Direktoren haben sich untereinander zu verständigen; in Zweifelsfällen entscheiden die Vorstände der drei Gesellschaften. Nach außen wird der Verband durch gemeinschaftliche Zeichnung zweier Direktoren vertreten. Die Direktoren sind verpflichtet, die gemeinsamen Interessen der

schutzverbands entsandten Gema, AKM und GDT jeweils einen Direktor in den Musikschutzverband.[16] Die Direktoren, die Gema und AKM stellten, waren nach Nr. 2 der Geschäftsanweisung bereits vor der Aufnahme der GDT in den Musikschutzverband mit dessen Leitung betraut. Nach Nr. 4 c) Geschäftsanweisung stand den Direktoren von AKM und „alter Gema" in allen Abteilungen mit Ausnahme der Abteilung für ernste Musik eine alleinige Vertretungsbefugnis zu. Der von der GDT bestellte Direktor sollte nach Nr. 4 der Geschäftsanweisung allein für den Bereich der ernsten Musik beschäftigt und erst nach einer einjährigen Probezeit stimmberechtigt werden. Begründet wurde die Probezeit damit, dass „die GDT mitgeteilt hat, dass sie zurzeit eine in die Geschäfte des Verbandes ausreichend eingearbeitete Persönlichkeit nicht präsentieren könne".[17] Derartige Regelungen schmälerten den Einfluss des der GDT zugehörigen Direktors. Die Geschäftsanweisung für den Musikschutzverband der „alten Gema", GDT und AKM verdeutlicht, dass die alten Geschäftsbereiche der ehemals konkurrierenden Unternehmen bestehen blieben und die Gema ihre marktbeherrschende Stellung im Bereich der Unterhaltungsmusik nicht durch eine potentielle Einflussnahme seitens der GDT verlieren wollte.

Art und Umfang der Vertretungsbefugnis der Direktoren galten nicht uneingeschränkt. § 3 der Geschäftsordnung machte bestimmte Rechtsgeschäfte von der Einwilligung oder Genehmigung der Vorstände der Gesellschaften abhängig und räumte den Direktoren lediglich eine „beschränkte Vollmacht" im Sinne des § 42 Abs. 1 GenG ein.[18] Die Befugnisse der Direktoren be-

---

Gesellschaften nach Kräften zu vertreten; sie sind den drei Gesellschaften für ihre Geschäftsführung verantwortlich."

zitiert nach: *Schulze*, Geschätzte und geschützte Noten, 1995, S. 166.

[16] Geschäftsanweisung für den Musikschutzverband der „alten Gema", GDT und AKM vom 22/23.7.1930. Datum schlecht lesbar, in: Bundesarchiv, R55/1151, Bl. 119.

[17] Nr. 4 der Geschäftsanweisung für den Musikschutzverband der „alten Gema", GDT und AKM vom 22/23.7.1930. Datum schlecht lesbar, in: Bundesarchiv, R55/1151, Bl. 119.

[18] § 3 der Geschäftsordnung des Musikschutzverbands vom 22.7.1930 lautet:

„Die Direktoren erhalten von den Gesellschaften eine ihrer jeweiligen Funktion angepaßte, jedoch im Sinne des § 42 Abs. 1 des deutschen Genossenschaftsgesetzes beschränkte Vollmacht. Es werden außerdem folgende einschränkende Bestimmungen getroffen:

Die bestehenden Empfehlungsverträge mit den verschiedenen Organisationen der Musikveranstalter dürfen bei Ablauf nicht wieder erneuert werden; Ausnahmen bedürfen der vorherigen Einwilligung bzw. schriftlichen Genehmigung der Vorstände der Gesellschaften. Dies bezieht sich nicht auf kleine lokale Verbände und kleinere Organisationen.

Über die Höhe der für den Abschluß von Pauschalverträgen maßgebenden Pauschalsätze sind sie von den Vorständen der Gesellschaften genehmigten Tarife als Richtlinien für die Bemessung der verschiedenen Kategorien von Musikveranstaltungen maßgebend. Unter diesen Mindestsätzen darf nur nach Genehmigung der Vorstände oder in dringenden Fällen abgeschlossen werden. Wird in einem dringlichen Fall unter dem Tarifsatz abgeschlossen, so ist den Vorständen hiervon nachträglich Mitteilung zu machen."

zitiert nach: *Schulze*, Geschätzte und geschützte Noten, 1995, S. 166.

schränkten sich nach § 42 Abs. 1 GenG auf die ihnen erteilten Vollmachten. Vollmachten im Sinne des § 42 Abs. 1 GenG umfassten grundsätzlich nur einzeln übertragbare Geschäfte oder Geschäftszweige. Sinn und Zweck dieser Beschränkung bestand darin die Tätigkeit des Vorstands durch die Einsetzung von Bevollmächtigten nicht gänzlich auszuschalten.[19] Im Wesentlichen waren Rechtsgeschäfte, die die Vertragsbeziehungen zu den Nutzerverbänden betrafen und die über die darin festgelegten Befugnisse hinaus gingen, von der Vertretungsbefugnis der Direktoren ausgenommen. Dies galt nach § 3a der Geschäftsordnung für die Verlängerung von Empfehlungsverträgen mit den Nutzerorganisationen und nach § 3b für eine Herabsenkung der Gebührensätze beim Abschluss einzelner Pauschalverträge. Auch Anstellungen und Entlassungen von Mitarbeitern mit einem Monatslohn über 300 Mark brutto erfolgten nach § 5 der Geschäftsordnung vom 22.7.1930 im gegenseitigen Einvernehmen durch die Vorstände der Gesellschaften. Damit blieb die grundlegende Ausrichtung der Betätigung des Musikschutzverbands in der Hand der Vorstände der Gesellschaften. Die Tatsache, dass dem von der GDT bestellten Direktor nur eingeschränkte Befugnisse zukamen, stellte insofern keine Schlechterstellung dar, die eine Bewertung des Eintritts der GDT in den Musikschutzverband als Schritt zur „Kapitulation" rechtfertigen würde. Die Aufnahme der GDT in den Musikschutzverband gewährleistete vielmehr die Fortführung ihrer bisherigen Tätigkeit und spiegelte die Machtverhältnisse so wider, wie sie sich vor dem Zusammenschluss von „alter Gema" und GDT darstellten.

2. Vertragliche Pflichten der Kooperationsvereinbarung

Neben der in § 5 der Kooperationsvereinbarung vom 22.7.1930 enthaltenen Pflicht sich an den Kosten des Musikschutzverbands zu beteiligen, vereinbarten AKM, GDT und Gema im Vertrag vom 22.7.1930 weitere Handlungs- und Unterlassungspflichten, sowie partielle Wettbewerbsverbote. In § 12 verpflichteten sich die Vertragsparteien dem Verband alle notwendigen Dokumente und Unterlagen zukommen zu lassen. § 10 regelte die Pflicht der Vertragspartner zur gegenseitigen Hilfestellung bei der Durchführung und Kontrolle der Auslandsverträge.[20] Die gesonderte Regelung in § 10 S. 2, die ledig-

---

[19] *Crüger/Crecelius*, Das Reichsgesetz, betreffend die Erwerbs- und Wirtschaftsgenossenschaften, [10]1926, § 42 GenG, Rn. 1.
[20] § 10 des Vertrags lautet:
„Die Vertragsschliessenden gewährleisten sich den Bestand ihrer Auslandsvertretungen und verpflichten sich, auf Verlangen einander bei der Durchführung der Auslandsverträge und Kontrollen der Abrechnungen aus dem Ausland zu unterstützen. Bezüglich AKM und GEMA verbleibt es bei den Vereinbarungen des Vertrages vom 12. Februar, Ziffer III."
zitiert nach: *Schulze*, Geschätzte und geschützte Noten, 1995, S. 163.

lich für AKM und Gema galt, beruhte auf dem Vertrag vom 12.2.1929, der weitergehende Regelungen als die Kooperationsvereinbarung vom 22.7.1930 traf. AKM und Gema schlossen darin eine Betätigung im Hoheitsgebiet der jeweils anderen Partei aus.[21] Eine Hilfestellung zur Durchführung und Kontrolle ihrer Auslandsverträge in Deutschland und Österreich entfiel damit. Eine besondere Benachteiligung der GDT ist in der Aufnahme dieser Handlungs- und Unterlassungspflichten nicht zu sehen.

Weiterhin vereinbarten die Vertragspartner partielle Wettbewerbsverbote im Hinblick auf die vertragliche Verpflichtung der Bezugsberechtigten. In § 11 der Kooperationsvereinbarung verpflichteten sie sich nur über die Vorstände der anderen Gesellschaften mit deren Mitgliedern geschäftlich zu verkehren.[22] Dies erschwerte ein direktes Abwerben der Bezugsberechtigten durch die konkurrierenden Marktakteure und verdeutlichte ihren Willen zur Beschränkung des Wettbewerbs um die Rechteinhaber. Eine Annäherung der Konkurrenten hinsichtlich der Verwaltung ihrer Rechtsbeziehungen zu den Urhebern und sonstigen Berechtigten wird auch in § 8 der Kooperationsvereinbarung deutlich.[23] In § 8 Abs. 1 verpflichteten sich GDT, AKM und

---

[21] Ziffer III des Vertrags vom 12.2.1929 besagt:
„Die beiden Gesellschaften verpflichten sich für die Dauer dieses Vertrages, dass sich jeder Teil eines selbstständigen Vertragsabschlusses zur Verwertung ausländischer Aufführungsrechte u.a. die AKM für Deutschland, die GEMA für Oesterreich, enthalten werde"
zitiert nach: Vertrag zwischen der AKM und der „alten Gema" über die Fortführung des Musikschutzverbands vom 12.2.1929, in: Bundesarchiv, R55/1151, Bl. 120.
[22] § 11 des Vertrags lautet: „Die drei Gesellschaften verpflichten sich, mit Mitgliedern einer anderen Gesellschaft nicht direkt, sondern nur über den Vorstand der zuständigen Gesellschaft geschäftlich zu verkehren", zitiert nach: *Schulze*, Geschätzte und geschützte Noten, 1995, S. 164.
[23] § 8 des Vertrags lautet:
„Es wird das Bestreben der Gesellschaften sein, spätestens zum 20.9.1935 eine Angleichung ihrer Ausschüttungsarten an die Mitglieder und ihrer Statuten herbeizuführen. Zu diesem Zweck tritt spätestens am 1.10.1932 eine aus den Vorständen der drei Gesellschaften paritätisch zusammengesetzte Kommission zusammen, die an dem Ziele arbeiten soll, dass spätestens nach Ablauf des fünften Vertragsjahres die Komponisten, Bearbeiter, Musikverleger und Textdichter aller Gesellschaften für gleiche Aufführungswerte auch gleiche Bezüge kommen.
Die Richtlinien dieser Kommission bedürfen der Genehmigung der Verwaltungsgremien jeder der drei Gesellschaften.
Sollte die Kommission in dieser Beziehung zu keinem Ergebnis gelangen, so hat sie zu prüfen, ob der in § 5 festgelegte Verteilungsschlüssel zwischen den Vertragschliessenden – nämlich GEMA und AKM einerseits und GDT andererseits – den tatsächlichen Repertoireverhältnissen entspricht und im Falle gegenteiliger Feststellung eine Abänderung des Quotenverhältnisses vorzuschlagen ist.
Sollte die Kommission auch hierüber zu keiner Einigung gelangen oder sollten die von ihr gemachten Vorschläge durch die Verwaltungsgremien der drei Gesellschaften nicht

Gema zur Angleichung von Ausschüttungsarten und Statuten bis 1935, um eine Gleichbehandlung ihrer jeweiligen Mitglieder zu erzielen. Die Regelung in § 8 Abs. 1 stellte eine Absichtserklärung der Vertragsparteien dar und bildete keine zwingende Voraussetzung für die Fortgeltung des Vertrags. Für den Fall ergebnisloser Verhandlungen sahen die Regelungen in § 8 Abs. 2 und 3 die bloße Anpassung des Verteilungsschlüssels, bzw. die Beibehaltung des Status quo vor. Die vereinbarten Einschränkungen in Bezug auf den Wettbewerb um die Rechteinhaber verdeutlichen, dass die konkurrierenden Unternehmen den Weg zur Etablierung einer friedlichen Koexistenz ohne Konkurrenz kontinuierlich ebnen wollten. Zur Verwirklichung der Vorgaben aus § 8 Abs. 1 der Kooperationsvereinbarung setzten sie einen Zeitraum von über fünf Jahren fest, so dass die Verwertungsunternehmen die Anpassungen stetig umsetzen konnten. Darüber hinaus trafen sie für den Fall ergebnisloser Verhandlungen Vereinbarungen zur Fortgeltung der Kooperation. Die Vereinbarung diente damit in erster Linie der Festigung und des Aufbaus einer Zusammenarbeit der ehemaligen Konkurrenten. Die der GDT auferlegten Pflichten entsprachen weitestgehend denen der anderen Vertragspartner. Die Ausgestaltung der vertraglichen Pflichten in der Kooperationsvereinbarung zeugt vielmehr vom Streben der Vertragspartner nach der Gründung eines einheitlichen deutschen Verwertungsunternehmens, das allerdings nicht um jeden Preis erreicht werden sollte; eine „Kapitulation" begründete die Vereinbarung insofern nicht.

3. Auswertung der Kooperationsvereinbarung für die einzelnen Marktakteure

Demnach zeigt die Kooperationsvereinbarung vom 22.7.1930 und die hierzu ergangenen Nebenabreden, dass die GDT weitergehende Restriktionen als die anderen Vertragspartner in Kauf nehmen musste.[24] Eine „Kapitulation" und die damit einhergehende Aufgabe einer eigenständigen Geschäftstätigkeit kann hierin nicht gesehen werden. Vielmehr spiegelte die Zusammenarbeit die bisherigen Machtverhältnisse der Unternehmen bei der Wahrnehmung des musikalischen Aufführungsrechts wider. Die GDT verfügte aufgrund ihrer Spezialisierung auf Werke der ernsten Musik über ein geringeres Repertoire und konnte mit ihrem Beitrag den Werkbestand des Musikschutzbestands nicht in gleichem Maße wie AKM und Gema erweitern. Mit ihrer

---

gutgeheissen werden, so verbleibt es bei dem in Ziffer 5 genannten Verteilungsschlüssel bis zum 30.9.1937."

zitiert nach: *Schulze*, Geschätzte und geschützte Noten, 1995, S. 163.

[24] Dies zeigt sich beispielsweise an dem geringen Anteil an den Einnahmen, der der GDT zukam, und dem geringeren Einfluss des von der GDT bestellten Direktors des Musikschutzverbands, siehe: Kap. 6 I 1.

Aufnahme in den Musikschutzverband konnte die GDT gleichwohl personelle und finanzielle Ressourcen einsparen, die sie bislang in die eigenständige Organisation der Durchsetzung der von ihr verwalteten Aufführungsrechte einbringen musste; Sie profitierte also durchaus auch von den bestehenden Strukturen des Musikschutzverbands bei der Verwertung des Aufführungsrechts.

Die Kooperationsvereinbarung zwischen GDT, AKM und „alter Gema" wirkte sich in erster Linie auf die Rechtsverhältnisse zu den Veranstaltern aus. Nichtsdestoweniger berührte der Vertrag auch die Rechtsbeziehungen zu den Bezugsberechtigten. So legte §8 die zunehmende Angleichung der Unternehmen fest. Der Vertragsschluss kann insofern als erster Schritt zur Gründung eines einheitlichen Verwertungsunternehmens für das Deutsche Reich angesehen werden. Die unmittelbare Gründung einer einzigen zentralen Stelle für die Rechteverwertung wäre aufgrund der divergierenden Interessen der Konkurrenten und ihrer unterschiedlichen Strukturen noch nicht möglich gewesen.[25] Insofern bildete der um die GDT erweiterte Musikschutzverband mehr als nur eine gemeinschaftliche Inkasso-Organisation der drei Verwertungsakteure.

II. Erklärungsansätze für die Vereinigung der konkurrierenden Verwertungsunternehmen

Der Abschluss der Kooperationsvereinbarung am 22.7.1930 bildete den ersten Schritt auf dem Weg zu einem Monopolanbieter musikalischer Aufführungsrechte für das Deutsche Reich. Dieser Teil setzt sich mit den Ursachen für die Intensivierung der Zusammenarbeit zwischen den Verwertungsunternehmen auseinander und fragt nach den Gründen für die Aufnahme der GDT in den Musikschutzverband. Dabei stellen sich die Fragen, ob und inwieweit die Vereinigung der ehemals konkurrierenden Marktakteure auf der drohenden Auflösung der GDT und damit auf wirtschaftlichen Aspekten beruhte,[26] bzw. inwiefern der Einigungsprozess einen, für die Weimarer Zeit typische Form eines Konzentrations- und Kartellierungsprozesses bildete.[27] Ein erster Abschnitt setzt sich zunächst mit den Fragen auseinander, ob und inwieweit der Musikschutzverband als Kartell anzusehen war. Daran an-

---

[25] *N.N.*, GN 1930, Nr. 33, S. 2, (3).
[26] So: *Schulze*, Geschätzte und geschützte Noten, 1995, S. 162; im Ergebnis auch: *Dümling*, Musik hat ihren Wert, 2003, S. 173.
[27] Zur Zunahme der Zahl von Kartellen und Unternehmensfusionen in der Weimarer Republik, siehe: *König*, in: Arndt (Hrsg.), Die Konzentration in der Wirtschaft, 1960, S. 303 (304).

knüpfend wird in einem zweiten Abschnitt dargelegt, ob und inwieweit der Musikschutzverband in der damaligen Wahrnehmung als Kartell angesehen wurde und inwiefern dies zu Beschränkungen bei der Ausübung seiner Tätigkeit führte. Schließlich befasst sich ein dritter Abschnitt mit den Gründen für die Fusion der ehemals konkurrierenden Marktakteure im Bereich des Handels mit musikalischen Aufführungsrechten.

1. Rechtliche Einordnung der Kooperationsvereinbarung vom 22.7.1930

Mit der Kooperationsvereinbarung vom 22.7.1930 trat die GDT dem Musikschutzverband als Gesellschafterin bei und partizipierte damit an der ursprünglich von „alter Gema" und AKM gegründeten Gesellschaft.[28] Dies gewährleistete einen Rechteerwerb aus einer Hand und beendete den Wettbewerb um die vertragliche Verpflichtung der Veranstalter. Der Musikschutzverband erlangte ein Monopol für den Handel mit Aufführungsrechten, dass auf der Absprache der ehemals konkurrierenden Marktteilnehmer basierte. Unter diesem Gesichtspunkt stellt sich die Frage, ob der von den Verwertungsunternehmen 1930 geschlossene Vertrag eine Kartellvereinbarung bildete.

Nach § 1 KartVO bedurften Verträge, die unter anderem die Handhabung des Absatzes oder die Art der Preisfestsetzung regelten, der Schriftform. Dies waren „die üblicherweise als Konventionen, Kartelle und Syndikate bezeichneten Abmachungen".[29] Konventionen galten als reine Konditionenkartelle, die sich auf die Festsetzung von Geschäftsbedingungen beschränkten. Kartellverträge bezogen sich entweder auf die Festsetzung bestimmter Preise oder Preiskalkulationen oder auf die Handhabung von Einkaufs- und Absatzbedingungen. Die Bezeichnung Syndikat erlangten die Kartelle, die „über eine gemeinsame Absatz- oder Einkaufsorganisation" verfügten.[30] Der Musikschutzverband richtete bereits bei seiner Gründung 1916 eine gemeinschaftliche Vertriebsorganisation/-stelle ein und diente damit der Gewährleistung einheitlicher Absatzbedingungen für musikalische Aufführungsrechte.[31] Unter Heranziehung des sehr weiten Kartellbegriffs in § 1 KartVO stellte bereits die 1916 zwischen „alter Gema" und AKM getroffene Kooperationsvereinbarung eine Kartellabsprache dar. Als eigenständige Organisation für die Rechteverwertung konnte der Musikschutzverband als Syndikat für den Handel mit Aufführungsrechten angesehen werden. Tatsächlich ging die im Jahr 1930 zwischen „alter Gema", AKM und GDT

---

[28] Siehe: Kap. 3 III 2a bb.
[29] *Haußmann/Hollaender*, Die Kartellverordnung, 1925, § 1 KartVO, S. 20.
[30] Zu den Begrifflichkeiten, siehe: *Haußmann/Hollaender*, Die Kartellverordnung, 1925, § 1 KartVO, S. 22 f.
[31] Siehe: Kap. 3 III 2a bb.

geschlossene Vereinbarung aber weit darüber hinaus: Mit ihrer Vereinigung im Musikschutzverband schalteten die Verwertungsunternehmen den Wettbewerb um Aufführungsrechte untereinander aus und bildeten damit das dominierende Unternehmen in diesem Marktsegment. Die Möglichkeiten eines individuellen Rechteerwerbs oder der Nutzung tantiemefreier Musik konnten, wie gesehen, das Repertoire der deutschen Verwertungsunternehmen nur schwer ersetzen. Die Konzentration der Unternehmen im Musikschutzverband führte also sowohl im Bereich der leichten als auch im Bereich der ernsten Musik zu einer Monopolbildung für die Veräußerung musikalischer Aufführungsrechte, die den Musikschutzverband 1930 in die Lage versetzte, die Erwerbsbedingungen vorzugeben.

Dem stand auch nicht die Tatsache entgegen, dass der Musikschutzverband vordergründig lediglich ihm übertragene Rechte „verwaltete". Zwar lehnte das Kammergericht mit Urteil vom 6.7.1929 die Kartellfähigkeit der „alten Gema" als solches mit der Begründung ab, dass ihre Genossen Inhaber eines Urheberrechts seien und aufgrund dessen bereits keine unternehmerischen Ziele verfolgten. Vielmehr sei es die „Verwertungsgesellschaft", die mit der „wirtschaftlichen Ausnutzung der Urheberrechte" betraut sei.[32] Das Kammergericht blendete aber den unternehmerischen Charakter der „alten Gema" als solcher aus. Bei einer gesonderten Betrachtung der Rechtsverhältnisse zu den Bezugsberechtigten und den Veranstaltern zeigt sich, dass die Rechtsbeziehungen zu letzteren von einem Gewinnstreben der „alten Gema" geprägt waren. Der „alten Gema" gehörten viele Musikverlage an, die Verlags- und Aufführungsrechte erwarben und sie durch den Druck von Noten oder die Vermittlung von Aufführungsrechten der Öffentlichkeit zugänglich machten.[33]

Die 1930 erfolgte Aufnahme der GDT in den Musikschutzverband diente der Verbesserung der Verhandlungsposition im Verhältnis zu den Musikkonsumenten und war damit im Kern von wirtschaftlichen Erwägungen getragen. Die Zielsetzung des Musikschutzverbands mittels eines umfangreichen Repertoires an musikalischen Aufführungsrechten eine möglichst weitgehende vertragliche Verpflichtung der Veranstalter zu erreichen, sollte durch die Aufnahme der GDT gesteigert werden. Der Musikschutzverband bildete ab 1930 die gemeinschaftliche Einziehungsstelle von AKM, „alter Gema" und GDT und operierte in dieser Funktion unabhängig von den Urhebern, die den einzelnen Verwertungsunternehmen ihre Rechte bereits übertragen

---

[32] Urteil des Kammergerichts vom 6.7.1929, in: Kartell-Rundschau 1930, S. 36 (37).
[33] Siehe: Kap. 3 II 2. Eine ähnliche Begründung vertritt auch *B. Herzog* in seiner Rezension des Urteils des Kammergerichts vom 6.7.1929. Darin weist er darauf hin, dass „das Angebot der Musikerzeuger an die Musikverbraucher ein ‚Musikmarkt' ist", der Gegenstand von Konkurrenz und damit auch Gegenstand von Kartellabsprachen sein kann, siehe: *Herzog,* Kartell-Rundschau 1930, S. 20 (24).

II. Erklärungsansätze für die Vereinigung der konkurrierenden Unternehmen

hatten und über keinerlei Einfluss auf den Musikschutzverband verfügten. Eigene Vertragsbeziehungen pflegte der Musikschutzverband allein zu den Veranstaltern und seinen Gesellschaftern und bildete als solches ein unternehmerisch tätiges Syndikat für den Handel mit Aufführungsrechten.

2. Der Einfluss des Kartellwesens auf den Musikschutzverband

Der Abschluss von Kartellverträgen unterlag den Vorgaben der KartVO, die bei einer Gefährdung der Gesamtwirtschaft oder des Gemeinwohls für nichtig erklärt werden konnten (§ 4) und die Möglichkeit einer fristlosen Kündigung aus wichtigem Grund enthielten (§ 8). In der praktischen Anwendung stellte sich die KartVO aber als weitgehend wirkungslos heraus. Verletzungen der KartVO wurden aus unterschiedlichen Gründen selten von Seiten der zuständigen Stellen geahndet. Darüber hinaus normierte die KartVO keine weitergehenden Rechtsfolgen im Falle von Verletzungen gegen die Bestimmungen der Verordnung.[34] Auch die Möglichkeit den Kartellvertrag aus wichtigem Grund fristlos zu kündigen, bestärkte eher die Unternehmen in der Bildung von Kartellen und führte in der Folge zum Anstieg der Kartelle in der Weimarer Republik.[35] Die Kartellverordnung verfehlte damit ihre eigentliche Zielsetzung, so dass die Bildung von Kartellen in der Weimarer Republik eine gängige Praxis zur Regulierung der Märkte blieb.

Der Zusammenschluss von GDT, AKM und „alter Gema" im Musikschutzverband als Syndikat der ehemals konkurrierenden Verwertungsunternehmen forderte eine Überprüfung der Kooperationsvereinbarung nach den Vorgaben der KartVO geradezu heraus. Die Universum-Film Aktiengesellschaft (UFA) rief bereits vor der Aufnahme der GDT in den Musikschutzverband den Reichswirtschaftsminister zur Überprüfung der Vereinbarung von AKM und „alter Gema" unter kartellrechtlichen Gesichtspunkten an. Der zuständige Dezernent lehnte die Anwendbarkeit der Kartellverordnung jedoch ab, was vornehmlich auf der Möglichkeit zur Nutzung des Repertoires der GDT beruhte.[36] Im Rahmen einer internen Stellungnahme verneinte auch das Reichsjustizministerium am 2.1.1930 das Vorliegen der Verletzungstatbestände der KartVO nach Aufnahme der GDT in den Mu-

---

[34] *Heinemann*, Immaterialgüterschutz in der Wettbewerbsordnung, 2002, S. 130.; *Nörr*, Zwischen den Mühlsteinen, 1988, S. 62 ff.

[35] *Köster*, Die Wissenschaft der Außenseiter, 2011, S. 275.; *Feldenkirchen*, in: Pohl (Hrsg.), Kartelle und Kartellgesetzgebung in Praxis und Rechtsprechung vom 19. Jahrhundert bis zur Gegenwart: Ein Nassauer Gespräch, 1985, S. 145 ff.; so auch: *Harding/Joshua*, Regulating cartels in Europe, ²2010, S. 76.

[36] Gutachten, inwieweit Zusammenschluss von „alter Gema", AKM und GDT einen Verstoß gegen die „Verordnung gegen Mißbrauch wirtschaftlicher Machtstellungen vom 2. November 1923" vom 2.1.1930, in: Bundesarchiv, R3001/6381, Bl. 57.

sikschutzverband.[37] Nach Sicht des Referenten nutzte der Musikschutzverband weder seine wirtschaftliche Machtstellung aus noch habe dieses Handeln eine Gefährdung des Gemeinwohls zur Folge. Die Ausnutzung einer wirtschaftlichen Machtstellung wurde mit dem Argument verneint, dass die bisherigen Preise für den Erwerb von Aufführungsrechten von den Gerichten als angemessen bestätigt worden seien. Einer willkürlichen Erhöhung der Preise durch die Unternehmen würde damit die richterliche Kontrolle entgegenstehen. Darüber hinaus sei eine in § 10 der Kartellverordnung vorgesehene „Gefährdung des öffentlichen Gemeinwohls" abzulehnen, da sich das Gemeinwohl auf „lebenswichtige Branchen" beziehe, die bei der Aufführung musikalischer Werke nicht tangiert wären. Bei Unternehmungen, die das „Vergnügung- und Luxusbedürfnis des Volkes" befriedigen, seien strengere Anforderungen an das Vorliegen einer Gefährdung des Gemeinwohls zu stellen.[38] Im Ergebnis wurde der Musikschutzverband in der öffentlichen Wahrnehmung zwar als Kartell aufgefasst, wie bei vielen anderen Kartellen entging er aber der Auferlegung kartellrechtlicher Sanktionen.

Zu einem ersten Wandel in der Kartellpolitik des Deutschen Reiches kam es erst mit dem Eintreten der Folgen der Weltwirtschaftskrise zu Beginn der 1930er Jahre. Mit der Zunahme wirtschaftlicher, finanzieller und sozialer Notstände setzte das Kabinett von Reichskanzler *Heinrich Brüning* eine Deflationspolitik im Wege von Notverordnungen in Kraft, die umfassende Preissenkungen und eine weitergehende Überwachung der Märkte anordnete.[39] Insbesondere die vierte Verordnung des Reichspräsidenten zur Sicherung von Wirtschaft und Finanzen und zum Schutz des inneren Friedens vom 8.12.1931 wirkte sich auch auf den Musikschutzverband aus.[40] Die Verordnung sah in ihrem ersten Teil unter § 1 des Kapitel 1 vor, dass gebundene Preise um mindestens 10 % zu senken waren. Kapitel 2 des ersten Teils setzte zur Kontrolle von Preisabsprachen und Preissteigerungen einen Reichskommissar für Preisüberwachung ein, der der Überteuerung von Preisen für lebenswichtige Gegenstände des täglichen Bedarfs und lebenswichtige Leistungen zur Befriedigung des täglichen Bedarfs entgegenwirken sollte. Der Reichskommissar für Preisüberwachung *Carl Friedrich Goerdeler* erachtete auch das Aufführungsrecht als „Gegenstand des täglichen Bedarfs" und veranlasste auf Antrag einiger Nutzerorganisationen eine Senkung der Tarife im

---

[37] Gutachten, inwieweit Zusammenschluss von „alter Gema", AKM und GDT einen Verstoß gegen die „Verordnung gegen Mißbrauch wirtschaftlicher Machtstellungen vom 2. November 1923" vom 2.1.1930, in: Bundesarchiv, R3001/6381, Bl. 57.

[38] Gutachten, inwieweit Zusammenschluss von „alter Gema", AKM und GDT einen Verstoß gegen die „Verordnung gegen Mißbrauch wirtschaftlicher Machtstellungen vom 2. November 1923" vom 2.1.1930, in: Bundesarchiv, R3001/6381, Bl. 57 (58).

[39] *Büttner*, in: Gebhardt (Hrsg.), Handbuch der deutschen Geschichte: Band 18, [10]2010, S. 171 (361 ff.).

[40] RGBl. I 1931, S. 699 ff.

Bereich der Unterhaltungsmusik.[41] Insofern musste auch der Musikschutzverband staatliche Interventionen und wirtschaftliche Sanktionen in Kauf nehmen.

3. Gründe für die Aufnahme der GDT in den Musikschutzverband

Wie bereits zu Beginn dieses Teils geschildert, war die Politik der Weimarer Republik von einer weitgehenden Akzeptanz der Kartelle geprägt. Die Tendenzen zur gemeinschaftlichen Durchsetzung der Interessen bestimmter Industrie- und Berufszweige gegenüber Politik und Wirtschaft bestand auch in anderen Bereichen. So kam es in der Weimarer Republik nicht allein zu einer Zunahme der Kartelle. Auch die Verbandslandschaft erlebte eine erhebliche Expansion.[42] Diese Entwicklung ließ sich auch auf dem Markt mit dem Handel von Aufführungsrechten beobachten.

Mit Gründung des Reichskartells der Musikverbraucher 1928 stand dem Musikschutzverband eine Interessenvertretung gegenüber, die die Forderungen eines Großteils der Musiknutzer zentralisierte und die zu diesem Zeitpunkt noch bestehende Konkurrenz zwischen Musikschutzverband und GDT zu ihrem Vorteil zu nutzen wusste und vorteilhafte Bedingungen für den Rechteerwerb aushandeln konnte. Eine der wesentlichen Forderungen des Reichskartells bestand in der Gründung einer einheitlichen Stelle für den Erwerb musikalischer Aufführungsrechte, die sie zunächst durch eine Verdrängung des Musikschutzverbands vom Markt mit dem Handel von Aufführungsrechten umzusetzen versuchte.[43] Durch die Aufnahme der GDT in den Musikschutzverband boten die Verwertungsunternehmen dem Reichskartell einen einheitlichen Vertragspartner für den Rechteerwerb. Das Reichskartell konnte damit die Konkurrenz zwischen den Gesellschaften nicht mehr zur Erzielung vergünstigter Konditionen für den Erwerb pauschaler Aufführungslizenzen nutzen.[44]

So wie die Gründung der GDT im Jahr 1903 individuelle Anbieter für den Erwerb musikalischer Aufführungsrechte vom Markt verdrängte und dadurch die kollektive Wahrnehmung zur einzigen Form für den Erwerb musikalischer Aufführungsrechte machte,[45] so versetzte der Zusammenschluss

---

[41] Geschäftsbericht des Vorstandes der „alten Gema" für das Geschäftsjahr 1931/32, in: GN 1932, Nr. 53, S. 2 (8); Geschäftsbericht der Anstalt für musikalisches Aufführungsrecht über das Jahr 1932, in: Der schaffende Musiker 1933, Nr. 31, S. 8 (12; 22).
[42] *Sebaldt/Straßner*, Verbände in der Bundesrepublik Deutschland, 2004, S. 81.
[43] Siehe: Kap. 5 III 2e.
[44] Der Empfehlungsvertrag, den die GDT mit dem Reichskartell der Musikverbraucher abschloss, führte zu einer Senkung ihrer Gebührensätze. Mit der Vereinigung der drei Unternehmen konnte durch deren gemeinsames Auftreten eine scheinbar „gerechtere" Pauschalsumme ausgehandelt werden, so: *Bock,* GN 1930, Nr. 37, S. 4 (7).
[45] Siehe: Kap. 1 V.

im Musikschutzverband die Marktteilnehmer in die Lage ein Gegengewicht zum Reichskartell zu bilden und dadurch die Preise für den Rechteerwerb wieder selbst zu bestimmen. Konzentrationsdruck übte auch die Filmindustrie aus, die den Abschluss von Pauschalverträgen mit den Verwertungsunternehmen zu umgehen versuchte, indem sie direkt mit den Komponisten über den Erwerb einzelner Aufführungsrechte verhandelte.[46] Die Fusion der Verwertungsunternehmen sollte ein Gegengewicht zum Einfluss von Reichskartell und Filmindustrie bilden. Mit der Aufnahme der GDT in den Musikschutzverband adaptierten die ehemals konkurrierenden Marktakteure den allgegenwärtigen Konzentrationsdruck und konnten damit ihre Marktmacht gegenüber den Musiknutzern stärken.

Ein weiterer Faktor, der einen Erklärungsansatz für die Vereinigung der Unternehmen im Musikschutzverband bot, liegt in der Weltwirtschaftskrise, die zu Beginn der 1930er Jahre die Weimarer Republik erschütterte. Der Bruch der großen Koalition im März 1930 führte zur innenpolitischen Destabilisierung der Weimarer Republik. In der Folge kam es zur Einsetzung eines Präsidialkabinetts, das mit Hilfe von Notverordnungen regierte.[47] Die Wirtschaftskrise erfasste einen Großteil der Bevölkerung. Im Ergebnis litt jede zweite deutsche Familie unter ihren Folgen.[48] Auch die Musikindustrie wurde von den Auswirkungen der Krise nicht verschont.[49] So konnte beispielsweise der Musikverlag C.F. Peters nach dem Ausbruch der Weltwirtschaftskrise nur noch in Japan nennenswerte Einnahmen durch den Absatz seiner Musikalien erzielen. In dieser Phase stellten die aus der Verwertung der Aufführungs- und mechanisch-musikalischen Vervielfältigungsrechte erzielten Tantiemen die wesentliche Einnahmequelle des Verlags dar.[50] Die Wirtschaftskrise, aber auch der Wandel der Musiknutzung durch das Aufkommen von Radio und Schallplatten, führten zu einem Rückgang der klassischen Einnahmequellen des Musikverlagswesens. Die Zentralisierung der Marktteilnehmer im Musikschutzverband festigte ihre Position gegenüber den Nutzern und schützte die Musikanbieter vor einem Preiskampf hinsichtlich der Veräußerung ihrer musikalischen Aufführungsrechte. Damit verhalf

---

[46] Die Lichtspieltheaterbesitzer forderten von den Filmproduzenten die Fertigung von Tonfilmen mit tantiemefreier Musik. Als dies nicht gelang, versuchten die Produzenten die Komponisten durch die Gewährung besonders hoher Honorare zur Übertragung ihrer Aufführungsrechte zu bewegen, siehe: *Westphalen*, Der schaffende Musiker 1930 (1930), Nr. 19, S. 10 f.

[47] *Kolb/Schumann*, Die Weimarer Republik, [8]2013, S. 132.

[48] *Kolb/Schumann*, Die Weimarer Republik, [8]2013, S. 125.

[49] *Siegel*, Lehrbuch für den deutschen Musikalienhandel, 1930, S. 8; siehe auch: *Beer*, in: Fischer/Füssel (Hrsg.), Geschichte des deutschen Buchhandels im 19. und 20. Jahrhundert: Die Weimarer Republik 1918–1933. Teil 1, 2007, S. 509 (511).

[50] *Bucholtz*, Henri Hinrichsen und der Musikverlag C.F. Peters, 2001, S. 54.

die Fusion der konkurrierenden Marktteilnehmer im Musikschutzverband den Unternehmen zur Überwindung wirtschaftlicher Instabilität, die die Weimarer Republik zu Beginn der 1930er Jahre kennzeichnete. Der Komponist *Richard Stein* konstatierte in seinem Artikel für „Die Musik", dass die Vereinigung von AKM, „alter Gema" und GDT „aus der Not der Zeit hervorgegangen ist".[51] Die Gema verteidigte in ihrem Geschäftsbericht für das Jahr 1930/31 die mit der Aufnahme der GDT in den Musikschutzverband einhergehenden Umsatzeinbußen mit der schwierigen wirtschaftlichen Lage. So wäre auch ohne die Aufnahme der GDT aufgrund der „krisenhaften und nervösen Zeit" mit wirtschaftlichen Einbußen zu rechnen gewesen.[52] Darüber hinaus rechtfertigte sie die Fusion mit einem Vorgreifen vor staatlicher Intervention. So heißt es im Geschäftsbericht für das Jahr 1930/31, dass „das Interesse der Behörden an unseren Institutionen doch zu rege [sei], als daß wir nicht bei einer Fortsetzung dieser unerquicklichen Streitigkeiten einen Eingriff des Staates hätten gewärtigen müssen".[53]

Die gemeinschaftliche Einziehung der Aufführungsgebühren reduzierte die Kosten der Rechteverwertung und steigerte gleichzeitig die Effektivität der Kontrollen. In der Krisenphase erfuhren die Verwerter durch derartige Rationalisierungsmaßnahmen einen zusätzlichen Anreiz zur Zusammenarbeit. Darüber hinaus befürchtete insbesondere die Gema ein staatliches Eingreifen bei der Verwertung der musikalischen Aufführungsrechte, dem mit der Aufnahme der GDT in den Musikschutzverband zuvorgekommen werden sollte. Insofern bildeten die Folgen der Weltwirtschaftskrise und die innenpolitischen Konflikte zu ihrer Behebung einen weiteren Teilaspekt, der die Vereinigung der konkurrierenden Marktakteure im Musikschutzverband erklärt.

III. Die Auswirkungen der Zusammenarbeit auf die Rechteinhaber

Der Abschluss der Kooperationsvereinbarung vom 22.7.1930 wirkte sich durch die Aufnahme der Regelungen in §§ 8 und 11 indirekt auch auf die Rechteinhaber aus. Die geplante Angleichung von Ausschüttungsarten und Statuten, sowie die Einschränkung der geschäftlichen Korrespondenz mit den Mitgliedern der konkurrierenden Unternehmen, schränkten die Mög-

---

[51] *Stein,* Die Musik 23 (September 1931), S. 883 (885).
[52] Geschäftsbericht des Vorstandes der „alten Gema" für das Geschäftsjahr 1930/31, in: GN 1931, Nr. 45, S. 2 (5).
[53] Geschäftsbericht des Vorstandes der „alten Gema" für das Geschäftsjahr 1930/31, in: GN 1931, Nr. 45, S. 2 (5).

lichkeiten der Marktakteure zum Abwerben von Bezugsberechtigten und die damit einhergehende Konkurrenz um ihre vertragliche Verpflichtung ein. Dieser Abschnitt setzt sich mit weiteren Aspekten der neu begründeten Zusammenarbeit und ihrer Folgen für Urheber und sonstige Berechtigte auseinander. Zunächst werden anhand der Kooperationsvereinbarung und der dazugehörigen Nebenabreden Vertragsbestandteile vorgestellt, die die Bezugsberechtigten unmittelbar betrafen. In einem zweiten Schritt wird sodann die Umsetzung der sich aus der Kooperationsvereinbarung ergebenen Vorgaben durch die Unternehmen betrachtet. Schließlich behandelt ein dritter Unterabschnitt die Reaktionen der Urheber und sonstiger Berechtigter auf die Zusammenarbeit der Verwertungsunternehmen im Musikschutzverband. Mittels einer Betrachtung der Fortführung der Zusammenarbeit und den damit einhergehenden Folgen für die Bezugsberechtigten soll festgestellt werden, ob und inwieweit die Zielsetzungen des „neuen Musikschutzverbands" verwirklicht werden konnten. Schließlich wird in einem vierten Unterabschnitt Stellung zu den Fragen genommen, ob und inwieweit die Aufnahme der GDT in den Musikschutzverband zu einem Wegfall der Konkurrenz der Marktakteure um die vertragliche Verpflichtung der Rechteinhaber führte.

1. Abwerbungsverbote und deren Sanktionierung

Neben den indirekten Folgen der Angleichung der Gesellschaften und der Einschränkung der Korrespondenz mit Mitgliedern und Bezugsberechtigten der anderen Vertragspartner in §§ 8 und 11 der Kooperationsvereinbarung verpflichteten sich die Verwertungsunternehmen zur Ausschüttung von Tantiemen an Dritte. § 9 verpflichtete die Vertragspartner eine Ausschüttung von Aufführungsgebühren auch an diejenigen Mitglieder oder Bezugsberechtigten zu veranlassen, die der jeweils anderen Vertragspartei angehörten.[54] Damit erlangten die Bezugsberechtigten auch ohne Abschluss eines Berechtigungsvertrags oder der Einräumung einer Vertretungsvollmacht einen Ausschüttungsanspruch beim konkurrierenden Verwertungsunternehmen. Ein gegenseitiges Abwerben, so wie es vor der Aufnahme der Zusammenarbeit

---

[54] § 9 des Vertrags besagte:
„Die Vertragsschliessenden vereinbaren, dass von den Gesellschaften d.h. von GEMA und AKM einerseits und von GDT andererseits eine Ausschüttung von Aufführungsgebühren auch an diejenigen Mitglieder und sonstigen Bezugsberechtigten zu erfolgen hat, die nicht von ihnen selbst, sondern einer der anderen Vertragspartei zugehörigen Gesellschaft angeschlossen sind. Zwischen AKM und GEMA verbleibt es bei der bisherigen vertraglichen Regelung. Aufführungsbestimmungen sind innerhalb von 6 Monaten auszuarbeiten."
zitiert nach: *Schulze*, Geschätzte und geschützte Noten, 1995, S. 163.

möglich war, sollte dadurch unterbunden werden.[55] Nr. 3 einer Zusatzvereinbarung zwischen AKM, „alter Gema" und GDT vom 22.7.1930 enthielt dazu sogar ein ausdrückliches Abwerbungsverbot. Danach durften gegenwärtige oder bisherige Mitglieder oder sonstige Bezugsberechtigte der Gesellschaften von den jeweils anderen Gesellschaften ohne deren Zustimmung nicht aufgenommen werden.[56] Eine Ausnahme von diesem Abwerbungsverbot wurde für den Fall des Austritts einer größeren Zahl prominenter Bezugsberechtigter der jeweiligen Unternehmen vorgesehen. Hierfür räumte Nr. 4 der Zusatzvereinbarung den Vertragspartnern ein außerordentliches Kündigungsrecht für den Hauptvertrag ein. Die Aufnahme dieser Klausel ermöglichte einen Wechsel der Bezugsberechtigten der Unternehmen für den Fall einer deutlichen Schwächung eines Vertragspartners. Für die Gema hätte dies im Falle eines massenhaften Austritts der Bezugsberechtigten aus der GDT die Erlangung eines tatsächlichen Monopols bei der kollektiven Wahrnehmung der musikalischen Aufführungsrechte bedeutet.

Die Aufnahme von Nr. 3 und 4 der Zusatzvereinbarung beruhte auf einer Forderung der GDT, die zudem eine Streichung einer Regelung zum Überwechseln von Mitgliedern von einer Gesellschaft in die andere Gesellschaft zur Folge hatte.[57] Auch dies zeigt, dass die Kooperationsvereinbarung und die hierzu ergangenen Nebenabreden nicht als „Kapitulationsurkunde" der GDT anzusehen waren. Die Kooperationsvereinbarung und die hierzu ergangenen Nebenabreden führten im Ergebnis zu einer weitgehenden Beschränkung der Konkurrenz der Unternehmen um die vertragliche Verpflichtung der Rechteinhaber. Gegenstand des Wettbewerbs blieben lediglich solche Urheber und sonstige Berechtigte, die die Wahrnehmung ihrer Rechte bislang keinem der drei Verwertungsunternehmen übertragen hatten.

2. Die Verwirklichung der Vorgaben aus der Kooperationsvereinbarung

Zum Zwecke der Verwirklichung von § 8 der Kooperationsvereinbarung sollte „am 1. Oktober 1930 eine aus den Vorständen der drei Gesellschaften paritätisch zusammengesetzte Kommission zusammentreten".[58] Bei den ers-

---

[55] Noch kurz vor dem Beitritt der GDT in den Musikschutzverband zahlte sie den Mitgliedern der „alten Gema" Vorschüsse, um diese zu einem Wechsel des Verwertungsunternehmens zu bewegen, siehe: Fortsetzungsbericht über die ordentliche Hauptversammlung für das Geschäftsjahr 1929 vom 22.6.1930, in: Der schaffende Musiker 1930, Nr. 18, S. 6 (7).
[56] Zusatzabkommen zwischen „alter Gema", AKM und GDT zum Vertrag vom 22.7.1930 vom 22.7.1930, zitiert nach: *Schulze*, Geschätzte und geschützte Noten, 1995, S. 165.
[57] Bericht über die außerordentliche Hauptversammlung der GDT am 22.6.1930, in: Der schaffende Musiker 1930, Nr. 18, S. 11 (12).
[58] Geschäftsbericht der Anstalt für musikalisches Aufführungsrecht über das Jahr 1932, in: Der schaffende Musiker 1933, Nr. 31, S. 8 (16).

ten Treffen beschloss die Kommission die bisherigen Erfahrungen der drei Gesellschaften mit der Ausschüttung auszuwerten und den Vertragspartnern nach Abschluss dieser Auswertung die wichtigsten Unterlagen hierüber zukommen zu lassen.[59] Eine erste Angleichung des Umfangs der Ausschüttungen nahm die GDT bereits 1930 vor, indem sie den Punktwert für Werke der Unterhaltungsmusik erhöhte.[60] Hierdurch näherte sie sich der auf den Bereich der Unterhaltungsmusik spezialisierten „alten Gema" an. Die Gema versuchte AKM und GDT dazu zu bewegen eine möglichst einfache Verrechnung zu gewährleisten und aus diesem Grund das von ihr angewandte Schätzungssystem als gemeinsames Konzept zur Ausschüttung der Tantiemen zu etablieren.[61]

Im Ergebnis einigten sich Gema, AKM und GDT allein im Bereich des Tonfilms auf „eine gemeinsame und gleichmäßige Verrechnung aller aus dem Tonfilm eingegangenen Beträge" bei „einer gleichmäßigen Abfindung der Tonfilmschaffenden aller Gesellschaften".[62] Die nach § 9 der Kooperationsvereinbarung vorzunehmende Ausschüttung von Beiträgen an die Mitglieder und Bezugsberechtigten ihrer Vertragspartner erfolgte seitens der GDT erstmals zu Beginn des Jahres 1933 für das Rechnungsjahr 1932. Die Tatsache, dass die in § 9 getroffene Vereinbarung erst drei Jahre später umgesetzt werden konnte, begründete die GDT mit Schwierigkeiten bei der Feststellung der Rechtszugehörigkeit der Werke zu den Bezugsberechtigten.[63]

Zu einer weiteren Annäherung der GDT an die Gema und die AKM kam es durch den Ausbau von Begünstigungen für ihre Mitglieder. So schloss sie eine unkostenfreie Sterbekassenversicherung ab, wodurch den Erben der Tonsetzer ein Sterbegeld in Höhe von 800 Reichsmark zukam.[64] Zudem beschloss sie die Errichtung bzw. die Ausweitung ihrer Pensionskasse zur Unterstützung von Mitgliedern über 65 Jahren.[65] Mit der Schaffung von Pensi-

---

[59] Geschäftsbericht der Anstalt für musikalisches Aufführungsrecht über das Jahr 1932, in: Der schaffende Musiker 1933, Nr. 31, S. 8 (16).

[60] Geschäftsbericht der Anstalt für musikalisches Aufführungsrecht über das Jahr 1930, in: Der schaffende Musiker 1931, Nr. 20, S. 19 (23).

[61] Geschäftsbericht des Vorstandes der „alten Gema" für das Geschäftsjahr 1931/32 vom 2.12.1932, in: GN 1932, Nr. 53, S. 2 (22).

[62] Bericht über die ordentliche Generalversammlung der „alten Gema" vom 2.12.1932, in: GN 1932, Nr. 54, S. 2 (9).

[63] Geschäftsbericht der Anstalt für musikalisches Aufführungsrecht über das Jahr 1932, in: Der schaffende Musiker 1933, Nr. 31, S. 8 (17).

[64] Dies galt für Mitglieder, die am 1.10.1930 oder bei einem späteren Eintritt in die GDT unter 60 Jahre alt gewesen sind. Über 60Jährige erhielten ein Sterbegeld in Höhe von 500 Mark, siehe: Mitteilung zur Sterbekassenversicherung, in: Der schaffende Musiker 1930, Nr. 19. S. 5.

[65] Beschluss der ordentlichen Hauptversammlung der GDT vom 14.2.1932, in: Der schaffende Musiker 1932, Nr. 24, S. 25. Der Beschluss zur Errichtung einer Pensionskasse

ons- und Sterbekasse schuf die GDT „Wohlfahrtseinrichtungen", deren sich Gema und AKM bereits seit ihrer Gründung bedienten.[66] Die Umsetzung der Vorgaben aus der Kooperationsvereinbarung vom 22.7.1930 erfolgte damit in kleinen Schritten und verdeutlicht eine kontinuierliche Annäherung der ehemaligen Konkurrenten zueinander, die bereits vor der Machtübernahme durch die Nationalsozialisten begann. Die in der Weimarer Republik allgegenwärtigen Konzentrationstendenzen veranlassten auch die Verwertungsunternehmen im Bereich des musikalischen Aufführungsrechts zur stetigen Annäherung zueinander, um dadurch ein Gegengewicht zu den Nutzerorganisationen zu bilden, die den Wettbewerb zwischen den Unternehmen zu ihren Gunsten zu nutzen wussten.[67]

Auch im Hinblick auf die Wahrnehmung der beruflichen Interessen der in der „alten Gema" und der GDT vereinigten Komponisten kam es zu einer allmählichen Annäherung der ehemaligen Konkurrenten. Während die GDT neben ihrer Rolle als Verwertungsunternehmen stets auch als Interessenvertretung der in ihr organisierten Komponisten agierte, waren die der „alten Gema" angehörenden Urheber im Bund Deutscher Komponisten vereinigt.[68] Am 2.5.1931 gründeten Gema und GDT die „Interessengemeinschaft deutscher Komponisten" (I.d.K.) als gemeinsame Standesvertretung der Komponisten.[69] Die I.d.K. diente dazu, „alle Standesangelegenheiten der deutschen Komponisten gemeinsam zu beraten, ihre Interessen zu wahren und den Berufsstand den Behörden, den Parlamenten und der Oeffentlichkeit gegenüber gemeinschaftlich zu vertreten".[70] Neben der Zusammenführung der ehemals konkurrierenden Unternehmen im Musikschutzverband war damit auch die Interessenvertretung der Komponisten einer gemeinschaftlichen Organisation übertragen worden.

---

bei der GDT erstaunt, da die GDT bereits mit Wirkung zum 31.3.1911 eine Pensionskasse für ihre ältesten Mitglieder eröffnete, siehe: Kap. 1 III 2a. Der Beschluss lässt sich insofern als Ausweitung der Anspruchsinhaber gegenüber der GDT verstehen.

[66] *Ebel,* Der schaffende Musiker 1931, Nr. 21, S. 11. Zur AKM, siehe: Kap. 3 I 1b. Die Gema besaß nach § 32 ihrer Statuten einen sogenannten „Unterstützungsfonds" der Unterstützungen und Jahresgelder an unterstützungsbedürftige Mitglieder auszahlte. Wer danach als unterstützungsbedürftiges Mitglied galt, wurde in den Statuten offen gelassen, siehe: Statuten der „alten Gema" in der Fassung vom 16.12.1915, zitiert nach: *Schulze,* Geschätzte und geschützte Noten, 1995, S. 140.

[67] Zur Zusammenarbeit von GDT und Reichskartell der Musikverbraucher, siehe: Kap. 5 III 2e.

[68] Zur Rolle der GDT als Berufsverband, siehe: Kap. 1 III 2a; Zur Gründung des Bundes Deutscher Komponisten, siehe: Kap. 3 II 2a.

[69] Bericht über die Interessengemeinschaft Deutscher Komponisten-Verbände, in: GN 1931, Nr. 41, S. 15; siehe auch: Bericht über die ordentliche Hauptversammlung der GDT vom 10.5.1931, in: Der schaffende Musiker 1931, Nr. 20, S. 12 (27 f.).

[70] Bericht über die Interessengemeinschaft Deutscher Komponisten-Verbände, in: GN 1931, Nr. 41, S. 15.

Trotz der Vorgaben aus der Kooperationsvereinbarung, die die Konkurrenz zwischen den Unternehmen um eine Abwerbung von Urhebern und sonstigen Berechtigten anderer Verwertungsunternehmen weitgehend einschränkte, blieb die Konkurrenz bei der Rekrutierung bislang ungebundener Komponisten bestehen. Hier lässt sich durchaus ein Anstieg vermuten, wenn auch die Quellenlage nicht eindeutig ist. Die Zahl der Mitglieder der GDT stieg nach ihrer Aufnahme in den Musikschutzverband zunächst weiter an. Die Zahl lag im Geschäftsjahr 1929 am Ende des Jahres bei 699,[71] Ende 1930 bei 759 Mitgliedern[72] und Ende 1931 bei 804 Mitgliedern.[73] Erst am Schluss des darauffolgenden Jahres ging die Zahl der Mitglieder mit einer Reduzierung auf 791 leicht zurück.[74]

Eine ähnliche Entwicklung lässt sich auch bei der „alten Gema" feststellen. Eine Aufnahme als Genosse in die Gema war nach Gründung der VEVA nicht mehr unmittelbar möglich. Neumitglieder traten zunächst dem VEVA bei und konnten nur mit Zustimmung des Vorstands des VEVA als Genosse in die Gema aufgenommen werden.[75] Die Zahl der Neuaufnahmen in den der „alten Gema" unterstehenden VEVA konnte zum Ende des Jahres 1930 von 81 auf 120 Mitglieder gesteigert werden.[76] Am Ende des Jahres 1931 kam es zu einer weiteren Steigerung der Aufnahmen um 40 Mitglieder.[77]

Der Abschluss der Kooperationsvereinbarung von „alter Gema", AKM und GDT führte damit zunächst zu keinem Stillstand in der Bewegung der Mitglieder. Inwieweit es sich bei den neuen Mitgliedern um solche handelte, die ihre Rechte bislang individuell wahrnahmen, Berufseinsteiger oder um jene, die zuvor einer anderen Gesellschaft angehörten, kann den Angaben aus den Geschäftsberichten nur teilweise entnommen werden. Bis zum In-

---

[71] Bericht über die ordentliche Hauptversammlung der GDT vom 9.2.1930, in: Der schaffende Musiker 1930, Nr. 17, S. 14 (17).

[72] Bericht über die ordentliche Hauptversammlung der GDT vom 10.5.1931, in: Der schaffende Musiker 1931, Nr. 20, S. 12 (16). Darüber hinaus wurden noch zwölf Textdichter und drei Verleger als Bezugsberechtigte aufgenommen, siehe: Geschäftsbericht der Anstalt für musikalische Aufführungsrechte über das siebenundzwanzigste Geschäftsjahr (1930), in: Der schaffende Musiker 1931, Nr. 20, S. 19 (21).

[73] Jahresbericht der GDT für das Jahr 1931 von Anfang Februar 1932, in: Der schaffende Musiker 1932, Nr. 23, S. 4 (5). Darüber hinaus wurden noch fünf Textdichter und drei Verleger als Bezugsberechtigte aufgenommen, siehe: Geschäftsbericht der Anstalt für musikalische Aufführungsrechte über das Jahr 1931, in: Der schaffende Musiker 1932, Nr. 23, S. 8 (9).

[74] Jahresbericht der GDT für das Jahr 1932 von Mitte März 1933, in: Der schaffende Musiker 1933, Nr. 31, S. 4 (5).

[75] Siehe: Kap. 5 III 2b.

[76] Geschäftsbericht des Vorstands der „alten Gema" für das Geschäftsjahr 1929/30 vom 10.12.1930, in: GN 1931, Nr. 39, S. 2 (7).

[77] Geschäftsbericht des Vorstands der „alten Gema" für das Geschäftsjahr 1930/31 vom 4.12.1931, in: GN 1931, Nr. 45, S. 2 (3).

krafttreten des Vertrags am 1.10.1930 (§ 7 Kooperationsvereinbarung) war ein sanktionsloser Wechsel zwischen den Gesellschaften möglich. Beispielsweise wechselte der Komponist *Hugo Hirsch* aufgrund von Konflikten mit der „alten Gema" zum 1.10.1930 zur GDT.[78] In Einzelfällen kam es auch nach dem Inkrafttreten der Kooperationsvereinbarung zur Kündigung der Verträge mit der „alten Gema", auch zu Ausschlussverfahren, die von Seiten der „alten Gema" aufgrund fehlender Aufführungswerte der jeweiligen Bezugsberechtigten veranlasst wurden. Ob und inwieweit eine Aufnahme der ausgeschiedenen Bezugsberechtigten in die GDT erfolgte, geht aus den zugrundeliegenden Quellen nicht hervor.[79] Die Gema war vornehmlich an der Verpflichtung „neu auftauchende[r] Talente" interessiert, die den Wert des von der „alten Gema" genutzten Repertoires erweitern konnten. Aufnahmegesuche von Urhebern, deren Werke die Gema für nicht rentabel hielt, wurden hingegen abgelehnt.[80] Darin zeigt sich erneut das unternehmerische Handeln der „alten Gema", das vornehmlich auf den Ausbau eines profitablen Werkbestands abzielte.[81]

Die Steigerung des Mitgliederbestands zwischen 1929 und 1931 um über 100 Mitglieder verdeutlicht, dass die Verwertungsunternehmen noch im beschränkten Umfang um die vertragliche Verpflichtung „profitabler" ungebundener Rechteinhaber konkurrierten. Allein bei der Verrechnung der Tonfilmtantiemen einigten sich die Marktakteure bereits vor 1933 auf einheitliche Standards gegenüber allen Rechteinhabern. Dies hängt damit zusammen, dass die Tonfilmindustrie versuchte zur Umgehung des Abschlusses von Verträgen mit den großen Verwertungsunternehmen individualvertragliche Vereinbarungen mit den jeweiligen Komponisten abzuschließen.[82] Hierdurch wurden die Verwertungsunternehmen von der Generierung von Einnahmen, die durch das neu geschaffene Medium geschaffen wurden, ausgeschlossen, was aus unternehmensstrategischer Sicht ein einheitliches Auftreten gegenüber der Filmindustrie notwendig machte, das sich in der Schaffung einheitlicher Verrechnungssätze für die Rechteinhaber ausdrückte.

---

[78] Der Komponist *Hugo Hirsch* ging rechtlich gegen die von der „alten Gema" vorgenommen Einschätzung vor und obsiegte mit seiner Klage vor dem LG Berlin I gegen die Gema. In der Folge entschied er sich jedoch für einen Wechsel zur GDT, siehe: Bericht über Prozess Hirsch, in: GN 1931, Nr. 44, S. 8 f.

[79] Bericht über Kündigungen und Ausschlussverfahren bei der „alten Gema", siehe: Geschäftsbericht des Vorstandes der „alten Gema" für das Geschäftsjahr 1930/31, in: GN 1931, Nr. 45, S. 2 f. und Geschäftsbericht des Vorstandes der „alten Gema" für das Geschäftsjahr 1931/32, in: GN 1932, Nr. 53, S. 2 f.

[80] Geschäftsbericht des Vorstandes der „alten Gema" für das Geschäftsjahr 1930/31, in: GN 1931, Nr. 45, S. 2 f.

[81] Auch der Ausbau des Schätzungssystems diente einer Steigerung der Attraktivität der „alten Gema" für einflussreiche und erfolgreiche Werkschaffende; zum Ausbau des Schätzungssystems, siehe: Kap. 5 III 2c.

[82] Siehe hierzu: Kap. 6 II 3.

Die im beschränkten Umfang fortbestehende Konkurrenz zwischen den Verwertungsunternehmen wurde auch an einer Ausdehnung der Mitbestimmungsrechte der Bezugsberechtigten der GDT mittels einer Satzungsänderung im Mai 1931 deutlich.[83] Die Aufnahme eines neuen Absatzes in § 24 der Satzung sprach denjenigen Bezugsberechtigten, die keine Mitglieder der GDT waren, Sitz und Stimme in der Hauptversammlung zu.[84] Zuvor war die Mitwirkung allein Mitgliedern der GDT vorbehalten, deren Aufnahme von der Zustimmung der Gründungsmitglieder abhängig war.[85] Wie schon im Rahmen der Neustrukturierung 1929 setzte die GDT zur Werbung neuer Bezugsberechtigter auf die Ausdehnung der Mitbestimmungsrechte.[86] Hierdurch konnte sie sich von der „alten Gema" abgrenzen, die durch die Gründung der VEVA neuen Mitgliedern nur beschränkte Mitbestimmungsrechte einräumte.[87] Im Zusammenhang mit dem Ausweitung sozialer Angebote wie einer Sterbe- und Pensionskasse und der Erhöhung der Punktwerte für den Bereich der Unterhaltungsmusik weitete die GDT ihre Leistungen und die Mitbestimmungsrechte kontinuierlich aus und versuchte dadurch wieder konkurrenzfähig zur „alten Gema" und AKM werden.

3. Reaktionen der Rechteinhaber auf die Zusammenarbeit

Die Tatsache, dass nach § 8 Abs. 1 des Kooperationsvertrags die Angleichung von Statuten und Ausschüttungsarten erst im Jahr 1935 erreicht werden sollte, verdeutlicht, dass die Gründung eines einheitlichen Verwertungsunternehmens nicht unmittelbar verwirklicht werden konnte. Die Konflikte, die zwischen Urhebern und sonstigen Berechtigten aus dem Bereich der ernsten Musik und dem Bereich der Unterhaltungsmusik bestanden, lebten fort.

---

[83] Bericht über die ordentliche Hauptversammlung der GDT vom 10.5.1931, in: Der schaffende Musiker 1931, Nr. 20, S. 12 (26 f.).

[84] Der neue Absatz des § 24 lautet:
„An den Hauptversammlungen nehmen außer den Mitgliedern der Genossenschaft Deutscher Tonsetzer für diejenigen Punkte der Tagesordnung, die die gemäß § 5 eingerichteten Anstalten zur Verwertung musikalischer Urheberrechte betreffen, auch die Bezugsberechtigten, die nicht Mitglieder der Genossenschaft Deutscher Tonsetzer sind, teil und zwar mit Sitz und Stimme für diejenigen Punkte der Tagesordnung, die die Fragen der betreffenden Anstalt behandeln, der ein solcher Bezugsberechtigter angeschlossen ist. Die aus den Reihen der Bezugsberechtigten gewählten Mitglieder des Direktoriums der Anstalten nehmen an der Verhandlung aller Punkte teil, die die Anstalten betreffen und für die das Direktorium der Hauptversammlung gemäß der Grundordnung der Anstalten verantwortlich ist."
zitiert nach: Der schaffende Musiker 1931, Nr. 20, S. 26 f.

[85] Zu den Mitwirkungsrechten der Bezugsberechtigten in der GDT, siehe: Kap. 4 II 1b.

[86] Siehe: Kap. 5 III 2d.

[87] Siehe: Kap. 5 III 2b.

Insbesondere Werkschaffende ernster Musik fühlten sich von der „alten Gema" benachteiligt.

Der Komponist *Max Butting* kritisierte in einem Artikel für das Mitteilungsblatt der GDT aus dem Jahr 1932, dass die Gema kein Verbot des Verkaufs des musikalischen Aufführungsrechts vorsehe, wodurch der Komponist „Ansprüche und Einkünfte aus den betreffenden Aufführungsrechten" verliere. Demgegenüber mussten Mitglieder der GDT ein Veräußerungsverbot unterzeichnen, wodurch ein Erstarken der Verlage durch den Ankauf jener Rechte verhindert werden sollte. Nach *Butting* diente das Veräußerungsverbot vornehmlich dem Schutz des Komponisten, der auf diese Weise durchgängig von den Erfolgen seiner Werke profitieren konnte.[88] Darüber hinaus beanstandete *Butting* das von der „alten Gema" für die Verteilung ihrer Einnahmen genutzte Schätzungssystem.[89] Das 1928 eingeführte Schätzungssystem machte die Zuteilung der Tantiemen vom Aufführungswert der jeweiligen Werke für die Genossenschaft abhängig, der von einer Einschätzungskommission der „alten Gema" bestimmt wurde.[90] § 34 II ihrer Satzung legte den Produktionswert, die Prominenz und das Berufsalter des Genossen als wesentliche Kriterien für die Einschätzung fest.[91] Dies erschwerte es insbesondere jungen und weniger bekannten Komponisten ihr Einkommen mit Hilfe der Einkünfte aus der Verwertung ihrer Aufführungsrechte zu bestreiten.

Auch der Musikschriftsteller *Herbert Connor* kritisierte 1931 die Verteilung der Einnahmen mittels des Schätzungssystems. Das von der „alten Gema" eingeführte Schätzungssystem führte in erster Linie zu einer Besserstellung der Gründer dieses Systems, die in der Konsequenz die Leitung der Schätzungskommission verlassen mussten. Nichtsdestoweniger konnten auch ihre Nachfolger in der Schätzungskommission von der Intransparenz dieses Systems profitieren.[92] In einem weiteren Artikel für die Berliner Börsenzeitung vom 24.5.1932 kritisierte *Connor* erneut das „berüchtigte ‚Schätzungsverfahren' der GEMA", dass auch durch seine Reformierung[93] die Intransparenz und Ungleichbehandlung der Bezugsberechtigten nicht auflösen konnte. Der Bericht von *Connor* veranlasste die Gema zur Anrufung der staatlichen Gerichte, die feststellten, dass eine Bewertung des neuen Schätzungssystems aufgrund der fehlenden Erprobung des Verteilungsverfahrens

---

[88] *Butting,* Der schaffende Musiker 1932, Nr. 23, S. 17 (18).
[89] *Butting,* Der schaffende Musiker 1932, Nr. 23, S. 17 (19).
[90] Zum Schätzungssystem, siehe: Kap. 5 III 2c.
[91] § 34 der Statuten in der Fassung vom 26.1.1928, in: GN 1928, Nr. 9, S. 6.
[92] *Connor,* Die Weltbühne 27. (Mai 1931), S. 764 (766).
[93] Die Gema widmete der Umgestaltung der Bestimmungen zum Schätzungsverfahren und der damit einhergehenden Abänderung von § 34 ihrer Satzung und der hierzu erlassenen Ausführungsbestimmungen eine ganze Ausgabe der GN, siehe: GN 1932, Nr. 49.

und der prinzipiellen Schwierigkeit der programmmäßigen Verteilung im Bereich der Unterhaltungsmusik noch nicht möglich war.[94]

In einem Artikel in der Zeitschrift „Die Musik" im Jahr 1931 äußerte auch der Komponist *Richard Stein* Kritik an der Gleichbehandlung von Werken der Unterhaltungsmusik und der ernsten Musik. Das von der „alten Gema" zur Einschätzung der Werke genutzte System führe in vielen Fällen dazu, dass die Einnahmen aus dem Bereich der Schlagermusik wesentlich höher ausfielen, als dies für Werke der ernsten Musik der Fall war. Die Besserstellung beruhe danach auf der Tatsache, dass die Schöpfung von Werken der Unterhaltungsmusik oftmals die Mitwirkung mehrerer Beteiligten erfordere, wodurch die Bewertung dieser Werkgattung anstieg.[95] *Stein* war der Ansicht, dass eine Einigung zwischen den Unternehmen aufgrund der unterschiedlichen Interessenlagen nicht möglich wäre und forderte insofern ein Eingreifen des Gesetzgebers zum Schutz der Komponisten ernster Musik.[96] Ebenso bezeichnete *Connor* die Differenzen zwischen den in den drei Unternehmen vertretenen Interessengruppen als derart tiefgreifend, dass die Aufnahme der GDT in den Musikschutzverband lediglich „eine Vereinigung der Akquisition- und Inkassotätigkeit" darstellte.[97] Auch er erachtete eine gesetzliche Regelung zur Überwindung dieser „kartellähnlichen Machtstellung" für notwendig.[98]

Die Artikel verdeutlichen, dass eine Angleichung der Ausschüttungsarten, so wie sie in § 8 der Kooperationsvereinbarung vorgesehen war durchaus, Konfliktpotential hinsichtlich Art und Umfang der Verteilung bot. Die 1930 begründete Kooperation befand sich in einer Wachstumsphase, die unter Berücksichtigung der jahrelangen Konkurrenz zwischen den Unternehmen nicht konfliktfrei verlaufen konnte. Einen wesentlichen Kritikpunkt bildete das von der „alten Gema" verfolgte Schätzungssystem und eine mögliche Implementierung desselben durch die GDT. Das Verlangen einer Abkehr von dem Vorhaben, ein einheitliches Verwertungsunternehmen für das Deutsche Reich zu gründen, ist in der Kritik der Rechteinhaber jedoch nicht zu erkennen. Vielmehr versuchten *Butting* und *Stein* in ihren Aufsätzen auch Lösungsansätze vorzubringen, die ihnen geeignet erschienen, um einen Ausgleich zwischen dem von der GDT verfolgten Programmsystem und dem Schätzungssystem zu schaffen. Dadurch sollte die Gründung eines einheitlichen Verwertungsunternehmens für das Deutsche Reich erleichtert werden.[99]

---

[94] Urteil des LG Berlin I vom 8.11.1932, zitiert nach: GN 1933, Nr. 55, S. 7 ff.
[95] *Stein*, Die Musik 23 (September 1931), S. 883 (885).
[96] *Stein*, Die Musik 23 (September 1931), S. 883 (886).
[97] *Connor*, Die Weltbühne 27. (Mai 1931), S. 764 (770).
[98] *Connor*, Die Weltbühne 27. (Mai 1931), S. 764 (771).
[99] Zur Angleichung der Ausschüttungsarten schlug *Butting* in seinem Artikel ein kom-

4. Zwischenergebnis der Auswirkungen der Zusammenarbeit auf die Rechteinhaber

Die Zusammenarbeit der Verwertungsunternehmen führte aufgrund der Bestimmungen in der Kooperationsvereinbarung und dem dazugehörigen Ergänzungsvertrag zu einer weitgehenden Einstellung der Konkurrenz um die vertragliche Verpflichtung bereits gebundener Rechteinhaber. Die Aufnahme von Wettbewerbsklauseln schränkte den Wettbewerb weitgehend auf Urheber und sonstige Berechtigte, die die Wahrnehmung ihrer Rechte bislang keinem der bestehenden Marktakteure übertragen hatten, ein. Der Prozess zur Bildung eines einheitlichen Verwertungsunternehmens für das Deutsche Reich war damit eingeleitet. Zwischen der Aufnahme der GDT in den Musikschutzverband und der Machtübernahme durch die Nationalsozialisten konnten die Rechtsverhältnisse zu den Bezugsberechtigten bereits in weiten Teilen angeglichen werden. Unter anderem erhöhte die GDT den Punktwert für Werke aus dem Bereich der Unterhaltungsmusik und weitete soziale Leistungen für ihre Bezugsberechtigten aus. Darüber hinaus schufen Gema, AKM und GDT eine gemeinsame Verrechnungsstelle für die Tonfilmtantiemen und gründeten mit der I.d.K. eine gemeinsame Interessenvertretung für Komponisten im Deutschen Reich.

Die Beibehaltung der organisatorischen Selbstständigkeit der Unternehmen war größtenteils ihrer Spezialisierung auf unterschiedliche Musikrichtungen geschuldet. Wie die Reaktionen der Rechteinhaber auf den Zusammenschluss zeigten, befürchteten einige Werkschaffende bei der Verteilung der Einnahmen benachteiligt zu werden. Die Interessen von Inhabern der Rechte an Werken der Unterhaltungsmusik und der ernsten Musik gingen im Hinblick auf Art und Umfang der Ausschüttung der Tantiemen auseinander und boten damit potentielle Konfliktherde zwischen den Vertragspartnern. Die Konflikte zwischen beiden Lagern führten im Gegensatz zu bisherigen Einigungsversuchen von AKM, „alter Gema" und GDT nicht zur Einstellung der Zusammenarbeit.[100] Vielmehr versuchten die Bezugsberechtigten selbst Lösungen zur Überwindung der Konflikte zu erarbeiten und damit den Weg zur Gründung einer einheitlichen Verwertungsgesellschaft für das Deutsche Reich zu ebnen.

---

biniertes System vor, dass sowohl Aspekte der bisherigen Ausgestaltung der GDT, als auch der „alten Gema" übernahm, siehe: *Butting,* Der schaffende Musiker 1932, Nr. 23, S. 17 (23). *Stein* schlug ein Eingreifen des Gesetzgebers zur Überwindung der Konflikte vor, siehe: *Stein,* Die Musik 23 (September 1931), S. 883 (886).

[100] Erste Einigungsversuche zwischen GDT und „alter Gema" wurden bereits zu Beginn der 1920er Jahre unternommen. Dabei kam es jedoch zu keiner Beilegung der Konflikte, hierzu siehe: *Dümling,* Musik hat ihren Wert, 2003, S. 129 ff.

IV. Die Auswirkungen der Zusammenarbeit auf die Veranstalter

Im Hinblick auf die Auswirkungen der Fusion der konkurrierenden Marktakteure auf die Veranstalter kann zwischen drei Arten von Musiknutzern unterschieden werden. Auf der einen Seite standen die Mitglieder des Reichskartells der Musikverbraucher, auf der anderen Seite Veranstalter die anderen Nutzerorganisationen angeschlossen waren und schließlich Musiknutzer, die keiner Organisation angehörten. Dieser Abschnitt befasst sich mit den Folgen des Zusammenschlusses der Verwertungsunternehmen auf diese drei Nachfragegruppen. Anhand von Verträgen zwischen Musiknutzern und Musikschutzverband wird analysiert, ob und inwieweit die Aufnahme der GDT zu Vereinfachungen beim Rechteerwerb führte und welche wirtschaftlichen Folgen dies für die Veranstalter hatte. Ein erster Unterabschnitt setzt sich hierzu mit den Auswirkungen der Kooperation auf die Mitglieder des Reichskartells der Musikverbraucher auseinander. In einem zweiten Unterabschnitt werden die Wirkungen auf einzelne, unabhängige Veranstalter dargelegt. Der dritte Unterabschnitt befasst sich mit den Folgen auf Mitglieder sonstiger Nutzerorganisationen. Schließlich werden die Ergebnisse in einem vierten Unterabschnitt zusammengefasst.

1. Die Auswirkungen der Zusammenarbeit auf Mitglieder des Reichskartells der Musikverbraucher

Die Schaffung einer einheitlichen Stelle zum Erwerb musikalischer Aufführungsrechte war eines der primären Ziele des Reichskartells der Musikverbraucher.[101] Die Fusion der konkurrierenden Verwertungsunternehmen im Musikschutzverband ermöglichte den Rechteerwerb aus einer Hand und vereinfachte damit erheblich die rechtskonforme Programmorganisation der Veranstalter. Im Folgenden werden anhand des Umfangs und der Art und Weise des Rechteerwerbs sowie mittels einer Betrachtung der Auseinandersetzungen zwischen Reichskartell und Musikschutzverband die Auswirkungen der Zusammenarbeit auf die Mitglieder des Reichskartells begutachtet.

Vor Aufnahme der GDT in den Musikschutzverband konnten die Mitglieder des Reichskartells das Repertoire der GDT zu den im Meistbegünstigungsvertrag festgelegten vergünstigten Konditionen nutzen.[102] Gema und AKM sprachen sich gegen die Weiterführung des Vertrags mit dem Reichskartell aus. In der Folge führten der Musikschutzverband und das Reichskartell der Musikverbraucher neue Verhandlungen über die Nutzung des

---

[101] Siehe: Kap. 5 III 2e.
[102] Siehe: Kap. 5 III 2e aa.

Repertoires der drei Unternehmen. Der Vertrag mit der GDT wurde 1930 aufgehoben.[103] Das Reichskartell und der Musikschutzverband einigten sich in § 2 des am 7.8.1930 neu ausgehandelten Vertrags darauf, dass Mitglieder des Reichskartells bei Abschluss eines Vertrags über die Nutzung des gesamten Repertoires einen Rabatt von 10% auf die Tarifsätze erhielten.[104] Im Gegensatz zum Meistbegünstigungsvertrag, den die GDT mit dem Reichskartell abgeschlossen hatte, war die Festsetzung der Tarifsätze kein Vertragsbestandteil mehr.[105] Darüber hinaus behielt sich der Musikschutzverband in §§ 3 und 4 des Vertrags mit dem Reichskartell vor, den Rabatt in besonderen Fällen nicht zu gewähren. Dies war nach § 3 bei der Notwendigkeit von Kontrollen oder bei Beschreitung des Rechtswegs zur Durchsetzung der Aufführungsrechte der Fall. Gleiches galt nach § 4 bei fehlender Legitimationsanzeige einzelner Mitglieder. Ihr gemeinschaftliches Auftreten verschaffte den Verwertungsunternehmen eine vorteilhaftere Verhandlungsposition gegenüber dem Reichskartell, da sie nunmehr über das nahezu gesamte Repertoire des Deutschen Reichs verfügten. Der Wegfall der Konkurrenz der Unternehmen um die vertragliche Verpflichtung schränkte die vertraglichen Einflussnahme- und Gestaltungsmöglichkeiten der Veranstalter damit erheblich ein. Neben der Minderung der Vergünstigungen für die pauschale Nutzung des Repertoires des Musikschutzverbands mussten die Mitglieder des Reichskartells weitere Restriktionen hinnehmen. Nr. 3 eines Zusatz-Abkommens zwischen „alter Gema", GDT, AKM und Reichskartell der Musikverbraucher vom 7.8.1930 verpflichtete die einzelnen Veranstalter einen Verwaltungsbeitrag von 2% der um den Rabatt verkürzten Vertragssumme zur Weiterleitung an das Reichskartell zu zahlen.[106] Mit dem Beitrag wurde den Mitgliedern des Reichskartells eine zusätzliche finanzielle Belastung auferlegt. In Nr. 4 des Zusatz-Abkommens verpflichtete sich das Reichskartell seine Mitglieder anzuhalten, bei jeglichen Streitigkeiten mit dem Musikschutzverband dem Gerichtsstand des Amts- oder Landgerichts Berlin zuzustimmen. Der Rechteerwerb aus einer Hand führte damit zu einer Zunahme vertraglicher Einschränkungen für die einzelnen Mitglieder des Reichskartells.

Gleichzeitig ließ die Aufnahme der GDT in den Musikschutzverband die zwischen „alter Gema" und AKM auf der einen Seite und dem Reichskartell auf der anderen Seite bestehenden Konflikte zunächst entfallen. Das Zusatz-

---

[103] *N.N.*, GN 1930, Nr. 37, S. 3 f.
[104] Vertrag zwischen dem Reichskartell der Musikveranstalter und dem Musikschutzverband vom 7.8.1930, in: Bundesarchiv, R55/1151, Bl. 30; Anlage 22.
[105] Siehe: § 2 des Meistbegünstigungsvertrags zwischen GDT und Reichskartell der Musikveranstalter, zitiert nach: *Pluggel/Roeber*, Das musikalische Tantiemerecht in Deutschland, 1930, S. 153.
[106] Zusatz-Abkommen zwischen dem Reichskartell der Musikveranstalter und der „alten Gema", GDT und AKM vom 7.8.1930, in: Bundesarchiv, R55/1151, Bl. 33.

Abkommen zwischen den Verwertungsunternehmen und dem Reichskartell vom 7.8.1930 regelte in Nr. 2 die Beilegung sämtlicher feindlicher Handlungen, worunter insbesondere Presseerklärungen und Prozesse gefasst wurden. Die Gema hatte mehrere Klagen gegen *Walther Plugge*, in seiner Funktion als Geschäftsführer des Reichskartells, und die übrigen Genossen eingereicht. Im Rahmen des Zusatz-Abkommens verpflichtete sie sich zur Rücknahme der Klagen.[107] Im Gegenzug sicherte das Reichskartell in Nr. 2e zu das vom Geschäftsführer des Reichskartells verfasste Werk „Das musikalische Tantiemerecht" aus dem Vertrieb zu ziehen. *Walther Plugge* und *Georg Roeber* beanstandeten darin die Übernahme des Kurien- und Schätzungssystem der „alten Gema" zur Verteilung der Einnahmen.[108] Darüber hinaus kritisierten sie, dass die zunehmende Etablierung des Musikschutzverbands zu wachsender Rechtsunsicherheit, steter Beunruhigung der Musikveranstalter und willkürlichen Erhöhungen der Gebührenforderungen führe.[109] Mit der Einigung erreichten die Organisationen letztlich ein Ende des Konflikts.

Der vereinbarte Burgfriede zwischen den Musikveranstaltern und dem Musikschutzverband hielt trotz des Zusatz-Abkommens vom 7.8.1930 allerdings nicht lange. Bereits 1931 kam es zu erneuten Rechtsstreitigkeiten zwischen den Verwertern und dem Reichskartell. Letzteres weigerte sich, Tantiemen für gewerbsmäßige Lautsprecheraufführungen zu zahlen und klagte gegen die Einziehung der Aufführungsgebühren durch die Verwertungsunternehmen. Der Musikschutzverband forderte von den Veranstaltern ein besonderes Entgelt für den Fall, dass sie Rundfunkmusik-Übertragungen in ihren Lokalitäten wiedergaben. Der Rechtsstreit gelangte bis zum Reichsgericht, dass den Gesellschaften das Recht zur Einziehung von Tantiemen für die Wiedergabe von Rundfunkmusik bei öffentlichen Veranstaltungen versagte.[110] Das Verfahren zeigt, dass die Verwertungsunternehmen versuchten, auch solche Verwertungsentgelte auf vertraglicher Basis durchzusetzen, für die es urheberrechtlich keine gesetzliche Grundlage gab.

Auch die vom Musikschutzverband vorgegebene Tarifgestaltung konnte nicht aufrechterhalten werden. Der Reichskommissar für Preisüberwachung[111] *Carl Friedrich Goerdeler* ordnete am 23.2.1932 an, dass der „dem

---

[107] Nr. 2 a bis d des Zusatzabkommens beschreibt die von der „alten Gema" eingeleiteten Verfahren und die weiteren Schritte, die die Gema zur Beilegung unternehmen wird, zitiert nach: Zusatz-Abkommen zwischen dem Reichskartell der Musikveranstalter und der „alten Gema", GDT und AKM vom 7.8.1930, in: Bundesarchiv, R55/1151, Bl. 33.

[108] *Plugge/Roeber*, Das musikalische Tantiemerecht in Deutschland, 1930, S. 34.

[109] *Plugge/Roeber*, Das musikalische Tantiemerecht in Deutschland, 1930, S. 28.

[110] Urteil des RG vom 11.6.1932, in: RGZ 136, S. 377.

[111] Die Einsetzung des Reichskommissars für Preisüberwachung bildete eine der Maßnahmen, die Reichskanzler *Brüning* im Rahmen seiner Deflationspolitik anordnete, siehe: Kap. 6 II 2.

Reichskartell der Musikveranstalter Deutschlands e.V. auf Grund des Vertrages mit dem Verbande zum Schutze musikalischer Aufführungsrechte e.V. zustehende Rabatt von 10% [...] auf 20% erhöht" wurde.[112] Das Aufführungsrecht wurde nunmehr als „Gegenstand des täglichen Bedarfs" aufgefasst. Die staatliche Rechtekontrolle wurde damit auch auf Rabattregelungen ausgedehnt, die auch den Markt für Kulturgüter nicht aussparte.[113]

Trotz dieser gerichtlichen Erfolge schränkte die Aufnahme der GDT in den Musikschutzverband die vertraglichen Gestaltungsmöglichkeiten der Mitglieder des Reichskartells der Musikverbraucher doch erheblich ein. Die Ermöglichung des Rechteerwerbs aus einer Hand und das gemeinschaftliche Auftreten gegenüber dem Reichskartell stärkten eher die Verhandlungsposition der Verwertungsunternehmen. Die Konflikte zwischen Reichskartell und Musikschutzverband konnten mit Hilfe des neuen Vertrags kurzzeitig beigelegt werden. Die divergierenden wirtschaftlichen Zielsetzungen der beiden Kontrahenten verhinderten eine friedliche Zusammenarbeit. So versuchte der Musikschutzverband seine Einnahmen zu maximieren, wohingegen das Reichskartell Interesse an möglichst geringen Kosten für den Erwerb der Aufführungsrechtslizenzen hatte.

2. Die Auswirkungen der Zusammenarbeit auf einzelne Veranstalter

Die Aufnahme der GDT in den Musikschutzverband wirkte sich auch auf Veranstalter aus, die nicht im Reichskartell der Musikverbraucher organisiert waren. Die Musiknutzer erhielten wie auch die Mitglieder des Reichskartells durch die Zusammenarbeit der Verwertungsunternehmen einen einheitlichen Ansprechpartner für den Erwerb musikalischer Aufführungsrechte. Die Ausgestaltung der Pauschalverträge des neu zusammengesetzten Musikschutzverbands blieb weitestgehend identisch zu den Verträgen, die vor der Vereinigung der konkurrierenden Marktakteure abgeschlossen wurden. Während die Verträge des Musikschutzverbands aus AKM und „alter Gema" die Bemessung des jeweiligen Tarifs nur an die Anzahl der Veranstaltungen und die Art des Etablissements koppelten, war die Tarifsetzung des Vertrags des erweiterten Musikschutzverbands auch an die Zahl der Musiker gebunden, die die Werke aufführten.[114] So konstatierte Nr. 3 des neuen

---

[112] Entscheidung des Reichskommissars für Preisüberwachung vom 23.2.1932, zitiert nach: GN 1932, Nr. 47, S. 8.

[113] Geschäftsbericht des Vorstandes der „alten Gema" für das Geschäftsjahr 1931/32, in: GN 1932, Nr. 53, S. 2 (8).

[114] Muster eines Pauschalvertrags des Musikschutzverbands der „alten Gema" und AKM, zitiert nach: *Plugge/Roeber*, Das musikalische Tantiemerecht in Deutschland, 1930, S. 159. Pauschalvertrag des Musikschutzverbands der „alten Gema", GDT und AKM, zitiert nach: Abschrift eines Vertrags zwischen dem Musikschutzverband und Bernhard Müller vom 5.4.1932, in: Bundesarchiv, R3001/6363, Bl. 384.

Vertrags, dass Veranstaltungen nur mit der vertraglich vorgesehenen Zahl an Musikern aufgeführt werden durften. Bei der Beschäftigung weiterer Musiker erhöhte sich die Aufführungsgebühr. Weiterhin sah Nr. 3 des neuen Vertrags eine Verdoppelung der Gebühren für den Fall von Mehrveranstaltungen ohne rechtzeitige Anzeige vor, während dies in Nr. 2 des alten Vertrags noch Gegenstand individueller Vereinbarungen zwischen dem Musikschutzverband und dem jeweiligen Veranstalter sein konnte.[115]

Umfangreichere Veränderungen nahm der Musikschutzverband bei der Tarifgestaltung vor. So entschieden sich die Unternehmen zur Erhöhung der Tarife für die Aufführung musikalischer Werke. Beispielsweise bot die GDT dem Dresdner Orchester vor der Aufnahme in den Musikschutzverband einen Vertrag zu einer Pauschalgebühr von 1200 Reichsmark an. Zur gleichen Zeit forderte der aus AKM und „alter Gema" bestehende Musikschutzverband 600 Reichsmark für den Abschluss eines Pauschalvertrages. Nach dem Zusammenschluss der konkurrierenden Marktakteure forderte der Musikschutzverband trotz der sich durch die Zusammenführung ergebenen Kostenersparnis im Hinblick auf die Verwaltungskosten 1850 Reichsmark für den Abschluss eines Pauschalvertrags.[116] Damit lagen die von Seiten des Musikschutzverbands nach Aufnahme der GDT angesetzten Preise für den Abschluss eines Pauschalvertrags sogar höher als der Abschluss von Verträgen mit beiden Unternehmen vor Aufnahme der GDT in den Musikschutzverband. Mit der Aufnahme der GDT erweiterte sich das Repertoire, was der Musikschutzverband zur Anhebung der Preise nutzte. Das Vorstandsmitglied der GDT *Max Butting* begründete die Erhöhung der Tarife damit, dass die Musikveranstalter zuvor von dem langjährigen Streit der Verwertungsunternehmen profitiert und aus diesem Grund ungerechtfertige Zugeständ-

---

[115] Nr. 3 eines Pauschalvertrags des Musikschutzverbands der „alten Gema", GDT und AKM lautet:

„Der Veranstalter zahlt ferner für jede weitere, vorher anzumeldende Veranstaltung, in der nicht mehr als die vertraglich vorgesehene Anzahl Musiker beschäftigt wird, eine monatlich anzurechnende Netto-Einzelgebühr von RM. 6,–. Für jeden weiteren Musiker ist pro Tag RM. 1,– zu zahlen.

Jede Mehrveranstaltung oder Mehreinstellung von Musikern ist von dem Veranstalter dem Verbande rechtzeitig vorher schriftlich anzuzeigen. Im Falle nicht rechtzeitiger Anzeige tritt Verdoppelung der hier angegebenen Beträge ein"
   zitiert nach: Abschrift eines Vertrags zwischen dem Musikschutzverband und Bernhard Müller vom 5.4.1932, in: Bundesarchiv, R3001/6363, Bl. 384.

[116] Geschäftsbericht des Vorstandes der „alten Gema" für das Geschäftsjahr 1930/31, in: GN 1931, Nr. 45, S. 2 (10). Auch die Anweisung für die Vertreter des Musikschutzverbands der „alten Gema", GDT und AKM befasst sich im Rahmen der Angemessenheit ihrer Richtsätze mit ihrer Erhöhung aufgrund der Aufnahme der GDT, siehe: Anweisung für die Vertreter des Musikschutzverbands der „alten Gema", GDT und AKM, zitiert nach: *Schulze*, Geschätzte und geschützte Noten, 1995, S. 172 (184).

IV. Die Auswirkungen der Zusammenarbeit auf die Veranstalter

nisse erhalten haben. Darüber hinaus betonte er, dass die Erhöhung nur einen Teil der Veranstalter betraf. Andere Veranstalter konnten demnach von geringeren Kosten profitieren.[117] Die Erhöhung der Pauschalsätze durch den Musikschutzverband bildete ein deutliches Zeichen dafür, dass die Verschmelzung der ehemals konkurrierenden Marktakteure zu einem Syndikat nicht nur auf unternehmerischen Gründen beruhte. Die Verwertungsunternehmen konnten durch die Bildung eines Monopols die Bedingungen für den Erwerb von Aufführungsrechten weitgehend diktieren.[118]

Die Erhöhung der Pauschalsätze durch den Musikschutzverband ging mit Kritik und Beanstandungen der Veranstalter musikalischer Aufführungen einher. Einzelne Nutzer klagten gegen die Höhe und die Art und Weise der Einziehung der Aufführungsgebühren durch den Musikschutzverband. Die Verfahren blieben größtenteils ohne Erfolg.[119] Zudem versuchten die Musiknutzer mittels der Anrufung des Gesetzgebers eine Senkung der Kosten für den Erwerb musikalischer Aufführungsrechte herbeizuführen. Auch diese Beschwerden blieben mit dem Verweis auf den ordentlichen Rechtsweg zunächst erfolglos.[120] Erst mit Erlass der Notverordnung des Reichspräsidenten zur Sicherung der Wirtschaft und Finanzen und zum Schutz des inneren Friedens vom 8.12.1931 als Reaktion auf die Folgen der Weltwirtschaftskrise kam es zu einer Ausweitung des staatlichen Einflusses und der Kontrolle auf die Verwertung des musikalischen Aufführungsrechts.[121] Diese wirkte sich jedoch vornehmlich auf die Rahmenvereinbarungen mit den großen Nutzerverbänden aus und nicht auf die Pauschalverträge mit einzelnen Veranstalter, die sich keinem Nutzerkollektiv angeschlossen hatten.[122]

---

[117] *Butting,* Der schaffende Musiker 1931, Nr. 22, S. 2 (5).
[118] Siehe bereits: Kap. 6 II 3.
[119] Gutachten der preußischen musikalischen Sachverständigenkammer vom 25.11.1932, das vom Amtsgericht Boizenburg im Rechtsstreit zwischen dem Musikschutzverband und dem Gastwirt Rudolf Hesse zur Frage der Einschätzung eines angemessenen Entschädigungsbetrags herangezogen wurde, siehe: Abschrift des Gutachtens der preußischen musikalischen Sachverständigenkammer vom 25.11.1932, in: Bundesarchiv, R55/1152, Bl. 127. Zur Art und Weise der Einziehung der Aufführungsgebühren: Erhebung einer Strafanzeige durch den Gastwirt Eugen Huber gegen die Geschäftsführer des Musikschutzverbands, siehe: Mitteilung des Staatsanwalts *Dr. Orth* an das Justizministerium Karlsruhe über die Einstellung des Strafverfahrens gegen Anton von Lehar und Richard Schmeling als Geschäftsführer des Musikschutzverbands vom 2.3.1932, in: Bundesarchiv, R3001/6363, Bl. 370.
[120] Beschwerde des Restaurantbesitzers *Pesson* an den Reichsjustizminister vom 17.9.1932, in: Bundesarchiv, R3001/6364, Bl. 10 ff. Weiterhin: Beschwerde eines Gaststättenbetreibers vom 18.3.1932 aufgrund von Willkür bei der Ausgestaltung der Pauschalverträge, in: Bundesarchiv, R3001/6363, Bl. 374.
[121] Siehe: Kap. 6 II 2.
[122] Zu den vom Reichskommissar für Preisüberwachung getroffenen Maßnahmen, beispielsweise: Entscheidung des Reichskommissars für Preisüberwachung vom 23.2.1932, zitiert nach: GN 1932, Nr. 47, S. 8.

3. Die Auswirkungen der Zusammenarbeit auf sonstige Nutzerorganisationen

Neben den Vertragsverhältnissen mit den einzelnen Veranstaltern musikalischer Aufführungen und dem Reichskartell der Musikverbraucher arbeitete der Musikschutzverband auch mit anderen Nutzervereinigungen zusammen. Diese versuchten vom Reichskartell unabhängige Abkommen mit dem Musikschutzverband zu treffen und dadurch günstigere Konditionen für den Abschluss von Pauschalverträgen zu erhalten. Der Saalbesitzerbund konnte seinen Vertrag, den er vor der Aufnahme der GDT in den Musikschutzverband mit „alter Gema" und AKM geschlossen hatte, beibehalten und sich dadurch einen Rabatt von 33,3 % auf das Repertoire des Musikschutzverbands sichern.[123] Auch der Allgemeine Deutsche Bäderverband besaß einen vom Reichskartell unabhängigen Vertrag mit dem Musikschutzverband, der seinen Mitgliedern einen Rabattsatz von 15 % einräumte.[124] Weiterhin schloss der Musikschutzverband Rahmenverträge mit der Reichsrundfunkgesellschaft und der Arbeitsgemeinschaft für Orchesterwesen beim Deutschen Städtetag ab.[125]

Auch die Betreiber von Lichtspieltheatern unterlagen gesonderten Regelungen. So schloss § 10 Abs. 2 des Vertrags zwischen dem Reichskartell und dem Musikschutzverband die Betreiber von Lichtspieltheatern aus dem Anwendungsbereich aus.[126] Die Wahrnehmung der musikalischen Aufführungsrechte in Lichtspieltheatern stand mit Beginn der 1930er Jahre vor einem Wandel. Die Produktion von Stummfilmen ging in der ersten Hälfte des Jahres 1930 massiv zurück.[127] Der Tonfilm ermöglichte die gleichzeitige Wiedergabe von Bildern und Tönen durch ein technisches Medium und ließ das

---

[123] Die Fortführung dieses Altvertrags wird in einem Schreiben des Reichskartells der Musikveranstalter an den Ministerialrat *von Keudell* aus dem Reichsministerium für Volksaufklärung und Propaganda dargestellt, in: Schreiben des Reichskartells der Musikveranstalter an das Reichsministerium für Volksaufklärung und Propaganda vom 5.7.1933, in: Bundesarchiv, R55/1152, Bl. 48. Hierzu auch: Entscheidung des Reichskommissars für Preisüberwachung vom 23.2.1932, zitiert nach: GN 1932, Nr. 47, S. 8.

[124] Auch der Vertrag mit dem Allgemeinen Deutschen Bäderverband wurde vom Reichskommissar für Preisüberwachung von ursprünglich 15 % auf 25 % erhöht. Die Entscheidung des Reichskommissars für Preisüberwachung vom 23.2.1932, die im Gegensatz zu den anderen Entscheidungen jedoch nicht von *Goerdeler*, sondern von *Heuer* unterzeichnet wurde, zitiert nach: GN 1932, Nr. 47, S. 9.

[125] Geschäftsbericht der Anstalt für musikalisches Aufführungsrecht über das Jahr 1931, in: Der schaffende Musiker 1932, Nr. 23, S. 8 (9).

[126] Vertrag zwischen dem Reichskartell der Musikveranstalter und dem Musikschutzverband vom 7.8.1930, in: Bundesarchiv, R55/1151, Bl. 30 (31).

[127] *Müller*, Vom Stummfilm zum Tonfilm, 2003, S. 49; so auch: *Jaszoltowski/Riethmüller*, in: Schramm (Hrsg.), Handbuch Musik und Medien, ²2019, S. 95 (100).

Erfordernis der Wiedergabe von Begleitmusik durch Musiker oder Grammophone entfallen.[128] In der Folge stellten viele Kinobetreiber ihren Betrieb auf den Tonfilm um, wodurch es zu Entlassungen von Kino-Musikern und den damit einhergehenden Rückgang musikalischer Aufführungen in Lichtspielhäusern kam.[129] Eine besondere Bedeutung kam dabei der UFA als führendem Filmunternehmen im Deutschen Reich zu. Durch eine Kooperation mit der Klangfilm GmbH konnte die UFA ihre rund 100 Lichtspielhäuser in relativ kurzer Zeit auf das Tonfilmsystem umrüsten.[130] Die UFA schloss am 18.10.1928 einen Vertrag mit dem Musikschutzverband von „alter Gema" und AKM über den Erwerb musikalischer Aufführungsrechte ab, der bis zum 1.6.1931 und damit über den Zeitpunkt des Vertragsschlusses mit dem Reichskartell der Musikverbraucher fort galt.[131] Aufgrund der Umstellung auf das Tonfilmsystem und der damit einhergehenden Rechtsunsicherheiten weigerte sich die UFA einen neuen Vertrag mit dem Musikschutzverband abzuschließen. Sie vertrat die Ansicht nach § 22a LUG 1910 zur öffentlichen Aufführung der Tonfilme ohne Einwilligung des Musikschutzverbands berechtigt zu sein. Erst mit der Beschreitung des Rechtswegs konnte der Musikschutzverband seine Befugnis zur Einziehung der Aufführungsgebühren bei Tonfilmen gegenüber der UFA vor dem Reichsgericht im April 1933 durchsetzen.[132] Aufgrund von Neustrukturierungen der großen Reichsverbände im Zuge der nationalsozialistischen Machtübernahme unterließen die Verwertungsunternehmen nach Beendigung des Verfahrens gegen die UFA die anschließende Einziehung der Aufführungsgebühren und versuchten sich vertraglich mit der Lichtspielindustrie auf die zu zahlenden Tantiemen zu einigen.[133]

4. Zwischenergebnis der Auswirkungen des Zusammenschlusses auf die Veranstalter

Die Fusion der drei Verwertungsunternehmen im Musikschutzverband führte zu einer Erhöhung der Gebühren für den Erwerb einer Pauschale zur Aufführung ihres Repertoires. Dies wirkte sich insbesondere auf einzelne

---

[128] Zur Schaffung und Realisierung der Tonfilmsysteme, siehe: *Jossé*, Die Entstehung des Tonfilms, 1984, S. 127.
[129] *Saekel*, Der US-Film in der Weimarer Republik – ein Medium der „Amerikanisierung"?, 2012, S. 147.
[130] *Kreimeier*, Die Ufa-Story, 1992, S. 216.
[131] Urteil des RG vom 5.4.1933, in: RGZ 140, S. 231 (233).
[132] Urteil des RG vom 5.4.1933, in: RGZ 140, S. 231.
[133] Schreiben der GDT an den Reichswirtschaftsminister vom 4.9.1933 mit der Bitte um Schutz und Hilfestellung zur Durchsetzung ihrer Ansprüche gegenüber der Lichtspielindustrie, in: Bundesarchiv, R 55/1149, Bl. 100 f.

Veranstalter aus, die keiner Interessenvertretung angehörten. Die Nutzerorganisationen konnten sich dagegen sogar erhebliche Vorteile im Vergleich zu einzelnen Veranstaltern, die nicht in Nutzerverbänden organisiert waren, sichern. Aufgrund ihrer zum Teil hohen Mitgliederzahlen und ihrer Organisationsstruktur war die gerichtliche Durchsetzung ihrer Ansprüche und ein Vorgehen gegen das Preisdiktat durch den Musikschutzverband im Vergleich zu einzelnen Veranstaltern vereinfacht. Insbesondere die kleineren Nutzerorganisationen konnten vom Zusammenschluss der Verwertungsgesellschaften profitieren. Ihnen stand einerseits die Möglichkeit des Rechteerwerbs aus einer Hand offen. Andererseits besaßen sie die kollektive Stärke eigene Tarifverträge mit dem Musikschutzverband auszuhandeln. Während dem Reichskartell der Musikverbraucher als größtem Interessenverband lediglich ein Rabatt von 10 % zugesprochen wurde, konnte der Allgemeine Deutsche Bäderverband 15 % aushandeln. Der Saalbesitzerbund erhielt durch die Fortgeltung alter Verträge gar Rabatte von 33,3 %. Im Zuge der Deflationspolitik *Brünings* wurde auch die Veräußerung von Aufführungsrechten von der staatlichen Reinregulierung erfasst, die eine staatlich verordnete Senkung der Gebührensätze des Musikschutzverbands zur Folge hatte.

V. Zusammenfassung

Die Aufnahme der GDT in den Musikschutzverband bildete den ersten Schritt zur Monopolisierung des Marktes für Aufführungsrechte durch die einstigen Konkurrenten. Die Zusammenarbeit zwischen AKM, „alter Gema" und GDT beschränkte sich nicht allein auf eine Vereinheitlichung der Rechtsbeziehungen zu den Veranstaltern, sondern wirkte sich auch auf die Vertragsverhältnisse zu den Bezugsberechtigten der Gesellschaften aus. Der aus AKM, „alter Gema" und GDT bestehende Musikschutzverband war damit mehr als nur die gemeinsame Inkassoorganisation der Marktakteure. Die Kooperationsvereinbarung vom 22.7.1930 begründete eine allmähliche Zusammenführung der Konkurrenten unter der vorläufigen Beibehaltung ihrer organisatorischen Selbstständigkeit. Die Wahrung der Eigenständigkeit der Unternehmen bestand vornehmlich in ihrer Spezialisierung auf unterschiedliche Musikrichtungen und der unterschiedlichen Ausgestaltung der Rechtsverhältnisse zu ihren Bezugsberechtigten. Die Konflikte, die auf den Spezialisierungen der Unternehmen und den damit einhergehenden Bevorzugungen von Werkschaffenden aus dem Bereich der Unterhaltungs- und der ernsten Musik beruhten, bestanden nach Vertragsschluss fort. Zur Angleichung der Unternehmen sah die Kooperationsvereinbarung einen Zeitraum von fünf Jahren vor. Aufgrund der Aufnahme von Wettbewerbsklauseln führte die Zusammenarbeit dennoch zu einer weitgehenden Einstellung des Wettbewerbs um die gegenseitige Abwerbung von Urhebern und sonstigen

Berechtigten. Die Konkurrenz beschränkte sich im Wesentlichen auf die Fälle, in denen Werkschaffende ihre Werke individuell verwerteten bzw. auf solche Komponisten, die noch keinem Verwertungsunternehmen angeschlossen waren.

Die Kooperationsvereinbarung zwischen GDT, „alter Gema" und AKM spiegelte die bisherigen Machtverhältnisse bei der Verwertung der musikalischen Aufführungsrechte wider. Die Einschränkungen, die die GDT hinzunehmen hatte, beruhten vornehmlich auf ihrer Spezialisierung auf Werken der ernsten Musik, die einen geringeren Marktanteil als Werke der Unterhaltungsmusik besaßen. Der Abschluss der Kooperationsvereinbarung von Seiten der GDT stellte also keine „Kapitulation" gegenüber ihren Marktmitbewerbern dar, sondern eine sinnige Erweiterung des gemeinsamen Repertoires.

Die Kooperationsvereinbarung vom 22.7.1930 ist als Kartellabsprache anzusehen. Der Musikschutzverband bildete ein Syndikat zur gemeinschaftlichen Veräußerung von Aufführungsrechten. Mit ihrer Verschmelzung im Musikschutzverband beugten sich die ehemals konkurrierenden Marktakteure dem allgegenwärtigen Konzentrationsdruck, dem sie durch die Vereinigung der Nutzerinteressen im Reichskartell der Musikverbraucher ausgesetzt waren und konnten damit ihre Marktmacht gegenüber den Veranstaltern stärken. Eine kartellrechtliche Überprüfung der Fusion der Verwertungsunternehmen durch die Rechtsprechung war nicht zielführend. In dem Zusammenschluss wurde keine Gefährdung des Gemeinwohls erachtet. Das Ergreifen von Maßnahmen nach der KartVO wurde, wie auch in anderen Wirtschaftszweigen üblich, nur zurückhaltend angewendet. Erst im Rahmen der Deflationspolitik *Brünings* kam es zu einer Ausweitung der staatlichen Kontrolle auf die Veräußerung musikalischer Aufführungsrechte, die den Musikschutzverband zu einer Erhöhung der Rabatte für die Nutzervereinigungen zwang.

Der Zusammenschluss der Verwertungsunternehmen lag in marktspezifischen und allgemeinen wirtschaftlichen Gesichtspunkten begründet. Die Bildung eines Syndikats war auf der einen Seite der Konzentration der Veranstalter im Reichskartell der Musiknutzer geschuldet. Der erweiterte Musikschutzverband bildete ein Gegengewicht zum Reichskartell, da er nach Aufnahme der GDT über die nahezu gesamten Aufführungsrechte im Deutschen Reich verfügte und damit den Preis für deren Erwerb erhöhen konnte. Die Verbindung von Unternehmen bildete eine für die Zeit der Weimarer Republik typische wirtschaftliche Maßnahme auf Veränderungen des Marktes, die auch die Verwertungsunternehmen zum Ausbau ihres Einflusses nutzten. Auf der anderen Seite war die Aufnahme der GDT in den Musikschutzverband der beginnenden wirtschaftlichen Krise geschuldet. Mit der Beilegung der bisherigen Konflikte sollte ein staatliches Eingreifen in den Bereich der Verwertung der Aufführungsrechte verhindert und die Kosten für die Rechtsdurchsetzung minimiert werden. Die Gründung des Reichskartells, sowie die Folgen der Weltwirtschaftskrise und die innenpolitischen Krisen zu Beginn der 1930er Jahre führten auch im Bereich der Musikindustrie zu Unsicherheiten, die durch den Zusammenschluss der konkurrierenden Marktakteure überwunden werden sollten.

Ein Großteil der Bezugsberechtigten verlor durch den Zusammenschluss die Möglichkeit die Wahrnehmung ihrer Rechte von einer auf die andere Verwertungsgesellschaft zu übertragen. Durch das in Nr. 3 der Zusatzvereinbarung zum Kooperationsvertrag vom 22.7.1930 vereinbarte Abwerbungsverbot und die in § 8 Kooperationsvereinbarung vorgesehene Angleichung der Gesellschaften entfiel die Konkurrenz der Unternehmen um die Verpflichtung der Bezugsberechtigten weitgehend. Sie beschränkte sich auf Rechteinhaber, die das Aufführungsrecht bislang individuell verwerteten. Der Prozess zur Bildung einer einheitlichen Verwertungsgesellschaft für das Deutsche Reich war damit eingeleitet. Mit ersten Angleichungen in der Verrechnung und der Bildung der I.d.K. als gemeinsamer Interessenvertretung für Komponisten konnten die Rechtsbeziehungen zu den Bezugsberechtigten bereits vor der Machtübernahme durch die Nationalsozialisten in weiten Teilen angeglichen werden.

Für die einzelnen Veranstalter bedeutete der Zusammenschluss der Unternehmen die Ermöglichung des Rechteerwerbs aus einer Hand bei einer gleichzeitigen Erhöhung der Tarife. Vergünstigte Konditionen konnten sie durch eine Mitgliedschaft in einer Nutzerorganisation erhalten, die in Verhandlungen mit dem Musikschutzverband Rabatte für ihre Mitglieder aushandelte. Die Nutzerverbände konnten die Anliegen ihrer Mitglieder durch ihre kollektive Stärke effektiver durchsetzen als die einzelnen Veranstalter und dem Musikschutzverband als Verhandlungspartner auf Augenhöhe begegnen. Insbesondere durch die Anrufung des Reichskommissars für Preisüberwachung verwehrten sie sich des Preisdiktats des Musikschutzverbands und erhielten dadurch deutlich günstigere Konditionen als die einzelnen Veranstalter.

Kapitel 7

Die Gründung der Stagma als einheitliches Verwertungsunternehmen für das musikalische Aufführungsrecht im Deutschen Reich

Die endgültige Fusion der Verwertungsunternehmen zu einer einheitlichen Vertriebsstelle für musikalische Aufführungsrechte wurde 1933 mit der Gründung der „Staatlich genehmigten Gesellschaft zur Verwertung musikalischer Urheberrechte" (Stagma) und damit zwei Jahre vor dem in § 8 der Kooperationsvereinbarung von AKM, „alter Gema" und GDT vorgesehenem Zeitraum vollzogen.[1] Die Grundlage der Zusammenführung der Unternehmen bildete § 1 des Gesetzes über die Vermittlung von Musikaufführungsrechten vom 4.7.1933, der die gewerbsmäßige Vermittlung der Aufführungsrechte von der Genehmigung des Reichsministers für Volksaufklärung und Propaganda abhängig machte.[2] Dieses Kapitel geht den Rahmenbedingungen und Konsequenzen dieser staatlich verordneten Monopolisierung nach.

Hierzu wird in einem ersten Teil die staatliche Einflussnahme auf die bestehenden Verwertungsunternehmen nach der Machtübernahme durch die Nationalsozialisten betrachtet (I.). Dabei steht die Frage im Vordergrund, ob und inwieweit die Leitungsgremien der Unternehmen von entsprechenden „Gleichschaltungsmaßnahmen" betroffen waren. Der zweite Teil setzt sich mit der Normierung des Rechts der Verwertungsunternehmen durch die Nationalsozialisten auseinander (II.). Die Darstellung des Gesetzes über die Vermittlung von Aufführungsrechten vom 4.7.1933 und der dazugehörigen Durchführungsverordnungen wird über die Folgen des Eingreifens des Gesetzgebers auf die Verwertungsunternehmen aufklären. Ein dritter Teil behandelt dann den organisatorischen Übergang der bisherigen Marktteilnehmer in die Stagma (III.). Eine Betrachtung des Innenrechts der Stagma und eine damit einhergehende Abgrenzung zur inneren Ausgestaltung der bisherigen Verwertungsunternehmen dient der Frage, ob die Stagma typische Organisationsmuster der zuvor bestehenden Verwertungsunternehmen adaptierte. Ein besonderes Augenmerk liegt dabei auf Parallelen bei der Art und Weise der Verwertung. In einem darauf aufbauenden vierten Teil werden die Folgen für Rechteinhaber und Veranstalter beleuchtet, um ein umfassen-

---

[1] Zu den Vorgaben der Kooperationsvereinbarung vom 22.7.1930, siehe: Kap. 6 I.
[2] RGBl. I 1933, S. 452.

des Bild von den Veränderungen der Rechtewahrnehmung durch die Gründung der Stagma zu zeichnen (IV.). Ein fünfter Teil beschäftigt sich mit der Frage, inwieweit das Gesetz über die Vermittlung von Aufführungsrechten vom 4.7.1933 als Bestandteil einer gemeinnationalsozialistischen Wirtschaftspolitik zu bewerten ist (V.). Anhand dieser Begutachtung soll bestimmt werden, ob es sich bei der Vereinigung der Marktakteure in der Stagma um eine vorhersehbare Entwicklung in der Ausrichtung der Verwertungsunternehmen oder um eine von den Nationalsozialisten aufoktroyierte Maßnahme handelte. Unter Rückgriff auf die vorhergehenden Ausführungen erfolgt sechstens eine finale Stellungnahme zu den Fragen, ob und inwieweit die Stagma als Nachfolgerin des Musikschutzverbands anzusehen ist (VI.).

I. Die Gleichschaltung der Verwertungsunternehmen

Die Machtübernahme der Nationalsozialisten setzte einen Prozess der Reorganisation des politischen, kulturellen und gesellschaftlichen Lebens „nach den Ordnungsvorstellungen der neuen Machthaber" in Gang.[3] Dieser unter den Begriff der Gleichschaltung fallende Wandel beseitigte schrittweise die demokratischen Strukturen in den von ihm betroffenen Organisationen zugunsten des „Führerprinzips" und ersetzte die bisherigen Leitungsorgane durch Anhänger des NS-Regimes.[4] In der Folge kam es bereits 1933 zu einer weitgehenden Anpassung von Organisationen und Institutionen an die Vorgaben der Nationalsozialisten. Die Veränderungen wurden teils aus eigener Initiative heraus betrieben, teils unter Mitwirkung des Staates und der Nationalsozialistischen Deutschen Arbeiterpartei (NSDAP) durchgesetzt. Oftmals kam es dabei auch zur Zusammenlegung von Vereinen, um deren Kontrolle zu vereinfachen.[5] Art und Umfang der Gleichschaltung bezogen sich nicht auf alle Bereiche der deutschen Gesellschaft. Insbesondere die Industrie konnte aufgrund ihrer wichtigen Rolle beim Abbau der Arbeitslosigkeit ihre Autonomie weitgehend beibehalten.[6] Aus diesen Erwägungen heraus stellt sich die Frage, ob und inwieweit die Verwertungsunternehmen von diesem Prozess der Gleichschaltung betroffen waren.

In der Reichstagswahl am 5.3.1933 konnte die Koalition aus NSDAP und Deutschnationaler Volkspartei (DNVP) mit einer Zustimmung von 51,9 % der Stimmen ihr Ergebnis im Vergleich zur vorherigen Wahl vom November

---

[3] *Grüttner*, Brandstifter und Biedermänner, 2015, S. 39.
[4] *Grüttner*, Brandstifter und Biedermänner, 2015, S. 40.
[5] *Grüttner*, Brandstifter und Biedermänner, 2015, S. 43 ff.
[6] *Grüttner*, Brandstifter und Biedermänner, 2015, S. 45.

1932 steigern und ihre Legitimation zur Stellung der Reichsregierung festigen.[7] Die Verwertungsunternehmen nahmen den Machtzuwachs zum Anlass ihre Tätigkeit unter die „neue Staatsidee" zu stellen und die Zentralisierung ihrer Interessen in einer einheitlichen Gesellschaft zu beschleunigen. In diesem Sinne fassten Mitglieder und Bezugsberechtigte von „alter Gema" und GDT am 15.3.1933 eine Resolution, wonach es zu einer Verschmelzung beider Unternehmen kommen sollte.[8] Demgemäß sollte die Gema als wirtschaftliche Interessenvertretung fungieren, wohingegen die GDT für Berufs- und Standesfragen zuständig bleiben sollte. Weiterhin verpflichtete sich die GDT dem Beispiel der „alten Gema" zu folgen und „Umgestaltungen im Sinne der neuen Regierung" vorzunehmen.[9] In der Folge wählten Mitglieder und Bezugsberechtigte der GDT auf der Hauptversammlung am 26.3.1933 die NSDAP-Mitglieder *Max Donisch, Hugo Rasch* und *Max Trapp* in den Vorstand.[10] Auch in der „alten Gema" traten die alten Vorstände im März 1933 zu Gunsten von Mitgliedern und Anhängern der NSDAP zurück.[11] Zudem beschloss die Generalversammlung am 24.3.1933 eine Satzungsänderung, wonach Genossen, die „der kommunistischen Partei angehören oder ihr nahestehen oder sonstwie die kommunistische Partei durch Geld oder Mitarbeit unterstützt haben" aus der „alten Gema" ausgeschlossen werden sollten.[12] Hieran wird deutlich, dass auch in den bestehenden Verwertungsunternehmen Maßnahmen zur Gleichschaltung erfolgten, die den Prozess zur Schaffung einer einzigen, politisch konformen Organisation für die Wahrnehmung des musikalischen Aufführungsrechts im Deutschen Reich beschleunigten. Die Neubesetzung der Vorstände der bestehenden Unternehmen mit Mitgliedern der NSDAP schuf die Grundlage zur Anpassung bestehender und Gestaltung neuer Strukturen bei der Verwertung des Aufführungsrechts unter Berücksichtigung der Zielsetzungen der nationalsozialistischen Machthaber.

Ausgenommen von den Gleichschaltungsmaßnahmen blieb die österreichische AKM, die weiterhin als Mitgesellschafterin des Musikschutzverbands im Deutschen Reich tätig bleiben konnte, ohne sich den Vorgaben der

---

[7] *Hildebrand*, Das Dritte Reich, [7]2009, S. 4.

[8] Bericht über den Verlauf der zwanglosen Zusammenkunft der Mitglieder und Bezugsberechtigten von GEMA und GDT auf Einladung der I.d.K. am 15.3.1933 samt der darin gefassten Resolution, in: Der schaffende Musiker 1933, Nr. 32, S. 4 f.

[9] Die entsprechende Verpflichtung wurde in die Resolution der Verwertungsunternehmen vom 15.3.1933 aufgenommen, in: Der schaffende Musiker 1933, Nr. 32, S. 5.

[10] Bericht über den Verlauf der ordentlichen Hauptversammlung der GDT vom 26.3.1933, in: Der schaffende Musiker 1933, Nr. 32, S. 6 (7).

[11] *Dümling*, Musik hat ihren Wert, 2003, S. 181.

[12] Bericht über die außerordentliche Generalversammlung vom 24.03.1922, in: GN 1933, Nr. 56, S. 2 (8).

Nationalsozialisten bei der personellen Aufstellung unterwerfen zu müssen. Die Betätigung der österreichischen AKM blieb jedoch nur für kurze Zeit von den staatlichen Restriktionen der Nationalsozialisten verschont. Der österreichischen AKM wurde die Befugnis zur Verwertung der Aufführungsrechte im Deutschen Reich entzogen, indem der Reichsminister für Volksaufklärung und Propaganda im Juli 1933 sämtliche Verträge mit „alter Gema" und GDT aufhob.[13]

II. Die Normierung des Rechts der Verwertungsunternehmen

Nachdem mit der Aufnahme der GDT in den Musikschutzverband bereits eine zentrale Vertriebsstelle für Aufführungsrechte im Deutschen Reich geschaffen worden war, stellt sich zunächst die Frage nach den tatsächlichen Auswirkungen des neuen Gesetzes auf die bestehenden Verwertungsunternehmen. Mit dem Gesetz über die Vermittlung von Musikaufführungsrechten vom 4.7.1933 unterlagen die Verwertungsunternehmen das erste Mal einer speziellen gesetzlichen Regelung. Dieser Teil betrachtet die sich aus dem Gesetz und den hierzu ergangenen Durchführungsverordnungen ergebenden Rechte und Pflichten der Verwertungsunternehmen und bietet den Ausgangspunkt für die Frage, ob und inwieweit die Gesetzgebung den Anstoß zur Auflösung von GDT, „alter Gema" und Musikschutzverband gab und inwiefern dies die Begründung einer neuartigen Organisation zur Rechtewahrnehmung veranlasste. Die folgenden Abschnitte gehen auf die einzelnen Bestandteile des Gesetzes über die Vermittlung von Musikaufführungsrechten ein. Ein abschließender Abschnitt stellt daran anknüpfend Gemeinsamkeiten und Unterschiede bei der Wahrnehmung des musikalischen Aufführungsrechts vor und nach der Normierung des Rechts der Verwertungsunternehmen heraus.

1. Einführung einer Genehmigungspflicht für die gewerbliche Wahrnehmung des Aufführungsrechts

§§ 1 und 2 machten die gewerbsmäßige Vermittlung von Rechten zur öffentlichen Aufführung von Werken der Tonkunst von der Genehmigung des Reichsministers für Volksaufklärung und Propaganda abhängig. Hiermit konnte zunächst gewährleistet werden, dass die Betätigung weiterer Verwertungsunternehmen im Deutschen Reich nur mit staatlichem Einverständnis

---

[13] Schreiben des Reichsministers für Volksaufklärung und Propaganda an die Gema vom 12.7.1933 mit dem Auftrag zur Bildung einer einheitlichen Aufführungsgesellschaft für das Deutsche Reich, in: Bundesarchiv R55/1151, Bl. 146 (Rs.).

möglich wurde. Unmittelbaren Einfluss auf die bestehenden Verwertungsunternehmen besaß die Genehmigungspflicht nicht. Die Frage, welches Unternehmen eine Genehmigung erhalten sollte, oblag allein dem Reichsminister für Volksaufklärung und Propaganda und entzog sich damit oberflächlich dem Einfluss der Marktakteure. Auch die Rechtsanwältin *Margarethe Freiin von Erffa* sah in der Regelung eine Sicherung des „Status quo" durch den Gesetzgeber, in dem der Musikschutzverband die einzige Einrichtung zum Erwerb musikalischer Aufführungsrechte bildete. Auf diese Weise konnte die Entstehung konkurrierender Verwertungsunternehmen verhindert und den Veranstaltern dadurch Rechtssicherheit beim Erwerb musikalischer Aufführungsrechte geboten werden.[14] Die Regelung entsprach den Forderungen der Musiknutzer, die sich mit der Vereinigung der Marktakteure im Musikschutzverband einem einzigen Anbieter musikalischer Aufführungsrechte gegenübergestellt sahen.[15] Dieser konnte die Preise für den Erwerb einer Pauschale zur Nutzung des Werkrepertoires aufgrund seiner Monopolstellung vorgeben. Mit Einführung der staatlichen Genehmigungspflicht versprachen sich die Veranstalter weitere Regulierungsmaßnahmen, die auch eine Begrenzung der Preise für den Rechteerwerb nach sich ziehen konnten.[16] Laut Gesetzesbegründung entsprach die Vereinheitlichung der „neuen Staatsidee" und diente dazu die Konflikte zwischen den bestehenden Verwertungsunternehmen aufzulösen und die Kosten der Rechteverwertung zu senken. Damit

---

[14] *Erffa*, GRUR 1933, S. 693 (694).

[15] Der Geschäftsbericht der Anstalt für musikalisches Aufführungsrecht für das Jahr 1932 stellte ein „immer schärfere[s] Vorgehen einzelner unserer Gegner, die sogar schon Anträge auf die Verstaatlichung unserer Gesellschaften ausgesprochen haben" fest, in: Der schaffende Musiker 1933, Nr. 31, S. 8 (19).

[16] Dies galt insbesondere für einzelne Veranstalter, die noch nicht von den Anpassungen der Rahmenverträge durch den Reichskommissar für Preisüberwachung 1932 profitieren konnten. Der Gastwirt *Rudolf Hesse* beanstandete die Höhe der abzuführenden Aufführungsgebühren, siehe: Gutachten der preußischen musikalischen Sachverständigenkammer vom 25.11.1932, das vom Amtsgericht Boizenburg im Rechtsstreit zwischen dem Musikschutzverband und dem Gastwirt Rudolf Hesse zur Frage der Einschätzung eines angemessenen Entschädigungsbetrags herangezogen wurde, in: Bundesarchiv, R55/1152, Bl. 127. Zur Beanstandung der Art und Weise der Einziehung der Aufführungsgebühren durch den Musikschutzverband: Erhebung einer Strafanzeige durch den Gastwirt Eugen Huber gegen die Geschäftsführer des Musikschutzverbands, siehe: Mitteilung des Staatsanwalts Dr. Orth an das Justizministerium Karlsruhe über die Einstellung des Strafverfahrens gegen Anton von Lehar und Richard Schmeling als Geschäftsführer des Musikschutzverbands vom 2.3.1932, in: Bundesarchiv, R3001/6363, Bl. 370. Zur Betätigung des Reichskommissars für Preisüberwachung, siehe: Kap. 6 II 2. Demgegenüber sprach sich jedoch *Walther Plugge* vom Reichskartell der Musikverbraucher zunächst gegen die Verstaatlichung der Verwertungsgesellschaften aus, siehe: Geschäftsbericht des Vorstandes der „alten Gema" für das Geschäftsjahr 1931/32, in: GN 1932, Nr. 53, S. 2 (8).

sollte sowohl den Interessen der Komponisten, Textdichter, Verleger, als auch der Musikveranstalter entsprochen werden.[17]

Gleichzeitig weckte die staatliche Einflussnahme aber auch die Befürchtung, dass das Aufführungsrecht zu einer „bloßen Formalität" verkommen würde. Die Anmeldung eines Werkes bei einer staatlich genehmigten Verwertungseinrichtung widerspreche Art. 4 Abs. 2 der Revidierten Berner Übereinkunft von 1928,[18] der den Genuss und die Ausübung der Urheberrechte von der Erfüllung besonderer Förmlichkeiten befreite.[19] Mit Einführung einer staatlichen Genehmigungspflicht wäre dieser Argumentation folgend die Ausübung des Urheberrechts in der Form des Berufs der gewerbsmäßigen Vermittlung von Aufführungsrechten erschwert. Im Rahmen einer Stellungnahme zu einer am 11.2.1932 erlassenen Novelle des niederländischen Urheberrechtsgesetzes, die ebenfalls eine staatliche Genehmigungspflicht für die gewerbsmäßige Ausübung der Vermittlung von Urheberrechten vorsah, bezeichnete die Gema diese Maßnahme als „Eigentumskonfiskation".[20] Im Geschäftsbericht für das Jahr 1930/31 vom 4.12.1931 sprach sie sich explizit gegen einen Eingriff des Staates in die Ausgestaltung des Rechts der Verwertungsunternehmen aus.[21]

Die personelle Umgestaltung der Führungsriege der „alten Gema" nach der Machtübernahme der Nationalsozialisten ließ die Kritik am Ausbau des staatlichen Einflusses auf die Verwertungsunternehmen jedoch entfallen.[22] Das Reichsministerium für Volksaufklärung und Propaganda merkte zur Vereinbarkeit des Gesetzes mit den internationalen Verträgen an, dass beim fünften Kongress des „Confédération Internationale des Sociétés d'Auteurs et Compositeurs" im Jahr 1930 der Wunsch ausgesprochen worden war, dass gegenseitige Verträge mit einer „genügend durchorganisierte[n] Gesellschaft" abgeschlossen werden sollten, woraus das Ministerium die Notwendigkeit der Gründung eines einheitlichen Unternehmens ableitete. Gleichzeitig führte es die Niederlande als Beispiel an, die mit dem Gesetz vom 11.11.1932 eine entsprechende Regelung getroffen habe, was für die internationale Vereinbarkeit des Gesetzes sprechen würde.[23] Auch einige, dem Regime nahe-

---

[17] Begründung zum Gesetz über die Vermittlung von Musikaufführungsrechten vom 4.7.1933, in: Deutscher Reichsanzeiger vom 8.7.1933, zitiert nach: *Schulze*, Geschätzte und geschützte Noten (1995), S. 298 f.
[18] Berner Übereinkunft zum Schutze von Werken der Literatur und Kunst revidiert in Rom am 2.6.1928, zitiert nach: RGBl. 1933 II, S. 890 ff.
[19] *Anmerkung der Redaktion der Zeitschrift Droit d'auteur*, Droit d'auteur 1933, S. 110.
[20] *Wissenkerke*, UFITA 6 (1933), S. 1 (5).
[21] Geschäftsbericht des Vorstandes der „alten Gema" für das Geschäftsjahr 1930/31, in: GN 1931, Nr. 45, S. 2 (5).
[22] In der außerordentlichen Generalversammlung vom 24.3.1933 erklärte ein Großteil der Vorstandsmitglieder seinen Rücktritt, siehe: Bericht über die außerordentliche Generalversammlung vom 24.3.1922, in: GN 1933, Nr. 56, S. 2 (4 f.).
[23] Einladung des Reichsministeriums für Volksaufklärung und Propaganda zur Bera-

stehende Autoren der rechtswissenschaftlichen Literatur stimmten der Normierung weitgehend zu. Beispielsweise sah der Rechtsanwalt *Willy Hoffmann* in der Betätigung des Gesetzgebers 1933 eine Anerkennung des „öffentliche[n] Interesse an der Verwertung der Aufführungsrechte".[24] Auch der Ministerialrat *Georg Klauer* begrüßte 1933 die erweiterten hoheitlichen Befugnisse zur Einschränkung der Tätigkeit einzelner Marktakteure als „Gesundung des Einziehungswesens".[25]

Im Ergebnis besaß die Einführung der Genehmigungspflicht trotz der Kritik an der Vereinbarkeit mit den Bestimmungen der revidierten Berner Übereinkunft von 1928 keine unmittelbaren Auswirkungen auf die Marktakteure. Zwar wurde die AKM im Juli 1933 ausgeschlossen, dem stand jedoch nicht entgegen, dass Gema und GDT zunächst die seit 1930 bewährten Strukturen fortsetzen konnten, so dass die Regelung vornehmlich der Sicherung des Status quo diente.[26]

2. Ausdehnung der Kontrollbefugnisse auf Polizeibehörden

Das Gesetz über die Vermittlung von Aufführungsrechten sah weiterhin eine Ausdehnung der Kontrollbefugnisse der Verwertungsunternehmen vor. So ermächtigte § 3 die Verwerter einen Nachweis über den Erwerb der Aufführungsbefugnis von den Veranstaltern zu fordern. Dieses Recht wurde gleichzeitig der Polizei zugesprochen, die von Amts wegen oder auf Antrag des Berechtigten tätig werden konnte. Im Falle einer Weigerung des Veranstalters seiner Nachweispflicht nachzukommen, war die Polizei berechtigt die Veranstaltung zu verhindern. Äußerlich schien die Regelung in erster Linie der Durchsetzung der Gebührenpflicht zu dienen, die nunmehr auch von staatlicher Seite gewährleistet werden konnte. Die Aufnahme des § 3 erfolgte in Anlehnung an die italienische Rechtsetzung, die mit der Inanspruchnahme polizeilicher Hilfe die Durchsetzung der Urheberrechte deutlich verbessern konnte.[27] § 3 diente damit der Stärkung der Position der Verwertungsunternehmen. Die Ausdehnung der Kontrollbefugnisse auf staatliche Stellen wurde mit einer damit einhergehenden Schmälerung des weitläufigen und kostspieligen Verwaltungsapparats begründet, wodurch die Kosten der Einziehungsgesellschaften gesenkt werden sollten.[28] Die Erweiterung der Kon-

---

tung des Gesetzentwurfs für das Gesetz über die Vermittlung von Aufführungsrechten vom 27.6.1933, in: Bundesarchiv R55/1151, Bl. 11.

[24] *Hoffmann,* UFITA 6 (1933), S. 289 (290).

[25] *Klauer,* UFITA 6 (1933), S. 291 (298).

[26] Siehe: Kap. 7 I.

[27] Bericht zur gegenwärtigen Struktur der Aufführungsrechtsgesellschaften aus den Beständen des Reichsministeriums für Volksaufklärung und Propaganda, in: Bundesarchiv, R55/1151, Bl. 6 (Rs.).

[28] Begründung zum Gesetz über die Vermittlung von Musikaufführungsrechten vom

trollrechte auf die Polizei fand in der Literatur vordergründige Zustimmung.[29] Allerdings sahen einige auch die Gefahr, dass die Gebührendurchsetzung durch die Polizei zu einem willkürlichen Verbot von Veranstaltungen führen würde. So merkte Ministerialrat *Klauer* an, dass der Polizei die Sachkenntnis fehlen würde, um zu bewerten, inwieweit die Aufführungsrechte tatsächlich verletzt werden würden.[30] Den gleichen Einwand brachten auch Gema und GDT vor, die das Hinzuziehen der Polizei nur in wenigen hartnäckigen Fällen in Anspruch nahmen.[31]

Zur Vereinfachung der praktischen Anwendbarkeit der staatlichen Kontrollpflicht ordnete der Reichsminister für Volksaufklärung und Propaganda am 21.9.1934 gegenüber den Landesregierungen an, die Behörden zur Mitarbeit an der Umsetzung des § 3 zu verpflichten.[32] Die staatlichen und kommunalen Polizeibehörden sollten die Stagma durch die Erteilung von Auskünften über Musikveranstaltungen unterstützen. Ferner sollten diejenigen Behörden, in denen aufgrund reichs- oder landesrechtlicher Vorschriften eine Genehmigung für Musikaufführungen erforderlich war, dieselbe nur bei Vorlage einer Aufführungsbewilligung der Stagma erteilen.[33] Die Teilhabe der Verwaltung an der Kontrolle der Veranstalter konnte das Verfahren der Rechtsdurchsetzung weiter vereinfachen. Die Abhängigkeit zwischen der Erteilung einer behördlichen Genehmigung und der Aufführungsbewilligung durch die Stagma ermöglichte die Erfassung eines Großteils der musikalischen Aufführungen. Zusätzlich forderte die Stagma von den Kreistagen und Gemeinden in regelmäßigen Abständen Übersichten über die genehmigten Veranstaltungen an, um eine lückenlose Erfassung sämtlicher musikalischer Aufführungen und die damit einhergehende vollumfängliche Kontrolle ihrer Rechte zu gewährleisten.[34] Die Einbeziehung staatlicher Stellen zur Ge-

---

4.7.1933, in: Deutscher Reichsanzeiger vom 8.7.1933 zitiert nach: *Schulze*, Geschätzte und geschützte Noten (1995), S. 298 f.

[29] Nach Ansicht Ministerialrats *Klauer* führte § 3 zu einer wesentlichen Besserstellung der Rechtsstellung des Urhebers, siehe: *Klauer,* UFITA 6 (1933), S. 291 (296); auch die Rechtsanwältin *Erffa* befürwortete die Einführung des § 3, siehe: *Erffa,* GRUR 1933, S. 693 (694).

[30] *Klauer,* UFITA 6 (1933), S. 291 (296).

[31] Schreiben der Vermittlungsabteilung von „alter Gema" und GDT an Leo Ritter mit der Bitte um Klärung allgemeiner Schwierigkeiten bei der Umsetzung des Gesetzes über die Vermittlung von Aufführungsrechten, in: Bundesarchiv R55/1152, Bl. 141 (142).

[32] Anordnung des Reichsministeriums für Volksaufklärung und Propaganda betreffs Zusammenarbeit von Polizeibehörde und Stagma vom 21.9.1934 an alle Landesregierungen, zitiert nach: Stagma-Nachrichten 1934, S. 57 f.

[33] Anordnung des Reichsministers für Volksaufklärung und Propaganda über die Genehmigungspflicht von Musikveranstaltungen vom 20.6.1934, zitiert nach: Amtliche Mitteilungen der Reichsmusikkammer 1934, S. 77.

[34] Mitteilung des Kreisamts Bensheim an die Stagma Generalvertretung VII Mannheim

währleistung der Kontrolle der Veranstalter entlastete die Stagma bei der Durchsetzung der Aufführungsrechte. In diesem Sinne scheint es nicht verwunderlich, dass der Reichsminister für Volksaufklärung und Propaganda seine Anordnung vom 21.9.1934 am 5.10.1936 dahingehend ergänzte, dass „die Inanspruchnahme der Polizeibehörden auf Grund dieser gesetzlichen Vorschrift nach Möglichkeit zu beschränken" sei. Die Stagma wurde angehalten „alle Ermittlungen, Kontrollen usw. soweit wie möglich durch eigenes Kontrollpersonal vornehmen zu lassen".[35] Die in §3 enthaltenen umfassenden Befugnisse der Polizei wurden damit auf wenige Fälle beschränkt. Es war im Wesentlichen die Einbeziehung der Kreis- und Ortsbehörden, die die Durchsetzung der Aufführungsrechte durch die Stagma deutlich vereinfachte.

Auch wenn die Ausdehnung der Kontrollbefugnisse auf Polizeibehörden vordergründig auf ein minimales Eingreifen beschränkt blieb, ermöglichte die in §3 getroffene Regelung faktisch eine Zensur der Musikveranstalter durch staatliche Stellen. Die Tatsache, dass die Kreis- und Ortsbehörden jegliche musikalische Veranstaltung zwecks Weiterleitung an die Stagma registrierten, räumte den staatlichen Stellen umfassende Kenntnisse über Art, Umfang und Ausgestaltung musikalischer Veranstaltungen in ihren jeweiligen Bezirken ein. Unter dem Deckmantel lediglich als Ausführungsorgan der Stagma zur Gewährleistung der Wahrnehmung musikalischer Aufführungsrechte tätig zu werden, erlangten sie auf diese Weise eine vollumfängliche Kontrolle über öffentliche Aufführungen in ihren jeweiligen Bezirken und konnten Maßnahmen zur Verhinderung von Veranstaltungen mit nicht „regimekonforme" Musik ergreifen.

3. Die Bildung eines Schiedsgerichts für Streitigkeiten zwischen Verwertern und Veranstaltern

Auch §4 des Gesetzes über die Vermittlung von Musikaufführungsrechten erweiterte den staatlichen Einfluss auf die Verwertungsunternehmen. Hierin war die Gründung einer Schiedsstelle für Streitigkeiten zwischen den Verwertern und dem durch den Reichsminister für Volksaufklärung und Pro-

---

vom 4.12.1934 mit allen musikalischen Aufführungen, für die im November Genehmigungen erteilt wurden, in: Hessisches Staatsarchiv Darmstadt, G15 Bensheim R73. So auch: Aufforderung der Stagma an Kreisamt Lauterbach vom 3.3.1936 alle Veranstaltungen der letzten Monate mitzuteilen, in: Hessisches Staatsarchiv Darmstadt, G15 Lauterbach Nr. 3312, Bl. 47.

[35] Anordnung des Reichsministers für Volksaufklärung und Propaganda vom 5.10.1936 an alle Landesregierungen, die Herren Ober- und Regierungspräsidenten und Polizeipräsidenten in Berlin, in: Hessisches Staatsarchiv Darmstadt, G15 Lauterbach Nr. 3312, Bl. 27.

paganda anerkannten Verband von Musikveranstaltern vorgesehen, deren Vorsitzender durch Anordnung der Reichsministerien für Volksaufklärung und Propaganda, Justiz und Wirtschaft bestimmt wurde. Die Regelung stieß beim preußischen Kultusministerium auf Kritik, das ebenfalls an der Benennung des Vorsitzenden teilhaben wollte. Eine Beteiligung wurde aber mit Begründung der mangelnden Zuständigkeit abgelehnt.[36] Die Zurückweisung des preußischen Kultusministeriums war nicht verwunderlich, da die Zuständigkeit für Kunstangelegenheit im Mai 1934 an das Reichspropagandaministerium übertragen worden war und die Kompetenzen des Kultusministeriums danach auf Fragen der Wissenschaft, Erziehung und Volksbildung beschränkt blieben.[37]

Die Bildung der Schiedsstelle diente oberflächlich der Verhinderung des Missbrauchs der Monopolstellung der im Musikschutzverband vereinigten Verwertungsunternehmen und wurde auf Betreiben der Verbände der Nutzervereinigungen in das Gesetz aufgenommen.[38] Durch die Monopolstellung des Musikschutzverbands bei der Vergabe der Aufführungsgenehmigungen fürchteten die Nutzerverbände ein Preisdiktat für den Rechteerwerb. Die bisherige Preispolitik des Musikschutzverbands war vom Abschluss unterschiedlich ausgestalteter Verträge mit den verschiedenen Nutzerorganisationen geprägt.[39] Insbesondere das Reichskartell der Musikverbraucher konnte dabei im Vergleich zu anderen Nutzerverbänden nur geringe Vergünstigungen aushandeln.[40] Allein durch die Anrufung des Reichskommissars für Preisüberwachung konnten die Nutzerverbände weitere Vergünstigungen erlangen.[41]

Nach der Machtübernahme der Nationalsozialisten versuchte das Reichskartell das Reichsministerium für Volksaufklärung und Propaganda zum Erlass einheitlicher Bestimmungen für sämtliche Veranstalter zu bewegen und dadurch seinen Einfluss zu steigern.[42] Im Rahmen der Neuorganisation

---

[36] Sitzungsprotokoll über die Aussprache zum Gesetzentwurf über Vermittlung von Musikaufführungsrechten vom 29.6.1933, in: Bundesarchiv, R 55/1151, Bl. 13.

[37] Der preußische Kultusminister wurde in der Folge am 1.5.1934 zum Reichsminister für Wissenschaft, Erziehung und Propaganda ernannt. Zu den Zuständigkeiten, Tätigkeitsgebieten und der Organisationsstruktur des preußischen Kultusministeriums, siehe: Zilch, in: Neugebauer/Holtz (Hrsg.), Preussen als Kulturstaat: Abteilung I. Das preußische Kultusministerium als Staatsbehörde und gesellschaftliche Agentur (1817–1934), 2009.

[38] Bericht zur gegenwärtigen Struktur der Aufführungsrechtsgesellschaften aus den Beständen des Reichsministeriums für Volksaufklärung und Propaganda, in: Bundesarchiv, R 55/1151, Bl. 6 (Rs.).

[39] Siehe: Kap. 6 IV.

[40] Siehe: Kap. 6 IV 1.

[41] Siehe: Kap. 6 II 2.

[42] Schreiben des Reichskartells der Musikveranstalter an das Reichsministerium für Volksaufklärung und Propaganda vom 5.7.1933, in: Bundesarchiv, R55/1152, Bl. 48.

des musikalischen Lebens unter den Nationalsozialisten bildete das Reichskartell der Musikveranstalter Deutschlands ein korporatives Mitglied des Amtes für Konzertwesen, das wiederum einen Bestandteil der Reichsmusikkammer darstellte. Es diente fortan als Interessenvertretung für die gewerbsmäßigen Konzertunternehmer von Unterhaltungsmusik.[43] In dieser Funktion betätigte sich das Reichskartell als Verhandlungspartner für die Einführung gleicher Konditionen für den Rechteerwerb. Die Schiedsstelle sollte der Durchsetzung der einheitlichen Tarifsätze dienen. Die Festsetzung sollte darüber hinaus das Erfordernis der Einführung von gesetzlichen Lizenzen und Zwangslizenzen, die in den Entwürfen für ein neues Urheberrechtsgesetz aus dem Jahr 1932 enthalten waren, entfallen lassen.[44] Die Einführung des § 4 war damit im Wesentlichen Ausdruck des Einflusses der Musikveranstalter auf den Gesetzgeber, die eine Kontrolle des Musikschutzverbands bei der Festsetzung der Gebühren forderten. Gleichzeitig vermochte die Schiedsstelle einheitliche Bedingungen für den Rechteerwerb zu gewährleisten und löste dadurch die bestehenden Unterschiede bei der Preisgestaltung des Musikschutzverbands auf. Die Schiedsstelle trat insofern an die Stelle des Reichskommissars für Preisüberwachung, der bis dahin Einfluss auf die Preisgestaltung der Verwertungsunternehmen nehmen konnte. Ob und inwieweit die Schiedsstelle der Einflussnahme von Seiten der Nationalsozialisten diente, geht aus der Begründung des Gesetzes nicht hervor.

4. Ermächtigung zum Erlass von Durchführungsverordnungen

Die umfassendsten Befugnisse erlangte der Staat in § 5 des Gesetzes über die Vermittlung von Musikaufführungsrechten. Hierin wurde der Reichsminister für Volksaufklärung und Propaganda zum Erlass von Durchführungsverordnungen zur Umsetzung des Gesetzes ermächtigt. Diese Regelung ermöglichte dem Minister umfassend an Organisation und Ausgestaltung der Rechtewahrnehmung im Deutschen Reich mitzuwirken. Entsprechende Durchführungsverordnungen verpflichteten die Gema und die GDT zur Gründung einer einheitlichen Verwertungseinrichtung für das Deutsche Reich bis zum 30.9.1933.[45] Der österreichischen AKM wurde die Befugnis zur Verwertung der Aufführungsrechte im Deutschen Reich entzogen, indem der Reichsminister für Volksaufklärung und Propaganda sämtliche Verträge mit „alter Gema" und GDT aufhob.[46] Mit der Gründung der „Staatlich ge-

---

[43] Zum Umbau der Fachverbände, siehe: Rundschreiben 4 des Reichsverbands für Konzertwesen und Konzertvermittlung vom 21.9.1934, S. 2, in: Hessisches Staatsarchiv Darmstadt, G15 Bensheim R73.

[44] *Klauer*, UFITA 6 (1933), S. 291 (297).

[45] Bericht über den Erlass der Durchführungsverordnung vom 12.7.1933, in: Vossische Zeitung 1933, Nr. 337 (16.7.1933), S. 6.

[46] Schreiben des Reichsministers für Volksaufklärung und Propaganda an die Gema

nehmigten Gesellschaft zur Verwertung musikalischer Urheberrechte" am 20.9.1933 konnte dieses Vorhaben verwirklicht werden.[47]

Mit einer weiteren Durchführungsverordnung vom 15.2.1934 räumte der Minister der Stagma sodann das rechtliche Monopol für die Wahrnehmung der musikalischen Aufführungsrechte im Deutschen Reich ein.[48] § 1 dieser Durchführungsverordnung berechtigte die Stagma zur Einziehung der Forderungen gegen die Veranstalter und verpflichtet sie zur Verrechnung und Ausschüttung der eingezogenen Beträge an die Bezugsberechtigten. Die Stagma stellte damit die wirtschaftliche Organisation für die Verwertung der Aufführungsrechte dar.[49] Mit der Verordnungsermächtigung war das Recht der Verwertungsunternehmen nicht mehr allein Gegenstand des Privatrechts. Der Reichsminister konnte in die Wahrnehmung der Aufführungsrechte eingreifen und ihre Ausgestaltung und Organisation nach staatlichen Vorgaben lenken. § 5 des Gesetzes über die Vermittlung von Musikaufführungsrechten räumte dem Reichsministerium für Volksaufklärung und Propaganda dazu umfassende Handlungsspielräume ein und gab die Rechteverwertung im Bereich des Aufführungsrechts damit in staatliche Hand, was den begonnenen Prozess der Vereinheitlichung der Verwertungsunternehmen beschleunigte.

5. Zwischenergebnis: Die Folgen der Normierung des Rechts der Verwertungsunternehmen

Im Ergebnis führte die Regulierung des Rechts der Verwertungsunternehmen zum Ausbau des staatlichen Einflusses auf die Marktakteure. Das Gesetz über die Vermittlung von Aufführungsrechten erfasste dabei sowohl Aspekte, die die Organisation der Verwertungsunternehmen, als auch die Art und Weise der Rechtewahrnehmung betrafen. Die Einführung einer Genehmigungspflicht für die Betätigung als gewerbsmäßiger Verwerter in §§ 1, 2 sicherte in erster Linie den Status quo, in dem der Musikschutzverband die einzige Organisation für den Erwerb der Aufführungsrechte im Deutschen

---

vom 12.7.1933 mit dem Auftrag zur Bildung einer einheitlichen Aufführungsgesellschaft für das Deutsche Reich, in: Bundesarchiv R55/1151, Bl. 146 (Rs.).

[47] *N.N.*, Droit d'auteur 1933, S. 119.

[48] Verordnung zur Durchführung des Gesetzes über die Vermittlung von Musikaufführungsrechten vom 15.2.1934, zitiert nach: RGBl. I 1934, S. 100.

[49] In einem Beschluss der I.d.K. (Interessengemeinschaft deutscher Komponisten) vom 10.6.1933 einigten sich die Mitglieder von „alter Gema" und GDT zum Aufbau einer eigenen Standes- und einer Wirtschaftsorganisation, in: Beschluss der I.d.K.-Sitzung vom 10.6.1933, in: Bundesarchiv, R55/1151, Bl. 2. Als Interessenvertretung fungierte die Reichsmusikkammer, siehe: Darstellung der Wirtschafts- und Berufsorganisation der Komponisten, in: Bundesarchiv R55/1150, Bl. 10. Zur Rolle der Stagma als Wirtschaftsorganisation, siehe auch: Geschäftsbericht der Stagma für 1934–35, in: Stagma-Nachrichten 1936, S. 121 (122).

Reich darstellte. Eine gewerbsmäßige Verwertung der Aufführungsrechte war lediglich mit Zustimmung des Reichsministers für Volksaufklärung und Propaganda möglich, was eine Betätigung in diesem Sektor einschränkte. So wurde in der Folge auch die AKM aus dem Musikschutzverband ausgeschlossen und die Verwertung der Aufführungsrechte allein den deutschen Verwertungsunternehmen übertragen. Wesentlichen Einfluss auf die Organisation der Verwertung besaß die Ermächtigung des Reichsministers für Volksaufklärung und Propaganda zum Erlass von Durchführungsverordnungen in § 5. Hierdurch konnte er an sämtlichen Bereichen der Wahrnehmung mitwirken. Die Vereinigung von „alter Gema" und GDT in der Stagma beruhte auf einer solchen Durchführungsverordnung und wurde erst auf Veranlassung des Verordnungsgebers erreicht.

Das Gesetz über die Vermittlung von Aufführungsrechten wirkte sich in §§ 3, 4 auch auf die Art und Weise der Rechteverwertung und die Rechtsverhältnisse zwischen Verwertern und Veranstaltern aus. Die Ausdehnung der Kontrollrechte auf die Polizei in § 3 und die hierzu ergangenen Anordnungen des Reichsministers für Volksaufklärung und Propaganda vereinfachten die Kontrolle musikalischer Veranstaltungen und gewährleisteten dadurch eine effektivere Rechteverwertung. Gleichzeitig erlangte der NS-Staat durch die Ausweitung der Kontrollbefugnisse auf staatliche Stellen umfangreiche Kenntnisse über Art und Umfang musikalischer Veranstaltungen im Deutschen Reich und konnte damit indirekt Einfluss auf die Gestaltung öffentlicher Aufführungen ausüben und regimekritische Veranstaltungen verhindern.

Die staatliche Beteiligung an einem Schiedsgericht für Streitigkeiten zwischen den Verwertern und den Veranstaltern in § 4 schränkte die Möglichkeiten des Musikschutzverbands zur Festsetzung von Tarifen ein. Die staatliche Anerkennung des Reichskartells der Musikverbraucher als einziger Nutzerorganisation verhinderte ein Nebeneinander unterschiedlicher Nutzungsbestimmungen und ermöglichte die Durchsetzung einheitlicher Tarifsätze für sämtliche Veranstalter. Darüber hinaus konnte der Reichsminister für Volksaufklärung und Propaganda mit der Ermächtigung zum Erlass von Durchführungsverordnungen in § 5 auch auf die Art und Weise der Rechteverwertung Einfluss nehmen. Im Ergebnis führte die Normierung im Gesetz über die Vermittlung von Aufführungsrechten das Recht der Verwertungsunternehmen aus der Sphäre des Privatrechts in die Hand des Reichsministeriums für Volksaufklärung und Propaganda, das sämtliche Bereiche der Verwertung beeinflussen konnte.

III. Die Umsetzung der gesetzlichen Vorgaben durch die Verwertungsunternehmen

Der Erlass des Gesetzes über die Vermittlung von Musikaufführungsrechten und die hierzu ergangenen Durchführungsverordnungen verpflichteten die Verwertungsunternehmen zur Gründung einer einheitlichen Stelle für die Verwertung der Aufführungsrechte. Dieser Teil setzt sich mit der Fortführung der bisherigen Marktteilnehmer in der Stagma auseinander, die im Auftrag des Reichsministeriums für Volksaufklärung und Propaganda von „alter Gema" und GDT am 20.9.1933 gegründet wurde. Anhand einer Betrachtung des Innenrechts bzw. der Organisationsverfassung der Stagma erfolgt eine Abgrenzung zur bisherigen Ausgestaltung der Verwertungsunternehmen, wodurch bestimmt werden soll, ob und inwieweit es sich bei der Stagma um eine Fortsetzungsorganisation zum Musikschutzverband handelte, bzw. inwieweit die gesetzlichen Vorgaben eine Beibehaltung des bisherigen Wahrnehmungskonzepts erlaubten. Hierzu erfolgt in einem ersten Abschnitt eine Abgrenzung der organisatorischen Ausgestaltung und der Tätigkeitsbereiche der Stagma von den bisherigen Verwertungsunternehmen. Die Darlegungen dienen der Ausarbeitung der wesentlichen Unterschiede in den jeweiligen Konzeptionen der Verwertungsunternehmen. Ein zweiter Abschnitt behandelt sodann Art und Umfang der mitgliedschaftlichen Rechte und Pflichten in den Verwertungsunternehmen. Ein besonderes Augenmerk liegt dabei auf der Frage, ob und inwieweit es durch Erlass des Gesetzes über die Vermittlung von Musikaufführungsrechten und den hierzu ergangenen Durchführungsverordnungen zu Anpassungen in den mitgliedschaftlichen Strukturen kam. Dabei wird dargelegt, ob und inwieweit die Stagma als Fortsetzung der bisher im Deutschen Reich tätigen Verwertungsunternehmen betrachtet werden kann.

1. Die organisatorische Ausgestaltung und die Tätigkeitsbereiche der Stagma

Die Stagma nutzte wie die GDT die Rechtsform des wirtschaftlichen Vereins, was aus § 1 ihrer Satzung hervorgeht.[50] Zweck des Vereins war nach § 2 Abs. 1 ihrer Satzung „die treuhänderische Verwaltung der der Gesellschaft von ihren Bezugsberechtigten und von Dritten zur Verwertung übertragenen musikalischen Aufführungsrechten an Werken der Tonkunst." Hierzu war sie

---

[50] Satzung der Stagma in der vom Reichsminister für Volksaufklärung und Propaganda am 14.1.1936 und durch das Preußische Staatsministerium am 13.2.1936 genehmigten Fassung, zitiert nach: *Schrieber/Metten/Collatz*, Das Recht der Reichskulturkammer, 1943, Teil XI, S. 6. Anlage 23.

nach § 2 Abs. 4 der Satzung berechtigt Einzel- und Pauschalverträge mit Musikveranstaltern abzuschließen und „alles zu tun, was zur Wahrung der ihr übertragenen Rechte der Urheber erforderlich" war. Nach § 2 Abs. 3 ihrer Satzung war sie zudem berechtigt, sonstige Urheberrechte treuhänderisch zu verwalten. Damit glich der Umfang des Tätigkeitsbereichs der Stagma denjenigen von „alter Gema" und GDT, die einerseits ebenfalls Aufführungsrechte veräußerten und andererseits Verletzungen des Aufführungsrechts verfolgten und die nicht erbrachten Gebühren einzogen.

Im Gegensatz zur GDT verstand sie sich jedoch nicht als Berufsorganisation der in ihr organisierten Komponisten und beschränkte sich wie die Gema in ihrem Tätigkeitsfeld auf die Wahrnehmung der Aufführungsrechte. Weitergehende Rechte, wie die Beratung in Rechtsfragen und die sonstige Wahrung von Standes- und Berufsinteressen, sollten in den Verantwortungsbereich der Reichsmusikkammer ausgelagert werden.[51] Auch die Einrichtung eines Versorgungs- oder Sozialfonds, so wie ihn auch die Gema betrieb, war nach § 21 Abs. 2 der Satzung der Stagma den jeweiligen berufsständischen Versorgungsstiftungen übertragen.[52] Die Stagma führte jeweils einen jährlich festzusetzenden Prozentsatz an die Stiftungen ab, die die Beiträge an ihre Nutznießer weitergaben. Damit verfolgte die Stagma selbst keinerlei sozialen Zwecke. Vielmehr erfolgte eine strikte Trennung zwischen der Wahrnehmung der Aufführungsrechte und sonstiger Tätigkeiten, die bislang ebenfalls von „alter Gema" und GDT erbracht wurden. Das Reichsministerium für Volksaufklärung und Propaganda bezeichnete die Stagma in der Folge auch als „Wirtschaftsorganisation" der Musikschaffenden, wohingegen die Berufsinteressen in der Reichsmusikkammer verfolgt wurden.[53] Damit stand die neu gegründete Stagma der „alten Gema" im Hinblick auf ihre organisatorische Ausgestaltung näher als der GDT, die in ihrem Selbstverständnis im Wesentlichen als Berufsgenossenschaft für die in ihr organisierten Mitglieder fungieren wollte. Die bestehenden Verwertungsunternehmen fügten sich in das neue Gefüge der NS-Kulturpolitik ein und gaben ihre bisherige Struktur, die gerade auf sozialen und wirtschaftlichen Elementen beruhte, zu Gunsten der von Seiten der Nationalsozialisten aufoktroyierten Teilung in Berufs- und Wirtschaftsorganisation auf.

---

[51] § 3 der ersten Verordnung zur Durchführung des Reichskulturkammergesetzes vom 1.11.1933 übertrug die Regelung von wirtschaftlichen und sozialen Angelegenheiten der Kulturberufe der Reichskulturkammer. Erste Verordnung zur Durchführung des Reichskulturkammergesetzes vom 1.11.1933, in: RGBl. I 1933, S. 797 ff.; zum Umfang der Betätigung der GDT, siehe: Kap. 1 III 2a.

[52] Zum Tätigkeitsbereich der „alten Gema", siehe: Kap. 3 II 2.

[53] In einem Beschluss der I.d.K. (Interessengemeinschaft deutscher Komponisten) vom 10.6.1933 einigten sich die Mitglieder von „alter Gema" und GDT zum Aufbau einer eigenen Standes- und einer Wirtschaftsorganisation, in: Beschluss der I.d.K.-Sitzung vom 10.6.1933, in: Bundesarchiv, R55/1151, Bl. 2.

Ein weiteres Abgrenzungsmerkmal der Stagma von „alter Gema" und GDT lag in der scheinbaren Überwindung des Konflikts zwischen ernster Musik und Unterhaltungsmusik. Die Stagma verwaltete als einheitliches deutsches Verwertungsunternehmen die Rechte an Werken beider Musikgattungen. Der ernsten Musik wurden dabei auch Einnahmen aus dem Bereich der Unterhaltungsmusik zugestanden. So sicherte § 3 des Verteilungsplans der Stagma den Bezugsberechtigten, die an Werken der ernsten Musik beteiligt waren, 1/3 der Verteilungssumme der konzertmäßigen Aufführungen.[54] Der nach der Aufnahme der GDT in den Musikschutzverband aufkommenden Kritik an einer ungerechtfertigten Bevorteilung der Unterhaltungsmusik wurde mit der Aufnahme dieser Regelung entgegengewirkt.[55]

Dies weckte wiederum die Kritik derjenigen Bezugsberechtigten, die an Werken der Unterhaltungsmusik beteiligt waren und eine zusätzliche Zahlung an die Bezugsberechtigten aus dem Bereich der „ernsten Musik" ablehnten.[56] Die zunehmende Kritik der Werkschaffenden aus dem Bereich der Unterhaltungsmusik mündete im Geschäftsjahr 1940/41 in einen Wegfall des „ernsten Drittels" und einer Bezuschussung diesen Bereichs aus Geldern des Reichsministeriums für Volksaufklärung und Propaganda.[57]

Die Einführung eines rechtlichen Monopols auf die gewerbliche Vermittlung von Aufführungsgebühren führte damit im Ergebnis zu keiner vollkommenen Überwindung der Konflikte zwischen Werkschaffenden aus den Bereichen der ernsten Musik einerseits und der Unterhaltungsmusik andererseits. Der staatliche Einfluss auf die Stagma versuchte ein Gleichgewicht zwischen beiden Lagern herzustellen. Damit stand die Stagma im Hinblick auf ihr Betätigungsfeld weder in der Tradition der „alten Gema" noch in der der GDT. Vielmehr erlangte sie im Zuge des strukturellen Umbaus durch die Nationalsozialisten nunmehr staatlichen Charakter. Während die GDT zu Beginn der Aufnahme ihrer Tätigkeit versuchte durch die Nutzung hoheitlicher Semantiken eine staatliche Legitimität zu erlangen, war die Stagma als „Wirtschaftsorganisation" darauf bedacht den Eindruck einer privatrechtlichen Organisation aufrecht zu erhalten.[58] Auch wenn die Stagma vordergründig als Nachfolgerin des Musikschutzverbands auftrat und wirtschaftliche Zielsetzungen verfolgte, war sie ebenso wie auch die Vereinigungen der Musiknutzer in die Reichsmusikkammer eingegliedert und unterstand schon allein damit der Einflussnahme des Reichsministeriums für Volksaufklärung und Propaganda.[59] Gerade die Eingliederung der Stagma in die Reichsmu-

---

[54] Verteilungsplan der Stagma, Stand: Oktober 1934, zitiert nach: Stagma-Nachrichten 1934, S. 49.
[55] Siehe: Kap. 6 III 3.
[56] *Dümling*, Musik hat ihren Wert, 2003, S. 226.
[57] *Dümling*, Musik hat ihren Wert, 2003, S. 229.
[58] Zum staatsähnlichen Aufbau der GDT, siehe: Kap. 3 I 2b.
[59] Die Stagma unterstand der „Abteilung IV Konzertwesen" der Reichsmusikkammer.

sikkammer und die Ausweitung der in § 3 des Gesetzes über die Vermittlung von Musikaufführungsrechten enthaltenen Kontrollbefugnisse der Polizei verdeutlichen, dass die Stagma als gewerblicher Anbieter musikalischer Aufführungsrechte kein eigenständig handelnder Marktakteur mehr war, sondern ein Instrument der Nationalsozialisten zur Durchsetzung der nationalsozialistischen Kulturpolitik darstellte.

2. Art und Umfang der mitgliedschaftlichen Rechte und Pflichten in der Stagma

Eines der wesentlichen Abgrenzungskriterien der Stagma von den bisherigen Verwertungsunternehmen lag in der Ausgestaltung ihrer Mitgliederstruktur. Nach § 5 der Satzung der Stagma waren lediglich die drei Leiter der Berufsgenossenschaften, für die deutschen Komponisten und Musikverleger die jeweiligen Leiter der Reichsmusikkammer und für die Textdichter der Reichsschriftumskammer, Mitglieder des Vereins. Die Berufsgenossenschaften waren nach § 1 und § 2 des Reichskulturkammergesetzes vom 22.9.1933 Körperschaften des öffentlichen Rechts und unterstanden als solche dem Reichsminister für Volksaufklärung und Propaganda.[60] Nach § 3 der ersten Durchführungsverordnung zum Reichskulturkammergesetz vom 1.11.1933 diente die Reichskulturkammer der Förderung der deutschen Kultur und der Regelung der wirtschaftlichen und sozialen Angelegenheiten der Kulturberufe. Sie besaß nach §§ 25 ff. der ersten Durchführungsverordnung umfassende Betätigungsspielräume, die es ihr ermöglichte Betrieb, Eröffnung und Schließung von Unternehmungen in ihren jeweiligen Bereichen zu veranlassen und Anordnungen über wichtige Fragen innerhalb ihrer Gebiete zu treffen. Mit der alleinigen Mitgliedschaft in der Stagma erhielten die verantwortlichen Leiter der Berufskammern auch umfassende Rechte bei der Ausgestaltung der Rechtewahrnehmung. So bildeten die drei Mitglieder nach § 6 Satzung der Stagma die Hauptversammlung, die ihre Beschlüsse einstimmig fassen musste. Im Zweifelsfall erhielt der Präsident der Reichsmusikkammer, bzw. nach § 24 Satzung der Stagma der Reichsminister für Volksaufklärung und Propaganda die alleinige Entscheidungsbefugnis.

Die Geschäftsführung der Stagma oblag nach § 16 der Satzung einem geschäftsführenden Direktor, der auf Vorschlag des Präsidenten der Reichsmusikkammer von der Reichsregierung bestimmt wurde. Als Geschäftsführer der Stagma wurde *Leo Ritter* bestellt.[61] Als Rechtsanwalt war er bereits

---

Übersicht über die Abteilungen der Reichsmusikkammer, in: Hinkel (Hrsg.), Handbuch der Reichskulturkammer, 1937, S. 97.

[60] RGBl. I 1933, S. 661 ff.

[61] Aufstellung einer Übersicht über die Vorstände der Wirtschafts- und der Berufsorganisation für die Musikschaffenden, in: Bundesarchiv, R 55/1150, Bl. 10.

seit 1929 in einer geschäftsführenden Position bei der „alten Gema" tätig.[62] Nach der Machtübernahme durch die Nationalsozialisten konnte er im Zuge des Rücktritts eines Großteils von ehemaligen Vorstandsmitgliedern der bestehenden Verwertungsunternehmen in die Führung der neu gegründeten Stagma aufsteigen.[63] Als Mitglied einer Einheit der Sturmabteilung (SA), die von dem Komponisten *Hugo Rasch* geleitet wurde, konnte *Ritter* die Geschäfte der Stagma im Sinne einer nationalsozialistischen Kulturpolitik führen.[64]

Dem Geschäftsführer stand nach § 17 Satzung der Stagma ein Beirat zur Seite, der aus den drei Mitgliedern und je einem weiteren Komponisten, Textdichter und Verleger bestand, die wiederum durch den Reichsminister für Volksaufklärung und Propaganda bestimmt wurden. Die Aufgabe des Beirats bestand darin, dem Direktor beratend zur Seite zu stehen. In Zweifelsfällen konnte er sich beschwerdeführend an den Präsidenten der Reichsmusikkammer wenden. Hierin zeigt sich wiederum der starke Einfluss, den die Reichsregierung und insbesondere das Ministerium für Volksaufklärung und Propaganda auf die Stagma nehmen konnte. Die von der „alten Gema" und der GDT im Auftrag des Reichsministers für Volksaufklärung und Propaganda gegründete Stagma bildete als Bestandteil der Reichsmusikkammer und aufgrund der Durchsetzung mit Funktionären der Nationalsozialisten in den Leitungs- und Kontrollebenen eine staatlich gelenkte Organisation zur Verwertung musikalischer Aufführungsrechte und stellte eine Neustrukturierung der Rechtewahrnehmung im Deutschen Reich dar. Die bisherigen Unternehmensstrukturen wie sie noch bei der GDT und der „alten Gema" erkennbar waren, wurden nach 1933 nicht mehr fortgeführt und wichen einem auf die Zielsetzungen der Nationalsozialisten ausgerichteten Verwertungsregime. Zwar handelte es sich bei der Stagma weiterhin um die wirtschaftliche Organisation zur Verwertung der Aufführungsrechte, durch ihre enge Verbindung mit der Reichsmusikkammer und dem Reichsministerium für Volksaufklärung und Propaganda lag die Betätigung nunmehr eindeutig in staatlicher und nicht mehr in privater Hand.

---

[62] *Dümling*, Musik hat ihren Wert, 2003, S. 166; siehe auch: *Kater*, Composers of the Nazi Era: Eight Portraits, 2000, S. 219.

[63] Zur Gleichschaltung der Vorstände der Verwertungsunternehmen, siehe: Kap. 7 I.

[64] *Kater*, Composers of the Nazi Era: Eight Portraits, 2000, S. 232; zu Rasch SA-Vergangenheit, siehe: *Berten,* Musik im Kriege 1 (1943), S. 19.

IV. Auswirkungen der gesetzlichen Neugestaltung auf die Rechteinhaber und Musikveranstalter

Die Zunahme des staatlichen Einflusses in den Verwertungsunternehmen wirkte sich nicht nur auf die Gründung und Organisation der Stagma aus. Die Reduzierung der Mitgliederzahl auf die Leiter der jeweiligen Berufsgenossenschaften verdeutlicht auch eine Veränderung der bestehenden Machtverhältnisse. Dieser Teil betrachtet die Folgen der gesetzgeberischen Maßnahmen im Bereich des Rechts der Verwertungsunternehmen und der Gründung der Stagma auf Rechteinhaber und Veranstalter. Mittels einer Betrachtung der Vertragsverhältnisse zwischen der Stagma und ihren jeweiligen Vertragspartnern werden Art und Umfang der Rechte und Pflichten, sowie die Ausgestaltung der Rechtsbeziehungen zwischen den Vertragsparteien herausgearbeitet. Die Neugestaltung der Vertragsverhältnisse wird dabei in Abgrenzung zu den bisherigen Rechtsbeziehungen zwischen den Verwertern und ihren Vertragspartnern gestellt.

Ein erster Abschnitt behandelt die Auswirkungen der Normierung eines Rechts der Verwertungsunternehmen auf die Rechteinhaber. Dabei wird ein besonderes Augenmerk auf die Fragen gelegt, ob und inwieweit sich der staatliche Einfluss auf die Stagma auch in der Ausgestaltung der Rechtsbeziehungen zu den Bezugsberechtigten zeigte. Drei Aspekte werden davon herausgegriffen: die Teilhabe an den Einnahmen der Stagma, der Umfang der vertraglichen Mitbestimmungsrechte und die vertraglichen Pflichten der Bezugsberechtigten. In einem zweiten Abschnitt werden die Folgen der gesetzgeberischen Maßnahmen auf die Veranstalter behandelt. Dabei stehen die Fragen im Vordergrund, ob und inwieweit die gesetzgeberischen Maßnahmen und deren Umsetzung die einzelnen Veranstalter und die bis dahin bestehenden Nutzerorganisationen betrafen.

1. Die Neugestaltung der Rechtsverhältnisse zwischen Stagma und Rechteinhabern

Mit dem Ausschluss der ehemaligen Mitglieder und Bezugsberechtigten aus der Mitwirkung in Vorstand und Hauptversammlung der Stagma erfolgte in erster Linie eine Machtkonzentration auf die Leiter der jeweiligen Berufskammern. Die Mitbestimmungsrechte waren dadurch auf diejenigen Rechte beschränkt, die die Urheber und sonstigen Berechtigten durch einen Vertragsschluss mit der Stagma zur Wahrnehmung ihrer musikalischen Aufführungsrechte erlangten. Dieser Abschnitt behandelt zunächst die generellen Voraussetzungen für eine Aufnahme in die Stagma. Im Anschluss werden der Umfang der vertraglichen Pflichten der Bezugsberechtigten und die Art und Weise der Verteilung der Einnahmen betrachtet und zur Rechtewahrnehmung durch die ehemals bestehenden Verwertungsunternehmen abgegrenzt. Dies ermöglicht Rückschlüsse auf die Frage, ob und inwieweit die Gründung der Stagma das bisherige Modell der Verwertung der musikalischen Aufführungsrechte beeinflusste.

Die Aufnahme in die Stagma wurde bereits bei ihrer Gründung an eine staatliche Kontrolle gekoppelt. Nach § 10 Abs. 1 der Satzung konnten nur Angehörige der zuständigen Berufskammern einen Berechtigungsvertrag mit der Stagma abschließen. Eine Mitgliedschaft in einer der Berufskammern war nach § 4 der ersten Verordnung zum Reichskulturkammergesetz notwendig, um bei Erzeugung, Wiedergabe, Verbreitung und Absatz von Kulturgut mitzuwirken. Nach § 10 der Durchführungsverordnung konnte die Mitgliedschaft bei fehlender Zuverlässigkeit und Eignung für die Ausübung der Tätigkeit in den Einzelkammern abgelehnt bzw. entzogen werden. Für die Aufnahme von Rechteinhabern, die keine „arische Abstammung" besaßen, existierten gesonderte Regelungen, die deren Zuverlässigkeit und Eignung festlegten.[65] 1934 konnten noch 1.024 von den Nationalsozialisten als „nichtarisch" eingestufte Mitglieder verzeichnet werden. Bereits 1935 kam es zu ersten Ausgliederungen, wodurch ihre Zahl stetig sank.[66] Stattdessen stand diesen Urhebern und sonstigen Berechtigten der Abschluss eines Wahrnehmungsvertrags mit der Stagma offen, der unabhängig von einer Mitgliedschaft in der Reichskulturkammer abgeschlossen werden konnte.[67] Ob und inwieweit der Abschluss eines Wahrnehmungsvertrags im Vergleich zum klassischen Berechtigungsvertrag eine Benachteiligung der Bezugsberechtigten darstellte, kann mangels erschließbaren Wahrnehmungsverträgen nicht festgestellt werden. Nichtsdestoweniger oblag die Entscheidung darüber, wer an der Tätigkeit der Stagma partizipieren konnte im Gegensatz zur Rechtewahrnehmung durch Gema und GDT nunmehr dem Staat, der Bezugsberechtigte nach seinem Ermessen aufnehmen oder ablehnen konnte.

Weitergehende Einschränkungen ergaben sich aus der Geschäftsordnung der Stagma.[68] Nach § 3 Abs. 3 konnten nur deutsche Staatsangehörige bzw. Verlage mit Sitz in Deutschland die Stagma mit der Wahrnehmung ihrer Rechte betrauen. Die Verpflichtung der Verlage die Wahrnehmung der ihnen übertragenen Aufführungsrechte der Stagma zu überlassen, führte dazu, dass auch Werke ausländischer Komponisten durch die Stagma verwaltet

---

[65] Richtlinien für die Aufnahme von Nichtariern in die Fachverbände der Reichsmusikkammer, zitiert nach: Handbuch deutsche Musiker 1933–1945, S. 33.

[66] *Rathkolb*, in: Riethmüller/Custodis (Hrsg.), Die Reichsmusikkammer: Kunst im Bann der Nazi-Diktatur, 2015, S. 33 (39).

[67] Ein Bericht hierzu findet sich im Geschäftsbericht der Stagma für 1936/37, in: Stagma-Nachrichten 1937, S. 211 (215).

[68] Geschäftsordnung für die Wahrnehmungsberechtigten der Stagma, zitiert nach: *Schrieber/Metten/Collatz*, Das Recht der Reichskulturkammer, 1943, Teil XI, S. 20.

wurden.⁶⁹ Die deutschen Musikverlage arbeiteten zur internationalen Verbreitung ihrer Werke oft auch mit ausländischen Verlagen und Bearbeitern zusammen. Die Zusammenarbeit musste in diesem Fall von der Stagma, der in Betracht kommenden ausländischen Aufführungsrechtsgesellschaft, sowie den Urhebern genehmigt werden.⁷⁰ Die Regelung des § 3 Abs. 3 der Satzung führte damit zu keinem vollständigen Ausschluss ausländischer Werke aus der Rechteverwertung durch die Stagma.

Mit dem Abschluss eines Berechtigungsvertrags übertrugen die Bezugsberechtigten der Stagma alle gegenwärtigen und zukünftigen Aufführungsrechte.⁷¹ Darüber hinaus verpflichteten sie sich durch die Annahme der Geschäftsordnung, ihre Aufführungsrechte, die sich auch auf Tonfilmaufführungen und auf Aufführungen zur Wiedergabe mittels Schallvorrichtungen bezogen, allein durch die Stagma wahrnehmen zu lassen.⁷² Diese Vorgehensweise entsprach derjenigen, die die Verwertungsunternehmen bereits zu Zeiten der Weimarer Republik nutzten.⁷³

Für die Verteilung ihrer Einnahmen griff die Stagma nach § 23 ihrer Satzung auf ein Programmsystem zurück. Das heißt, dass die Verteilung der Einnahmen mit Hilfe der eingegangenen Programme bestimmt wurde. Die konkrete Ausgestaltung der Verrechnung war in einem Verteilungsplan niedergelegt, der eine Differenzierung nach einzelnen Musikbereichen vornahm. Dabei wurde zwischen ernster Musik, Unterhaltungs- und Tanzmusik, Musik für Rundfunk und für Tonfilme unterschieden.⁷⁴ Mit der Nutzung des Programmsystems erfolgte eine Abkehr des von der „alten Gema" genutzten Schätzungssystems, das Werke bekannter Komponisten bevorzugte.⁷⁵ Nichtsdestoweniger führte die Differenzierung zwischen den unterschiedlichen Werkarten und die Etablierung des Programmsystems zu keiner Aufhebung der Ungleichbehandlung der Bezugsberechtigten. Die Geschäfts-

---

[69] So schloss der Robert Lienau Verlag noch 1935 Verlagsverträge mit österreichischen Komponisten ab. Hierbei erfolgte eine Abtretung der Rechte der eigentlichen Mitglieder der AKM an den deutschen Verlag, was eine Rechteverwertung durch die Stagma ermöglichte, siehe: Vertrag zwischen Friedrich Bayer und der Schlesingerschen Buch- und Musikhandlung vom 11.1.1935, in: Depositum des Robert Lienau Verlages, Ordner RL, Autorenverträge A–F.

[70] Muster einer Vereinbarung betreffs Abtretung von Aufführungstantiemen, in: Stagma-Nachrichten 1934, S. 23.

[71] § 3 Abs. 1 Muster eines Berechtigungsvertrags der Stagma, zitiert nach: *Schrieber/Metten/Collatz*, Das Recht der Reichskulturkammer, 1943, Teil XI, S. 14. Anlage 24.

[72] § 5 Abs. 2 Geschäftsordnung für die Wahrnehmungsberechtigten der Stagma, zitiert nach: *Schrieber/Metten/Collatz*, Das Recht der Reichskulturkammer, 1943, Teil XI, S. 20.

[73] Siehe: Kap. 5 III 2b, d.

[74] Verteilungsplan der Stagma, Stand: Oktober 1934, zitiert nach: Stagma-Nachrichten 1934, S. 49.

[75] Zum Schätzungssystem, siehe: Kap. 5 III 2c.

ordnung der Stagma machte in § 1 Nr. 2 den Abschluss eines Wahrnehmungsvertrags von einer Mitgliedschaft in der Berufskammer und vom Vorhandensein von Aufführungswerten abhängig. Ein Aufführungswert wurde allein solchen Werken zugesprochen, die des Öfteren zur tantiemepflichtigen Aufführung gelangten. Was unter „des Öfteren" zu verstehen ist, war in § 1 Nr. 2 der Geschäftsordnung nicht näher bestimmt. § 1 Nr. 2 sah für die Bestimmung des Aufführungswertes keine Mindestzahl von Kompositionen vor, sondern verpflichtete die Bezugsberechtigten dazu Angaben über die stattgefundenen Aufführungen und Sendungen zu machen. Mittels einer Programmkontrolle der Stagma wurden die von Seiten der Bezugsberechtigten gemachten Angaben überprüft. Bei mangelnden Aufführungswerten konnte der Wahrnehmungsvertrag nach § 6 der Geschäftsordnung beendet werden. Dadurch, dass Werke bestimmter musikalischer Gattungen bereits 1933 durch den äußeren politischen Druck nicht mehr zur Aufführung kamen, besaßen sie keinen Aufführungswert und konnten nicht von der Rechteverwertung profitieren.[76] Auch städtische Musikbeauftragte sorgten dafür, dass bestimmte Werke nicht mehr zur Aufführung kamen.[77] Mit der Gründung der „Reichsmusikprüfstelle" im Jahr 1938 kam es zu weiteren Einschränkungen. Die Prüfstelle führte Listen mit „unerwünschter und schädlicher Musik", deren Verlag, Vertrieb und Aufführung gänzlich verboten wurde.[78] Die Zuordnung von Aufführungswerten und das Erfordernis der Mitgliedschaft in der Berufskammer schränkte den Umfang der geschützten Werke im Vergleich zur Wahrnehmung durch Gema und GDT deutlich ein. Damit verringerte sich auch die Zahl der Bezugsberechtigten, die an den Einnahmen aus der gewerbsmäßigen Rechteverwertung durch die Stagma partizipieren konnten.

Im Ergebnis profitierten damit lediglich Bezugsberechtigte, deren Werke den Kulturvorstellungen der Nationalsozialisten entsprachen, von der Umstrukturierung und Verstaatlichung der Rechtewahrnehmung. Die Zunahme des staatlichen Einflusses auf den Abschluss und die Aufrechterhaltung der Vertragsverhältnisse zu Urhebern und sonstigen Berechtigten und die Aus-

---

[76] Die Gestaltung der Programme für ihre Veranstaltungen setzte die Kapellmeister bereits 1933 vor neue Herausforderungen. 1933 konstatierte der Konzertbericht aus München „Repertoiresorgen", „weil man nicht wisse, was anstelle der ‚arg in den Hintergrund' getretenen Jazzmusik zu spielen sei", hierzu: *Jockwer*, Unterhaltungsmusik im Dritten Reich, 2005, S. 95. Auch *Wilhelm Furtwangler* wandte sich am 20.4.1933 an das Reichspropagandaministerium mit der Bitte um die Wiederherstellung des freien Wettbewerbs zur Gewährleistung der Pluralisierung des Musiklebens, in: Bundesarchiv, R55/1138, Bl. 102.

[77] *Faustmann*, Die Reichskulturkammer, 1995, S. 154 ff.

[78] *Borries*, Jahrbuch der deutschen Musik 2. (1944), S. 49, zitiert nach: *Wulf*, Musik im Dritten Reich, 1989, S. 140.

gestaltung der Verteilung der Einnahmen bildete das zentrale Abgrenzungskriterium zur Rechteverwertung in der Weimarer Republik. Die Konflikte zwischen „alter Gema" und GDT, die die Art und Weise der Verteilung der Einnahmen an die Bezugsberechtigten betrafen, wurden mit Gründung der Stagma zu Gunsten regimetreuer Rechteinhaber entschieden, was im Wesentlichen an der Kontrolle der Veranstaltungen durch die Nationalsozialisten lag.[79]

2. Die Neugestaltung der Rechtsverhältnisse zwischen Stagma und Veranstaltern

Der Erlass des Gesetzes über die Vermittlung von Musikaufführungsrechten und die damit einhergehende Gründung der Stagma beeinflussten auch die rechtlichen und tatsächlichen Beziehungen zwischen dem Verwertungsunternehmen und den Musiknutzern. Dieser Abschnitt betrachtet die Frage, inwieweit es mit der Gründung der Stagma zu einer tatsächlichen Neugestaltung der Rechtsverhältnisse zwischen Verwertern und Veranstaltern kam. Ein erster Unterabschnitt setzt sich hierzu mit den Folgen für das Reichskartell der Musikverbraucher als einer der großen deutschen Veranstalterorganisationen auseinander, die bereits zur Zeit der Weimarer Republik ein wichtiger Vertragspartner der Verwertungsunternehmen war.[80] Dabei stehen die Fragen im Vordergrund, ob und inwieweit das Reichskartell seinen Einfluss gegenüber der Stagma beibehalten konnte. Ein zweiter Unterabschnitt befasst sich sodann mit den Folgen der gesetzlichen Neuregelung und deren Umsetzung auf die einzelnen Veranstalter und sonstigen Nutzergruppen. Anhand einer Abgrenzung zur Ausgestaltung der Rechtewahrnehmung durch den Musikschutzverband als einzigem Anbieter musikalischer Aufführungsrechte im Deutschen Reich wird dabei ausgearbeitet, ob und inwieweit die Gründung der Stagma zu Veränderungen bei der Ausgestaltung der vertraglichen und tatsächlichen Beziehungen zwischen den Vertragsparteien führte.

a) Die Folgen der Neugestaltung des Verwertungsrechts für das Reichskartell der Musikverbraucher

Die Ausgestaltung der Rechtsverhältnisse zu den Veranstaltern war nach der Vereinigung der ehemals konkurrierenden Marktakteure im Musikschutz-

---

[79] Beispielsweise erhielt der Komponist und NS-Kulturpolitiker *Paul Graener* 1938 ein langfristiges und zinsloses Darlehen über 10.000 RM von der Stagma, siehe: *Domann*, in: Riethmüller/Custodis (Hrsg.), Die Reichsmusikkammer: Kunst im Bann der Nazi-Diktatur, 2015, S. 69 (80 f.).

[80] Siehe: Kap. 5 III 2e, Kap. 6 IV 1.

verband im Jahr 1930 von einem Nebeneinander unterschiedlicher Vertriebsregime mit unterschiedlichen Nutzerverbänden geprägt. Die einflussreichste dieser Nutzerorganisationen bildete das Reichskartell der Musikverbraucher, das ihren Mitgliedern mittels eines Rahmenvertrags mit dem Musikschutzverband vergünstigte Bedingungen für den Abschluss eines Pauschalvertrags über die Nutzung des gesamten Werkbestands anbieten konnte. Kleineren Nutzerorganisationen wie dem Saalbesitzerbund gelang es kostengünstigere Rahmenverträge mit dem Musikschutzverband abzuschließen. Die Vertragsfreiheit gewährte den Nutzern grundsätzlich die Möglichkeit im Verhandlungswege die Bedingungen für den Rechteerwerb im eigenen Interesse zu gestalten.[81] Nach 1933 versuchte das Reichskartell der Musikverbraucher das Reichsministerium für Volksaufklärung und Propaganda zum Erlass einheitlicher Bestimmungen für sämtliche Veranstalter und einer Aufhebung der gesonderten Verträge für andere Nutzerorganisationen zu bewegen.[82] Eine weitgehende Vereinheitlichung der Tarife und Bedingungen für den Rechteerwerb konnte das Reichskartell der Musikverbraucher durch den Abschluss eines Rahmenvertrags für den Rechteerwerb mit der neu gegründeten Stagma erreichen. Als vom Reichsminister für Volksaufklärung und Propaganda anerkannter Verband von Veranstaltern schloss das Reichskartell am 20.12.1933 einen Vertrag mit der Stagma, der die Bestimmungen aus dem bisherigen Rahmenvertrag mit dem Musikschutzverband ersetzte. § 13 Abs. 2 dieses Vertrags verpflichtete die Stagma alle Abschlüsse von Gesamtverträgen mit Organisationen, die außerhalb des Reichskartells standen über das Reichskartell zu leiten. Weitere Abkommen erreichten nur mit Zustimmung des Reichskartells Rechtsgültigkeit.[83]

Die Wirkung des § 13 Abs. 2 zeigte sich auch in den Pauschalverträgen mit einzelnen Veranstaltern. Nr. 11 eines Vertragsmusters, das für den Erwerb von Aufführungsrechten durch die I.G. Farben A.G. diente, konstatierte, dass die Bestimmungen der Pauschalverträge vom Reichskartell der Musikverbraucher genehmigt werden mussten.[84] Dies entsprach § 10 des Rahmenvertrages, wonach alle Vereinbarungen mit einzelnen Musikveranstaltern auf Grund des zwischen dem Reichskartell und Stagma abgeschlossenen Typenvertrags vorgenommen werden sollten. Damit waren die Forderungen des Reichskartells nach einheitlichen Bedingungen für den Rechteerwerb verwirklicht. Kleineren Nutzerorganisationen wurde die Möglichkeit genom-

---

[81] Siehe: Kap. 6 IV.
[82] Schreiben des Reichskartells der Musikveranstalter an das Reichsministerium für Volksaufklärung und Propaganda vom 5.7.1933, in: Bundesarchiv, R55/1152, Bl. 48.
[83] Vertrag zwischen dem Reichskartell der Musikveranstalter Deutschlands und der Stagma vom 20.12.1933, in: Bundesarchiv, R55/1154, Bl. 5f. Anlage 25.
[84] Vertrag zwischen der Stagma und der I.G. Farbenindustrie A.G. vom 25.1.1938, in: Bundesarchiv, R8128/14531. Anlage 26.

men im Rahmen eigener Verträge günstigere Konditionen auszuhandeln, wodurch sie zugleich an Bedeutung verloren.

Die konkrete Ausgestaltung der Vertragsverhältnisse zwischen Stagma und Reichskartell der Musikverbraucher wies weitgehende Parallelen zu der vorangegangenen Vereinbarung des Reichskartells mit dem Musikschutzverband auf. So räumte § 2 der Vereinbarung zwischen Reichskartell und Stagma den Mitgliedern des Reichskartells den Abschluss von Einzelverträgen zu den mit der Stagma vereinbarten Tarifen ein, solange sie die gesetzlichen Fristen einhielten und keine Veranlassung zu Kontroll- und Prozessmaßnahmen boten. Denjenigen Veranstaltern, die keine Mitgliedschaft im Reichskartell besaßen, wurden die vergünstigten Tarifsätze verwehrt (§ 11 des Rahmenvertrags zwischen Stagma und Reichskartell). Dies entsprach § 2 des Vertrags zwischen Musikschutzverband und Reichskartell, der Mitgliedern eine Vergünstigung von 10 % einräumte.[85] Im Gegenzug verpflichtete sich das Reichskartell in § 6 des Vertrags mit der Stagma die Verwertungseinrichtung beim Abschluss von Aufführungsverträgen zu unterstützen und in § 9 ihre Mitglieder anzuweisen, der Stagma in regelmäßigen Abstand ihre Programme zukommen zu lassen. Dabei behielt sich das Reichskartell in § 9 Abs. 2 jedoch vor, ihren Einfluss dahingehend geltend zu machen, dass die Programmlieferungspflicht von den Veranstaltern auf die Kapellmeister und ausübenden Künstler übertragen werden sollte. Ähnliche Mitwirkungspflichten sahen bereits §§ 8, 9 des Vertrags zwischen Reichskartell und Musikschutzverband vor.[86] Auch der Vorrang einer schiedsgerichtlichen Einigung fand sich sowohl in § 14 Abs. 1 des Vertrags zwischen Reichskartell und Stagma als auch in § 14 der Vereinbarung mit dem Musikschutzverband.

Gleichzeitig bildete das Reichskartell der Musikverbraucher mit der Anerkennung durch das Reichsministerium für Volksaufklärung und Propaganda die einzige Organisation für die Wahrung der Interessen der Veranstalter und konnte dadurch umfangreichere Rechte gegenüber den einzelnen Veranstaltern und der Stagma erlangen als es noch in Zeiten der Weimarer Republik möglich war.[87] Unter anderem verpflichtete sich die Stagma in § 4 Abs. 1 des Rahmenvertrages, dem Reichskartell diejenigen Veranstalter mitzuteilen, die sich weigerten einen Aufführungsvertrag abzuschließen. Bevor es zu der Einleitung eines Verfahrens zur Einziehung der Aufführungsgebühren gegenüber einzelnen Veranstaltern kam, sollte nach § 4 Abs. 2 das Reichskartell ebenfalls informiert werden. Weiterhin enthielt § 8 des Rahmenvertrags eine Regelung, die die Aussetzung und Einschränkung von musikali-

---

[85] Siehe: Kap. 6 IV 1.
[86] Vertrag zwischen dem Reichskartell der Musikveranstalter und dem Musikschutzverband vom 7.8.1930, in: Bundesarchiv, R55/1151, Bl. 30.
[87] Zum Umfang der Rahmenverträge des Reichskartells der Musikverbraucher mit GDT und Musikschutzverband, siehe: Kap. 5 III 2e, Kap. 6 IV 1.

schen Aufführungen durch die jeweiligen Veranstalter regelte. Im Gegensatz zu den bisherigen Rahmenverträgen mit dem Musikschutzverband war eine Aussetzung oder Anpassung des individuellen Vertrags mit einem Veranstalter, der Mitglied des Reichskartells war, möglich. Darüber hinaus vereinfachte § 7 der Vereinbarung die Erteilung von Einzelgenehmigungen, die zu denselben vergünstigten Tarifen wie die Abschlüsse von Pauschalverträgen angeboten wurden. Zuvor vergaben die Verwertungsunternehmen Einzelgenehmigungen nur in Ausnahmefällen für einmalig stattfindende Veranstaltungen.[88] Die neu aufgenommenen Regelungen zeigen den Machtzuwachs, den das Reichskartell durch seine Legitimation durch die Reichsregierung erhielt und die ihm zu einer verbesserten Verhandlungsposition gegenüber den gewerblichen Verwertern musikalischer Aufführungsrechte verhalf.

Im Ergebnis führte die staatliche Unterstützung des Reichskartells zu einer Ausweitung des Einflusses der Veranstalter auf die Ausgestaltung der Rechtewahrnehmung. Das Reichskartell als zentraler Nutzerverband konnte seinen Einfluss ausbauen und umfangreichere Informationsrechte gegenüber den einzelnen Veranstaltern durchsetzen. Die Möglichkeit, wonach alle Nutzer bzw. Nutzerverbände gesonderte Bedingungen für den Rechteerwerb aushandeln konnten, wurde durch § 13 des Rahmenvertrags von Stagma und Reichskartell weitgehend zurückgedrängt. Das Reichskartell stieg damit zum zentralen Verhandlungspartner der Stagma auf. Die Mitglieder des Reichskartells konnten von der Vereinfachung der Aussetzung ihrer Verträge und der Ausweitung der Möglichkeiten zum Erhalt von Einzelgenehmigungen profitieren. Die weitergehende Zusammenarbeit zwischen Reichskartell und der Stagma entsprach größtenteils derjenigen, die von den Vertragsparteien bereits in der Weimarer Republik verfolgt worden war und verdeutlicht eine auch weiterhin bestehende Bevorzugung von Veranstaltern, die sich einer Nutzerorganisation angeschlossen haben.

b) Die Folgen der Neugestaltung des Verwertungsrechts für sonstige Veranstalter

Die Rahmenvereinbarung zwischen dem Reichskartell der Musikverbraucher und der Stagma wirkte sich auch auf die Einzelverträge der Stagma mit den Veranstaltern im Bereich der Unterhaltungsmusik aus. So enthielt das Vertragsmuster über den Abschluss eines Pauschalvertrags mit einzelnen Veranstaltern den Untertitel „gemäß Vereinbarung zwischen dem Reichskartell der Musikveranstalter und der ‚Stagma' vom 20. Dezember 1933".[89]

---

[88] Die Einzelgenehmigung waren im Verhältnis zu den Pauschalgebühren höher, siehe: *Bischoff,* Der schaffende Musiker 1932, Nr. 24, S. 5 (11 f.).
[89] Vertrag zwischen der Stagma und der I.G. Farbenindustrie A.G. vom 25.1.1938, in: Bundesarchiv, R8128/14531.

Die Hauptleistungspflichten waren weitgehend identisch zu denjenigen des Musikschutzverbands als Vorgängergesellschaft. Die wesentliche Vertragspflicht der Stagma bestand in der Erteilung einer Genehmigung zur Aufführung ihres Werkbestands. Im Gegenzug zahlten die Veranstalter eine Pauschalgebühr für die Nutzung. Die Art und Weise der Durchsetzung der vertraglichen Pflichten konnte abhängig von dem Verhältnis einzelner Veranstalter zu den Machthabern im Staat variieren. So waren beispielsweise die Partei und ihre Untergliederungen von dem Erfordernis der Vorlage einer Aufführungsgenehmigung der Stagma zur Genehmigung ihrer Veranstaltungen bei den örtlichen Behörden befreit.[90] 1938 kam es zu einem Vertrag zwischen der NSDAP und der Stagma, der vorsah, dass die NSDAP 90 % ihrer Einnahmen aus öffentlichen Aufführungen „zur Erfüllung besonderer musikkultureller Aufgaben im Sinne der Nationalsozialistischen Deutschen Arbeiterpartei" verwenden konnte, statt sie der Stagma zu überlassen.[91]

In Abgrenzung zu den Pauschalverträgen des Musikschutzverbands forderte die Stagma weitergehende Informationspflichten. Nach Nr. 3a des Pauschalvertrags verpflichteten sich die Veranstalter jegliche Aufführungen fünf Tage vor ihrem Stattfinden schriftlich bekanntzugeben. Darüber hinaus war der Veranstalter nach Nr. 4a verpflichtet, der Stagma unverzüglich nach der Veranstaltung ein Verzeichnis der gespielten Musikstücke zu übermitteln. Bei Nichteinhaltung dieser Vertragspflichten waren Vertragsstrafen, sogar die Entziehung der erteilten Aufführungsgenehmigung vorgesehen. Der Musikschutzverband forderte demgegenüber von den Veranstaltern lediglich eine Aufstellung der gespielten Werke für den Vormonat zu Beginn eines jeden Monats.[92] Die Gründung der Stagma hatte damit für die Veranstalter einen erheblichen Mehraufwand bei der Erfüllung ihrer Dokumentationspflichten zur Folge.

Das korrespondierte mit der Erweiterung der Kontrollpflichten der Stagma durch § 3 des Gesetzes über die Vermittlung von Aufführungsrechten, die eine Kontrolle und die Untersagung der Aufführungen durch die

---

[90] Schreiben der Stagma an Kreisamt Bensheim vom 27.6.1936, in: Hessisches Staatsarchiv Darmstadt, G15 Bensheim R73.

[91] *N.N.*, Stagma-Nachrichten 1938, S. 233 (234).

[92] Nr. 7 eines Pauschalvertrags des Musikschutzverbands der „alten Gema", GDT und AKM lautet:

„Der Veranstalter verpflichtet sich, dem Musikschutzverbande in den ersten 10 Tagen eines jeden Monats genaue Programme, (das sind Verzeichnisse über alle gespielten Werke mit genauer Angabe wie oft jedes derselben im Monat gespielt wurde), von allen Veranstaltungen im Laufe des Vormonats, aus denen auch alle als Zugaben aufgeführten Stücke ersichtlich sind, spesenfrei zu übermitteln, widrigenfalls er dem Musikschutzverbande für jeden Fall der Unterlassung RM 10 % d. Jahrespauschale zu bezahlen hat"

zitiert nach: Abschrift eines Vertrags zwischen dem Musikschutzverband und Bernhard Müller vom 5.4.1932, in: Bundesarchiv, R3001/6363, Bl. 384.

Polizei ermöglichte. Die einzelnen Veranstalter und Mitglieder sonstiger Nutzerorganisationen unterlagen aufgrund der Zusammenarbeit der Stagma mit den örtlichen Behörden umfassenden Kontrollen. So informierte die Stagma die Behörden darüber, inwieweit Verträge, die sie mit einzelnen Veranstaltern oder Nutzerorganisationen abgeschlossen hatten, fortgalten.[93] Damit einher gingen Aufforderungen zur Freigabe einzelner Veranstaltungen oder zur Ausdehnung der Kontrolle bei bestimmten Veranstaltergruppen. Die Ausdehnung der Informations- und Kontrollpflichten gegenüber den Veranstaltern ist auf die nationalsozialistische Kulturpolitik zurückzuführen, die die Aufführung bestimmter Musikwerke untersagte und den Veranstaltern damit Restriktionen im Hinblick auf die Gestaltung ihres musikalischen Programms setzte.[94] Die Regelungen dienten mittelbar auch dazu, die Aufführung von Musikwerken einer staatlichen Zensur zu unterziehen.

Der Vertrag, den das Reichskartell der Musikverbraucher und die Stagma abgeschlossen haben, wirkte sich lediglich auf den Bereich der Unterhaltungsmusik aus. Für Aufführungen von Werken aus dem Bereich der ernsten Musik existierten gesonderte Vereinbarungen. So schloss beispielsweise die Reichstheaterkammer einen Rahmenvertrag mit der Stagma ab, der all ihre Mitglieder zum Abschluss von Einzelverträgen mit der Stagma verpflichtete.[95] Die Mitglieder besaßen dabei nach Nr. 2 dieses Vertrages die Wahl zwischen dem Abschluss eines Pauschalvertrags oder dem Erwerb der jeweiligen Rechte unter Zahlung einer Einzelgebühr. Der Abschluss eines Pauschalvertrags im Bereich der ernsten Musik war allerdings erst ab einer Zahl von mindestens vier Aufführungen im Jahr möglich. Der gesonderte Erwerb der Aufführungsrechte an Werken ernster Musik bildete eines der wesentlichen Abgrenzungsmerkmale der Stagma vom Musikschutzverband. Während die Aufnahme der GDT in den Musikschutzverband zu einer äußeren Einheit der ehemals konkurrierenden Verwertungsunternehmen führte, trennte die Stagma deutlich den Rechtehandel für die Bereiche der Unter-

---

[93] Beispiele: Schreiben der Stagma an das Kreisamt Bensheim vom 17.11.1934 mit der Aufforderung zur Freigabe einer Veranstaltung in Alsbach, in: Hessisches Staatsarchiv Darmstadt, G15 Bensheim R73. Schreiben der Stagma an Kreisamt Bensheim vom 4.1.1936, wonach der Sammelvertrag mit dem Reichsbund für Leibesübungen aufgehoben wurde, so dass sämtlichen Turn- und Sportvereinen eine behördliche Aufführungsgenehmigung nur bei Vorlage einer Bewilligung seitens der Stagma zu erteilen ist, in: Hessisches Staatsarchiv Darmstadt, G15 Bensheim R73.
[94] *Jockwer*, Unterhaltungsmusik im Dritten Reich, 2005, S. 95.
[95] Vertrag zwischen der Reichstheaterkammer, Fachschaft Bühne, Fachgruppe Theaterveranstalter mit der Stagma vom 8.11.1938, in: Staatsarchiv Ludwigsburg, E 18 V Bü 810, Bl. 149. Auch der Reichsverband für Konzertvermittlung schloss mit der Stagma einen Vertrag über die Aufführung von Werken ernster Musik ab. Vertrag zwischen dem Reichsverband für Konzertvermittlung und der Stagma vom 9.3.1935, in: Amtliche Mitteilungen der Reichsmusikkammer 1935, Nr. 12, S. 33.

IV. Auswirkungen der gesetzlichen Neugestaltung

haltungs- und der ernsten Musik. In der Folge waren die Veranstalter, die sowohl Werke der ernsten Musik als auch der Unterhaltungsmusik aufführten, zum Abschluss unterschiedlicher Verträge verpflichtet.[96] Diese Aufteilung nach Musikrichtungen fand sich jedoch nicht in allen Marktsegmenten wieder. Der Reichsverband Deutscher Filmtheater e.V. schloss am 20.4.1934 einen eigenen Vertrag mit der Stagma ab.[97] Die Filmtheaterbesitzer konnten nach § 1 dieses Vertrags das gesamte Musikrepertoire der Stagma nutzen und waren damit unabhängig von der Einteilung der Werke in solche der ernsten und der Unterhaltungsmusik. Zum Abschluss der Aufführungsrechtsverträge bediente sich die Stagma nach § 2 des Vertrags der Reichsfilmkammer, die als Bestandteil der Reichskulturkammer eine Körperschaft des öffentlichen Rechts darstellte.[98] Hierin zeigt sich die beständige Nähe der Stagma zu staatlichen Einrichtungen. Der Vertragsschluss mit dem Reichsverband Deutscher Filmtheater verdeutlicht zudem, dass sich die Veräußerung von Aufführungsrechten durch die Stagma nicht nach festen Kriterien richtete, sondern je nach Verwendungsbereich der Musik variabel war. Abweichende Vereinbarungen existierten auch mit dem Reichsfremdenverkehrsverband, dem Reichsverband der gemischten Chöre Deutschlands und dem Reichsverband für Leibesübungen.[99]

Im Ergebnis berührte die Neugestaltung des Verwertungsrechts durch die Nationalsozialisten die Veranstalter musikalischer Aufführungen auf zwei Ebenen. Auf einer tatsächlichen Ebene waren sie der Ausweitung der Kon-

---

[96] Nr. 1 des Vertrages zwischen Reichstheaterkammer und Stagma vom 8.11.1938 besagt:
„Die Mitglieder der Fachgruppe sind verpflichtet, für Aufführungen von musikalischen Werken, die nicht durch Aufführungsvertrag (großes Recht) erworben sind, deren Aufführungsrecht (als „kleines Recht") vielmehr von der Stagma wahrgenommen wird, das musikalische Aufführungsrecht bei der Stagma zu erwerben und dafür Gebühren nach dem anliegenden B-Tarif vom 1.10.1938 zu entrichten. Ausgenommen sind Unterhaltungs-, Tanz- und Konzertveranstaltungen. Hierfür gelten die mit dem Reichskartell der Musikveranstalter Deutschlands und der Reichsmusikkammer, Abteilung IV (Konzertwesen) vereinbarten Tarife"
zitiert nach: Vertrag zwischen der Reichstheaterkammer, Fachschaft Bühne, Fachgruppe Theaterveranstalter mit der Stagma vom 8.11.1938, in: Staatsarchiv Ludwigsburg, E 18 V Bü 810, Bl. 149.

[97] Vertrag zwischen der Stagma und dem Reichsverband Deutscher Filmtheater e.V. vom 20.4.1934, in: Stagma-Nachrichten 1934, S. 31.

[98] Zur Rechtsnatur der Reichskulturkammer, siehe: Kap. 7 III 2.

[99] Vertrag zwischen dem Reichsfremdenverkehrsverband und der Stagma vom 20.7.1936, in: Amtliche Mitteilungen der Reichsmusikkammer 1936, S. 63; Vertrag zwischen dem Deutschen Reichsbund für Leibesübungen und der Stagma mit Wirkung zum 1.1.1935, in: Stagma-Nachrichten 1935, S. 119; Bericht über den Vertragsschluss der Stagma mit dem Reichsverband der gemischten Chöre Deutschlands, siehe: *N.N.*, Stagma-Nachrichten 1934, S. 34.

trollbefugnisse der Stagma und der Ausdehnung derselben auf die Polizei und örtliche Behörden unterworfen, wobei jegliche Aufführungen, sowie Fragen des Ablaufs und der Gestaltung erfasst wurden. Art und Ausmaß der Kontrollen unterlagen dabei auch der Nähe der jeweiligen Veranstalter zum Regime, so dass die Ausweitung der Kontrollen nur einen Teil der Musiknutzer tatsächlich betraf. Auf einer vertraglichen Ebene kam es mit Gründung der Stagma und dem Ausbau des staatlichen Einflusses zu weitergehenden Einschränkungen der Vertragsfreiheit. Den Nationalsozialisten nahestehende Verbände und Organisationen wurden beim Erwerb musikalischer Aufführungsrechte im Vergleich zu anderen Nutzern und Nutzerorganisationen deutlich begünstigt. Auch hierin zeigt sich der konstante staatliche Einfluss auf die Stagma als vordergründig wirtschaftlich handelndes Unternehmen zur Verwertung der Aufführungsrechte. Gleichzeitig erschwerte die Stagma den Rechteerwerb aus einer Hand, indem Rahmenvereinbarungen im Bereich der ernsten Musik mit anderen Nutzerorganisationen bestanden, so dass einzelne Veranstalter zum Erwerb sämtlicher Aufführungsrechte verschiedene Verträge mit der Stagma abschließen mussten. Die Verträge der Stagma mit den Musiknutzern waren wie auch schon zu Zeiten der Weimarer Republik von einem Nebeneinander vieler unterschiedlicher Nutzerorganisationen geprägt, denen unterschiedliche Konditionen für den Rechteerwerb eingeräumt wurden. Der wesentliche Unterschied zum Musikschutzverband bestand in der Ausübung eines permanenten staatlichen Einflusses auf den gewerblichen Verwerter, der sich auch in den Rechtsbeziehungen zu den Veranstaltern widerspiegelte.

V. Das Gesetz über die Vermittlung von Aufführungsrechten als Bestandteil nationalsozialistischer Wirtschaftspolitik

Die Regulierung des Rechts zur Verwertung der Aufführungsrechte war ein von den Nationalsozialisten erlassener gesetzgeberischer Akt. Da die Stagma als wirtschaftliche Organisation für die Verwertung der Aufführungsrechte gegründet wurde, befasst sich dieser Teil allein mit den Einflüssen der Wirtschaftspolitik auf die bestehenden Verwertungsunternehmen.[100] Die beiden zentralen Elemente der nationalsozialistischen Politik fasste *Ernst Fraenkel* unter den Begriff des „Doppelstaats" zusammen, der aus Normen- und Maßnahmenstaat bestand. Hinsichtlich der ökonomischen Wirkungen beschrieb der Normenstaat die Aufrechterhaltung der Rechtsordnung zum Schutz von privaten und öffentlichen Unternehmen. Gleichzeitig gewährleistete der Maßnahmenstaat die Durchführung des wirtschaftlichen Regierungspro-

---

[100] Zur Stagma als Wirtschaftsorganisation, siehe: Kap. 7 II 4.

gramms unter Rückgriff auf willkürliche Mittel.[101] Unter Bezugnahme auf diese Unterteilung befasst sich dieser Teil mit der Frage, ob und inwieweit das Gesetz über die Vermittlung von Musikaufführungsrechten als typische Erscheinung nationalsozialistischer Interventionspolitik zu bewerten ist, bzw. ob und inwieweit die jeweiligen Regelungen dem Ausbau von staatlichen Eingriffs- und Lenkungsbefugnissen dienten.

In einem ersten Abschnitt werden hierzu Art und Umfang des staatlichen Einflusses auf die Wirtschaft in der Zeit des Nationalsozialismus unter Rückgriff auf wirtschafts- und unternehmenshistorische Forschungsarbeiten dargelegt. Der Schwerpunkt liegt dabei auf den Fragen, welche Elemente die nationalsozialistische Wirtschaftspolitik ausmachten und ob und inwieweit Einfluss auf einzelne Unternehmen und Wirtschaftszweige genommen wurde. Ein zweiter Abschnitt befasst sich sodann mit der Frage, inwieweit das Gesetz über die Vermittlung von Musikaufführungsrechten als nationalsozialistisches Wirtschaftsgesetz betrachtet werden kann. Dabei steht die Fragestellung im Vordergrund, ob es sich bei der Vereinigung der Marktakteure in der Stagma um eine von Marktbedingungen initiierte Ausrichtung der Verwertungsunternehmen oder um eine von den Nationalsozialisten aufoktroyierte Maßnahme handelte.

1. Art und Umfang nationalsozialistischer Wirtschaftspolitik

Die Beziehungen zwischen Wirtschaft und Politik in der Zeit des Nationalsozialismus waren bereits Gegenstand zahlreicher wissenschaftlicher Publikationen, die sich mit der Frage befassten, ob und inwieweit die Wirtschaft durch den „Primat der Politik" oder die nationalsozialistische Politik durch den „Primat der Ökonomie" bestimmt wurde.[102] Die Auffassung vom „Primat der Ökonomie" geht von einer Indienstnahme Hitlers durch die Interessen der Industrie aus.[103] Demgegenüber vertritt die mittlerweile wohl herrschende Auffassung einen „Primat der Politik", wonach die Wirtschaft den staatlichen Vorgaben unterworfen war.[104] Unabhängig von der Frage, inwieweit die Gesetzgebung von industriellen Interessen beeinflusst wurde, lässt sich feststellen, dass die Machtübernahme der Nationalsozialisten zu einer Ausdehnung des staatlichen Einflusses auf einen Großteil der Wirtschaftszweige führte. Durch die Nutzung „lenkungswirtschaftlicher Eingriffe" schränkten die Machthaber die wirtschaftliche Betätigung von Unternehmen und Unternehmern in vielen Bereichen wie zum Beispiel der Freizügigkeit auf

---

[101] *Fraenkel*, Der Doppelstaat, 1974, S. 218 f.
[102] Einen Überblick hierzu bietet: *Hildebrand*, Das Dritte Reich, ⁷2009, S. 196.
[103] *Hildebrand*, Das Dritte Reich, ⁷2009, S. 198.
[104] *Frei*, in: Frei/Schanetzky (Hrsg.), Unternehmen im Nationalsozialismus: Zur Historisierung einer Forschungskonjunktur, 2010, S. 9 (21).

dem Arbeitsmarkt und der Selbstverwaltung durch Berufsorganisationen ein.[105] Darüber hinaus weiteten die Nationalsozialisten die bereits zu Zeiten der Weimarer Republik erfolgten öffentlichen Kontrollen der Wirtschaft stetig aus.[106] Entsprechende staatliche Maßnahmen konnten einerseits durch eine gesetzgeberische Regulierung veranlasst werden.[107] Andererseits war der Erlass von Verordnungen, die auch von Seiten der Behörden erlassen werden konnten, ein effizientes Mittel zur Durchsetzung staatlicher Interessen in der Wirtschaft.[108]

Die staatlichen Interessen waren von verschiedenen Aspekten der nationalsozialistischen Herrschaftslehre geprägt. Einer der wesentlichen Antriebspunkte war bereits 1933 die „Wiederwehrhaftmachung" des Deutschen Reiches. Alle öffentlichen Maßnahmen sollten dem Ziel des Ausbaus der Rüstungsindustrie unterworfen werden.[109] Darüber hinaus versprachen die Nationalsozialisten „die Auflösung des gesellschaftlichen Pluralismus der Weimarer Demokratie".[110] In diesem Zuge erfolgte eine Konzentration der Marktmacht auf einzelne Unternehmen. Der Zusammenschluss von Unternehmen in Kartellen war bereits zu Zeiten des Kaiserreichs und der Weimarer Republik zu beobachten gewesen.[111] Die Politik der Nationalsozialisten stärkte die bestehenden Wirtschaftsverhältnisse.[112] Auf diese Weise kam es zu einer Konzentration der Marktmacht auf einzelne Unternehmen und einer weitergehenden Einschränkung des Wettbewerbs zwischen den jeweiligen Marktakteuren. Der Großteil der wirtschaftlichen Maßnahmen unterlag jedoch keiner konsistenten Wirtschaftspolitik. Die politische Führung nutzte ihre Rechtsetzungsbefugnisse im Bereich der Wirtschaft vielmehr zur Verwirklichung ihrer ideologischen Zielsetzungen und der damit einhergehenden Ausdehnung des staatlichen Einflusses. Die Umsetzung blieb dabei nicht

---

[105] *Ambrosius*, in: North (Hrsg.), Deutsche Wirtschaftsgeschichte: Ein Jahrtausend im Überblick, ²2005, S. 287 (332).

[106] *Fraenkel*, Der Doppelstaat, 1974, S. 205 f.

[107] Unter anderem wurde mit dem „Gesetz zur Vorbereitung des organischen Aufbaues der deutschen Wirtschaft" vom 27.2.1934 eine umfassende Ermächtigung des Reichswirtschaftsministers zur Anerkennung und Errichtung von Wirtschaftsverbänden geschaffen. Gesetz zur Vorbereitung des organischen Aufbaues der deutschen Wirtschaft vom 27.2.1934, in: RGBl. 1934 I, S. 185 f.

[108] *Gosewinkel*, in: Bender/Kiesow/Simon (Hrsg.), Das Europa der Diktatur: Steuerung – Wirtschaft – Recht, 2002, S. 205 (206).

[109] *Ambrosius*, in: North (Hrsg.), Deutsche Wirtschaftsgeschichte: Ein Jahrtausend im Überblick, ²2005, S. 287 (336); siehe auch: *Fraenkel*, Der Doppelstaat, 1974, S. 217.

[110] *Ambrosius*, in: North (Hrsg.), Deutsche Wirtschaftsgeschichte: Ein Jahrtausend im Überblick, ²2005, S. 287 (337).

[111] Siehe: Kap. 1 IV, Kap. 5 III.

[112] *Ambrosius*, in: North (Hrsg.), Deutsche Wirtschaftsgeschichte: Ein Jahrtausend im Überblick, ²2005, S. 287 (333).

frei von internen Widersprüchen, was sich etwa an der staatlichen Einflussnahme auf die Unternehmen demonstrieren lässt.[113] So blieb es in Teilen bei einer losen Zusammenarbeit von Staat und Unternehmen, in anderen Bereichen kam es hingegen zu einer vollkommenen Gleichschaltung durch den Staat.[114] Art und Umfang einer nationalsozialistischen Wirtschaftspolitik unterlagen damit den allgemeinen Grundsätzen, die sich aus der Aufrechterhaltung der Rechtsordnung im Normenstaat und der Ausweitung der hoheitlichen Befugnisse durch den Maßnahmenstaat ergaben. Aus diesem Grund ist im Einzelfall festzustellen, inwieweit der Erlass bestimmter Rechtsvorschriften als Ausbau staatlicher Interventionsbefugnisse auf die Wirtschaft gewertet werden kann.

2. Die Betrachtung des Gesetzes über die Vermittlung von Aufführungsrechten

Die Betrachtung der einzelnen Regelungen des Gesetzes über die Vermittlung von Musikaufführungsrechten und ihre Umsetzung hat gezeigt, dass eine Ausdehnung des staatlichen Einflusses auf die Verwertungsunternehmen, die dem Reichsminister für Volksaufklärung und Propaganda umfassende Mitgestaltungsrechte einräumte, festgestellt werden konnte.[115] Allerdings beruhen die von den Nationalsozialisten aufgestellten Regelungen in Teilen auch auf den Forderungen von Rechteinhabern und Veranstaltern. Die staatliche Genehmigungspflicht, die in § 1 und § 2 des Gesetzes über die Vermittlung von Musikaufführungsrechten normiert war, diente der Beibehaltung des bereits bestehenden Zustands, in dem mit dem Musikschutzverband eine einzige Organisation mit der Rechtewahrnehmung betraut war.[116] Die Forderung nach Gründung einer einheitlichen Verwertungsorganisation bestand bereits seit mehreren Jahren und wurde sowohl von Seiten der Veranstalter als auch der Rechteinhaber verfolgt.[117] Auch die Einrichtung eines Schiedsgerichts unter staatlicher Beteiligung, die in § 4 des Gesetzes über die Vermittlung von Musikaufführungsrechten normiert war, stellte eine Forderung der Veranstalter nach der Ausdehnung der Kontrollbefugnisse über die gewerblichen Verwerter dar.[118] Demgegenüber forderten die Rechteinhaber eine Auswei-

---

[113] *Bähr*, in: Bender/Kiesow/Simon (Hrsg.), Das Europa der Diktatur: Steuerung – Wirtschaft – Recht, 2002, S. 216.
[114] *Hildebrand*, Das Dritte Reich, [7]2009, S. 212.
[115] Siehe: Kap. 7 I 5.
[116] Zwar schied die AKM auf Weisung des Reichsministeriums für Volksaufklärung aus dem Musikschutzverband aus. Dies änderte jedoch nichts daran, dass der Musikschutzverband bereits 1930 die einzige Vertriebsgesellschaft für den Rechteerwerb bildete, siehe: Kap. 6.
[117] Hierzu: *Dümling*, Musik hat ihren Wert, 2003, S. 129 ff.
[118] Bericht zur gegenwärtigen Struktur der Aufführungsrechtsgesellschaften aus den

tung ihrer Kontroll- und Durchsetzungsbefugnisse gegenüber den einzelnen Veranstaltern zur Vermeidung von ungenehmigten Aufführungen.[119] Eine Ausdehnung eben dieser Rechte auf die Polizei und die damit einhergehende Vereinfachung der Durchsetzung von Aufführungsverboten konnte durch § 3 des Gesetzes über die Vermittlung von Musikaufführungsrechten erreicht werden.

Die Zusammenarbeit mit der Polizei sah die Vermittlungsabteilung von „alter Gema" und GDT durchaus kritisch, vordergründig allerdings nicht aus politischen Gründen. Vielmehr befürchteten die Mitarbeiter der Verwertungsunternehmen, dass die Polizei Verletzungen des Aufführungsrechts nicht in ausreichendem Maße erkennen könne und es insbesondere in ländlichen Bezirken, in denen ein stärkerer persönlicher Kontakt zwischen Bevölkerung und Beamten bestand, zu keiner effektiven Rechtsdurchsetzung kommen würde.[120] Inwieweit die Ausdehnung der Rechtsdurchsetzungsbefugnisse auf die Polizei tatsächlich zu Schwierigkeiten in der Praxis führte, lässt sich nicht mehr eindeutig rekonstruieren. Es spielt aber auch keine entscheidende Rolle. Denn die Ermächtigung des Reichsministers für Volksaufklärung und Propaganda in § 5 des Gesetzes über die Vermittlung von Musikaufführungsrechten kann als typischer Ausdruck der nationalsozialistischen Lenkungspolitik charakterisiert werden. Die Regelung ermächtigte das Reichsministerium zu einer umfassenden Ausgestaltung des Rechts der Verwertungsunternehmen. Mit Hilfe des Erlasses von Durchführungsverordnungen konnten sowohl Veränderungen in der Organisationsstruktur der Stagma als auch in der Art und Weise der Rechteverwertung veranlasst werden.[121] Das Propagandaministerium wurde damit zur zentralen Anlaufstelle für Fragen und Anliegen rund um die Verwertung des musikalischen Aufführungsrechts.[122]

Beständen des Reichsministeriums für Volksaufklärung und Propaganda, in: Bundesarchiv, R55/1152, Bl. 6 (Rs.).

[119] Forderung der „alten Gema" nach Ausbau der Kontrollrechte, siehe: Mitteilung im Schreiben des Reichsministeriums für Volksaufklärung und Propaganda vom 14.7.1933, in: Bundesarchiv R55/1151, Bl. 143.

[120] Schreiben der Vermittlungsabteilung von „alter Gema" und GDT an Leo Ritter mit der Bitte um Klärung allgemeiner Schwierigkeiten bei der Umsetzung des Gesetzes über die Vermittlung von Aufführungsrechten vom 29.8.1933, in: Bundesarchiv R55/1152, Bl. 141 (142).

[121] Siehe: Kap. 7 II 5.

[122] Dies zeigt sich auch an den Nutzerverbänden, die zur Durchsetzung ihrer Anliegen den Beistand des Reichsministers für Volksaufklärung und Propaganda ersuchten. So forderte das Reichskartell der Musikverbraucher die Aufhebung der Verträge des Musikschutzverbands mit dem Saalbesitzerbund, da dieselben kostengünstigere Konditionen für den Erwerb der Aufführungsgenehmigungen erhalten hatten, siehe: Schreiben des Reichskartells der Musikverbraucher an den Reichsminister für Volksaufklärung und Propaganda vom 5.7.1933, in: Bundesarchiv R55/1152, Bl. 48 ff.

Darüber hinaus wirkte sich der staatliche Einfluss auf die Stagma auch unmittelbar auf Bezugsberechtigte und Veranstalter aus. Wesentliche Entscheidungsträger in der Stagma waren die jeweiligen Leiter der Fachabteilungen der Reichskulturkammer, die das Unternehmen im Sinne des nationalsozialistischen Staatsverständnisses lenken konnten.[123] In der Folge konnten einzelne Bezugsberechtigte ihre Ansprüche gegenüber der Verwertungsgesellschaft verlieren, während bestimmte Veranstaltergruppen beim Erwerb der Aufführungsrechte durchaus begünstigt wurden.[124]

Eine rechtliche Überprüfung des Gesetzes über die Vermittlung von Musikaufführungsrechten durch den Bundesgerichtshof (BGH) im November 1954 ergab, dass eine Einordnung als typisch nationalsozialistisches Gesetz für nicht einschlägig gehalten wurde.[125] Damit grenzte sich der BGH vom Oberlandesgericht Köln als Vorinstanz ab, das das Gesetz mit dem Argument, dass dem Reichsminister für Volksaufklärung und Propaganda wesentlicher Einfluss „auf die Gestaltung öffentlicher Aufführungen" eingeräumt wurde, für unwirksam erachtete. Der BGH setzte dem entgegen, dass „die Entscheidung darüber, welche Werke zur Aufführung kommen sollen, allein bei den Musikveranstaltern und nicht bei der Aufführungsrechtsgesellschaft" lag. Die Befugnisse, die das Gesetz dem Reichsminister einräumte, charakterisierte er demnach als nicht nationalsozialistisch.[126] Bei der Beurteilung nahm der BGH allerdings zu den weitreichenden Einflussmöglichkeiten in § 5 gar nicht Stellung. Auch das weitere Argument des Oberlandesgerichts, wonach bestimmten Komponisten der Weg zur Verwertung ihrer Aufführungsrechte im Deutschen Reich versperrt werden konnte, entkräftete der BGH allein mit einem internationalen Vergleich, wonach auch in anderen Ländern Monopole zur Verwertung der Aufführungsrechte bestanden.[127] Allerdings wandte der BGH Nr. 3 des Gesetz Nr. 191 der Militärregierung Deutschlands auf das Gesetz zur Vermittlung von Musikaufführungsrechten an. Danach war die Aufhebung sämtlicher Bestimmungen des deutschen Rechts, die eine Überprüfung, Genehmigung und Ermächtigung durch das Ministerium für Volksaufklärung und Propaganda vorsahen, bzw. die eine Leitung oder Befolgung von Anweisungen und Anordnungen durch das Ministerium vorschrieben, möglich.[128] In der Folge erachtete der BGH

---

[123] Siehe: Kap. 7 III.
[124] Siehe: Kap. 7 IV.
[125] Urteil des BGH vom 30.11.1954, in: GRUR 1955, S. 351 (355).
[126] Urteil des BGH vom 30.11.1954, in: GRUR 1955, S. 351 (355).
[127] Urteil des BGH vom 30.11.1954, in: GRUR 1955, S. 351 (355).
[128] Gesetz Nr. 191 der Militärregierung Deutschland zur Kontrolle über Druckschriften, Rundfunk, Nachrichtendienst, Film, Theater und Musik und Untersagung der Tätigkeit des Reichsministeriums für Volksaufklärung und Propaganda, in: Amtsblatt der Militärregierung Deutschland, Amerikanische Zone, Ausgabe A, S. 53 f.

die Bestimmungen des Gesetzes über die Vermittlung von Musikaufführungsrechten daher für außer Kraft gesetzt.[129]

Der Verfahrensgang und die unterschiedlichen Argumente verdeutlichen, dass eine Einordnung des sogenannten „Stagma-Gesetzes" als nationalsozialistisches Recht zum damaligen Zeitpunkt noch nicht zweifelsfrei möglich war. Unter Berücksichtigung des Einflusses des Reichsministeriums für Volksaufklärung und Propaganda auf das Gesetz über die Vermittlung von Aufführungsrechten ist es im Ergebnis als doppeldeutig zu werten. Klar im Interesse des NS-Regimes waren die weitreichenden Kompetenzen, mit denen das Reichsministerium bei der Ausgestaltung der Rechteverwertung Einfluss auf die Stagma und ihre Bezugsberechtigten nehmen konnte. Dagegen waren die Bestimmungen zur Einführung einer Genehmigungspflicht, Ausweitung der Rechtsdurchsetzung auf die Polizei und zur Gründung einer Schiedsstelle unter staatlicher Beteiligung gerade auch von den Forderungen von Rechteinhabern und Veranstaltern geprägt. Die Umsetzung dieser Forderungen durch die Nationalsozialisten beschleunigte den Konzentrationsprozess der Verwertungsunternehmen und verfolgte damit die in der Kooperationsvereinbarung der GDT, „alten Gema" und AKM vom 22.7.1930 aufgestellten Zielsetzungen. Allerdings waren die Marktakteure stets darauf bedacht den staatlichen Einfluss auf ihre Unternehmen gering zu halten, so dass die Ausdehnung der hoheitlichen Befugnisse als Element einer nationalsozialistischen Wirtschaftspolitik anzusehen war.[130] Insbesondere der Ausschluss der AKM bildete eine Maßnahme, die in den Vorgaben aus der Kooperationsvereinbarung vom 22.7.1930 nicht vorgesehen war.[131] Auch die Ausweitung staatlicher Kontrollrechte, die vordergründig einer effizienteren Rechtewahrnehmung dienen sollte, versetzte die staatlichen Stellen in die Lage das öffentliche Musikleben zu kontrollieren und derart Einfluss auf Art und Umfang öffentlicher Aufführungen zu nehmen.

Im Ergebnis passt die Regulierung der gewerblichen Vermittlung von Aufführungsrechten damit ins Bild der nationalsozialistischen Wirtschaftspolitik. Die Konzentration der Verwertungsunternehmen in einer einheitlichen Organisation erleichterte die Kontrollmöglichkeiten des Regimes und entsprach zudem der kartellfreundlichen Politik der Nationalsozialisten.[132] Der

---

[129] Urteil des BGH vom 30.11.1954, in: GRUR 1955, S. 351 (355).

[130] So bildete die Befürchtung eines staatlichen Eingriffs bereits einen Grund für die Aufnahme der GDT in den Musikschutzverband, siehe: Kap. 6 II 3.

[131] Zur Kooperationsvereinbarung, siehe: Kap. 6 I.

[132] Für die Nationalsozialisten bildete die Gründung von Kartellen eine wirtschaftspolitische Maßnahme, die sie durch Erlass des Zwangskartellgesetzes vom 15.7.1933 umfassend ausnutzen. § 1 Abs. 1 des Zwangskartellgesetzes ermächtigte den Reichswirtschaftsminister zum Zusammenschluss von Unternehmen, bzw. zur Angliederung einzelner Unternehmen an Kartelle. Einen Überblick hierzu bietet: *Schmoeckel/Maetschke*, Rechtsgeschichte der Wirtschaft, ²2016, S. 299 f.

Staat erhielt durch die umfangreiche Berechtigung des Reichsministeriums für Volksaufklärung und Propaganda umfassende Mitwirkungsrechte, wodurch weitreichende interventionsstaatliche Eingriffe erst geschaffen wurden. Damit kann das Gesetz über die Vermittlung von Musikaufführungsrechten als eine von den Nationalsozialisten aufoktroyierte Maßnahme angesehen werden, die eher den Interessen des Regimes, weniger den Interessen von Rechteinhabern und Veranstaltern diente. Hier zeigt sich das von *Ernst Fraenkel* aufgestellte Muster des Doppelstaats wieder. Das Gesetz über die Vermittlung von Musikaufführungsrechten bot den rechtlichen Rahmen für den scheinbaren Schutz der Interessen von Veranstaltern und Rechteinhabern, der durch die Ermächtigung zum Erlass von Durchführungsverordnung in § 5 durch das Reichsministerium für Volksaufklärung und Propaganda in willkürlicher Weise gelenkt werden konnte.

VI. Zusammenfassung

Die Regulierung des Rechts der Verwertungsunternehmen im Gesetz über die Vermittlung von Musikaufführungsrechten und die damit einhergehende Gründung der Stagma als einheitlicher Stelle zur Wahrnehmung der Aufführungsrechte im Deutschen Reich führten zu einem tiefgreifenden Wandel bei Verwaltung und Erwerb von Aufführungsrechten. Die damit einhergehenden Veränderungen zeigten sich an der Organisation und der Art und Weise der Rechteverwertung, sowie auch im Verhältnis zu Rechteinhabern und Veranstaltern.

Den Ausgangspunkt für die Vereinigung von GDT und „alter Gema" bildete die Durchsetzung der Verwertungsunternehmen mit Funktionären der NSDAP, die den Plan zur Bildung eines einheitlichen Verwertungsunternehmens wesentlich vorantrieben und damit den ersten Schritt zur Neugestaltung des Verhältnisses zwischen Staat und gewerblichen Verwertern machten. Die Regulierung des Rechts der Verwertungsunternehmen führte zu einem Ausbau des staatlichen Einflusses auf die bestehenden Marktakteure. Gema, GDT und AKM unterlagen mit Erlass des Gesetzes über die Vermittlung von Musikaufführungsrechten einer zunehmenden staatlichen Kontrolle. Diese fand ihren besonderen Ausdruck in § 5, der dem Reichsminister für Volksaufklärung und Propaganda umfassende Handlungsspielräume durch die Ermächtigung zum Erlass von Durchführungsverordnungen einräumte. Mit Hilfe der Durchführungsverordnungen konnten die staatlichen Stellen in jegliche Bereiche der Wahrnehmung eingreifen. Mittels Durchführungsverordnung verpflichtete der Reichsminister GDT und Gema unter Ausschluss der AKM zur Gründung einer einheitlichen Verwertungseinrichtung für das Deutsche Reich, die in der Gründung der Stagma im September 1933 ihren Ausdruck fand.

Die weiteren Regelungen, die das Gesetz über die Vermittlung von Musikaufführungsrechten enthielt, entsprachen weitestgehend den Forderungen von Rechteinhabern und Veranstaltern. Gleichzeitig dehnten auch sie den staatlichen Einfluss auf die Organisation und Art und Weise der Rechteverwertung aus. Die Genehmigungspflicht in §§ 1, 2 für die gewerbsmäßige Vermittlung von Aufführungsrechten manifestierte den bestehenden Zustand, in dem es einen einheitlichen Anbieter für den Erwerb der Aufführungsrechte schuf und die Stagma damit gegen die Entstehung konkurrierender Verwertungsunternehmen absicherte. Dadurch fand das Anliegen der Veranstalter nach einem Rechteerwerb aus einer Hand gesetzliche Verankerung. Auch die Einführung einer staatlichen Beteiligung an einem Schiedsgericht bei Konflikten zwischen Veranstaltern und Verwertern beruhte auf Forderungen der Veranstalter, die in § 4 umgesetzt werden konnte. Die mit § 3 einhergehende Ausdehnung der Kontrollrechte entsprach nur in Teilen den Forderungen des Musikschutzverbands nach Erweiterung ihrer Kontrollmöglichkeiten. Die Regelung dehnte die Kontrollen und die Durchsetzung der Aufführungsrechte auf die Polizei aus, was von Seiten der Verwertungsunternehmen zunächst kritisch gesehen wurde. In der Folge erfolgte ebenfalls eine Ausdehnung der Kontrollrechte auf die örtlichen Behörden, die derart einen Einblick über die musikalischen Veranstaltungen in ihren Bezirken erhielten. Hierdurch konnte nicht allein die Durchsetzung der musikalischen Aufführungsrechte gewährleistet, sondern auch eine Zensur der öffentlich aufgeführten Werke von Seiten staatlicher Stellen ermöglicht werden.

Die neu gegründete Stagma stand als von Seiten der Nationalsozialisten als „wirtschaftliche Organisation" bezeichnete Einheit in der Tradition von „alter Gema" und GDT. Wie die Gema beschränkte die Stagma sich auf die Verwertung der Aufführungsrechte und verfolgte keine weitergehenden Zielsetzungen. Die Vertretung der Interessen der Urheber und sonstiger Berechtigter erfolgte durch die neu gegründete Reichsmusikkammer, der die Stagma ebenfalls angehörte. Gleichzeitig grenzte die Stagma sich im Hinblick auf Art und Umfang der Mitwirkungsrechte bewusst von ihren Vorgängergesellschaften ab, indem sie Regelungen aufnahm, die eine Bevorzugung „regimetreuer" Rechteinhaber ermöglichte. Die Führung der Stagma wurde an die jeweiligen Leiter der Berufsgruppen in der Reichskulturkammer übertragen. Dies ermöglichte eine vollumfängliche staatliche Lenkung der Stagma. Die Stagma bildete damit ein neues Modell eines Verwertungsunternehmens, das sich von den privatrechtlich ausgestalteten Vorgängergesellschaften abgrenzte und eine Rechteverwertung aus staatlicher Hand unter Berücksichtigung der Ziele einer nationalsozialistischen Kulturpolitik bot.

Die Folgen dieser Neugestaltung spiegelten sich auch in den Rechtsverhältnissen zu den Bezugsberechtigten und Veranstaltern wider. Der Abschluss von Berechtigungsverträgen mit Urhebern und sonstigen Berechtigten wurde an eine Mitgliedschaft in der jeweiligen Berufsgruppe der Reichskulturkammer geknüpft, die wiederum besondere Bedingungen für die Aufnahme von Mitgliedern aufstellte. Auch die Verteilung der Einnahmen wurde an einen Aufführungswert geknüpft, der von der Zahl der Aufführungen des jeweiligen Werks abhängig war. Da es bereits zu Beginn der nationalsozialistischen Herrschaft zu staatlich auferlegten Restriktionen bei der Wiedergabe musikalischer Werke kam, profitierten damit lediglich Bezugsberechtigte, deren Werke den Kulturvorstellungen der Nationalsozialisten entsprachen, von der Umstrukturierung und Verstaatlichung der Rechtewahrnehmung.

Ähnliche Restriktionen werden auch in der Ausgestaltung der Rechtsverhältnisse zwischen Stagma und Veranstaltern deutlich. Auch hier kam es zu einer Bevorzugung von Nutzervereinigungen, insbesondere zu solchen, die dem nationalsozialistischen Regime nahestanden. Mit der Einräumung vergünstigter Konditionen zum Rechteerwerb schloss die Stagma an die Tradition des Musikschutzverbands an, der vornehmlich Nutzerverbänden besondere Vergünstigungen für den Rechteerwerb einräumte. Auf einer tatsächlichen Ebene schränkte das Gesetz über die Vermittlung von Musikaufführungsrechten die einzelnen Veranstalter durch die Auferlegung umfangreicher Auskunftspflichten und der Ausweitung der Kontrollrechte von Stagma, Polizei und örtlichen Behörden in der Ausgestaltung ihrer Veranstaltungen weiter ein, als es noch unter der Verwaltung der Aufführungsrechte durch den Musikschutzverband der Fall war. Die Gründung der Stagma und die damit einhergehenden Anpassungen der Rechtsverhältnisse zu Bezugsberechtigten und Veranstaltern führten damit zu einer Neuausrichtung der Verwertung der Aufführungsrechte im Deutschen Reich zur Durchsetzung der von den Nationalsozialisten verfolgten Vorgaben in der Kulturpolitik.

Im Ergebnis stellte das Gesetz über die Vermittlung von Musikaufführungsrechten einen Auswuchs der nationalsozialistischen Wirtschaftspolitik dar. Die Zentralisierung der Verwertungsrechte in einer einheitlichen Einrichtung erleichterte deren Kontrolle und die Möglichkeiten der Beeinflussung. Die Ermächtigung der Polizei zur Überprüfung öffentlicher Aufführungen eröffnete dem Staat eine weitere Möglichkeit zur Kontrolle von musikalischen Veranstaltungen. Weiterhin gab die Befugnis des Reichsministers für Volksaufklärung und Propaganda zum Erlass von Durchführungsverordnungen dem Staat vollumfängliche Möglichkeiten an der Ausgestaltung der Rechteverwertung mitzuwirken. Die Normierung führte das Recht der Verwertungsunternehmen aus der Sphäre des Privatrechts in die Hand des Reichsministeriums für Volksaufklärung und Propaganda, der sämtliche Bereiche der Verwertung beeinflussen konnte. Die Stagma kann insofern nicht als Fortführung der privatwirtschaftlich tätigen „alten Gema" und GDT betrachtet werden.

Kapitel 8

Die Wahrnehmung des mechanisch-musikalischen Vervielfältigungsrechts am Ende der Weimarer Republik und zur Zeit des Nationalsozialismus

Die Beziehungen zwischen den Verwertungsunternehmen im Bereich des musikalischen Aufführungsrechts standen stets im engen Verhältnis zu denen des mechanisch-musikalischen Vervielfältigungsrechts. Daher ist auch nach den Auswirkungen der durch die Aufnahme der GDT in den Musikschutzverband und durch die Neugestaltung der Verwertung der Aufführungsrechte unter dem NS-Regime aufkommenden Veränderungen auf die Verwertung der mechanisch-musikalischen Rechte zu fragen.[1] Dafür soll die Struktur des Marktes für die kollektive Wahrnehmung der mechanisch-musikalischen Rechte nachgezeichnet werden. Weiterhin betrachtet das Kapitel die Folgen der nationalsozialistischen Rechtsetzung auf die Verwertung der mechanisch-musikalischen Rechte. Ein besonderes Augenmerk liegt dabei auf der Bedeutung der Änderungen für Werkschaffende und Hersteller, die für Verwertung und Erwerb der Rechte auf die Dienste der Ammre und der „mechanischen Abteilung" der GDT zurückgriffen. Hierbei stellen sich die Fragen, inwieweit kooperative Tendenzen zu Beginn der 1930er Jahre auch bei den Marktakteuren im Bereich der mechanisch-musikalischen Rechte erkennbar wurden und ob und wie weit sich die staatliche Einflussnahme der Nationalsozialisten auf die Verwertung des mechanisch-musikalischen Vervielfältigungsrechts ausdehnte.

In einem ersten Schritt werden zunächst die Betätigungsfelder der Unternehmen aus dem Bereich des Aufführungsrechts und der mechanischen Urheberrechte unter Berücksichtigung der aufkommenden Medien Rundfunk und Tonfilm dargestellt (I.). Aufgrund der stetigen technischen Fortentwicklungen ergaben sich Abgrenzungsfragen, inwieweit bestimmte Formen musikalischer Wiedergaben einer Verwertung durch die Gesellschaften für den Bereich des Aufführungsrechts oder des mechanisch-musikalischen Vervielfältigungsrechts unterlagen. Ein zweiter Teil knüpft an die Phase der Konkurrenz der „mechanischen Abteilung" der GDT und der Ammre um die vertragliche Verpflichtung von Rechteinhabern und Herstellern mechanisch-

---

[1] Zur Aufnahme der GDT in den Musikschutzverband, siehe: Kap. 6; zur Neugestaltung der Verwertung des Aufführungsrechts unter den Nationalsozialisten, siehe: Kap. 7.

musikalischer Vervielfältigungen an (II.).² Den Schwerpunkt bilden die Fragen, inwieweit die Konkurrenz zwischen den Unternehmen in den späten 1920er Jahren und Anfang der 1930er Jahre fortbestand und ob und inwieweit die Aufnahme der GDT in den Musikschutzverband Auswirkungen auf die Wahrnehmung der mechanisch-musikalischen Rechte hatte. In einem dritten Teil werden sodann die Folgen der Gründung der Stagma und der Machtübernahme der Nationalsozialisten auf die Unternehmen im Bereich der mechanisch-musikalischen Vervielfältigung betrachtet (III.). Dabei steht die Frage im Vordergrund, inwieweit sich der durch Gründung der Stagma aufkommende staatliche Einfluss auch auf die Verwertung des mechanisch-musikalischen Vervielfältigungsrechts erstreckte. Ein daran anknüpfender vierter Teil befasst sich mit dem 1938 erfolgten Anschluss der Ammre in die Stagma und setzt sich mit den Gründen für die Auflösung der Ammre auseinander (IV.).³ Schließlich werden in einem fünften Teil die Unterschiede und Gemeinsamkeiten zwischen der Verwertung des Aufführungsrechts und des mechanisch-musikalischen Vervielfältigungsrechts am Ende der Weimarer Republik und zur Zeit des Nationalsozialismus zusammengefasst (V.). Hierdurch werden Rückschlüsse auf die Frage nach dem Zusammenhängen zwischen den beiden Märkten möglich.

I. Die Abgrenzung der Betätigungsfelder im Bereich des Aufführungs- und des mechanisch-musikalischen Vervielfältigungsrechts

Die stetige Fortentwicklung der technischen Möglichkeiten führte in vielen Fällen zu der Frage, inwieweit eine Wiedergabe musikalischer Werke unter den Schutzbereich des Aufführungsrechts oder denjenigen des mechanisch-musikalischen Vervielfältigungsrechts fiel, der in § 22a LUG 1910 die Aufführung von mechanisch-musikalischen Vervielfältigungen ohne explizite Genehmigung der Urheber ermöglichte. Die Frage nach der Abgrenzung der Betätigungsfelder stellte sich insbesondere in Situationen, die im Zusammenhang mit der Wiedergabe musikalischer Werke in Rundfunk und Tonfilm standen. Zur Darlegung des situativen Kontexts wird in einem ersten Abschnitt das Aufkommen und die Ausdehnung des Rundfunks im Deutschen Reich betrachtet. Hierzu erfolgt eine rechtliche Einordnung der mit der Etablierung des Rundfunks einhergehenden Befugnisse von Werkschaffenden

---

² Zu Art und Umfang der Konkurrenz zwischen den Verwertungsgesellschaften zur Wahrnehmung des mechanisch-musikalischen Vervielfältigungsrechts, siehe: Kap. 4.
³ Geschäftsbericht der Stagma für das Jahr 1937/38 vom 29.3.1939, in: Stagma-Nachrichten 1939, S. 271 (276).

und damit einhergehende Problemstellungen bei der Verwertung ihrer Rechte. Ein zweiter Abschnitt betrachtet sodann das Aufkommen des Tonfilms im Deutschen Reich und Art und Umfang der Rechte, die das Ende der Stummfilmära für Komponisten und Bearbeiter begründete. Die Betrachtung der zunehmenden Ausweitung von Rundfunk und Tonfilm dient der Beantwortung der Fragen, welche Bedeutung dem Markt mit mechanisch-musikalischen Rechten neben demjenigen mit musikalischen Aufführungsrechten zukam und inwieweit das Aufkommen dieser „neuen Medien" den Handel mit mechanischen Rechte steigerte.

1. Das Aufkommen des Rundfunks

Als Geburtsstunde des deutschen Rundfunks gilt der 29.10.1923. An diesem Tag wird mit einem Konzert aus dem VOX-Haus in Berlin die erste Musiksendung im Radio ausgestrahlt.[4] Der Rundfunk stand unter staatlicher Kontrolle und diente vornehmlich der Vermittlung von Informationen. Die musikalische Gestaltung des Radioprogramms übernahmen dabei sendereigene Musikensembles, die die Stücke im Studio aufführten.[5] Die Aufführungen konnten von den Nutzern mit Hilfe von Radiogeräten unmittelbar empfangen werden. Die Verbreitung literarischer und musikalischer Werke durch das Radio war im Regelungsbereich des LUG 1910 nicht vorgesehen. In seiner Entscheidung vom 12.5.1926 fasste das Reichsgericht die Sendung der Wiedergabe eines literarischen Werkes unter den Verbreitungsbegriff nach § 11 Abs. 1 LUG 1910.[6] Hiernach war die Nutzung literarischer und musischer Werke durch die Radiosender von der Zustimmung der Urheber abhängig. In der Folge gründeten Autoren- und Verlegerverbände die „Gesellschaft für Senderechte mbH", die eine kollektive Verwertung der Verbreitungsrechte gegenüber den Sendeunternehmen anstrebte. Die Gesellschaft für Senderechte bot den Sendeunternehmen eine Generallizenz für die Wiedergabe von Texten und berechnete ein Zeilenhonorar für die Verbreitung durch den Rundfunk.[7] Die Verwertung der Rechte an musikalischen Werken gegenüber den Sendeunternehmen verblieb beim Musikschutzverband bzw. der GDT.[8]

---

[4] *Schramm*, in: Schramm (Hrsg.), Handbuch Musik und Medien, ²2019, S. 41 (43).
[5] *Schramm*, in: Schramm (Hrsg.), Handbuch Musik und Medien, ²2019, S. 41 (44).
[6] Urteil des RG vom 12.5.1926, in: RGZ 113, S. 413.
[7] *Vogel*, in: Becker (Hrsg.), Die Wahrnehmung von Urheberrechten an Sprachwerken: Symposium für Ferdinand Melichar zum 60. Geburtstag, 1999, S. 17 (28).
[8] *Hoffmann*, GRUR 1932, S. 44 (47). Zur Zusammenarbeit der GDT mit dem Rundfunk, siehe: Übersicht über die Berechnung der Gebührenanteile aus Rundfunk-Aufführungen im Geschäftsbericht der Anstalt für musikalisches Aufführungsrecht über das Jahr 1928, in: Der schaffende Musiker 1929, Nr. 12, S. 10 (14).

Die Verwertungsgesellschaften zur Wahrnehmung des mechanisch-musikalischen Vervielfältigungsrechts waren an der Ausnutzung der neuen Rechte, die sich aus dem Rundfunk ergaben, zunächst nicht beteiligt. Das Reichsgericht hatte in seiner Entscheidung vom 12.5.1926 die Sendung von Radioprogrammen mangels Wiederholbarkeit der Wiedergabe aus dem Anwendungsbereich des § 12 Abs. 2 Nr. 5 LUG 1910 ausgeschlossen und das Vorliegen einer mechanischen Vervielfältigung verneint.[9] Eine andere Wertung ergab sich auch nicht für den Fall der Wiedergabe von Schallplatten durch den Rundfunk. Unabhängig von der umstrittenen Frage, ob und inwieweit § 22a LUG 1910 auf die Wiedergabe von Schallplattenkonzerten im Rundfunk Anwendung fand, war die Betätigung der Verwertungsunternehmen aus dem Bereich des mechanisch-musikalischen Vervielfältigungsrechts auf die Genehmigung zur Anfertigung von Reproduktionen beschränkt und wurde nicht auf ihre Sendung erweitert.[10] Damit wurden allein die Verwertungsgesellschaften aus dem Bereich des Aufführungsrechts bei der Wahrnehmung der sich aus der Verbreitung der Werke mittels des Rundfunks ergebenen Rechte tätig.[11]

2. Das Aufkommen des Tonfilms

Zu Beginn der 1930er Jahre fand der Tonfilm immer größere Verbreitung und verbannte den Stummfilm aus den Lichtspielhäusern. Die Möglichkeit der gleichzeitigen Wiedergabe von Bildern und Tönen führte zur Entlassung der in den Lichtspielhäusern angestellten Musiker und zu einem deutlichen Rückgang musikalischer Aufführungen.[12] Die Wiedergabe von Musik mittels des Tonfilms berührte die Rechte der Urheber auf unterschiedlichen Ebenen. Zum einen wurde ein musikalisches Werk, das bei der Anfertigung eines

---

[9] Urteil des RG vom 12.5.1926, in: RGZ 113, S. 413 (415).

[10] Der Rechtsanwalt *Willy Hoffmann* sprach sich gegen eine Anwendung des § 22a LUG 1910 auf Schallplattenkonzerte im Rundfunk aus, siehe: *Hoffmann,* GRUR 1932 (1932), S. 561 (566). So auch: *Elster,* UFITA 1932 (1932), S. 105 (118). Demgegenüber sieht Eberhard Neugebauer die Anwendbarkeit des § 22a LUG 1910 als gegeben an, siehe: *Neugebauer,* Fernmelderecht mit Rundfunkrecht, ³1929, S. 877 ff. Dem folgte das Reichsgericht im Ergebnis mit seinem Urteil vom 11.6.1932, in: RGZ 136, S. 377. 1936 schränkte es den Anwendungsbereich des § 22a LUG 1910 jedoch wieder ein, so dass die Wiedergabe von Schallplatten durch Radiosender genehmigungspflichtig wurde, siehe: Urteil des RG vom 14.11.1936, in: RGZ 153, S. 1 (26).

[11] Reichsrundfunkgesellschaft und Musikschutzverband einigten sich 1931 auf einen 10jährigen Mantelvertrag nach dessen Richtsätzen jährlich ein einheitlicher Tarifvertrag zwischen Reichsrundfunkgesellschaft und Musikschutzverband aufgestellt werden sollte, siehe: Geschäftsbericht der Anstalt für musikalisches Aufführungsrecht über das Jahr 1931, in: Der schaffende Musiker 1931, Nr. 23, S. 8 (15).

[12] Siehe: Kap. 6 IV 3.

Tonfilms genutzt wurde, auf den Tonfilm übertragen.[13] Die sich aus diesem mechanischen Vorgang ergebende Befugnis des Urhebers wurde auch unter dem Begriff des Tonverfilmungsrechts gefasst. Zum anderen erfolgte eine Wiedergabe des in dem Tonfilm genutzten Werkes in den jeweiligen Lichtspieltheatern. Dieser Darbietungsvorgang betraf das sogenannte Tonfilmaufführungsrecht.[14]

Ein zentrales Problem im Hinblick auf Art und Umfang der Ausnutzung der sich aus Fertigung und Wiedergabe der Tonfilme ergebenen Rechte bestand in der Frage, inwieweit die Übertragung musikalischer Werke auf den Tonfilm eine mechanisch-musikalische Vervielfältigung im Sinne des § 12 Abs. 2 Nr. 5 LUG 1910 darstellte und als solche der Aufführungsfreiheit nach § 22a LUG 1910 unterlag.[15] Aus einer urheberrechtsfreundlichen Sicht wurde argumentiert, dass es sich beim Tonfilm um eine neue Werkgattung handele, die auf dem engen Zusammenhang zwischen Bild und Ton basiere. Eine unterschiedliche Behandlung beider Komponenten und eine damit einhergehende Anwendung des § 22a LUG 1910 würde der Besonderheit des Tonfilms als neuer Werkgattung entgegenstehen.[16] Die Gegenseite stellte hingegen auf die Vergleichbarkeit der Wiedergabe von Schallplatten und Tonfilmen und der damit einhergehenden Anwendbarkeit des § 12 Abs. 2 Nr. 5 LUG 1910 ab.[17] Im Rahmen eines Rechtsstreits zwischen der UFA als größtem deutschen Betreiber von Lichtspieltheatern und den drei im Deutschen Reich tätigen Verwertungsgesellschaften sprach sich das Reichsgericht für eine Stärkung der Rechtsstellung der Urheber aus. Mit Urteil vom 5.4.1933 lehnte es eine Anwendung der §§ 12 Abs. 2 Nr. 5, 22 und 22a LUG 1910 auf den Tonfilm ab. Die durch das Gesetz geschützte mechanisch-musikalische Vervielfältigung beschränke sich nach dem Wortlaut des § 12 Abs. 2 Nr. 5 LUG 1910 auf Instrumente zur Wiedergabe für das Gehör und erfasse als solches nicht die besondere Rolle des Tonfilms, dessen Wesen in der festen Verbindung von visuellen und akustischen Elementen bestehe.[18] Die Entscheidung des Reichsgerichts bestärkte die Verwertungsunternehmen in der Durchsetzung der durch den Tonfilm neu entstandenen Rechte im Rahmen einer kollektiven Wahrnehmung.

---

[13] Zum Übertragungsvorgang, siehe: *Jossé*, Die Entstehung des Tonfilms, 1984, S. 127.

[14] Zur Differenzierung der unterschiedlichen Tonfilmrechte, siehe: Geschäftsbericht der Anstalt für musikalisches Aufführungsrecht über das Jahr 1931, in: Der schaffende Musiker 1932, Nr. 23, S. 8 (15).

[15] Für eine Anwendbarkeit des § 22a LUG 1910 auf den Tonfilm, siehe: *Cahn-Speyer*, GRUR 1929, S. 1006; Dagegen: *Goldbaum*, Tonfilmrecht, 1929, S. 13 ff.; *Hoffmann*, GRUR 1929, S. 1003 (1005).

[16] *Westphalen*, Der schaffende Musiker 1930, Nr. 19, S. 10 (12). So auch: *Goldbaum*, Tonfilmrecht, 1929, S. 13 ff.

[17] *Cahn-Speyer*, GRUR 1929, S. 543 (550).

[18] Urteil des RG vom 5.4.1933, in: RGZ 140, S. 231 (239 ff.).

Zur Verwertung der sich aus dem neuen Medium des Tonfilms ergebenen Rechte vereinigten sich auch andere Berufszweige. So schlossen sich die Drehbuchautoren zum Verband der Tonfilmschriftsteller e.V. zusammen.[19] Auch die Filmschaffenden gründeten auf Initiative des Schutzverbands deutscher Schriftsteller mit der Gesellschaft für Filmaufführungsrechte ein eigenes Unternehmen zur Verwertung der sich aus dem Tonfilm ergebenen Rechte.[20] Gleichzeitig bemühten sich die Verwertungsunternehmen aus dem Bereich der Musik darum die Verwaltung der Tonfilmrechte für ihre Bezugsberechtigten zu übernehmen. Bereits 1929 informierte die GDT ihre Mitglieder im „Schaffenden Musiker" über den Umgang mit Tonfilmrechten. Darin forderte sie sie auf, Vertragsschlüsse „immer nur für *einzelne* Musikstücke und immer nur zur Illustration eines *bestimmten* Filmes gegen ein *festes* Honorar" zu tätigen. „Die Vergebung des Tonfilmrechts erfolgt seitens der Genossenschaft Deutscher Tonsetzer im eigenen Namen, aber für Rechnung des Komponisten (gegebenenfalls Textdichters und Bearbeiters) *und* Verlegers".[21]

Für die Verteilung der Einnahmen aus dem Tonfilm sollte der Verteilungsschlüssel der Anstalt für mechanische Rechte der GDT herangezogen werden.[22] Damit stand den Bezugsberechtigten neben der Möglichkeit individualvertraglicher Vereinbarungen mit den Filmherstellern, auch die Verwertung ihrer Rechte durch die Verwertungsunternehmen offen. Die Filmhersteller taten dem Nebeneinander von individueller und kollektiver Wahrnehmung der Tonfilmrechte dadurch Genüge, indem sie Musterverträge nutzten, die sowohl für Mitglieder eines Verwertungsunternehmens als auch für Nichtmitglieder angewandt werden konnten.[23]

Zur Stärkung ihrer Position gegenüber den Filmproduzenten schlossen GDT und der Deutscher Musikalien-Verleger-Verein im Jahr 1929 eine Vereinbarung über die Verwaltung der Tonfilmrechte ab. Nach Art. III. des Vertrags durfte die „Vergebung von Tonfilmrechten an die Industrie [...] nur für

---

[19] Die Darlegung der Verhältnisse zur Tonfilmfrage war einer der Gegenstände der Generalversammlung der „alten Gema" am 30.6.1931. Bericht über die Generalversammlung der „alten Gema" am 30.6.1931, in: GN 1931, Nr. 42, S. 2 (8).

[20] *Fischer*, in: Fischer/Füssel (Hrsg.), Geschichte des deutschen Buchhandels im 19. und 20. Jahrhundert: Die Weimarer Republik 1918–1933. Teil 1, 2007, S. 83 (93 f.).

[21] *N.N.*, Der schaffende Musiker 1929, Nr. 13, S. 5 (6).

[22] *N.N.*, Der schaffende Musiker 1929, Nr. 13, S. 5, (6).

[23] In einem bei *Goldbaum* abgedruckten Vertragsmuster vom 29.10.1929 über die Nutzung eines Musikstücks in einem Tonfilm findet sich hierzu folgende Klausel:
„Urheber ist nicht Mitglied der Genossenschaft und überträgt der Firma ferner das ausschließliche Recht der öffentlichen Aufführung des verfilmten Werkes ...... durch das Tonfilmverfahren in den Kinotheatern [...] oder Urheber ist Mitglied der Genossenschaft ....., der die ausschließliche Aufführungsbefugnis zusteht"
  zitiert nach: *Goldbaum*, Tonfilmrecht, 1929, S. 99. Eine ähnliche Regelung findet sich auch in Nr. 4 eines Vertragsmuster vom 10.10.1929, zitiert nach: ebd., S. 100.

die Zwecke der Aufnahme, Vervielfältigung und Verbreitung erfolgen. Die Aufführungsrechte sind in den Vertragsabschlüssen ausdrücklich auszunehmen".[24] Der Musikalien-Verleger-Verein und die GDT waren nach Art. IV. und Art. V. der Vereinbarung berechtigt mit der Filmindustrie Verträge über die Nutzung einzelner Werke oder einer Summe bestimmter Werke, wie der Gesamtheit der Werke eines Komponisten, abzuschließen. Nach Art. VI. des Vertrags teilten sich Verlage und Komponisten die Einnahmen aus diesem neuen Marktsegment hälftig. Der GDT kam nach Art. VII. ein Unkostenbeitrag von 10 % der durch sie getätigten Abschlüsse zu. Aufgrund der Tatsache, dass die GDT für ihre nicht rechtsfähigen Anstalten (Afma und „mechanische Abteilung") nach außen hin tätig wurde, kann nicht festgestellt werden, ob und inwieweit auch die „mechanische Abteilung" an der Verwertung der Tonfilmrechte mitwirkte. Zur Vereinigung der einzelnen Aspekte der Wahrnehmung der Tonfilmrechte plante die GDT die Gründung einer eigenen Anstalt für Tonfilmrechte.[25]

Auch die Gema, die AKM und die Ammre beschlossen auf einer Sonderberatung am 26.9.1928 die Gründung einer gemeinschaftlichen Tonfilm-Verwertungsstelle, die in den Räumen und unter Nutzung des Apparats der Ammre fungieren sollte. Dabei stand der Ammre nach Abzug eines Beitrags für die Nutzung ihres Verwaltungsapparats die Hälfte der Einnahmen zu, die sie nach ihren Bestimmungen verteilen konnte. Die andere Hälfte erhielt der aus AKM und „alter Gema" bestehende Musikschutzverband.[26] Nach der Aufnahme der GDT in den Musikschutzverband planten Gema, AKM und GDT unter Beteiligung der Vorstände des Verbands Deutscher Bühnenschriftsteller und Komponisten, der Vereinigung der Bühnenverleger, des Schutzverbands des Deutschen Schrifttums und des Verbands der Tonfilmschriftsteller die Gründung einer „Tonfilm-Aufführungsrechts-Verwertungs-Gesellschaft".[27] Die Vereinigung der an der Fertigung des Tonfilms beteiligten Werkschaffenden zur Durchsetzung ihrer Interessen gegenüber den Filmproduzenten bildete, wie bereits die Fusion der Verwertungsgesellschaften im Bereich des Aufführungsrechts, einen weiteren Ausdruck der Konzentrationstendenzen zu Zeiten der Weimarer Republik.[28] Die Etablierung des Ton-

---

[24] Vereinbarung zwischen dem Deutschen Musikalien-Verleger-Verein und der GDT mit Geltung ab dem 1.10.1929, zitiert nach: Der Schaffende Musiker 1929, Nr. 16, S. 3.

[25] Entwurf von Sonderbestimmungen für eine Anstalt für Tonfilmrechte, in: Der schaffende Musiker 1929, Nr. 14, S. 24.

[26] Bericht über die am 26.9.1928 abgehaltene Sonderberatung von „alter Gema", AKM und Ammre und die darin getroffenen Beschlüsse, in: GN, Nr. 15. S. 11 f.

[27] Bericht über die Generalversammlung der „alten Gema" am 30.6.1931, in: GN 1931, Nr. 42, S. 2 (7 f.).

[28] Zu den Kartellierungs- und Konzentrationstendenzen in der Weimarer Republik, siehe: *König*, in: Arndt (Hrsg.), Die Konzentration in der Wirtschaft, 1960, S. 303 (304).

films im Deutschen Reich erweiterte damit sowohl die Betätigungsfelder der Verwertungsunternehmen im Bereich des Aufführungsrechts als auch bei der Verwertung des mechanisch-musikalischen Vervielfältigungsrechts und stärkte ihren Einfluss gegenüber den Musiknutzern.

II. Das Verhältnis von Ammre und „mechanischer Abteilung" der GDT

Das Verhältnis von GDT und Ammre war, wie auch das Verhältnis der GDT zur „alten Gema" und zur AKM, von der Konkurrenz der Unternehmen um die vertragliche Verpflichtung der Urheber und sonstiger Berechtigter und die Erzielung von Einnahmen aus der Veräußerung von Lizenzen zur Anfertigung der mechanischen Reproduktionen geprägt.[29] Dieser Teil betrachtet die Verbindungen, die zwischen den Unternehmen aus dem Bereich des Aufführungsrechts und des mechanisch-musikalischen Vervielfältigungsrechts bestanden. Zur Darstellung von Art und Umfang des Zusammenspiels zwischen den Verwertungsunternehmen aus dem Bereich der Musikrechte wird im Folgenden untersucht, inwieweit sich die Aufnahme der GDT in den Musikschutzverband auf die kollektive Wahrnehmung des mechanisch-musikalischen Vervielfältigungsrechts auswirkte. Ein erster Abschnitt betrachtet zunächst das Fortbestehen der Konkurrenz zwischen Ammre und „mechanischer Abteilung" der GDT. Es wird untersucht, ob und inwieweit sich die Konkurrenz zwischen den Marktakteuren für die Verwertung mechanisch-musikalischer Rechte zwischen 1928 und 1933 um die vertragliche Verpflichtung von Rechteinhabern und die Generierung ihrer Einnahmen verschärfte. Ein zweiter Abschnitt setzt sich mit den ersten Versuchen einer Annäherung zwischen Ammre und „mechanischer Abteilung" auseinander. Dabei steht die Frage im Vordergrund, ob und inwieweit bereits die Aufnahme der GDT in den Musikschutzverband die Zusammenarbeit der Marktakteure im Bereich des mechanisch-musikalischen Aufführungsrechts stärkte. In einem dritten Abschnitt erfolgt schließlich eine finale Auswertung des Verhältnisses zwischen „mechanischer Abteilung" der GDT und Ammre unter Berücksichtigung der Entwicklungen aus dem Bereich des Handels mit musikalischen Aufführungsrechten.

---

[29] Siehe: Kap. 4 III.

1. Das Fortbestehen der Konkurrenz zwischen Ammre und „mechanischer Abteilung"

Das Ausmaß der Konkurrenz zwischen den Verwertungsunternehmen im Bereich der Musikrechte spiegelte sich in verschiedenen Aspekten wider. Zum Ausbau ihrer Marktmacht beim Handel mit musikalischen Aufführungsrechten griffen Gema und GDT einerseits auf vertragliche Instrumentarien zurück, um Urheber und sonstige Berechtigte möglichst lang und umfassend an sich zu binden und einen Wechsel zwischen den Gesellschaften zu erschweren. Andererseits versuchten sie durch negative Presseberichterstattung und die Anrufung des Gesetzgebers und der Gerichte den Einfluss des Konkurrenten zu verringern.[30] Dieser Abschnitt orientiert sich im Hinblick auf die Frage, inwieweit die Konkurrenz von Ammre und „mechanischer Abteilung" zwischen 1928 und 1933 fortbestand an diesen Kriterien und stellt die Instrumentarien dar, deren sich die Unternehmen zum Ausbau ihrer Marktmacht bedienten.

Der Rückgriff auf privatrechtliche Instrumente bildete ein zentrales Mittel zur Schwächung des Einflusses von Marktmitbewerbern. Auch die Unternehmen im Bereich des mechanisch-musikalischen Vervielfältigungsrechts griffen auf vertragsrechtliche Werkzeuge zurück, um Urheber und Werknutzer umfassend an sich zu binden. Eine wesentliche Voraussetzung für die Erhöhung der Zahl der Nutzerverträge lag in der Ausweitung des Repertoires der jeweiligen Unternehmen. Hierzu gründete die GDT 1928 den „Internationalen Bund der Autorengesellschaften zur Verwertung der mechanischen Rechte" (IBA). Der IBA bildete einen Zusammenschluss mehrerer Nationen „zum Zwecke gegenseitigen Schutzes der von den einzelnen Gesellschaften verwalteten Rechte der mechanischen Vervielfältigung".[31] Er umfasste Verwertungsunternehmen aus Deutschland, der Tschechoslowakei, Holland, Belgien, Schweden, Dänemark, Finnland und Norwegen.[32] Die Betätigung des IBA wirkte sich vornehmlich auf das Verhältnis der Verwertungsunternehmen zu den Herstellern mechanisch-musikalischer Vervielfältigungen aus. Der IBA übernahm die Wahrnehmung der mechanischen Rechte seiner Mitglieder im Außenverhältnis und veräußerte sie an Unternehmen und Verbände aus den Bereichen der Produktion mechanischer Vervielfältigungen.[33] Im Gegenzug behielt der IBA von den Gesellschaften einen

---

[30] Siehe: Kap. 5 III.
[31] Mitteilung über die Gründung des IBA, in: Der schaffende Musiker 1928, Nr. 8, S. 10.
[32] Mitteilung über die Gründung des IBA, in: Der schaffende Musiker 1928, Nr. 8, S. 10f.
[33] Beispiel: Bericht über den Abschluss eines IBA-Vertrags mit der Welt-Schallplattenindustrie im April 1929, in: Der schaffende Musiker 1929, Nr. 11, S. 9.

gewissen Prozentsatz der Einnahmen als Unkostenbeitrag zurück.[34] Mit der Zusammenarbeit der Verwertungsunternehmen im IBA zeigten sich auch bei der kollektiven Wahrnehmung des mechanisch-musikalischen Vervielfältigungsrechts Konzentrationstendenzen, die sich mit der Kooperation der GDT mit dem Reichskartell der Musikverbraucher und der Zusammenarbeit von „alter Gema" und AKM im Musikschutzverband bereits bei der Verwertung des Aufführungsrechts gezeigt haben.[35] Die Mitglieder des IBA, der ursprünglich als Gesellschaft bürgerlichen Rechts agierte, planten im Zuge einer Umstrukturierung die Umwandlung in eine GmbH.[36] Wie bei der Ammre, die 1909 als GmbH gegründet worden war, verdeutlicht der Rechtsformwechsel den Willen der Mitglieder des IBA, das mechanisch-musikalische Vervielfältigungsrecht als gemeinschaftliche, kapitalistische Ressource zur Generierung höherer Einnahmen auszunutzen.[37] Dem IBA sollte hierdurch die gleiche Bedeutung zukommen, wie der konkurrierenden Ammre. Einer der wesentlichen Aspekte der Gründung des IBA bestand in der Schwächung der Ammre und der SACEM, die einen Großteil der mechanisch-musikalischen Rechte in Europa verwalteten. Der Zusammenschluss von Verwertungsunternehmen unterschiedlicher Nationen bot die Möglichkeit zum Ausbau des Repertoires und der damit einhergehenden Bildung eines Gegengewichts zur Marktmacht der Ammre.[38]

Auch die Ammre baute ihre internationalen Beziehungen nach der Gründung des IBA weiter aus. Am 21.1.1929 gründete sie als Vertreterin für Deutschland und Österreich gemeinsam mit der französischen und der italienischen Urheberrechtsgesellschaft das „Bureau International de l'Edition Musico-Mécanique" (BIEM).[39] Wesentliche Zielsetzung des BIEM war die Schaffung einer Zentrale zum Abschluss neuer Verträge mit den Schallplattenunternehmen und die Einhaltung einheitlicher Regelungen für die Beziehung der Verwertungsunternehmen zueinander. Mit der Bildung eines internationalen Verbands für die Veräußerung von Genehmigungen zur Fertigung mechanisch-musikalischer Vervielfältigungen sollte nicht nur ein Gegengewicht zum IBA, sondern auch zu den weltweit agierenden großen Schallplattenfirmen gebildet werden, die ebenfalls auf internationaler Ebene miteinander verflochten waren und dabei versuchten die einzelnen nationa-

---

[34] Mitteilung über die Auflösung der IBA im Januar 1932, in: Der schaffende Musiker 1932, Nr. 25, S. 11.

[35] Siehe: Kap. 3 III 2a bb, Kap. 5 III 2e.

[36] Geschäftsbericht der Anstalt für mechanische Rechte der GDT über das 27. Geschäftsjahr (1930), in: Der schaffende Musiker 1931, Nr. 20, S. 26.

[37] Zur Rechtsformwahl der Ammre, siehe: Kap. 4 I 2.

[38] Geschäftsbericht der Abteilung für mechanische Rechte der GDT über das 24. Geschäftsjahr (1927), in: Der schaffende Musiker 1928, Nr. 6, S. 18 (19).

[39] *Mann*, Stagma-Nachrichten 1938, S. 239.

len Verwertungsunternehmen gegeneinander auszuspielen, indem die Fertigung der Schallplatten in unterschiedlichen Ländern vorgenommen wurde.[40] Die Gründung des BIEM ermöglichte es den Verwertungsunternehmen ein Weltrepertoire anzubieten und dadurch eine günstigere Verhandlungsposition bei der Bestimmung von Art und Umfang der für die Fertigung der Vervielfältigung abzuführenden Lizenzen zu erhalten. Das Nebeneinander von IBA und BIEM als internationale Verwertungsgesellschaften auf einer nationalen Ebene, sowie die Fortführung der Zusammenarbeit im IBA auch nach der Aufnahme der GDT in den Musikschutzverband 1930 verdeutlichen den Fortbestand der Konkurrenz zwischen den Unternehmen im Bereich des mechanisch-musikalischen Vervielfältigungsrechts.

Neben der Nutzung verbands- und vertragsrechtlicher Instrumentarien griffen Ammre und „mechanische Abteilung" der GDT zur Manifestation und zum Ausbau ihrer Marktmacht auch auf gerichtliche Unterstützung zurück. So klagte die Ammre gegen die GDT, deren „mechanische Abteilung" Rechte zur Wiedergabe bestimmter Werke auf Schallplatten oder Notenrollen vergab, auf Feststellung einer fehlenden Berechtigung hierzu. Die Parteien stritten darum, ob und inwieweit die Werkschaffenden ihre Rechte an der mechanisch-musikalischen Vervielfältigung vor Erlass des LUG 1910 durch Vertrag an ihre Verleger übertragen haben. Die GDT war der Ansicht die Vervielfältigungsrechte durch ihre Berechtigungsverträge mit den Werkschaffenden erhalten zu haben, wohingegen die Ammre behauptete, dass die ihr angeschlossenen Verlage die mechanischen Rechte durch Verlagsvertrag innehatten.[41] Der Rechtsstreit zwischen Ammre und GDT gelangte in letzter Instanz zum Reichsgericht, das mit Urteil vom 14.11.1931 die fehlende Berechtigung der GDT zur Einräumung der mechanischen Vervielfältigungsrechte an den streitigen Werken feststellte. Die Tatsache, dass Ammre und „mechanische Abteilung" der GDT den Rechtsstreit auch nach der Aufnahme der GDT in den Musikschutzverband fortsetzen, verdeutlicht, dass die Konkurrenz zwischen den Unternehmen im Hinblick auf die vertragliche Verpflichtung von Urhebern und sonstigen Berechtigten fortbestand. Die Zusammenarbeit im Hinblick auf die Wahrnehmung des musikalischen Aufführungsrechts wirkte sich damit zunächst nicht auf den Bereich der Verwertung der mechanisch-musikalischen Rechte aus.

---

[40] *Mann,* Stagma-Nachrichten 1938, S. 239.
[41] Urteil des RG vom 14.11.1931, in: RGZ 134, S. 198.

2. Erste Annäherungen zwischen „mechanischer Abteilung" der GDT und Ammre

Zu einer ersten Annäherung zwischen Ammre und „mechanischer Abteilung" der GDT kam es 1932. Die Wirtschaftskrise traf auch die Hersteller mechanischer Musikinstrumente und der entsprechenden Speichermedien.[42] Aufgrund eines Rückgangs der Schallplattenumsätze im Frühjahr 1931 geriet der von der GDT mitgegründete IBA in finanzielle Schwierigkeiten, die zu seiner Auflösung zu Beginn des Jahres 1932 führten.[43] Damit lag die Verwertung der ihr zustehenden Rechte wieder in der Hand der „mechanischen Abteilung" der GDT. Die GDT entschied sich unter dem Eindruck der Zusammenarbeit mit dem Musikschutzverband zur Übertragung der Verwaltung ihrer mechanischen Rechte an die Ammre. Die Zusammenarbeit beschränkte sich dabei nicht auf die bloße Verwertung der ihr zustehenden Rechte. Die GDT konnte zwei Vertreter in den Aufsichtsrat der Ammre entsenden.[44] Mit der Mitgliedschaft im Aufsichtsrat erlangte sie nach § 52 Abs. 1 GmbHG 1900 in Verbindung mit § 246 des HGB die Befugnis zur Überwachung der Geschäftsführung der Ammre. Hierfür erhielt sie das Recht zur Einsichtnahme in Bücher und Schriften, den Bestand der Gesellschaftskasse, sowie an Wertpapieren und Waren. Darüber hinaus waren die Vertreter der GDT an der Prüfung von Jahresrechnungen, Bilanzen und Vorschlägen zur Gewinnverteilung beteiligt. Die Zusammenarbeit zwischen Ammre und „mechanischer Abteilung" der GDT reichte im Hinblick auf die Beziehungen zu den Musiknutzern damit ähnlich weit, wie diejenige der GDT mit dem Musikschutzverband. Die Hersteller mechanisch-musikalischer Vervielfältigungen erlangten die Möglichkeit zu einem umfassenden Rechteerwerb aus einer Hand.[45] Die Vertragsverhältnisse zu den Urhebern und sonstigen Berechtigten blieben von der neu begründeten Zusammenarbeit weitgehend unberührt. Die Verteilung der gemeinsam erzielten Einnahmen an ihre Bezugsberechtigten erfolgte weiterhin getrennt nach den Vorgaben der jeweiligen Gesellschaft.[46]

Einer der wesentlichen Gründe für die Zusammenarbeit von Ammre und „mechanischer Abteilung" der GDT bildete die schwierige Zusammenarbeit

---

[42] *Wicke*, in: Schramm (Hrsg.), Handbuch Musik und Medien, ²2019, S. 3 (13).

[43] Mitteilung über die Auflösung der IBA im Januar 1932, in: Der schaffende Musiker 1932, Nr. 25, S. 11.

[44] Mitteilung über die Auflösung der IBA im Januar 1932, in: Der schaffende Musiker 1932, Nr. 25, S. 11 (13).

[45] Ausgenommen hiervon waren diejenigen Rechteinhaber, die die Rechte an ihren Werken individuell verwerteten.

[46] Mitteilung über die Auflösung der IBA im Januar 1932, in: Der schaffende Musiker 1932, Nr. 25, S. 11 (13).

mit den Herstellern der mechanischen Reproduktionen. Die Schallplattenkonzerne versuchten die Vereinbarungen mit den Verwertungsunternehmen zu umgehen, indem sie Bearbeitungen der aufzunehmenden Werke erstellen ließen und dadurch die Einnahmen der originären Urheber schmälerten, bzw. Absprachen mit einzelnen Verlagen über die Einräumung günstigerer Lizenzbedingungen für die Vervielfältigung einzelner Werke trafen.[47] Mit der Vereinigung der konkurrierenden Verwertungsunternehmen konnten die Marktakteure ihre Möglichkeiten zur Verhinderung solcher Umgehungsstrategien verbessern.

Die Zusammenarbeit zwischen Ammre und GDT blieb nicht frei von Bedenken. So kritisierten die Mitglieder der GDT die Ammre dafür, dass ihre Tätigkeit vornehmlich der Gewinnerzielung für ihre Gesellschafter und nicht den allgemeinen Belangen der Urheber diente. Aus diesem Grund forderten sie nach der Machtübernahme der Nationalsozialisten eine Neuordnung der Verwaltung der mechanisch-musikalischen Rechte „im Sinne der nationalsozialistischen Bewegung".[48] Die Annäherung von „mechanischer Abteilung" der GDT und Ammre war damit sowohl im Hinblick auf die Ausgestaltung der Rechtsbeziehungen zu den Musiknutzern, als auch zu den Bezugsberechtigten mit den Entwicklungen im Bereich des musikalischen Aufführungsrechts vergleichbar, erfolgte jedoch unabhängig von der 1930 erfolgten Aufnahme der GDT in den Musikschutzverband.

3. Auswertung des Verhältnisses zwischen Ammre und „mechanischer Abteilung" der GDT

Im Ergebnis lassen sich einige Parallelen zwischen dem Zusammenschluss im Bereich der Wahrnehmung des musikalischen Aufführungsrechts und des mechanisch-musikalischen Vervielfältigungsrechts feststellen. Die Begründung einer Kooperation bezog sich in beiden Fällen zunächst auf das Verhältnis der Unternehmen zu den Werknutzern, wohingegen die Verwaltung der Musikrechte in der Hand der einzelnen Marktakteure verblieb. Die Annäherung zwischen „mechanischer Abteilung" der GDT und Ammre erfolgte unabhängig von der Aufnahme der GDT in den Musikschutzverband, was sich unter anderem an der Aufrechterhaltung von Rechtsstreitigkeiten zwischen den Verwertungsunternehmen zeigte. Eine erste Annäherung erfolgte nach Auflösung des IBA mit der Beauftragung der Ammre mit der Einziehung der Vervielfältigungsgebühren durch die GDT, der in diesem Zuge auch Kontroll- und Informationsrechte bei der Ammre eingeräumt

---

[47] *N.N.*, Der schaffende Musiker 1933, Nr. 30, S. 13 f.
[48] Bericht über den Verlauf der ordentlichen Hauptversammlung der GDT vom 26.3.1933, in: Der schaffende Musiker 1933, Nr. 32, S. 8 (13).

worden sind. Ähnlich wie der Musikschutzverband bildeten die ehemals konkurrierenden Marktakteure nunmehr ein Kartell für den Handel mit mechanisch-musikalischen Rechten, das die rechtliche Selbstständigkeit seiner Mitglieder berücksichtigte und den Fortbestand eigener Verteilungsmaßstäbe an ihre Bezugsberechtigten akzeptierte.

III. Die Folgen der Machtübernahme durch die Nationalsozialisten auf die Wahrnehmung des mechanisch-musikalischen Vervielfältigungsrechts

Mit Erlass des Gesetzes über die Vermittlung von Aufführungsrechten im Juli 1933 erfuhr der Handel mit musikalischen Aufführungsrechten in Form der kollektiven Rechtewahrnehmung einen Wandel, der sich nicht nur auf die interne Struktur der Verwertungsunternehmen, sondern auch den Rechtsverhältnissen zu Bezugsberechtigten und Musiknutzern auswirkte. Im September 1933 kam es zur Vereinigung der ehemals konkurrierenden GDT und der „alten Gema" in der Stagma als staatlich organisiertem Verwerter für das musikalische Aufführungsrecht im Deutschen Reich. Die Zusammenführung der Unternehmen erfolgte auf Anordnung des Reichsministers für Volksaufklärung und Propaganda, der die deutschen Marktakteure zur Bildung der Stagma verpflichtete.[49]

Dieser Teil geht der Frage nach, ob und inwieweit es auch im Hinblick auf die Verwertung der mechanisch-musikalischen Rechte zu staatlichen Interventionen kam. Die zentralen Gegenstände der Untersuchung bilden dabei die Aufrechterhaltung der Selbstständigkeit und die Entwicklung der Zusammenarbeit der Unternehmen unter dem nationalsozialistischen Herrschaftsregime. Hierzu wird in einem ersten Abschnitt der Fortbestand der Verwertungsunternehmen für die Wahrnehmung der mechanisch-musikalischen Rechte untersucht. Dabei steht die Frage im Vordergrund, ob und inwieweit lenkungswirtschaftliche Maßnahmen durch den Staat ergriffen wurden, die sich auf die Marktverhältnisse und den Handel mit mechanisch-musikalischen Rechten auswirkten. Ein anschließender zweiter Abschnitt betrachtet die Rechtsbeziehungen zwischen der „mechanischen Abteilung" der GDT und der Ammre und den von ihnen betreuten Bezugsberechtigten. In Anlehnung an den staatlichen Einfluss auf die Stagma und ihre Bezugsberechtigten wird analysiert, ob und inwieweit die Vertragsbeziehungen zu Urhebern und sonstigen Berechtigten staatlicher Einwirkung und Kontrolle unterlagen. Ein daran anknüpfender dritter Abschnitt widmet sich der Frage der Ausgestaltung der Rechtsbeziehungen zu den Herstellern der mechani-

---

[49] Siehe: Kap. 7 II 4.

schen Vervielfältigungen und Umstrukturierungen durch die Nationalsozialisten. Schließlich werden in einem vierten Abschnitt die Folgen der Machtübernahme der Nationalsozialisten auf die innere Organisation der Verwertungsunternehmen und ihre Rechtsbeziehungen zu Herstellern und Bezugsberechtigten zusammengefasst.

1. Der Fortbestand der Verwertungsunternehmen im Bereich des mechanisch-musikalischen Vervielfältigungsrechts

1933 lag die Verwaltung der mechanisch-musikalischen Vervielfältigungsrechte in der Hand der Ammre und der „mechanischen Abteilung" der GDT. Gegenüber den Musiknutzern trat allein die Ammre als Einrichtung zum Erwerb der Rechte zur Reproduktion ebendieser Werke auf. Dieser Abschnitt befasst sich mit den Fragen, inwieweit die Konkurrenz von GDT und Ammre auch nach Gründung der Stagma zur gemeinschaftlichen Verwertung der musikalischen Aufführungsrechte fortbestand, das heißt, ob und inwieweit sich der staatliche Einfluss auf die Verwertung der mechanisch-musikalischen Rechte erstreckte. Ein erster Unterabschnitt behandelt die Folgen der Machtübernahme durch die Nationalsozialisten auf die „mechanische Abteilung" der GDT unter besonderer Berücksichtigung der Frage nach der Beibehaltung ihrer rechtlichen Selbstständigkeit. In einem zweiten Unterabschnitt werden Art und Ausmaß der Fortführung der Ammre als Verwertungsgesellschaft für die Wahrnehmung der mechanisch-musikalischen Rechte und der Umfang der staatlichen Einflussnahme auf ihre Betätigung betrachtet.

a) Der Fortbestand der „mechanischen Abteilung" der GDT

Parallel zur Bildung der Stagma im Bereich des musikalischen Aufführungsrechts beschloss die GDT auf einer außerordentlichen Hauptversammlung am 29.10.1933 ihre Liquidation.[50] Im Zuge ihrer Auflösung schloss sie am 15.3.1934 einen Vertrag mit der Stagma. Nach §1 dieses Vertrags trat die Stagma in alle bestehenden Verpflichtungen der GDT ein.[51] Demgegenüber trat die GDT in §3 sämtliche Ansprüche an die Stagma ab. Dies umfasste neben den Ansprüchen, die sich aus den von ihren Mitgliedern übertragenen Aufführungsrechten ergaben, auch diejenigen, die mit der Wahrnehmung der mechanischen Rechte erzielt wurden.[52] Im Rahmen einer weiteren Mitglie-

---

[50] Protokoll der außerordentlichen Hauptversammlung vom 29.10.1933, in: Landesarchiv Berlin, A Rep. 030-04, Nr. 3128.
[51] Vertrag zwischen der GDT und der Stagma vom 15.3.1934, in: Landesarchiv Berlin, A Rep. 030-04, Nr. 3128.
[52] Liquidations-Bericht GDT vom 15.4.1936, S. 11, in: Landesarchiv Berlin, A Rep. 030-04, Nr. 3128.

derversammlung vom 22.4.1934 wurde die Liquidation der GDT von den ursprünglich eingesetzten drei Liquidatoren auf *Leo Ritter*, als Leiter der Stagma, übertragen, der die Bücher zum 31.12.1935 schloss.[53] Damit beendete die Gründung der Stagma die Konkurrenz zwischen der „mechanischen Abteilung" der GDT und der Ammre um die Verpflichtung der Bezugsberechtigten. Insofern hätte sich allein die Stagma in Konkurrenz zur Ammre als Verwerter für die mechanisch-musikalischen Rechte stellen können. Die Verwaltung der mechanischen Rechte der GDT durch die Stagma erfolgte allein im Zuge der Liquidation. Die Stagma nahm keine mechanisch-musikalischen Rechte in Konkurrenz zur Ammre wahr.[54] Die Auflösung der GDT bewirkte daher ein Ende der Konkurrenz um die vertragliche Verpflichtung von Herstellern und Bezugsberechtigten. Dies erfolgte indirekt aufgrund der Einflussnahme durch die Nationalsozialisten, die die GDT zur Vereinigung mit der „alten Gema" verpflichteten und in diesem Zuge ihre Liquidation bewirkten. Aufgrund der Tatsache, dass die Stagma die der GDT ehemals zustehenden mechanischen Rechte nur im Zuge der Abwicklung des Unternehmens verwertete, erlangte die Ammre ein tatsächliches Monopol für die kollektive Wahrnehmung mechanisch-musikalischer Vervielfältigungsrechte im Deutschen Reich.

b) Art und Ausmaß der Fortführung der Ammre

Im Gegensatz zur GDT, die sowohl an der Verwertung des musikalischen Aufführungsrechts als auch an der Verwertung der mechanischen Rechte partizipierte, war die Ammre als eigenständiges Unternehmen allein auf die Wahrnehmung des mechanisch-musikalischen Vervielfältigungsrechts spezialisiert. Aus diesem Grund war sie nicht unmittelbar von den Veränderungen betroffen, die durch Erlass des Gesetzes über die Vermittlung der musikalischen Aufführungsrechte vom 4.7.1933 zur Umstrukturierung des Marktes für musikalische Aufführungsrechte führte. Nichtsdestoweniger setzte sich die Ammre im Rahmen einer Aufsichtsratssitzung am 10.7.1933 mit den Folgen der neuen Rechtslage auseinander.[55] Im Februar 1934 fand ein Tref-

---

[53] Mitteilung zur Beendigung der Liquidation der GDT, in: Stagma-Nachrichten 1936, S. 135.

[54] Im Rahmen einer Tagung erklärte die Stagma, dass auch die Wahrnehmung der mechanisch-musikalischen Rechte in die Hand einer einheitlichen Organisation gelegt werden sollte, siehe: Bericht über eine Tagung einer internationalen Arbeitsgemeinschaft bei der Stagma vom 5./6.4.1934, in: Stagma-Nachrichten 1934, S. 35 (38). Weiterhin beschränkt sich die Stagma im Rahmen einer Broschüre zu ihren Aufgaben auf die Wahrnehmung der musikalischen Aufführungsrechte, siehe: Broschüre „Die Aufgaben der Stagma", in: Stagma-Nachrichten 1935, Nr. 7, Anlage.

[55] Protokoll der Aufsichtsratssitzung vom 10.7.1933, in: Landesarchiv Berlin, A Rep. 342-02, Nr. 56318, Bl. 269.

fen zwischen der Ammre und Vertretern der „Berufsstände" der Komponisten, Textdichter und Verlage statt, um ihre Umgestaltung unter Berücksichtigung der Interessen dieser Berufsgruppen vorzunehmen. Insbesondere wurde eine Einschränkung des Verwaltungsapparats der Ammre und eine Vereinheitlichung und Vereinfachung des Verrechnungssystems beschlossen.[56] Die vordergründige Zielsetzung des Treffens und der Anpassungen lag in der Gründung einer einheitlichen Organisation für die Wahrnehmung der mechanisch-musikalischen Rechte im Deutschen Reich.[57] Die Teilhabe der „Berufsstände" an der Neuausrichtung der Wahrnehmung der mechanischen Rechte verdeutlicht, dass das der Ammre gewährte tatsächliche Monopol für den Handel mit mechanisch-musikalischen Rechten mit einer zunehmenden Einflussnahme staatlicher Stellen einherging. Das von den Nationalsozialisten etablierte System der Berufsstände hatte „den Zweck, der Staatsführung verantwortliche Organe zu schaffen. Diese Organe werden durch Zusammenfassung aller Angehörigen eines Berufes gebildet, die Leitung der berufsständischen Organe wird durch die Staatsführung selber bestimmt".[58]

Die Umgestaltung des kulturellen Lebens nach der Idee der Bildung von „Berufsständen" fand ihren Ausdruck im Erlass des Reichskulturkammergesetzes im September 1933, das die Kulturschaffenden zu einer Zwangsmitgliedschaft in der entsprechenden Fachkammer, der dem Reichsminister für Volksaufklärung und Propaganda unterstehenden Reichskulturkammer verpflichtete. Der „Berufsstand der deutschen Komponisten", der „Berufsstand der deutschen Textdichter", sowie der deutsche Musikalien-Verleger-Verein unterstanden als Fachverbände der Reichskulturkammer und unterlagen damit dem Einfluss der staatlichen Kulturpolitik.[59] Die Machtübernahme der Nationalsozialisten 1933 und die damit einhergehende Neuordnung des kulturellen Lebens berührten damit auch die kommerzielle Wahrnehmung der mechanisch-musikalischen Rechte.

Neben den Plänen zur Umstrukturierung der Ammre im Hinblick auf die Interessen der unterschiedlichen „Berufsstände" kam es nach 1933 auch zu Veränderungen im Gesellschafterbestand. Die Ammre war ursprünglich von

---

[56] Bericht über den Umbau der Ammre, in: Stagma-Nachrichten 1935, S. 114.

[57] Ziel der Besprechungen zwischen den „Berufsständen" war auch die Prüfung, ob die Ammre eine einheitliche Verwertungsgesellschaft für das Deutsche Reich bilden konnte, bzw. ob hierfür eine andere Lösung gefunden werden musste, siehe: Bericht über eine Tagung einer internationalen Arbeitsgemeinschaft bei der Stagma vom 5./6.4.1934, in: Stagma-Nachrichten 1934, S. 35 (38).

[58] *Kopsch,* Stagma-Nachrichten 1934, S. 43.

[59] Der „Berufsstand der deutschen Komponisten" und der deutsche Musikalien-Verleger-Verein unterstanden als Fachverbände der Reichsmusikkammer, siehe: Organigramm der Reichsmusikkammer, bei: *Genz,* in: Hinkel (Hrsg.), Handbuch der Reichskulturkammer, 1937, S. 135 (187 ff.). Der „Berufsstand der deutschen Textdichter" unterstand der Reichsschrifttumskammer, siehe: ebd., S. 135 (187 ff.).

einer engen Zusammenarbeit mit der französischen Verwertungsgesellschaft für die Wahrnehmung der mechanisch-musikalischen Rechte, der EDIFO, geprägt. Die EDIFO und der Verein der deutschen Musikalienhändler bildeten ihre einzigen beiden Gesellschafter.[60] Die EDIFO litt wie auch die deutschen Verwertungsunternehmen unter den Folgen der Weltwirtschaftskrise und der damit einhergehenden Verringerung der Schallplattenproduktion. Als Konsequenz aus dem Rückgang ihrer Einnahmen musste die EDIFO liquidiert werden.[61] Am 12.11.1935 erwarb die Ammre bzw. der Verein der deutschen Musikalienhändler ihre Anteile.[62] Die Auflösung der Vertragsverhältnisse zwischen Ammre und EDIFO erfolgte unter Beteiligung der „Berufsstände" und unterlag damit der Kontrolle der Reichskulturkammer. Mit Vertrag vom 26.6.1935 verpflichtete sich die EDIFO ihre Anteile an die Ammre abzutreten und aus der Verwertungsgesellschaft auszuscheiden. Am gleichen Tag traten die „Berufsstände" der Ammre als Gesellschafter bei. Mit Übernahme der Gesellschaftsanteile vereinbarten die Ammre und die „Berufsstände", dass der Geschäftsbetrieb nach Weisung des Stagma-Geschäftsführers *Leo Ritter* geführt werden sollte.[63] Der Wechsel in der Leitung des Verwertungsunternehmens führte zu weiteren Umstrukturierungen im Aufbau des Unternehmens. So beschlossen die Gesellschafter der Ammre am 11.12.1935 eine Änderung von § 5 ihrer Satzung, wonach der Aufsichtsrat nicht mehr gebildet wurde.[64] Dafür wurde ein Beirat geschaffen, der aus je zwei Mitgliedern der drei „Berufsstände" stammte.[65] Die Kontrolle der Ammre wurde den staatlich legitimierten Vertretern übertragen. Mit der Ausweitung des staatlichen Einflusses ging die formal bestehende Selbstständigkeit der Ammre stetig zurück. Zwei Jahre nach der Machtübernahme unterlag die Ammre damit weitgehend der Lenkung des Staates und bildete nur noch unter formalen Gesichtspunkten ein selbstständiges Unternehmen.

2. Die Rechtsbeziehungen zwischen der Ammre und ihren Bezugsberechtigten

Mit Ausdehnung des staatlichen Einflusses auf die Ammre stellt sich die Frage, ob und inwieweit die Vertragsbeziehungen zu Urhebern und sonstigen Berechtigten von ihrer Umstrukturierung unter Mitwirkung der „Berufs-

---

[60] Siehe: Kap. 2 III 1a.
[61] Bericht über den Umbau der Ammre, in: Stagma-Nachrichten 1935, S. 114.
[62] Dokument über den Erwerb der Anteile, in: Landesarchiv Berlin, A Rep. 342–02, Nr. 56318, Bl. 358.
[63] Bericht über den Umbau der Ammre, in: Stagma-Nachrichten 1935, S. 114f.
[64] Beschluss über Satzungsänderungen vom 11.12.1935, in: Landesarchiv Berlin, A Rep. 342-02, Nr. 56318. Bl. 353 (354 Rs.).
[65] Bericht über den Umbau der Ammre, in: Stagma-Nachrichten 1935, S. 114f.

stände" berührt wurde. Die Beibehaltung einer formalen Selbstständigkeit des Unternehmens und die Fortgeltung der Vertragsfreiheit legten die Entscheidung über das Ob und Wie des Vertragsschlusses grundsätzlich weiterhin in die Hand der Ammre als privatrechtlich selbstständigem Unternehmen. Anhand einer Betrachtung der Grundsätze zur Verteilung der Einnahmen sowie Art und Umfang der Beauftragung der Ammre durch ihre Bezugsberechtigten werden ihre Betätigungsfelder im Hinblick auf das Ausmaß einer staatlichen Einflussnahme vor und nach der Machtübernahme durch die Nationalsozialisten betrachtet. Ein besonderes Augenmerk liegt dabei auf dem Verhältnis der Ammre zur Stagma und der Prüfung, ob und inwieweit Gemeinsamkeiten, bzw. Unterschiede in der Ausgestaltung der Rechtsbeziehungen zwischen Bezugsberechtigten und Verwertern bestanden. Die Auswertung ermöglicht Rückschlüsse auf die Frage, ob und inwieweit die Beibehaltung der Selbstständigkeit autonome Handlungsspielräume bei der Ausgestaltung ihrer Vertragsbeziehungen zu den Bezugsberechtigten ließ.

Einen wesentlichen Gesichtspunkt für die Vertragsverhältnisse zwischen Bezugsberechtigten und Verwertern bildete die Verteilung der Einnahmen. Mit der Machtübernahme durch die Nationalsozialisten und einer verstärkten Zusammenarbeit mit der Stagma entschied sich die Ammre zur Aufstellung eines Verteilungsplans, der den jeweiligen Bezugsberechtigten bestimmte Anteile von den eingenommenen Lizenzgebühren zuwies.[66] In Anlehnung an die Verteilungspläne der Gesellschaften zur Verwertung der musikalischen Aufführungsrechte wurden Komponisten, Textdichtern und Verlegern gleichbleibende Anteile am Ertrag der jeweiligen Werke zugesichert. Die an der Schaffung des Werkes mitwirkenden Berufsgruppen erlangten entsprechend ihrer Beteiligung für jegliche in Deutschland gepressten Schallplatten einen gewissen Anteil an den Lizenzgebühren. Für den Fall, dass sowohl ein Komponist, Textdichter und Verleger an der Fertigung beteiligt war, erhielten der Komponist und der Textdichter jeweils ein Viertel und der Verleger die Hälfte der Lizenzgebühren. Die Verteilung der Einnahmen war damit unabhängig von der Frage, wer die Ammre mit der Wahrnehmung der mechanisch-musikalischen Rechte beauftragt hatte, was bis 1933 die gängige Verteilungspraxis des Verwertungsunternehmens bildete.[67] Die Initiative zur Aufstellung eines Verteilungsplans ging von den „Berufsständen" aus, die darin eine Vereinfachung der Verrechnung erblickten.[68]

Mit der Umstellung ihres Verrechnungssystems näherte sich die Ammre der Stagma an, die die Verteilung ihrer Einnahmen an ihre Bezugsberechtigten ebenfalls unter Rückgriff auf einen Verteilungsplan bewirkte. In Abgren-

---

[66] Verteilungsplan der Ammre, zitiert nach: Stagma-Nachrichten 1935, S. 115.
[67] Zur Partizipation an den Einnahmen der Ammre vor 1933, siehe: Kap. 4 II 1b.
[68] Bericht über den Umbau der Ammre, in: Stagma-Nachrichten 1935, S. 114.

zung zum Verteilungsplan der Stagma enthielt der Verteilungsplan der Ammre aber keine Differenzierung zwischen Werken der ernsten Musik und der Unterhaltungsmusik. Auch eine Zuordnung von Aufführungswerten für die zu vervielfältigenden Werke war im Verteilungsplan der Ammre nicht vorgesehen.[69] Die Beibehaltung dieser Unterschiede lässt sich mit dem unterschiedlichen Wahrnehmungsgegenstand erklären. Das Recht der mechanisch-musikalischen Vervielfältigung stand aufgrund der Fertigung eines körperlichen Gegenstands dem Verlagsrecht näher als dem Aufführungsrecht, was die Rechtsdurchsetzung vereinfachte. Eine Aufteilung in Sparten und unterschiedliche Formen der Wiedergabe des musikalischen Werkes war aus diesen Gründen nicht erforderlich. Der staatliche Einfluss durch die „Berufsstände" führte damit allein dazu, dass nunmehr Urheber, Textdichter und Verlage an den Einnahmen aus der mechanisch-musikalischen Vervielfältigung des Werkes, unabhängig von der Frage, wer die Ammre mit der Verwertung beauftragt hat, beteiligt werden mussten.

Die Art und Weise der Übertragung der Wahrnehmung der mechanisch-musikalischen Rechte auf die Ammre blieb nach der Machtübernahme durch die Nationalsozialisten zunächst unverändert. Die Bezugsberechtigten erteilten der Ammre weiterhin eine Vollmacht zur Verwertung ihrer Rechte.[70] Im Gegensatz zu der gängigen Praxis, wonach dem Verleger die mechanischen Rechte am jeweiligen Werk übertragen wurden, verblieben sie nunmehr auch nach Abschluss eines Verlagsvertrags beim Komponisten.[71] Die gleichberechtigte Beteiligung von Verleger und Komponist an den Einnahmen der Ammre beruhte auf der Partizipation der „Berufsstände" und bildete einen weiteren Bestandteil der Umstrukturierung der Ammre.

In Abgrenzung zur Stagma stellte die Ammre zunächst keine Regelung auf, die eine Mitgliedschaft in der Reichskulturkammer zur Voraussetzung für den Abschluss eines Vertrags zur Wahrnehmung der mechanisch-musikalischen Rechte machte.[72] *Wolfgang Mann*, einer der beiden 1935 eingesetzten Geschäftsführer der Ammre, konstatierte in einem Artikel für die Stagma-Nachrichten die sich aufgrund des unterschiedlichen Kundensegments beider Gesellschaften ergebenen Unterschiede und dem damit einhergehenden Erfordernis eines anderen Aufbaus der jeweiligen Gesellschaften, was den Erklärungsansatz für die unterschiedlichen Anforderungen an die Aufnahme von Bezugsberechtigten bildete.[73] Unter Berücksichtigung von §4 der

---

[69] Zur Verteilung der Einnahmen der Stagma, siehe: Kap. 7 IV 1.

[70] Zur Art und Weise der Wahrnehmung vor 1933, siehe: Kap. 4 II 1a. 1937 bereitete die Leitung der Ammre die Fassung einer neuen Vollmacht vor, siehe: *Mann,* Stagma-Nachrichten 1937, S. 224.

[71] *Mann,* Stagma-Nachrichten 1938, S. 239 (240).

[72] Zur Abhängigkeit einer Bezugsberechtigung bei der Stagma von einer Mitgliedschaft in der Reichsmusikkammer, siehe: Kap. 7 IV 1.

[73] *Mann,* Stagma-Nachrichten 1938, S. 239 (241). Gleichberechtigt neben *Wolfgang*

III. Die Folgen der Machtübernahme durch die Nationalsozialisten 293

ersten Verordnung zum Reichskulturkammergesetz lief dieser Unterschied zwischen Stagma und Ammre ins Leere. § 4 sah nämlich vor, dass eine Mitwirkung bei der Erzeugung, Wiedergabe, Verbreitung und beim Absatz von Kulturgut an eine Mitgliedschaft in der jeweiligen Einzelkammer der Reichskulturkammer gebunden war.[74] Urheber und sonstige Berechtigte waren damit bereits aufgrund der gesetzlichen Vorgaben an einer Betätigung im Deutschen Reich gehindert. Die Kopplung einer Mitgliedschaft in der Reichskulturkammer an die Beauftragung der Ammre mit der Wahrnehmung der mechanisch-musikalischen Rechte war aus diesem Grunde nicht notwendig. Der staatliche Einfluss erstreckte sich damit im gleichen Maße auf Bezugsberechtigte von Ammre und Stagma.

Insofern verwundert es auch nicht, dass die Vertragsverhältnisse zwischen Bezugsberechtigten und Ammre von einer Ausdehnung der Beziehungen der Ammre zur Stagma geprägt war. Im Geschäftsjahr 1935/36 beschloss die Ammre, dass gegenüber dem Rundfunk nur solche Autoren und Verleger vertreten wurden, die gleichzeitig Mitglied der Stagma waren.[75] Weiterhin kam es zu einer kontinuierlichen Anpassung der Betriebsgemeinschaften beider Unternehmen, die ihren Ausdruck in gemeinsamen Betriebsfeiern und Aktivitäten wie zum Beispiel der Mitwirkung im Betriebschor fand.[76] Mit der Annäherung an die Stagma verkam die Beibehaltung der Selbstständigkeit der Ammre im Laufe der Zeit mehr und mehr zu einer formalen Hülle. In zunehmenden Maße wurde damit ein Prozess zur Vereinigung beider Gesellschaften in Gang gesetzt.

Im Ergebnis führten die nach der Machtübernahme durch die Nationalsozialisten vorgenommen Veränderungen im Hinblick auf die Vertragsbeziehungen zwischen Ammre und ihren Bezugsberechtigten zu einer Verrückung der Unternehmensziele der Verwertungsgesellschaft. Das privatwirtschaftlich als GmbH ausgestaltete Unternehmen musste sich weitgehenden Änderungen im Hinblick auf die Ausgestaltung der Verteilungsgrundsätze und Art und Umfang der vertraglichen Verpflichtungen gegenüber den Bezugsbe-

---

Mann wurde *Friedrich August Beck* 1935 als weiterer Geschäftsführer der Ammre bestellt, siehe: Bericht über den Umbau der Ammre, in: Stagma-Nachrichten 1935, S. 114 f.

[74] § 4 Abs. 1 der ersten Verordnung zum Reichskulturkammergesetz lautet:
„Wer bei der Erzeugung, der Wiedergabe, der geistigen oder technischen Verarbeitung, der Verbreitung, der Erhaltung, dem Absatz oder der Vermittlung des Absatzes von Kulturgut mitwirkt, muß Mitglied der Einzelkammer sein, die für seine Tätigkeit zuständig ist"
Abs. 2: „Verbreitung ist auch die Erzeugung und der Absatz technischer Verbreitungsmittel".

[75] Geschäftsbericht der Stagma für das Jahr 1935/36 vom 19.11.1936, der aufgrund der Position *Leo Ritters* als „Aufsicht" über die Ammre auch einen Bericht zur Ammre enthält, in: Stagma-Nachrichten 1936, S. 163 (171).

[76] Bericht „Aus den Betriebsgemeinschaften der Stagma und Ammre", in: Stagma-Nachrichten 1937, S. 230.

rechtigten unterwerfen. Mit der Übertragung der Aufsicht über die Ammre an *Leo Ritter* kam es zu einer Anpassung der Organisationsstrukturen an die Stagma. Die Einbindung der „Berufsstände" an der Neugestaltung der Rechtsverhältnisse zu den Urhebern und sonstigen Berechtigten spiegelt den im gesamten NS-Staat immanenten Einfluss wider, den der Staat auf jegliche Bereiche des öffentlichen Lebens nehmen konnte. Bei der Ammre handelte es sich wie auch bei der Stagma um ein „gleichgeschaltetes" Unternehmen.[77] In der Folge verlor die Ammre ihre autonomen Handlungsspielräume und unterlag zunehmend einer staatlichen Lenkung, was sich auch auf die Vertragsverhältnisse zu den Bezugsberechtigten auswirkte.

3. Die Rechtsbeziehungen zwischen der Ammre und den Herstellern

Die Einheit der Verwertungsunternehmen gegenüber den Herstellern mechanischer Reproduktionen konnte bereits vor der Machtübernahme der Nationalsozialisten erreicht werden, indem die „mechanische Abteilung" der GDT die Ammre mit der Wahrnehmung ihrer Rechte betraute.[78] Dieser Abschnitt setzt sich nunmehr mit der Frage auseinander, ob und inwieweit die staatliche Einflussnahme auch die Rechtsbeziehungen zwischen der Ammre und den Herstellern der mechanisch-musikalischen Vervielfältigungen berührte. Hierzu wird zunächst untersucht, in welchem Maße die Werknutzer einer der Untergliederungen der Reichskulturkammer unterstanden und bereits dadurch der staatlichen Einflussnahme ausgesetzt waren. Weiterhin soll danach gefragt werden, ob und inwieweit die Ausgestaltung der Rechtsbeziehungen zwischen Verwertern und Herstellern in anderen Formen als durch die Einflussnahme durch die Reichsmusikkammer einer Lenkung durch staatliche Stellen unterlagen. Hieraus werden Rückschlüsse auf die Frage ermöglicht, inwieweit die industriellen Handelspartner der Ammre von deren enger Beziehung zur Stagma profitierten konnten.

Einer der wesentlichen Unterschiede zwischen der Wahrnehmung des musikalischen Aufführungsrechts und des mechanisch-musikalischen Vervielfältigungsrechts bestand in der Art der Werknutzung. Während musikalische Aufführungen in einer Vielzahl unterschiedlicher Spielstätten abgehalten werden konnten, war die Anfertigung mechanischer Vervielfältigungen auf Unternehmen beschränkt, die mittels entsprechender Aufzeichnungsgeräte das Werk zum Zwecke einer wiederholten Wiedergabe vervielfältigten. Die Produktion der jeweiligen Medien, wobei die wirtschaftlich relevanteste sicherlich die Schallplatte darstellte, konnte durch unterschiedliche Unternehmen in verschiedenen Ländern erfolgen; so war es durchaus möglich, dass

---

[77] Zur Gleichschaltung, siehe: Kap. 7 I.
[78] Siehe: Kap. 8 II 2.

das Werk eines italienischen Komponisten in London auf Wachs aufgenommen, die jeweiligen Platten hierzu in Paris gepresst und anschließend in der Schweiz verkauft wurden.[79]

Die globale Vernetzung der Hersteller mechanischer Reproduktionen zwang auch die Verwertungsunternehmen zu einer grenzüberschreitenden Zusammenarbeit, die bereits 1929 im BIEM und im IBA ihren Ausdruck fand.[80] Die Ausgestaltung der Vertragsverhältnisse zwischen der Industrie und den Verwertungsunternehmen erfolgte aus diesem Grund auf einer transnationalen Ebene. Die Rechtsbeziehungen zwischen BIEM und Industrie wurden in dem im Jahr 1930 in Kraft getretenen sogenannten „Weltindustrievertrag" geregelt. Die gemeinsamen Vertragsverhandlungen versetzten die Verwertungsunternehmen in die Lage den Produzenten als gleichberechtigte Verhandlungspartner gegenüberzutreten. So erhielt die Ammre aufgrund des von der BIEM abgeschlossenen Vertrags auch für diejenigen Werke eine Lizenzgebühr, die nach dem LUG 1910 urheberrechtsfrei waren.[81]

Die internationale Ausrichtung im Hinblick auf die Ausgestaltung der Rechtsverhältnisse zwischen Industrie und Verwertungsunternehmen minderte zunächst den Einfluss der staatlichen Stellen, insbesondere des Reichsministeriums für Volksaufklärung und Propaganda. Sie konnten auf die Art und Weise der Veräußerung mechanisch-musikalischer Rechte nicht mehr autonom einwirken. Nichtsdestoweniger forderte *Leo Ritter* in seiner Aufsichtsfunktion über die Ammre die Aufnahme der deutschen Schallplattenindustrie in die Reichsmusikkammer, um ihr dadurch „in kultureller Beziehung den nötigen Einfluß zu sichern".[82] Die Pläne zur Aufnahme der Schallplattenindustrie konnten zunächst nicht verwirklicht werden. 1937 war allein die „Arbeitsgemeinschaft Reichsmusikkammer – Musikinstrumentengewerbe", die die Hersteller von Musikinstrumenten vereinigte, ein Mitglied der Reichsmusikkammer.[83] Der Umsetzung des Plans *Ritters* stand vorrangig auch der Wandel der Schallplattenindustrie entgegen. „Teilten sich in Deutschland vor dem 1. Weltkrieg ungefähr 100 Firmen den Plattenmarkt, so verblieben 1925/26 noch 6 große, amerikanischen und englischen Konzernen zugehörige Schallplattenfirmen".[84] Die Vertragsverhältnisse zwischen Verwertungsunternehmen und Herstellern mechanischer Reproduktionen erschwerte den Einfluss der Nationalsozialisten doch erheblich.

---

[79] *Mann*, Stagma-Nachrichten 1938, S. 239.
[80] Siehe: Kap. 8 II 1.
[81] *Mann*, Stagma-Nachrichten 1938, S. 239 (240).
[82] Geschäftsbericht der Stagma für das Jahr 1934/35 vom 15.12.1935, in: Stagma-Nachrichten 1936, S. 121 (132).
[83] *Raabe*, in: Hinkel (Hrsg.), Handbuch der Reichskulturkammer, 1937, S. 91 (105).
[84] *Otterbach*, Die Geschichte der europäischen Tanzmusik, 1980, S. 292.

Restriktionen bestanden hinsichtlich der Art des Vertragsgegenstands. Durch die Möglichkeit der Ausgrenzung bestimmter Musiker aus der Reichsmusikkammer in § 10 der ersten Verordnung zum Reichskulturkammergesetz reduzierte sich auch die Auswahl an Werken, die von den Unternehmen vervielfältigt werden durften.[85] Die Schallplattenkonzerne konnten das Verbot zunächst weitgehend umgehen. Entsprechende Platten wurden nicht beworben oder mit falschen Etiketten getarnt und derart in den Verkauf gebracht.[86] Darüber hinaus blieb eine Fertigung von Reproduktionen von Werken, die von Künstlern stammten, die der Reichsmusikkammer nicht angeschlossen waren, für das Ausland möglich.[87] Zu tatsächlichen Einschränkungen bei der Herstellung mechanisch-musikalischer Vervielfältigungen und deren Vertrieb im Inland kam es erst 1938 mit der Errichtung der Reichsmusikprüfstelle, die Vertrieb und Aufführung von Schallplatten mit „unerwünschter und schädlicher Musik" verbot.[88] Damit blieb die staatliche Einflussnahme auf die Hersteller mechanisch-musikalischer Vervielfältigungen nach 1933 zunächst auf wenige Fälle beschränkt.

Die Beschränkung der staatlichen Einflussnahme auf die Schallplattenproduzenten wird auch im Rahmen einer Betrachtung der Rechtsprechung deutlich. Einige Hersteller stellten dem Rundfunk ihre Schallplatten aus Werbegründen kostenfrei zur Verfügung.[89] Der Rundfunk war mit Gründung der Reichsrundfunkkammer Bestandteil der Reichskulturkammer und damit dem Reichsministerium für Volksaufklärung und Propaganda unterstellt.[90] Die Leitung des Rundfunks oblag der 1925 gegründete Reichsrundfunk GmbH. Die Anteile an der GmbH standen dem Deutschen Reich zu, das diese stellvertretend durch den Reichsminister für Volksaufklärung und Propaganda verwalten ließ.[91] Im März 1935 sahen die Schallplattenunternehmen von der Praxis der kostenlosen Zurverfügungstellung ihrer Schallplatten an den Rundfunk ab und forderten die Reichsrundfunk GmbH zur Unterlassung der Sendung auf. Das Reichsgericht sprach sich entgegen dem Wortlaut von § 22a LUG 1910 für die Erlaubnispflicht öffentlicher Aufführungen von

---

[85] § 10 der ersten Verordnung zum Reichskulturkammergesetz lautet:
„Die Aufnahme in eine Einzelkammer kann abgelehnt oder ein Mitglied ausgeschlossen werden, wenn Tatsachen vorliegen, aus denen sich ergibt, daß die in Frage kommende Person die für die Ausübung ihrer Tätigkeit erforderliche Zuverlässigkeit und Eignung nicht besitzt"

[86] *Brüninghaus*, Unterhaltungsmusik im Dritten Reich, 2010, S. 45 f.

[87] *Elste*, in: Heister/Klein (Hrsg.), Musik und Musikpolitik im faschistischen Deutschland, 1984, S. 107 (110).

[88] Siehe: Kap. 7 IV 1.

[89] Urteil des RG vom 14.11.1936, in: RGZ 153, S. 1 f.

[90] Zu Wesen und Aufgaben des Rundfunks im Dritten Reich, siehe: *Genz*, in: Hinkel (Hrsg.), Handbuch der Reichskulturkammer, 1937, S. 299 ff.

[91] Urteil des RG vom 14.11.1936, in: RGZ 153, S. 1.

Schallplatten mittels des Rundfunks aus und räumte den Schallplattenherstellern ihre Ansprüche vollumfänglich zu. Begründet wurde diese Abkehr mit dem Ausnahmecharakter des § 22a LUG 1910 und dem steigenden Einfluss des Rundfunks, der 1910 noch nicht zu ersehen war.[92] Nach *Ernst Fraenkel* bildete das Urteil des Reichsgerichts ein Beispiel dafür, dass zur Erhaltung der Rechtsinstitutionen die Grundzüge des Privatrechts aufrechterhalten wurden, auch wenn dies mit Restriktionen für staatliche Stellen verbunden war.[93] Auch der Musikwissenschaftler *Martin Elste* konstatierte in seiner Betrachtung der Schallplattenindustrie im NS-Staat das „relative Desinteresse" der NSDAP an den Schallplattenherstellern.[94] Im Ergebnis waren die Rechtsbeziehungen der Ammre zu den Herstellern mechanischer Reproduktionen von einer geringeren Einflussnahme staatlicher Stellen tangiert als es bei der Verwertung der musikalischen Aufführungsrechte der Fall war. Die Betätigung der Ammre in diesem Bereich blieb damit weitgehend eigenständig im Verhältnis zur Stagma.

4. Auswertung der Folgen der Machtübernahme der Nationalsozialisten auf die Wahrnehmung der mechanisch-musikalischen Vervielfältigungsrechte

Der 1933 erfolgte Machtwechsel unterbrach den Prozess einer möglichen freiwilligen Vereinigung der ehemals konkurrierenden Verwertungsgesellschaften für die Wahrnehmung des mechanisch-musikalischen Vervielfältigungsrechts im Deutschen Reich. Die Ammre erlangte durch die Liquidation der GDT ein tatsächliches Monopol für die Wahrnehmung und den Handel mit mechanisch-musikalischen Rechten. Trotz der Beibehaltung ihrer rechtlichen Selbstständigkeit war auch die Ammre wesentlich vom Einfluss der „Berufsstände" geprägt, die an einer Vereinfachung und Vereinheitlichung des Verrechnungssystems und einer Einschränkung des Verwaltungsapparats mitwirkten und damit eine Neugestaltung des Verwertungsunternehmens anstrebten. Der staatliche Einfluss, dem die „Berufsstände" unterlagen und ausübten, wurde zunehmend auch bei der Ammre deutlich. Nach dem Ausscheiden der französischen EDIFO als Gesellschafter der Ammre erlangten die „Berufsstände" auch deren Geschäftsanteile und konnten sich weitgehende Kontrollrechte über die Gesellschaft sichern. Die Ammre blieb damit nur unter formalen Gesichtspunkten selbstständig. Die Unternehmensführung folgte weitgehend den Weisungen des Leiters der Stagma. Ebenso wie

---

[92] Urteil des RG vom 14.11.1936, in: RGZ 153, S. 1 (25).
[93] *Fraenkel*, Der Doppelstaat, 1974, S. 111 f.
[94] *Elste*, in: Heister/Klein (Hrsg.), Musik und Musikpolitik im faschistischen Deutschland, 1984, S. 107 (112).

die Verwertungsunternehmen aus dem Bereich der musikalischen Aufführungsrechte wurde die Ammre damit trotz formaljuristischer Selbstständigkeit von einem privatwirtschaftlich arbeitenden Unternehmen zu einem staatlich gelenkten Betrieb für die Wahrnehmung der mechanisch-musikalischen Vervielfältigungsrechte.

Dies wirkte sich insbesondere auch auf die Bezugsberechtigten aus, die die Ammre mit der Wahrnehmung ihrer mechanischen Rechte beauftragten. Während die Einnahmen aus der Verwertung der mechanischen Rechte zuvor demjenigen zustanden, der die Ammre mit der Wahrnehmung seiner Rechte bevollmächtigte, veranlassten die „Berufsstände" die Aufstellung eines Verteilungsplans, nach dem die Ausschüttung der Einnahmen an die Bezugsberechtigten bestimmt wurde. Hierin kann eine erste Annäherung an die Stagma erblickt werden, deren Einnahmen ebenfalls nach den Maßgaben eines Verteilungsplans ausgeschüttet wurden. Nach 1933 konnte ein zunehmender Einfluss der Stagma auf die Ammre beobachtet werden, der sich unter anderem darin zeigte, dass die Ausschüttung bestimmter Einnahmen an eine Mitgliedschaft in der Stagma gekoppelt wurde und Stagma und Ammre gemeinsame Betriebsveranstaltungen abhielten. Eine Aufnahme von Regelungen, die Rechteinhaber von einer Beauftragung der Ammre ausschloss, existierte nicht. Allerdings waren Erzeugung, Verbreitung und Vertrieb von Kulturgut nach der ersten Verordnung zum Reichskulturkammergesetz von einer Mitgliedschaft in einer der Einzelkammern der Reichskulturkammer abhängig, was bestimmte Urheber und sonstige Berechtigte von einer Fertigung mechanisch-musikalischer Vervielfältigungen ihrer Werke ausschloss.

Demgegenüber waren die Rechtsverhältnisse zu den Herstellern der mechanisch-musikalischen Vervielfältigungen von einer weitgehenden Ausklammerung der staatlichen Einflussnahme geprägt. Die Tatsache, dass das Schallplattengewerbe international verflochten war, erschwerte die staatliche Unterwanderung der Industrie und gewährte ihr umfangreichere Rechte als den Veranstaltern musikalischer Aufführungen. Bis 1938 konnte die Fertigung und der Vertrieb von Schallplatten, die von Künstlern stammten, die der Reichsmusikkammer nicht angehörten im In- und Ausland ermöglicht werden. Erst mit Gründung der Reichsmusikprüfstelle im Jahre 1938 mussten sich auch die Hersteller mechanisch-musikalischer Vervielfältigungen weitergehenden Restriktionen bei der Ausübung ihrer Tätigkeit unterwerfen.

IV. Die Aufnahme der Ammre in die Stagma

Nachdem die Ammre bis 1938 als eigenständiges Unternehmen fortbestehen konnte, kam es am 28.10.1938 unter dem Namen „Abteilung für mechanische Urheberrechte" (AMRE) zur Aufnahme in die Stagma.[95] Als Grund für die Eingliederung der Ammre in die Stagma führte der Geschäftsbericht eine „rationelle Geschäftsführung" an.[96] Die Partizipation der „Berufsstände" und die Leitung der Ammre durch *Leo Ritter*, als Vorsitzendem der Stagma, hatte die Beibehaltung der Eigenständigkeit der Ammre bereits vorher ausgehöhlt. Die Aufnahme der Ammre in die Stagma beendete die Beibehaltung des Bestehens einer Pluralität von Unternehmen zur Verwertung musikalischer Urheberrechte endgültig und legte die Verwertung musikalischer Rechte vollständig in die Hände der Stagma als einzigem Verwerter. In Verbindung mit der Gründung der Reichsmusikprüfstelle stellte das Jahr 1938 damit einen Wendepunkt für die kollektive Wahrnehmung der Musikrechte dar, in dem der staatliche Einfluss auf die Gestaltung des musikalischen Lebens im Deutschen Reich und die Organisation der Verwertungsunternehmen vollständig erreicht werden konnte.

V. Zusammenfassung

Die auf tatsächlicher Ebene bestehenden Unterschiede zwischen dem musikalischen Aufführungsrecht und dem mechanisch-musikalischen Vervielfältigungsrecht zeigten sich auch bei einer Betrachtung der Wahrnehmung beider Rechte. Die Verwertungsunternehmen bestanden weitgehend unabhängig voneinander, so dass Maßnahmen, die die Marktteilnehmer in einem Wahrnehmungsbereich trafen, nicht unmittelbar auf die Marktakteure des anderen Marktsegments ausstrahlten. Gleichzeitig führte die stetige technische Fortentwicklung, die ihren Ausdruck vornehmlich in der Ausdehnung der Medien Rundfunk und Tonfilm nahm, zu Abgrenzungsfragen im Hinblick auf die Betätigungsfelder der Gesellschaften. Die Wiedergabe musikalischer und literarischer Werke im Rundfunk wurde vom Reichsgericht als Verbreitung im Sinne des § 11 Abs. 1 LUG 1910 eingeordnet. Das Vorliegen einer mechanisch-musikalischen Vervielfältigung wurde mangels Wiederholbarkeit der Sendung abgelehnt. In der Folge betätigten sich allein die Aufführungsrechtsgesellschaften an der Wahrnehmung der sich aus den Rundfunksendungen ergebenen Rechte. Auch der Tonfilm stellte nach Auffassung

---

[95] *Mann,* Stagma-Nachrichten 1939, S. 288.
[96] Geschäftsbericht der Stagma für das Jahr 1937/38 vom 29.3.1939, in: Stagma-Nachrichten 1939, S. 271 (276).

des Reichsgerichts keine mechanisch-musikalische Vervielfältigung dar und unterlag damit vornehmlich der Verwertung durch die Aufführungsrechtsgesellschaften, bzw. gesonderter für die Wahrnehmung der Tonfilmrechte gegründeter Gesellschaften. Bei der Bildung einer Gesellschaft für Tonfilmrechte kam es zu einer Zusammenarbeit der Unternehmen aus den Bereichen des Aufführungs- und des mechanisch-musikalischen Vervielfältigungsrechts. Den Schwerpunkt der Betätigung von Ammre und „mechanischer Abteilung" der GDT bildete dennoch im Wesentlichen der Handel mit Lizenzen zur Fertigung von mechanischen Reproduktionen, die zum Ende der Weimarer Republik vornehmlich in Form von Schallplatten auf den Markt kamen.

Das Verhältnis zwischen Ammre und „mechanischer Abteilung" der GDT war in der Endphase der Weimarer Republik von einer Konkurrenz der Unternehmen um die vertragliche Verpflichtung von Bezugsberechtigten und Herstellern mechanischer Reproduktionen geprägt. Zur Ausweitung ihres Repertoires und der damit einhergehenden Erweiterung ihres Angebots für die Schallplattenunternehmen setzten beide Gesellschaften auf Kooperationen mit ausländischen Verwertungsunternehmen. 1928 gründete die GDT den IBA. Im Folgejahr baute auch die Ammre mit Gründung des BIEM ihre internationalen Beziehungen aus. Erst 1932 kam es zu einer ersten Annäherung zwischen „mechanischer Abteilung" und Ammre. In Folge der Weltwirtschaftskrise kam es zu einem spürbaren Rückgang der Schallplattenumsätze und damit einhergehend auch zu einer Minderung der Nachfrage nach Lizenzen für die Fertigung von Schallplatten. Der IBA geriet dadurch in finanzielle Schwierigkeiten, die 1932 zu seiner Liquidation führten. Die „mechanische Abteilung" der GDT entschloss sich in der Folge die Verwaltung ihrer mechanischen Rechte der Ammre zu übertragen. Im Rahmen der Zusammenarbeit erhielt die GDT Sitze im Aufsichtsrat der Ammre und besaß damit weitgehende Einsichtnahme- und Kontrollrechte. Die ersten Schritte zur Vereinigung der Marktakteure im Bereich der Wahrnehmung des mechanisch-musikalischen Vervielfältigungsrechts erfolgten damit unabhängig von den Entwicklungen im Bereich des Aufführungsrechts konnten aber auch vor der Machtübernahme durch die Nationalsozialisten erreicht werden.

Mit dem 1933 erfolgten Machtwechsel etablierte sich die Ammre als einziges deutsches Verwertungsunternehmen für die Wahrnehmung des mechanisch-musikalischen Vervielfältigungsrechts. Im Gegensatz zur „alten Gema" und zu der der GDT unterstehenden AFMA unterlag die Ammre keinen gesetzlichen Vorgaben, die Art und Umfang der Wahrnehmung regelten und konnte als selbstständiges Unternehmen bestehen bleiben. Im Verlauf der 1930er Jahre weitete sich der Einfluss, den die Nationalsozialisten auf die Ausgestaltung der Wahrnehmung des mechanisch-musikalischen Vervielfältigungsrechts nahmen, immer stärker aus, so dass auch die Ammre von einem privatwirtschaftlich arbeitenden Unternehmen zu einem staatlich gelenkten Betrieb wurde. Dies betraf insbesondere die Rechtsverhältnisse zu den Bezugsberechtigten, die nach der Machtübernahme durch die Nationalsozialisten von einer Einflussnahme der „Berufsstände" und der Stagma geprägt waren. Demgegenüber blieben die Rechtsbeziehungen zu den Herstellern der Reproduktionen vom staatlichen Einfluss zunächst weitgehend unberührt. Die internationale Verflechtung der Schallplattenindustrie erschwerte ihre Unterwanderung durch die Nationalsozialisten.

Zu einer weiteren Ausdehnung des staatlichen Einflusses auf die Ammre kam es im Jahr 1938, indem ihre Eigenständigkeit aufgelöst und sie als „Abteilung für mechanische Urheberrechte" (AMRE) der Stagma untergliedert wurde. Gleichzeitig weiteten die staatlichen Stellen mit der Gründung der Reichsmusikprüfstelle 1938 ihren Einfluss auf die Hersteller aus, indem der Vertrieb und die Aufführung von Schallplatten mit „unerwünschter und schädlicher Musik" verboten wurde. Die staatlich gelenkte Stagma bildete damit die einzige Stelle zur Verwertung von Musikrechten für das Deutsche Reich und beendete das Nebeneinander unterschiedlicher Konzeptionen für die Wahrnehmung der musikalischen Urheberrechte.

Gesamtzusammenfassung

Von der individuellen zur kollektiven Wahrnehmung

Am Bereich der Musikrechte lässt sich exemplarisch der Weg zur Etablierung kollektiver Wahrnehmungsformen durch Verwertungsgesellschaften im Deutschen Reich darstellen. So war das 1901 begründete vorbehaltlose musikalische Aufführungsrecht das Recht, das als erstes im Rahmen einer flächendeckenden kollektiven Rechtewahrnehmung verwertet wurde. Auch das im LUG 1910 neu begründete mechanisch-musikalische Vervielfältigungsrecht wurde kollektiv wahrgenommen. Im Zentrum des ersten Teils dieser Arbeit standen insofern die Fragen, ob und inwieweit individuelle Wahrnehmungsformen neben der kollektiven Rechtewahrnehmung Bestand haben konnten. Der dieser Arbeit zu Grunde gelegte Wahrnehmungsbegriff unterschied dabei zwischen dem Handel mit Aufführungsrechten und Vervielfältigungsstücken und der effektiven Verfolgungen von Rechtsverletzungen. Die Musikrechte bildeten ein handelsfähiges Gut, das Gegenstand der Nachfrage von Veranstaltern musikalischer Aufführungen und Herstellern mechanischer Reproduktionen war.

Im Hinblick auf den Handel mit Aufführungsrechten bestand die Möglichkeit eines individuellen Rechteerwerbs. Alternativ zum Erwerb von Lizenzen für die Aufführung einzelner Werke boten die GDT und einzelne Verlage das ihnen durch die Einräumung der jeweiligen Aufführungsrechte zustehende Repertoire an. Die Veranstalter erwarben damit die Rechte an einer Summe von Werken, auf die sie für die Ausgestaltung ihrer Programme zurückgreifen konnten. Im Gegensatz zum Handel mit Aufführungsrechten konnte eine effektive Rechtedurchsetzung allein durch den Aufbau eines umfassenden Kontrollsystems gewährleistet werden. Die individuelle Rechtewahrnehmung blieb nach der Begründung des vorbehaltlos gewährleisteten Aufführungsrechts damit nur teilweise möglich. Die Verbindung von Erwerbs- und Durchsetzungselementen führte im Ergebnis zu einer weitgehenden Verdrängung individueller Wahrnehmungsformen für das musikalische Aufführungsrecht. Als Organisation, die speziell zur Verwertung des Aufführungsrechts gegründet wurde, konnte die GDT ihre Marktmacht im Verhältnis zur individuellen Wahrnehmung kontinuierlich ausbauen. Im Rahmen von Berechtigungsverträgen verpflichtete die GDT Urheber und Verlage zur umfassenden Rechteeinräumung, die eine eigenständige Verwertung ausschlossen. Diese umfassende vertragliche Verpflichtung versetzte die GDT in die Lage ein umfangreiches Repertoire auszubauen, das sie den Veranstaltern in Form von Pauschalverträgen anbot. Mit Abschluss eines Pauschalvertrags konnten die Veranstalter auf einen vielfältigen Werkbestand zurückgreifen, den sie innerhalb eines festgelegten Zeitraums im Rahmen der vertraglichen Rechte und Beschränkungen nutzen konnten. Die Verträge zwischen der GDT und den Musiknutzern führten zu einem zunehmenden Wegfall des Erfordernisses individuelle Aufführungslizenzen zu erwerben. Die Zulässigkeit weitreichender Übertragungsklauseln entsprach dem sehr toleranten Umgang mit Kartellen im Zweiten Deutschen Kaiserreich. Ein staatliches Eingreifen zum Erhalt des Nebeneinanders von individueller und kollektiver Wahrnehmungsform war nicht zu erwarten. Insofern kam es zu einem stetigen Rückgang des Angebots individueller Wahrnehmungsformen für das musiksalische Aufführungsrecht.

Eine individuelle Wahrnehmung der mechanisch-musikalischen Vervielfältigungsrechte war demgegenüber vollumfassend möglich und wurde nach Begründung des LUG 1910 auch praktiziert. Eine Gruppe von Musikverlegern schloss sich allerdings zur kollektiven Wahrnehmung ihrer Rechte in der Ammre zusammen und verdrängte damit zunehmend die Anbieter individueller Wahrnehmungsformen vom Handel mit Vervielfältigungsrechten. Wie die GDT nutzte die Ammre pauschalierte Verträge zu einer sehr weitgehenden Verpflichtung ihrer Bezugsberechtigten, die eine eigene individuelle Wahrnehmung ihrer Rechte ausschloss. Den Herstellern erleichterte die Ammre den Rechteerwerb durch die Nutzung namenloser Marken. Der Rückgriff auf ein kollektives Wahrnehmungsmodell wurde auch durch die gesetzlichen Vorgaben bestärkt, die mit der Einführung einer Zwangslizenz den Abschluss exklusiver Vereinbarungen zwischen Rechteinhabern und Herstellern weiter einschränkten. In Abgrenzung zum Schutz der Urheber vor mechanisch-musikalischen Vervielfältigungen ihrer Werke unterlagen die mit dem LUG 1910 neu eingeführten Bearbeitungsrechte der Hersteller und ausübenden Künstler größtenteils einer individuellen Wahrnehmung. Die Nutzung kollektiver Wahrnehmungsformen blieb vornehmlich den Urhebern vorbehalten.

Die Entstehung eines Marktes für die kollektive Wahrnehmung von Musikrechten

Der Handel mit Musikrechten in Form einer kollektiven Wahrnehmung führte mit der zunehmenden Manifestation von Organisationsstrukturen zur Entstehung eines aus mehreren Teilnehmern bestehenden Marktes, was den Gegenstand des zweiten Teils dieser Arbeit bildete. Die Ausbildung dieser Handelsnetzwerke fand sich sowohl bei der kollektiven Wahrnehmung des musikalischen Aufführungsrechts als auch bei den mechanisch-musikalischen Vervielfältigungsrechten wieder. Bei den Marktakteuren handelte es sich unter Rückgriff auf einen rechtshistorischen Unternehmensbegriff um Unternehmen, die gewinnorientierte Ziele verfolgten. Mittels der Veräußerung der Musikrechte bezweckten die Unternehmen die Erzielung regelmäßiger Überschüsse, die sie nach Abzug ihrer Verwaltungskosten an ihre Bezugsberechtigten weiterleiteten. Die Aufführungs- und Vervielfältigungsrechte bildeten die wertbildenden Faktoren der Gesellschaften, was den Wettbewerb auch auf die Erlangung der jeweiligen Rechte als Ressource der Unternehmen ausdehnte. Die neu entstandenen Unternehmen zur Verwertung der Musikrechte lassen sich in zwei Gruppen einteilen. Auf der einen Seite standen mit der AKM und der GDT Organisationen, die neben der kommerziellen Verwertung der Musikrechte auch als Interessenvertretung der in ihnen organisierten Berufsgruppen agierten. Diese Vereinigungen entsprechen am ehesten dem heutigen Verständnis von sogenannten „Verwertungsgesellschaften".[1] Auf der anderen Seite standen mit der Ammre und der „alten Gema" Unternehmen, die sich auf die wirtschaftliche Verwertung der Musikrechte beschränkten.

Im Bereich des Aufführungsrechts konkurrierten zunächst die GDT, die AKM und einzelne Musikverlage um die Veräußerung der ihrer Verwaltung unterliegenden Aufführungsrechte an die Veranstalter. Mit Hilfe des Aufbaus eines nationalen Kontrollmechanismus zur Durchsetzung des Aufführungsrechts und einer staatsnahen Erscheinung konnte die GDT die einzelnen Verlage vom Markt mit dem Handel von Aufführungslizenzen verdrängen. 1907 entschieden sich GDT und AKM zur Zusammenarbeit. Aufgrund der zugrundeliegenden Vereinbarung erlangte die GDT ein Monopol für den Handel mit Aufführungsrechten. Die Auflösung der Kooperation mit der AKM 1912 führte zu einem erneuten Aufleben der Konkurrenz zwischen den Verwertungsunternehmen im Deutschen Reich. Die sich aufgrund des Monopols ergebende Marktmacht der GDT konnte schrittweise mittels der Einleitung gerichtlicher Verfahren und des Rückgriffs auf privatrechtliche Instrumentarien durchbrochen werden. In der Folge entstand 1915 mit der „alten Gema" ein zweites deutsches Verwertungsunternehmen. Die Gema versuchte durch eine Zusammenarbeit mit der auf die mechanischen Rechte spezialisierten Ammre und einer Bevorteilung bestimmter Gruppen von Bezugsberechtigter ihren Werkbestand kontinuierlich zu erweitern. Darüber hinaus gründete die Gema gemeinsam mit der AKM den Musikschutzverband als Vertriebsorganisation für die gemeinschaftliche Verwertung ihres Werkbestands. Auf diese Weise konnten AKM und Gema ihre Marktmacht im Verhältnis zur GDT zunehmend ausbauen.

---

[1] Zu der Funktionen von Verwertungsunternehmen, siehe: *Lerche*, in: Kreile/Becker/Riesenhuber (Hrsg.), Recht und Praxis der GEMA: Handbuch und Kommentar, ²2008, S. 25 (26 ff.); Mit Bezug auf die wirtschaftliche, kulturelle und soziale Funktion der Verwertungsgesellschaften, so auch: *Lewinski*, in: Heker /Riesenhuber (Hrsg.), Recht und Praxis der GEMA: Handbuch und Kommentar, ³2018, S. 21 (24).

Auch die Ammre konnte ihre Alleinstellung als einziges Unternehmen zur kollektiven Wahrnehmung des mechanisch-musikalischen Vervielfältigungsrechts nicht aufrechterhalten. 1912 gründete die GDT mit ihrer „mechanischen Abteilung" einen Marktmitbewerber, der sich am Handel mit Lizenzen zur Fertigung mechanisch-musikalischer Reproduktionen beteiligte. Ammre und „mechanische Abteilung" versuchten die Bezugsberechtigten möglichst lang und umfassend an sich zu binden, ohne ihnen dabei Informations- und Mitbestimmungsrechte zukommen zu lassen. Auf diese Weise verhinderten sie einen Wechsel zum jeweils konkurrierenden Marktteilnehmer. Aufgrund der Abhängigkeit von der Nachfrage des Handels nach bestimmten Vervielfältigungen musikalischer Werke erstreckte sich die Konkurrenz der Unternehmen in geringerem Maße auf den Vertrieb der Lizenzen. Zwar verfolgten Ammre und „mechanische Abteilung" unterschiedliche Vertriebskonzepte und eröffneten den Musikproduzenten damit die Möglichkeit zwischen einem pauschalen und einem individuellen Erwerb von Genehmigungen zu wählen. Dennoch waren sie im Zweifelsfall gezwungen Verträge mit beiden Unternehmen abzuschließen.

Die Wahrnehmung des Aufführungsrechts durch konkurrierende Verwertungsunternehmen

Die Verwaltung der Aufführungsrechte durch konkurrierende Unternehmen wirkte sich insbesondere auch auf Rechteinhaber und Veranstalter aus. Urheber und sonstige Berechtigte erhielten die Wahlmöglichkeit die Verwaltung ihrer Rechte der „alten Gema" oder der GDT zu übertragen. Mit der Ermächtigung der GDT konnten Komponisten von der Funktion der GDT als Interessenvertretung profitieren, mussten sich im Gegenzug umfassend und langfristig binden. Die als Genossenschaft ausgestaltete Gema grenzte sich zunächst bewusst von der GDT ab, indem sie ihren Bezugsberechtigten kürzere Kündigungsfristen und umfassendere Mitbestimmungsrechte einräumte. Die Veranstalter und Veranstalterverbände konnten im Wesentlichen von finanziellen Vorteilen profitieren. Der Musikschutzverband aus „alter Gema" und AKM bot das ihm zustehende Repertoire zunächst zu deutlich günstigeren Konditionen als die GDT an. In der Folge kam es zu einer Verschiebung der Marktmacht zu Gunsten der „alten Gema", die zum marktdominierenden Unternehmen für den Handel mit Aufführungsrechten wurde. Um ihre Marktmacht zu festigen, näherte sie sich schrittweise der Arbeitsweise der GDT an. Mit Gründung des VEVA und Einführung eines Schätzungssystems zur Verteilung ihrer Einnahmen beschnitt sie die Mitwirkungs- und Informationsrechte ihrer Bezugsberechtigten und erhöhte die vertragliche Bindung, wodurch sie ihr umfassendes Repertoire sichern wollte. Im Gegenzug versuchte die GDT ihre Marktmacht durch die Inanspruchnahme staatlicher Förderung und einer Zusammenarbeit mit dem Reichskartell der Musikverbraucher im Verhältnis zur „alten Gema" wieder zu stärken. Sowohl GDT als auch Gema strebten die Gründung einer einzelnen zentralen Stelle für die Verwertung des musikalischen Aufführungsrechts in Deutschland an. Der Vereinigung der konkurrierenden Unternehmen standen allerdings die unterschiedlichen Interessenlagen und Organisationsformen der beiden Marktakteure entgegen, weswegen sie bis zum Ende der 1920er Jahre um die vertragliche Verpflichtung von Nutzern und Bezugsberechtigten konkurrierten.

Die Vereinigung der konkurrierenden Verwertungsunternehmen

Die Vereinigung der konkurrierenden Verwertungsunternehmen erfolgte stufenweise und war Gegenstand des dritten Teils der Arbeit. Zunächst kam es mit der Aufnahme der GDT in den Musikschutzverband zu einer Vereinheitlichung der Rechtsbeziehungen zu den Veranstaltern musikalischer Aufführungen. Der Musikschutzverband bildete von da an ein Kartell für die gemeinsame Veräußerung musikalischer Aufführungsrechte. Gleichzeitig näherten sich die ehemals konkurrierenden Marktakteure auch im Hinblick auf die Ausgestaltung der Vertragsverhältnisse zu ihren Bezugsberechtigten an, so dass auch der Wettbewerb um das Aufführungsrecht als Ressource in weiten Teilen zum Erliegen kam. Nichtsdestoweniger behielten AKM, Gema und GDT aufgrund ihrer unterschiedlichen Interessenschwerpunkte ihre organisatorische Selbstständigkeit bei. Die vollkommene Zusammenführung der Unternehmen sollte in kleinen Schritten erfolgen, um Konflikte zwischen den Bezugsberechtigten der jeweiligen Gesellschaften zu vermeiden. Das Machtgefüge zwischen den Verwertungsunternehmen wurde von dem Zusammenschluss der ehemals konkurrierenden Marktakteure nicht berührt. Aufgrund ihres umfassenden Werkbestands blieb die Gema auch im Hinblick auf ihren Einfluss im Musikschutzverband die dominierende Vertragspartei. Die Aufnahme der GDT in den Musikschutzverband bildete einen Ausdruck des allgegenwärtigen Konzentrationsdrucks zu Zeiten der Weimarer Republik, dem auch der Handel mit Aufführungsrechten erlag. Daneben versuchten die Marktakteure durch ihre Vereinigung ein staatliches Eingreifen zu verhindern, was ihnen mit Ausnahme der vom Reichskommissar für Preisbildung veranlassten Preissenkungen für den Erwerb von Aufführungsrechten durch die Nutzerverbände auch gelang.

Ähnliche Entwicklungen zeigten sich auch bei den Unternehmen zur Verwertung des mechanisch-musikalischen Vervielfältigungsrechts. Unabhängig von der Vereinigung der „alten Gema", AKM und GDT im Musikschutzverband sahen sich die „mechanische Abteilung" der GDT und die Ammre aufgrund der wirtschaftlichen Krise zu Beginn der 1930er Jahre zum Ausbau ihres Werkbestands veranlasst. Die internationale Zusammenarbeit der Schallplattenproduzenten erschwerte es den national tätigen Verwertungsunternehmen eine effektive Veräußerung der ihnen übertragenen Rechte zu gewährleisten. Aus diesem Grund kam es mit dem IBA und dem

BIEM zu internationalen Unternehmensverbünden, die ihre mechanischmusikalischen Rechte gemeinschaftlich verwerteten. Mit Auflösung des IBA zu Beginn des Jahres 1932 sah sich die „mechanische Abteilung" der GDT gezwungen, die Ammre mit der Wahrnehmung der ihr zustehenden Rechte zu beauftragen. Im Gegenzug räumte die Ammre der GDT einen Sitz in ihrem Aufsichtstrat ein. Die Ammre erlangte auf diese Weise die Verfügungsbefugnis über das gesamte deutsche Repertoire an mechanisch-musikalischen Vervielfältigungsrechten. Die Konkurrenz zwischen „mechanischer Abteilung" und Ammre beschränkte sich nunmehr allein auf die vertragliche Verpflichtung von Urhebern.

Vom privatwirtschaftlich handelnden Unternehmen zur Stagma

Die tatsächliche Etablierung einer einzigen Stelle für die Verwertung des musikalischen Aufführungsrechts im Deutschen Reich erfolgte 1933 unter Mitwirkung des nationalsozialistischen Regimes, das mit Erlass des Gesetzes über die Vermittlung von Aufführungsrechten das erste Mal ein eigenes Verwertungsrecht kodifizierte. Das Gesetz machte die Vermittlung von Aufführungsrechten von einer staatlichen Genehmigung abhängig und ermächtigte das Reichsministerium für Volksaufklärung und Propaganda zum Erlass von Durchführungsverordnungen. Mittels Durchführungsverordnung wurde die AKM von der gemeinschaftlichen Wahrnehmung des Aufführungsrechts im Deutschen Reich ausgeschlossen. Gleichzeitig verpflichtete das Reichsministerium für Volksaufklärung und Propaganda GDT und Gema zur Bildung einer einheitlichen Gesellschaft für das Deutsche Reich. In der Folge gründeten sie am 20.9.1933 die Stagma. Bereits zuvor trat ein Großteil der Vorstandsmitglieder der ehemals konkurrierenden Marktakteure zu Gunsten von Mitgliedern der NSDAP zurück und ermöglichte so ihre Umgestaltung im Sinne der nationalsozialistischen Staatsidee. Die Gründung der Stagma und der Erlass des Gesetzes über die Vermittlung von Aufführungsrechten führten zu einem umfassenden Wandel des Verwertungsrechts im Deutschen Reich. Während die Rechteverwertung zu Zeiten des Zweiten Deutschen Kaiserreichs und der Weimarer Republik vom Handeln privatwirtschaftlich handelnder Unternehmen geprägt war, gelangte sie durch die Machtübernahme der Nationalsozialisten in staatliche Hand. Oberflächlich setzte das sogenannte „Stagma-Gesetz" wesentliche Forderungen von Rechteinhabern und Veranstaltern um und diente damit vordergründig der Bildung eines besonderen rechtlichen Rahmens für die Verwertung des Aufführungsrechts. Mit Hilfe der in § 5 des Gesetzes enthaltenen Ermächtigung zum Erlass von Durchführungsverordnungen konnten staatliche Stellen in sämtliche Bereiche der Rechteverwertung eingreifen. Dies zeigte sich allein an der Mitgliederstruktur der Stagma. Als Mitglieder wurden allein die Leiter der drei als Körperschaften des öffentlichen Rechts ausgestalteten Berufsgenossenschaften geführt. Urheber, Verlage und sonstigen Berechtigten konnten bei Vorliegen der staatlich vorgegebenen Voraussetzungen einen Berechtigungsvertrag mit der Stagma abschließen, wobei ihnen nur geringe Informations- und Mitbestimmungsrechte zukamen. Auch die Vertragsverhältnisse zu den Veranstaltern waren von der Nähe der Stagma zur staatlichen Führung geprägt, was sich unter anderem an einer weitgehenden Befreiung der NSDAP und ihrer Untergliederungen von der Entrichtung von Aufführungsgebühren und der Ausdehnung der staatlichen Kontrollen auf Veranstalter zeigte, die dem Staat die Möglichkeit der Zensur bestimmter Aufführungen bereits frühzeitig ermöglichte. Die Gründung der Stagma führte die Verwertung der Musikrechte aus der Hand der privatrechtlich organisierten Unternehmen zur Stagma als Bestandteil der staatlich geführten Reichsmusikkammer, die Art und Umfang der Rechtewahrnehmung unter Berücksichtigung der nationalsozialistischen Kulturpolitik unabhängig von den Interessen der einzelnen Veranstalter und Rechteinhaber bestimmen konnte.

Nach Liquidation der GDT 1933 bildete die Ammre die einzige Verwertungsgesellschaft zur Wahrnehmung des mechanisch-musikalischen Vervielfältigungsrechts im Deutschen Reich. Obwohl sie vordergründig ihre Eigenständigkeit beibehalten konnte, wurde sie schrittweise von der Stagma und den staatlich kontrollierten „Berufsständen" unterwandert. Insbesondere im Hinblick auf die Ausgestaltung der Vertragsverhältnisse zu ihren Bezugsberechtigten zeigte sich eine deutliche Einflussnahme staatlicher Stellen. Die stetige Zunahme der staatlichen Lenkung mündete 1938 in der Auflösung der Ammre und ihrer Eingliederung in die Stagma, was das Nebeneinander unterschiedlicher Unternehmen zur kollektiven Wahrnehmung der Musikrechte in Deutschland faktisch beendete.

Literaturverzeichnis

Literatur und gedruckte Quellen bis 1945

AKM/Gema, Kartell der Musikverbraucher, GN 1929, Nr. 20, S. 4–5.
Albert, W. [Wolfgang] d', Die Verwertung des musikalischen Aufführungsrechts in Deutschland, Jena 1907.
Allfeld, Philipp, Das Urheberrecht an Werken der Literatur und Tonkunst, 2. Aufl., München 1928.
Allgemeiner Deutscher Musikerverband, Statut des Allgemeinen Deutschen Musikerverbandes gemäß den Beschlüssen der 5. Delegierten-Versammlung am 22. August 1876 in Hannover, Berlin 1876.
Altmann, Wilhelm, Das musikalische Aufführungsrecht, Die Musik 3.2 (1903/04), S. 338–351.
Bérard, Carol, Le compositeur de musique: L'enseignement musical, in: Monzie, A. [Anatole] de/Febvre, Lucien/Abraham, Pierre (Hrsg.), Encyclopédie française – Tome XVII: Arts et littératures dans la société contemporaine II, Paris 1936, S. 17.
Berten, Walter, Hugo Rasch, Musik im Kriege 1 (1943), S. 19–20.
Bischoff, Hermann, Aus der Praxis des Musikschutzverbandes, Der schaffende Musiker 1932, Nr. 23, S. 5–13.
Bock, Gustav, Das Aufführungsrecht an dramatischen und musikalischen Werken, Leipzig 1906.
–, Die Aufführungsrechtsgesellschaften in Deutschland und ihr Zusammenschluss, GN 1930, Nr. 37, S. 4–9.
Boor, Hans Otto de, Urheberrecht und Verlagsrecht, Stuttgart 1917.
Borchard, Wilhelm, Das Aufführungsrecht an dramatischen und musikalischen Werken, Greifswald 1917.
Borries, Fritz von, Die Reichsmusikprüfstelle und ihr Wirken für die ganze Musikkultur, Jahrbuch der deutschen Musik 2 (1944), S. 49–55.
Butting, Max, Grundsätzliches zur Tantiemefrage der ernsten Musik, Der schaffende Musiker 1931, Nr. 22, S. 2–12.
–, Komponist und Aufführungsrecht, Der schaffende Musiker 1932, Nr. 23, S. 17–24.
Cahn-Speyer, Rudolf, Ueber die urheberrechtliche Natur des Tonfilms, GRUR 1929, S. 543–551.
–, Nachwort zu Hoffmanns „Ueber den Tonfilm", GRUR 1929, S. 1006–1007.
Connor, Herbert, Die Diktatur der GEMA, Die Weltbühne 27 (Mai 1931), S. 764–771.
Corradini, Alberto, Die wirtschaftliche und rechtliche Bedeutung der G.m.b.H., Solothurn 1933.
Crüger, Hans/Crecelius, Adolf, Das Reichsgesetz, betreffend die Erwerbs- und Wirtschaftsgenossenschaften, 10. Aufl., Berlin/Leipzig 1926.
Droit d'auteur, Note de la rédaction (Anmerkung der Redaktion), Droit d'auteur 1933, S. 110.

Düringer, Adalbert/Hachenburg, Max, Das Handelsgesetzbuch vom 10. Mai 1897 auf der Grundlage des Bürgerlichen Gesetzbuchs, 2. Aufl., Mannheim 1908.
Ebel, Arnold, Zur Frage der Pensionskasse, Der schaffende Musiker 1931, Nr. 21, S. 11–15.
Eckert, Eduard, Die jüngste Aenderung des deutschen Urheberrechts, Zeitschrift für Rechtspflege in Bayern 6 (1910), S. 305–309.
Elster, Alexander, Schallplattenkonzerte im Rundfunk, UFITA 1932 (1932), S. 105–132.
Erffa, Margarethe Freiin von, Gesetz über die Vermittlung von Musikaufführungsrechten. Vom 4. Juli 1933, GRUR 1933, S. 693–695.
Fiesenig, Wolfgang, Urheberrecht und mechanische Musikinstrumente, Bayreuth 1916.
Freiesleben, Gerhard, Recht und Tonkunst, Leipzig 1914.
Genossenschaft Deutscher Tonsetzer, Die Anstalt für musikalisches Aufführungsrecht. Zur Aufklärung und Abwehr, Berlin 1904.
Genz, Günther, Reichsschrifttumskammer, in: Hinkel, Hans (Hrsg.), Handbuch der Reichskulturkammer, Berlin 1937, S. 135–208.
–, Reichsrundfunkkammer, in: Hinkel, Hans (Hrsg.), Handbuch der Reichskulturkammer, Berlin 1937, S. 299–324.
Goerke, Erwin, Welche Unternehmensform verspricht den größten Geschäftserfolg?, Stuttgart 1925.
Goldbaum, Wenzel, Urheberrecht und Urhebervertragsrecht, 2. Aufl., Berlin 1927.
–, Tonfilmrecht, Berlin 1929.
Goldberg, Erich, Der wirtschaftliche Verein gemäß § 22 BGB, Berlin 1933.
Handbuch wirtschaftlicher Verbände und Vereine des Deutschen Reiches, sowie d. Industrie- u. Handels-, Gewerbe-, Handwerks u. Landwirtschaftskammern u. sonstiger wirtschaftl. Interessenvertretungen u. Zweckorganisationen, 3. Aufl., Berlin 1928.
Hase, Oskar von, Breitkopf und Härtel, 2. Band, 4. Aufl., Leipzig 1919.
Haußmann, Fritz/Hollaender, Adolf, Die Kartellverordnung, München u.a. 1925.
Herzog, B., Sind Gesellschaften zur Verwertung musikalischer Aufführungsrechte Kartelle?, Kartell-Rundschau 1930, S. 20–28.
Hoffmann, Willy, Ueber den Tonfilm, GRUR 1929, S. 1003–1006.
–, Das Schallplattenkonzert der Rundfunkgesellschaften, GRUR 1932, S. 44–48.
–, Die Schallplattenkonzerte der deutschen Rundfunkgesellschaften, GRUR 1932, S. 561–569.
–, Betrachtungen zum neuen Musikaufführungsgesetz, UFITA 6 (1933), S. 289–291.
Kestner, Fritz, Der Organisationszwang, Berlin 1912.
Klauer, Georg, Die Vermittlung von Musikaufführungsrechten nach dem Gesetz vom 4. Juli 1933, UFITA 6 (1933), S. 291–298.
Knoke, Paul, Das Recht der Gesellschaft nach dem Bürgerlichen Gesetzbuch für das Deutsche Reich, Jena 1901.
Kohler, Josef, Urheberrecht an Schriftwerken und Verlagsrecht, Stuttgart 1907.
Kopsch, Julius, Das System des Urheberschutzes auf berufsständischer Grundlage, Stagma-Nachrichten 1934, S. 43–47.
L. S., Das Ende der Genossenschaft deutscher Tonsetzer?, Berliner Tageblatt 44. Jahrgang (24.9.1915), 2. Beiblatt.
Linke, Rudolf, Der Aufführungsagenturvertrag, Borna-Leipzig 1913.
Makower, Hermann, Handelsgesetzbuch mit Kommentar, 13. Aufl., Berlin 1906.
Mann, Wolfgang, Entwicklung der Ammre 1936/37, Stagma-Nachrichten 1937, S. 224–226.
–, Die zehnjährige Verlängerung des Biem-Statuts bis 1949, Stagma-Nachrichten 1938, S. 239–241.

–, Die Eingliederung der Ammre G.m.b.H. in die Stagma, Stagma-Nachrichten 1939, S. 288–293.
Marwitz, Bruno/Möhring, Philipp, Das Urheberrecht an Werken der Literatur und Tonkunst in Deutschland, Berlin 1929.
Meinhardt, W., Die mechanischen Musikinstrumente in der Novelle zum Urhebergesetz, GRUR 1910, S. 305–316.
Mittelstaedt, [Johannes], Die mechanischen Musikinstrumente, MuW 9 (1910), S. 361–365.
Müller, Ernst, Das deutsche Urheber- und Verlagsrecht, München 1901.
N.N., Bericht über die inneren Verhältnisse der GEMA, GN 1927, Nr. 1, S. 1–4.
–, Berichte und kleine Mittheilungen, AMZ 30 (1903), S. 332.
–, Berichte und kleine Mittheilungen, AMZ 30 (1903), S. 759.
–, Die Grammophon-Gesellschaft klebt Lizenzmarken, Phonographische Zeitschrift 10 (1909), S. 1254–1255.
–, Die Marken-Klebepflicht, Phonographische Zeitschrift 11 (1910), S. 458.
–, Die Boykott-Bestrebungen deutscher Saalbesitzer gegen die deutschen Komponisten, AMZ 38 (1911), S. 71–73.
–, Die Genossenschaft Deutscher Tonsetzer im Jahre 1911, AMZ 39 (1912), S. 418–419.
–, Notizen, Phonographische Zeitschrift 13 (1912), S. 439.
–, Die Lizenzmarken, Phonographische Zeitschrift 14 (1913), S. 119.
–, Kreuz und quer, Neue Zeitschrift für Musik 82 (1915), S. 47–48.
–, Kreuz und quer, Neue Zeitschrift für Musik 82 (1915), S. 302.
–, Zur Aufführungsrechtsfrage, Neue Zeitschrift für Musik 82 (1915), S. 313.
–, Über die Tonfilmrechte, Der schaffende Musiker 1929, Nr. 13, S. 5–7.
–, Die Durchführung des Einigungsplanes GEMA – GDT – AKM, GN 1930, Nr. 30, S. 2–4.
–, Vertragsabschluß mit dem Reichskartell der Musikveranstalter Deutschlands, GN 1930, Nr. 37, S. 3–4.
–, Aktuelle Fragen in der Verwaltung der mechanischen Rechte, Der schaffende Musiker 1933, Nr. 30, S. 13–16.
–, Nouvelles diverses – Allemagne, Droit d'auteur 1933, S. 119.
–, Vertrag der Stagma mit dem Reichsverband der gemischten Chöre Deutschlands und dem Deutschen Sängerbund, Stagma-Nachrichten 1934, S. 34–35.
–, Vertragsabschluß zwischen NSDAP und Stagma, Stagma-Nachrichten 1938, S. 233–234.
Neufeld, Hans/Schwarz, Otto, Handelsgesetzbuch ohne Seerecht, Berlin 1931.
Neugebauer, Eberhard, Fernmelderecht mit Rundfunkrecht, 3. Aufl., Berlin 1929.
Opet, Otto, Deutsches Theaterrecht, Berlin 1897.
Osterrieth, Albert, Zum Ausbau des Urheberrechts: Ein Schutz phonographischer Aufnahmen, in: Studien zur Förderung des gewerblichen Rechtsschutzes: Josef Kohler als Festgabe zum 60. Geburtstag, Berlin 1909, S. 405–422.
Osterrieth, Armin, Der sozial-wirtschaftliche Gedanke in der Kunst, Hannover 1913.
Parisius, Ludolf/Crüger, Hans, Das Reichsgesetz betreffend die Erwerbs- und Wirtschaftsgenossenschaften, 8. Aufl., Berlin 1915.
Passow, Richard, Kartelle, Jena 1930.
Plugge, Walter/Roeber, Georg, Das musikalische Tantiemerecht in Deutschland, Berlin 1930.
Puttmann, Max, Das Urheberrechtsgesetz, Neue Zeitschrift für Musik 82 (1915), S. 329–334.
Raabe, Peter, Wesen und Aufgaben der Reichsmusikkammer, in: Hinkel, Hans (Hrsg.), Handbuch der Reichskulturkammer. Berlin 1937, S. 91–134.

Ratzlaff, o. V., Juristische Personen, in: Posener, Paul (Hrsg.), Rechtslexikon: Handwörterbuch der Rechts- und Staatswissenschaften, Berlin 1909, S. 878–879.
Rauh, H. [Hermann], Der Zusammenbruch des Systems Rösch, Signale für die musikalische Welt 73 (1915), S. 511–517.
–, Der Geschäftsbericht der „Genossenschaft Deutscher Tonsetzer" im Lichte der Tatsachen, Signale für die musikalische Welt 74 (1916), S. 288–293.
Reichsamt des Inneren, Verzeichnis der im Deutschen Reiche bestehenden Vereine gewerblicher Unternehmer zur Wahrung ihrer wirtschaftl. Interessen, Berlin 1903.
Reiners, Fritz, Das Bühnenwerk und sein urheberrechtlicher Schutz, Lucka in Th. 1927.
Riezler, Erwin, Deutsches Urheber- und Erfinderrecht, München/Berlin 1909.
Rinecker, Franz, Das ausschließliche Aufführungsrecht des Urhebers eines Werkes der Tonkunst, Regensburg 1912.
Schrader-Rottmers, Wilhelm, Der Begriff des wirtschaftlichen Vereins (§ 22 BGB), Würzburg 1937.
Schrieber, Karl-Friedrich/Metten, Alfred/Collatz, Herbert, Das Recht der Reichskulturkammer, Berlin 1943.
Schumann, Max, Zur Geschichte des deutschen Musikalienhandels, Leipzig 1929.
Schuster, Heinrich, Die Denkschrift der deutschen Komponisten über den Urheberrechtsentwurf, GRUR 1901, S. 14–19.
Siegel, Bernhard, Lehrbuch für den deutschen Musikalienhandel, Leipzig 1930.
Stein, Richard, Tantiemen, Tantiemen, Die Musik 23 (September 1931), S. 883–887.
Stenglein, Melchior/Ebermayer, Ludwig (Hrsg.), M. Stengleins Kommentar zu den strafrechtlichen Nebengesetzen des Deutschen Reiches, 5. Auflage, Berlin 1928.
Strecker, Ludwig, Die urheberrechtliche Stellung der mechanischen Musikinstrumente und Phonographen, Leipzig 1906.
Voigtländer, Robert, Die Gesetze betreffend das Urheberrecht und das Verlagsrecht an Werken der Litteratur und der Tonkunst vom 19. Juni 1901, Leipzig 1901.
Voigtländer, Robert/Fuchs, Theodor, Die Gesetze betreffend das Urheberrecht und das Verlagsrecht an Werken der Literatur und der Tonkunst vom 19. Juni 1901 mit der Novelle vom 22. Mai 1910, 2. Aufl., Leipzig 1914.
Volkmann, Ludwig, Zur Neugestaltung des Urheberschutzes gegenüber mechanischen Musikinstrumenten, Leipzig 1909.
Waldmann, Ludolf, Ludolf Waldmann's gewonnene Prozesse gegen die Fabrikanten der „mechanischen Musik-Instrumente", Berlin 1889.
Westphalen, o. V., Tonfilm und Tonfilmrecht, Der schaffende Musiker 1930, Nr. 19, S. 10–13.
Wilm, Werner, Wie können bei der Ausdehnung des Urheberrechts auf mechanische Musikinstrumente die Interessen der Urheber und der Industrie gewahrt werden?, Berlin ca. 1910 (k.A.).
Wissenkerke, Snijder van, Das Urheberrecht an Musikwerken in den Niederlanden, UFITA 6 (1933), S. 1–14.
Wolfers, Arnold, Das Kartellproblem im Lichte der deutschen Kartelliteratur, München/Leipzig 1931.

Literatur nach 1946

Ahlberg, Hartwig/Götting, Horst-Peter (Hrsg.), Urheberrecht, 4. Aufl., München 2018.
AKM/Verantwort. für Inhalt: Manfred Brunner (Hrsg.), 100 Jahre AKM Autoren Komponisten Musikverleger, Wien 1997.
Ambrosius, Gerold, Von Kriegswirtschaft zu Kriegswirtschaft 1914–1945, in: North, Michael (Hrsg.), Deutsche Wirtschaftsgeschichte: Ein Jahrtausend im Überblick, 2. Aufl., München 2005, S. 287–355.
Apel, Simon, Der ausübende Musiker im Recht Deutschlands und der USA, Tübingen 2011.
Arnold, Stefan, Vertrag und Verteilung, Tübingen 2014.
Bähr, Johannes, Kommentar zu Dieter Gosewinkel, in: Bender, Gerd/Kiesow, Rainer Maria/Simon, Dieter (Hrsg.), Das Europa der Diktatur: Steuerung – Wirtschaft – Recht, Baden-Baden 2002, S. 216.
Baierle, Christian, Der Musikverlag, München 2009.
Ballstaedt, Andreas/Widmaier, Tobias, Salonmusik, Stuttgart 1989.
Bandilla, Kai, Urheberrecht im Kaiserreich, Frankfurt am Main 2005.
Barnaš, Karl, Die Geschichte der AKM, Österreichische Autorenzeitung 1977, S. 6–8.
Becker, Jürgen, Verwertungsgesellschaften als Träger öffentlicher und privater Aufgaben, in: Kreile, Reinhold/Becker, Jürgen/Riesenhuber, Karl (Hrsg.), Recht und Praxis der GEMA: Handbuch und Kommentar, 2. Aufl., Berlin 2008, S. 33–46.
Beer, Axel, Musikverlage, in: Fischer, Ernst/Füssel, Stephan (Hrsg.), Geschichte des deutschen Buchhandels im 19. und 20. Jahrhundert: Die Weimarer Republik 1918 – 1933, Teil 1, München 2007, S. 509–528.
Berg, Waldemar, Gesundheitstourismus und Wellnesstourismus, München 2008.
Bing, Friederike, Die Verwertung von Urheberrechten, Berlin 2002.
Blaich, Fritz, Kartell- und Monopolpolitik im kaiserlichen Deutschland, Düsseldorf 1973.
Böhm, Franz, Das Reichsgericht und die Kartelle, Jahrbuch für die Ordnung 1948, S. 197–213.
Brüninghaus, Marc, Unterhaltungsmusik im Dritten Reich, Hamburg 2010.
Bucholtz, Erika, Henri Hinrichsen und der Musikverlag C.F. Peters, Tübingen 2001.
Burow, Heinz W., Mediengeschichte der Musik, in: Schanze, Helmut (Hrsg.), Handbuch der Mediengeschichte, Stuttgart 2001, S. 347–372.
Busche, Jan, Privatautonomie und Kontrahierungszwang, Tübingen 1999.
Bußmann, Joachim, Die patentrechtliche Zwangslizenz, Kaiseraugst 1975.
Büttner, Ursula, Weimar – die überforderte Republik 1918–1933, in: Gebhardt (Hrsg.), Handbuch der deutschen Geschichte: Band 18, 10. Aufl., Stuttgart 2010, S. 171–767.
Domann, Andreas, „Führer aller schaffenden Musiker". Paul Graener als nationalsozialistischer Kulturpolitiker, in: Riethmüller, Albrecht/Custodis, Michael (Hrsg.), Die Reichsmusikkammer: Kunst im Bann der Nazi-Diktatur, Köln/Weimar/Wien 2015, S. 69–86.
Dommann, Monika, Autoren und Apparate, Frankfurt am Main 2014.
Dreier, Thomas/Schulze, Gernot, Urheberrechtsgesetz, 6. Aufl., München 2018.
Drexl, Josef, Das Recht der Verwertungsgesellschaften in Deutschland nach Erlass der Kommissionsempfehlung über die kollektive Verwertung von Online-Musikrechten, in: Hilty, Reto/Geiger, Christophe (Hrsg.), Impulse für eine europäische Harmonisierung des Urheberrechts: Perspectives d'harmonisation du droit d'auteur en Europe, Berlin 2007, S. 369–430.
Dümling, Albrecht, Musik hat ihren Wert, Regensburg 2003.
Dünnebeil, Hans, Musikalienhandel in Krieg und Frieden, Berlin 1952.

Eckhardt, Josef, Zivil- und Militärmusik im Wilhelminischen Reich, Regensburg 1978.
Elste, Martin, Zwischen Privatheit und Politik.: Die Schallplattenindustrie im NS-Staat, in: Heister, Werner/Klein, Hans-Günter (Hrsg.), Musik und Musikpolitik im faschistischen Deutschland, Frankfurt am Main 1984, S. 107–114.
–, Melodische Loch-Muster, Kultur und Technik 2005, S. 22–26.
Emler, Matthias, Wettbewerb zwischen Verwertungsgesellschaften, Baden-Baden 2014.
Faustmann, Uwe Julius, Die Reichskulturkammer, Aachen 1995.
Feldenkirchen, Wilfried, Das Zwangskartellgesetz von 1933: Seine wirtschaftliche Bedeutung und seine praktischen Folgen, in: Pohl, Hans (Hrsg.), Kartelle und Kartellgesetzgebung in Praxis und Rechtsprechung vom 19. Jahrhundert bis zur Gegenwart: Ein Nassauer Gespräch, Stuttgart 1985, S. 145–166.
Fezer, Karl-Heinz, Die Haltung der Rechtswissenschaften zu den Kartellen bis 1914, in: Pohl, Hans (Hrsg.), Kartelle und Kartellgesetzgebung in Praxis und Rechtsprechung vom 19. Jahrhundert bis zur Gegenwart: Ein Nassauer Gespräch, Stuttgart 1985, S. 51–68.
Fischer, Ernst, Urheberrecht, in: Fischer, Ernst/Füssel, Stephan (Hrsg.), Geschichte des deutschen Buchhandels im 19. und 20. Jahrhundert: Die Weimarer Republik 1918 – 1933, Teil 1, München 2007, S. 83–98.
Fischer, Nadine, Lizenzierungsstrukturen bei der nationalen und multiterritorialen Online-Verwertung von Musikwerken, Baden-Baden 2011.
Fraenkel, Ernst, Der Doppelstaat, Frankfurt am Main/Köln 1974.
Frantzke, Anton, Grundlagen der Volkswirtschaftslehre, 2. Aufl., Stuttgart 2010.
Frei, Norbert, Die Wirtschaft des „Dritten Reiches": Überlegungen zu einem Perspektivenwechsel, in: Frei, Norbert/Schanetzky, Tim (Hrsg.), Unternehmen im Nationalsozialismus: Zur Historisierung einer Forschungskonjunktur, Göttingen 2010, S. 9–24.
Gauß, Stefan, Nadel, Rille, Trichter, Köln 2009.
Gierke, Julius von, Das Handelsunternehmen, Zeitschrift für das gesamte Handelsrecht und Konkursrecht 111 (1948), S. 1–17.
Goldmann, Bettina, Die kollektive Wahrnehmung musikalischer Rechte in den USA und Deutschland, München 2001.
Gosewinkel, Dieter, Wirtschaftspolitische Rechtsetzung im Nationalsozialismus, in: Bender, Gerd/Kiesow, Rainer Maria/Simon, Dieter (Hrsg.), Das Europa der Diktatur: Steuerung –Wirtschaft – Recht, Baden-Baden 2002, S. 205–216.
Grossfeld, Bernhard, Zur Kartelldiskussion vor dem Ersten Weltkrieg, in: Coing, Helmut/ Wilhelm, Walter (Hrsg.), Wissenschaft und Kodifikation des Privatrechts im 19. Jahrhundert, Frankfurt am Main 1979, S. 255–296.
Grüttner, Michael, Brandstifter und Biedermänner, Bonn/Stuttgart 2015.
Harding, Christopher/Joshua, Julian, Regulating cartels in Europe, 2. Aufl., Oxford 2010.
Heinemann, Andreas, Immaterialgüterschutz in der Wettbewerbsordnung, Tübingen 2002.
Heinemann, Tobias, Die Verteilungspraxis der Verwertungsgesellschaften, Tübingen 2017.
Heker, Harald/Riesenhuber, Karl, Einführung, in: Heker, Harald/Riesenhuber, Karl (Hrsg.), Recht und Praxis der GEMA: Handbuch und Kommentar, 3. Aufl., Berlin 2018, S. 1–3.
Herbert, Ulrich, Geschichte Deutschlands im 20. Jahrhundert, 2. Aufl., München 2017.
Hildebrand, Klaus, Das Dritte Reich, 7. Aufl., München 2009.
Hocker, Jürgen, Mechanische Musikinstrumente in der deutschen Patentliteratur, Das mechanische Musikinstrument (DMM) 1980, S. 27–32.
Hohorst, Gerd/Kocka, Jürgen/Ritter, Gerhard, Sozialgeschichtliches Arbeitsbuch II, 2. Aufl., München 1978.
Jäger, Georg, Der Musikalienverlag, in: Jäger, Georg (Hrsg.), Geschichte des deutschen Buchhandels im 19. und 20. Jahrhundert: Das Kaiserreich 1871 – 1918 (Teil 2), Frankfurt am Main 2003, S. 7–61.

Jaspersen, Thomas, Tonträger (Schallplatte, Kassette, CD), in: Faulstich, Werner (Hrsg.), Grundwissen Medien, 5. Aufl., München 2004, S. 385–410.

Jaszoltowski, Saskia/Riethmüller, Albrecht, Musik im Film, in: Schramm, Holger (Hrsg.), Handbuch Musik und Medien, 2. Aufl., Wiesbaden 2019, S. 95–122.

Jockwer, Axel, Unterhaltungsmusik im Dritten Reich, Konstanz 2005.

Jossé, Harald, Die Entstehung des Tonfilms, Freiburg/München 1984.

Jüttemann, Herbert, Mechanische Musikinstrumente, 3. Aufl., Köln 2019.

Jüttemann, Herbert/Hocker, Jürgen, Zur Definition des mechanischen Musikinstruments, Das mechanische Musikinstrument (DMM) 1985, S. 44–45.

Kaiser, Andreas, Zum Verhältnis von Vertragsfreiheit und Gesellschaftsordnung während des 19. Jahrhunderts insbesondere in den Auseinandersetzungen über den Arbeitsvertrag, Berlin 1972.

Kater, Michael H., Composers of the Nazi Era: Eight Portraits, New York/Oxford 2000.

Klinger, Hans, Reichswirtschaftsgericht und Kartellgericht, in: Külz, Helmut/Naumann, Richard (Hrsg.), Staatsbürger und Staatsgewalt: Verwaltungsrecht und Verwaltungsgerichtsbarkeit in Geschichte und Gegenwart, Karlsruhe 1963, S. 103–116.

Koch, Jens, Die Patronatserklärung, Tübingen 2005.

Kolb, Eberhard/Schumann, Dirk, Die Weimarer Republik, 8. Aufl., München 2013.

König, Heinz, Kartelle und Konzentration: Unter besonderer Berücksichtigung der Preis- und Mengenabsprachen, in: Arndt, Helmut (Hrsg.), Die Konzentration in der Wirtschaft, Berlin 1960, S. 303–332.

Köster, Roman, Die Wissenschaft der Außenseiter, Göttingen 2011.

Kratz-Kessemeier, Kristina, Kunst für die Republik, Berlin 2008.

Kreimeier, Klaus, Die Ufa-Story, München/Wien 1992.

Krones, Hartmut, Die Geschichte unserer Gesellschaft, in: AKM/Verantwort. für Inhalt: Manfred Brunner (Hrsg.), 100 Jahre AKM Autoren Komponisten Musikverleger, Wien 1997, S. 10–31.

Kurzlechner, Werner, Fusionen, Kartelle, Skandale, München 2009.

Lemoine, Jacques, La Société des auteurs, compositeurs et éditeurs de musique (SACEM) 1850–1950, Bar-sur-Aube 1950.

Lerche, Peter, Verwertungsgesellschaften als Unternehmen „sui generis", in: Kreile, Reinhold/Becker, Jürgen/Riesenhuber, Karl (Hrsg.), Recht und Praxis der GEMA: Handbuch und Kommentar, 2. Aufl., Berlin 2008, S. 25–32.

Lewinski, Silke von, Funktionen von Verwertungsgesellschaften im Zusammenhang mit dem Ausgleich von verschiedenen Interessen, in: Heker, Harald/Riesenhuber, Karl (Hrsg.), Recht und Praxis der GEMA: Handbuch und Kommentar, 3. Aufl., Berlin 2018, S. 21–36.

Matthias, Klaus, Musikgeschichte Lübecks im 20. Jahrhundert: Kirchenmusik und Konzertwesen, in: Edler, Arnfried/Schwab, Heinrich W. (Hrsg.), Studien zur Musikgeschichte der Hansestadt Lübeck, Kassel 1989, S. 177–230.

Mayer, Leopold, Kartelle, Kartellorganisation und Kartellpolitik, Wiesbaden 1959.

Melichar, Ferdinand, Verleger und Verwertungsgesellschaften, UFITA 117 (1991), S. 5–19.

Menzel, Hans-Jürgen, Die Aufsicht über die GEMA durch das deutsche Patentamt, Heidelberg 1986.

Mestmäcker, Ernst-Joachim, Sind urheberrechtliche Verwertungsgesellschaften Kartelle?, Berlin/Frankfurt am Main 1960.

–, Zur Anwendung von Kartellaufsicht und Fachaufsicht auf urheberrechtliche Verwertungsgesellschaften und ihre Mitglieder, in: Leßmann, Herbert (Hrsg.), Festschrift für Rudolf Lukes zum 65. Geburtstag, Köln 1989, S. 447–462.

Müller, Corinna, Vom Stummfilm zum Tonfilm, München 2003.

Murach-Brand, Lisa, Antitrust auf deutsch, Tübingen 2003.
Niemann, Hans-Werner, Europäische Wirtschaftsgeschichte, Darmstadt 2009.
Nipperdey, Thomas, Deutsche Geschichte 1866–1918, München 1993.
Nocker, Ruth/Riemer, Lars Hendrik, Die Satzung der GEMA, in: Heker, Harald/Riesenhuber, Karl (Hrsg.), Recht und Praxis der GEMA: Handbuch und Kommentar, 3. Aufl., Berlin 2018, S. 53–162.
Nordemann, Wilhelm, Entwicklung und Bedeutung der Verwertungsgesellschaften, in: Beier, Friedrich-Karl (Hrsg.), Gewerblicher Rechtsschutz und Urheberrecht in Deutschland: Festschrift zum hundertjährigen Bestehen der Deutschen Vereinigung für gewerblichen Rechtsschutz und Urheberrecht und ihrer Zeitschrift, Weinheim 1991, S. 1197–1210.
Nörr, Knut Wolfgang, Zwischen den Mühlsteinen, Tübingen 1988.
–, Die Leiden des Privatrechts, Tübingen 1994.
Otterbach, Friedemann, Die Geschichte der europäischen Tanzmusik, Wilhelmshaven/Locarno/Amsterdam 1980.
Pahlow, Louis, Lizenz und Lizenzvertrag im Recht des Geistigen Eigentums, Tübingen 2006.
–, Objektivierung und Entpersönlichung: Zum Unternehmensbegriff in der Privatrechtswissenschaft der Weimarer Republik, in: Löhnig, Martin/Preisner, Mareike (Hrsg.), Weimarer Zivilrechtswissenschaft, Tübingen 2014, S. 87–108.
–, Industrialised Music Brokers as Competing Market Players: The Administration of Music Rights in Germany (Ca. 1879–1930), Popular Entertainment Studies Vol. 6 (2015), S. 56–70.
Pfeiffer, Urs, Vom Notendrucker zum Rechtemakler, Marburg 2011.
Piaskowski, Nathalie, Collective Management in France, in: Gervais, Daniel (Hrsg.), Collective Management of Copyright and related rights, The Netherlands 2010, S. 169–213.
Pierenkemper, Toni, Unternehmensgeschichte, Stuttgart 2000.
–, Wirtschaftsgeschichte, 2. Aufl., Berlin/Boston 2015.
Plumpe, Werner, Unternehmen, in: Ambrosius, Gerold/Petzina, Dietmar/Plumpe, Werner (Hrsg.), Moderne Wirtschaftsgeschichte: Eine Einführung für Historiker und Ökonomen, 2. Aufl., München 2006, S. 61–94.
Pohl, Hans, Die Entwicklung der Kartelle in Deutschland und die Diskussionen im Verein für Socialpolitik, in: Coing, Helmut/Wilhelm, Walter (Hrsg.), Wissenschaft und Kodifikation des Privatrechts im 19. Jahrhundert, Frankfurt am Main 1979, S. 206–235.
– (Hrsg.), Kartelle und Kartellgesetzgebung in Praxis und Rechtsprechung vom 19. Jahrhundert bis zur Gegenwart, Stuttgart 1985.
Rathkolb, Oliver, Radikale Gleichschaltung und Rückbruch statt „Neubau": Anmerkungen zur Wirkungsgeschichte der Reichsmusikkammer, in: Riethmüller, Albrecht/Custodis, Michael (Hrsg.), Die Reichsmusikkammer: Kunst im Bann der Nazi-Diktatur, Köln/Weimar/Wien 2015, S. 33–46.
Richter, Klaus, Die Wirkungsgeschichte des deutschen Kartellrechts vor 1914, Tübingen 2007.
–, Kartell, Kartellrecht, in: Cordes, Albrecht/Lück, Heiner/Werkmüller, Dieter (Hrsg.), Handwörterbuch zur deutschen Rechtsgeschichte, 2. Aufl., Berlin 2012, Sp. 1657.
Riesenhuber, Karl/Rosenkranz, Frank, Das deutsche Wahrnehmungsrecht 1903–1933, UFITA 2005, S. 467–519.
Saekel, Ursula, Der US-Film in der Weimarer Republik – ein Medium der „Amerikanisierung"?, Paderborn 2012.
Schäfer, Hermann, Kartelle in der Zeit des Ersten Weltkrieges: Funktionen im Rahmen von Kriegswirtschaft und Sozialisierung, in: Pohl, Hans (Hrsg.), Kartelle und Kartellgesetzgebung in Praxis und Rechtsprechung vom 19. Jahrhundert bis zur Gegenwart: Ein Nassauer Gespräch, Stuttgart 1985, S. 81–99.

Schmidt, Manuela Maria, Die Anfänge der musikalischen Tantiemenbewegung in Deutschland, Berlin 2005.
Schmoeckel, Mathias/Maetschke, Matthias, Rechtsgeschichte der Wirtschaft, 2. Aufl., Tübingen 2016.
Schramm, Holger, Musik im Radio, in: Schramm, Holger (Hrsg.), Handbuch Musik und Medien, 2. Aufl., Wiesbaden 2019, S. 41–64.
Schulze, Erich, Geschätzte und geschützte Noten, Weinheim an der Bergstraße 1995.
Sebaldt, Martin/Straßner, Alexander, Verbände in der Bundesrepublik Deutschland, Wiesbaden 2004.
Spoerer, Mark/Streb, Jochen, Neue deutsche Wirtschaftsgeschichte des 20. Jahrhunderts, München 2013.
Stolleis, Michael, Gebühren, in: Cordes, Albrecht/Lück, Heiner/Werkmüller, Dieter (Hrsg.), Handwörterbuch zur deutschen Rechtsgeschichte, 2. Aufl., Berlin 2012, Sp. 1972–1974.
Strauch, Dieter, Unternehmensrecht im 19. Jahrhundert, in: Scherner, Karl Otto/Willoweit, Dietmar (Hrsg.), Vom Gewerbe zum Unternehmen: Studien zum Recht der gewerblichen Wirtschaft im 18. und 19. Jahrhundert, Darmstadt 1982, S. 208–250.
Struck, Johannes, Der patentrechtliche Ausführungs- und Lizenzzwang in der Rechtsprechung des Reichsgerichts, Frankfurt am Main 2014.
Vogel, Martin, Zur Geschichte der kollektiven Verwertung von Sprachwerken, in: Becker, Jürgen (Hrsg.), Die Wahrnehmung von Urheberrechten an Sprachwerken: Symposium für Ferdinand Melichar zum 60. Geburtstag, Baden-Baden 1999, S. 17–36.
Wandler, Heiko, Elektronische Klangerzeugung und Musikreproduktion, Frankfurt am Main 2005.
Wandtke, Artur-Axel/Bullinger, Winfried/Block, Ulrich (Hrsg.), Praxiskommentar zum Urheberrecht, 4. Aufl., München 2014.
Weber, Dorothée Martha, Der Städtische Musikverein zu Düsseldorf und die Düsseldorfer Oper in der Zeit von 1890 bis 1923, Kassel 1990.
Wehler, Hans-Ulrich, Deutsche Gesellschaftsgeschichte, München 2003.
Wicke, Peter, Der Tonträger als Medium der Musik, in: Schramm, Holger (Hrsg.), Handbuch Musik und Medien, 2. Aufl., Wiesbaden 2019, S. 3–39.
Widmaier, Tobias, Der deutsche Musikalienleihhandel, Saarbrücken 1998.
Wischermann, Clemens/Nieberding, Anne, Die institutionelle Revolution, Stuttgart 2004.
Wulf, Joseph, Musik im Dritten Reich, Frankfurt am Main 1989.
Wünschmann, Christoph, Die kollektive Verwertung von Urheber- und Leistungsschutzrechten nach europäischem Wettbewerbsrecht, Baden-Baden 2000.
Zilch, Reinhold, Zuständigkeit, Tätigkeitsgebiete und Organisationsstruktur: Die Jahre 1914 bis 1934, in: Neugebauer, Wolfgang/Holtz, Bärbel (Hrsg.), Preussen als Kulturstaat: Abteilung I. Das preußische Kultusministerium als Staatsbehörde und gesellschaftliche Agentur (1817–1934), Berlin 2009, S. 43–67.

Register

Abendroth, Hermann 104
Abteilung für mechanische Urheberrechte (AMRE) 299, 301
AFMA *siehe* Anstalt für musikalisches Aufführungsrecht
Agenten 21, 26, 30 f., 38, 139, 187
AKM *siehe* Gesellschaft der Autoren, Komponisten und Musikverleger
Allfeld, Philipp 69
Allgemeiner Deutscher Bäderverband *siehe* Nutzerverbände
Allgemeiner Deutscher Musiker-Verband *siehe* Nutzerverbände
Ammre *siehe* Anstalt für mechanisch-musikalische Rechte
AMRE *siehe* Abteilung für mechanische Urheberrechte
Amt für Konzertwesen 242 f.
Anstalt 111
Anstalt für mechanisch-musikalische Rechte 71–82, 123, 132–144, 147, 152, 178, 284 f., 288–294, 297–301, 307 f.
– Aufsichtsrat 140, 178
– Ausübende Künstler 80
– Bezugsberechtigte 77 f., 134–143, 152, 290–294, 298, 301
– Einnahmen 147
– Lizenzhandel 75–77, 81, 144, 300
– Mitwirkungsrechte 140, 178
– Nationalsozialismus 288–290, 292–294, 300 f.
– Organisationsstruktur 132–134
– Tätigkeitsbereiche 74 f.
– Verteilung 291 f., 293, 298
– Zielsetzung 73, 293 f.
– Zusammenarbeit Gema 123
– Zusammenarbeit GDT 284 f., 294, 300, 307 f.

– Zusammenarbeit Stagma 291, 293, 297–299
Anstalt für musikalisches Aufführungsrecht 24, 35, 37–44, 92 f., 100, 113, 115–118, 125, 130 f., 156, 177–179, 278 f.
– Berechtigungsvertrag 35, 39 f., 43 f., 92 f., 100, 113, 115–118, 156, 177–179
– Kündigung Berechtigungsvertrag 39, 115–118, 125, 156, 177 f.
– Tätigkeitsbereiche 37, 130 f., 278
– Tonfilm-Verwertungsstelle 279
– Umfang der Übertragung 39
– Unternehmensbegriff 131
– Verteilungsverfahren 39 f.
– Ziele 35 f., 131
Archive V, 7
Aufführungsagenturvertrag 15, 17 f., 21
Aufführungsgebühren 28, 30, 33, 43, 45, 187, 191, 225 f., 257 f.
Aufführungsgenehmigung 15 f., 20–22, 30 f., 41–45, 51 f., 259
– AKM 103
– Genossenschaft Deutscher Tonsetzer 41–45, 160–162, 180
– Musikschutzverband 160–162
– Musikverlage 99
– Öffentliche Verwaltung 240 f.
– Stagma 240 f., 259
Aufführungslizenz *siehe* Aufführungsgenehmigung
Aufführungsrecht 11–19, 111, 274 f., 277, 294, 299, 303
– Abgrenzung mechanisch-musikalisches Vervielfältigungsrecht 274 f., 277, 294, 299
– Erwerb 39
– Handel 51, 90, 118, 126

- Musikalisch-dramatische Werke 13 f.
- Rechtsdurchsetzung 18 f., 25, 29 f., 31 f., 42, 240 f., 259, 265 f.
- Schaffung 111, 303
- Übertragung 15–18, 22–25, 39, 43 f.
- Veräußerung 39
- Verletzung 18 f., 25, 29 f.

Aufführungsrechtsvorbehalt 13 f., 21, 29, 44

Aufführungsübertragungsvertrag 15–17, 22, 24 f.

Aufführungsverlag *siehe* Aufführungsübertragungsvertrag

Aufführungsvermittlung 37 f. *siehe auch* Agenten

Aufführungsvertrag 26–28
- Einzelgebühr 28, 257 f., 278
- Honorar 27
- Miete Notenmaterial 27

Ausübende Künstler 62, 67 f., 79–81, 257, 304
- Bearbeiterrechte 62, 67 f., 79–81
- Verwertungsgesellschaften 80 f.

Ausübende Musiker *siehe* Ausübende Künstler

Berechtigungsvertrag 35, 39 f., 43 f., 46
- AKM 95
- Anstalt für mechanisch-musikalische Rechte 77 f.
- Anstalt für musikalisches Aufführungsrecht 35, 39 f., 43 f., 100, 177
- Genossenschaft zur Verwertung musikalischer Aufführungsrechte 151–153
- Musikverlage 46
- Stagma 254

Berliner, Emil 57

Berner Übereinkunft 12, 58, 60, 238 f.

Berufsstand der deutschen Komponisten 289–292, 294, 297 f., 309

Berufsstand der deutschen Textdichter 289–292, 294, 297 f., 309

Bezugsberechtigte 150, 248, 251–255, 267, 307, *siehe auch* Berechtigungsvertrag

BIEM *siehe* Bureau International de l'Edition Musico-Mécanique

Bock, Gustav 17

Boor, Willem de 20 Fn. 38

Bourget, Ernest 25

BÜ *siehe* Berner Übereinkunft

Breitkopf und Härtel 29

Brüning, Heinrich 208, 230 f.

Bund der Saal- und Konzertlokalinhaber *siehe* Nutzerverbände

Bund deutscher Komponisten 106, 215

Bureau International de l'Edition Musico-Mécanique (BIEM) 282 f., 295, 300, 308

Butting, Max 219, 226 f.

C3S *siehe* Cultural Commons Collecting Society

Cäcilien-Verein Wiesbaden 20

C.F. Peters Verlag 44, 139, 210

Connor, Herbert 219 f.

Corradini, Alberto 133

Cultural Commons Collecting Society (C3S) 2

Deutscher Bühnenverein *siehe* Nutzerverbände

Deutscher Gastwirtsverband *siehe* Nutzerverbände

Deutsche Grammophon AG 66, 68

Deutsche Kunstgemeinschaft 167

Donisch, Max 235

Doppelstaat 262 f., 269

Düringer, Adalbert 92

EDIFO *siehe* Société générale de l'Edition Phonographique et cinématographique

Edison, Thomas Alva 57

Elste, Martin 297

Erffa, Margarethe Freiin von 237

Ernste Musik 107 f., 122, 131 f., 150, 165, 170, 172, 190, 199 f., 206, 218–221, 230 f., 248, 253, 260 f., 292

Ernstes Drittel 248

Erster Weltkrieg 50

Film 165, 169, 183, 210, 214, 217, 253, 273, 276–280, 299
- Filmverwertung 1, 253
- Filmindustrie 210, 217, 279

- Lichtspieltheater 75, 228 f., 276 f.
- Stummfilm 228 f., 276
- Tonfilm 214, 217, 228 f., 253, 273, 276–280, 299 f.

Filmverwertung *siehe* Film
Fraenkel, Ernst 262, 269, 297
Furtwängler, Wilhelm 104

GDT *siehe* Genossenschaft Deutscher Tonsetzer
Gegenseitigkeitsverträge 98 f., 103, 114, 126, 172 f., 252 f.
Gema *siehe* Genossenschaft zur Verwertung musikalischer Aufführungsrechte
Gemeinnützigkeit 2, 92
Genossenschaftsbegriff 106, 151 f.
Genossenschaft Deutscher Komponisten 93 Fn. 26
Genossenschaft Deutscher Tonsetzer 4, 6, 23 f., 32 f., 35–43, 89–94, 96–102
- Anstalt für Tonfilmrechte 279
- Außendienstmitarbeiter 42, 53, 100 f.
- Ausübende Musiker 80
- Berechtigungsvertrag *siehe* Anstalt für musikalisches Aufführungsrecht
- Einnahmen 92, 101 f., 104 f., 155, 167
- Ernste Musik 107 f., 131 f., 150, 165
- Gerichtsverfahren 49, 167–169
- Kartellenquete 48 f.
- Liquidation 287 f., 297
- Mitglieder 35, 80, 90, 97, 113, 131, 137, 152 f., 178 f., 214–216
- Mitwirkung 152, 178, 218
- Musikverlage 43 f., 72 f., 98 f., 178
- Organisationsstruktur 133
- Pauschalvertrag 41 f., 100, 160–162, 180 f.
- Pensionskasse 36, 137, 214 f.
- Politische Betätigung 90
- Rechtsdurchsetzung 42
- Rechtsform 151
- Staatliche Beihilfe 165–167
- Tarife 180 f.
- Tätigkeit im Ausland 97 f.
- Tätigkeitsbereiche 36
- Tonfilmrechte 278 f.
- Unternehmensbegriff 90–92, 101 f.
- Unterstützungskasse 36, 139 f., *siehe auch* Pensionskasse
- Veranstalter 91, 179–184
- Verteilung 132, 214, 278
- Verwaltungskosten 92, 139 f., 181
- Wirtschaftliche Betätigung 90
- Ziele 35 f., 89 f., 98
- Zusammenarbeit AKM 88, 98 f., 113–115, 125
- Zusammenarbeit Musikschutzverband 185–190, 195–232, 235
- Zusammenarbeit Reichskartell der Musikverbraucher 170, 179–185, 191

Genossenschaft zur Verwertung musikalischer Aufführungsrechte 102 f., 105–109
- Beendigung Mitgliedschaft 156–158, 167 f., 175
- Bezugsberechtigte 122, 151 f., 174–176, 206
- Einnahmen 155, 176 f.
- Gewinnverteilung 122
- Kartell 167 f.
- Kuriensystem 154 f.
- Mitglieder 151 f., 174 f., 216
- Mitwirkung 151, 153 f., 174 f.
- Musikschutzverband 120–122, 170–174, 185–188, 202
- Musikverlage 106
- Pauschalverträge 108, 160–162
- Rechtsform 151–154
- Schätzungssystem 170, 176 f., 189, 214, 219 f., 253
- Tätigkeitsbereiche 105–109
- Tonfilm-Verwertungsstelle 279
- Unterhaltungsmusik 107 f., 150, 172
- Unternehmensbegriff 106, 167 f.
- Veranstalter 108 f., 120, 176 f., 206
- Verteilung 151, 176 f.
- Vorstand 154 f.
- Zusammenarbeit AKM 96–99, 120, 170–174
- Zusammenarbeit Ammre 123
- Zusammenarbeit Gema 120, 235

Gesellschaft der Autoren, Komponisten und Musikverleger (AKM) 87 f., 94 f., 103–105
- Aufgaben 94 f.

- Betätigung im Deutschen Reich 96–99, 102 f., 113 f., 119, 235 f., 243–245
- Entzug Verwertungsbefugnis 243–245, 268
- Mitglieder 104, 119
- Musikschutzverband 120–122, 170–174, 185–188, 202, 235 f.
- Pauschalverträge 97
- Pensionsfonds 95
- Tätigkeitsbereiche 103–105
- Tonfilm-Verwertungsstelle 279
- Zusammenarbeit GDT 88, 96–99, 113–115, 125
- Zusammenarbeit Gema 120, 170–174
- Zweck 94 f.

Gesellschaft für Filmaufführungsrechte 278
Gesellschaft für Senderechte 275
Gesellschaft zur Verwertung von Leistungsschutzrechten 81
Gesetz betreffend das Urheberrecht an Werken der Literatur und Tonkunst *siehe* Urheberrechtsgesetz
Gesetz über die Vermittlung von Musikaufführungsrechten 233, 236–245, 263, 265–271, 307
- Durchführungsverordnung 243 f., 266, 269, 271, 307

Gleichschaltung 234–236, 265, 269 f., 289 f., 294, 307
Goerdeler, Carl Friedrich 208, 224 f.
Goerke, Erwin 132
Grammophon 57, 59 f., 69

Hachenburg, Max 92
Handelsgesellschaft 132 f.
Hausegger, Siegmund von 104
Hersteller mechanischer Vervielfältigungen *siehe* Produzenten
Hindemith, Paul 46
Hirsch, Hugo 217
Hoffmann, Willy 239
Honorar *siehe* Vergütung
Humperdinck, Engelbert 40, 113

IBA *siehe* Internationaler Bund der Autorengesellschaften zur Verwertung der mechanischen Rechte
I.d.K. *siehe* Interessengemeinschaft deutscher Komponisten
I.G. Farben AG 256
Individuelle Wahrnehmung *siehe* Wahrnehmung
Internationaler Bund der Autorengesellschaften zur Verwertung der mechanischen Rechte (IBA) 281–284, 295, 300, 307
Interessengemeinschaft deutscher Komponisten (I.d.K.) 215
Interessenvertretung 30, 235, 243, 264, 270, 305
- AKM 95, 103, 305
- Berufsstände 289–292, 294, 297 f., 309
- GDT 89–94, 131, 134, 169, 235, 305
- Komponisten 35, 89 f., 93, 215, 247
- Musiknutzer 209, 243
- Musikverlage 30, *siehe auch* Verein deutscher Musikalienhändler
- Reichskulturkammer 249, 252, 270 f.
- Reichsmusikkammer 247
- VEVA 175
Internet 6

Kapellmeister 20, 104, 257
Kartell 48 f., 112 f., 115–118, 167 f., 182–184, 204–211, 231, 264, 268, 282, 286, 304, 307
Kartellenquete 49, 112
Kartellverordnung 207 f.
Kestner, Fritz 116
Kinofilm *siehe* Film
Klangfilm GmbH 229
Klauer, Georg 239 f.
Kogel, Gustav Friedrich 20
Kohler, Josef 15 f.
Kollektive Wahrnehmung *siehe* Wahrnehmung
Kollektivismus 89 f.
Kollo, Walter 168
Kommissionsverlag 17 f.
Kommunismus 235

Komponist 19–25, 28, 30 f., 36, 39–41, 51, 82, 88, 139, 210, 252 f., 289, 291 f.
- Alters- und Krankenvorsorge 36, 247
- Betätigung ausländischer Komponisten im NS 252 f.
- Betätigungsverbot 293, 296, 298
- Honorar 23–25, 28, 31, 35
- Individuelle Wahrnehmung 51, 63–67, 210, 217
- Mechanisch-musikalische Rechte 291 f.
- Mitgliedschaft GDT 35
- Société générale de l'Edition Phonographique et cinématographique 139

Konkurrenz zwischen Verwertungsunternehmen 135–143, 150–185, 189–192, 202 f., 230 f., 274, 280–283, 288, 300, 305–307
- Produzenten mechanisch-musikalisches Vervielfältigungsrecht 143–146, 280–283, 288, 300, 306
- Rechteinhaber Aufführungsrecht 150–159, 173, 189–192, 202 f., 211–213, 217, 221, 305–307
- Rechteinhaber mechanisch-musikalisches Vervielfältigungsrecht 135–143, 280–283, 288, 300, 306
- Veranstalter 159–164, 173, 189 f., 209, 222–230, 305–307

Kontrolleure 42, 51, 100 f., 180, 187, 204, 211, 239–241, 255, 265 f., 270, 303, *siehe auch* Agenten
- GDT 42, 180, 204, *siehe auch* Genossenschaft Deutscher Tonsetzer, Außendienstmitarbeiter
- Musikschutzverband 171, 204, 211
- Nationalsozialismus 239–241, 245, 255, 265 f., 270

Konzertveranstalter *siehe* Veranstalter
Kurverwaltung Wiesbaden 162

Leipziger Anstalt 33 f., 37
Leipziger Musikwerke 63 f.
Lichtspieltheater *siehe* Film
Lizenzhandel 74–78, 82, 102, 303
- Mechanisch-musikalisches Vervielfältigungsrecht 74–78, 82, 295, 300

Lizenzmarken 66, 75–77, 139, 144, 304
Lobbying 30
LUG *siehe* Urheberrechtsgesetz

Mahler, Gustav 104
Mann, Wolfgang 292
Marwitz, Bruno 69
Mechanische Abteilung der GDT 80, 130–132, 134–143, 282
- Bezugsberechtigte 134–143
- Einnahmen 147, 282
- Gründung 129
- Mitwirkungsrechte Bezugsberechtigte 140
- Produzenten 145, 294
- Tätigkeitsbereiche 130–132
- Verteilungsverfahren 80, 132, 278, 284
- Zusammenarbeit Ammre 284 f., 294, 300, 307 f.
- Zweck 130 f.

Mechanische Musikinstrumente 12, 56–59, 64
- Ariston 59, 64
- Clariophon 64
- Drehorgel 57
- Herophon 58
- Pianola 57, 59
- Polyphon 64
- Spieluhren 57 f.
- Symphonion 59, 64

Möhring, Philipp 69
Monopol 4, 47–49, 102, 109 f., 125–128, 169 f., 174, 185–188, 198, 204 f., 213, 227, 230, 233, 237, 264, 268, 281, 283, 288 f., 297, 300, 305
- Aufführungsrechte 204–206, 230
- Ausbau Marktmacht 174, 176 f., 180, 204, 210, 281, 283, 303–306
- Marktbeherrschende Stellung 169 f., 179 f., 213, 288 f., 297, 300, 305 f.
- Staatliche Monopolisierung 233, 237, 242, 244, 248, 264, 268, 270, 289

Moreno, Camillo 21
Musikalienhandel 22, 75
Musikalienhändler 29
Musikalien-Verleger-Verein 278 f., 289–292, 294, 297 f., 309

Musikproduzenten *siehe* Produzenten
Musikschutzverband 120–122, 155, 170–174, 185–188
- Ausgaben 199
- Bezugsberechtigte 173, 202, 204, 212–221
- Einnahmen 155, 172, 198 f., 217
- Fusion 185–188, 195–232, 235 f.
- Gewinnverteilung 171 f., 174, 203, 212, 214, 220
- Gründung 120, 171
- Kartell 204–211
- Kontrolle 171, 204, 211
- Leitung 198–201
- Pauschalvertrag 122, 160–162, 191, 201, 225, 229 f.
- Tätigkeitsbereich 120–122
- Unternehmensstruktur 171, 198–201
- Zielsetzung 121, 206
- Zusammenarbeit GDT 185–190, 195–232, 235

Musikverlage 21–30, 35, 82, 210, 252 f., 289
- Anzahl zwischen 1870 und 1910 26
- Erteilung von Aufführungsgenehmigung 26–29
- Individuelle Wahrnehmung durch 26–30, 63–67, 285
- Internationale Zusammenarbeit 252 f.
- Kollektive Wahrnehmung durch 43–46, 82 f., 95 f., 99, 123 f.
- Mechanisch-musikalisches Vervielfältigungsrecht 66, 82, 283, 289, 291 f.
- Mitgliedschaft Ammre 78, 82, 123 f., 138
- Mitgliedschaft GDT 35, 72 f., 98 f., 139, 178
- Mitgliedschaft Gema 123 f.
- Verfolgung von Verletzungen des Aufführungsrechts 29 f.

Nachdruck 30, 58, 64, 68, 82
- mechanische Musikinstrumente 64, 68, 82

Nachlässe 7
Nationalsozialistische Deutsche Arbeiterpartei *siehe* NSDAP

Nationalsozialistische Wirtschaftspolitik 263–265, 268, 271
Notendruck 16, *siehe auch* Nachdruck
Notenmaterial 27–30, 44, 50
- Verleih 27, 29
- Vertrieb 99
Notgemeinschaft des deutschen Schrifttums 167
NSDAP 234 f., 259, 309
N. Simrock Verlag 168
Nutzerverbände 28 f., 110–112, 162–164, 208 f.
- Allgemeiner Deutscher Bäderverband 28, 162, 179, 228, 230
- Allgemeiner Deutscher Musiker-Verband 79 f.
- Bund der Saal- und Konzertlokalinhaber 28, 103 f., 163, 179, 228, 230, 256
- Deutscher Bühnenverein 42
- Deutscher Gastwirtsverband 28, 162
- Deutscher Städtetag 228
- Internationaler Variété-Theater-Direktoren-Verband 168 f.
- Organ der Variétéwelt 168 f.
- Reichsfremdenverkehrsverband 261
- Reichsinteressenverband im Deutschen Gastgewerbe 179
- Reichskartell der Musikverbraucher 168, 170, 179–185, 191, 242 f., 245, 255–258, *siehe auch* Reichskartell der Musikverbraucher
- Reichsrundfunkgesellschaft 228
- Reichstheaterkammer 260
- Reichsverband der gemischten Chöre Deutschlands 261
- Reichsverband deutscher Filmtheater 261
- Reichsverband deutscher Lichtspieltheaterbesitzer 168 f., 183, 228
- Reichsverband für Leibesübungen 261
- Spitzenorganisation der deutschen Filmwirtschaft 168 f.
- Tarifvereinbarungen mit Verwertungsunternehmen 163, 187, 201, 208 f., 228–230

- Verband der Kaffeehausbesitzer 168 f.

Oertel, Louis 44
Online-Rechte an Musik 2
Osterrieth, Armin 37

Pauschalvertrag 41 f., 256 f., 304
- AKM 97, 160
- Anstalt für mechanisch-musikalische Rechte 75–77
- Genossenschaft Deutscher Tonsetzer 41 f., 91, 100, 160–162, 180 f., 184, 304
- Genossenschaft zur Verwertung musikalischer Aufführungsrechte 108 f., 160–162
- Musikschutzverband 201, 225, 229 f.
- Musikverlage 44 f.
- Stagma 256–262
Pensionen
- AKM 95
- Genossenschaft Deutscher Tonsetzer 36, 214
- Stagma 247
Peters, C.F. 124
Phonograph 57, 59 f., 69
Plugge, Walther 80, 154, 168 f., 180, 224
Posener, Paul 111
Preußisches Kultusministerium 241 f.
Prinzipal-Agenten-Ansatz 92 f. Fn. 24
Produzenten 58 f., 61 f., 66, 68–70, 82, 144–147, 287, 294–297
- Ammre 75 f., 134, 144, 287, 294–298
- Bearbeiterrechte 61 f., 68–70, 79
- Herstellerschutz 61 f.
- Mechanische Abteilung der GDT 134
- Vertragsbeziehung zu Verlagen und Komponisten 66
- Weltindustrievertrag 295

Quellen V, 7

Radio *siehe* Rundfunk
Rasch, Hugo 235, 250
Rauh, Hermann 177
Rechteinhaber *siehe* Bezugsberechtigte

Rechtewahrnehmung *siehe* Wahrnehmung
Rechteverwertung 4, 37
Rechtsverfolgung 18 f., 25, 29 f., 89, 197
Reibenstein, Robert 50
Reichsfilmkammer 261
Reichsjustizamt 12, 207
Reichskartell der Musikverbraucher 168, 170, 179–187, 190, 209, 222–225, 255–258
- Gründung 179, 186 f.
- Kartell 182–184
- Meistbegünstigungsvertrag mit GDT 180–184, 191, 222 f.
- Musikschutzverband 223–225, 231 f.
- Nationalsozialismus 242 f., 245, 255–258
- Schiedsverfahren 182 f.
- Zentralausschuss 182–184
- Zweck 183, 187, 191, 209, 222 f.
Reichskommissar für Preisüberwachung 208 f., 224 f., 242 f., 307
Reichskulturkammer 249, 252, 261, 267, 270 f., 289 f., 292 f., 296, 298
Reichsministerium des Inneren 165–167
Reichsministerium für Volksaufklärung und Propaganda 233, 236–250, 256, 266–269, 271, 295 f.
Reichsmusikkammer 243, 247–250, 270 f., 295 f., 298
Reichsmusikprüfstelle 254, 296, 298 f., 301
Reichsrundfunk GmbH 296
Reichsrundfunkkammer 296
Reichsschriftumskammer 249
Reichswirtschaftsgericht 182 f.
Repertoire 45, 76, 92, 281, 283, *siehe auch* Wahrnehmung aus einer Hand
Richtlinie über die kollektive Verwertung von Urheber- und verwandten Schutzrechten 2 f.
Rieter-Biedermann, J. 24
Ritter, Leo 249 f., 288, 290, 294 f., 299
Roeber, Georg 80, 154, 180, 224
Rundfunk 165, 169, 172, 174, 210, 224, 228, 253, 273–276, 293, 296 f., 299

SACEM *siehe* Société des Auteurs, Compositeurs et Éditeurs de Musique
Schallplatte 6, 66, 79, 107, 210, 253, 276 f., 282–285, 290 f., 294–298, 300 f., 307
Schiedsverfahren 182 f., 187, 241–243, 257, 265, 270
Schlagermusik *siehe* Unterhaltungsmusik
Schlesingerscher Buch- und Musikverlag 23
Schmidt, Maria Manuela 133
Schott Verlag 46
Schriftsteller 75, 139
Schutzverband deutscher Schriftsteller 278 f.
Simrock, Hans 123
Société des Auteurs, Compositeurs et Éditeurs de Musique 25, 33
– Aufgaben 33
– Gründung 25
– Zusammenarbeit mit GDT 98 f., 114 f.
Société générale de l'Edition Phonographique et cinématographique (EDIFO) 73, 77, 136–141, 290, 297
Sommer, Hans 37
Staatlich genehmigte Gesellschaft zur Verwertung musikalischer Urheberrechte *siehe* Stagma
Stagma 233, 240, 243–248
– Aufführungsgenehmigung 240, 259
– Bezugsberechtigte 248, 251–255, 271
– Geschäftsführung 249 f.
– Gründung 233, 243–246, 307
– Mitglieder 249, 307
– Pauschalvertrag 240, 259
– Programmkontrolle 254, 259 f.
– Rechtsform 246
– Rechtsverfolgung 257 f.
– Selbstverständnis 247
– Sozialfonds 247
– Veranstaltertarife 257
– Verteilungsverfahren 248, 253–255, 271
– Verwertung mechanisch-musikalischer Rechte 288
– Zusammenarbeit Ammre 293, 297–301

– Zweck 246 f.
Stein, Richard 211, 220
Strecker, Ludwig 123
Syndikat 205–207, 227, 231

Tantiemenbewegung 5 f.
Tantiemengesellschaft *siehe* Tantiemenbewegung
Textdichter 35, 66, 139 f., 178, 289, 291 f.
Tonfilm *siehe* Film
Tonsetzer *siehe* Komponist
Trapp, Max 235

UFA *siehe* Universum-Film Aktiengesellschaft
Universum-Film Aktiengesellschaft (UFA) 207, 229, 277
Unterhaltungsmusik 107 f., 123, 150, 165, 170, 172, 179, 188–190, 199 f., 206, 209, 214, 218–221, 230 f., 243, 248, 253, 258–260, 292
Unternehmen 3 f., 90, 101 f., 167 f., 305
– Begriff 90–92, 305
– Unternehmen sui generis 3 f.
– Unternehmer 116
– Verwertungsunternehmen 101 f., 119 f., 121 f., 125–127, 131–134, 167 f., 171, 305
Urheberrechtsgesetz
– Gesetz betreffend das Urheberrecht an Werken der Literatur und Tonkunst (LUG) 11, 34, 58–61, 67, 74
– Italien 239
– Niederlande 238
– Urheberrechtsgesetz 1870 12–14, 30, 57 f.

Veranstalter 20–22, 26, 29 f., 41 f., 239–241, 258–262
– Gastwirte 45
– Gesangsvereine 29
– Konzertveranstalter 26, 29, 31, 122
– Staatliche Kontrolle 239–241, 245, 259 f., 268, 270 f., 275
– Verhältnis zum Musikschutzverband 122, 160–162, 176 f.
– Verhältnis zur AKM 97, 160

- Verhältnis zur GDT 91, 160–162
- Zensur 241, 260, 270, 301, 309
Verband der Tonfilmschriftsteller 278 f.
Verband deutscher Bühnenschriftsteller und Komponisten 279
Verein 35 f., 120 f., 133, 246
Verein deutscher Musikalienhändler 14, 22–24, 29 f., 45, 73, 93 Fn. 26, 95, 106, 131, 290
Verein zur Verwertung musikalischer Aufführungsrechte 151, 154, 170, 174 f., 189, 191, 216, 218, 306
Vereinigung der Bühnenverleger 279
Vergütung 23–25, 39 f., 68
- Ausübende Künstler 68, 79
Verlage *siehe* Musikverlage
Verlagsrecht 16
Verlagsvertrag 16 f., 292
Vermittler *siehe* Agenten
Verteilungsverfahren 39 f., 187, 220, 248, 278, 284
- Anstalt für musikalisches Aufführungsrecht 39 f.
- Genossenschaft zur Verwertung musikalischer Aufführungsrechte 151
- Stagma 248
VEVA *siehe* Verein zur Verwertung musikalischer Aufführungsrechte
Verwertergesellschaft 30, 32
Verwertungsgesellschaftengesetz (VGG) 3
VGG *siehe* Verwertungsgesellschaftengesetz
Verwertungsgesellschaft 32, 46, 111 f., 206

- Begriff 32
- Bildung 46, 111 f.
Verwertungsunternehmen 101 f., 119 f., 121 f., 125–127, 131–134, 171
Volkmann, Ludwig 72 f.
Vorläufiger Reichswirtschaftsrat 90

Wahrnehmung 1–4
- Begriff 19, 303
- aus einer Hand 45–47, 52, 76, 79, 88, 99 f., 142, 144–148, 174, 185–188, 190, 205, 222, 225, 232, 262, 265, 270, 284
- individuelle Wahrnehmung 1 f., 19–32, 34, 51 f., 62–70, 82, 144 f., 210, 217, 278, 285, 303 f.
- kollektive Wahrnehmung 32–50, 52 f., 71–83, 111, 125–128, 144, 275, 303 f.
Waldmann, Ludolf 63 f.
Weltwirtschaftskrise 185 f., 208–211, 227, 284, 290, 300
Werkbestand *siehe* Repertoire
Werkverzeichnis 41
Wolf, Hugo 104

Zensur 241, 260, 270, 301, 309
Zentralstelle zur Verwertung der Urheberrechte gegenüber mechanischen Musikinstrumenten 72
Zilcher, Hermann 20 Fn. 38
Zwangslizenz 60, 65, 78, 79, 142, 144, 229, 243, 274, 296 f., 304

Geistiges Eigentum und Wettbewerbsrecht

herausgegeben von
Peter Heermann, Diethelm Klippel†,
Ansgar Ohly und Olaf Sosnitza

Im Informationszeitalter hat das geistige Eigentum, insbesondere die Patent-, Urheber- und Kennzeichenrechte, erheblich an Bedeutung gewonnen. Zugleich wird die Rechtspraxis mit zahlreichen neuen Fragen konfrontiert. Die Rechtswissenschaft konnte mit dieser stürmischen Entwicklung kaum Schritt halten. Nach wie vor wird die Literatur von vorwiegend praxisorientierten Darstellungen dominiert, in denen wissenschaftliche Grundfragen häufig zu kurz kommen. Nachdem die allgemeine Zivilrechtswissenschaft zunächst nur das Sachenrecht als natürliches Betätigungsfeld ansah, nimmt sie zunehmend auch die Bedeutung des Immaterialgüterrechts in den Blick. Die Reihe legt deshalb besonderes Augenmerk auf Schriften, die sich Grundlagenfragen des Rechts des geistigen Eigentums einschließlich der historischen, philosophischen und ökonomischen Bezüge widmen und so zur Entwicklung eines „Allgemeinen Teils des Geistigen Eigentums" beitragen, den es bisher nicht als gesetzliche Regelung gibt. Da die europäische Rechtsangleichung im Immaterialgüter- und Wettbewerbsrecht besonders weit fortgeschritten ist und zudem zahlreiche internationale Übereinkommen diese Rechtsgebiete prägen, werden auch die internationalen Bezüge in der Reihe berücksichtigt.

ISSN: 1860-7306
Zitiervorschlag: GEuWR

Alle lieferbaren Bände finden Sie unter *www.mohrsiebeck.com/geuwr*

Mohr Siebeck
www.mohrsiebeck.com